PRINCIPES

DE

DROIT CIVIL FRANÇAIS.

Bruxelles. — Typ. BRUYLANT-CHRISTOPHE & Cie.

PRINCIPES

DE

DROIT CIVIL

FRANÇAIS

PAR

F. LAURENT,

PROFESSEUR A L'UNIVERSITÉ DE GAND.

TOME VINGT-SEPTIÈME.

PARIS.
A. DURAND & PEDONE LAURIEL,
RUE CUJAS, 9.

BRUXELLES.
BRUYLANT-CHRISTOPHE & COMP.,
RUE BLAES, 33.

1877

TITRE XI.

DU PRÊT.

(Suite.)

CHAPITRE IV.

DES RENTES PERPÉTUELLES.

SECTION I. — Notions générales.

1. Dans l'ancien droit, on distinguait trois espèces de rentes, les rentes foncières, les rentes constituées en perpétuel et les rentes viagères. Le code traite des rentes viagères au titre des *Contrats aléatoires* (art. 1914), et des rentes constituées dans le chapitre du *Prêt à intérêt*. Quant aux rentes foncières, l'article 530 prévoit le contrat qui autrefois donnait naissance à ces rentes, mais sans reproduire le nom; en effet, les rentes conservées par l'article 530 sont, sauf quelques différences, des rentes dites constituées. Nous suivrons l'ordre du code, en ce qui concerne les rentes viagères; quant aux rentes jadis appelées foncières, nous avons ajourné cette matière au titre des *Contrats* : c'est le moment d'en parler.

2. Les rentes ont joué un grand rôle dans l'ancien droit, tandis qu'elles tendent à disparaître sous l'empire du code civil. Il nous faut donc, avant tout, dire un mot du droit ancien et des raisons qui avaient donné une si grande extension au contrat de rente.

On appelait bail à rente le contrat par lequel le propriétaire d'un immeuble le cédait sous la condition qu'il lui serait payé un revenu annuel, à titre d'arrérages, soit en argent, soit en denrées, et qu'il conserverait un droit réel dans l'immeuble, comme garantie de ces prestations. On donnait à ces prestations le nom de rentes foncières, pour marquer qu'elles étaient un démembrement de la propriété, qui donnait au propriétaire de la rente le droit de la réclamer, à titre de droit réel, contre le cessionnaire de l'immeuble et contre tout tiers détenteur. La rente étant due par l'immeuble, le possesseur pouvait s'en affranchir en abandonnant l'immeuble; ce délaissement s'appelait déguerpissement. De là suit que la rente foncière n'était pas un droit de créance appartenant à un crédirentier contre un débiteur; le cessionnaire lui-même n'était pas obligé personnellement; l'immeuble seul était grevé.

La rente foncière ne pouvait être rachetée. Le rachat eût été une véritable expropriation, puisque la rente était un droit réel immobilier, ayant les mêmes caractères que la propriété immobilière; or, personne ne peut être privé de sa propriété sans son consentement, si ce n'est pour cause d'utilité publique.

L'article 530 déclare rachetable la rente établie à perpétuité pour le prix de la vente d'un immeuble, ou comme condition de la cession à titre onéreux ou gratuit d'un fonds immobilier. C'est modifier, dans son fondement, la rente dite foncière. L'article 529 dispose que toutes les rentes sont meubles. Il ne reste donc rien des caractères essentiels de l'ancienne rente foncière; voilà pourquoi le code n'en a pas conservé le nom. La rente foncière se conçoit dans un temps où les hommes étaient à peu près immobilisés comme les fonds de terre; elle ne se comprend plus dans un temps de vie et de progrès, où les immeubles augmentent progressivement de valeur. Les anciennes rentes foncières ont été la plupart rachetées, et il ne s'en crée pas de nouvelles, pas même avec les modifications que l'article 530 y a apportées.

3. Pothier définit les rentes constituées en ces termes : C'est un contrat par lequel l'un des contractants vend à l'autre une rente annuelle et perpétuelle, dont il se constitue le débiteur pour un prix licite convenu entre eux; prix qui doit consister en une somme de deniers que le vendeur reçoit de l'acheteur de la rente, sous la faculté, pour le débiteur de la rente, de pouvoir toujours la racheter lorsqu'il lui plaira, pour le prix qu'il a reçu, et sans qu'il puisse y être contraint (1).

Le code civil maintient la rente constituée, mais en lui donnant un tout autre caractère que celui qui semble résulter de la définition de Pothier. Aux termes de l'article 1909, on peut stipuler un intérét moyennant un capital que le préteur s'interdit d'exiger; dans ce cas, le *prêt* prend le nom de *constitution de rente*. Ainsi le code qualifie de *prêt* le contrat que Pothier qualifie de *vente*. La vérité est que la constitution de rente est un véritable prêt et non une vente, et il en était ainsi dans l'ancien droit aussi bien que dans le droit moderne. D'Argentré, avec sa franchise un peu rude, avoue que la rente constituée ne diffère du prêt à intérét que de nom, et que tout le monde a été heureux de trouver à prêter à usure, sans en avoir l'air. Toullier dit également qu'acheter avec son argent une rente annuelle du même produit qu'eût été l'intérét, c'est laisser subsister la chose en changeant le nom (2). Pothier lui-même reconnaît qu'il y a des différences essentielles entre la vente véritable et la prétendue vente que l'on suppose dans la constitution de rente : la vente est un contrat consensuel, tandis que le contrat qui constitue une rente est réel, ainsi que le prêt à intérét : la vente est un contrat bilatéral, et la constitution de rente est un contrat unilatéral, toujours comme le prêt. Pourquoi donc Pothier maintient-il l'assimilation du contrat de rente avec la vente? C'est qu'il le fallait pour s'accommoder avec la perfection évangélique. La charité chrétienne ne permet point de prêter à intérét; si l'on avait laissé à la constitu-

(1) Pothier, *Traité du contrat de constitution de rente*, nº 1.
(2) D'Argentré, sur l'article 266 des coutumes de Bretagne, chap. VI nos 9 et 10. Toullier, t. III, 2, nº 442.

tion de rente son caractère véritable, la loi aurait dû la prohiber, comme elle prohibait le prêt à intérêt; et tel était bien l'avis des théologiens rigides. On trouva un accommodement avec le ciel, en qualifiant de vente ce qui était un prêt; de sorte que, au nom de la perfection évangélique, on réprouvait et on approuvait la même convention. Comment expliquer et concilier cette rigueur extrême et cette excessive indulgence? La raison est aussi curieuse que la chose même. C'est, dit Troplong, que les églises et les communautés religieuses étaient créancières de beaucoup de ces rentes perpétuelles, qui formaient une partie considérable de leur patrimoine; des bénéfices et des colléges avaient été fondés ou dotés avec ces rentes (1). Quand l'intérêt est en jeu, les parfaits laissent là la perfection et préfèrent toucher les arrérages de leurs rentes que de gagner le ciel. Ainsi la perfection catholique consistait en ceci : elle prohibait sévèrement le prêt à intérêt, et elle prêtait à intérêt sous le nom de constitution de rente. Tout le monde l'imita : on gagnait le ciel tout en faisant fructifier ses capitaux au prix d'un mensonge ou d'un fraude pieuse. De là l'usage universel des rentes dans l'ancien droit.

4. En désertant la perfection catholique, le législateur moderne est revenu à la vérité; la vérité ne ferait-elle pas partie de la perfection? Le code qualifie de prêt la constitution de rente, et il semble même identifier les deux contrats. Il y a cependant une différence et elle est considérable; c'est que, dans la constitution de rente, le prêteur s'interdit la faculté d'exiger le capital, tandis que, dans le prêt à intérêt, le capital est nécessairement remboursé à l'expiration du terme exprès ou tacite pour lequel le prêt est fait. Dans l'un et l'autre contrat, le capital est aliéné, mais dans le prêt à intérêt l'aliénation est temporaire. De là une conséquence également importante. Le prêteur a droit au capital dont il peut demander le remboursement au terme convenu. Dans la constitution de rente, le créancier a seulement droit aux arrérages. Pothier dit, il est vrai, que la rente constitue une *espèce* de créance d'une

---

(1) Troplong, *Du prêt*, préface, p. LVII et suiv. (édition belge).

somme principale; mais en quoi consiste cette *espèce de créance?* Ce n'est qu'improprement, dit Pothier, que le créancier d'une rente constituée est créancier de la somme qui en fait le principal, puisqu'il ne peut pas l'exiger; elle est *magis in facultate luitionis quam in obligatione;* le débiteur peut la racheter, mais, en principe, le créancier n'a pas le droit d'en demander le rachat (1). Sous ce rapport, le prêt à intérêt est plus avantageux; le prêteur rentre dans ses fonds quand il le veut, il peut stipuler l'époque du remboursement selon ses convenances.

Il y a d'autres différences entre les deux contrats. La rente, en général, est *quérable*, c'est-à-dire que le crédirentier doit toucher les arrérages au domicile du débiteur; c'est le droit commun, tel qu'il est consacré par l'article 1247. On admet, au contraire, que l'emprunteur doit rendre la chose empruntée au lieu où le contrat s'est réalisé (2). Ce point est douteux; l'article 1903 ne décide pas la question, on reste donc sous l'empire du droit commun, pour le prêt aussi bien que pour la rente.

Le prêt à intérêt est, par sa nature, à titre onéreux; tandis que la rente peut être constituée à titre gratuit, soit par donation, soit par testament; on applique, dans ce cas, les règles qui régissent les libéralités, et quant à la forme et quant au fond.

Il y a une autre différence qui est à l'avantage de la rente : les intérêts des capitaux ne se capitalisent pas, en ce sens que l'anatocisme n'est permis que sous les conditions assez sévères requises par l'article 1154. L'article 1155 déroge à ces conditions en ce qui concerne les arrérages de rentes; ils produisent intérêt du jour de la demande ou de la convention. Nous renvoyons à ce qui a été dit, sur l'article 1155, au titre des *Obligations*.

Le prêt étant généralement plus avantageux que la constitution de rente, on conçoit que le dernier contrat tombe en désuétude. Il n'a été imaginé que pour tenir lieu du prêt que le législateur avait eu tort de défendre; il n'a

---

(1) Pothier, *De la constitution de rente*, n° 51.
(2) Pont, t. I, p. 152, n° 330, et p. 94. n° 215. Pothier, *De la constitution de rente*, n° 124.

plus de raison d'être, maintenant que le prêt à intérêt peut être librement stipulé; les constitutions de rente deviennent de jour en jour plus rares, et elles finiront par disparaître (1). C'est une raison pour ne pas s'arrêter à des discussions qui n'appartiennent qu'au domaine de l'école. Par contre, il y a une espèce de rentes qui, rares jadis, ont pris une grande extension dans les temps modernes, ce sont les rentes sur l'Etat; elles sont régies par des règles spéciales qui n'entrent point dans le cadre de notre travail.

5. La grande analogie qui existe entre le prêt à intérêt et la constitution de rente donne lieu à une difficulté de fait : comment saura-t-on s'il y a constitution de rente ou prêt à intérêt? En droit, la question est décidée par l'article 1909 : il faut, pour qu'il y ait rente constituée, que le prêteur s'interdise la faculté d'exiger le capital. Si le capital est exigible, il y a prêt. L'application dépend de l'interprétation des contrats, laquelle est abandonnée au pouvoir souverain des juges du fait. Nous citerons quelques exemples. Les rentes ont été si longtemps le seul placement légal et usuel des capitaux que les termes du contrat se sont conservés dans la pratique, bien que le contrat même devienne de plus en plus rare. Il va sans dire que les termes ne préjugent rien. Dans l'acte de reconnaissance d'une dette, le débiteur se réserve le droit de rembourser par 1,000 francs; les quittances d'intérêts données par le créancier portent pour *arrérages de rentes*. Aucun terme n'était fixé pour le payement. En résultait-il qu'il y avait constitution de rente? Non; les expressions des quittances étaient indifférentes; le silence de l'acte sur l'époque du remboursement s'expliquait par la clause qui réservait au débiteur le droit de rembourser par 1,000 francs. Il y avait obligation, pour le débiteur ou pour ses héritiers, de rembourser, ce qui suffit pour que le contrat ne soit pas une constitution de rente. Ainsi jugé par la cour de cassation (2).

Il arrive assez souvent que l'acheteur ne paye pas lors de la vente ; les parties conviennent que le prix de-

(1) Duvergier, p. 433, n° 318. Pont, t. I. p. 151, n° 327.
(2) Rejet, 29 avril 1818 (Dalloz, au mot *Rentes constituées*, n° 9, 1°).

meurera affecté à *titre de rente* sur l'immeuble vendu, jusqu'à l'acquittement dont l'époque est fixée. On s'est prévalu de l'expression à *titre de rente*, pour soutenir qu'il y avait eu conversion de la rente en un contrat de constitution de rente. La cour de Bruxelles a très-bien jugé que l'obligation imposée à l'acheteur de payer son prix dans un délai fixé par l'acte donnait au créancier le droit d'exiger le capital, ce qui est incompatible avec la constitution de rente (1).

L'acte porte que l'acheteur pourra se libérer du capital *à sa volonté*. Rien n'est dit sur le droit du vendeur d'exiger le capital, mais aussi le contrat ne dit pas que le créancier renonce au droit de l'exiger. Y a-t-il constitution de rente ? Il y a sur cette question deux arrêts, l'un de la cour de Nancy, qui décide que le contrat est une constitution de rente ; l'autre, de la cour de Paris, qui juge que c'est un prêt à intérêt ; l'un et l'autre ont été confirmés par la cour de cassation. Les arrêts de rejet n'ont pas grande valeur dans l'espèce, parce qu'ils se fondent uniquement sur l'interprétation du contrat par les juges du fait. Et il est difficile de discuter ces décisions, comme toutes celles qui invoquent les circonstances de la cause. Tout ce qu'il est permis de dire, c'est que la seule clause que l'acheteur payera à sa volonté n'emporte pas abdication pour le vendeur d'exiger le prix ; celui-ci témoigne seulement par là qu'il ne veut pas presser l'acheteur, comme le disait une autre clause également soumise à la cour de cassation : cela n'implique nullement une aliénation du capital (2). Il faut dire plus. Dans le doute, on doit décider que les parties n'ont pas eu l'intention de faire une constitution de rente, parce que ce contrat n'est plus dans nos mœurs, de sorte que la plupart des parties contractantes ignorent même ce que c'est.

_____

(1) Bruxelles, 10 mars 1814 (*Pasicrisie*, 1814, p. 33).
(2) Rejet, 31 décembre 1834 et 24 mars 1818 (Dalloz, au mot *Rentes constituées*, nᵒˢ 26, 2ᵒ et 27). Comparez Rejet, 12 janvier 1809 (*ibid.*, nᵒ 25).

SECTION II. — Nature et conditions des rentes constituées.

6. L'article 529 déclare meubles, par la détermination
de la loi, les rentes perpétuelles qui, dans l'ancien droit,
étaient considérées comme immeubles. Nous renvoyons à
ce qui a été dit sur ce point ailleurs (t. V, n°s 509 et 510).

7. Quel est le taux des arrérages dans les constitutions
de rente? Les termes de l'article 1909 ne laissent aucun
doute sur ce point : la loi dit que l'on peut stipuler un intérêt, moyennant un capital que le prêteur s'interdit d'exiger, comme elle dit (art. 1905), qu'il est permis de stipuler
des intérêts dans un simple prêt. Ainsi les deux conventions sont mises absolument sur la même ligne en ce qui
concerne la stipulation d'intérêts. Il suit de là que les dispositions sur le taux de l'intérêt reçoivent leur application
à l'un et l'autre contrat. En France, on applique à la constitution de rente les dispositions restrictives de la loi de
1807 (1). En Belgique, le législateur est revenu au principe de l'article 1905; la loi du 5 mai 1865 donne donc
pleine liberté aux parties contractantes quant au taux des
arrérages.

On demande s'il en est de même des intérêts stipulés
pour prêt ou rente en denrées ou en autres choses mobilières. La question n'en est pas une; il n'y a pas deux espèces de prêts ni de rentes, des rentes en argent et des
rentes en denrées; il n'y a qu'un seul et unique contrat de
rente; en fait, les arrérages peuvent consister en argent ou
en denrées, mais il n'en résulte aucune différence en
droit (2).

8. L'article 1907 veut que le taux de l'intérêt conventionnel soit fixé par écrit. Cette disposition s'applique-t-elle
aux constitutions de rentes? L'affirmative est certaine; car
la constitution de rente est un prêt et les arrérages sont
des intérêts. L'article 1909 le dit, ce qui décide la question.

_____

(1) Duvergier, p. 439, n° 327, combat l'opinion contraire de Favard de
Langlade, qui est restée isolée.
(2) Aubry et Rau, t. IV, p. 615 et note 4, § 398 et les autorités qu'ils
citent.

La jurisprudence paraît ne pas tenir compte de l'article 1907, en matière de rentes. Peut-être s'agit-il de rentes antérieures au code civil; dans ce cas, on applique les lois qui régissaient la preuve lors du contrat. Nous renvoyons à ce qui a été dit sur le principe de la non-rétroactivité des lois (t. I, n° 230). Mais s'il s'agit de contrats postérieurs au code civil, il ne peut plus être question de preuve testimoniale, pas même avec un commencement de preuve par écrit. Ce ne sont pas les articles 1341 et 1347 qu'il faut appliquer, c'est l'article 1907, au moins en ce qui concerne le taux des arrérages; quant à la preuve de l'existence de la rente, qui d'ordinaire se confond avec le taux, elle reste sous l'empire du droit commun (1).

9. Pothier dit que la rente peut s'établir par la prescription, c'est-à-dire que si je prouve que pendant trente ans j'ai perçu les arrérages d'une rente, j'aurai acquis par la prescription la propriété de cette rente. En est-il de même sous l'empire du code? Troplong reproduit la doctrine traditionnelle (2); elle nous paraît pour le moins douteuse. L'ancien droit, en tout cas, doit être écarté, car la rente n'est plus un droit réel, immobilier, qui puisse s'acquérir par la prescription; c'est un simple droit de créance. Peut-on acquérir par la prescription un droit d'obligation?

L'article 2262 dit, il est vrai, que toutes les actions, tant réelles que personnelles, se prescrivent par trente ans, et il est certain que cette prescription est non-seulement extinctive, mais aussi acquisitive. Mais à quels biens s'applique-t-elle? Telle est la question. Pour la décider, il faut combiner l'article 2262 avec l'article 2265. Le code n'admet la prescription acquisitive par dix à vingt ans que pour les immeubles; ce qui exclut l'usucapion des meubles; si l'on ne peut acquérir la propriété des effets mobiliers par la prescription de dix à vingt ans, quoique le possesseur ait titre et bonne foi, il faut en dire autant de la prescription trentenaire. Dira-t-on que c'est mal raisonner,

---

(1) Comparez les arrêts rapportés dans le *Répertoire* de Dalloz, au mot *Rentes constituées*, n°ˢ 78 et 79.

(2) Pothier, *De la constitution de rente*, n° 158. Troplong, n° 451. En sens contraire, Pont, t. I, p. 153, n° 334.

que le possesseur d'un meuble corporel n'a pas besoin de
la prescription de dix ans, puisque, s'il est de bonne foi, il
peut repousser l'action en revendication du propriétaire en
lui opposant la maxime qu'en fait de meubles, la possession
vaut titre? Il ne peut donc s'agir que de la prescription
des droits mobiliers qui ne tombent pas sous l'application
de l'article 2279; or, les termes généraux de l'article 2262
reçoivent leur application à toutes choses qui sont dans le
commerce. Nous répondons que l'argument tiré de l'article 2265 subsiste, en ce sens que les rentes ne pouvant pas
s'acquérir avec titre, bonne foi et possession de dix ans,
on ne conçoit pas qu'elles s'acquièrent par la possession
de trente ans sans bonne foi ni titre. Il y a une autre réponse à faire à l'argument que l'on tire de l'article 2262.
Cet article suppose que le possesseur invoque la prescription contre l'action en revendication du propriétaire. Or,
telle n'est pas l'hypothèse de la prescription d'une rente.
Pothier, qui admet l'acquisition par la prescription trentenaire d'une rente, dit que celui à qui les arrérages sont
payés pendant ce long laps de temps acquiert le droit à la
rente par cette longue possession, en ce sens que celui qui
les a payés sera considéré comme débiteur (1); c'est donc
contre le *débiteur* que la prescription s'accomplit, ce n'est
pas contre le propriétaire. Donc on ne se trouve pas dans
le cas de l'article 2262. La prétendue prescription n'est, à
vrai dire, qu'une présomption de l'existence de la rente;
c'est-à-dire une preuve de son existence par une présomption légale qui n'admet pas la preuve contraire. Or, il n'y
a pas de présomption légale sans loi, et nos lois ignorent
cette présomption : cela nous paraît décisif.

Nous ne connaissons pas d'arrêt sur la question. La
cour deBruxelles a jugé (2), qu'il était de jurisprudence
dans le Brabant que lorsque celui qui se prétendait créancier d'une rente justifiait de la prestation des arrérages
pendant trente ans, cette prestation opérait contre celui
qui les avait payés un droit de prescription qui donnait
au premier un droit de propriété de la rente. La cour ne

(1) Pothier, *Du contrat de constitution de rente*, n° 158.
(2) Bruxelles, 6 février 1819 (*Pasicrisie*, 1819, p. 298).

fait donc que maintenir un droit acquis avant la publication du code civil (1).

SECTION III. — Du rachat des rentes constituées.

10. « La rente constituée en perpétuel est essentiellement rachetable » (art. 1911). Ce principe existait déjà dans l'ancien droit; Pothier dit que le débiteur qui a constitué une rente et ses héritiers ont toujours la faculté de racheter la rente et de s'en libérer, en rendant au créancier la somme qu'il a payée pour prix de la constitution. La faculté de rachat était en contradiction avec la nature de la rente, telle que Pothier la définit (n° 3). Si la constitution de rente est une vente, le contrat est irrévocable, et il ne pourrait être résolu que par une convention de réméré; tandis que le rachat de la rente se fait par la seule volonté du débiteur. La contradiction de l'ancienne théorie est patente; elle s'explique par la fiction que l'on avait imaginée pour concilier le prêt à intérêt sous forme de rente avec la prétendue perfection évangélique et le prétendu droit divin de l'Eglise. Dans la législation moderne, le rachat est une conséquence naturelle du contrat de constitution de rente : c'est un prêt, et l'emprunteur a toujours le droit de rembourser le capital; d'ordinaire le contrat fixe l'époque où il doit rembourser, alors le droit devient une obligation. Dans la constitution de rente, le débirentier ne doit pas le capital, puisque le créancier s'est interdit de l'exiger, mais il a toujours le droit de rachat, c'est-à-dire la faculté de rembourser le capital pour se décharger du service des arrérages (2).

11. L'article 1911 contient une restriction au principe qu'il établit. Toute rente constituée n'est pas rachetable; il faut, pour que le débiteur ait le droit de rachat, que la rente soit constituée *en perpétuel*. Il y a, en effet, deux

(1) Merlin, que l'on invoque contre notre opinion, ne parle que de l'ancien droit (*Répertoire*, au mot *Prescription*, section III, § I, art. 1). Et dans les *Questions de droit*, il ne traite que de la preuve (au mot *Rente*, § II).

(2) Pont, t. I, p. 155, n° 339. Comparez Duvergier, p. 477, n° 362; Mourlon, t. III, p. 395, n° 1004.

manières de constituer la rente, en perpétuel ou en viager (art. 1910). Les rentes viagères ne sont point rachetables; elles ne constituent pas un simple prêt; c'est un contrat aléatoire, dont chacune des parties doit subir les chances; dès lors le rachat ne se conçoit pas.

11 *bis.* L'article 1911 ajoute, 2e alinéa : « Les parties peuvent seulement convenir que le rachat ne sera pas fait avant un délai qui ne pourra excéder dix ans, ou sans avoir averti le créancier au terme d'avance qu'elles auront déterminé. » Dans le prêt ordinaire, le remboursement est de droit, il se fait à l'époque convenue expressément ou tacitement. Dans la constitution de rente, le prêteur s'interdit d'exiger le capital, mais l'emprunteur conserve le droit de le rembourser. En l'absence d'une convention, il le peut à sa volonté. Un pareil droit n'est guère en harmonie avec l'intention du prêteur ; en plaçant ses capitaux en rente perpétuelle, il manifeste certes la volonté de jouir de la rente pendant de longues années; mais comme le rachat est un droit pour l'emprunteur, le prêteur doit avoir le soin de stipuler que le rachat ne pourra se faire qu'après un certain délai, ou du moins en avertissant le créancier au terme convenu à cet effet. La loi ne permet d'ajourner le rachat que pendant dix ans; quelle en est la raison? Il est difficile de le dire : les auteurs du code ne s'en sont pas expliqués, et l'analogie qui existe entre la constitution de rente et le prêt est en opposition avec la disposition de la loi. Dans le prêt, on peut convenir que l'emprunteur ne remboursera qu'après vingt ou trente ans : pourquoi cette stipulation, licite dans le prêt, est-elle illicite dans la constitution de rente? Nous l'ignorons. Quand nous disons que la clause qui fixerait un délai plus long que dix ans est illicite, cela ne veut pas dire qu'elle soit nulle, d'une nullité absolue; elle sera réduite à dix ans. On invoque par analogie la disposition de l'article 1660 qui défend de stipuler la faculté de réméré pour plus de cinq ans, et qui réduit la stipulation à ce terme, si les parties l'ont dépassé (1).

---

(1) Duranton, t. XVII, p. 677, n° 64 et tous les auteurs.

12. A quel taux se fait le remboursement? Les auteurs français répondent : Au taux légal de 5 pour cent quand il s'agit d'une rente en argent. D'après notre droit, il n'y a pas de taux légal; il faut donc dire que le rachat se fait au taux auquel la rente a été constituée : ce taux devant être fixé par écrit, en vertu de l'article 1907, c'est le contrat même qui servira de base au rachat.

La loi des 18-29 décembre 1790 (tit. III, art. 2) contient une disposition spéciale sur le rachat des rentes en nature; il en résulte qu'il se fait au taux de 3,7 pour cent environ (1). Cette loi s'applique aux rentes nouvelles aussi bien qu'aux rentes anciennes. Toutefois il faut tenir compte de la disposition de l'article 1907 : le taux doit être fixé par écrit pour les rentes en denrées comme pour les rentes en argent, et si les parties ont stipulé une rente en denrées au taux de 6 pour cent, le remboursement devra se faire au même taux; la convention des parties l'emporte sur la disposition de la loi.

13. Si le débiteur de la rente vient à mourir, ses héritiers pourront demander le rachat. L'action se divise-t-elle, de sorte que chacun d'eux puisse exercer l'action pour sa part héréditaire? ou doivent-ils s'entendre pour exercer le rachat de toute la rente? La question est controversée. Si l'on s'en tient aux dispositions du code civil, elle n'est guère douteuse. La constitution de rente est un prêt (article 1909); or, la dette d'une somme d'argent se divise entre les héritiers de l'emprunteur; pourquoi ne se diviserait-elle pas entre les héritiers du débirentier? L'article 1220 est applicable aux uns et aux autres, dès que la dette est divisible; or, il n'y a rien de plus divisible que la dette d'une somme d'argent. Cela paraît décisif, et l'on ne voit pas où est le motif de douter.

Il est dans la tradition. Pothier et Dumoulin enseignent que le rachat de la rente ne peut pas se faire partiellement, et l'autorité de Dumoulin est très-grande en cette matière, puisque les auteurs du code lui ont emprunté la théorie de l'indivisibilité; or, Dumoulin soutient qu'il s'agit, dans

(1) Pont, t. I, p. 157, n° 343.

l'espèce, d'une obligation indivisible. Le débiteur devait une seule et unique rente; quand il meurt laissant plusieurs héritiers, il n'y a toujours qu'une rente; cette rente conserve son caractère, elle a été créée avec la faculté de rachat par le remboursement du total de la somme pour laquelle elle a été constituée; c'est avec cette qualité qu'elle passe aux héritiers, par conséquent ils peuvent exercer le rachat, mais en remboursant toute la rente. C'est pourquoi Dumoulin comprend parmi les diverses espèces d'indivisibilité la faculté de rachat (1). Il reste à savoir si le code a reproduit, en ce point, la doctrine de Dumoulin. Au titre des *Obligations,* il n'est pas question de l'indivisibilité du rachat. Il est vrai qu'au titre de la *Vente,* la loi dit que l'acquéreur sous pacte de rachat peut demander que les héritiers du vendeur qui veulent user du pacte s'entendent et se concilient pour la reprise de tout l'héritage. Voilà, dira-t-on, l'indivisibilité du contrat; nous répondons que la différence est grande entre le pacte de rachat dans la vente et le remboursement d'une rente constituée. On conçoit que celui qui achète un héritage ne l'achète que dans l'intention de le conserver pour le tout; peut-on en dire autant de la constitution de rente, c'est-à-dire d'un droit essentiellement divisible, que nos lois mettent sur la même ligne que le prêt à intérêt? Ici est peut-être la raison de la différence entre l'ancien droit et le nouveau. Pothier considérait la constitution de rente comme un contrat de vente; et comme la rente perpétuelle était immobilière, on pouvait appliquer au rachat de la rente ce que Dumoulin et, après lui, Pothier et le code disent de la vente d'un immeuble avec pacte de rachat. Dans notre droit moderne, il en est autrement : la rente constituée n'est plus qu'un droit mobilier, le débiteur qui la rachète est débiteur d'une somme d'argent; dès lors il faut laisser de côté l'analogie du pacte de rachat dans la vente, pour s'en tenir aux principes de la divisibilité d'une dette qui a pour objet une somme d'argent (2).

(1) Pothier, *De la constitution de rente,* n° 190.
(2) Duranton, t. XVII, p. 678, n° 613. Duvergier, p. 448, n° 336. Aubry et Rau, t. IV, p. 615, note 6, § 398. En sens contraire, Merlin, Troplong et Larombière.

La jurisprudence, en cette matière, est très-confuse. D'ordinaire, on pourrait dire toujours, la question s'est présentée pour des rentes créées sous l'ancien droit. Naît alors une première difficulté. L'indivisibilité de la rente, telle que Pothier l'établit, existe-t-elle encore sous l'empire du code civil, en supposant que le rachat des rentes nouvelles soit divisible? D'après les principes qui régissent la non-rétroactivité des lois, l'affirmative n'est point douteuse; les effets des contrats se règlent par la loi du temps où ils sont passés (t. I, n°ˢ 207 et 226). Les cours de Belgique, devant lesquelles la question s'est présentée, ne la discutent même pas, elles admettent l'indivisibilité en vertu des principes généraux de droit. On lit dans un arrêt de la cour de Bruxelles : « Quoique l'obligation du débirentier de payer les arrérages et de rembourser le capital d'une rente soit divisible à raison de l'objet de la dette, néanmoins la faculté du rachat qui lui compète est indivisible, en ce sens qu'elle ne peut être exercée pour partie, ni par le débiteur, ni par l'un de ses héritiers ». La cour dit que, d'après *la fin qu'on se propose dans une constitution de rente, l'intention des parties* est que le crédirentier ne doit subir le rachat que pour toute la rente, moyennant le remboursement du capital intégral; de sorte que cette condition est *indivisible* dans son *exécution* (1). Cet arrêt reproduit les termes de l'article 1221, 5°. Il s'agirait donc d'une indivisibilité de payement. En effet, la cour ajoute que, dans l'espèce, il n'y avait pas lieu d'appliquer le principe de l'indivisibilité, attendu que le remboursement de la rente était demandé par le créancier, le capital étant devenu exigible (2). Telle est aussi la doctrine de Pothier; d'après lui, non-seulement l'un des héritiers du crédirentier ne peut demander le rachat pour le tout, il ne peut pas même refuser le rachat partiel qu'on lui offre; le rachat ne serait donc indivisible qu'en faveur du créancier contre les héritiers du débiteur. Est-ce bien là le cas prévu par le n° 5 de l'article 1221? Il est difficile de le dire, car la rédaction de

(1) Bruxelles, 14 juillet 1818 (*Pasicrisie*, 1818. p. 150).
(2) Dans le même sens, Liége, 8 février 1815 (*Pasicrisie*, 1815, p. 307), et 7 juin 1817 (*Pasicrisie*, 1817, p. 423); Bruxelles, 11 mai 1821 (*Pasicrisie*, 1821, p. 378).

cette disposition est si vague, que les tribunaux peuvent toujours admettre une indivisibilité de payement en se fondant sur l'intention des parties contractantes. A notre avis, l'article 1221, 5°, soulève une question de fait, en ce sens que dans chaque espèce le juge est appelé à décider quelle a été l'intention des parties contractantes; tandis que d'après la jurisprudence, conforme en cela à l'opinion de Pothier, le rachat serait de droit indivisible. Ce serait donc une indivisibilité particulière, spéciale au rachat d'une rente; c'était bien là la pensée de Dumoulin. Mais le code n'a pas reproduit cette théorie. Notre conclusion est que le rachat reste divisible, à moins que l'on ne prouve que l'intention des parties a été de le rendre indivisible au profit du créancier contre les héritiers du débiteur; question que le juge doit décider, dans chaque espèce, d'après les circonstances de la cause.

Il ne faut pas confondre avec la question de l'indivisibilité du rachat celle de savoir comment les héritiers du débirentier sont tenus au payement des arrérages. Dans le droit moderne, il n'y a aucun doute; la dette se divise. D'après nos anciennes coutumes, les héritiers étaient tenus solidairement. Cette solidarité étant une clause tacite du contrat de rente, il s'ensuit que les anciennes rentes donnent encore au crédirentier le droit d'agir solidairement contre les héritiers du débiteur (1). Les chartes du Hainaut établissaient formellement la solidarité contre les héritiers du débirentier; il a été jugé, et avec raison, que les héritiers restaient tenus solidairement sous l'empire du code civil (2). La cour de Bruxelles dit, dans un arrêt subséquent, que la rente, objet du litige, ayant été créée sous l'empire des chartes du Hainaut, elle est *indivisible* (3). C'est confondre l'indivisibilité et la solidarité; confusion si fréquente dans la jurisprudence, comme nous l'avons dit ailleurs. L'expression au moins est mauvaise; la solidarité a pour effet que le payement ne peut être divisé (art. 1203); mais cela ne rend pas la dette indivisible (art. 1219).

(1) Bruxelles, 3 mai 1823 (*Pasicrisie*, 1823, p. 401)
(2) Bruxelles, 23 février 1835 (*Pasicrisie*, 1835. 2. 71).
(3) Bruxelles, 13 juillet 1844 (*Pasicrisie*, 1845, 2, 286).

14. Le débiteur d'une rente perpétuelle peut être contraint au rachat, ou, comme le dit l'article 1913, le capital de la rente devient exigible dans trois cas : 1° s'il cesse de remplir ses obligations, c'est-à-dire de payer les arrérages pendant deux ans; 2° s'il manque à fournir au préteur les sûretés promises par le contrat; et 3° s'il tombe en faillite ou en déconfiture. Dans tous ces cas, le débiteur manque à ses engagements, ou il se trouve dans l'impossibilité d'y satisfaire; c'est la raison pour laquelle la loi donne à l'emprunteur le droit d'exiger le rachat. En apparence, cette disposition est une application du principe de la condition résolutoire tacite établie par l'article 1184 pour le cas où l'une des parties ne remplit pas ses obligations. Mais, tout en admettant le principe, les auteurs ne l'appliquent pas dans toutes ses conséquences. Il en résulte de grandes incertitudes et des contradictions.

Nous croyons, avec la cour de cassation, que l'article 1184 doit être entièrement écarté du débat. La cour en donne une raison péremptoire : l'article 1184 ne sous-entend la condition résolutoire que dans les contrats synallagmatiques; donc elle n'existe pas dans la constitution de rente, qui est un contrat unilatéral, comme tout prêt (1). Nous avons répondu ailleurs aux mauvais arguments de Troplong; ceux que donnent Duvergier et Pont ne sont guère meilleurs. Dans les contrats synallagmatiques, on suppose que la cause déterminante de l'engagement contracté par l'une des parties est l'engagement pris par l'autre; que l'une ne veut être engagée qu'autant que l'autre exécute ce qu'elle a promis; de sorte que chacune entend être affranchie de ses obligations, si les obligations contractées envers elle ne sont pas fidèlement remplies. On n'a pas songé à étendre cette présomption aux contrats unilatéraux, c'est-à-dire que le législateur ne l'a pas établie. Cela nous paraît décisif contre l'opinion de Duvergier, qui n'hésite pas, dit-il, à appliquer à la constitution de rente, contrat unilatéral, la règle admise par l'article 1184 pour les contrats synallagmatiques; cela aboutit à étendre une présomption légale ou une condition tacite, que le législateur établit et

(1) Rejet, 8 avril 1818 (Dalloz, au mot *Rentes constituées*, n° 165).

que lui seul peut étendre. Si Duvergier le fait, c'est que, d'après lui, il y a un engagement bilatéral dans le prêt; de sorte qu'il n'y aurait plus de contrats unilatéraux (1). Nous avons répondu ailleurs à cette fausse doctrine (t. XXVI, n° 485).

Pont a une autre explication. Il ne faut pas, dit-il, prendre trop à la lettre les mots *contrats synallagmatiques*; ils ónt été pris dans le sens de *contrats à titre onéreux*; d'après lui, il aurait donc fallu étendre le principe de l'article 1184 au contrat de rente, quand même l'article 1912 n'en aurait pas fait une application spéciale (2). Nous ne reconnaissons pas à l'interprète le droit de changer les textes et de dire qu'il faut remplacer une expression par une autre, quand cette expression est essentielle. Il y a un autre article qui proteste contre la signification que l'on veut donner aux mots *contrats synallagmatiques*. S'ils sont synonymes de contrats onéreux, il en résulterait que la condition résolutoire n'existe pas dans les contrats à titre-gratuit. Or, l'article 954 dit le contraire en permettant au donateur, quand la donation est faite avec charge, d'en demander la révocation pour cause d'inexécution des charges : c'est l'application, à la donation, du principe de l'article 1184, parce que la donation avec charge est un contrat synallagmatique. Nous avons donc deux articles qui posent en principe que la résolution a lieu dans les contrats bilatéraux quand l'une des parties ne remplit point ses engagements.

15. Il y a un autre motif pour décider que l'article 1912 n'est pas l'application de l'article 1184, et ce motif est péremptoire. L'article 1184 établit une condition résolutoire tacite; or, il est de principe, et cela ne peut être contesté, que la condition résolutoire tacite produit les mêmes effets que la condition résolutoire expresse; c'est une seule et même condition, l'une sous-entendue par la loi, l'autre stipulée par les parties. Or, quel est l'effet de la condition résolutoire? L'article 1183 répond qu'elle opère la révocation de l'obligation en remettant les choses au même état que si elle n'avait pas existé; le contrat est donc anéanti comme

(1) Duvergier, *Du prêt*, p. 454, note 1.
(2) Pont, *Petits contrats*, t. I, p. 159, n° 348.

s'il n'avait jamais été formé. Est-ce là l'effet du rachat forcé de l'article 1912? Non, certes; le seul effet que la loi attache à l'inexécution des engagements du débiteur, c'est que sa dette devient exigible contre lui, comme le dit l'article 1912 : le rachat, qui était un droit, devient une obligation. Qu'est-ce à dire? Qu'il n'est pas question de résolution dans l'article 1912. Dire que le capital de la rente devient exigible, c'est dire que le débiteur perd le bénéfice du terme illimité qu'il avait pour payer. Nous aboutissons à cette conséquence que les articles 1912 et 1913 sont une application de l'article 1188 sur la déchéance du terme.

16. Il suffit de comparer ces dispositions pour s'en convaincre. D'après l'article 1188, le débiteur ne peut plus réclamer le bénéfice du terme, c'est-à-dire que sa dette devient exigible, lorsqu'il a fait faillite. L'article 1913 contient une disposition identique pour la constitution de rente : le capital devient exigible, ou, en d'autres mots, le débiteur perd le bénéfice du terme quand il tombe en déconfiture, ou qu'il est déclaré en faillite. Les articles 1188 et 1913 contenant une seule et même disposition, le principe qu'ils formulent doit être le même. Ce n'est pas le principe de la condition résolutoire tacite; on ne peut pas dire que le débiteur qui devient insolvable manque à ses engagements; pourquoi donc perd-il le bénéfice du terme? pourquoi la dette devient-elle exigible? Parce que la situation des parties contractantes est changée; le créancier n'aurait certainement pas donné ses fonds à un débiteur failli ou déconfit, partant il doit avoir le droit d'en demander le remboursement.

L'article 1188 déclare encore le débiteur déchu du bénéfice du terme quand, par son fait, il a diminué les sûretés qu'il avait données au créancier par son contrat. Ce cas n'est pas prévu textuellement dans l'article 1912, mais tous les auteurs l'admettent, par analogie de celui qui y est prévu, à savoir que le débiteur d'une rente peut être contraint au rachat s'il manque à fournir au prêteur les sûretés promises par le contrat. Les deux cas sont au fond identiques, et il y a mêmes motifs de décider; le créancier n'a consenti à donner ses fonds au débiteur que moyennant les sûretés promises par celui-ci; si ces garanties ne sont pas fournies, il doit avoir le droit de reprendre ses fonds, en mettant fin au contrat.

L'article 1188 ne prévoit pas le cas où le débiteur ne payerait pas les intérêts de la dette, mais on admet que l'article 1912 est applicable au cas du prêt à intérêt; dans notre opinion, c'est le principe de l'article 1188 qui doit recevoir son application, et non le principe de la condition résolutoire tacite : c'est un cas de déchéance, et non un cas de résolution. Et la déchéance, dans le n° 1 de l'article 1912, est fondée sur le même motif que dans les cas prévus par le n° 2 et par l'article 1913; le créancier a voulu s'assurer un revenu certain; il n'aurait pas contracté s'il avait prévu que le débiteur de la rente ne la payerait pas exactement; donc il doit avoir le droit de rompre le contrat.

17. L'article 1912 est donc identique avec l'article 1188; il prévoit des cas où le débiteur est déchu du terme, il ne prévoit pas des cas de résolution. Dira-t-on que la déchéance et la résolution sont une seule et même chose, puisque la déchéance est encourue, aussi bien que la résolution, quand le débiteur manque à ses engagements ou qu'il est dans l'impossibilité de les remplir? Non, la déchéance n'est pas la résolution. Il y a d'abord la différence que nous avons signalée, c'est que la résolution entraîne l'anéantissement du contrat, comme s'il n'avait jamais existé; elle est essentiellement rétroactive, tandis que la déchéance laisse subsister le contrat, dont elle hâte seulement la fin, en rendant la dette exigible. Il y a d'autres différences essentielles entre la déchéance et la résolution; il suffit de comparer les articles 1188 et 1184 pour s'en convaincre. L'article 1184 dit que la résolution doit être demandée en justice et que le juge peut accorder au débiteur un délai selon les circonstances. En est-il de même dans le cas de déchéance du terme? L'article 1188 ne parle pas d'une demande en justice, ni d'une faculté donnée au juge d'accorder un délai au défendeur; cela n'aurait pas de sens. Peut-il être question d'accorder un terme au débiteur, alors que la loi le déclare déchu de celui que le contrat stipulait? Accorde-t-on un terme à un débiteur qui est en faillite? Il faut dire plus : il n'y a pas lieu à l'intervention du juge quand la loi prononce la déchéance du terme; une dette était à terme; la loi décide que cette dette devient pure et simple, donc le créancier peut agir immédiatement contre le débiteur; il ne s'adresse pas au juge, dès lors le juge est sans droit.

Nous aboutissons à une conséquence très-importante, c'est que l'on doit appliquer à la déchéance prononcée par les articles 1912 et 1913, non les principes de la condition résolutoire tacite de l'article 1184, mais les principes qui régissent la déchéance de l'article 1188. Telle est notre règle d'interprétation; nous allons l'appliquer aux difficultés qui se présentent (1).

18. L'article 1912 dit que le capital de la rente peut être exigé par le créancier lorsque le débiteur cesse de remplir ses obligations pendant deux années. La cour de Caen a vu dans cette disposition une grande difficulté; dans un arrêt longuement motivé, elle a jugé que le débiteur n'étant tenu de payer les arrérages qu'à la fin de l'année, son obligation ne commençait qu'à partir de ce moment, et que c'est seulement deux ans plus tard que l'on peut dire de lui qu'il est resté deux ans sans remplir ses obligations. La cour de cassation n'a pas admis cette singulière interprétation qui ajoute réellement à la loi, puisqu'elle aboutit à ne rendre le capital exigible qu'après trois ans; tandis que la loi le déclare exigible après deux ans. Y a-t-il réellement une difficulté de texte? C'est une de ces difficultés que les interprètes imaginent, en donnant la torture au texte. Le bon sens dit que le débiteur qui ne paye pas les arrérages pendant deux ans est en retard pendant deux ans de remplir ses obligations, et c'est à raison de l'inexécution de ses engagements pendant deux ans que la loi le déclare déchu du bénéfice du terme (2).

Il faut se garder d'un autre excès. Un créancier trop

---

(1) Comparez Duranton, t. XVII, p. 682, n° 616; Mourlon, t. III, p. 396, n° 1009. Rejet, chambre civile, 4 novembre 1812 (Dalloz, au mot *Lois*, n° 273).

(2) Caen, 26 juillet 1820 et Cassation. 12 novembre 1822 (Dalloz, au mot *Rentes constituées*, n°ˢ 180 et 181). C'est l'opinion de tous les auteurs (Pont, t. I, p. 160, n° 350, et les auteurs qu'il cite).

pressé demande le remboursement du capital, alors que la deuxième année d'arrérages était près d'échoir, mais elle n'échut qu'après l'introduction de la demande en justice. Cependant le premier juge prononça le rachat. La décision fut réformée en appel, et elle devait l'être. Le seul motif de douter était l'échéance des arrérages pendant le cours de l'instance ; la cour de Liége répond qu'il est de principe que le droit du demandeur est circonscrit dans l'objet de sa demande ; la demande n'était pas fondée lors de son introduction, elle devait donc être rejetée (1).

Faut-il que les deux années soient consécutives ? La question est controversée ; on peut dire que le texte de la loi n'exige pas cette condition, et que c'est ajouter à la loi que de l'exiger. Cela serait vrai si le législateur avait pu prévoir qu'il se trouvât un créancier qui consente à recevoir les arrérages d'une seconde année, alors que les arrérages échus ne sont pas acquittés. Ce sont là des suppositions d'école auxquelles les auteurs du code, hommes pratiques, n'ont pas songé. Le bon sens dit que cela ne se fera point. Et si cela arrivait par impossible, le juge rejetterait probablement le rachat, parce qu'il est naturel que deux années veulent dire deux années consécutives. C'est l'opinion générale (2).

19. La loi fixe deux années ; elle a voulu concilier le droit du créancier et l'indulgence qui est due au débiteur. Ce n'est pas à raison du seul fait que le débiteur ne paye pas les arrérages échus, que la loi le prive du bénéfice du terme, c'est parce que le défaut de payement pendant deux années consécutives donne lieu de craindre que le débiteur continue à ne pas remplir ses engagements, ou les remplisse d'une manière irrégulière et préjudiciable au créancier ; il fallait donc plus qu'une année ; la loi en a fixé deux, afin de ménager les intérêts de toutes les parties ; il va sans dire que les parties sont libres de déroger à la loi, en se montrant plus sévères ou plus indulgentes. Ces clauses donnent lieu à de nouvelles difficultés. Produisent-elles le

(1) Liége, 22 décembre 1820 (*Pasicrisie*, 1820, p. 271).
(2) Duranton, t. XVII, n° 618, Aubry et Rau, Troplong et Pont, en sens contraire (Pont, t. I, p. 161, n° 351).

même effet que la déchéance légale? Sont-elles simplement comminatoires ou doivent-elles être appliquées avec rigueur? Il est difficile de répondre *a priori* à des questions qui concernent l'interprétation des conventions; les parties peuvent stipuler ce qu'elles veulent; il faut donc voir ce qu'elles ont voulu (1). Tout ce que l'on peut dire, c'est que le code civil ne connaît plus les clauses comminatoires; les parlements s'étaient arrogé le pouvoir de réduire à des menaces les conventions les plus formelles; nos tribunaux n'ont plus le droit d'altérer les conventions, leur mission se borne à les interpréter; mais les parties sont libres de renoncer à la rigueur des clauses qu'elles ont stipulées; le juge doit naturellement tenir compte de cette dérogation à la convention primitive. On peut appliquer ici par analogie ce que nous avons dit, au titre du *Louage,* sur le pacte commissoire.

20. Le débiteur encourt-il la déchéance par le fait seul qu'il ne remplit pas ses obligations pendant deux ans, ou doit-il être constitué en demeure par une sommation? Dans notre opinion, la question ne se comprend même pas. C'est la loi qui prononce la déchéance quand le débiteur ne paye pas les arrérages pendant deux ans. Cela signifie, comme le dit l'article 1913, que le capital devient exigible; donc le créancier peut en demander le remboursement sans qu'il y ait lieu à une mise en demeure; il suffit qu'il soit constant ou prouvé que le débiteur a laissé passer deux années sans payer. Ce qui confirme cette interprétation, c'est que, dans le cas prévu par l'article 1913, personne ne songe à exiger une mise en demeure; or, ce troisième cas est l'application du même principe qui régit les deux premiers; s'il faut une mise en demeure dans le premier cas, il en faut aussi une dans le troisième; et conçoit-on que le créancier mette en demeure le débiteur qui est en faillite? A vrai dire, les principes de la demeure sont étrangers à la déchéance de l'article 1912. Quand le débiteur doit-il être

---

(1) Voyez la jurisprudence dans le *Répertoire* de Dalloz, au mot *Rentes constituées,* nᵒˢ 159-161. Nous croyons inutile de citer des arrêts qui n'ont qu'un intérêt passager, les rentes tendant à disparaître dans notre droit moderne.

mis en demeure et pourquoi? Lorsqu'il ne remplit pas ses obligations et que le créancier veut constater par une sommation l'intérêt qu'il a à ce que le débiteur donne ou fasse ce qu'il s'est engagé à donner ou à faire, et le préjudice qu'il souffre de ce qu'il ne satisfait pas à cet engagement. Donc la mise en demeure est inutile quand la loi a prononcé la déchéance du terme. C'est elle qui a décidé que l'inexécution des obligations contractées par le débiteur cause au créancier un préjudice tel, que le débiteur doit être déclaré déchu du terme; quand la loi déclare le capital de la dette exigible, il n'y a plus à discuter sur l'intérêt et le droit du créancier; le législateur a prononcé.

Les auteurs sont divisés. La plupart distinguent entre la rente portable et la rente quérable. Elle est portable quand le débiteur doit la payer au domicile du crédirentier; dans ce cas, dit-on, le débiteur est mis en demeure par la seule échéance du terme, par dérogation au principe de l'article 1139, qui n'admet pas que le débiteur soit en demeure par le fait seul qu'il n'a pas rempli son obligation dans le délai convenu. Cette doctrine suppose que le débiteur de la rente doit être mis en demeure; c'est ce que nous contestons. On fonde la dérogation aux principes généraux sur l'article 1912 : *le débiteur peut être contraint au rachat.* Les partisans de l'opinion contraire répondent, et non sans raison, que le texte n'est pas assez explicite pour que l'on en puisse induire que le débiteur est en demeure de plein droit. De là ils concluent qu'il faut une sommation pour constituer le débiteur en demeure (1). Cette opinion est plus logique, une fois la nécessité d'une mise en demeure admise; nous la rejetons par la raison que nous venons de dire, c'est que les principes de la demeure ne sont pas applicables à une déchéance prononcée par la loi.

Il y a un arrêt de la cour de cassation dans le sens de notre opinion. La cour invoque le texte de l'article 1912; il en résulte que, dès le moment où les deux années sont expirées, le capital de la rente devient exigible, de même

---

(1) Voyez, en sens divers, Pont et les auteurs qu'il cite, t. I, p. 161, n° 352.

que s'il avait été prêté à terme ; le droit est donc définitivement acquis au créancier de contraindre le débiteur au
rachat ; l'article 1912 ne soumet pas le créancier à l'obligation de mettre le débiteur en demeure avant de former
la demande en rachat ; or, cet article est spécial aux rentes
constituées ; l'article 1139 statue sur *des contrats d'espèce
différente,* ainsi que l'article 1656, qui applique à la vente (1)
les principes de la condition résolutoire tacite, en exigeant
une mise en demeure (2). La rédaction de l'arrêt pourrait
être plus précise ; mais, en disant que l'article 1912 est le
siége de la matière et que l'article 1139 s'applique à des
contrats d'espèce différente, la cour dit, au fond, comme
nous venons de le faire, que la règle de la demeure ne
reçoit pas d'application à la déchéance prononcée contre le
débiteur.

La cour ne cite pas l'article 1188, sans doute parce que
les parties ne s'en étaient pas prévalues. Cette disposition
est décisive, à notre avis. L'article 1912 et l'article 1188
prévoient la même hypothèse ; or, tout le monde admet que,
dans le cas de l'article 1188, il n'y a pas lieu à une mise
en demeure ; la dette, de non exigible qu'elle était, devient
exigible : voilà tout. Eh bien, il en est de même du cas de
l'article 1912, comme le prouve l'article 1913 ; le capital
de la rente n'était pas exigible, il le devient par la déchéance
du terme que la loi prononce. C'est comme s'il n'y avait
jamais eu de terme ; donc rien ne peut arrêter l'action en
remboursement du créancier.

21. La rente peut aussi être quérable, c'est-à-dire
payable au domicile du débiteur. Dans ce cas, on admet
qu'il faut une sommation faite par un huissier porteur de
la quittance. Cela nous paraît très-illogique. Si une mise
en demeure est inutile quand la rente est portable, c'est,
comme le dit la cour de cassation, parce que l'article 1188
n'est pas applicable à la rente constituée, pour mieux dire,

(1) Sur ce point, nous faisons nos réserves. Dans notre opinion, la condition résolutoire tacite n'est pas subordonnée à une mise en demeure.
(2) Rejet, 8 avril 1818 (Dalloz, au mot *Rentes constituées,* n° 165, et les
autres arrêts qui y sont rapportés. La jurisprudence des cours de Belgique
est conforme. Liége. 18 novembre 1844 (*Pasicrisie,* 1846, 2, 161). Bruxelles,
19 décembre 1860 (*Pasicrisie,* 1860, 2, 140).

à la déchéance que la loi prononce. On doit donc écarter l'article 1139, sans distinguer si la rente est quérable ou portable. En exigeant une sommation quand la rente est quérable, on a confondu la mise en demeure avec la preuve que le débiteur n'a réellement pas rempli son obligation. Il faut sans doute que ce fait soit constant; il faut donc que le créancier prouve qu'il s'est présenté chez le débiteur, en personne ou par un mandataire, pour toucher les arrérages, et que la rente n'a pas été payée (1). Comment se fera cette preuve? La loi ne le dit pas; on ne peut donc pas exiger que le créancier fasse une sommation par huissier, ce serait ajouter à la loi; c'est sans doute le moyen le plus facile de prouver que le débiteur n'a pas rempli ses engagements, mais on ne peut pas imposer au créancier un moyen de preuve; c'est une question de prudence, et la loi abandonne la prudence aux parties intéressées. En tout cas, les tribunaux ne pourraient rejeter la demande en remboursement par le motif que le débiteur n'a pas été mis en demeure; ce serait faire la loi.

22. La jurisprudence paraît presque unanime en faveur de l'opinion que nous combattons; mais, quand on y regarde de près, cette unanimité disparaît, pour faire place à l'incertitude et à la contradiction. Il y a d'abord quelques arrêts qui ont consacré notre opinion; ils sont anciens, à la vérité, mais ils n'en valent pas moins pour cela. La cour d'Aix pose très-bien le principe en s'appuyant sur le texte de l'article 1912; seulement elle a tort de voir dans cette disposition une exception à la condition résolutoire tacite de l'article 1184. C'est là l'erreur fondamentale qui règne dans la jurisprudence; sans doute le contrat de constitution de rente cesse de produire ses effets lorsque le débiteur de la rente est déchu du bénéfice du terme; le créancier rentre dans son capital, le débiteur ne paye plus d'arrérages, le contrat prend fin, mais ce n'est pas en vertu d'une condition résolutoire tacite, c'est par suite de la déchéance du terme que la loi prononce contre le débiteur; le capital devient exigible, parce qu'il n'y a plus de terme;

(1) Aubry et Rau, t. IV, p. 616, note 10, § 399 (4ᵉ édition).

et où est la loi qui exige une mise en demeure pour que le créancier puisse demander le remboursement de ce qui lui est dû (1)?

La cour de cassation n'admet pas que l'article 1184 soit applicable à la constitution de rente; logiquement, elle devait aboutir à l'opinion que nous soutenons, en rattachant l'article 1912 à la déchéance du terme prononcée par l'article 1188. C'est pour ne pas avoir aperçu ce lien que sa jurisprudence est pleine d'hésitations. Dans un premier arrêt, la chambre civile, en rejetant le pourvoi, dit que les débiteurs à qui *le créancier n'a rien demandé* doivent être mis en demeure (2). Si réellement le créancier ne demande rien au débiteur, c'est-à-dire s'il ne se présente pas chez lui pour toucher les arrérages, la rente étant quérable, il faut dire plus que ce que dit la cour; dans ce cas, le débiteur n'a pas encouru la déchéance, et le créancier doit être déclaré non fondé en sa demande, non pas parce qu'il a négligé de mettre le débiteur en demeure, mais parce qu'il n'a pas constaté la condition requise par l'article 1912 pour que le débiteur soit privé du bénéfice du terme; la seule échéance du terme ne suffit pas pour que le capital de la rente devienne exigible, il faut qu'en cas de contestation le créancier prouve que le débiteur n'a pas rempli ses obligations; il faut donc qu'il prouve, la rente étant quérable, qu'il s'est présenté chez le débiteur et que celui-ci a refusé de payer; s'il ne peut pas faire cette preuve, le contrat subsiste dans toute sa force, le créancier ne peut pas exiger le capital; il ne le pourra que lorsque le fait de l'inexécution des engagements du débiteur sera légalement constaté. C'est peut-être en ce sens que la cour de cassation dit que le créancier doit constituer le débiteur en demeure, sans dire comment. Il est certain qu'une sommation est le moyen le plus facile de prouver que le débiteur n'a pas rempli ses obligations; mais de là il faut se garder de conclure que la sommation soit prescrite par la loi. Aussi la cour de cas-

---

(1) Aix, 28 avril 1813 et 19 novembre 1813; Douai, 17 novembre 1814 (Dalloz, au mot *Rentes constituées*, n° 169).

(2) Rejet, chambre civile, 28 juin 1836 (Dalloz, au mot *Rentes constituées*, n° 169, 1°).

sation n'a-t-elle jamais décidé que la déchéance du débiteur n'est encourue que lorsqu'il a été mis en demeure par une sommation.

Nous ne citons pas un arrêt de rejet de 1814 (1) que l'on trouve au milieu de ceux que les arrêtistes accumulent pour établir l'unanimité de la jurisprudence. Il s'agissait, dans l'espèce, d'un bail à locatairie, et la cour prend soin de constater que ce contrat réunit les principaux caractères de la vente d'immeubles ; elle pouvait donc appliquer le principe de la condition résolutoire tacite, tel que l'article 1656 l'applique à la vente immobilière. L'arrêt ne prouve qu'une chose, c'est qu'il faut se défier des citations en masse des décisions judiciaires que l'on rencontre dans les auteurs et dans les recueils d'arrêts.

En 1860, la question a été posée nettement devant la cour de cassation. Un tribunal de première instance avait prononcé la résolution d'un contrat de rente, en vertu de l'article 1912, faute de payement des arrérages pendant plus de deux années, sans qu'il y eût eu une mise en demeure et sur de simples conclusions prises incidemment pendant le cours de l'instance. Le pourvoi invoquait la jurisprudence unanime, disait-on. Si tel était l'avis de la cour de cassation, elle aurait cassé le jugement qui lui était déféré, par le seul motif que le débiteur n'avait pas été mis en demeure. Est-ce là ce que la chambre civile décida ? Nous allons l'entendre. La cour commence par dire qu'il était constant, en fait, que plus de deux ans d'arrérages n'avaient pas été payés ; or, en ce cas, le débiteur peut être contraint au rachat. Le pourvoi se fondait sur le défaut de mise en demeure ; la cour répond que le moyen manque *en fait,* puisque réellement la mise en demeure existait dans la cause ; en effet, la demande introductive d'instance concluait au payement des arrérages ; de plus, pendant le cours de l'instance, le demandeur avait pris des conclusions incidentes tendantes au remboursement du capital, et le défendeur n'avait pas purgé cette demeure en soutenant qu'il

---

(1) Rejet, chambre civile, 14 juin 1814 (Dalloz, au mot *Rentes constituées,* n° 169, 3°).

avait payé; le débiteur prétendait, au contraire, que la rente était prescrite, ce qui impliquait l'aveu que la rente n'avait pas été payée (1). Ainsi la cour de cassation n'a pas décidé qu'une sommation est nécessaire pour que la déchéance de l'article 1912 soit encourue; elle dit qu'il y a mise en demeure *en fait* par la demande en remboursement du capital. Elle considère donc la mise en demeure comme une question de *fait,* c'est-à-dire qu'il suffit qu'il soit constant, en fait, que le débiteur n'a pas payé les arrérages pour que le capital de la rente devienne exigible. Dans l'opinion contraire, on dit que la mise en demeure est nécessaire pour que le créancier puisse exiger le remboursement; tant qu'il n'a pas fait de sommation, il n'a pas le droit d'agir. Sa demande doit donc être repoussée, par cela seul qu'il n'a pas sommé le débiteur de payer : c'est une question de *droit,* et non une question de *fait.* Aussi n'admet-on pas, dans cette opinion, que la sommation puisse être remplacée par une demande en remboursement du capital.

23. Les cours d'appel, juges du fait, se décident volontiers par des considérations de fait. Au premier abord, la disposition de l'article 1912 paraît sévère et dure. Par cela seul que le créancier s'est présenté chez le débiteur et que celui-ci n'a pas payé les arrérages, il peut être contraint de rembourser le capital. Or, s'il n'a pas payé, c'est d'ordinaire parce que, pour le moment du moins, il se trouvait dans l'impossibilité de le faire. Et s'il n'est pas en état de payer les arrérages, comment remboursera-t-il le capital? Régulièrement la demande du créancier aboutit à la saisie-exécution et à la ruine du débiteur. Tel n'est point, dit la cour de Turin, l'esprit du code civil. Quand le législateur veut que le contrat soit résolu de plein droit, il le dit. En général, il se conforme à l'équité naturelle qui autorise le juge à relever de la déchéance le débiteur prêt à payer ce qu'il doit. La cour cite l'article 1184, particulièrement applicable à l'espèce (2). En droit, cela n'est pas exact; la cour

(1) Cassation, 29 août 1860 (Dalloz, 1860, 1, 428).
(2) Turin, 27 avril 1812 (Dalloz, au mot *Rentes constituées,* n° 169, 2°).

de cassation l'a dit : il est impossible d'appliquer au contrat unilatéral de rente la disposition de l'article 1184, qui est limitée aux contrats synallagmatiques. Quant aux considérations d'équité qui ont inspiré la cour de Turin, il y a bien des choses à y répondre. D'abord la loi a fait la part de l'équité ; elle pouvait prononcer la déchéance après inexécution des obligations du débiteur pendant un an ; elle lui donne encore un répit d'une année ; le débiteur sait que si, à la fin de cette seconde année, il ne paye pas, il sera déchu du bénéfice du terme ; il doit donc veiller à remplir ses engagements, s'il veut éviter le remboursement forcé. Après tout, le législateur a dû tenir compte des droits du créancier. Pourquoi a-t-il donné ses capitaux au débiteur, le plus souvent pour un intérêt modique et en s'interdisant la faculté d'exiger le capital? C'est que, dans l'intention des parties contractantes, la rente doit être perpétuelle ; elle porte ce nom ; le créancier doit donc compter sur un revenu qui lui sera payé exactement : il n'a pas aliéné son capital pour soutenir tous les deux ans un procès contre le débiteur. Si l'humanité doit être écoutée, le droit aussi mérite qu'on l'écoute ; et, en cas de conflit, le droit doit l'emporter, sinon les contrats deviennent un vain mot.

24. Les cours exigent une mise en demeure, et, comme le débiteur est d'ordinaire constitué en demeure par une sommation, elles veulent que le créancier fasse une sommation au débiteur par acte d'huissier (1). Cela est déjà trop absolu, car l'article 1146, aux termes duquel le débiteur est constitué en demeure par une sommation, ajoute : *ou par un acte équivalent*. La jurisprudence va plus loin, elle ne se contente pas d'une simple sommation ; elle décide que l'huissier doit avoir pouvoir de recevoir et de donner quittance. De sorte que le débiteur n'encourrait pas la déchéance, malgré la sommation, si l'huissier n'avait pas pouvoir de recevoir les arrérages (2). Le simple fait d'une sommation

---

(1) Voyez les arrêts dans le *Répertoire* de Dalloz, au mot *Rentes constituées*, n° 170.

(2) Aix, 10 décembre 1836 (Dalloz, au mot *Rentes constituées*, n° 169, 1°). Bruxelles, 29 mars 1825 (*Pasicrisie*, 1825, p. 352) ; 15 juillet 1854 (*Pasicrisie*, 1854, 2, 361).

ne suffit donc pas pour que le créancier puisse exiger le remboursement du capital. Cela est très-logique dans notre opinion, et, en réalité, la jurisprudence se rapproche ici de ce que nous croyons être la vraie doctrine. La rente est quérable; il faut donc que le créancier se présente chez le débiteur pour toucher les arrérages. S'il ne se présente pas en personne, il doit le faire par un fondé de pouvoir; c'est le rôle que l'huissier remplit. Il ne vient pas sommer le débiteur de payer afin de le mettre en demeure, il vient toucher les arrérages si le débiteur les paye; et si le débiteur ne paye pas, il le constate. Voilà ce que la jurisprudence appelle une mise en demeure. Nous disons que ce n'est pas une demeure proprement dite; en effet, constituer le débiteur en demeure, c'est établir qu'il ne remplit pas son obligation, et que, par suite, le créancier éprouve un dommage; en conséquence, le débiteur sera condamné à des dommages-intérêts à raison du retard illicite qu'il a mis à exécuter ses engagements, mais ces engagements subsistent, le contrat n'est pas rompu; pour rompre le contrat, il faut une décision judiciaire. Est-ce qu'il en est de même de la sommation que le créancier adresse au débiteur d'une rente? Il ne s'agit pas de dommages-intérêts; et le contrat, loin d'être maintenu, est rompu. Faut-il pour cela une décision judiciaire? Non, car le créancier ne demande pas la résolution du contrat en vertu de la condition résolutoire tacite; il demande le remboursement du capital, en se fondant sur ce que le débiteur est déchu du bénéfice du terme en vertu de la loi. Le contrat est donc rompu en vertu de la loi, et la prétendue mise en demeure n'a d'autre objet que de constater que le créancier s'est présenté chez le débiteur et que celui-ci n'a point payé.

Faut-il, pour prouver le fait, une sommation? Que ce soit le moyen le plus sûr, cela est certain. Mais il ne s'agit pas de décider quel est le moyen le plus sûr, il s'agit de savoir quel est le moyen légal. Or, le code détermine les moyens légaux de preuve; la sommation n'y figure même pas, sauf qu'elle est comprise parmi les actes authentiques. Le créancier doit prouver qu'il s'est présenté chez le débiteur et que celui-ci n'a pas payé. Comment fera-t-il cette preuve? Nous répondons : d'après le droit commun, puisque l'article 1912 n'y déroge certainement pas. Donc par la preuve littérale et par la preuve testimoniale, s'il s'agit d'une somme moindre de 150 francs, ou si le créancier a un commencement de preuve par écrit. S'il n'y a pas d'écrit, et si la preuve testimoniale n'est pas admissible, le créancier peut encore faire interroger le débiteur sur faits et articles afin de se procurer un aveu ; enfin il a la ressource extrême du serment.

25. La jurisprudence n'est pas restée fidèle à son principe. Il a été jugé que la demande judiciaire par laquelle le créancier conclut au remboursement de la rente suffit pour constituer le débiteur en demeure ; mais l'arrêt a soin de constater que le débiteur n'avait point contesté qu'à l'époque de la demande il devait au moins quatre années d'arrérages. Une autre cour a jugé qu'une citation devant le juge de paix était une mise en demeure, le débiteur ayant comparu sans offrir de payer ce qu'il devait (1). Nous avons cité plus haut (p. 31, note 3) l'arrêt de la cour de cassation qui consacre cette jurisprudence. Dans l'opinion générale, on la combat, et avec raison ; car si une sommation est requise pour que le capital devienne exigible, le créancier ne peut pas l'exiger tant qu'il n'a pas fait de sommation. Cela prouve combien il y a d'incertitude dans la jurisprudence, ce qui est inévitable quand les tribunaux se mettent en dehors de la loi ; et c'est se mettre en dehors de la loi que de prescrire une condition que la loi ignore. La cour de cassation dit que l'article 1912 est le vrai siége de la difficulté ; or, cet article ne parle pas d'une mise en demeure ; si l'on avait plus de respect pour le texte de la loi, il n'y aurait jamais eu de controverse.

26. Une fois que l'on fait un pas hors de la loi, il n'y a plus de limite à laquelle on puisse s'arrêter. La jurisprudence ne s'est pas contentée d'une sommation ; cette formalité eût été le plus souvent inutile au débiteur, car, s'il ne paye pas, c'est qu'il n'est pas en état de payer. Il fallait

_____

(1) Rennes, 11 avril 1815 et Riom, 4 août 1826 (Dalloz, au mot *Rentes constituées*, nos 173 et 172).

donc aller plus loin, et lui donner un délai moral suffisant pour qu'il puisse se procurer les deniers nécessaires (1). Les auteurs se sont prononcés contre cette nouvelle usurpation de la jurisprudence (2); nous l'appelons usurpation, parce que les cours dérogent au texte et à l'esprit de l'article 1912, et elles font littéralement une loi nouvelle. S'il y a un texte absolu, c'est bien celui des articles 1912 et 1913. Le créancier, dit l'article 1912, peut contraindre le débiteur au rachat quand celui-ci cesse de remplir ses obligations pendant deux ans. Non, dit la jurisprudence, il ne peut pas l'y contraindre; le débiteur demandera un délai, et le juge le lui accordera; et s'il paye avant l'expiration du délai, il ne pourra pas être contraint au rachat. L'article 1913, qui prévoit un cas analogue, pour mieux dire identique, dit que le capital de la rente devient exigible quand le débiteur tombe en déconfiture ou qu'il est déclaré en faillite. Dira-t-on aussi, dans ce cas, que le juge pourra accorder un délai au débiteur? Cela est absurde. Quand la loi dit qu'une créance devient exigible, cela veut dire que le créancier peut l'exiger; et quand, en vertu de la loi, le créancier exige le remboursement, les juges ne peuvent pas l'arrêter en accordant un délai au débiteur, ce serait entraver l'exercice d'un droit; or, les tribunaux ont pour mission d'assurer l'exécution des conventions et de prêter l'appui de la justice au droit méconnu, il ne leur appartient pas d'y apporter des obstacles.

Nous disons que les tribunaux font la loi. En effet, quel est le délai moral qu'ils accordent? Est-ce un délai d'équité tel que celui de l'article 1244? Cela implique que le délai est accordé contrairement à la rigueur du droit; or, le juge n'a pas le droit de modifier la loi, quelque rigoureuse qu'on la suppose. Est-ce un délai de droit que la sommation implique? Nous répondons que la prétendue sommation n'est que la constatation d'un fait, à savoir que le créancier s'est

---

(1) Arrêts de Riom, Amiens et Bourges (dans le *Répertoire* de Dalloz, au mot *Rentes constituées*, n° 175, 1° et 4°), de Caen (*ibid.*, n° 170, 5°). Bruxelles, 25 octobre 1814 (*Pasicrisie*, 1814, p. 238).

(2) Duranton, t. XVII. p. 638, n° 620; Duvergier, p. 464, n° 351. Pont approuve la jurisprudence, t. 1, p. 162, n° 553.

présenté chez le débiteur et que celui-ci n'a point payé. Dès que ce fait est légalement établi, la déchéance est encourue. Le décider autrement, c'est donner au juge un pouvoir arbitraire qui répugne à notre ordre politique. Quel sera ce délai? Est-ce un jour? est-ce huit jours? est-ce un mois? On ne le sait, c'est le juge qui décidera; il juge d'après l'équité, et c'est l'équité qui l'emporte sur le droit. Quand l'équité l'exige, la loi donne au juge le pouvoir de modifier la rigueur du droit (art. 1244); elle n'a pas donné ce pouvoir au juge dans le cas de l'article 1912, donc le juge ne l'a pas. Et il n'y avait pas lieu de le lui donner. Le débiteur qui a manqué une première fois à ses engagements sait que, s'il y manque encore une fois, il devra rembourser le capital; il a une année devant lui pour réfléchir à sa position et pour se procurer des fonds, s'il veut prévenir la déchéance. L'équité est donc satisfaite, il faut que le droit ait son cours. Il y a des arrêts en faveur de notre opinion, et la cour de cassation l'a consacrée (1).

27. Jusqu'à quand le débiteur peut-il purger la demeure? Dans notre opinion, la question n'a pas de sens, et elle n'en a pas non plus si l'on s'en tient au texte de la loi. On suppose qu'il est constant que le créancier s'est présenté chez le débiteur et que celui-ci n'a pas payé; on suppose même que cela est constaté par un exploit d'huissier. Dès lors il faut dire, avec le texte de l'article 1912, que le débiteur peut être contraint de rembourser le capital, par la raison très-simple qu'il est déchu du bénéfice du terme. Et quand la loi déclare que le débiteur doit rembourser le capital, peut-il encore être question de faire des offres pour empêcher une déchéance qui est encourue? Le débiteur devra payer les arrérages et le capital; voilà ce que dit la loi. Et que dit la jurisprudence?

La cour de cassation, en rejetant la doctrine du délai moral, a décidé qu'il n'y avait plus lieu à faire des offres réelles quand la déchéance est encourue, ou, comme elle s'exprime, quand le débiteur a été mis en demeure. C'est

---

(1) Rejet, 10 novembre 1818; Cassation, 12 mai 1819, et les autres arrêts cités dans le *Répertoire* de Dalloz, au mot *Rentes constituées*, n° 178.

cette fausse idée de la demeure qui a conduit les cours très-logiquement à décider que la demeure peut être purgée; de là elles en sont venues à permettre au débiteur de faire des offres réelles, même après qu'une sommation lui aurait été faite. Mais jusqu'à quand le débiteur est-il admis à payer? Si la loi avait entendu réserver ce droit au débiteur, elle aurait précisé le moment jusqu'auquel le débiteur peut utilement faire des offres réelles, car la fixation de ce moment est une disposition arbitraire qui ne peut émaner que du législateur. Le silence du code témoigne que la doctrine que nous combattons est extralégale, ce qui veut dire que le juge fait la loi. La cour de Bruxelles a jugé, à plusieurs reprises, que le débiteur peut valablement faire des offres à l'audience, avant toute contestation et à deniers découverts (1).

Quels sont les motifs de cette jurisprudence? Les arrêts que nous venons de citer n'en donnent aucun. L'erreur nous paraît évidente. Elle tient probablement au principe qui sert de point de départ à la doctrine des arrêts en cette matière. On croit que l'article 1912 est une application de la condition résolutoire tacite établie par l'article 1184. S'il en était ainsi, il faudrait décider qu'il ne suffit pas d'une sommation pour faire encourir la déchéance, qu'il faut une action en justice; il y a plus, il faudrait dire que le juge peut accorder un délai au débirentier et que la déchéance n'est définitivement encourue que lorsque le juge l'a prononcée. Personne n'admet ces conséquences, qui découlent cependant logiquement du principe; cela prouve que le principe même est erroné. Il ne s'agit pas de la condition résolutoire tacite de l'article 1184, il s'agit de la déchéance du terme résultant de l'article 1188 et de l'article 1912. Or, c'est la loi qui prononce cette déchéance, et elle en conclut que le créancier peut poursuivre le remboursement du capital. Comment le poursuivra-t-il? Faut-il pour cela une demande judiciaire? Du tout. C'est une action telle qu'en a tout créancier quand le débiteur n'a point de terme,

---

(1) Bruxelles, 6 décembre 1815 (*Pasicrisie*, 1815, p. 538); 13 mai 1817 (*Pasicrisie*, 1817, p. 390); 15 janvier 1853 (*Pasicrisie*, 1854, 2, 33).

ou qu'il en est déchu. Le créancier a-t-il un titre exécutoire, il peut le mettre à exécution sans intervention de la justice, sauf au débiteur à contester qu'il ait encouru la déchéance. Si le créancier n'a pas de titre exécutoire, il doit former une demande en justice pour s'en procurer un. Nous renvoyons à ce qui a été dit sur l'article 1188; le cas est identique (t. XVII, n° 210) (1). Il y a un arrêt de la cour de Bruxelles qui paraît contraire (2), puisqu'il exige une décision du juge et ne se contente point de la déchéance légale. Cet arrêt tient encore au principe erroné qui sert de point de départ à la jurisprudence, comme à la doctrine des auteurs; si l'article 1912 est une application de l'article 1184, il faut être conséquent jusqu'au bout et dire que la déchéance n'est pas prononcée par la loi, qu'elle résulte de la sentence du juge : n'est-ce pas le contre-pied absolu des articles 1188, 1912 et 1913?

28. Nous avons toujours supposé que l'article 1912 prononce la déchéance du terme en permettant au créancier de contraindre le débiteur au rachat. La cour de Paris a donné une autre interprétation à la loi. Il est bon de la mentionner, pour montrer jusqu'où va l'anarchie en cette matière. L'article 1912 porte que le débiteur *peut* être contraint au rachat; cela signifie, dit la cour, que la déchéance est facultative; le juge peut donc décider qu'il n'y a pas lieu au rachat (3). C'est une décision isolée et qu'il est presque inutile de combattre. L'article 1912 procède ou de l'article 1184 ou de l'article 1188. Est-ce une application de l'article 1188, il faut décider, avec le texte de cette disposition, que la loi prononce la déchéance du terme; car la loi dit que le débiteur ne peut plus en invoquer le bénéfice; il n'est pas question de l'intervention du juge. Est-ce une application de l'article 1184, alors il faut une instance judiciaire, et le juge pourra accorder un délai au débiteur, délai qui suspendra la déchéance; mais la loi ne dit pas que la déchéance soit facultative. Une déchéance abandonnée au pouvoir arbitraire du juge ne se conçoit

(1) Duvergier, p. 467, n°s 352 et 353.
(2) Comparez Bruxelles, 14 février 1816 (*Pasicrisie*, 1816, p. 43).
(3) Paris, 23 juillet 1831 (Dalloz, au mot *Rentes constituées*, n° 176).

pas dans notre système judiciaire. C'est le pouvoir absolu des parlements, ayant l'équité pour prétexte; mais on sait le cri de la conscience publique : Dieu nous délivre de l'équité des parlements!

29. Nous ne connaissons qu'un seul cas dans lequel le débiteur n'encourt pas la déchéance, alors même qu'il serait constant que le créancier s'est présenté chez lui et qu'il n'a point payé, ou que le débiteur ne s'est pas présenté chez le créancier, si la rente est portable. On suppose que c'est par la faute du créancier que le débiteur n'a pas payé les arrérages. Dans ce cas, il ne peut être question d'une déchéance du débiteur; la déchéance est une peine, elle suppose que c'est par son fait que le débiteur ne remplit pas ses obligations; or, on ne peut pas dire que le débiteur manque à ses engagements, quand c'est par la faute du créancier qu'il ne les a pas exécutés. La doctrine (1) est d'accord sur ce point avec la jurisprudence.

Une rente est déclarée portable. La crédirentière meurt. Pendant trois ans les arrérages ne sont pas payés, parce que les successeurs du créancier n'avaient pas fait connaître leurs qualités et leurs titres. Cité en conciliation, le débiteur offre de payer de suite les trois années échues, contre la preuve de la qualité que se donnait le demandeur; celui-ci ne fit aucune notification; il intenta une action judiciaire, et c'est seulement dans les pièces jointes à son exploit d'ajournement qu'il établit sa qualité. La cour de Bruxelles décida que la déchéance n'était pas encourue, parce que, si les arrérages n'avaient pas été payés, c'était par le fait personnel et la négligence du demandeur (2). Il y a un grand nombre de décisions analogues; nous croyons inutile de les citer (3); il suffit de transcrire le principe tel qu'il est formulé par la cour de cassation : le créancier, dit-elle, ne peut se prévaloir du bénéfice de l'article 1912 quand c'est par son fait personnel que le débiteur s'est mis

---

(1) Aubry et Rau, t. IV, p. 616, note 8, § 399. Pont. t. I, p. 162, n° 352.
(2) Bruxelles, 26 octobre 1816 (*Pasicrisie*, 1816, p. 212). Comparez Bruxelles, 16 février 1826 (*Pasicrisie*, 1826, p. 48); 4 décembre 1844 (*Pasicrisie*, 1845, 2, 19), et 19 décembre 1860 (*Pasicrisie*, 1861, 2, 140).
(3) Voyez le *Répertoire* de Dalloz, au mot *Rentes constituées*, n°s 166 et 167.

dans l'impuissance d'acquitter les arrérages (1). Ce principe doit être appliqué, par voie d'analogie, au cas où le débiteur a un motif légal de ne pas payer les arrérages. Quand la loi prononce la déchéance du débiteur lorsqu'il cesse de remplir ses engagements pendant deux ans, elle suppose que les arrérages sont certains et liquides; s'ils sont sérieusement contestés, on ne peut pas dire que le débiteur ne remplit pas ses engagements en ne payant pas ce qu'il prétend ne pas devoir; la cour de cassation l'a jugé ainsi, avec cette réserve, qui va de soi, que le débiteur doit avoir eu une juste cause de ne pas payer les arrérages (2).

30. L'article 1912 a donné lieu à une question très-importante au point de vue des principes, et très-controversée; la déchéance que la loi prononce s'applique-t-elle aux rentes constituées sous l'empire de l'ancien droit? ou le principe de la rétroactivité s'oppose-t-il à ce qu'on applique les dispositions de la législation nouvelle? Nous avons examiné la question en traitant de la matière difficile de la non-rétroactivité des lois (t. I, n° 226) (3).

31. L'article 1912 s'applique-t-il aux rentes constituées à titre gratuit? Au premier abord, on est tenté de se prononcer contre le donataire. Il reçoit une libéralité sous forme de rente; peut-il forcer le donateur, qui ne sert pas régulièrement les arrérages, à lui en payer le capital? N'est-ce pas contraindre le donateur à lui faire une libéralité en capital, alors qu'il n'a voulu lui faire qu'une donation en revenus? C'est un premier motif de douter. On peut répondre qu'il s'agit d'une difficulté de fait : il faut voir ce que les parties ont voulu. S'il était prouvé que le donateur n'entendait pas faire une donation en capital, il ne pourrait être question de le contraindre au rachat. Mais si la libéralité, tout en consistant en une rente, avait pour

---

(1) Rejet, section civile, 31 août 1818 (Dalloz, au mot *Acquiescement*, n° 60). Comparez Rejet, 19 avril 1831 (Dalloz, au mot *Rentes constituées*, n° 166, 3°).

(2) Rejet, 31 janvier 1815 (Dalloz, au mot *Rentes constituées*, n° 166, 5°). Dans le même sens, Liége, 30 juillet 1814 (*Pasicrisie*, 1814, p. 165).

(3) Comparez, en sens divers, Pont, t. I. p. 262. n° 354, et Duvergier, p. 469, n°ˢ 355-359.

objet une somme capitale dont le donateur s'oblige de servir les arrérages, alors l'application de l'article 1912 devient possible; reste à savoir si le texte et l'esprit de la loi permettent d'assimiler la rente constituée à titre gratuit et la rente constituée à titre onéreux (1).

La cour de cassation a décidé la question contre le donateur, dans une espèce où l'acte de donation indiquait le montant du capital. Elle se fonde sur la généralité des termes de la loi. « Il n'existe, dit-elle, dans le code, aucune disposition qui établisse une distinction, quant aux engagements et à leurs effets, entre les rentes constituées en perpétuel à titre gratuit, et celles constituées en perpétuel pour cause de prêt; l'article 1912 n'établit non plus aucune distinction entre ces deux espèces de rentes; sa disposition est générale (1). » Cela paraît décisif. Mais le texte n'est pas aussi général qu'il en a l'air. L'article 1912 se trouve placé sous la rubrique du *Prêt à intérêt,* c'est-à-dire d'une convention qui est essentiellement à titre onéreux; il fait suite aux dispositions qui précèdent; or, l'article 1909 définit la constitution de rente en ces termes : « On peut stipuler un intérêt moyennant un capital que le *prêteur* s'interdit d'exiger. Dans ce cas, le *prêt* prend le nom de *constitution de rente* (2). » Ainsi la définition de la rente constituée suppose qu'elle a été stipulée à titre onéreux, et c'est à la rente ainsi stipulée que l'article 1912 s'applique; on ne peut donc pas dire avec la cour de cassation que les termes de la loi sont généraux et embrassent la rente constituée à titre gratuit; l'article 1909 prouve, au contraire, que la loi ne parle que des rentes constituées à titre onéreux. L'esprit de la loi conduit à la même conséquence. Pourquoi l'article 1912 décide-t-il que le débiteur de la rente peut être contraint au rachat? Parce que le crédirentier a fourni le capital en vue d'en retirer un revenu assuré; si le débiteur paye les arrérages irrégulièrement, le but du contrat n'est pas atteint; il est juste que, dans ce cas, le créancier puisse réclamer le capital,

(1) Aubry et Rau, t. IV, p. 616, note 9, § 399.
(2) Rejet, section civile, 12 juillet 1813, au rapport de Chabot (Dalloz, au mot *Rentes constituées,* n° 157).

en mettant fin au contrat. Cela suppose que le crédirentier a fourni le capital ; donc la loi statue dans l'hypothèse où la rente est un prêt à intérêt dont le prêteur touche les intérêts sous forme d'arrérages, et dont il peut demander le remboursement si l'emprunteur ne remplit pas les engagements que le contrat lui impose. Or, dans la constitution de rente faite à titre gratuit, le crédirentier n'a pas fourni le capital ; comment exigerait-il le remboursement de ce qu'il n'a point déboursé ?

L'arrêt de la cour de cassation a été rendu sur les conclusions contraires de l'avocat général Joubert, et la plupart des auteurs se sont prononcés contre l'opinion que la cour a consacrée. Malheureusement ils ont affaibli l'opinion qu'ils soutiennent, en combattant la doctrine de la cour par de mauvaises raisons. Joubert ainsi que la plupart des auteurs rattachent l'article 1912 au principe de la condition résolutoire tacite de l'article 1184 ; ce qui, à notre avis, est une erreur. Joubert déduit de l'article 1184 cette conséquence qu'il a raison de qualifier d'absurde : si, dit-il, le contrat est résolu comme s'il n'avait jamais existé, la donation serait anéantie ; le donataire ne pouvant demander le remboursement d'un capital qu'il n'a pas fourni. C'est dire que l'article 1184 ne peut pas recevoir son application à la rente constituée à titre gratuit. Dans notre opinion, il faut aller plus loin, et dire que l'article 1184 est étranger à l'article 1192, à la rente constituée à titre onéreux, aussi bien qu'à la rente constituée à titre gratuit.

Duvergier dit, au contraire, que c'est l'article 1184 qui doit recevoir son application, et il enseigne également que l'article 1912 est une conséquence de l'article 1184. La contradiction est flagrante. Puis il soutient que la disposition de l'article 1912 est exceptionnelle et qu'il faut la limiter aux rentes constituées à titre gratuit. C'est oublier l'article 1188, que l'article 1912 ne fait que reproduire ; ce n'est donc pas une exception, c'est plutôt le droit commun quand la rente est constituée à titre onéreux. Il fallait se borner à insister sur la différence qui existe entre les rentes constituées à titre onéreux et celles qui sont établies à titre gratuit. C'est ce que Troplong fait, mais d'après son habitude, il raisonne sans principe certain. Lui aussi enseigne que l'article 1912 est une application de l'article 1184. Puis il dit que l'article 1912 dépasse en sévérité tout ce que l'article 1184 statue pour le cas de résolution tacite; il en conclut que la disposition est exceptionnelle et qu'elle doit être interprétée restrictivement. Ainsi l'article 1912 serait tout ensemble l'application du droit commun et une dérogation au droit commun! Pont a un argument plus simple; il s'attache à l'article 1184, mais en remplaçant les mots *contrats synallagmatiques* par les mots *contrats à titre onéreux,* ce qui exclut l'application de l'article 1184 à la rente constituée à titre gratuit. Nous avons répondu d'avance à cette argumentation : l'interprète a pour mission, non d'altérer les textes, mais de les expliquer (1).

Qu'on nous pardonne ces longs développements ; si nous sommes entré dans ces détails, c'est pour montrer combien l'incertitude est grande sur les principes les plus élémentaires; c'est, nous le répétons, notre excuse pour les nombreux volumes que nous consacrons à exposer et à défendre les principes.

32. L'article 1912 s'applique-t-il aux rentes dites foncières? Nous renvoyons la question au chapitre VI, où il sera traité des rentes qui jadis étaient appelées foncières.

33. Le débiteur de la rente peut encore être contraint au rachat s'il manque à fournir au prêteur les sûretés promises par le contrat (art. 1912, nº 2). Cette disposition se rattache si évidemment à l'article 1188 qu'il est difficile de nier le lien qui existe entre les deux dispositions (2). D'après l'article 1188, le débiteur ne peut plus réclamer le bénéfice du terme lorsque par son fait il a diminué les sûretés qu'il avait données par le contrat à son créancier. L'article 1912 prévoit le cas où le débiteur ne fournit pas les sûretés qu'il avait promises par le contrat, ce qui est plus que diminuer les garanties contractuelles, c'est les réduire à néant ; les

_____

(1) Duvergier. p. 479. nº 364; Troplong. nº 486; Pont, t. I, p. 163. nº 356. Duranton distingue entre le donateur et ses héritiers (t. XVII. p. 692, nº 623). C'est une distinction d'équité, qu'il n'appartient qu'au législateur de faire.

(2) Pont le reconnaît (t. I, p. 163. nº 357).

deux cas sont donc au fond identiques. Le créancier n'a
consenti à livrer ses capitaux au débiteur que sous la condition des garanties stipulées au contrat, il n'aurait pas
traité avec lui sans ces sûretés; donc si le débiteur ne les
fournit pas, ou s'il les diminue par son fait, le créancier
doit avoir le droit de rompre le contrat, en exigeant le remboursement du capital. Dans l'un et l'autre cas, il faut que
ces sûretés aient été données ou promises par le contrat;
c'est donc parce que le débiteur manque à un engagement
par lui contracté que le créancier peut exiger le capital de
la rente. Il suit de là que le n° 2 de l'article 1912 est fondé
sur le même motif que le n° 1. Nous en avons conclu que
les deux cas prévus par l'article 1912 se rattachent à l'article 1188. Par conséquent c'est le principe de l'article 1188
qui doit servir à interpréter l'article 1912. Cela paraît évident pour le n° 2, qui ne fait que reproduire une disposition de l'article 1188. Toutefois il y a des auteurs qui per-
sistent à appliquer au n° 2 de l'article 1912 le principe de
la condition résolutoire tacite.

34. On demande si le juge peut accorder un délai au
débiteur pour fournir les sûretés qu'il avait promises.
D'après le texte et d'après les principes, il faut répondre négativement. C'est la loi qui prononce la déchéance du terme
et qui déclare le capital exigible par cela seul que le débiteur ne fournit pas les sûretés promises, de même que la
loi le contraint au rachat quand il ne paye pas les arrérages pendant deux ans. Le créancier n'a donc rien à demander au juge; il poursuit le remboursement du capital.
De quel droit le juge interviendrait-il pour accorder un
délai au débiteur dans le but de prévenir la déchéance,
alors que la déchéance est encourue en vertu de la loi? La
cour de Bruxelles a jugé que la déchéance a lieu de plein
droit (1). Bien entendu que le débiteur peut soutenir qu'il
n'a pas manqué à ses engagements et qu'il a fourni les
sûretés promises. Ceci est une question de fait que le juge
décidera en interprétant le contrat (2). S'il décide que le

(1) Bruxelles, 13 juillet 1830 (*Pasicrisie*, 1830, p. 183).
(2) Rejet, 23 mars 1825 (Dalloz, au mot *Rentes constituées*, n° 192).

débiteur n'a pas fourni les sûretés promises, il déclarera
qu'il a, par ce fait, encouru la déchéance; il serait donc
contradictoire de lui accorder un délai qui aurait pour objet
d'empêcher la déchéance. C'est cette doctrine contradictoire que Duranton et Duvergier enseignent. Le premier
dit, sans motif aucun, que le juge peut accorder un délai
au débiteur pour fournir les sûretés qu'il a promises; et le
second invoque l'article 1184 qui, dans le cas de la condition résolutoire tacite, permet au juge d'accorder un délai
au débiteur selon les circonstances (1). Nous venons de dire
et nous croyons avoir prouvé que l'article 1912 n'est pas
une application du principe de la condition résolutoire tacite
de l'article 1184; il se rattache à l'article 1188, avec lequel il s'identifie; or, tout le monde admet que dans les
cas où le débiteur est déchu du bénéfice du terme, il n'y a
pas lieu de demander la résolution du contrat; le contrat
subsiste, au contraire, mais il devient pur et simple; par
suite le créancier peut exiger le payement de la dette, il
peut poursuivre directement le débiteur sans être tenu de
s'adresser au juge. Celui-ci est donc sans droit d'arrêter
les poursuites du créancier en accordant un délai au débiteur.

35. Le débiteur fournit les sûretés promises par le contrat, puis il les diminue par son fait; encourt-il la déchéance du terme? L'article 1912 ne prévoit point ce cas,
mais l'article 1188 le prévoit, et les deux dispositions, nous
venons de le dire, sont identiques. Il y a aussi même raison de décider. Que le débiteur diminue les sûretés ou
qu'il ne les fournisse point, dans tous les cas le créancier
se trouve sans garanties, alors que le débiteur lui en avait
promis, et que le créancier n'avait consenti au contrat que
sous la condition de ces garanties. La doctrine (2) et la jurisprudence sont en ce sens (3).

L'application de ces principes a donné lieu à de nom-

(1) Duranton, t. XVII, p. 694, n° 626. Duvergier, p. 453, n° 339.
(2) Duranton, t. XVII, p. 697, n° 627. Duvergier, p. 455, n° 340.
(3) Bruxelles, 7 novembre 1814 (*Pasicrisie*, 1814, p. 243), et 20 avril 1830
(*Pasicrisie*, 1830, p. 106). Liége, 7 juin 1817 (*Pasicrisie*, 1817, p. 423), et
19 mai 1830 (*Pasicrisie*, 1830, p. 130). Voyez la jurisprudence française
dans le *Répertoire* de Dalloz, au mot *Rentes constituées*, n°s 193-196.

breuses difficultés. Quand peut-on dire que le débiteur diminue par son fait les sûretés qu'il a promises par le contrat à son créancier? Nous avons rapporté, en expliquant l'article 1188, les décisions judiciaires sur ces questions qui sont essentiellement de fait. Il y a encore une jurisprudence plus nombreuse sur l'article 1912; nous croyons inutile de la rapporter et de la discuter; les principes sont certains, et l'application ne soulève que des difficultés de fait. Nous renvoyons aux arrêts que nous venons de citer (p. 47, note 3).

36. Le créancier peut encore demander le remboursement de sa créance lorsque les immeubles hypothéqués ont péri ou ont éprouvé des dégradations, de manière qu'ils soient devenus insuffisants pour la sûreté du créancier, quand même les dégradations ou la perte auraient eu lieu sans la faute du débiteur; mais, dans ce cas, le débiteur est admis à offrir un supplément d'hypothèque (art. 2131, et loi hyp., art. 79). Cette disposition est-elle applicable à la constitution de rente? L'affirmative nous paraît certaine : les articles 1188, 1912 et 2131 ne forment qu'une seule et même disposition et établissent un même principe. Il s'agit de savoir quand le débiteur est déchu du bénéfice du terme. La loi répond, dans ces divers articles, qu'il en est déchu lorsque les garanties par lui promises au créancier ne sont pas fournies ou sont diminuées; au cas de diminution des sûretés, la loi distingue; si la diminution est accidentelle, elle permet au débiteur d'empêcher la déchéance en fournissant un supplément d'hypothèque; ce cas n'est pas prévu par l'article 1912 ni par l'article 1188, sans doute parce qu'il concerne spécialement la matière des hypothèques. Toujours est-il que l'article 2131 complète l'article 1188; or, on admet que l'article 1188 reçoit son application à la constitution de rente, quoique l'article 1912 ne prévoie pas le cas de diminution des sûretés conventionnelles; dès lors il faut aussi admettre l'application de l'article 2131, qui ne fait qu'un avec l'article 1188.

La cour de Bruxelles l'a jugé ainsi implicitement, dans un cas où le débirentier avait diminué les sûretés conventionnelles par son fait; il offrit un supplément d'hypothèque au créancier, que celui-ci refusa. En avait-il le droit? Oui, car l'article 2131 permet seulement au débiteur d'offrir un supplément d'hypothèque dans le cas où les sûretés hypothécaires ont été diminuées par cas fortuit. Cela implique que l'article 2131 reçoit son application à la constitution de rente (1).

37. L'article 1913 porte : « Le capital de la rente constituée en perpétuel devient *aussi* exigible en cas de faillite ou de déconfiture du débiteur. » Il résulte des termes de cette disposition, qu'elle prévoit un troisième cas de déchéance, analogue aux deux premiers dont nous venons de parler : la rédaction seule diffère. Dans les deux cas mentionnés par l'article 1912, la loi dit que le débiteur peut être contraint au rachat; s'il peut être forcé à rembourser le capital, c'est parce qu'il perd le bénéfice du terme illimité dont il jouissait pour faire le remboursement. C'est en ce sens que l'article 1913 dit que le capital de la rente devient exigible. En principe le capital n'est pas exigible, puisque le créancier s'est interdit de l'exiger, et le débiteur peut rembourser quand il le veut; il perd ce bénéfice quand il est en faillite ou en déconfiture. C'est la reproduction de l'article 1188 (2), qui a été expliqué au titre des *Obligations*. L'article 1913 confirme pleinement l'opinion que nous avons professée sur le caractère de la déchéance prononcée par l'article 1912 : les deux cas prévus par cet article, et le troisième prévu par l'article 1913, sont l'application aux rentes du principe établi par l'article 1188; c'est donc ce principe qui doit servir à interpréter les articles 1912 et 1913.

---

(1) Bruxelles, 20 avril 1848 (*Pasicrisie*, 1848, 2, 132).
(2) Pont, t. 1, p. 164, n° 358.

CHAPITRE VI.

DES RENTES DITES FONCIÈRES.

————

§ Ier. *Les rentes foncières de l'ancien droit et les rentes de l'article* 530.

38. Nous avons dit (n° 2) que, dans l'ancien droit, l'on appelait *bail à rente* le contrat qui donnait naissance à la rente dite foncière. Pothier définit le bail à rente comme suit : « C'est un contrat par lequel l'une des parties *baille* et *cède* à l'autre un héritage ou quelque droit immobilier, et s'oblige de le lui faire avoir à titre de propriétaire, sous la réserve qu'il fait d'un droit de rente annuelle d'une certaine somme d'argent ou d'une certaine quantité de fruits qu'il *retient* sur ledit héritage et que l'autre partie s'oblige réciproquement envers lui de lui payer, *tant qu'elle possédera ledit héritage* (1). » Merlin dit que l'article 530 semble reproduire cette définition; il est ainsi conçu : « Toute rente établie à perpétuité pour le prix de la vente d'un immeuble ou *comme condition de la cession à titre onéreux ou gratuit d'un fonds immobilier,* est essentiellement rachetable. » Cet article, dit Merlin, suppose clairement qu'il est libre à toute personne qui aliène un héritage, de *s'y réserver* une rente perpétuelle rachetable, non-seulement lorsqu'on fait cette cession par contrat de vente, c'est-à-dire moyennant un prix déterminé en argent qui forme le capital de la rente, mais encore par une cession sans prix déterminé en argent, et sous la condition qu'une rente lui sera payée jusqu'au rachat par l'acquéreur. Or, céder un immeuble, sans prix déterminé en argent et sous la condition que l'acquéreur payera une rente au vendeur, c'est

(1) Pothier, *Traité du contrat de bail à rente*, n° 1.

faire évidemment ce que, dans l'ancien droit, on appelait un *bail à rente*. Et comme toute rente qui est stipulée par bail à rente semble par cela seul être foncière, il paraît impossible de douter que la stipulation des rentes foncières ne soit autorisée par le code civil. Toutefois Merlin se hâte d'ajouter que ce n'est là qu'une fausse apparence : cet article 530, loin d'autoriser le bail à rente, en ce sens qu'il en résulte une rente foncière, a eu précisément pour objet d'abolir la rente foncière, telle qu'elle existait dans l'ancienne jurisprudence. Si donc il maintient le bail à rente, cette rente n'est pas une rente foncière, dans le sens traditionnel du mot (1).

La différence entre la rente foncière proprement dite et la rente qui peut être stipulée, d'après l'article 530, comme condition de la cession d'un immeuble, est essentielle. La rente foncière était appelée ainsi parce qu'elle était due par l'héritage; c'est en ce sens que Pothier dit, dans sa définition, qu'en cédant l'héritage le bailleur se réservait la rente sur le fonds, pour mieux dire dans le fonds; cette réserve démembrait la propriété de l'héritage; le bailleur en conservait une partie sous le titre de rente. Voilà pourquoi son droit était immobilier, comme l'est tout démembrement de la propriété d'un immeuble. Quant au preneur, il était tenu de la rente, non comme débiteur personnel, mais comme détenteur de l'immeuble grevé de la rente; cette charge ou cette dette ne passait pas aux héritiers du preneur; à ce titre, elle devait être acquittée par tout détenteur du fonds; mais le détenteur n'étant tenu qu'à raison de sa détention, il pouvait se décharger de sa dette en abandonnant l'immeuble, ou, comme on dirait, en déguerpissant (2).

L'article 530 ne reproduit point ces caractères de l'ancien bail à rente; il ne dit pas que le bailleur se réserve ou *retient* sur le fonds la rente annuelle; la rente est simplement la condition de la cession de l'immeuble, c'est-à-dire qu'au lieu de stipuler un prix en capital, le cédant

---

(1) Merlin, *Répertoire*, au mot *Rente foncière*, § II, sect. V, n° 1 (t. XVIII, p. 286).
(2) Pothier, *Du bail à rente*, n° 21.

stipule un prix en rente; or, tout prix est une créance due par le débiteur et non par l'héritage. Aussi le code se garde-t-il bien de dire, comme le fait Pothier, que le cessionnaire s'oblige à payer la rente tant qu'il possédera l'héritage; il est un débiteur ordinaire, donc un débiteur personnel; la rente est une dette comme toute autre dette, elle est due par les héritiers en cette qualité; les tiers détenteurs n'en sont pas tenus, puisqu'ils sont tiers à la dette, ils ne doivent la rente que s'ils s'y sont obligés par leur contrat, ils cessent alors d'être tiers détenteurs pour devenir débiteurs personnels. Les termes de l'article 530, rapprochés de la doctrine ancienne, suffisent donc pour marquer l'innovation que les auteurs du code y ont apportée. Ils ont encore manifesté leur pensée en évitant de se servir de l'ancienne terminologie; l'article 530 ne parle plus d'un *bail à rente*, la loi ne connaît plus de *bailleur* ni de *preneur*; elle se sert d'une expression qui implique une translation de propriété, la *cession*, laquelle peut être ou une *vente* ou une *donation*; car la cession à titre onéreux de l'article 530 n'est autre chose qu'une *vente*; et la *cession à titre gratuit d'un immeuble* est une *donation*.

39. Quelles sont les raisons de cette innovation? Le code civil n'a fait que consacrer les principes nouveaux établis par les lois de la Révolution; déclarées rachetables dès l'année 1789, mobilisées en l'an VII, les rentes foncières n'existaient plus que de nom, elles étaient transformées en rentes constituées. Il s'agissait donc de savoir, lors des travaux préparatoires, si le code civil reviendrait à l'ancien droit, ou s'il maintiendrait la législation intermédiaire. Le projet de code civil gardait le silence sur les rentes foncières; il se bornait à dire que toutes les rentes étaient meubles. Cette disposition générale s'appliquait aux rentes dites foncières; c'était maintenir la mobilisation de ces rentes, et par conséquent les abolir telles qu'elles existaient dans l'ancien droit. Quand tous les titres du code eurent été votés, on les réunit en un seul corps de lois, sous le titre de *Code civil des Français*. On s'aperçut alors qu'il y avait une lacune dans l'ancien code; il ne parlait pas des rentes foncières. Le silence du code et la disposition de l'article 529 qui déclare meubles les rentes perpétuelles, suffisaient-ils pour constater l'abolition de ces rentes? On aurait pu interpréter le silence de la loi en ce sens qu'il était libre aux parties contractantes de stipuler des rentes foncières, dans le sens de l'ancienne jurisprudence. Il valait mieux décider la difficulté. Restait à savoir si l'on maintiendrait les rentes foncières ou si on les supprimerait définitivement. Après une longue discussion, le conseil d'Etat se prononça pour la suppression, et l'article 530 fut intercalé dans le code par la loi du 30 ventôse an XII, afin de lever tout doute sur l'intention du législateur. Quels sont les motifs qui déterminèrent la majorité du conseil d'Etat à supprimer les anciennes rentes foncières?

40. Les rentes foncières trouvèrent des défenseurs au conseil d'Etat (1). Maleville dit que le bail à rente avait fertilisé la France. C'était un contrat par lequel de riches propriétaires, possédant des fonds incultes qu'ils n'auraient pas voulu cultiver, les cédaient à de pauvres cultivateurs, lesquels s'obligeaient à payer au bailleur une rente modique, comme prix de la jouissance perpétuelle qui leur était cédée. Le bail à rente leur procurait des avantages que le bail ordinaire ne leur aurait pas donnés; ils devenaient propriétaires, à charge d'une redevance perpétuelle, tandis que, comme fermiers, ils pouvaient être expulsés à la fin du bail. Il était juste que ceux qui fertilisaient les terres en conservassent la jouissance; de son côté, le bailleur y gagnait un revenu assuré. Maleville compare le bail à rente à l'emphytéose, qui avait aussi pour objet de livrer à la culture des terres en friche. Tant qu'il y a des terres incultes, dit-il, il importe à l'intérêt général de maintenir des contrats qui en favorisent la culture.

Pelet ajouta que les provinces du midi avaient toujours réclamé le rétablissement des rentes foncières. Le terroir de ces contrées est stérile, il ne doit sa prospérité qu'aux

(1) Séance du conseil d'Etat du 15 ventôse an XII (Locré, t. IV, p. 41 et suiv.).

baux à rente; les propriétaires qui n'avaient ni le goût ni
les moyens d'exploiter eux-mêmes leurs fonds les donnaient à rente à ceux qui avaient des bras et qui man-
quaient d'argent pour acheter des terres. Un bail, quelque long qu'on le suppose, ne leur aurait pas donné des
garanties suffisantes pour se livrer à de longs travaux,
planter des vignes et des oliviers, élever des terrasses,
construire des canaux d'irrigation. Pourquoi défendre des
contrats qui sont utiles aux deux parties contractantes et
par suite à l'agriculture?

Si on les a abolis en 1789, dit Cambacérès, c'est par des
considérations purement politiques. L'Assemblée Constituante avait à lutter contre la classe des privilégiés, qui
était en même temps celle des grands propriétaires; elle
l'a attaquée en attaquant la propriété, d'où la noblesse
tirait sa force, et par ce moyen elle s'est attaché le tiers
état qu'elle voulait opposer à l'aristocratie terrienne. De
là le rachat des rentes foncières. C'est une loi de circonstances; les circonstances changeant, les lois doivent aussi
être changées. Pourquoi ne pas permettre aux propriétaires de disposer de leurs biens comme ils l'entendent?

En évoquant le souvenir de 1789 pour combattre les
rentes foncières, le consul Cambacérès compromettait la
cause dont il avait entrepris la défense. C'était encore l'esprit
de 1789 qui régnait au conseil d'Etat en 1804, car les
hommes de 1789 y siégeaient. Ils se rappelaient que les abus
féodaux avaient aussi été défendus au nom de la propriété,
et les baux à rente touchaient de très-près à ces abus.
Regnaud de Saint-Jean-d'Angely dit qu'il faut voir quels
effets produirait la loi qui rétablirait les rentes foncières.
Les propriétaires, pour ne pas subir la perte résultant de
la valeur de l'argent et de la diminution de l'intérêt, sti-
puleraient une rente en denrées, proportionnelle aux produits de l'héritage. Ils se créeraient par là une nouvelle
suprématie dans les communes rurales, où ils possèdent
presque tout le sol. Les rentes foncières ne reconstitue-
raient pas les ordres de l'ancien régime, mais elles réta-
bliraient du moins diverses classes de citoyens, des classes
dépendantes et des classes dominantes; de là aux abus de

la féodalité, il n'y a pas loin. Portalis, dans l'Exposé des motifs de la loi du 28 ventôse an XII, dit que c'eût été choquer l'esprit général de la nation, sans aucun retour d'utilité réelle, que de rétablir les rentes foncières (1). Jaubert, l'orateur du Tribunat, dit, en termes plus clairs, que les rentes foncières attribuaient une espèce de domination au créancier, et imposaient une gêne trop onéreuse aux propriétaires (2). Ce n'est pas assez dire. Le bailleur était plus que créancier, il conservait un droit de propriété dans la chose, et ce droit de propriété soumettait le preneur à une redevance perpétuelle : de là la dépendance des uns et la domination des autres. Ce n'était pas la féodalité, mais, en fait, il n'y avait guère de différence. Le principe de l'égalité était trop vivace en France pour permettre le rétablissement d'un contrat qui la blessait en réalité, quoiqu'il la respectât en apparence. Chose remarquable, le premier consul se prononça contre la proposition de Maleville, et le conseil d'Etat la rejeta.

41. Après avoir rapporté la discussion entière que nous venons d'analyser, Merlin ajoute : Qu'en résulte-t-il? C'est que le bail à rente est maintenu par le code civil, mais que la redevance qui est le produit de ce contrat ne forme pas, à proprement parler, une rente foncière. Sur ce dernier point, le vote du conseil d'Etat ne laisse aucun doute, quoique le texte de l'article 530 ne dise pas ce que le conseil d'Etat voulait dire (3). Mais il faut le combiner avec l'article 529, qui déclare meubles les rentes perpétuelles sans distinction aucune entre les rentes constituées et les rentes dites foncières : la redevance qui jadis était un immeuble n'existe plus dans l'immeuble dont elle est le prix, elle n'est plus une partie de cet immeuble, elle n'est qu'une rente sur la personne de celui à qui la propriété de l'immeuble est transmise à charge de rente. La rente dite foncière est, sous ce rapport, identique avec la rente constituée. Il reste cependant des différences entre les rentes

---

(1) Portalis, Exposé des motifs, nº 1 (Locré, t. I, p. 196).
(2) Jaubert, Discours (Locré, t. IV, p 50).
(3) Merlin, *Répertoire*, § II, art. V, nº II (t. XXVIII, p. 292). Demante, *Cours analytique*, t. II, p. 425, nº 359 *bis* II.

établies par l'aliénation d'un capital mobilier, rentes que
le code appelle *constituées*, et les rentes établies par l'aliénation d'un immeuble, rentes auxquelles l'article 530 ne
donne aucun nom. On les appelle, dans la doctrine et la
jurisprudence, des rentes foncières, pour les distinguer des
rentes constituées, dont elles diffèrent, à certains égards.
De là une première difficulté : quand y a-t-il rente foncière, dans le sens de l'article 530? La question est très-
controversée et elle est douteuse.

42. Merlin dit que le code maintient le bail à rente.
Mais l'article 530 prévoit deux cas dans lesquels une rente
provient de ce que l'on peut encore appeler bail à rente,
pour distinguer ce contrat de la constitution de rente de
l'article 1909 : est-ce que, dans les deux cas, il y aura
rente foncière? Il n'y a aucun doute lorsque la rente est
établie à perpétuité comme condition de la cession à titre
onéreux ou gratuit d'un fonds immobilier; c'est là le véritable bail à rente de l'ancien droit; la rente qui en provient
est donc une rente foncière. Le mode d'établissement la
distingue de la rente constituée. Celle-ci est l'intérêt d'un
capital que le prêteur s'interdit d'exiger (art. 1909). Celui
qui vend ou qui donne un immeuble, à charge d'une rente
perpétuelle, ne fait pas un prêt, il transmet la propriété
d'un immeuble; l'acte qui donne naissance à la rente foncière est un acte translatif d'un droit réel immobilier, donc
sujet à transcription, en vertu des lois nouvelles portées en
Belgique et en France (loi hyp., art. 1er), pour que la propriété soit transmise à l'égard des tiers. On doit donc poser
comme principe que le bail à rente ne produit une rente foncière que si la rente est le prix ou la condition de la transmission de la propriété d'un immeuble; si elle est le prix
de l'aliénation d'un capital mobilier, c'est l'intérêt d'un capital, et partant il y a rente constituée.

43. Nous arrivons au second cas prévu par l'article 530,
aux termes duquel il y a encore bail à rente et, partant,
rente foncière, lorsque la rente est établie à perpétuité pour
le prix de la vente d'un immeuble. Que faut-il entendre par
là? On suppose la vente d'un immeuble, donc un acte translatif de propriété immobilière, le plus fréquent de tous, pour

mieux dire, le seul qui se présente dans la vie réelle. Or,
il n'y a pas de vente sans prix. Si la contrat porte que l'immeuble est vendu pour une rente perpétuelle, la rente sera
foncière sans doute aucun ; cette vente se confond, en réalité, avec la cession à titre onéreux d'un fonds immobilier,
à charge ou sous la condition de servir une rente perpétuelle ; la rente étant le prix direct de l'immeuble vendu,
elle est évidemment foncière : c'est le bail à rente de l'ancien droit. Est-ce bien là le cas que le législateur a entendu
prévoir en parlant de la rente établie pour le prix de la
vente d'un immeuble ? Il est difficile de le croire, puisque
ce cas se confond avec l'autre cas prévu par l'article 530
dont il n'est qu'une application. Conçoit-on que le législateur distingue comme un cas particulier de rente foncière
une espèce qui rentre dans le cas plus général qu'il formule immédiatement après ? Il faut donc supposer que l'acte
de vente est formulé d'une manière différente ; il porte que
l'immeuble est vendu pour 50,000 francs, prix pour lequel
l'acheteur servira une rente perpétuelle de 2,000 francs.
Voilà le cas textuel prévu par l'article 530 ; en effet, la loi
ne suppose pas que l'immeuble est vendu pour une rente
perpétuelle, elle suppose que la rente est établie pour le
prix de la vente d'un immeuble ; il y a donc un *prix* en
capital, lequel prix est transformé en rente perpétuelle.
Est-ce là un bail à rente ? et la rente ainsi établie est-elle
une rente foncière ?

Le texte du code paraît trancher la question ; en effet, il
met la rente établie *pour le prix* de la vente d'un immeuble
sur la même ligne que la rente établie comme *condition* de
la cession d'un fonds immobilier ; donc, dans l'un et l'autre
cas, il y a bail à rente et, partant, rente foncière. Mais il
y a un motif de douter, et il est très-sérieux. Je vends un
immeuble pour 50,000 francs, en stipulant que *pour ce
prix,* ce sont les termes de l'article 530, l'acheteur me servira une rente de 2,000 francs. N'y a-t-il pas là deux faits
juridiques très-distincts : d'abord une vente faite pour une
somme capitale de 50,000 francs, puis la substitution, à
cette dette en capital, d'une rente perpétuelle de 2,000 fr. ?
Cette substitution ne constitue-t-elle pas une novation ? Et

s'il y a novation, ne faut-il pas dire que la rente est constituée pour l'aliénation du capital mobilier de 50,000 francs, que, par conséquent, elle forme une rente constituée (1)? Il est certain que, dans l'ancien droit, une rente ainsi établie n'était pas une rente foncière, que c'était une rente constituée; la question a été jugée en ce sens par la cour de Bruxelles. On le décidait ainsi quand même l'acte qualifiait la rente de rente foncière (2).

Cette opinion nous paraît trop absolue; elle est en opposition avec le texte de l'article 530, ainsi qu'avec les principes qui régissent la novation. L'article 530 décide qu'une rente établie *pour le prix* d'un immeuble est une rente foncière; et l'article 1273 exige, comme condition essentielle de la novation, que la volonté de l'opérer résulte clairement de l'acte. Or, peut-on dire que celui qui vend un immeuble pour 50,000 francs, en ajoutant que, pour ce prix, l'acheteur lui servira une rente de 2,000 francs, entende faire novation, c'est-à-dire éteindre sa créance du prix avec tous les droits qui y sont attachés, pour la remplacer par une rente perpétuelle, simple créance, sans garantie aucune? Certes on ne dira pas que l'intention de nover résulte clairement de l'acte. Voilà pourquoi le législateur admet, et présume qu'il n'y a pas de novation. Cette interprétation de la volonté des parties contractantes est bien plus probable que celle qu'on leur suppose dans l'opinion contraire. Si je dis que je vends un immeuble pour 50,000 francs, et que *pour ce prix* l'acheteur me servira une rente perpétuelle de 2,000 francs, je n'entends pas faire d'abord une vente, puis une novation du prix, je ne fixe le prix que pour servir de base à l'évaluation de la rente; c'est comme si je disais que je vends l'héritage pour une rente de 2,000 fr., fixée à raison de la valeur de 50,000 francs qu'a ledit héritage (3).

Est-ce à dire qu'il n'y ait jamais novation (4)? Non, la no-

---

(1) En ce sens, Duranton, t. IV, p. 124, nᵉ 147, et p. 126, nᵒ 148.
(2) Merlin, *Questions de droit*, au mot *Rente foncière*, § 1 (t. XIII, p. 13). Bruxelles, 7 mai 1835 (*Pasicrisie*, 1835, 2, 189), il s'agissait d'une rente établie en 1786.
(3) Comparez Demolombe, t. IX, p. 299 et suiv., nᵒ 434.
(4) Ducaurroy, Bonnier et Roustaing, t. II, nᵒ 42.

vation dépend entièrement de la volonté des parties intéressées. Le législateur peut bien présumer que le vendeur qui vend pour un prix de 50,000 francs, en ajoutant que l'acheteur lui servira une rente pour ce prix, n'entend pas faire novation, mais il ne veut ni ne peut empêcher les parties intéressées de déclarer que leur intention est de faire novation. Voici un cas que Proudhon suppose (1). Je vends ma maison pour 10,000 francs; puis je déclare, soit par le même acte, soit par un acte postérieur, que cette somme m'a été payée, l'acquéreur ayant constitué à mon profit une rente annuelle de 500 francs. Il n'y a pas de doute dans ce cas; dire que le prix a été payé, c'est dire que la première créance est éteinte moyennant la substitution d'une créance nouvelle; donc il y a novation en vertu de l'article 1271, 1°. La conséquence en est que la rente sera une rente constituée, et non une rente foncière, car elle est établie pour l'aliénation d'un capital mobilier.

Proudhon met sur la même ligne, et avec raison, le cas où la rente est établie par l'acte de vente en remplacement du prix, et le cas où elle est établie par un acte postérieur. D'autres auteurs font une distinction entre ces deux hypothèses. Quand la rente est stipulée dans l'acte même de vente, ils s'en tiennent à la lettre de l'article 530 : il y a bail à rente et, partant, rente foncière. Si, au contraire, la conversion du prix fixé primitivement en capital se fait après que la vente est consommée et que le prix est dû, il s'opère novation, c'est-à-dire qu'une rente est établie pour l'aliénation d'un capital mobilier : ce qui produit une rente constituée (2). La distinction, nous semble-t-il, a une importance de fait plutôt que de droit, en ce sens que la novation aura rarement lieu lors de la vente; et telle est aussi la présomption de la loi. Mais c'est aller trop loin que de nier qu'il ne puisse y avoir novation dès le principe, tout dépend de la volonté des parties : ont-elles voulu vendre pour une rente, il n'y a pas de novation, et la rente sera foncière : ont-elles voulu vendre pour un prix en capital, et

_____

(1) C'est l'avis de Demante, *Cours analytique*, t. II, p. 429, n° 359 *bis* X.
(2) Proudhon, *Traité du domaine de propriété*, n° 268.

établir la rente en payement de ce prix, il y aura novation et, par suite, rente constituée (1).

44. Il nous faut voir maintenant quel est l'intérêt de la distinction entre le cas où il y a bail à rente et, par suite, rente foncière, et le cas où il n'y a pas bail à rente et, par suite, rente constituée. Dans notre opinion, la décision est très-simple : tout dépend de l'intention des parties contractantes. Ont-elles entendu vendre en fixant comme prix une *rente*, bien qu'elles aient d'abord déterminé un prix en argent, il y aura bail à rente, et la rente sera foncière, dans le sens de l'article 530. Si, au contraire, les parties ont entendu faire une vente ordinaire pour un prix en capital, et si elles ont ensuite nové cette créance, en lui substituant une rente perpétuelle, il n'y a plus de bail à rente, puisque la rente n'est plus constituée pour la transmission d'un fonds immobilier, elle est établie pour l'aliénation d'un capital mobilier ; donc c'est le contrat de constitution de rente prévu par l'article 1909. Puisque dans un cas la rente est foncière et que dans l'autre elle est constituée, il y aura entre les deux cas les différences qui existent entre la rente foncière de l'article 530 et la rente constituée de l'article 1909, différences que nous signalerons successivement.

Dans les autres opinions, la solution n'est pas aussi simple : la dissidence qui existe quant à l'interprétation de l'article 530, se reproduit dans les conséquences qui en découlent. La difficulté se présente pour l'époque à laquelle le rachat peut se faire. En principe, la rente étant perpétuelle, est rachetable ; mais il est permis au créancier de stipuler que la rente ne pourra lui être remboursée qu'après un certain terme, lequel ne peut jamais excéder trente ans (art. 530). La rente constituée en perpétuel, moyennant l'aliénation d'un capital mobilier, est aussi rachetable ; mais les parties peuvent convenir que le rachat ne sera pas fait avant un délai qui ne pourra excéder dix ans (art. 1911). Voilà une différence entre la rente constituée et la rente foncière ; elle résulte de l'article 530. De là la question de savoir si le délai de trente ans déterminé par cet article s'applique

---

(1) Comparez le t. XVIII de mes *Principes,* nos 269 et 280-293.

au cas où la rente est établie *pour le prix* de la vente d'un
immeuble. Dans notre opinion, il faut distinguer si le *prix*
a été ou non nové par la substitution d'une rente : s'il n'y
a pas de novation, la rente est foncière, et, par suite, le
délai de trente ans de l'article 530 sera applicable; s'il y
a novation, il y a rente constituée et, par suite, on appliquera le délai de dix ans de l'article 1911.

Dans les opinions dissidentes, il y a controverse. Ceux
qui enseignent qu'il y a rente constituée par cela seul qu'il
y a eu un prix fixé en capital, appliquent l'article 1911,
sans distinguer si, dans l'intention des parties contractantes,
il y a eu ou non novation; ils admettent qu'il y a rente
constituée dès que la vente n'est pas faite directement pour
une rente perpétuelle. C'est se mettre en opposition avec
l'article 530, qui présume, au contraire, que l'intention des
parties a été de stipuler la rente comme prix du fonds; ce
qui rend le délai de trente ans applicable, sauf à la partie
intéressée à prouver qu'il y a eu novation. Duranton, moins
conséquent, dit aussi que, dans le premier cas prévu par
l'article 530, il y a rente constituée; et, toutefois, il applique
non le délai de dix ans fixé par l'article 1911 pour les rentes
constituées, mais le délai de trente ans que l'article 530
permet de stipuler pour les rentes foncières; il se fonde sur
le texte du troisième alinéa de l'article 530, qui se rapporte, sans distinction, aux deux cas prévus par le premier
alinéa. Duranton ne s'aperçoit pas que cette interprétation
compromet le sens qu'il attache aux deux cas que l'article 530 prévoit; si, dans l'un et l'autre, on doit appliquer
une disposition faite pour les rentes foncières, n'en faut-il
pas conclure que, dans l'un et l'autre cas, il y a rente foncière? Et si l'on admet, avec Duranton, que, dans le premier cas, il y a rente constituée, il en résultera une anomalie inexplicable : c'est que la rente constituée, dans le
cas de l'article 530, pourra être stipulée irrachetable pendant trente ans; tandis que la rente constituée en général
ne peut être stipulée irrachetable que pendant dix ans. La
conséquence témoigne contre le principe d'où elle découle (1)

(1) Marcadé, t. II, art. 530, n° III. Duranton, t. IV, p. 127, n° 150. Comparez Demolombe. t. IX, p. 300. n° 434 *bis*.

45. Dans le cas où la vente est faite directement pour une rente, on applique les principes qui régissent la vente, comme nous le dirons plus loin. Le vendeur jouira donc d'un privilége pour le payement des arrérages; et si l'acheteur ne les paye pas, il pourra poursuivre la résolution de la vente, en vertu de la condition résolutoire tacite. On demande si le vendeur a les mêmes droits dans le cas où la rente a été établie pour tenir lieu du prix stipulé au contrat. Duranton répond négativement (1). Ici il est conséquent, puisque, dans son opinion, la rente est établie pour aliénation d'un capital mobilier, c'est-à-dire que le contrat est une constitution de rente; cela exclut les droits qui appartiennent au vendeur d'un immeuble, le créancier peut seulement contraindre le débiteur au rachat dans les cas prévus par les articles 1912 et 1913. Nous avons dit que l'opinion de Duranton est trop absolue; la conséquence qu'il en déduit le prouve. Il suppose que, par cela seul que l'acte de vente fixe le prix de l'immeuble en une somme capitale et convertit ce prix en une rente, il y a novation et, par suite, que le contrat cesse d'être un bail à rente pour devenir un contrat de constitution de rente. Cette supposition n'est certes pas en harmonie avec l'intention des parties contractantes; pourquoi le vendeur renoncerait-il à son privilége et à son droit de résolution, c'est-à-dire à ses plus précieuses garanties, pour se contenter d'une simple créance contre le débirentier, sans sûreté aucune, à moins qu'il n'ait pris soin de stipuler des garanties? N'est-il pas plus naturel de supposer qu'il entend conserver ses droits de vendeur, ce qui implique qu'il ne veut pas faire novation? C'est bien là la supposition de la loi, puisqu'elle présume que, malgré l'indication d'un prix, la vente est réellement faite pour la rente perpétuelle, le prix n'ayant été indiqué que pour fixer le taux de la rente.

En serait-il de même si la vente était faite pour un prix en capital, et si, par une convention postérieure, le prix était converti en rente perpétuelle? Dans ce cas, il y a novation en vertu de la loi, puisqu'une dette d'une nature dif-

---

(1) Duranton, t. IV, p. 129, nos 152, 153.

férente est substituée à la dette primitive. Nous renvoyons
à ce qui a été dit, au titre des *Obligations* (t. XVIII,
n°s 268 et 269).

§ II. *Du rachat des rentes foncières.*

46. Dans l'ancien droit, les rentes foncières étaient de
leur nature non rachetables; elles constituaient un droit de
propriété, donc un droit perpétuel. C'eût été exproprier le
bailleur que de le forcer à recevoir un capital au lieu de la
rente, qui formait un droit dans l'immeuble, et était en tout
assimilé à un droit réel immobilier; et l'expropriation n'est
légitime que lorsqu'elle se fait pour cause d'utilité publique.
C'est cette expropriation que la loi du 4 août 1789 autorisa,
en déclarant les rentes foncières rachetables; l'article 6 est
ainsi conçu : « Toutes les rentes foncières, soit en nature,
soit en argent, de quelque espèce qu'elles soient, *quelle que
soit leur origine,* à quelques personnes qu'elles soient dues,
gens de mainmorte, domaine, apanagistés, ordre de Malte,
seront rachetables. Défenses sont faites de plus à l'avenir
de créer aucune rente non remboursable. » Quel est le motif de cette innovation? Le législateur ne s'en est pas expliqué; la chose était inutile, la date de la loi suffisait; c'était
un des nombreux décrets portés dans la célèbre nuit du
4 août, et qui avaient pour objet d'abolir la féodalité jusque
dans ses derniers vestiges. Il est vrai que par elles-mêmes
les rentes foncières n'étaient pas féodales; aussi ne furent-
elles jamais abolies, l'Assemblée Constituante les déclara
seulement rachetables; en défendant de créer à l'avenir des
rentes non remboursables, l'illustre assemblée témoignait
que, dans sa pensée, la perpétuité des rentes foncières était
contraire à l'ordre public; il en résultait, en effet, que la
propriété était démembrée au profit du bailleur, qui avait
droit à une redevance, dont le preneur ne pouvait s'affranchir qu'en déguerpissant; c'était une espèce de servitude
qui affectait le fonds et qui rejaillissait sur la personne du
propriétaire. Elle entravait en même temps la libre circulation des immeubles; or, l'Assemblée Nationale voulait
affranchir le sol aussi bien que ceux qui le cultivaient. Voilà

pourquoi elle déclara rachetables les charges immobilières qui le grevaient et défendit d'en créer à l'avenir qui ne fussent pas remboursables.

47. Le code civil maintint le principe du rachat en permettant au créancier d'en régler les clauses et les conditions (art. 530, 2ᵉ alinéa), bien entendu avec le concours du débiteur, par voie de convention. Les parties contractantes peuvent notamment stipuler que la rente ne pourra être remboursée au créancier qu'après un certain terme, lequel ne peut jamais excéder trente ans. Ce terme est à peu près la durée moyenne de la vie ; stipuler à un certain âge que l'acquéreur, débiteur de la rente, ne pourra la rembourser qu'après trente ans, c'est assurer au créancier le service de la rente pendant toute sa vie ; et, comme, de son côté, le créancier ne peut pas contraindre le débiteur au rachat, puisque la rente est perpétuelle, la rente conservera, en vertu de cette stipulation, une espèce de perpétuité, puisque le rachat n'aura pas lieu pendant la vie des parties contractantes. Cette modification que le code apporte au droit de rachat répondait aux arguments que faisaient valoir les défenseurs des rentes foncières : une rente que l'acquéreur peut racheter, mais que l'on ne peut pas le forcer à rembourser, présente des garanties plus fortes qu'un simple bail, et même une emphytéose. La rente foncière, telle qu'elle est conservée, peut donc encore être utile à l'agriculture, en favorisant le défrichement des terres incultes, sans qu'on puisse lui reprocher de créer une charge qui était devenue odieuse, parce qu'elle ne pouvait être rachetée. Si la rente rachetable n'a pas tous les avantages de l'ancienne rente foncière, par contre elle n'en a pas non plus les inconvénients. L'utilité en diminue, comme le dit Portalis, et elle tend à disparaître là où l'agriculture est prospère (1). Voilà pourquoi ce contrat est si rare dans nos provinces ; le bail ordinaire suffit à nos besoins.

48. Quelles sont les rentes qui peuvent être rachetées ? La loi du 4 août 1789 déclarait rachetables *toutes les rentes*

---

(1) Portalis, Exposé des motifs de la loi du 28 ventôse an XII, nº 1 (Locré, t. I, p. 196).

foncières. Ces termes étaient trop absolus ; ils furent limités par la loi des 18-29 décembre 1790, qui porte que toutes les rentes foncières *perpétuelles* pourront être rachetées. Cette loi défend aussi de créer à l'avenir aucune redevance foncière non remboursable, mais elle ajoute cette restriction (titre I, art. 1er) : « Sans préjudice des baux à rente ou emphytéose *non perpétuels*, qui seront exécutés pour toute leur durée et pourront être faits à l'avenir pour 99 ans et au-dessous, ainsi que les baux à vie, même sur plusieurs têtes, à la charge qu'elles n'excèdent pas le nombre de trois. »

Le principe établi par l'Assemblée Constituante et maintenu par le code civil est donc celui-ci : toute rente foncière perpétuelle est rachetable, les rentes ou redevances non perpétuelles ne peuvent pas être rachetées. Si, après la révolution de 1789, le législateur déclara les rentes foncières rachetables, c'est précisément à raison de leur perpétuité ; il n'y avait pas de motif pour mettre un terme à des charges qui n'étaient stipulées qu'à temps et qui devaient prendre fin à l'expiration du terme convenu par les parties intéressées. Reste à savoir ce que l'on doit entendre par rentes ou droits perpétuels. Faut-il, pour que la charge soit perpétuelle, qu'elle soit stipulée à perpétuité, pour un temps sans bornes ? Non, certes ; si la loi de 1790 ne définit pas la perpétuité, elle explique indirectement ce qu'il faut entendre par redevances perpétuelles, en déterminant quelles sont les redevances qui ne peuvent pas être rachetées parce qu'elles ne sont pas perpétuelles : ce sont celles qui dépassent la durée de 99 ans, ou, quand il s'agit de baux, s'ils sont faits sur plus de trois têtes, ce qui aboutit à peu près au même chiffre. Il suit de là qu'une rente qui doit être prestée pendant un siècle ou plus est une rente perpétuelle. Le législateur n'a pas pris la perpétuité au pied de la lettre ; comment l'homme, dont l'existence est bornée à quelques années, pourrait-il songer à stipuler des droits éternels ? La stipulation n'aurait point de sens. Quand donc les lois parlent de charges perpétuelles, elles supposent qu'elles excèdent la durée de la vie humaine ; un siècle est pour l'homme une éternité, puisque très-peu de personnes atteignent l'âge

de cent ans. Notre conclusion est celle de la loi de 1790 :
une charge qui dépasse 99 ans est perpétuelle et peut être
rachetée ; une charge dont la durée est moindre est temporaire, et n'est pas soumise au rachat (1).

Bien que la perpétuité ne soit qu'un vain mot pour des
êtres mortels, le mot se trouve dans nos lois ; le code parle
de rentes *perpétuelles* (art. 1910), et l'article 530 déclare
rachetables les rentes établies à *perpétuité* pour l'aliénation d'un fonds. En faut-il conclure que toute charge qualifiée de perpétuelle par les parties contractantes est rachetable ? Il est de principe que la qualification que les parties
donnent à leurs conventions n'est pas décisive pour en déterminer le caractère, c'est leur intention qui décide ; il faut
donc voir, non ce qu'elles ont dit, ou ce que le rédacteur
de l'acte a dit, mais ce qu'elles ont voulu. Si, tout en disant
que la concession ou que la redevance est perpétuelle, les
parties n'avaient entendu faire qu'un simple bail, il n'y
aurait pas lieu au rachat, car le bail est temporaire de son
essence (art. 1719) ; en le déclarant perpétuel, les parties
n'ont pas pu prendre ce mot dans son sens légal, puisqu'elles
n'ont pas le droit de faire un bail à perpétuité. C'est au
juge de décider quelle a été leur intention ; si, sous le nom
de *bail,* elles ont voulu créer une concession réellement perpétuelle, la redevance que le preneur s'est obligé à payer
sera rachetable. Mais si le juge décide que les parties ont
voulu faire un bail, il ne peut plus être question de rachat,
puisque le bail, temporaire de sa nature, finit à l'expiration
du temps stipulé, sans qu'il soit besoin de rachat. Quelle
sera la durée du bail si les parties, voulant faire un bail,
l'ont déclaré perpétuel ? Leur volonté a dû être de lui donner la plus longue durée qu'il puisse avoir, c'est-à-dire
99 ans (2).

49. Quand la rente est perpétuelle, le débiteur peut la
racheter, c'est-à-dire qu'il peut se libérer de la charge en
remboursant au créancier le capital de la rente. Ainsi le
rachat n'est pas la résolution du contrat de vente ; la vente

---

(1) Proudhon, *Du domaine de propriété,* n°s 285 et 286.
(2) Voyez, en sens divers, Aubry et Rau, et les auteurs qu'ils citent, t. II,
p. 452, note 18, § 224 (4e édition).

subsiste, l'acquéreur reste propriétaire, le créancier qui a vendu le fonds avec charge de rente ne rentre point dans la propriété de l'héritage, il reçoit le capital de la rente : le contrat prend fin par le rachat, il n'est point résolu. La rente devait être perpétuelle ; mais, comme cette perpétuité est contraire à l'intérêt général, la loi permet au débiteur de rendre la rente temporaire, en remboursant le capital. Par la faculté de rachat, la rente cessé, en réalité, d'être perpétuelle, puisque, en l'absence d'une clause contraire, le débiteur peut la racheter d'un jour à l'autre. Reste à savoir à quel taux se fera le rachat.

Il faut distinguer les rentes antérieures à la loi de 1790 et celles qui ont été créées depuis. La loi de 1790 règle le rachat des anciennes rentes foncières ; le taux diffère selon que la rente consiste en argent ou en denrées. Si les arré-rages consistent en argent, le rachat se fait sur le pied de 5 p. c. La loi suppose que la rente a été constituée au taux légal, c'est-à-dire au denier 20 ; elle représente donc la vingtième partie du capital ; partant, on multiplie par 20 le montant annuel des arrérages, et le produit donne le capital à restituer.

Si les arrérages consistent en denrées, on doit d'abord les évaluer en argent. Comment évaluer une prestation essentiellement variable, puisque le prix des denrées varie d'une année à l'autre ? La loi a dû se contenter d'une valeur moyenne. Voici comment on procède. On commence par établir le prix des denrées pendant les quatorze années qui précèdent le rachat ; on retranche les deux années où le prix a été le plus élevé et les deux années où il a été le plus bas. Les prix des dix années restantes sont ensuite addi-tionnés ; on divise le total par 10, et le résultat de la divi-sion donné le prix moyen de la rente. Quand on connaît la valeur en argent des arrérages, on la multiplie par 25 ; le rachat de la rente en denrées, à la différence des rentes en argent, se fait au denier 25, c'est-à-dire à raison de 4 p. c. (1). Quel est le motif de cette différence ?

(1) Mourlon, *Répétitions*, t. III, p. 399, nº 1015, d'après la loi des 18-29 dé-cembre 1790, tit. III, art. 3.

La loi de 1790 a été votée sans discussion, de sorte qu'il est assez difficile de déterminer les motifs pour lesquels elle fixe le taux du rachat au denier 25 quand la rente consiste en denrées ; tandis que le rachat se fait au denier 20 quand la rente consiste en argent. Voici la seule raison plausible que l'on a donnée de cette différence. La valeur des denrées augmente progressivement ; le crédirentier qui stipule une prestation en nature veut se mettre à l'abri de ces variations ; la rente étant perpétuelle et non rachetable, dans l'intention des parties contractantes, le bailleur conservait toujours le revenu qu'il avait stipulé, il recevait à perpétuité la même quantité de denrées, quelle que fût l'augmentation de valeur qu'elles éprouvaient. Mais, les rentes étant déclarées rachetables, le crédirentier perd cet avantage : il reçoit un capital en argent, qui régulièrement ne produira que l'intérêt de 5 p. c. ; avec cet intérêt il ne pourra plus se procurer les denrées que le débirentier devait lui fournir, au moins après un certain nombre d'années ; le rachat au taux légal de l'intérêt porterait donc préjudice au créancier, en lui enlevant un avantage sur lequel il devait compter en vertu de son contrat. C'est pour compenser ce préjudice que le législateur fixe le taux du rachat au denier 25, au lieu du denier 20, quand la prestation consiste en denrées (1).

50. La loi de 1790 a réglé le taux du rachat pour les rentes perpétuelles irrachetables d'après l'ancien droit. Il y avait aussi des rentes qui, par exception, pouvaient être rachetées ; la loi de 1790 ne s'applique pas au rachat de ces rentes ; c'est une loi d'expropriation forcée, et il n'y a pas lieu de recourir à un rachat forcé alors que la convention même qui a créé la rente la déclare rachetable, ou quand elle l'est en vertu des lois particulières. On reste donc sous l'empire du droit commun. Or, d'après l'ancienne jurisprudence, le rachat des rentes dont le taux n'avait pas été fixé par le contrat constitutif devait se faire au denier 20, sans distinction entre les rentes en denrées et les rentes en ar-

(1) Jugement du tribunal d'Alais. du 18 avril 1872, et le réquisitoire du ministère public (Dalloz, 1872, 3, 31).

gent. C'est cette règle qu'il faut encore suivre si le rachat se fait sous l'empire du droit nouveau, car il s'agit de règles contractuelles auxquelles aucune loi n'a dérogé (1).

51. A quel taux se fait le rachat des rentes créées après la loi de 1790? Ces rentes sont créées rachetables, puisque la loi de 1790 défend d'établir à l'avenir des rentes qui ne soient pas remboursables. Si donc le débirentier use de la faculté de rachat, il use d'un droit contractuel, il n'invoque pas la loi d'expropriation de 1790. Il faut, par conséquent, appliquer à toutes les rentes nouvelles ce que nous venons de dire des rentes anciennes, qui étaient rachetables par exception; l'exception est devenue la règle. Est-ce à dire qu'il faille aussi maintenir l'ancienne jurisprudence concernant le taux du rachat, de sorte que le rachat se ferait indistinctement au denier 20, sans distinguer entre les rentes de denrées et les rentes en argent? Ou faut-il appliquer, au moins par analogie, les dispositions de la loi de 1790? Il est certain que la loi de 1790 ne régit que le rachat des rentes anciennes, dont elle autorise le rachat, en dérogeant à la loi du contrat; les règles qu'elle établit sur le taux du rachat n'ont donc aucune force légale pour les rentes créées postérieurement, sous l'empire d'une législation totalement différente. De là suit que l'on ne peut plus faire une différence, quant au taux du rachat, entre les rentes en denrées et les rentes en argent; le taux légal de l'intérêt, d'après la loi de 1807, est le même, qu'il s'agisse de denrées ou d'argent, et aucune-loi n'établit de différence quand il s'agit des arrérages d'une rente; dès lors le droit commun, en l'absence de conventions, est le denier 20. Reste à évaluer en argent les prestations stipulées en denrées; sur ce point encore, la loi de 1790 n'a aucune force légale, mais le mode qu'elle a prescrit pour évaluer le prix moyen des arrérages est si équitable, qu'on peut l'appliquer par analogie; la jurisprudence est en ce sens (2).

La cour de cassation est allée plus loin; elle a confirmé un arrêt qui avait appliqué, comme raison écrite et comme base équitable d'appréciation, la disposition de la loi de

(1) Paris, 5 août 1851 (Dalloz, 1852, 2, 256).
(2) Montpellier, 29 décembre 1855 (Dalloz, 1856, 2, 296).

1790, qui fixe au denier 25 le taux de rachat des rentes en nature; la cour constate que ce taux est généralement usité. En le jugeant ainsi, dit la cour, l'arrêt attaqué n'a violé aucune loi (1). Il est vrai qu'il n'y a point de loi violée, puisqu'il n'y en a pas sur le taux du rachat. Est-ce à dire que les dispositions de la loi de 1790 sur le rachat des rentes en nature doivent être appliquées comme raison écrite, ainsi que le dit la cour de cassation? Nous croyons que c'est appliquer ces dispositions à un ordre de choses pour lequel elles n'ont pas été faites. La loi de 1790 est une loi politique, laquelle, pour des motifs d'intérêt général, exproprie les bailleurs qui avaient stipulé une rente perpétuelle irrachetable; elle a dû fixer le taux du rachat de manière à ne pas blesser l'intérêt de ceux qu'elle permettait d'exproprier. Telle n'est plus la situation des crédirentiers sous l'empire du droit nouveau; ils savent que la rente est rachetable, ils doivent donc prévoir le cas de rachat et fixer le taux auquel il aura lieu; l'article 530, comme nous allons le dire, leur en donne le droit; s'ils n'usent pas de ce droit, que doit faire le juge? Le droit commun, en cette matière, n'est pas la loi de 1790, car cette loi est exceptionnelle, le droit commun est celui de l'ancienne jurisprudence, qui s'en tenait au denier 20. C'est encore le droit commun aujourd'hui, même en Belgique, quoique le taux de l'intérêt et, partant, des arrérages soit abandonné aux libres stipulations des contractants; si les parties n'usent pas de cette liberté, elles sont censées adopter le denier 20 dans tous les cas où il s'agit de déterminer le taux de l'intérêt ou du rachat (2).

52. Aux termes de l'article 530, toute rente perpétuelle est rachetable; il est néanmoins permis au créancier de régler les clauses et conditions du rachat. Il suit de là que les parties contractantes peuvent convenir que le rachat se fera pour un capital supérieur à celui qu'il faudrait pour produire les arrérages stipulés; les dispositions restrictives de la loi de 1807 ne sont pas applicables au rachat d'une rente foncière. C'est une différence entre la rente de l'arti-

(1) Rejet, 12 février 1866 (Dalloz, 1866, 1, 171).
(2) Voyez le jugement précité, p. 69, note 2.

cle 530 et la rente constituée de l'article 1909. Celle-ci représente l'intérêt de la somme capitale aliénée par les créanciers, elle tombe donc sous l'application de la loi de 1807; tandis que la rente foncière est créée pour l'aliénation d'un immeuble, et les fonds n'ont pas une valeur légale comme l'argent; les parties peuvent stipuler pour la vente de l'immeuble tel prix qu'elles veulent et, par conséquent, le taux du rachat (1). D'après notre législation, la question ne se présente plus, puisque l'intérêt conventionnel peut dépasser l'intérêt légal.

53. L'article 530 permet aussi aux parties de stipuler que la rente ne pourra être remboursée qu'après un certain temps. Toutefois ce temps ne peut pas dépasser trente ans. « Toute stipulation contraire est nulle, dit la loi. » Quel est le caractère de cette nullité? Est-elle d'ordre public et entraîne-t-elle la nullité de la clause? Elle est d'ordre public en ce sens que la limite de trente ans a été fixée dans un intérêt général, pour sauvegarder le droit de rachat, lequel tient à la liberté du débiteur; mais sa liberté n'est compromise qu'autant que la limite de trente ans est dépassée; donc la clause sera valable pour trente ans, et nulle seulement pour l'excédant; en d'autres termes, elle sera réduite à cette limite. C'est ainsi que l'article 815, qui défend de stipuler l'indivision pendant plus de cinq ans pour des motifs d'intérêt général, dispose que la convention ne sera pas obligatoire au delà de ce délai. Il y a une autre disposition qui contient une décision analogue, et plus explicite encore. Aux termes de l'article 1660, la faculté de rachat ne peut être stipulée pour un terme excédant cinq années; si elle a été stipulée pour un temps plus long, elle est réduite à ce terme; c'est aussi en ce sens que l'article 530 doit être entendu. Telle est l'opinion générale (2).

§ III. *Mobilisation des rentes foncières.*

54. Dans l'ancien droit, les rentes foncières étaient con-

---

(1) Proudhon, *Du domaine de propriété*, n° 289.
(2) Duranton, t. IV, p. 135, n° 158. Proudhon, *Du domaine de propriété*, n° 294.

sidérées à tous égards comme des immeubles ; elles étaient réputées faire partie de l'héritage même dans lequel le bailleur se les était réservées (1). Cependant elles ne consistaient que dans le droit aux arrérages, choses essentiellement mobilières ; d'après la vieille définition qui répute mobilier tout droit qui tend à une chose mobilière, on aurait donc dû considérer les rentes foncières comme des droits mobiliers. Mais si les rentes avaient été rangées parmi les meubles, elles auraient été soumises au droit qui régissait les meubles, c'est-à-dire qu'elles n'auraient pas formé des propres de succession ni de communauté ; or, la tendance de l'ancien droit était de conserver les biens dans les familles, il fallait donc immobiliser les rentes ; la plupart des coutumes réputaient même immeubles les rentes constituées. De fait, les rentes formaient une grande partie de la fortune des particuliers, on ne pouvait pas dire des rentes : *vilis mobilium possessio* ; il eût donc été peu logique de les soumettre à une législation qui n'avait en vue que les meubles corporels.

55. La loi de 1790 ne changea rien à la nature des rentes foncières ; elle se borna à les déclarer rachetables. C'est par erreur que la cour de Bruxelles a jugé que, par la publication faite en Belgique de la loi des 18-29 décembre 1790, la nature et les effets des rentes foncières avaient été totalement changés, et que depuis lors elles n'ont pu être considérées que comme une créance mobilière au profit du vendeur (2). Le texte de la loi dit tout le contraire ; l'article 1er du titre V porte : « La faculté du rachat accordée aux débiteurs des rentes foncières ne dérogera en rien aux droits, priviléges et actions qui appartenaient ci-devant aux bailleurs de fonds, soit contre les preneurs personnellement, soit sur les fonds baillés à rente. En conséquence, les créanciers, bailleurs de fonds, continueront à exercer les mêmes actions hypothécaires, personnelles ou mixtes, qui ont eu

---

(1) Merlin, *Répertoire*, au mot *Rente foncière*, § 1, n° 7.
(2) Bruxelles, 15 février 1832 (*Pasicrisie*, 1832, p. 42). Dans le même sens, Fœlix et Henrion, *Des rentes foncières*, chapitre préliminaire, § 5 et n° 308. En sens contraire, Proudhon, *Du domaine de propriété*, n° 282 ; Aubry et Rau, t. II, p. 456, § 224 *ter* (4e édition).

lieu jusqu'ici, et avec les mêmes priviléges qui leur étaient accordés par les lois, coutumes, statuts et jurisprudence qui étaient précédemment en vigueur dans les différents lieux et pays du royaume. » Le but de la loi était exclusivement politique; il suffit de se rappeler la date du 4 août 1789 pour s'en convaincre; c'est dans cette nuit célèbre que l'Assemblée constituante posa le principe du rachat, la loi de 1790 ne fit que l'organiser; le législateur ne songeait pas à innover dans le domaine du droit civil.

56. Ces innovations vinrent plus tard. La loi du 11 brumaire an VII sur le régime hypothécaire devait décider si les rentes foncières pouvaient être ou non hypothéquées. Dans l'ancien droit, elles étaient immeubles à tous égards, donc susceptibles d'hypothèque; et la loi de 1790 n'avait rien changé aux rentes foncières, sauf que, d'irrachetables qu'elles étaient, elles devenaient rachetables. L'article 6 de la loi de brumaire posa en principe que les biens territoriaux et accessoires étaient seuls susceptibles d'hypothèque; et l'article 7 disposa que « les rentes constituées, les rentes foncières et les autres prestations que la loi avait déclarées rachetables ne pourraient plus à l'avenir être frappées d'hypothèques. » Faut-il conclure de là que la loi de l'an VII mobilisa les rentes foncières? De nombreux arrêts de la cour de cassation l'ont décidé ainsi; on y lit : « Qu'il résulte évidemment des articles 6 et 7 de la loi du 11 brumaire an VII que la loi dépouille complétement les rentes foncières de leur caractère immobilier, et les répute purement mobilières (1). » C'était peut-être aller trop loin; nous croyons qu'il est plus exact de dire, comme le fait l'arrêt des chambres réunies du 27 novembre 1835, « que le caractère immobilier des rentes foncières a été, en partie, aboli par la loi de brumaire an VII, et que ce qui pouvait leur rester de caractère immobilier a été tout à fait effacé par le code civil. » En effet, dire que des rentes ne peuvent plus être hypothéquées parce qu'elles sont rachetables, ce n'est pas dire

---

(1) Voyez les arrêts dans le *Répertoire* de Dalloz, au mot *Rentes foncières*, nᵒˢ 56 et 196. Aubry et Rau, t. II, p. 28, note 16, § 165, et les autorités qu'ils citent. Comparez le réquisitoire de Nicias Gaillard sur l'arrêt de 1848 (Dalloz, 1849, 1, 90).

qu'elles deviennent absolument mobilières (1). Toutefois les derniers arrêts de la cour de cassation ne reproduisent plus les restrictions de celui de 1835; la chambre civile a jugé, en termes absolus, « que les rentes foncières ont perdu tout caractère immobilier par les dispositions des articles 6 et 7 de la loi du 11 brumaire an VII, qu'elles sont devenues meubles et assimilées aux autres meubles (2); » et la chambre des requêtes a jugé également que la loi de brumaire an VII a mobilisé les rentes foncières (3).

57. Les conséquences qui résultent de la mobilisation des rentes foncières sont très-importantes. La loi de brumaire ne permet plus d'hypothéquer les rentes foncières; toutefois elle maintient les hypothèques concédées antérieurement, en indiquant les formalités que le créancier doit remplir pour les conserver, ou que le tiers détenteur doit remplir pour les purger (art. 42 et 45). Il suit de là que les hypothèques consenties sur des rentes foncières avant la loi de brumaire an VII restent efficaces si elles ont été conservées et si elles n'ont pas été effacées par la purge. C'est l'application du principe de la non-rétroactivité des lois. Dans l'ancien droit, les rentes foncières, étant en tout assimilées à des immeubles, étaient susceptibles de possession et, par suite, le bailleur avait les actions possessoires. Depuis qu'elles sont mobilisées, les rentes foncières ne sont plus que des créances mobilières; dès lors il ne peut plus être question d'actions possessoires. Cela pouvait être contesté sous l'empire de la loi du 11 brumaire an VII; il n'y a plus de doute aujourd'hui, puisque le code déclare toutes les rentes meubles et abolit entièrement les rentes foncières de l'ancien droit (4).

Les anciennes rentes foncières se prescrivaient généralement par quarante ans. Sont-elles rentrées dans le droit commun, en ce qui regarde la prescription, depuis la loi du 11 brumaire an VII, ou sont-elles restées soumises à la prescription exceptionnelle de l'ancien droit? La jurisprudence

---

(1) Comparez Demante, *Cours analytique*, t. II, p. 428, n° 359 *bis* VII.
(2) Cassation, 27 décembre 1848 (Dalloz, 1849, 1, 90).
(3) Rejet, 20 août 1849 (Dalloz, 1849, 5, 342).
(4) Aubry et Rau. t. II, p. 80, note 5, § 178 (4ᵉ édition).

s'est prononcée pour la mobilisation complète (n° 56). Le code civil ne laisse plus aucun doute sur ce point (1).

58. La mobilisation des rentes foncières a changé complétement la situation des détenteurs d'immeubles grevés de rentes. D'après l'ancien droit, la rente était due par le fonds, donc par tout détenteur du fonds, sauf à celui-ci d'user du droit qu'il avait de déguerpir (n°s 2 et 41). En mobilisant les rentes foncières, la législation nouvelle leur a enlevé le caractère de droit réel immobilier, pour ne laisser au crédirentier qu'un simple droit de créance ; elle a donc transformé son action réelle en action personnelle. Contre qui le crédirentier a-t-il ce droit personnel ? Naturellement contre celui qui est tenu du payement de la rente et, à ce titre, contre le détenteur du fonds qui jadis était grevé de la rente. Celui-ci n'était pas débiteur personnel, il l'est devenu. De là des conséquences très-importantes. D'abord la rente doit être prestée par ses héritiers et successeurs universels ; tandis que les acquéreurs à titre particulier, qui, sous l'ancien droit, auraient été tenus de la rente, n'en seront pas tenus ; ils n'en pourraient être tenus que comme débiteurs personnels, et ils ne le sont pas. Par contre, les débiteurs de la rente ne peuvent plus s'en affranchir en déguerpissant. Le déguerpissement était une conséquence de la réalité de la rente foncière ; du moment que le droit réel s'est transformé en droit personnel, il ne peut plus être question de s'affranchir du payement de la rente en abandonnant le fonds qui autrefois en était grevé. Le lien d'obligation que contracte le débiteur personnel ne peut être rompu par lui, quand même il voudrait abandonner tous ses biens. Il n'a plus qu'un moyen de se libérer du payement de la rente, c'est le rachat ou le remboursement du capital. Si la rente a été établie comme prix de la vente d'un immeuble, le crédirentier a les droits de tout vendeur, un privilége sur l'héritage vendu et l'action résolutoire qui réagit contre les tiers. Le tiers acquéreur de l'immeuble pourra, dans ce cas, être poursuivi par le crédirentier, mais ce ne sera pas comme débiteur, ce sera comme tiers

(1) Aubry et Rau, t. II, p. 457, note 9, § 224 *ter*, et les autorités qu'ils citent.

détenteur; et, comme tel, il peut aussi purger le privilége, ainsi que l'action résolutoire, d'après notre nouvelle loi hypothécaire (1).

Le crédirentier a-t-il acquis, en vertu de la mobilisation de la rente foncière, un privilége ou une hypothèque privilégiée sur l'immeuble grevé de la rente, comme garantie de sa créance? La jurisprudence l'admet; nous reviendrons sur la question au titre qui est le siége de la matière.

§ IV. *Caractère et effets des rentes de l'article* 530.

59. Merlin dit que l'article 530 maintient le *bail à rente,* tout en abolissant la rente foncière de l'ancien droit (n° 41). Le code n'emploie pas ce terme, et nous croyons qu'il vaut mieux ne pas s'en servir, car il rappelle des principes que la législation nouvelle a abrogés; il serait peu juridique de conserver l'expression traditionnelle qui désigne le contrat d'où naissait une rente foncière, alors que ce contrat ne produit plus de rente foncière. Le bail à rente, tel que la tradition le connaissait, n'existe plus; le propriétaire d'un immeuble peut, à la vérité, l'aliéner, à quelque titre que ce soit, en stipulant une rente perpétuelle comme prix ou condition de l'aliénation; mais cette convention n'a plus les effets qui étaient attachés au bail à rente, elle n'a d'autres effets que ceux qui résultent de la nature de la convention où la rente est stipulée. En d'autres termes, l'aliénation à charge de rente perpétuelle est régie par le droit commun; tandis que le bail à rente était une dérogation au droit commun, une espèce de fiction qui réputait immeuble un droit à une prestation mobilière.

60. Un immeuble est vendu pour une rente perpétuelle, de sorte que la rente est le prix de l'aliénation. Ce contrat est une vente, et il est régi par les principes que le code établit aux titres de la *Vente* et des *Hypothèques*; il faut ajouter la nouvelle loi hypothécaire belge et la loi française, qui prescrit la transcription des ventes immobilières. Il en

---

(1) Aubry et Rau, t. II, p. 457, notes 10 et 11, § 224 *ter* (4ᵉ édit.).

serait de même si le contrat indiquait un prix en capital, sans qu'il y eût aucune intention de nover. Dans ce cas encore, il y aurait vente, en ce sens que la rente serait une rente foncière dans le sens de l'article 530, et non une rente constituée; donc les principes de la vente seraient applicables. Nous les avons déjà rappelés. La vente doit être transcrite pour que l'acquéreur devienne propriétaire à l'égard des tiers. Le vendeur a un privilége sur l'immeuble vendu pour la garantie du payement de la rente. Si la rente n'est pas payée, le vendeur, crédirentier, peut poursuivre la vente forcée de l'héritage sur lequel il a un privilége, et il sera payé de préférence aux autres créanciers, même hypothécaires, d'après les règles que nous exposerons au titre des *Hypothèques*. Cette action étant réelle se donne aussi contre les tiers détenteurs de l'immeuble.

Le crédirentier a encore, comme vendeur, le droit de demander la résolution du contrat de vente pour défaut de payement des arrérages. Cette résolution réagit également contre les tiers. En effet, le contrat étant résolu, le vendeur rentre dans sa propriété, et il peut la revendiquer contre tout tiers détenteur. On a dit que cette action contre les tiers produit tous les inconvénients de l'ancienne rente foncière, puisque les tiers détenteurs, quoique n'étant plus tenus au payement de la rente, d'après l'article 530, peuvent néanmoins être poursuivis quand le débiteur ne paye pas la rente (1). Cela est vrai, mais cet inconvénient est attaché à toute résolution d'une vente immobilière. Dans l'espèce, le tiers détenteur a un moyen de se mettre à l'abri de toute action réelle, c'est de purger. Sous l'empire du code Napoléon, la purge n'effaçait que le privilége du vendeur, elle n'effaçait pas son droit de résolution; notre droit hypothécaire a donné aux tiers acquéreurs une garantie nouvelle, d'abord en subordonnant le droit de résolution à la conservation du privilége, puis en organisant la purge de manière que le droit de résolution est effacé aussi bien que le privilége. Nous reviendrons sur ces innovations, au titre des *Hypothèques*.

(1) Mourlon, *Répétitions*, t. III, p. 398, n° 1013. Demolombe, t. IX, p. 297, n° 431.

61. Le créancier d'une rente foncière a-t-il aussi le droit
de contraindre le débirentier au rachat dans les cas prévus
par les articles 1912 et 1913? On admet généralement la
négative; la cour de cassation dit, dans le dernier arrêt
rendu sur la question, que cela n'est plus contesté ni en
doctrine ni en jurisprudence (1). Un arrêt de la cour de
Liége expose très-bien les motifs pour lesquels le rachat
forcé, établi en faveur du créancier d'une rente constituée,
ne peut pas être invoqué par le créancier d'une rente foncière. Le rachat des rentes foncières a été établi par la
loi de 1790 comme un droit en faveur du débiteur; le législateur a voulu favoriser l'agriculture tout ensemble et
les agriculteurs en affranchissant le sol des charges qui
entravaient la libre circulation des propriétés et qui grevaient les détenteurs du sol de servitudes de fait. En déclarant les rentes foncières rachetables, le législateur n'entendait pas donner au crédirentier le droit d'exiger le rachat
contre le débiteur. Les lois qui mobilisèrent les rentes n'ap-
portèrent aucun changement, sous ce rapport, aux droits
du créancier. Tout ce qui résulte de l'article 530, c'est que
le crédirentier, s'il est vendeur, a un privilége et un droit
de résolution qui garantissent suffisamment ses intérêts.
Le crédirentier a vendu pour une rente perpétuelle; il ne
peut pas contraindre le débiteur à payer, au lieu de la
rente, le capital de cette rente; si le débirentier ne paye
point, le créancier a sa garantie, d'abord dans le privilége, puis dans le droit de résolution. Dans ce système,
on ne conçoit pas que le créancier de la rente foncière invoque tout ensemble la résolution du droit commun en
vertu de l'article 1184 et la résolution exceptionnelle de
l'article 1912 (2).

Nous croyons que le siége du débat n'est point dans
l'article 530; il est dans l'article 1912, qui, à notre avis,
n'est que l'application de l'article 1188. La jurisprudence,
au contraire, considère le droit de rachat comme une espèce

---

(1) Rejet, 9 janvier 1865 (Dalloz, 1865, 1, 234).
(2) Liége, 24 avril 1818 (*Pasicrisie*, 1818, p. 83). Comparez les arrêts que
nous citons plus bas. C'est l'opinion générale (Aubry et Rau, t. II, p. 459,
note 16. § 224 *ter*).

de résolution découlant de la condition résolutoire tacite de l'article 1184.

L'incertitude qui règne sur le sens et la portée de l'article 1912 répand aussi le doute sur la question que nous discutons. Dans notre opinion, le créancier d'une rente foncière peut invoquer tout ensemble l'article 1184 et l'article 1912. L'article 1184 établit la condition résolutoire tacite dans tous les contrats bilatéraux; or, la rente foncière naît d'un contrat essentiellement bilatéral, la vente; le crédirentier est vendeur et le débirentier est acheteur, la rente est le prix de l'immeuble vendu; si le débiteur ne paye pas le prix, le créancier peut demander la résolution du contrat. Sur ce point, il n'y a pas de doute. Le droit de résolution qui appartient au crédirentier est-il exclusif du droit de rachat forcé que l'article 1912 accorde au créancier d'une rente constituée, quand le débiteur ne remplit pas ses obligations? La négative est certaine si l'on admet l'interprétation que nous avons donnée de l'article 1912. D'abord ce n'est pas un seul et même droit; les deux droits diffèrent, au contraire, par leur principe, leur objet et leur effet. Ils diffèrent par leur principe, car le droit de rachat forcé se rattache à l'article 1188, dont il n'est qu'une application; tandis que le droit de résolution est une conséquence de la condition résolutoire tacite de l'article 1184. Quel est l'objet du rachat forcé? est-ce une résolution du contrat? Non, c'est une déchéance du terme que le débirentier encourt dans les cas prévus par la loi. Est-ce que cette déchéance ne s'applique pas au débiteur d'une rente foncière aussi bien qu'au débiteur d'une rente constituée? Le principe d'où elle découle, l'article 1188, est général; tout créancier peut l'invoquer contre le débiteur qui jouit d'un terme; or, le débiteur d'une rente foncière jouit d'un terme illimité pour le rachat, de même que le débiteur d'une rente constituée; le capital de la rente qu'il paye n'est pas exigible dans l'une et l'autre rente, il devient exigible quand le débiteur manque à ses engagements; en ce sens il perd le bénéfice du terme, il en est déchu; il en doit être déchu dans tous les cas; la nature de la rente ne peut avoir aucune influence sur cette déchéance, car l'article 1188 l'établit pour toute espèce de

créance; l'article 1912 ne fait que l'appliquer à la rente
constituée; elle doit s'appliquer aussi à la rente foncière,
d'abord en vertu du principe général de l'article 1188, ensuite en vertu de l'article 1912, qui reçoit son application
à la rente foncière, puisque, dans le système du code, la
rente foncière n'est plus qu'une rente constituée. Pour que
l'article 1912 ne fût pas applicable à la rente foncière, il
faudrait un texte qui y dérogeât, et de texte il n'y en a
point; le code ne s'occupe de la rente foncière que pour la
déclarer meuble et rachetable, c'est-à-dire pour l'assimiler
à une créance ordinaire, donc à une rente constituée. S'il
y a des différences entre les deux rentes, elles découlent
des principes généraux; mais ces principes n'ont rien de
commun avec la déchéance du terme, car cette déchéance
est elle-même un principe général établi par l'article 1188
pour toute créance. Enfin le droit de résolution et le rachat
forcé diffèrent dans leur effet. La résolution doit être demandée en justice, la déchéance du terme, qui rend le capital de la rente exigible, existe en vertu de la loi. Quand le
créancier demande la résolution de la vente, le juge peut
arrêter son action et la neutraliser en accordant un délai au
débiteur; tandis que le juge n'a pas de droit dans le cas où
le débiteur est déchu de plein droit du bénéfice du terme.
Lorsque le juge prononce la résolution, le contrat de vente
est considéré comme n'ayant jamais existé; le vendeur rentre
dans son héritage, mais il doit restituer le prix, et, dans
l'espèce, tous les arrérages qu'il a perçus. Est-ce que tel est
aussi l'effet du rachat forcé? Du tout; si c'est le créancier
d'une rente foncière qui l'exerce, la vente subsiste; le débirentier conserve la propriété de l'immeuble, il ne le restitue pas au créancier, il lui rembourse le capital de la
rente, qu'il avait le droit de lui rembourser pour se décharger du payement de la rente; le crédirentier n'a rien à restituer, il garde les arrérages qu'il a touchés; il reçoit le
capital de la rente, au lieu des arrérages que le débirentier ne paye pas, ou pour le payement desquels il n'offre
point les sûretés stipulées.

Ainsi les principes, loin de s'opposer à ce que le créancier d'une rente foncière exerce le droit de rachat forcé, le

lui donnent nécessairement. Il y a encore une considération qui nous paraît décisive en faveur du crédirentier. Le débat porte d'ordinaire sur l'article 1912, ce qui rend la discussion si difficile et la solution si douteuse. Mais toute difficulté s'évanouit et il n'y a plus aucun doute, dans le cas prévu par l'article 1913. Le débiteur de la rente foncière tombe en déconfiture ou en faillite : le capital de la rente deviendra-t-il exigible? L'affirmative nous paraît certaine : le créancier peut invoquer l'article 1913, parce que sa rente est réellement une rente constituée; et si on lui objecte que cette disposition est spéciale et exceptionnelle, comme on le fait pour l'article 1912, il répondra qu'il n'a pas besoin de l'article 1913, qu'il puise son droit dans l'article 1188, lequel bien certainement consacre un droit général applicable à tout créancier. Or, si le capital de la rente foncière devient exigible dans le cas prévu par l'article 1913, il le devient aussi dans les deux cas de l'article 1912, car les trois cas dans lesquels le débirentier peut être contraint au rachat sont la conséquence d'un seul et même principe, la déchéance du terme prononcée par l'article 1188 ; si le crédirentier peut invoquer l'article 1913, il peut aussi invoquer l'article 1912 : il y a identité de raison.

62. Si l'on admet l'interprétation que nous avons donnée de l'article 1912 et que nous venons de rappeler, il est très-facile de répondre aux objections que l'on fait contre notre opinion; les arguments se retournent contre l'opinion contraire. La jurisprudence, quand on y regarde de près, est d'une faiblesse extrême. En effet, la doctrine qu'elle consacre repose sur une confusion de principes qui, à notre avis, est évidente. Elle considère le rachat forcé de l'article 1912 comme une résolution du contrat découlant du principe de l'article 1184; mais la jurisprudence recule devant les conséquences de cette assimilation que nous appelons une confusion, elle n'applique point à la prétendue résolution de l'article 1912 les effets de la condition résolutoire tacite, elle aboutit ainsi à une résolution spéciale qui n'est pas une résolution; cette résolution, au lieu d'être l'application de l'article 1184, devient une disposition exceptionnelle, spéciale, dit la cour de cassation; disposition que l'on né peut pas étendre, qu'il faut limiter au cas prévu par le texte, c'est-à-dire à la rente constituée (1). La cour de cassation oublie entièrement l'article 1188, bien qu'une partie de l'article 1912 et tout l'article 1913 soient compris dans le texte de cette disposition. Voilà le vrai principe, dont les articles 1912 et 1913 ne sont qu'une application à la rentepe rpétuelle; ainsi ramenées à leur origine, ces dispositions n'ont plus rien d'exceptionnel, c'est le droit commun écrit au titre des *Obligations* et appliqué au contrat de rente. L'argument, on le voit, milite contre l'opinion qui s'en prévaut.

La cour de Paris a une autre explication; elle distingue le droit de résolution et le droit de rachat forcé. La loi donne au vendeur l'action en résolution quand l'acheteur ne paye pas le prix : voilà le droit du créancier d'une rente foncière; vendeur d'un immeuble, il peut agir en résolution de la vente quand l'acheteur, débirentier, ne paye pas les arrérages. Le droit de rachat est tout autre chose, c'est le droit d'exiger le remboursement du capital de la rente dans les cas prévus par les articles 1912 et 1913 : la loi accorde ce droit au créancier d'une rente constituée, elle ne le donne pas au créancier d'une rente foncière, donc celui-ci ne peut pas l'exercer (2). La prémisse est exacte, la conclusion est fausse. Oui, le rachat n'est pas la résolution; est-ce à dire que le crédirentier qui a le droit de résolution ne puisse pas jouir du droit de rachat? La conséquence n'est certes pas logique, et elle est tout aussi peu juridique. C'est précisément parce que la résolution et le rachat sont deux droits différents, que rien n'empêche le créancier d'une rente foncière de les exercer l'un et l'autre : il exerce l'un comme vendeur, il exerce l'autre comme crédirentier. Sans doute il ne les exerce pas simultanément, de même qu'il n'exerce pas simultanément son privilége et son droit de résolution; il a le choix, il choisit le droit qu'il a intérêt d'exercer. Il peut être intéressé à ne

---

(1) Bourges, 12 avril 1824; Cassation, 28 juillet 1824 (Dalloz, au mot *Rentes foncières*, no 91).

(2) Páris, 8 janvier 1825 (Dalloz, au mot *Rentes foncières*, no 91).

pas agir en résolution quand l'immeuble a été détérioré, dégradé et que le tiers détenteur est insolvable; il demandera alors le rachat forcé, si le débiteur se trouve dans un des cas prévus par les articles 1912 et 1913. D'ordinaire l'action en résolution lui sera plus favorable, parce que le rachat ne peut être utilement exercé que lorsque le débiteur de la rente est solvable; s'il est insolvable, la résolution sera plus avantageuse, puisque le vendeur est sûr de rentrer au moins dans la propriété de son héritage [1].

Un arrêt récent de la cour de Caen écarte l'article 1188, base de notre doctrine, par une fin de non-recevoir. Il n'existe, dit-elle, dans la rente foncière ni capital mobilier, ni, par conséquent, une échéance pour le remboursement; ce qui rend l'article 1188 inapplicable et, partant, l'article 1918 [2]. Il nous semble qu'il suffit de lire l'article 1188 pour se convaincre que la cour l'interprète à faux. Que dit-il? Le débiteur ne peut plus réclamer le bénéfice du terme lorsqu'il diminue les sûretés que le créancier avait lors du contrat et en vertu du contrat. Il n'est rien dit, dans ce texte, d'un capital mobilier que le débiteur doit rembourser: le débiteur d'une rente, quelle qu'elle soit, ne doit pas un capital; si donc l'argumentation de la cour était exacte, il en faudrait conclure que l'article 1188 ne reçoit pas d'application aux rentes, pas plus aux rentes constituées qu'aux rentes foncières; cependant les articles 1912 et 1913 l'appliquent à la rente constituée; donc on doit aussi l'appliquer à la rente dite foncière, qui, sauf quelques différences, n'est plus qu'une rente constituée. C'est donc toujours à la question, telle que nous l'avons posée, qu'il faut revenir; les articles 1912 et 1913 sont-ils une application du principe établi par l'article 1188? Si oui, la question est décidée par cela même en ce qui concerne les rentes foncières.

63. Si la rente est constituée comme condition de la cession à titre gratuit d'un immeuble (art. 530), la constitution sera soumise aux principes qui régissent les donations. C'est l'application de notre règle d'interprétation (n° 59). De là suit que si les arrérages ne sont pas payés, la charge n'étant pas remplie, il y a lieu à la révocation de la donation pour cause d'inexécution des conditions (art. 954). C'est une vraie action en résolution, comme nous l'avons dit, au titre des *Donations et Testaments*. Il va sans dire qu'il y a lieu à rapport et à réduction; c'est le droit commun.

64. La rente foncière, malgré le nom qu'elle porte, n'est plus une dette du fonds, c'est une dette de la personne, donc une créance ordinaire régie par le droit commun. De là suit que le détenteur de l'immeuble aliéné à charge de rente foncière en est tenu, non comme détenteur du fonds, mais comme débiteur personnel s'il s'y est obligé dans le contrat, ou s'il a pris la rente à sa charge; dans l'un et l'autre cas, il ne peut plus s'en affranchir en déguerpissant, comme il en avait le droit dans l'ancienne jurisprudence; tenu personnellement, le débirentier doit payer, comme tout débiteur personnel, c'est-à-dire qu'en s'obligeant il a obligé tous ses biens présents et à venir, et il reste tenu alors même que ces biens ne suffiraient pas pour payer sa dette. S'il vient à mourir, la dette de la rente passe à ses héritiers et se divise entre eux. Dans l'ancien droit, les héritiers étaient, d'après plusieurs coutumes, tenus solidairement de la rente; cette solidarité n'existe plus, puisque le code ne l'a pas maintenue, et il n'y a pas de solidarité légale sans loi. Si le débiteur ne paye pas les arrérages, le créancier a l'action en résolution, et il a de plus un privilége; ces garanties sont également régies par le droit commun.

Le débirentier peut s'affranchir du payement des arrérages en remboursant le capital, sauf à se conformer aux clauses du contrat qui règlent l'exercice de ce droit; il peut aussi, dans notre opinion, être contraint au rachat, dans les cas prévus par les articles 1912 et 1913. Que le rachat soit volontaire ou forcé, il se fait conformément aux règles que nous avons établies plus haut, en distinguant les rentes antérieures à la loi de 1790 et les rentes postérieures (nos 50-53).

65. Les rentes sont soumises à quelques dispositions spéciales. Aux termes de l'article 2263, « le débiteur d'une rente peut être contraint, après vingt-huit ans de la date du dernier titre, à fournir à ses frais un titre nouvel à son créancier ou à ses ayants cause. » Cette disposition est applicable à toute rente, donc aussi à la rente foncière.

D'après l'article 2277, les arrérages des rentes perpétuelles se prescrivent par cinq ans. Nous reviendrons sur ces dispositions, au titre de la *Prescription*.

66. Dans l'ancien droit, les tiers détenteurs des fonds grevés de rente étaient tenus de l'acquitter, en cette qualité, sauf à user de la faculté du déguerpissement pour s'en affranchir. Dans notre droit moderne, les tiers détenteurs des immeubles aliénés à charge de rente sont soumis au droit commun; ils ne doivent pas payer la rente, parce que ce n'est plus le fonds qui la doit, c'est le débiteur personnel, et les tiers détenteurs sont des tiers à la dette. Si le crédirentier a un privilége ou une hypothèque, il peut l'exercer contre tout détenteur du fonds; l'action résolutoire réagit également contre les tiers détenteurs, mais ceux-ci ont un moyen d'effacer tous les droits réels ainsi que le droit de résolution, en se conformant aux règles que notre loi hypothécaire prescrit pour la purge.

67. Il nous reste à voir quelles différences il y a entre les rentes foncières de l'article 530 et les rentes constituées de l'article 1909. Par leur mobilisation, les rentes foncières sont devenues des créances ordinaires, analogues, par conséquent, aux rentes constituées, puisque les unes et les autres ont pour objet une prestation périodique et perpétuelle. En ce sens, on peut dire que les rentes foncières sont devenues des rentes constituées. La loi elle-même établit un rapport important entre les deux espèces de rentes, en les déclarant essentiellement rachetables. Il y a toutefois des différences.

Nous avons déjà signalé la différence que la loi établit quant au rachat; on peut stipuler que le rachat des rentes perpétuelles n'aura pas lieu pendant un certain temps, qui ne peut excéder dix ans, pour les rentes constituées, tandis qu'il peut être de trente ans pour les rentes foncières. Il y a encore une différence en ce qui concerne les conditions du rachat. S'agit-il d'une rente foncière, les parties jouissent d'une entière liberté : une rente foncière de 5,000 francs, constituée au denier vingt, peut être stipulée remboursable au denier vingt-cinq, même sous l'empire d'une législation qui limite l'intérêt conventionnel à 5 pour cent; la raison en est que le capital de la rente est le prix d'un immeuble, et aucune loi ne fixe le prix auquel il est licite de vendre un héritage. Il n'en est pas de même des rentes constituées; le contrat de constitution est un prêt à intérêt, donc il est soumis aux lois qui restreignent le taux de l'intérêt; le contrat ne peut donc se faire qu'au taux légal.

Dans l'opinion commune, le créancier d'une rente foncière, quand elle est établie comme prix de vente, a le privilége du vendeur et le droit de résolution, mais il n'a point le droit de rachat forcé que les articles 1912 et 1913 accordent au créancier d'une rente constituée. Dans notre opinion, cette différence n'existe point. Le rapport que la mobilisation des rentes foncières a établi entre ces rentes et les rentes constituées, fournit un nouvel argument en faveur de notre opinion. En effet, les rentes dites foncières sont des rentes constituées, sauf les différences établies par la loi, ou celles qui résultent des principes généraux de droit, et ces principes ont aussi leur base dans la loi. Or, le code ne dit rien des rentes foncières, sinon qu'elles sont meubles et rachetables, c'est-à-dire qu'il les met sur la même ligne que les rentes constituées. Quant aux principes, l'article 1188 pose aussi une règle de droit commun que les articles 1912 et 1913 ne font qu'appliquer aux rentes constituées; l'analogie conduit à l'appliquer aux rentes foncières.

Quand la rente foncière est établie comme prix d'un immeuble, le contrat constitutif de la rente est une véritable vente immobilière, donc soumise à la rescision pour cause de lésion. Dans l'ancien droit, on assimilait aussi la constitution de rente à une vente, par suite la rente constituée était un droit immobilier, mais c'étaient des fictions. La loi du 11 brumaire an VII et le code civil ont rétabli la réalité des choses, en mobilisant toutes les rentes. Il ne saurait donc être question de la rescision pour cause de lésion en ce qui concerne les rentes constituées.

TITRE XII.

DU DÉPOT ET DU SÉQUESTRE (1).

CHAPITRE Iᵉʳ.

DU DÉPÔT EN GÉNÉRAL ET DE SES DIVERSES ESPÈCES.

68. « Le dépôt, en général, est un *acte* par lequel on *reçoit* la chose d'autrui, à la charge de la *garder* et de la restituer en nature » (art. 1915). Pourquoi le code dit-il que le dépôt est un *acte?* C'est le seul contrat qu'il qualifie ainsi, sauf la donation, et pour la donation il y a des raisons particulières qui expliquent la terminologie de la loi (art. 894). Le code prévoit plusieurs espèces de dépôt, dans le titre consacré à ce contrat. Il donne le nom de *dépôt* au séquestre judiciaire; dans ce cas, c'est la justice qui ordonne le dépôt entre les mains d'un dépositaire, que l'on appelle *séquestre :* le séquestre judiciaire n'est donc pas un contrat, à moins qu'on n'imagine, comme on l'a fait, qu'une convention intervient entre la justice et le dépositaire, ce qui est contraire à tout principe, car la justice ne contracte pas, elle décide et elle commande. Comme le

_____

(1) Sources : Pothier, *Traité du contrat de dépôt.* Duvergier, *Traité du dépôt* (à la suite du *Traité du prêt*). Troplong, *Du dépôt*, Paris, 1845, 1 vol. in-8º. Pont, *Des petits contrats*, t. I.

dit très-bien Domat : le séquestre judiciaire est différent
du dépôt qui se fait de gré à gré, en ce que celui-ci est une
convention et que l'autre est un règlement ordonné par le
juge. Le code, voulant embrasser dans sa définition le séquestre judiciaire, ne pouvait pas se servir du mot contrat ;
de là l'expression d'acte (1).

69. La définition de l'article 1915 implique que le dépôt est un contrat réel : le dépositaire reçoit la chose d'autrui, à la charge de la garder et de la restituer ; la loi ne
dit pas, comme elle le fait en matière de vente, que le dépositaire s'oblige à garder la chose, et, comme elle dit du
louage, que chacune des parties s'oblige ; le contrat de dépôt se parfait, non par le consentement, mais par la réception de la chose, donc par la tradition. C'est ce que dit
l'article 1919 : le dépôt n'est parfait que par la tradition
de la chose déposée. Tant que la tradition n'a pas été faite,
on ne conçoit pas de dépôt. En effet, le dépôt n'engendre
d'obligation qu'à charge du dépositaire ; et à quoi s'oblige-
t-il ? A garder la chose et à la restituer. Or, comment
garderait-il et comment restituerait-il une chose qui ne lui
aurait pas été remise ? Sans doute, en droit moderne, les
contrats se parfont par le concours de volonté des parties
contractantes ; ce concours de consentement est aussi nécessaire pour le dépôt, l'article 1921 le dit. Mais il ne dit
pas que le consentement suffit, l'article 1919 dit le contraire : il faut de plus la tradition. Tant qu'il n'y a qu'une
simple obligation contractée de donner et de recevoir une
chose en dépôt, il n'y a point de dépôt ; la convention est
valable, mais elle n'engendre pas les obligations que le
dépôt crée à charge du dépositaire. C'est la doctrine traditionnelle : Pothier dit que le dépôt est un contrat réel, qui
ne peut se former que par la remise que le déposant fait au
dépositaire de la chose dont il lui confie la garde (2). Si
nous insistons sur un principe aussi élémentaire, c'est qu'il
a été contesté par Toullier et par son commentateur Duvergier, comme nous l'avons dit ailleurs ; ne dirait-on pas

(1) Duranton, t. XVIII, p. 2, n° 2. Comparez Pont, t. I, p. 167, n° 371.
(2) Pothier, Du dépôt, n° 7.

qu'en droit tout est sujet à controverse, même les vérités les plus évidentes ? Dans l'intérêt de notre science, il faut mettre fin à des controverses qui compromettent l'autorité du droit, en faisant croire qu'il n'y a rien de vrai, rien de certain dans la jurisprudence.

70. L'article 1919 ajoute que la tradition peut être réelle ou feinte : « La tradition feinte suffit quand le dépositaire se trouve déjà nanti, à quelque autre titre, de la chose que l'on consent à lui laisser à titre de dépôt. » Cette disposition est empruntée à Pothier. « Il est impossible, dit-il, que l'on fasse au dépositaire la tradition réelle d'une chose qu'il a déjà par devers lui ; en ce cas le dépôt peut se faire par une tradition feinte, que les docteurs appellent *traditio brevis manûs*, parce qu'elle renferme *brevi compendio* l'effet de deux traditions. » Les auteurs du code ont reproduit cette doctrine sans s'apercevoir qu'elle est peu en harmonie avec les principes qu'eux-mêmes ont consacrés en matière de tradition. Il y a tradition réelle dès que le dépositaire détient la chose à titre de dépôt ; le déposant la possède-t-il lors du contrat, il faut qu'il la mette dans les mains du dépositaire ; cette remise est inutile si le dépositaire détient déjà la chose à un autre titre, par exemple à titre de prêt ; la volonté seule suffit alors, et cette volonté est aussi efficace que le serait la remise de la main à la main ; il est donc inutile de recourir à une fiction. Ces fictions, que l'on multipliait dans l'ancien droit, tiennent à des conceptions matérielles qui sont étrangères au droit moderne (1).

71. L'article 1915 dit quel est l'objet de la tradition que fait le déposant : il remet la chose au dépositaire, à la charge par celui-ci de la garder et de la restituer en nature. C'est là le caractère essentiel du dépôt. Il y a plusieurs contrats dans lesquels le créancier fait la tradition de la chose au débiteur ; tels sont le commodat et le prêt de consommation ; mais dans l'un, la chose est livrée à l'emprunteur pour qu'il s'en serve, et dans l'autre, pour qu'il la consomme ; dans le dépôt, la tradition a simple-

(1) Troplong, *Du dépôt*, n° 21. Pothier, *Du dépôt*, n° 8.

ment pour objet de charger le dépositaire de la garde de la chose. Pothier en conclut que, pour que le contrat par lequel l'un des contractants fait à l'autre la tradition d'une certaine chose, soit un contrat de dépôt, il faut que la principale fin de la tradition soit uniquement que celui à qui la remise est faite se charge de la garde de cette chose. Cette fin fait le caractère essentiel du contrat de dépôt, qui le distingue des autres contrats. Si la tradition est faite pour transférer la propriété de la chose à celui qui la reçoit, c'est une vente, ou un échange, ou une donation. Si c'est pour lui en accorder l'usage au profit du débiteur, c'est un prêt. Si c'est afin de faire quelque chose pour l'utilité de celui qui livre la chose, c'est ou un mandat, si le débiteur s'en charge gratuitement, ou un louage, s'il paye une rétribution. Il est très-important, dit Pothier, de distinguer ces contrats, les obligations du débiteur étant bien différentes, selon qu'il y a louage, mandat, prêt ou dépôt (1).

72. Pour distinguer les divers contrats dans lesquels l'une des parties fait tradition d'une chose à l'autre, Pothier établit comme règle d'interprétation : qu'il faut voir la fin principale que les parties ont eue en vue en contractant. Lorsque la fin principale pour laquelle la tradition de la chose a été faite n'était point de confier la garde de la chose au débiteur, bien que, accessoirement, il ait été chargé de cette garde, le contrat n'est pas un dépôt. Par contre, dit Pothier, lorsque la fin principale de la tradition était de confier la garde de la chose au débiteur, le contrat ne laisse pas d'être un vrai dépôt, quoiqu'on y ait ajouté une autre convention.

Pothier donne comme exemple cette clause, « que le dépositaire pourra se servir de la chose déposée s'il arrivait qu'il en eût besoin. » La clause donne lieu à difficulté. Il faut distinguer si la chose est ou non consomptible. Devant m'absenter, je vous donne en dépôt mon argenterie, en vous permettant de vous en servir, si vous en avez besoin. Ce contrat est un dépôt et non un prêt à usage, quand même vous vous serviriez de mon argenterie pour

(1) Pothier, *Du dépôt*, nos 9 et 10. Duranton, t. XVIII, p. 7, nos 12-14.

le festin de noces de votre fille; le contrat de dépôt ne se transformera pas en un contrat de prêt à usage, il restera ce qu'il était dans le principe, à raison de la fin principale que les contractants avaient en vue; l'usage que le dépositaire a fait de la chose déposée n'était qu'accidentel, et un accident ne peut pas changer la nature d'un contrat.

En serait-il de même s'il s'agissait d'une chose consomptible? Il est certain que le contrat est un dépôt, tant que vous n'avez pas consommé la chose; mais lorsque vous l'aurez consommée, le dépôt sera transformé en prêt. On ne peut pas dire que la consommation ayant été accidentelle, le premier contrat subsiste, car il est impossible que le dépôt subsiste, puisqu'il n'y a plus de chose que le dépositaire puisse et doive garder et restituer. En quel sens le contrat sera-t-il transformé? Est-ce qu'il aura toujours été un prêt? Ou est-ce qu'il y aura deux contrats, le premier de dépôt et le second de prêt, lequel ne se formera qu'au moment où vous consommerez la chose? Pothier semble le décider dans ce dernier sens au n° 11 de son *Traité du dépôt;* mais plus loin (aux n°s 82 et 83), il qualifie tout le contrat de dépôt irrégulier, en disant que ce contrat ressemble beaucoup au prêt, et que ce n'est cependant pas un prêt, et comme ce n'est non plus un véritable dépôt, il en faudrait conclure que c'est un contrat innomé, qui tient du dépôt et du prêt, sans être ni un prêt ni un dépôt. La première interprétation nous paraît plus juridique, parce qu'elle est fondée sur l'intention des parties contractantes; elles ont voulu faire un dépôt, c'est là la fin principale de leur convention; ce n'est que par accident que le dépositaire s'est servi de la chose; à partir de cet instant, il ne peut plus être question d'un dépôt : en consommant la chose, le dépositaire agit comme emprunteur, donc le dépôt se transforme en prêt (1).

73. Il reste une difficulté. Si le dépôt se transforme en prêt par le fait de la consommation, en faudra-t-il conclure que l'obligation de restitution sera réglée, non par l'article 1944, relatif au dépôt, mais par l'article 1900

(1) Duvergier, *Du dépôt,* p. 509, n° 404.

concernant le prêt. Il y a une différence notable : le dépositaire doit restituer la chose de suite, quand même le contrat aurait fixé un délai pour la restitution, tandis que l'emprunteur jouit toujours d'un délai, exprès ou tacite. Il nous semble que la question doit être décidée, non par les textes du code, mais d'après l'intention des parties contractantes. Elles ont voulu faire un dépôt; en permettant au dépositaire de se servir de la chose et de la consommer, le déposant a-t-il voulu renoncer, dans cette hypothèse, au droit que lui donne l'article 1944? Nous ne répondons ni oui ni non, parce que c'est là une question de volonté, c'est-à-dire de fait. Les tribunaux jugeront d'après les circonstances de la cause (1).

Autre est la question de savoir si le contrat par lequel le dépositaire est autorisé à se servir de la chose, avec obligation de la restituer à un terme convenu, est un prêt ou un dépôt. La cour de cassation a décidé, et avec raison, que ce contrat est un prêt. Une personne avait souscrit un billet par lequel elle reconnaissait avoir reçu une somme de 4,000 livres, en pièces de 6 livres et de 3 livres; elle s'obligeait à la rendre en pareilles espèces dans le terme d'un an. N'ayant pas fait la restitution, elle fut poursuivie et condamnée pour violation de dépôt. La décision a été cassée par la chambre criminelle et elle devait l'être. Qu'importait la qualification de dépôt que les parties avaient donnée à la convention? Le caractère d'un contrat, dit la cour, se détermine par les clauses que le contrat renferme; or, d'après le contrat litigieux, le prétendu dépositaire ne devait point rendre les mêmes pièces de monnaie qu'il avait reçues, mais seulement une pareille somme, ce qui est exclusif d'un dépôt; ou c'est un dépôt avec cette clause que le dépositaire pourra se servir de la chose, et on présume qu'il s'en servira, puisqu'il n'est obligé de rendre la chose qu'en même quantité et qualité; de plus, il a un an pour faire cette restitution. Voilà tous les caractères du prêt; la garde même disparaît, puisque

(1) Comparez Aubry et Rau, t. IV, p. 618, note 4, § 401. Pont, t. I, p. 155, n° 339.

le dépositaire ne doit pas restituer les choses identiques qu'il a reçues en dépôt. Dans ce cas, la solution n'est pas douteuse (1).

74. Le dépôt a encore de l'analogie avec le mandat; on a même dit que le dépôt était une espèce de mandat. Cela ne nous paraît pas exact. Le mandat implique une représentation du mandant par le mandataire, ce qui suppose que le mandataire fait, qu'il agit, tandis que le dépôt est une simple garde; quand le dépositaire a mis dans son coffre-fort les valeurs qui lui sont confiées, il n'a plus rien à faire; c'est son coffre-fort qui rend le service, tandis que le mandataire paye de sa personne. Toujours est-il que le mandataire peut aussi être chargé de garder la chose qui fait l'objet du mandat; ce qui établit une analogie entre les deux contrats. Pothier en cite un exemple. Je remets à mon avoué des titres afin qu'il s'en serve pour la défense de ma cause. Est-ce un contrat de dépôt? Non, car je ne donne pas les pièces à l'avoué avec la fin principale qu'il les garde, je les lui confie dans le but qu'il s'en serve pour la défense de ma cause. La différence n'est pas nominale, car autres sont les obligations du dépositaire, autres sont celles du mandataire. Nous avons signalé une différence en traitant de la faute; le mandataire est tenu, d'après le droit commun, de la faute légère *in abstracto*, toutefois avec une modification, quand le mandat est gratuit (art. 1992), tandis que le dépositaire n'est tenu que de la faute légère *in concreto* (art. 1927). Le dépositaire ne peut pas opposer la compensation au déposant, à raison du dépôt; le mandataire le peut, à raison du mandat (art. 1293, 2°). Sous l'empire du code pénal de 1810, il y avait une différence très-grave, le dépositaire était tenu des peines portées contre l'abus de confiance (art. 408 et 406, code pén.), tandis que ces peines n'étaient pas applicables au mandataire infidèle : la loi française du 28 avril 1832 et le code pénal belge (art. 491) ont effacé cette différence qui blessait le sens moral (2).

---

(1) Cassation. 26 avril 1810 (Dalloz, au mot *Abus de confiance*, n° 106). Pont, t. I, p. 198, n° 445.
(2) Duranton, t. XVIII, p. 9, n° 16.

La cour de Paris a jugé, par application des principes que nous venons d'établir, que dans l'espèce suivante il y avait mandat. Un notaire avait été chargé de recevoir pour son client diverses sommes, provenant soit de la vente de ses immeubles, soit des emprunts par lui contractés ; il devait faire, des sommes qui lui étaient ainsi remises, l'emploi que le client lui indiquait. Le notaire, actionné en reddition de compte, prétendit qu'il n'avait point de compte à rendre, puisqu'il était, non mandataire, mais simple dépositaire, qu'à ce titre il devait en être cru sur sa simple déclaration. Cela n'était pas soutenable ; il était obligé à faire, il représentait son client, il était donc mandataire : la cour de Paris le condamna, comme tel, à rendre compte (1).

. Un notaire est chargé de toucher le prix de vente d'un immeuble et de payer les créanciers inscrits. Y a-t-il mandat ou dépôt? La question est identique à celle que nous venons d'examiner, et elle a reçu la même solution. Dans l'espèce, le notaire fut déclaré en faillite ; de là le grand intérêt du débat ; comme déposant, le client aurait obtenu la restitution de la chose déposée ; comme mandant, il était simple créancier, et il avait seulement le droit de participer à l'actif au marc le franc (2).

75. L'industrie et le commerce donnent tous les jours naissance à de nouvelles relations et, par suite, à de nouvelles difficultés. Il intervient entre un industriel et une maison de banque une convention ayant pour objet l'ouverture d'un crédit de 300,000 francs au profit du premier ; les banquiers étaient chargés d'acheter, moyennant ce crédit, des actions des mines de la Loire. Il était expressément stipulé que ces actions seraient acquises pour le compte du crédité, suivant ses convenances et d'après ses indications, mais qu'elles seraient inscrites au nom de la maison de banque et qu'elles resteraient dans ses mains jusqu'après le remboursement du capital avancé, des intérêts et des frais, de sorte que les banquiers devaient être

---

(1) Paris, 18 janvier 1834 (Dalloz. au mot *Notaire*, n° 352).
(2) Bourges, 6 mai 1851 (Dalloz, 1853, 2, 3).

propriétaires apparents des actions et ne pouvaient en être
dépossédés que par le remboursement de leurs avances.
Quelle était la nature de cette convention? La cour de cassation répond qu'elle avait pour objet de créer un dépôt
servant de garantie pour les avances que le créditeur devait
faire au crédité. Cet engagement n'étant prohibé par aucune
loi, devait recevoir son exécution; si les banquiers étaient
tenus de faire l'avance du capital de 300,000 francs, par
contre ils devaient jouir de la garantie que leur offrait le
dépôt des actions. Le crédité fit faillite; les syndics réclamèrent les actions, c'était leur droit, puisqu'elles appartenaient réellement au failli, la maison de banque n'en ayant
que le dépôt; mais s'ils réclamaient les actions, ils devaient
aussi se soumettre aux conditions sous lesquelles ces actions étaient devenues la propriété du failli; ils ne pouvaient
pas scinder le contrat, l'exécuter en ce qu'il avait d'avantageux au failli et ne pas l'exécuter en ce qui concernait
les charges qu'il lui imposait; ils ne pouvaient donc réclamer les actions qu'en remboursant le prix d'achat; et s'ils
les laissaient vendre, ils étaient tenus d'en abandonner le
produit à la maison de banque jusqu'à concurrence de ses
avances et de l'admettre pour le surplus au passif de la
faillite (1). La décision, au fond, nous paraît juste. Mais le
contrat était-il bien un dépôt? Le dépôt se fait dans l'intérêt du déposant, le dépositaire rend un service gratuit.
Dans l'espèce, au contraire, le dépôt se faisait dans l'intérêt du dépositaire pour le moins autant que dans celui du
déposant; il donnait une garantie au dépositaire pour le
remboursement de ses avances : n'est-ce pas là un gage
plutôt qu'un dépôt?

Voici une autre espèce dans laquelle il a été jugé qu'il
n'y avait pas de dépôt. Une maison de banque adressa au
public une circulaire dans laquelle elle disait : « Indépendamment des opérations ordinaires de banque, la maison
se charge : 1° *comptes courants;* d'ouvrir des comptes
pour tous les fonds qui lui seront versés. Les déposants

---

(1) Rejet, 10 décembre 1850 (Dalloz, 1854, 1, 399), et Lyon, 26 août 1849
(Dalloz, 1850, 2, 14).

ont la libre disposition de leur capital, comme s'il était
dans leurs mains, et, outre l'avantage d'être à l'abri des
soustractions, le capital leur porte intérêts du lendemain
des versements opérés. Les fonds seront rendus aux déposants le jour qui leur conviendra, pourvu qu'ils préviennent
deux jours à l'avance s'il s'agit de sommes importantes. »
Un grand nombre de propriétaires fonciers versèrent des
sommes considérables dans la banque; puis la maison fit
faillite. Les déposants réclamèrent leur remboursement à
titre de dépôt, ce qui leur assurait un privilége à l'égard
de la masse. Il a été jugé que les versements par eux faits
ne constituaient pas un dépôt. Les sommes versées pro-
duisaient intérêt, le banquier en disposait; c'était donc un
prêt à intérêt remboursable à volonté. Or, à titre de pré-
teurs, les déposants ne pouvaient jouir d'aucun privilége;
ils avaient eu foi et confiance en une maison de banque en
lui remettant leurs fonds, et, par suite, ils se trouvaient
associés aux chances des opérations de banque (1).

76. « Il y a deux espèces de dépôts : le dépôt proprement dit et le séquestre » (art. 1916).

CHAPITRE II.

DU DÉPÔT PROPREMENT DIT.

SECTION I. — De la nature et de l'essence du contrat de dépôt

77. « Le dépôt proprement dit est un contrat essentiellement gratuit » (art. 1917). C'est un service d'ami, donc
un contrat de bienfaisance. Si, dit Pothier, le dépositaire
exige quelque rétribution pour la garde, ce n'est plus un
dépôt, c'est un contrat de louage par lequel le gardien loue
ses soins pour le prix convenu.

---

(1) Rejet, 13 août 1856 (Dalloz, 1857, 1, 22).

On a relevé une contradiction entre l'article 1917, qui déclare le dépôt *essentiellement* gratuit, et l'article 1918, qui, en déterminant le degré de faute dont répond le dépositaire, décide qu'il est tenu avec plus de rigueur s'il a stipulé un salaire pour la garde du dépôt; ce qui suppose que le dépôt peut être salarié sans cesser d'être un dépôt. Pothier, à qui la disposition de l'article 1927 a été empruntée, nous dira en quel sens il faut l'entendre. La raison en est, dit-il, que le contrat, en ce cas, n'est pas un vrai contrat de dépôt, n'étant pas gratuit, mais un contrat qui tient plutôt du louage. Ce contrat étant un contrat intéressé de part et d'autre, le dépositaire doit, suivant le principe commun à tous les contrats, être tenu de la faute légère. Ainsi, en disant qu'il y a exception à la règle de la faute établie par l'article 1927, lorsque le contrat stipule un salaire pour la garde de la chose, l'article 1928 s'exprime improprement, de même que Pothier; le contrat n'est plus un dépôt, et, par conséquent, la règle du dépôt cesse d'être applicable (1).

78. « Le dépôt ne peut avoir pour objet que des choses mobilières » (art. 1918). Pothier en donne la raison. Quelle est la fin pour laquelle l'un des contractants confie une chose à l'autre? C'est pour la garder, afin que le déposant la trouve chez le dépositaire lorsqu'il en aura besoin. Or, une chose immobilière, une pièce de terre, une maison, n'a pas besoin d'être donnée en garde pour qu'on la retrouve; donc elle n'est pas susceptible du contrat de dépôt. Cependant il arrive assez souvent que celui qui part pour quelque voyage confie à son ami les clefs de sa maison : y aura-t-il, dans ce cas, dépôt? Oui, répond Pothier, dépôt des clefs, ou encore des meubles qui se trouvent dans la maison, mais non dépôt de la maison, laquelle, ne pouvant être déplacée, n'a pas besoin qu'on la garde. Si, en remettant les clefs à un ami, je le charge aussi de visiter la maison de temps en temps, à l'effet de faire faire les réparations qui deviendraient nécessaires, il y aurait contrat de

---

(1) Pothier, *Du dépôt*, nos 13 et 31. Duranton, t. XVIII, p. 11, no 20. Duvergier, p. 511, nos 408 et 409. Comparez Pont, qui a une autre explication, t. I, p. 170, no 377.

mandat, puisque le débiteur s'oblige à faire ; il n'y aurait pas un dépôt de la maison (1).

Le dépôt volontaire diffère, sous ce rapport, du séquestre. Aux termes de l'article 1959, « le séquestre peut avoir pour objet, non-seulement des effets mobiliers, mais même des immeubles. » Nous y reviendrons.

79. Par choses mobilières, l'article 1918 entend des choses corporelles ; les droits ne sont pas susceptibles d'être enlevés, donc on ne peut les garder. Il en est autrement des écrits qui constatent les créances : tous les jours on donne des titres en dépôt, des actions, des lettres de change. La cour de cassation a jugé qu'on peut confier à un dépositaire la garde d'un blanc seing ; ce qui est d'évidence ; la feuille de papier qui contient une signature en blanc a besoin d'être gardée, puisqu'on peut l'enlever et abuser de la signature (2).

80. « Le dépôt est volontaire ou nécessaire » (art. 1920). Presque toutes les règles qui régissent le dépôt volontaire reçoivent leur application au dépôt nécessaire. Il n'y a que quelques différences que nous signalerons.

SECTION II. — Du dépôt volontaire.

81. « Le dépôt volontaire se forme par le consentement réciproque de la personne qui fait le dépôt et de celle qui le reçoit » (art. 1921). Cela est de l'essence de tout contrat. Pourquoi la loi le dit-elle spécialement du dépôt volontaire ? Est-ce pour le distinguer du dépôt nécessaire ? Mais ce dépôt est aussi un contrat et exige, par conséquent, le concours de volontés, sans lequel il n'y a pas de convention. Toutefois il y a une nuance qui distingue les deux dépôts et qui tient au consentement. Le dépôt volontaire se fait par choix libre du dépositaire ; il y a encore liberté en ce sens qu'à la rigueur le dépôt peut ne pas avoir lieu ; je puis laisser mon argenterie dans mon coffre-fort, ainsi que mes titres, tout en quittant la maison pour faire un

---

(1) Pothier, *Du dépôt*, n° 3.
(2) Rejet, 18 janvier 1831 (Dalloz, au mot *Obligations*, n° 4648. Pont, t. 1, p. 172, n° 382.

voyage; les choses n'en sont pas moins gardées. Tandis que le dépôt nécessaire est forcé par quelque accident; à moins de laisser périr les choses dans l'incendie ou le pillage qui les menacent, on doit bien les déposer et, de plus, on doit les déposer entre les mains du premier venu; ces différences, quelque élémentaires qu'elles soient, ont des conséquences juridiques d'une certaine importance; c'est le motif pour lequel le législateur a cru devoir formuler un principe qu'il paraissait inutile d'écrire dans le code.

82. Qui peut faire un dépôt volontaire? L'article 1922 répond que régulièrement ce dépôt ne peut être fait que par le propriétaire de la chose déposée, ou de son consentement exprès ou tacite. » Est-ce à dire que le dépôt de la chose d'autrui soit nul? Non, certes; l'article 1922 lui-même, en disant que *régulièrement* le dépôt doit être fait par le propriétaire, indique que ce n'est pas là une condition requise pour la validité du dépôt. Il est certain que le simple possesseur peut faire un dépôt; le dépositaire lui-même peut remettre en dépôt à un ami la chose dont la garde lui a été confiée quand, par une cause quelconque, il se trouve dans l'impossibilité de veiller à la garde de la chose déposée. Que veut donc dire l'article 1922? Rien, sinon que le dépôt ne lie pas le propriétaire quand il y est resté étranger. Et vraiment cela ne valait pas la peine d'être dit, puisque les plus simples notions de droit suffisent pour le décider ainsi.

Quel sera donc l'effet du dépôt fait par une personne qui n'est pas propriétaire de la chose déposée? Entre les parties contractantes, le dépôt sera parfaitement valable. La loi elle-même le dit : le dépositaire sera tenu des obligations que le contrat lui impose; il devra notamment restituer la chose déposée, sans pouvoir exiger de celui qui a fait le dépôt la preuve qu'il était propriétaire de la chose déposée (art. 1938). Nous dirons plus loin la modification que le code apporte à ce principe quand il s'agit d'une chose volée.

Si le dépôt a été fait sans le consentement du propriétaire, celui-ci pourra revendiquer la chose contre le dépositaire. Nous disons revendiquer, car le propriétaire n'étant

pas intervenu dans le dépôt, ne pourra pas agir en vertu
du contrat. Le dépositaire peut-il opposer au propriétaire
la maxime qu'en fait de meubles, la possession vaut titre?
Non, car le titre même en vertu duquel il possède prouve
qu'il n'est pas propriétaire; d'un autre côté, il ne peut pas
opposer au propriétaire le contrat auquel celui-ci est resté
étranger. Il devra donc rendre la chose au propriétaire, et,
en la rendant, il sera libéré envers le déposant : c'est là
le seul intérêt pratique de la disposition de l'article 1922(1).

83. « Le dépôt volontaire ne peut avoir lieu qu'entre
personnes capables de contracter » (art. 1925). C'est l'application du principe élémentaire écrit dans l'article 1123.
Les personnes incapables de contracter, c'est-à-dire les mineurs, les interdits et les femmes mariées (art. 1124) ne
peuvent pas plus consentir un dépôt que tout autre contrat; mais il faut entendre cette incapacité dans le sens que
lui donne l'article 1125 : « Les personnes capables de s'engager ne peuvent opposer l'incapacité du mineur, de l'interdit ou de la femme mariée avec qui elles ont contracté. »
La nullité qui résulte de l'incapacité est donc relative, les
incapables seuls peuvent s'en prévaloir. Les articles 1925
et 1926 appliquent ce principe au cas où le dépôt a été fait
ou reçu par un incapable.

84. Si le déposant est incapable, et si le dépositaire est
capable, celui-ci est tenu de toutes les obligations d'un véritable dépositaire, dit l'article 1925; en réalité, il est un
véritable dépositaire si le déposant ne se prévaut pas de la
nullité du dépôt; et il n'y a généralement aucun intérêt,
puisque le dépôt est fait exclusivement en sa faveur. Or, il
est de principe que les contrats entachés de nullité produisent tous les effets d'un contrat valable tant que la nullité
n'en a pas été prononcée par le juge. Donc si l'incapable
veut maintenir le dépôt qu'il a fait, le dépôt sera tout aussi
valable que si le déposant avait joui de la capacité de contracter. Le dépositaire sera, par conséquent, tenu des obligations que le contrat impose à celui qui accepte le dépôt;

---

(1) Duranton, t. XVIII, p. 17, n° 27. Mourlon, t. III, p. 414, n° 1054.
Aubry et Rau, t. IV, p. 620, note 4, § 402. Pont, t. I, p. 180, n° 400.

il devra notamment restituer la chose déposée. Ici l'incapacité du déposant produit un effet. La restitution de la
chose est un payement; or, le payement doit être fait au
créancier capable de le recevoir (art. 1241); si le créancier
est incapable, le débiteur doit payer à celui qui est autorisé par la loi à recevoir pour lui (art. 1239); donc, dans
l'espèce, comme le dit l'article 1925, au tuteur ou à l'administrateur de la personne qui a fait le dépôt. Par *administrateur*, la loi entend le mari de la femme incapable de
contracter. Cela est vrai sous le régime de communauté;
mais si la femme est mariée sous un régime qui lui permet d'administrer ses biens sans autorisation maritale, la
restitution pourra être faite à la femme. Il va sans dire
que si le mineur maintient le dépôt, il sera aussi tenu des
obligations que le déposant contracte, non en vertu du contrat, mais par suite d'un fait postérieur.

L'incapable peut aussi invoquer la nullité du dépôt en se
fondant sur son incapacité. Il n'y a, dans ce cas, ni déposant ni dépositaire. Celui qui a reçu la chose en dépôt doit
la rendre; il n'aura pas d'action contre le déposant à raison des vices de la chose, à moins que le déposant ne soit
coupable de dol, car les incapables répondent toujours de
leurs délits et de leurs quasi-délits (art. 1310); il n'aura
pas d'action non plus à raison des dépenses qu'il aurait
faites pour la conservation de la chose déposée, sauf l'action *de in rem verso,* s'il prouve que les dépenses ont profité à l'incapable, et dans la limite de ce profit. C'est le
droit commun (art. 1241, par analogie) (1).

85. « Si le dépôt a été fait par une personne capable à
une personne qui ne l'est pas, la personne qui a fait le dépôt n'a que l'action en revendication de la chose déposée,
tant qu'elle existe dans la main du dépositaire, ou une action en restitution jusqu'à concurrence de ce qui a profité
à ce dernier » (art. 1926). La loi suppose que le dépositaire invoque son incapacité; dans ce cas, le dépôt sera
nul à son égard; il ne sera donc pas tenu des obligations
que le contrat impose à celui qui reçoit un dépôt; il ne ré-

---

(1) Pothier, *Du dépôt*, n° 5. Duvergier. p. 497. n° 391. Mourlon. t. III,
p. 414, n° 1055. Pont. t. I, p. 188, n° 418.

pondra pas de sa faute ; s'il est responsable des suites de son dol, c'est que les incapables ne peuvent pas se prévaloir de leur incapacité pour tromper et pour nuire (art. 1310) ; il ne sera pas même tenu de restituer la chose comme dépositaire. C'est en ce sens que l'article 1926 dit que le déposant n'a que l'action en revendication de la chose déposée, ce qui suppose que la chose existe encore dans la main du dépositaire ; si elle n'existe plus, le déposant n'a que l'action *de in rem verso,* jusqu'à concurrence du profit que le dépositaire a tiré de la chose, par exemple en la consommant. Il faut toujours faire une réserve pour le cas de dol dont les incapables sont tenus aussi bien que les personnes capables. Par contre, le dépositaire qui demande la nullité du contrat ne peut pas l'invoquer contre le déposant à raison des dépenses qu'il aurait faites ; il n'aura qu'une action *de in rem verso.* Pothier appelle improprement ces actions actions de gestion d'affaires ; il ne peut être question d'un *quasi-contrat,* qui implique l'absence d'un concours de consentement, là où il y a eu un concours de consentement, quoique irrégulier (1).

86. Comment se fait la preuve du dépôt ? L'article 1923 répond que le dépôt volontaire doit être prouvé par écrit, en ce sens que la preuve testimoniale n'en est pas reçue pour valeur excédant 150 francs. C'est la reproduction de la règle établie par l'article 1341, que nous avons expliquée au titre des *Obligations.* La loi la reproduit pour établir une différence entre le dépôt volontaire et le dépôt nécessaire ; celui-ci, comme nous le dirons plus loin, se prouve par témoins, même quand il s'agit d'une valeur de plus de 150 francs (art. 1950).

L'article 1923 est donc l'application pure et simple du droit commun en matière de preuve. Nous pourrions nous contenter de renvoyer au titre des *Obligations.* Mais, comme la matière des preuves a le privilége de donner lieu à des procès sans fin, il ne sera pas inutile de noter les décisions en relevant les erreurs qui ne manquent point.

---

(1) Pothier, *Du dépôt,* n° 6. Duranton, t. XVIII, p. 26, n° 34. Duvergier, p. 498, n° 392. Mourlon, t. III, p. 415, n° 1056. Pont, t. I, p. 188, n⁰ˢ 419 et 420.

87. Un titre est communiqué au débiteur que ce titre oblige, sur la demande de celui-ci et à la charge d'une restitution immédiate. Est-ce là un dépôt? Non, certes, puisque les parties n'ont pas eu en vue la garde de la chose. Le titre est supprimé par surprise ou violence, et l'auteur de la suppression est poursuivi devant les tribunaux de répression; il soutient qu'il faut d'abord prouver le dépôt, et que cette preuve ne peut se faire que par écrit. Rien de plus vrai s'il y avait eu dépôt. Mais le fait d'obtenir par surprise communication d'un titre, en vue de le supprimer, n'est certes pas un dépôt; c'est un délit qui, aux termes de l'article 1348, peut être prouvé indéfiniment par témoins (1).

88. L'article 1923 est-il applicable aux procédures criminelles? On suppose que le déposant porte une plainte contre le dépositaire en violation de dépôt : sera-t-il admis, devant la justice répressive, à prouver le dépôt par témoins? La négative est certaine. Cependant des tribunaux s'y sont trompés. Peut-être faudrait-il dire qu'ils ont voulu punir le dépositaire infidèle en usant de la seule preuve qu'ils avaient à leur disposition, la preuve par témoins ou par présomptions. Mais, quelque odieux que soit l'abus de confiance dont le dépositaire se rend coupable, le juge ne peut pas le punir en violant les lois qui régissent la preuve. Légalement il n'y a pas de violation de dépôt tant que la convention de dépôt n'est pas prouvée, et elle ne peut l'être par témoins ni présomptions lorsque la valeur de la chose déposée excède 150 francs (2).

89. L'article 1923 dit que le dépôt ne peut être prouvé par témoins si la valeur de la chose excède 150 francs. Il ne faut pas prendre cette disposition dans un sens absolu, comme si jamais la preuve testimoniale n'était recevable au delà de cette somme. L'article 1923 ne fait que reproduire la prohibition de l'article 1341; or, la règle de l'ar-

---

(1) Cassation, chambre criminelle, 15 mai 1834, dans l'intérêt de la loi (Dalloz, au mot *Dépôt*, n° 141).

(2) Rejet, chambre criminelle, 4 février 1826 (Dalloz, au mot *Dépôt*, n° 129), et du 27 juin 1840 (Dalloz, *ibid.*, n° 130). Bruxelles, 3 mars 1831 (*Pasicrisie*, 1831, p. 288). Liège, 13 mars 1837 (*Pasicrisie*, 1837, 2, 56). Limoges, 14 novembre 1844 (Dalloz, 1845, 4, 444).

ticle 1341 reçoit des exceptions dans les cas prévus par les articles 1347 et 1348; ces exceptions sont applicables au dépôt, aussi bien qu'à toute autre convention; il ne peut y avoir aucun doute sur ce point, puisque l'article 1341 mentionne expressément le dépôt; le dépôt étant compris dans la règle est compris par cela même dans les exceptions (1). Si donc il y a un commencement de preuve par écrit, la preuve testimoniale du dépôt sera admissible. Cela est de doctrine et de jurisprudence. Il y a cependant un arrêt de la cour de Bruxelles qui a décidé implicitement que l'article 1347 n'est pas applicable au dépôt; l'erreur est si évidente, qu'il est inutile de s'y arrêter (2).

Par application des mêmes principes il a été jugé que s'il résulte d'un interrogatoire sur faits et articles un commencement de preuve par écrit, la preuve testimoniale sera admise pour prouver le dépôt (3).

90. Quand la valeur de la chose excède 150 francs, les parties doivent dresser un écrit conformément à l'article 1341. La rédaction de cet écrit est-elle soumise aux formalités prescrites par l'article 1326? Il y a sur cette question un arrêt de cassation; le jugement cassé est criblé d'erreurs, mais la décision de la cour de cassation n'est pas non plus à l'abri de la critique.

A notre avis, l'article 1326 n'est pas applicable au dépôt. Comme nous l'avons dit, au titre des *Obligations,* l'article 1326 contient une disposition exceptionnelle applicable seulement à certains contrats unilatéraux. Quels sont ces contrats? La loi suppose qu'une seule partie s'engage envers l'autre à lui payer une *somme d'argent,* ou une quantité de choses fongibles; le billet doit contenir, en ce cas, quand il n'est pas écrit par le débiteur, outre la signature, un bon ou un approuvé portant, en toutes lettres, la *somme* ou la *quantité* de la chose, c'est-à-dire l'objet de la dette. Est-ce que le dépôt rentre dans cette définition? La néga-

---

(1) Duranton, t. XVIII, p. 20, n° 29. Rejet, chambre criminelle, 3 décembre 1818 (Dalloz, au mot *Dépôt,* n° 132, 1°).

(2) Bruxelles, 27 janvier 1827 (*Pasicrisie,* 1827, p. 38).

(3. Rejet, chambre criminelle, 6 octobre 1826 (Dalloz, au mot *Dépôt,* n° 132, 2°).

tive nous paraît certaine. En effet, le dépositaire ne s'oblige
pas à payer une somme d'argent, ou une quantité de choses
fongibles, il s'oblige à garder des choses certaines et déterminées et à les restituer; son obligation n'est donc pas
une de ces dettes d'argent que le législateur, à raison de
leur fréquence et de l'abus facile du blanc seing, a soumises à des règles spéciales; on ne délivre pas un blanc
seing pour un dépôt, et on ne fait pas journellement des
dépôts, comme on souscrit à chaque instant des promesses
d'argent. Ni le texte de la loi ni son esprit ne reçoivent
donc leur application à la preuve du dépôt.

Le jugement attaqué décidait aussi que l'article 1326
n'était pas applicable au dépôt, mais il motivait sa décision
sur une étrange interprétation de la loi. L'article 1923 dit
seulement que le dépôt doit se prouver par écrit; de là le
premier juge conclut que tout écrit suffit, et, partant, qu'il
n'y a pas lieu d'appliquer l'article 1326. A cela la cour de
cassation répond que si l'article 1923 veut que le dépôt ne
puisse être prouvé que par écrit, il ne s'ensuit pas que l'acte
qui est dressé soit dispensé des formes que la loi a exigées
par l'article 1326. Cela est d'évidence; mais est-il aussi évident, comme l'ajoute la cour, qu'un écrit portant reconnaissance du dépôt d'une somme d'argent ne peut être considéré
que comme un *acte* unilatéral, dont l'*effet* est d'*obliger* le
dépositaire à rendre la *somme* qui lui a été confiée? ce qui
conduit à appliquer l'article 1326. D'abord le langage est
inexact; ce n'est pas l'*acte* ou l'*écrit* qui *oblige* le dépositaire
à rendre, l'acte ne fait que constater l'obligation que le dépositaire contracte. Est-ce que cette *obligation* consiste à
payer une *somme?* Nouvelle inexactitude, et ici il y a erreur
de droit; on n'a qu'à lire l'article 1915 pour s'en convaincre.
Quelle est la première obligation du dépositaire? C'est de
garder la chose; cette obligation n'a rien de commun avec
l'article 1326. Le dépositaire a encore une seconde obligation; il doit restituer la chose; est-ce que cette obligation
consiste à restituer une *somme* quand il a reçu de l'argent
en dépôt? L'article 1932 répond que le dépositaire qui a reçu
des espèces monnayées doit rendre les mêmes espèces; il ne
rend donc pas une *somme*, ou une chose fongible, comme

dans le cas de l'article 1326, il rend identiquement la chose
même qu'il a reçue, il est débiteur d'un corps certain. Est-
ce que l'article 1326 est applicable à la dette d'un corps
certain?

La cour de cassation relève encore d'autres erreurs qui
avaient échappé au tribunal de première instance; il est
inutile d'y insister, car elles sont toutes évidentes. Mais
nous devons constater une erreur dont la cour suprême
s'est rendue coupable, ce qui est plus grave. Le premier
juge avait décidé que la femme mariée qui avait reconnu le
dépôt en avait profité; que, par suite, elle devait être tenue
de le restituer, au moins jusqu'à concurrence du profit
qu'elle en avait tiré, conformément à l'article 1926. C'est
une erreur de droit, dit la cour de cassation, car l'article 1926 suppose que le prêt a été fait dans une *forme* qui
aurait *obligé* la femme sans son incapacité; tandis que, dans
l'espèce, la femme, eût-elle été capable, n'aurait pu être
valablement *obligée* en vertu d'une *reconnaissance* qui ne
contenait point d'approbation de la somme déposée (1).
Ainsi, d'après la cour, les *formalités* de l'article 1326 devraient être observées pour que le débiteur fût *obligé*; de
sorte que l'*obligation* serait subordonnée à des formes qui
ne sont prescrites que pour la *preuve*. Voilà une erreur que
l'on peut qualifier d'hérésie, car elle confond les notions les
plus élémentaires de droit, la différence qui existe entre
l'*obligation* et l'*écrit* destiné à la constater. Nous renvoyons
à ce qui a été dit, au titre des *Obligations*, sur cette confusion malheureusement fréquente; voilà pourquoi nous
croyons devoir la relever aussi souvent que nous la ren-
controns.

91. Après avoir posé comme règle que la preuve du
dépôt se fait d'après le droit commun, le législateur ajoute
(art. 1924) : « Lorsque le dépôt, étant au-dessus de cent
cinquante francs, n'est point prouvé par écrit, celui qui est
attaqué comme dépositaire en est cru sur sa déclaration,
soit pour le fait même du dépôt, soit pour la chose qui en
faisait l'objet, soit sur le fait de sa restitution. » Cette dis-

(1) Cassation, 12 janvier 1814 (Dalloz, au mot *Dépôt*, n° 136, 2°).

position déroge-t-elle au droit commun, et en quoi consiste la dérogation ? Si on l'entendait au pied de la lettre, il en résulterait une dérogation très-grave aux règles qui régissent la preuve. Dès que le déposant n'aurait pas d'écrit constatant le dépôt, le dépositaire devrait être admis à déclarer, s'il y a un dépôt, quel en est l'objet et s'il a été restitué, c'est-à-dire qu'à défaut d'un écrit, le dépositaire serait constitué juge du débat. Le déposant ne serait donc pas admis à se prévaloir de l'aveu du dépositaire, ni, par conséquent, à le faire interroger sur faits et articles; il ne pourrait pas même lui déférer le serment. Cette interprétation doit être rejetée; elle fait dire aux auteurs du code ce que certainement ils n'ont pas entendu dire. L'article 1923 maintient le droit commun en ce qui concerne la preuve testimoniale; à plus forte raison le droit commun est-il maintenu en ce qui concerne l'aveu et le serment; il est maintenu par cela seul que la loi n'y déroge point. Vainement invoquerait-on le texte de l'article 1924, la loi ne parle ni d'aveu ni de serment; elle suppose que le déposant n'a pas de preuve littérale et qu'il n'en a pas d'autre, c'est-à-dire que le dépositaire n'a point fait d'aveu et que le déposant ne lui a pas déféré le serment. Dans ce cas, il a bien fallu s'en rapporter à la déclaration du dépositaire, puisque toute preuve légale fait défaut. Mais le déposant qui n'a pas d'écrit n'est pas nécessairement livré à la discrétion du dépositaire; il peut le faire interroger sur faits et articles; si le dépositaire fait des aveux, le déposant peut s'en prévaloir, comme d'un commencement de preuve par écrit, pour être reçu à la preuve testimoniale; cela a été jugé ainsi par la cour de cassation, comme nous l'avons dit (p. 104, note 3); à plus forte raison peut-il se prévaloir de l'aveu judiciaire s'il fournit une preuve complète du dépôt. Quant au serment, il peut toujours être déféré, et sur toute espèce de contestation, donc aussi sur le dépôt. Le dépositaire dira-t-il que la loi s'en rapporte à sa déclaration, sans exiger le serment; nous répondons : Oui, si le déposant ne veut pas le lui déférer (1).

(1) Aubry et Rau, t. IV, p. 621, note 9, § 402. Pont, t. I, p. 185, n° 411. Pont

92. On dit que l'article 1924 déroge au droit commun; il faut voir en quoi, et quelles sont les limites de l'exception. La loi suppose que le demandeur qui réclame un dépôt n'a point de preuve écrite, et il faut ajouter, comme nous venons de le dire, qu'il n'a aucune autre preuve légale; dans ce cas, dit l'article 1924, celui qui est attaqué comme dépositaire, c'est-à-dire le défendeur, en est cru sur sa déclaration, d'abord pour le fait même du dépôt. S'il déclare qu'il n'a reçu aucun dépôt, il sera renvoyé de la demande. Ce n'est pas là une exception, c'est la vieille règle: *Actore non probante, reus absolvitur*. Le défendeur n'a pas même besoin de faire une déclaration quelconque. On lui réclame un dépôt; il répondra au demandeur : Prouvez. Si le demandeur ne prouve pas le dépôt, il succombe nécessairement, sans que le défendeur ait fait une déclaration; son rôle est de garder le silence, sauf à combattre les preuves que le demandeur allègue.

L'article 1924 ajoute que le défendeur en est encore cru sur sa déclaration pour la chose qui faisait l'objet du dépôt. Cela implique que le fait du dépôt est établi soit par la preuve que fournit le déposant, soit par l'aveu du dépositaire; mais il y a contestation sur le point de savoir quel était l'objet du dépôt, par exemple quel était le montant des espèces déposées. Qui doit prouver quelle est la chose précise qui a été déposée? C'est toujours le demandeur, d'après le droit commun de l'article 1315; s'il n'administre pas cette preuve, il doit encore succomber, à moins que le juge ne lui défère le serment, soit supplétoire, soit en plaids, sur la valeur des objets qui ont été remis au dépositaire, par exemple dans un paquet cacheté. Le juge peut aussi, s'il y a lieu, déférer le serment au dépositaire. Celui-ci n'est pas tenu de faire une déclaration, mais la loi lui en donne le droit pour mettre fin au débat. La déclaration faite en justice est un aveu, et l'aveu fait pleine foi contre celui de qui il émane. En ce sens, l'article 1924 applique encore le droit commun; seulement il y a cette modification que généralement c'est le demandeur qui invoque l'aveu fait par le dé-

ne croit pas que l'on puisse interroger le dépositaire sur faits et articles (p. 184, n° 406).

fendeur contre lui; ici, au contraire, le déposant doit accepter la déclaration faite par le défendeur; c'est le seul moyen de mettre fin au débat, puisque le demandeur n'est pas parvenu à prouver quel était l'objet du dépôt.

Enfin, dit l'article 1924, le dépositaire en est cru sur sa déclaration pour le fait de la restitution du dépôt. Comment faut-il entendre cette disposition? Il faut se placer dans l'hypothèse que la loi a en vue, celle où le déposant ne prouve pas le fondement de sa demande, ni le fait du dépôt, ni ce qui en faisait l'objet. Tout dépend alors de la déclaration du défendeur. S'il reconnaît l'existence du dépôt, il peut ajouter quelle était la chose qui lui a été confiée, et il peut déclarer aussi qu'il l'a restituée. Cette déclaration, faite en justice, est un aveu judiciaire, et l'aveu judiciaire est indivisible. Du reste, l'indivisibilité de l'aveu est sans intérêt dans l'espèce, puisque l'on suppose que le demandeur n'a aucune preuve, il ne peut donc rien contester. En ce sens on peut dire avec l'orateur du Tribunat : « Le déposant a suivi la foi du dépositaire, il s'est livré à sa moralité, en laquelle il peut avoir eu trop de confiance, mais qu'il ne peut pas récuser. Il est le seul coupable de son imprudence, s'il y en a eu. Je dis s'il y en a eu, car les juges ne peuvent pas en voir là où *le déposant ne leur offre que son allégation,* qui ne doit pas l'emporter sur l'allégation contraire du prétendu dépositaire (1). » Ainsi le déposant n'a fait qu'une *allégation;* c'est dire qu'il n'a rien prouvé. Si donc le demandeur avait fourni la preuve du dépôt et de la chose déposée, le défendeur pourrait-il venir dire qu'il en doit être cru sur sa déclaration pour le fait de la restitution? Non certes, ce n'est pas là l'hypothèse de la loi; quand le demandeur a fait la preuve qui lui incombe, le défendeur doit être condamné à restituer le dépôt. S'il prétend l'avoir restitué, il doit le prouver, or, une déclaration n'est pas une preuve, c'est une simple allégation, et on ne répond pas à une preuve par une affirmation dont rien n'établit la vérité. Si l'article 1924 se contente de la déclaration du défendeur, c'est en l'absence

(1) Favard de Langlade, Rapport, n° 4 (Locré, t. VIII, p. 322).

de toute preuve émanée du demandeur; hors de ce cas, on
rentre dans le droit commun. En définitive, la disposition
de l'article 1924 n'est pas aussi exceptionnelle qu'on le
dit : elle est fondée sur les principes généraux de droit,
comme le dit Favard de Langlade dans son rapport au
Tribunat.

93. L'article 1924 a donné lieu à de nombreuses contestations, parce que les parties intéressées croient y trouver une dérogation au droit commun, et elles cherchent à
étendre cette dérogation à des cas sur lesquels le législateur n'a pas entendu statuer. Nous allons rapporter les
décisions judiciaires, elles ne laissent aucun doute sur le
sens et la portée de la loi. Une somme de 2,200 francs est
réclamée contre un dépositaire, par les héritiers du déposant. La défenderesse avoue avoir reçu de la défunte, pendant sa maladie, une somme d'argent dans une petite
bourse; elle ajoute que, conformément aux intentions de la
malade, elle a remis de suite cette bourse aux frères et
sœurs de la déposante, sans avoir eu l'idée de l'ouvrir ni
de vérifier son contenu. Question de savoir si l'article 1924
était applicable à l'espèce. Le tribunal de première instance condamna la dépositaire à restituer la somme, malgré sa déclaration; en appel, la décision a été réformée et
elle devait l'être. En effet, les demandeurs n'alléguaient
aucune preuve, donc on se trouvait dans l'hypothèse prévue par l'article 1924. Il y avait une déclaration constatant l'emploi que la dépositaire avait fait de la chose déposée; donc il y avait preuve de la restitution; car, dans
l'espèce, la chose déposée devait être remise à des tiers,
en vertu de la volonté du déposant : l'emploi constituait
donc la restitution, sur laquelle le demandeur en est cru
sur sa déclaration, conformément à l'article 1924 (1).

Un notaire dépositaire d'un billet refusa de le restituer,
parce que la restitution en était subordonnée à plusieurs
conditions qui n'étaient pas accomplies. La cour de Paris
accueillit cette défense. Recours en cassation. La cour
constate, en se servant des termes de l'article 1924, qu'il

(1) Riom, 26 décembre 1808 (Dalloz, au mot *Dépôt*, n° 138, 3°).

n'existait aucune preuve écrite du dépôt, que l'existence n'en était constatée que par la déclaration des parties et la reconnaissance du dépositaire, ce qui justifiait l'application que l'arrêt attaqué avait faite de l'article 1924. Il y avait cependant un motif de douter : le pourvoi soutenait que la cour de Paris avait dépassé l'article 1924, que le texte ne parlait que du fait de la restitution, tandis que la cour l'avait étendu aux conditions de la restitution. La chambre des requêtes ne répond pas à l'argument; elle considérait sans doute les conditions sous lesquelles la restitution devait se faire comme se confondant avec l'obligation de restitution, et, par suite, avec le fait de restitution; ce qui est assez plausible (1).

94. Voici des cas dans lesquels l'article 1924 a été écarté. Des parties déposent entre les mains d'un notaire les doubles d'un acte constatant un contrat d'entreprise. L'un des déposants réclame son double. Le notaire soutient que l'acte n'est encore qu'un projet, et que l'inexécution de diverses conditions s'oppose à la restitution du double. A cela le demandeur répond que ce qui se passe entre les parties contractantes ne regarde pas le dépositaire, que le dépôt doit être rendu, sauf aux parties à débattre leurs intérêts en justice. La cour de Paris condamna le notaire à remettre le double, toutes parties présentes. Elle décida avec raison que l'article 1924 était inapplicable; la loi n'ayant eu en vue que les obligations du dépositaire à l'égard du déposant; c'est donc étendre la disposition que de l'appliquer aux droits et rapports des déposants entre eux; le dépositaire ne peut pas se prévaloir de ces conventions, il a reçu un dépôt, il doit le restituer; s'il lui était permis d'invoquer les conventions des parties pour suspendre la restitution, il se constituerait arbitre et juge; ce n'est pas là sa mission (2).

A plus forte raison l'article 1924 est-il étranger aux contestations qui s'élèveraient entre le dépositaire et des

(1) Rejet, 13 octobre 1812 (Dalloz, au mot *Dépôt*, n° 138, 4°). Comparez Angers, 25 mars 1819 (Dalloz, *ibid.*, n° 138, 5°).
(2) Paris, 10 février 1831 (Dalloz, au mot *Dépôt*, n° 138, 8°). Comparez Bordeaux, 27 janvier 1816 (Dalloz, n° 567, au mot *Obligations*).

tiers. Un assureur de remplacement passe diverses polices
avec des conscrits ou avec leurs parents, par l'entremise
d'un agent, entre les mains duquel les assurés remettaient les
valeurs en argent ou en lettres de change par eux payées,
pour y rester en dépôt pendant l'année de garantie. L'assureur tomba en faillite sans avoir exécuté l'assurance de
remplacement par lui contractée envers l'un des assurés.
Action de l'assuré contre les syndics de la faillite tendant
à exercer un privilége, à titre de dépôt, sur toutes les valeurs déposées entre les mains de l'agent, et provenant
tant de lui-même que des autres assurés. Le demandeur
alléguait une convention verbale entre l'assureur et les
assurés, consentie en présence de l'agent dépositaire des
fonds, convention en vertu de laquelle les valeurs déposées entre ses mains par les assurés constituaient pour
eux tous un gage réservé pour leur commune garantie. Le
dépositaire confirma cette allégation par une déclaration
faite en justice : pouvait-on s'en prévaloir, comme formant
preuve, à l'égard de la masse du failli? La négative est
certaine ; en effet, la prétendue convention invoquée par
le demandeur concernait tous les assurés, c'est-à-dire des
tiers ; tandis que l'article 1924 n'est relatif qu'aux rapports
entre le déposant et le dépositaire ; donc, dans l'espèce, le
déposant ne pouvait invoquer le dépôt que jusqu'à concurrence des valeurs par lui déposées (1).

SECTION III. — Des obligations du dépositaire.

§ Ier. *De la garde.*

95. « Le dépositaire doit apporter dans la garde de la
chose déposée les mêmes soins qu'il apporte dans la garde
des choses qui lui appartiennent » (art. 1927). Nous avons
expliqué cette disposition, au titre des *Obligations*. Il suffit
de rappeler que, dans la théorie des fautes, consacrée par

---

(1) Montpellier, 7 janvier 1841, et Nîmes, 12 décembre 1850 (Dalloz, 1851,
2, 82).

l'article 1137, le débiteur est tenu, en principe, de la faute appelée faute légère *in abstracto*, c'est-à-dire qu'il est responsable quand il ne remplit pas ses obligations avec les soins d'un bon père de famille. Le deuxième alinéa de l'article 1137 prévoit qu'il y a des exceptions à la règle, c'est-à-dire des cas où l'obligation du débiteur est moins étendue. L'article 1927 établit une de ces exceptions : le dépositaire n'est pas tenu des soins d'un bon père de famille, il est seulement tenu des soins qu'il apporte à ses propres affaires. Pothier en dit la raison : le dépositaire ne retirant aucun profit du contrat qui se fait en entier dans l'intérêt du déposant, celui-ci aurait mauvaise grâce d'exiger du dépositaire autre chose que la fidélité à garder le dépôt; Pothier entend par là que le dépositaire n'est pas tenu de la faute proprement dite, ou de la faute légère, en ce sens qu'il n'est pas tenu des soins d'un bon père de famille; il ne devient responsable que lorsqu'il n'a pas mis à la garde de la chose les soins qu'il apporte dans la garde des choses qui lui appartiennent; une négligence pareille serait en opposition avec le devoir de fidélité qui incombe au dépositaire (1).

96. L'application de l'article 1927 donne lieu à une difficulté sur laquelle il y a controverse. On suppose que le dépositaire est un homme intelligent, soigneux, attentif dans la conduite de ses propres affaires : sera-t-il tenu des mêmes soins à l'égard des choses confiées à sa garde? C'est demander s'il est tenu de la faute légère, en ce sens qu'il sera responsable s'il ne garde pas la chose avec les soins d'un bon père de famille. Pothier dit que l'affirmative lui paraît plus conforme aux principes. La fidélité que le dépositaire doit à la garde du dépôt ne lui permettant pas d'avoir moins de soin des choses qui lui sont confiées que des siennes, dès que la faute commise à l'égard des choses déposées est une négligence qu'il n'aurait pas commise si elles lui avaient appartenu, cette faute est une infidélité de sa part dont il doit être responsable. Cette opinion acquiert une force nouvelle par le texte de l'article 1927,

---

(1) Pothier. *Du dépôt*, n° 26, et mon t. XVI, p. 285, n° 223.

qui dit bien expressément que le dépositaire doit garder la chose déposée avec le même soin qu'il apporte dans la garde des choses qui lui appartiennent. Il y a cependant une objection qui a paru si sérieuse à Pothier, qu'après avoir établi son opinion en théorie, il avoue que, dans la pratique du for extérieur, on ne prendrait pas en considération la diligence que le dépositaire met, comme bon père de famille, à la gestion de ses intérêts. En effet, cette distinction semble aboutir à rendre le dépositaire responsable de la faute commune, alors que l'article 1927 a eu pour objet de diminuer cette responsabilité. Dans la théorie du code, il est facile de répondre à l'objection. Tout débiteur, en général, est tenu des soins d'un bon père de famille; la loi fait exception à cette règle en faveur du dépositaire. Mais quel est le sens de l'exception et quelle en est la portée? C'est que le dépositaire peut s'excuser d'avoir été négligent, quand il est négligent pour ses propres affaires. Voilà l'exception de faveur que le dépositaire peut invoquer; hors de ce cas, il rentre dans la règle; or, l'exception suppose qu'il est mauvais père de famille; si donc il est bon père de famille, on est en droit d'exiger de lui les soins dont tout débiteur est tenu. Cela est aussi fondé en équité : le dépositaire qui est négligent pour la garde de la chose déposée, tandis qu'il est soigneux pour les siennes, est un dépositaire infidèle, il manque au devoir d'amitié qui lui a fait accepter le dépôt; donc il doit être responsable (1).

97. La chose déposée périt par un cas fortuit dont le dépositaire aurait pu la garantir, en ce sens que, ne pouvant conserver que la chose qui lui appartenait ou la chose déposée, il a préféré la sienne. On demande s'il sera responsable de la perte de la chose qu'il a reçue en dépôt. C'est une de ces questions qu'on ne devrait pas même soulever, puisque le texte et les principes la décident. L'article 1927 dit bien que le dépositaire doit avoir soin des choses déposées comme des siennes propres, mais c'est pour diminuer la responsabilité qui, de droit

---

(1) Voyez, en sens divers, Pont, t. I, p. 191, n° 426, et les auteurs qu'il cite.

commun, incombe à tout débiteur; et aucune loi, aucun principe n'oblige le dépositaire à sacrifier ce qui lui appartient pour sauver la chose du déposant. Si l'article 1882 impose cette responsabilité à l'emprunteur, c'est que celui-ci reçoit un service gratuit qui lui impose un devoir de reconnaissance et de délicatesse, tandis que le dépositaire rend un service gratuit; sa position mérite donc faveur et indulgence (1):

98. L'article 1928 contient des exceptions à la règle établie par l'article 1927. Il porte que « la disposition de l'article précédent doit être appliquée avec plus de rigueur, 1° si le dépositaire s'est offert lui-même pour recevoir le dépôt. » Le rapporteur du Tribunat explique cette disposition comme suit : « Si le dépositaire a offert de recevoir le dépôt, il a pu être cause que le déposant ne s'est pas adressé à d'autres qui auraient apporté tous les soins convenables pour la conservation de la chose déposée; il doit donc prendre plus de précautions que le dépositaire qui n'a fait que céder au vœu du déposant (2). » S'offrir pour garder la chose, c'est promettre qu'on la gardera avec soin, sinon on ne doit pas faire l'offre d'un service qui causerait un préjudice au déposant.

En second lieu, la responsabilité du dépositaire est plus rigoureuse lorsqu'il a stipulé un salaire pour la garde du dépôt. Ceci n'est pas une exception à la règle de l'article 1927, comme la loi le dit improprement; le contrat n'est plus un dépôt, c'est un louage (n° 73); or, celui qui loue ses services est tenu de la faute commune, c'est-à-dire qu'il doit remplir son obligation avec les soins d'un bon père de famille : telle est la situation du dépositaire salarié. Le rapporteur du Tribunat dit aussi que le dépositaire salarié n'est plus un simple dépositaire, il le qualifie de préposé à gages, c'est-à-dire de mandataire, ce qui n'est pas exact; le mandat impliquant une représentation du mandant, laquelle ne se rencontre pas dans la garde de la chose.

La troisième exception concerne le cas où le dépôt a été

(1) Duvergier, *Du prêt*, p. 531, n° 428.
(2) Favard de Langlade, Rapport, n° 7 (Locré, t. VII, p. 322).

fait uniquement pour l'intérêt du dépositaire. On ne peut plus dire alors que le dépositaire rend un service gratuit, et qu'à ce titre il mérite d'être traité avec indulgence; il se trouve dans la situation de tout débiteur, il doit donc être soumis à la responsabilité de droit commun. Il faudrait dire plus, si l'on prenait au pied de la lettre ce que dit l'article 1928, n° 3. Si réellement le dépôt était fait *uniquement* dans l'intérêt du dépositaire, il serait dans une position toute contraire à celle que suppose l'article 1927; au lieu de rendre un service, il en recevrait un; il y aurait donc un motif de se montrer plus sévère à son égard, au lieu de lui témoigner de l'indulgence. Mais il est difficile de comprendre que le dépôt se fasse uniquement dans l'intérêt du dépositaire, ce ne serait plus un dépôt, puisque ce contrat implique un service gratuit rendu par le dépositaire au déposant. Le code a reproduit l'expression de Pothier, qui donne l'exemple suivant, emprunté à Ulpien. Je prie un ami de me prêter une somme d'argent au cas que j'en aie besoin pour l'acquisition d'un héritage que je me propose de faire. Sur le point de vous absenter, vous me laissez cette somme à titre de prêt conditionnel et, en attendant, à titre de dépôt. Le dépôt n'est pas l'objet principal que les parties ont eu en vue, elles ont entendu faire un prêt; c'est donc comme emprunteur plutôt que comme dépositaire que je serai tenu. Il n'y aura de dépôt que si je ne me sers pas de la somme que vous m'avez remise; alors la condition défaillit, et par suite, il n'y a pas de prêt. Dans cette hypothèse, on peut dire que le dépôt s'est fait dans l'intérêt du dépositaire, et par suite il sera tenu de la faute ordinaire (1).

Enfin il y a exception à la règle de l'article 1927 « s'il a été convenu expressément que le dépositaire répondrait de toute espèce de faute. » Les parties contractantes sont libres de déroger aux règles concernant les fautes, en ce sens qu'elles peuvent aggraver ou diminuer la responsabilité ordinaire. Mais il faut qu'il y ait une convention expresse, aux termes de l'article 1928, 4°; la raison en est

---

(1) Pothier. *Du dépôt*, n° 32. Duranton, t. XVIII. p. 34, 4°.

que c'est une dérogation au droit commun, et tou! exception doit être stipulée expressément.

99. De quelle faute le dépositaire est-il tenu / ans les
quatre cas prévus par l'article 1928? Le code ne précise
pas le degré de faute; il se borne à dire que la responsabilité de l'article 1927 sera appliquée avec plus de rigueur.
Cette manière vague de s'exprimer tient à la théorie des
fautes que les auteurs du code civil ont consacrée, par
opposition à l'ancien droit. Les interprètes avaient essayé
de tarifer les fautes, et ils avaient abouti à une théorie
incertaine qui n'offrait pas la moindre utilité dans la pratique. Voilà pourquoi le législateur français abolit la distinction des fautes en graves, légères *in concreto,* légères
in abstracto, et très-légères; il établit une responsabilité
unique, la même pour tout débiteur; et quand il lui arrive
de modifier la règle qu'il établit, il évite de se servir
de l'ancienne terminologie, parce qu'on aurait pu en induire qu'il reproduisait la doctrine traditionnelle. C'est
donc à dessein qu'il se sert d'expressions vagues, comme
celle de l'article 1928 et celles des articles 1992 et 1374;
dans sa pensée, c'est le juge qui est appelé à apprécier la
faute du débiteur; seulement, d'après les circonstances, il
doit l'apprécier avec plus ou moins de rigueur. Si l'on veut
se servir du langage traditionnel, il faut dire que le dépositaire est tenu, dans les quatre cas prévus par l'article 1928,
de la faute légère *in abstracto.* En effet, c'est cette faute
qui forme le droit commun; l'article 1927 déroge au droit
commun, mais dès que l'on n'est plus dans l'exception, on
rentre dans la règle, donc la responsabilité du dépositaire,
dans les cas de l'article 1928, est celle qui est définie par
l'article 1137, c'est-à-dire celle de la faute dite *légère.*
C'est aussi l'expression de Pothier. Il faut cependant faire
une réserve pour le n° 4 de l'article 1928. Quand il y a
une convention sur le degré de faute dont le dépositaire
sera tenu, il faut l'appliquer, puisqu'elle forme la loi des
parties : ce peut donc être la faute légère, ce peut aussi
être la faute la plus légère. Mais cette dernière faute étant
tout à fait exceptionnelle, puisque le code l'ignore en matière de contrats, il en faut conclure que l'on ne pour-

rait l'admettre qu'en vertu d'une clause formelle qui ne laisse aucun doute sur l'intention des parties contractantes. Il ne suffirait pas de dire, comme le fait l'article 1928, que le dépositaire répondra de toute espèce de faute, pour que le dépositaire fût tenu de la faute la plus légère; car l'expression *toute espèce de faute,* ou *omnis culpa,* avait jadis un sens technique, elle était synonyme de faute légère *in abstracto,* c'est-à-dire de la faute déterminée par l'article 1137, ce qui exclut la faute la plus légère (1).

100. L'article 1929 ajoute : « Le dépositaire n'est tenu, *en aucun cas,* des accidents de force majeure. » Que veulent dire les mots *en aucun cas?* Le dépositaire n'est-il jamais tenu du cas fortuit? Ce n'est pas là le sens de la loi; les mots *en aucun cas* se rapportent aux cas prévus par l'article précédent, cas dans lesquels le dépositaire est tenu plus rigoureusement; néanmoins, même dans ces cas de responsabilité exceptionnelle, le dépositaire ne répond pas du cas fortuit. C'est le droit commun (art. 1148). Quand il s'agit de la dette d'un corps certain, le cas fortuit libère le débiteur (art. 1302), parce qu'il a rempli son obligation en conservant la chose avec les soins que l'on peut exiger de lui à raison de la nature du contrat. Or, telle est l'obligation du dépositaire. Il se peut néanmoins qu'il réponde des cas fortuits. D'abord il peut se soumettre à cette responsabilité exceptionnelle; il faut pour cela une clause très-formelle, puisqu'une pareille responsabilité est tout à fait exorbitante du droit commun. Le dépositaire est encore responsable du cas fortuit quand l'accident a été amené par sa faute; la perte cesse, dans ce cas, d'être fortuite. Il en est ainsi, d'après l'article 1929, quand le débiteur a été mis en demeure de restituer la chose déposée. C'est l'application du principe établi par l'article 1302; la demeure est une espèce de faute, en ce sens que la loi suppose que si le débiteur avait restitué la chose, elle n'eût point péri chez le créancier; dans cette supposition, la perte, quoique fortuite, est réellement imputable au dépo-

(1) Comparez Pont, t. I, p. 195, n° 435; Pothier, *Du dépôt,* n° 30.

sitaire. Mais le dépositaire est admis à prouver que la chose eût péri chez le déposant, en supposant qu'elle lui eût été rendue; dans ce cas, la perte ne lui est plus imputable, la demeure n'est plus la cause de la perte, et par conséquent le dépositaire n'est plus responsable; c'est encore le droit commun tel qu'il est formulé par l'article 1302 (1).

L'article 1302 porte que le débiteur est tenu de prouver le cas fortuit qu'il allègue. Cela veut dire que le débiteur doit faire la preuve, non-seulement d'un cas fortuit, mais encore de la perte de la chose déposée arrivée par le cas fortuit. Cette preuve peut être très-difficile; mais, comme les cas de force majeure se prouvent par témoins, les présomptions sont par cela même admissibles; il en résulte que la décision est abandonnée à l'appréciation du juge. La cour de cassation a été dans le cas d'appliquer ce principe dans une espèce où le dépôt d'une somme considérable n'avait pas été restitué. Les héritiers du dépositaire alléguèrent un cas de force majeure, les calamités affreuses de la guerre de Vendée, pendant laquelle le dépositaire fut tué, et ses biens furent livrés au pillage. Il n'y avait pas de preuve directe que le dépôt avait été pillé; et cette preuve n'était guère possible. La cour de Poitiers se contenta de présomptions; sur le pourvoi, il intervint un arrêt de rejet. La cour de cassation se fonde sur les faits tels qu'ils étaient établis par l'arrêt attaqué; il était constant qu'il y avait eu force majeure, et il y avait présomption que le dépôt avait péri par l'effet de cette force majeure; cela suffisait pour décharger le dépositaire et ses héritiers de toute responsabilité (2).

101. « Le dépositaire ne peut se servir de la chose déposée sans la permission expresse ou présumée du déposant » (art. 1930). Il ne peut pas s'en servir, par la raison très-simple que les choses lui ont été confiées pour qu'il les garde; elles ne lui ont pas été données pour qu'il s'en serve, et il ne peut se servir de choses appartenant à autrui,

---

(1) Pothier, *Du dépôt*, n° 33. Duranton, t. XVIII, p. 35, n° 40, et tous les auteurs.

(2) Rejet, 14 juin 1808 (Dalloz, au mot *Dépôt*, n° 60, 1°).

sans le consentement du propriétaire. Il suit de là, dit Pothier, qu'il est surtout défendu aux dépositaires de deniers
de s'en servir pour leurs affaires. Vainement invoqueraient-
ils la certitude morale où ils seraient de pouvoir rendre la
somme déposée lorsque le déposant la demandera; ce n'est
pas là une raison pour excuser le vol qu'ils commettent en
s'en servant. Pothier qualifie de vol l'usage que le dépositaire fait de la chose; c'était l'ancienne doctrine, comme
nous le dirons plus loin. Cela n'empêcha pas un théologien
contemporain de Pothier et auteur d'un ouvrage sur la
théologie morale, de soutenir qu'un dépositaire pouvait
licitement, et *sans péché,* se servir, pour ses affaires, de
l'argent qu'il avait en dépôt lorsqu'il avait cette certitude
morale, pourvu que le déposant ne lui eût pas fait connaître
qu'il ne voulait pas que le dépositaire s'en servît. Là-dessus Pothier fait cette remarque : « Il est *très-faux* qu'il
doive suffire au dépositaire que l'usage des deniers ne lui
ait pas été défendu; il faut qu'il ait le consentement de celui
qui les lui a donnés en dépôt, ou qu'il ait juste sujet de le
présumer (nous reviendrons sur ce point); sans cela il est
un *voleur* s'il s'en sert (1). » Ainsi ce qui est un vol aux
yeux du légiste n'était pas même un péché aux yeux du
théologien. Qui est dans le vrai? La conscience moderne,
dont Pothier est l'organe, s'est soulevée contre l'immoralité de la morale théologique. Pascal l'avait flétrie au
XVIIe siècle, mais rien n'est incorrigible comme les interprètes d'une prétendue vérité révélée. Ils ont la prétention
d'enseigner la seule vraie morale, et il se trouve qu'ils lé-
gitiment le vol! Il arrive assez souvent à Pothier de combattre ce théologien *moral,* et il le fait toujours avec une
dureté qui n'est point dans ses habitudes. C'est que Pothier
n'était pas seulement un grand jurisconsulte, il était avant
tout un esprit consciencieux, et sa conscience n'avait pas
été viciée par l'enseignement de la théologie catholique;
c'est un certain catholicisme, fort en vogue aujourd'hui, que
Pothier attaque et que nous attaquons à la suite de nos
maîtres, les légistes français des XVIe et XVIIe siècles, les

(1) Pothier, *Du dépôt,* n° 37. Comparez Duvergier, p. 536, n° 443.

Dumoulin, les Guy Coquille, les Domat, et Pothier, leur disciple et leur émule.

102. L'article 1930 ajoute que le dépositaire peut se servir de la chose déposée avec la permission expresse ou présumée du déposant. Quand il y a permission expresse, le droit du dépositaire est certain ; seulement, dans ce cas, naît la question de savoir si le contrat de dépôt ne se change pas en contrat de prêt lorsque le dépositaire se sert de la chose. Nous renvoyons à ce qui a été dit plus haut (n° 73). La permission présumée donne lieu à une difficulté de fait et de droit. Quand peut-on dire qu'il y ait consentement présumé ? Il ne suffit pas, dit Pothier, que le dépositaire, pour se flatter ou se faire illusion, se persuade que le déposant aurait consenti à l'usage des choses déposées s'il lui en eût demandé la permission ; il faut qu'il ait un juste sujet de croire qu'il la lui aurait accordée, comme si la chose qu'il lui a donnée à garder est une chose qu'il lui avait prêtée auparavant plusieurs fois et toutes les fois qu'il la lui avait demandée à emprunter. Cela est encore très-vague. Pothier donne cet exemple. Un savant, ne pouvant pas loger chez lui ses livres, les met en dépôt chez un ami : en ce cas, on doit présumer son consentement à l'usage qu'en voudra faire son ami en les lisant ; car un vrai savant, qu'on doit présumer aimer la vérité, ne désire rien tant que d'en procurer aux autres la connaissance par la lecture qu'ils feront de ses livres (1). Cela est sans doute très-probable quand il s'agit d'un vrai savant qui aime la vérité ; mais la probabilité, quelque forte qu'on la suppose, n'est pas une certitude, et c'est la certitude qu'il faut quand il s'agit d'un contrat. Ici naît la difficulté de droit. Que le consentement puisse être tacite, cela est incontestable ; car le consentement tacite est aussi certain que le consentement exprès : il résulte de faits qui ne reçoivent pas d'autre interprétation que celle du consentement de celui qui les a posés. Autre chose est le consentement présumé ; je dépose mes livres chez un ami ; le seul but que nous avons en vue est de faire un dépôt, il n'est pas question d'un prêt, ni en

---

(1) Pothier, *Du dépôt.* n°s 36 et 37.

paroles, ni par un fait quelconque; il est seulement très-probable que je consentirais au prêt si le dépositaire me le demandait. Cette probabilité n'est pas un fait; donc il n'y a pas de consentement tacite. Y a-t-il, outre le consentement tacite, un consentement présumé? En principe, cela est inadmissible. Qui apprécie les présomptions dont il est question dans l'espèce? Le juge. Il peut bien, dans les cas déterminés par la loi, recourir aux présomptions pour en induire ce qui a été convenu; il ne peut pas y avoir recours pour créer des conventions, en supposant un consentement qui n'a jamais été donné. Cela nous paraît d'évidence. Qu'en faut-il conclure? Que Pothier s'est écarté de la rigueur des principes en admettant un consentement présumé, et que les auteurs du code se sont trompés à sa suite.

103. Si, malgré la prohibition de la loi, le dépositaire se sert de la chose déposée, il manque à ses obligations; et, par suite, il sera tenu des dommages-intérêts, s'il y a lieu. Si donc la chose venait à périr par cas fortuit pendant cet usage illicite, il faudrait appliquer ce que nous venons de dire de la demeure : le dépositaire répondrait du cas fortuit, parce que l'accident a été occasionné par sa faute, sauf à prouver que sa faute est étrangère à la perte, et que la chose eût péri quand même il ne s'en serait pas servi (1).

Outre la responsabilité civile, le dépositaire qui se sert de la chose sans la permission du déposant est encore soumis à une responsabilité pénale. Dans l'ancien droit, on décidait que le dépositaire qui se sert des choses déposées sans le consentement de celui qui les lui a confiées se rend coupable de vol; on admettait un vol de l'usage de la chose. Il est certain que cet usage est un fait illicite, c'est la violation de la propriété; l'usage de la chose d'autrui, dit Pothier, ne nous appartient pas plus que la chose même; c'est un bien d'autrui auquel la loi naturelle ne nous permet pas de toucher. Notre droit n'admet plus le vol d'usage; le code pénal punit comme abus de confiance le détournement frau-

(1) Duvergier, *Du prêt*, p. 536, n° 443. Pont, t. I, p. 199, n° 446.

duleux de la chose déposée (art. 403, et code pénal belge,
art. 491). Si le dépositaire a détourné la chose en la vendant à un tiers, le déposant, s'il est propriétaire, aura, en
principe, l'action en revendication, sauf au tiers possesseur à invoquer la maxime qu'en fait de meubles, la possession vaut titre. On a demandé si l'exception que l'article 2279 fait pour les choses volées pourrait être appliquée
en cas d'abus de confiance : il suffit de poser la question
pour la résoudre. Si le détournement frauduleux de la
chose déposée était encore un vol, comme dans l'ancienne
jurisprudence, l'article 2279 serait certainement applicable ; mais, le détournement n'étant plus puni à titre de vol,
le déposant ne peut pas se prévaloir de l'exception, car les
lois pénales ne s'étendent pas par motif d'analogie ; on ne
peut donc pas appliquer à l'abus de confiance ce que l'article 2279 dit du vol (1).

Il va sans dire qu'en cas de vente frauduleuse le déposant a une action en dommages-intérêts contre le dépositaire infidèle. Il a été jugé que le dépositaire d'actions
industrielles qui en dispose abusivement doit une indemnité au déposant, à partir du détournement. Dans l'espèce,
le dépositaire infidèle tomba en faillite ; la cour de Bruxelles
a décidé que les dommages-intérêts que le déposant pouvait
réclamer contre la masse se bornaient à la valeur des actions lors de l'ouverture de la faillite. La décision nous paraît en opposition avec le principe que l'arrêt pose (2).

104. Aux termes de l'article 1931, « le dépositaire ne
doit pas chercher à connaître quelles sont les choses qui lui
ont été déposées, si elles lui ont été confiées dans un coffre
fermé ou sous une enveloppe cachetée. » Cette disposition
a été empruntée à Pothier ; mais les auteurs du code ont eu
tort de limiter une règle de délicatesse que Pothier formu-
lait en termes plus généraux ; nous transcrivons ce qu'il
dit : « La fidélité que le dépositaire doit à la garde du dépôt l'oblige à ne pas chercher à connaître les choses qui
lui ont été données en dépôt, lorsque celui qui les lui a

---

(1) Pothier, *Du dépôt*, n° 34. Pont, t. I, p. 199, n° 447.
(2) Bruxelles, 10 mars 1866 (*Pasicrisie*, 1868, 2, 364).

confiées a voulu les tenir cachées. » Tel est le principe.
Pothier donne ensuite comme exemple le cas dont le code
Napoléon a fait une règle : la règle recevrait son application, quand même il n'y aurait ni cassette fermée, ni enveloppe cachetée ; ces marques extérieures ne font que révéler
la volonté du déposant. La nature même de la chose déposée suffit : tel serait un testament. Pothier ajoute que si le
déposant, qui a donné en dépôt des choses de nature à être
tenues cachées, a bien voulu, pour témoigner sa confiance
au dépositaire, lui donner connaissance des choses, la fidélité que doit le dépositaire l'oblige à n'en pas communiquer
la connaissance à d'autres. Si quelqu'un me donne en dépôt
son testament sans être cacheté, pourrai-je en prendre lecture? Pothier répond que le déposant m'en donne la permission tacite en me remettant le testament ouvert; nous
aurions préféré la décision contraire, plus conforme au
sentiment de délicatesse qui doit régner dans le contrat de
dépôt; en tout cas, il faut dire, avec Pothier, que je com-
mettrais une infidélité énorme si je donnais à lire le testament à d'autres (1).

§ II. *De la restitution.*

Nº 1. DES CHOSES QUI DOIVENT ÊTRE RESTITUÉES.

105. « Le dépositaire doit rendre identiquement la
chose même qu'il a reçue » (art. 1932). Il n'y a pas à distinguer quelle est la nature des choses données en dépôt;
quand même ce seraient des choses fongibles, dit Pothier,
le dépositaire ne serait pas reçu à rendre des choses de
même quantité, espèce et qualité, il doit restituer les choses
qu'il a reçues et auxquelles il ne lui a pas été permis de
toucher. C'est dire que les choses, quoique consomptibles,
ne sont pas fongibles en matière de dépôt, parce que, dans
l'intention des parties contractantes, les choses sont remises
au dépositaire pour la garde, et qu'il doit les rendre telles
qu'elles lui ont été confiées.

(1) Pothier, *Du dépôt*, nos 38 et 39.

106. L'article 1932 applique le principe au dépôt d'une somme d'argent. En général, l'argent est la plus fongible des choses ; néanmoins la loi décide que « le dépôt des sommes monnayées doit être rendu dans les mêmes espèces qu'il a été fait, soit dans le cas d'augmentation, soit dans le cas de diminution de leur valeur. » Il serait plus exact de dire que ce sont les espèces monnayées reçues par le dépositaire qu'il doit rendre au déposant ; de sorte que la question d'augmentation ou de diminution de valeur ne peut pas même être soulevée. Si la loi dit que le dépôt d'argent doit être rendu dans les mêmes espèces qu'il a été fait, c'est que généralement le déposant n'est pas intéressé à recevoir identiquement les pièces de monnaie qu'il a remises en dépôt. Mais, au point de vue des principes, il importe de maintenir la rigueur de la règle ; car autoriser le dépositaire à rendre la somme dans les mêmes espèces, ce serait lui permettre d'y toucher, et il n'a pas le droit de toucher au dépôt ; l'opinion contraire conduirait facilement à la morale immorale des théologiens catholiques ; maintenons notre morale laïque, celle-là est immuable comme la conscience.

Comment peut-on savoir si les pièces de monnaie rendues par le dépositaire sont celles-là mêmes qui lui ont été confiées ? Il n'y a qu'un moyen, c'est de les renfermer dans une cassette fermée, ou sous une enveloppe quelconque cachetée. Quand les espèces sont remises à découvert, il devient impossible d'en constater l'identité ; tout ce qu'il reste à faire, c'est, comme tous les auteurs le conseillent, de spécifier, dans l'acte de dépôt ou dans un bordereau, la nature des espèces déposées (1).

107. « Le dépositaire n'est tenu de rendre la chose déposée que dans l'état où elle se trouve au moment de la restitution. Les détériorations qui ne sont pas survenues par son fait sont à la charge du déposant » (art. 1933). C'est une conséquence du principe établi par l'article 1932. Le dépôt a pour objet un corps certain et déterminé que le dépositaire doit rendre identiquement ; or, le débiteur d'un

(1) Duranton, t. XVIII, p. 40, n° 45, et tous les auteurs.

corps certain est libéré quand il rend la chose non détériorée par sa faute ; dès qu'il a rempli son obligation de conserver la chose, sa responsabilité n'est pas engagée. L'article 1302 applique le principe à la perte de la chose, et décide que l'obligation du débiteur est éteinte lorsque le corps certain et déterminé qui en était l'objet vient à périr sans la faute du débiteur et avant qu'il fût en demeure. Et l'article 1245 dit, en termes plus généraux, que le débiteur d'un corps certain et déterminé est libéré par la remise de la chose en l'état où elle se trouve lors de la livraison, pourvu que les détériorations qui y sont survenues ne viennent point de son fait ou de sa faute, ou qu'avant ces détériorations il ne fût pas en demeure. Il y a une différence de rédaction entre ces diverses dispositions. L'article 1245 parle d'une détérioration survenue par le *fait* ou la *faute* du débiteur ; l'article 1302 parle seulement de la perte arrivée sans la *faute* du débiteur, et l'article 1933 ne parle que des détériorations survenues par le *fait* du dépositaire. Nous renvoyons au titre des *Obligations* pour ce qui concerne l'explication de cette difficulté de texte (t. XVII, n° 557).

108. Nous avons déjà dit que le dépositaire ne répond pas du cas fortuit (art. 1929). L'article 1934 suppose que la chose déposée a été enlevée au dépositaire par une force majeure, et qu'il a reçu un prix ou quelque chose à la place ; il doit restituer, en ce cas, ce qu'il a reçu en échange. Pothier donne cet exemple. Dans un temps de disette, le dépositaire d'une grande quantité de blé est contraint par le magistrat de vendre ces grains au marché ; il sera tenu de rendre le prix qu'il aura reçu au déposant, car le prix appartient au propriétaire, et le dépositaire en reçoit le dépôt à la place des blés. Pont ajoute que ce cas peut encore être cité à titre d'exemple ; que, si exceptionnel que cela soit fort heureusement, il se peut que l'autorité soit amenée à exiger que, dans un but d'intérêt public, le propriétaire se dépouille de denrées alimentaires pour l'entretien des armées (1). Si Pont avait écrit quelques années plus tard,

(1) Pothier, *Du dépôt*, n° 45. Pont, t. I, p. 205, n° 459.

il aurait pu citer des réquisitions faites, non pour les armées françaises, mais par les autorités locales pour les armées étrangères, maîtresses du sol, à la suite d'une guerre insensée entreprise par l'élu de la nation.

Le dépositaire qui obéit à une réquisition forcée a droit à une indemnité. Doit-il céder l'action qu'il a, de ce chef, au déposant? L'article 1303 le dit; il est vrai que cette disposition est critiquée par tous les auteurs; les actions appartiennent au propriétaire, dit-on, et il est inutile qu'on les lui cède (1). Sans doute, quand ce sont des actions que le propriétaire peut exercer en vertu de son droit de propriété. Mais, dans l'espèce, l'autorité locale s'est adressée, non au propriétaire, mais au possesseur des denrées; c'est le possesseur réquisitionné qui a une action, sauf au possesseur à régler ses obligations avec le propriétaire; le propriétaire ne serait donc reçu à exercer l'action qu'en vertu d'une cession que lui en ferait le dépositaire.

109. Les obligations du dépositaire passent à ses héritiers. Il y a cependant une différence. D'après l'article 1933, le dépositaire est responsable de son *fait*, parce que son fait implique une faute; il doit connaître la chose déposée et en avoir soin; il ne serait donc pas reçu à s'excuser de son ignorance s'il détériorait la chose la croyant sienne, ou s'il en disposait. Les héritiers, au contraire, qui vendent de bonne foi la chose dont ils ignoraient le dépôt peuvent se prévaloir de leur ignorance. D'abord leur bonne foi exclut toute idée de détournement; il ne peut donc être question d'une responsabilité pénale. Leur responsabilité civile même est limitée. Aux termes de l'article 1935, l'héritier du dépositaire qui a vendu de bonne foi la chose déposée n'est tenu de rendre que le prix qu'il a reçu, ou de céder son action contre l'acheteur s'il n'a pas touché le prix. L'héritier doit rendre le prix qu'il a touché, parce qu'il n'a aucun droit au prix d'une chose qui ne lui appartient pas; en le gardant, il s'enrichirait sans cause au préjudice du déposant. D'ailleurs, comme héritier, il est tenu de l'obligation de restituer la chose; seulement cette obli-

(1) Pont, *Des petits contrats*, t. I, p. 205, n° 400.

gation, à raison de sa bonne foi, est limitée au prix qui
prend la place de la chose; il doit le prix et non la valeur,
parce qu'il ne s'enrichit que du prix. L'héritier est-il encore créancier du prix, il doit céder sa créance, dit l'article 1935. On prétend que c'est une erreur, et que le déposant aurait une action directe contre l'acheteur. Cela nous
paraît très-douteux. Le droit au prix appartient au vendeur,
qu'il soit propriétaire ou non; l'acheteur ne doit rien au
propriétaire, parce qu'il n'a point contracté avec lui; pour
que le propriétaire puisse agir, il faut qu'il le fasse en lieu
et place du dépositaire, donc en vertu d'une cession. Duvergier dit que la cession est plus qu'inutile, qu'elle est
impossible (1). Pourquoi impossible? Entre le dépositaire
et le tiers acheteur, la vente est valable tant que la nullité
n'en est pas prononcée; donc le dépositaire a l'action naissant de la vente; il peut la céder au déposant même, car
c'est céder un droit de créance bien différent du droit de
propriété qui appartient au déposant.

110. « Si la chose déposée a produit des fruits qui
aient été perçus par le dépositaire, il est obligé de les restituer » (art. 1936). Ici le déposant peut invoquer son droit
de propriété, car les fruits appartiennent au propriétaire
par droit d'accession (art. 547); le dépositaire n'y a absolument aucun droit; il a l'obligation, au contraire, de conserver la chose et les fruits qui en naissent pour les restituer au déposant.

Que faut-il décider des intérêts de l'argent déposé? Si
c'est une somme d'argent qui a été déposée, le dépositaire
n'en doit pas payer l'intérêt à titre d'accessoire, car l'argent n'est pas productif d'intérêts par lui-même, il n'en
produit que par un placement; or, le dépositaire n'est pas
tenu de placer l'argent qui lui est confié, il n'en a pas même
le droit. Il en serait autrement si une créance productive
d'intérêts lui avait été confiée; dans ce cas, il faut dire des
intérêts ce que nous venons de dire des fruits : ils sont les
accessoires de la créance et appartiennent, à ce titre, au
déposant, à qui ils doivent être restitués par le dépositaire
s'il les a touchés.

(1) Duvergier, *Du prêt*, p. 542, n° 461. Pont, t. I, p. 206, n° 462.

111. La question des intérêts se présente encore dans d'autres hypothèses. D'abord on demande si le dépositaire qui est en demeure de faire la restitution des sommes qu'il a en dépôt en doit les intérêts. L'article 1936 répond que le dépositaire doit l'intérêt du jour où il a été mis en demeure de faire la restitution. Il ne suffit donc pas qu'il soit en retard, c'est le droit commun; le retard seul ne prouve pas que le créancier souffre un dommage; il en est ainsi surtout en cas de dépôt; si le déposant remet une somme en dépôt, c'est bien parce qu'il n'en a pas besoin. Mais la mise en demeure suffit pour que le dépositaire doive les intérêts; donc il les doit en vertu d'une simple sommation; tandis qu'en règle générale les intérêts ne sont dus que du jour de la demande judiciaire (art. 1153). Est-ce une exception au droit commun et quel en est le motif? A vrai dire, le dépositaire ne se trouve pas dans le cas prévu par l'article 1153. Cet article suppose qu'il s'agit d'*une obligation qui se borne au payement d'une certaine somme*; or, l'obligation du dépositaire ne consiste pas à payer une somme d'argent, elle consiste à garder la chose pour la restituer: c'est une dette de corps certain. D'un autre côté, la nature du dépôt exige une restitution immédiate de la chose déposée dès que le déposant la réclame (art. 1944); on suppose qu'il la réclame parce qu'il en a besoin; or, dès que le besoin est constant, le défaut de restitution cause un dommage que le dépositaire doit réparer. Que faut-il donc pour que les intérêts soient dus? Qu'il soit constaté légalement que la restitution est demandée. Dès lors une sommation devait suffire pour faire courir les intérêts. La solution reste la même si le dépositaire avait été autorisé à se servir de la chose; il est vrai que, dans ce cas, sa dette est une dette d'argent, c'est-à-dire d'une chose fongible; mais c'est toujours une dette naissant d'un dépôt, et le dépôt n'est pas une dette d'argent. Il faut donc maintenir le principe que la sommation suffit pour faire courir les intérêts (1).

---

(1) Duranton, t. XVIII, p. 44, n°s 51 et 52. La doctrine et la jurisprudence sont conformes (Pont, t. I, p. 207, n° 468, et Aubry et Rau, t. IV, p. 623, note 8, § 403).

112. Il y a une dernière hypothèse qui donne lieu à quelque doute. Le dépositaire se sert des deniers qui lui ont été confiés : devra-t-il les intérêts de plein droit ? À notre avis, la négative est certaine. Les intérêts ne courent de plein droit qu'en vertu d'une disposition formelle de la loi, et toute exception est de stricte interprétation ; le silence de la loi décide donc la question. Or, il n'y a pas de texte qui soumette le dépositaire au payement des intérêts lorsqu'il se sert des deniers qu'il a en dépôt. Cela est décisif(1). L'opinion contraire est généralement enseignée. On cite l'article 1996, aux termes duquel le mandataire doit l'intérêt des sommes qu'il a employées à son usage à partir de cet emploi ; la raison de décider, dit-on, est au moins égale en matière de dépôt. Nous pourrions écarter l'argument d'analogie, parce qu'il s'agit de matières exceptionnelles; mais est-il bien vrai qu'il y a même raison ? Sans doute, au point de vue de la délicatesse, c'est un dépositaire infidèle que celui qui se sert de la chose déposée ; dans l'ancien droit, on l'assimilait à un voleur. En droit, il faut laisser ces considérations de côté. Les intérêts moratoires sont dus à raison du préjudice que le créancier éprouve ; or, le mandant souffre un dommage quand le mandataire, au lieu de se servir des deniers au profit de son mandant dans l'affaire dont il est chargé, les détourne de cette destination pour son propre avantage : le préjudice étant certain, il est juste que le mandataire le répare. Telle n'est pas la situation du dépositaire, il ne cause aucun préjudice au déposant, car les fonds n'étaient pas destinés à fructifier ; dès lors il ne peut être question d'intérêts moratoires ; il n'y a ni demeure, ni dommage causé : à quel titre la loi ferait-elle donc courir les intérêts ?

On invoque encore l'article 1846, d'après lequel l'associé doit les intérêts des sommes qu'il a prises dans la caisse sociale, à compter du jour où il les en a tirées pour son profit particulier. Il nous semble évident que l'analogie est encore moindre que dans le cas de mandat. Est-ce que les fonds sociaux restent inactifs dans la caisse sociale comme les

(1) Duvergier, *Du prêt*, p. 546, n° 470.

fonds déposés le sont dans les mains du dépositaire? Non, certes; le préjudice que l'associé cause à la société est donc certain; partant toute demande, toute mise en demeure était inutile (1).

Troplong a un autre argument. Le dépositaire qui se sert des deniers est coupable de vol, et le voleur est toujours en demeure. Si nous vivions encore sous l'empire des lois romaines, cela serait très-vrai; mais, d'après notre code, le dépositaire infidèle n'est plus coupable de vol, il ne l'est que d'abus de confiance; et où est le texte qui assimile l'abus de confiance au vol en ce qui concerne la demeure du débiteur coupable? Troplong répond : « Je *pense* que le mot *vol* ne doit pas être pris, dans l'article 1302, avec une signification restrictive, et qu'il embrasse tous les cas que le droit romain englobait dans le *furtum* (2). » Pourquoi Troplong *pense-t-il* cela? C'est ce qu'il a oublié de nous dire, et c'était cependant là la chose essentielle; car dire telle chose est parce que je le pense, c'est faire une affirmation assez étrange et qui, en tout cas, n'a aucune valeur : en droit, on n'affirme pas, on prouve, et affirmer sans prouver, c'est ne rien dire. L'argumentation de Troplong a cependant séduit le dernier auteur qui a écrit sur la matière; tout ce que Pont dit est à l'adresse du législateur, l'interprète est lié par les textes et les principes.

N° 2. A QUI LA RESTITUTION DOIT-ELLE ÊTRE FAITE?

113. « Le dépositaire ne doit restituer la chose déposée qu'à celui qui la lui a confiée » (art. 1937); car c'est envers lui qu'il a contracté l'obligation de la rendre. C'est l'application élémentaire du principe que les contrats n'ont d'effet qu'entre les parties contractantes. Reste à savoir qui est le déposant; c'est régulièrement celui qui a fait la tradition de la chose au dépositaire, mais ce n'est pas toujours lui; il se peut que celui qui figure au contrat, et qui remet la chose au dépositaire, soit le mandataire du propriétaire au nom

(1) Duranton, t. XVIII, p. 46, n° 53. Aubry et Rau, t. IV, p. 623, note 9, § 403.
(2) Troplong, *Du dépôt*, n° 104, suivi par Pont, t. I, p. 207, n° 468.

duquel se fait le dépôt, c'est alors le mandant qui est le
vrai déposant. En conséquence, l'article 1937 dispose que,
dans ce cas, le dépositaire doit restituer la chose à celui au
nom duquel le dépôt a été fait. Cela suppose que le mandataire a fait connaître son mandat; car s'il avait remis la
chose au dépositaire sans dire que c'était de la part d'un
mandant, celui-ci n'aurait pas d'action contre le dépositaire,
puisqu'il n'a point traité avec lui, sauf à se faire céder l'action de son mandataire contre le dépositaire (1).

114. L'article 1937 prévoit encore un cas dans lequel
le dépositaire ne doit pas faire la restitution à celui qui lui
a fait la remise de la chose, quand même ce serait le véritable déposant; c'est quand le déposant lui-même a indiqué
un tiers pour recevoir la chose. Ici il faut néanmoins distinguer dans l'intérêt de qui le contrat a indiqué le tiers
qui est chargé de recevoir le dépôt. Si c'est dans l'intérêt
du déposant, il peut renoncer à un droit qui n'est établi
qu'en sa faveur et exiger lui-même la restitution du dépôt;
le dépositaire ne peut pas objecter qu'il s'agit d'une clause
du contrat et que l'une des parties ne peut pas modifier la
convention sans le concours de l'autre. Cela est vrai en général, mais cela n'est point vrai pour la restitution du dépôt, car il est de principe que cette restitution doit toujours
se faire dès que le déposant la demande. Le dépositaire ne
pourrait se prévaloir de la clause qui indique un tiers, que
s'il l'avait stipulée dans son intérêt pour faciliter la restitution.

Le tiers peut aussi avoir été indiqué dans son intérêt.
Dans ce cas, le dépositaire ne pourrait pas faire la restitution au déposant, il devrait remettre la chose au tiers. Cela
suppose que le tiers est partie au contrat, ou qu'il a accepté
le droit que le contrat lui donne; sinon il pourrait être
écarté en vertu du principe que les conventions ne profitent
pas aux tiers et qu'elles ne leur nuisent point.

La jurisprudence est en ce sens. Il a été décidé, en principe, par la cour de cassation, que le dépôt fait dans l'intérêt d'un tiers, *envers lequel le dépositaire s'est engagé* pour

(1) Pothier, *Du dépôt*, n 49.

la conservation et la restitution de la chose déposée, ne peut être rendu au déposant que du consentement de toutes les parties intéressées. Dans l'espèce, un dépôt avait été fait entre les mains d'un notaire d'une somme de 2,400 fr., dans l'intérêt de tiers experts, par celui qui avait provoqué l'expertise; le notaire dépositaire s'était engagé envers les experts à conserver la somme déposée pour la leur payer. Le déposant réclama le dépôt, et le notaire le lui rendit sans le consentement des tiers intéressés et parties en cause. La cour de Paris condamna le notaire à payer la somme déposée aux experts, à l'égard desquels la restitution faite par le dépositaire était nulle. Sur le pourvoi, il intervint un arrêt de rejet (1).

Une autre difficulté plus singulière a été portée devant la cour de cassation. Un notaire avouait avoir reçu un billet de 800 francs en dépôt; il ne savait pas de qui ni pour qui; il disait que, pour autant qu'il pouvait se le rappeler, le billet était souscrit au profit d'une personne dont les héritiers agirent ensuite contre lui. Le notaire opposa bien des objections contre la demande en restitution; entre autres, il invoquait l'article 1937, aux termes duquel le billet ne devait être rendu qu'à la personne indiquée pour le recevoir. La cour de cassation répond que rien ne prouvait qu'il y eût un tiers indiqué pour recevoir le payement du billet, qu'il résultait de l'aveu du notaire que le billet avait été souscrit en faveur de l'auteur des héritiers; ceux-ci, ou le curateur à la succession vacante en leur nom avait donc qualité pour en exiger la restitution (2).

115. La restitution ne peut pas toujours être faite au déposant. Si celui-ci a changé d'état, c'est-à-dire si, étant capable lors du dépôt, il est incapable au moment où la restitution doit se faire, le dépositaire ne peut lui rendre la chose déposée, car le débiteur ne peut pas payer valablement entre les mains d'une personne incapable; la restitution doit se faire, dans ces cas, à l'administrateur légal qui

---

(1) Rejet, 26 août 1813 (Dalloz, au mot *Dépôt*, n° 86, au rapport de Lasagni). Comparez, dans le même sens, Nîmes, 3 décembre 1822 (Dalloz, *ibid.*, n° 89).

(2) Rejet, 9 mai 1831 (Dalloz, au mot *Dépôt*, n° 132, 3°).

a pouvoir de recevoir au nom de l'incapable. L'article 1940 pose le principe et il en donne des applications. Si la femme, libre au moment où le dépôt a été fait, s'est mariée depuis et se trouve en puissance de mari, la restitution ne peut être faite qu'au mari, qui a l'administration des droits et des biens de la femme. Cela est vrai quand la femme est mariée sous un régime qui donne au mari l'administration légale de ses biens; en fait, c'est la règle, puisque la communauté est le droit commun en vertu de la loi, et dans les mœurs des anciens pays de coutume; dans les provinces du midi de la France, c'est le régime dotal qui domine, et, sous ce régime, le mari est aussi administrateur des biens dotaux. Il en est de même sous le régime d'exclusion de communauté. Mais si la femme est séparée de biens, elle administre elle-même son patrimoine; elle a, par conséquent, qualité pour recevoir la restitution des dépôts qu'elle aurait faits avant son mariage.

Si le majeur qui a fait un dépôt se trouve frappé d'interdiction au moment où le dépôt doit être restitué, le dépositaire ne pourra rendre la chose qu'au tuteur, qui représente l'interdit. Il en serait de même si le déposant venait à mourir laissant un héritier mineur.

116. L'hypothèse inverse peut se présenter; le dépôt a été fait par un tuteur, par un mari, ou par un administrateur, dans l'une de ces qualités. Si la tutelle ou l'administration légale durent encore lors de la restitution, c'est au tuteur ou à l'administrateur que la restitution se fait, cela n'est pas douteux; il en serait ainsi quand même la personne du tuteur ou de l'administrateur ne serait plus la même, car c'est le représentant de l'incapable, comme tel, qui a fait le dépôt, et c'est aussi au représentant qu'il est restitué. Mais si la tutelle a cessé par la majorité du pupille ou son émancipation, c'est le mineur émancipé ou devenu majeur qui a qualité pour recevoir la restitution. Il en serait de même si l'interdiction venait à être levée; le dépôt fait par le tuteur serait restitué au majeur rentré dans l'exercice de ses droits. De même la femme mariée, après la mort du mari, ou après le divorce, aurait seule qualité pour recevoir le dépôt; il en serait même ainsi de la séparation de corps, car la femme séparée de corps est aussi séparée de biens, et, par suite, elle reprend la libre administration de ses biens.

113. « En cas de mort de la personne qui a fait le dépôt, la chose déposée ne peut être rendue qu'à son héritier » (art. 1939). Pourquoi la loi est-elle conçue en termes restrictifs ? Il faut voir quelle est la difficulté que le code a entendu décider. L'article 1939 se rattache à l'article 1937. Aux termes de cette disposition, le dépôt doit être restitué soit au déposant, soit au tiers indiqué pour le recevoir. Si, en vertu du contrat, la restitution doit se faire à celui qui a fait le dépôt, et qu'il vienne à mourir, il n'y a aucun doute, la chose sera restituée à l'héritier. C'est l'application des principes élémentaires qui régissent les obligations et les successions. Nous contractons pour nous et pour nos héritiers, et ceux-ci succèdent à nos droits comme à nos obligations. Il va donc sans dire qu'après la mort du déposant le dépôt doit être rendu à ses héritiers. Ce n'est pas à ce cas que se rapporte la disposition de l'article 1939 ; il était inutile de dire que l'héritier du déposant succède au défunt. Le texte même ne reçoit pas d'application à cette hypothèse ; car, en disant qu'en cas de mort du déposant la chose ne peut être rendue qu'à son héritier, l'article 1939 suppose que, du vivant du déposant, il aurait pu et dû être restitué à une autre personne, c'est-à-dire qu'il a en vue la seconde hypothèse prévue par l'article 1937, celle où un tiers a été indiqué pour recevoir le dépôt. Le déposant vient à mourir : le dépôt peut-il encore être restitué au tiers ? Voilà la question prévue par l'article 1939, et la loi la décide négativement.

Que tel soit l'objet de l'article 1939, on n'en peut guère douter en lisant le rapport fait au Tribunat par Favard de Langlade ; nous transcrivons ses paroles, parce qu'elles ont une grande importance dans le débat : « Le déposant décède avant qu'un dépôt ait été rendu : à qui la remise doit-elle en être faite ? *Sera-ce à celui qui était indiqué pour recevoir le dépôt ?* sera-ce à l'héritier du dépositaire ? Il semble d'abord que la chose déposée devrait être remise à la personne indiquée pour la recevoir, parce qu'elle est

censée y avoir une espèce de droit acquis. Mais, en y ré-
fléchissant, on voit que le déposant a conservé jusqu'à sa
mort la propriété du dépôt, qu'il a pu le retirer à volonté;
et que la destination projetée n'ayant pas eu son exécution, il en résulte que l'héritier du déposant lui succède
dans la plénitude de ses droits; qu'ainsi le dépositaire ne
peut pas, à l'insu de l'héritier, disposer du dépôt en faveur
de la personne qui lui avait été désignée, parce que le dépôt serait un fidéicommis qui aurait souvent pour but de
cacher des dispositions prohibées (1). »

Cet exposé des motifs de l'article 1939 est trop absolu, et
il est incomplet. Le rapporteur du Tribunat suppose que
le déposant reste toujours maître de la chose déposée
quand un tiers a été indiqué pour le recevoir, de sorte que
le déposant pourrait exiger la restitution du dépôt sans le
concours du tiers et malgré lui. Cela n'est pas exact. Il en
est ainsi quand le tiers n'est qu'un intermédiaire chargé
simplement de recevoir la chose au nom et pour le compte
du déposant. Mais l'indication du tiers peut aussi avoir lieu
dans son intérêt; nous en avons donné des exemples d'après
la jurisprudence (n° 114); il se peut donc que le tiers ait
un droit à la chose, droit que le décès du déposant ne peut
pas lui enlever, car il s'agit d'un droit contractuel; le déposant, loin d'avoir un droit à la chose déposée, est obligé
de consentir à la remise que le dépositaire en fera au tiers,
au moins jusqu'à concurrence des droits du tiers, et cette
obligation passe à ses héritiers.

Passons à l'hypothèse spécialement prévue par le rapporteur du Tribunat. Le tiers n'a aucun droit à la chose
déposée, au moins pas de droit actuel. C'est un simple
mandataire. Peut-il encore recevoir la chose après la mort
du mandant? Non, il y en a une première raison que Favard ne donne pas et qui est néanmoins décisive; c'est que
le mandat cesse par la mort du mandant (art. 2003); le
pouvoir du tiers cesse, par conséquent, de plein droit, il n'a
plus aucune qualité pour recevoir le dépôt. Il y a une autre
raison que le rapporteur indique. A la mort du déposant,

_____

(1) Favard, Rapport, n° 10 (Locré, t. VII, p. 323).

la propriété de la chose déposée passe à son héritier; dès lors c'est à l'héritier que la chose doit être restituée. Le tiers, nous le supposons, n'avait pas de droit à la chose à la mort du déposant; et il ne peut acquérir de droit après sa mort, car la propriété de la chose passant aux héritiers du déposant, il n'appartient qu'à ceux-ci d'en disposer. Donc les héritiers seuls ont droit à la restitution de la chose.

118. Jusqu'ici il n'y a point de difficulté, la doctrine et la jurisprudence sont d'accord (1). Mais il y a une hypothèse que le texte du code ne prévoit pas spécialement et qui n'est point prévue non plus dans le rapport de Favard. L'acte de dépôt porte la clause expresse que la remise de l'objet déposé sera faite, après la mort du déposant, à un tiers désigné. On prétend que cette clause doit recevoir son exécution. Elle n'est pas prohibée formellement au titre du *Dépôt,* dit-on; et le principe que le mandat finit par la mort du mandant n'est pas applicable au cas où le mandant déclare formellement que le mandat sera exécuté après sa mort. Ce mandat était valable en droit romain, et il doit l'être en droit français; aucun texte, aucun principe ne s'y opposent (2). Nous croyons que toute cette théorie est fausse. En traitant de l'exécution testamentaire, nous avons établi le principe que le pouvoir de l'homme sur ses biens cesse à sa mort; si la loi lui permet de nommer un exécuteur testamentaire, c'est-à-dire une espèce de mandataire, dont le pouvoir s'ouvre à la mort du testateur, c'est par exception; et s'il y a une exception qui soit de stricte interprétation, c'est celle-là, puisqu'elle aboutit à considérer comme vivant et capable de volonté celui qui est mort et qui, en mourant, a saisi ses héritiers de tous ses biens, Dans cet ordre d'idées, on ne conçoit pas que, par contrat, on nomme un mandataire dont les pouvoirs ne commencent qu'à la mort du mandant. Le code dit que le mandat cesse par la mort, et il ne reproduit pas la théorie romaine d'un

---

(1) Pont. t. I, p. 213, n° 480, et les autorités qu'il cite. Rejet, 22 novembre 1819 (Dalloz, au mot *Donation,* n° 1646. 1°), et 16 août 1842 (*ibid.,* n° 1646, 6°). Cassation, 29 avril 1846 (Dalloz, 1846. 1, 244).
(2) Pont, t. I, p. 213, n°ˢ 481 et 482. et les autorités qu'il cite.

mandat *post mortem mandantis* (1). D'un autre côté, l'article 1939 est conçu en termes absolus; et là où la loi ne distingue pas, il n'est pas permis à l'interprète de distinguer, surtout quand la distinction aboutirait à violer les principes fondamentaux de notre droit (2).

La question que nous discutons a encore une autre face. Favard insiste, dans son rapport, sur le danger que présenterait l'exécution d'un dépôt au profit d'un tiers après la mort du déposant : ce serait un moyen facile, dit-il, de faire des fidéicommis prohibés. On répond que rien n'empêche de faire une donation sous forme de dépôt, comme on peut, d'après la jurisprudence, faire une libéralité déguisée sous toute espèce de contrat à titre onéreux. Oui, pourvu que le contrat onéreux lui-même soit valable. Or, dans l'espèce, la libéralité ne prendrait naissance qu'à la mort du donateur. A cela il y a deux obstacles : d'abord le dépositaire n'a plus le droit de remettre la chose au tiers désigné pour la recevoir. Puis la donation ne peut plus s'accomplir, car le concours de volonté devient impossible par la mort du déposant. Nous renvoyons, en ce qui concerne ces difficultés, au titre des *Donations*.

119. La mort des parties contractantes donne encore lieu à difficulté quand elles laissent plusieurs héritiers. Si le déposant laisse plusieurs héritiers, le droit à la chose déposée se divise entre eux, et, par suite, elle doit être rendue à chacun d'eux pour leur part et portion. L'article 1939 le dit, et cela est d'évidence. Toutefois ce partage peut être impossible : « Si la chose déposée est indivisible, les héritiers doivent s'accorder entre eux pour la recevoir. » La loi entend-elle prévoir la véritable indivisibilité? Non, car il ne s'agit pas d'une obligation indivisible en matière de dépôt, il s'agit de la restitution de corps certains et déterminés; ce qui est une dette divisible. Le mot *indivisible* est donc pris dans son sens vulgaire; il s'agit de choses qui ne peuvent pas se diviser par parts matérielles, bien qu'elles soient susceptibles de parts intellectuelles : tels

---

(1) Comparez ce qui a été dit au titre du *Mandat*.
(2) Aubry et Rau, t. IV, p. 624, note 13, § 403, et les autorités qu'ils citent.

seraient des tableaux; telle serait même une somme d'argent, la plus divisible des choses, si elle avait été remise au dépositaire dans une cassette fermée. A qui le dépositaire restituera-t-il ces choses lorsqu'il y a plusieurs héritiers? La loi le dit : les héritiers doivent s'entendre. On enseigne, conformément à une loi romaine, que le juge pourra, sur la demande de l'un des héritiers, ordonner l'ouverture de la cassette et remettre au demandeur sa part. A notre avis, le juge ne peut intervenir que lorsqu'il y a contestation; c'est donc seulement quand les héritiers ne s'entendent pas que le débat sera porté en justice (1).

La loi ne prévoit pas le cas où le dépositaire vient à mourir laissant plusieurs héritiers. Ils sont tous tenus de l'obligation de restitution; cette obligation étant divisible, le déposant pourra poursuivre chacun d'eux pour sa part et portion. Mais il a aussi action pour le tout contre celui des héritiers qui possède la chose due, sauf le recours de celui-ci contre ses cohéritiers. C'est un des cas d'indivisibilité de payement admis par l'article 1221. Si l'obligation de restitution s'était transformée en une dette d'argent, comme dans les cas des articles 1934 et 1935, on appliquerait le principe général de la division des dettes (article 1220) (2).

120. L'obligation de restitution subsiste-t-elle quand le déposant n'est pas propriétaire de la chose? Aux termes de l'article 1938, le dépositaire ne peut pas exiger de celui qui a fait le dépôt la preuve qu'il était propriétaire de la chose déposée. C'est une conséquence du principe que le dépôt peut être fait par celui qui n'est pas propriétaire de la chose. Cela est si évident, que le législateur n'aurait pas pris la peine de le dire si la règle qu'il établit n'était sujette à une exception que la loi a empruntée à Pothier. Le dépositaire découvre que la chose a été volée et quel en est le véritable propriétaire. Dans ce cas, dit l'article 1938, il est tenu de dénoncer au propriétaire le dépôt qui lui a été fait, et le sommer de le réclamer dans un délai qu'il détermine et

(1) Aubry et Rau, t. IV, p. 624, et note 14, § 403. Pont, t. I, p. 216, n° 484.
(2) Pont, t. I, p. 217, n° 485. Pothier, *Du dépôt*, n°s 64 et 65.

qui doit être suffisant pour que le propriétaire puisse faire sa réclamation. Si le propriétaire revendique sa chose comme chose volée, le dépositaire mettra le déposant en cause, et le juge déterminera à qui la restitution sera faite. Si le propriétaire néglige de réclamer le dépôt, le dépositaire sera valablement déchargé par la remise qu'il en fera au déposant. Cette disposition concilie les divers intérêts.

On demande si la disposition de l'article 1938 doit être appliquée au cas où une chose perdue aurait été donnée en dépôt. Le dépositaire sera-t-il tenu d'avertir le propriétaire et aura-t-il, par conséquent, le droit de suspendre la restitution de la chose? A notre avis, l'article 1938 n'est pas applicable, par la raison que c'est une disposition exceptionnelle; elle déroge au droit que le déposant a de réclamer quand il veut la restitution du dépôt et à l'obligation qui incombe au dépositaire de faire la restitution au déposant (art. 1944 et 1937); dès lors on ne peut pas l'étendre à un cas que la loi ne prévoit pas. On objecte qu'il y a même motif de décider; mauvais argument quand il s'agit d'étendre une exception au droit commun et de rompre un contrat. L'analogie n'existe même pas. En cas de vol, il y a un motif d'ordre public qui exige impérieusement que la chose soit restituée au propriétaire dépouillé par un crime; le dépositaire, en rendant la chose au déposant, se rendrait presque complice du vol; tandis qu'en cas de perte, l'ordre public est hors de cause. Le législateur seul aurait donc pu étendre à la perte ce qu'il dit du vol, et il ne l'a point fait; ce qui est décisif (1).

N° 3. QUAND LA RESTITUTION DOIT-ELLE ÊTRE FAITE?

121. L'article 1944 pose le principe en ces termes : « Le dépôt doit être remis au déposant aussitôt qu'il le réclame, lors même que le contrat aurait fixé un délai déterminé pour la restitution. » Il y a toujours un terme exprès ou tacite pendant lequel le dépositaire s'oblige à garder la

(1) Aubry et Rau, t. IV, p. 625, note 15, § 403. Pont, t. I, p. 218, n° 490. En sens contraire, Delvincourt, Duranton et Duvergier.

chose, mais le déposant n'est pas lié par le terme, puisqu'il est uniquement stipulé en sa faveur ; dire que le dépositaire restituera la chose après un mois, ou après que le déposant sera de retour d'un voyage, c'est dire que le dépositaire doit la garder jusque-là, si tel est le désir du déposant; mais si celui-ci réclame la chose plus tôt, le dépositaire n'a aucun motif ni de droit ni d'équité pour s'y refuser; il ne peut pas invoquer comme droit un délai qui a été convenu à titre d'obligation; il ne peut invoquer aucune considération d'équité, puisqu'il doit toujours avoir la chose sous la main; et il y aurait absurdité à vouloir la garder malgré le déposant, c'est-à-dire à rendre un service dont le déposant ne veut plus (1).

On demande si, de son côté, le dépositaire peut restituer le dépôt quand il le veut. Non, à notre avis. Le dépôt implique un terme tacite pendant lequel le déposant a intérêt à ce que la chose soit gardée par le dépositaire; donc celui-ci s'oblige tacitement à la garder pendant ce délai: il manquerait à son obligation tout ensemble et à la délicatesse en rendant la chose plus tôt. On admet cette doctrine quand il y a un terme stipulé, mais quand il n'y en a point, on enseigne que le dépositaire peut à chaque instant obliger le déposant à reprendre la chose (2). La distinction nous paraît peu juridique. Elle suppose qu'il n'y a pas de terme tacite, ce qui est une erreur; le dépositaire s'oblige à garder la chose parce que, pour un motif ou l'autre, le déposant ne peut pas le faire : serait-ce remplir cette obligation que de restituer la chose immédiatement après qu'il l'a reçue? Le dépôt est un service d'ami : est-ce rendre service au déposant et faire acte d'amitié que de l'obliger à reprendre une chose qu'il est dans l'impossibilité de garder?

122. L'article 1944 fait une exception au droit du déposant dans le cas où il existe entre les mains du dépositaire une saisie-arrêt ou une opposition à la restitution et au déplacement de la chose déposée. Tout créancier peut saisir-arrêter entre les mains d'un tiers, donc aussi du dé-

(1) Pothier, *Du dépôt*, n° 58.
(2) Pont, *Des petits contrats*, t. I, p. 221, n° 494.

positaire, les sommes et effets appartenant à son débiteur, ou s'opposer à leur remise (code de proc., art. 557). Le tiers entre les mains duquel la saisie est pratiquée ne peut plus faire de payement au préjudice des créanciers saisissants. Nous renvoyons à ce qui a été dit, au titre des *Obligations*, sur l'article 1242 ; quant aux formalités que les créanciers doivent remplir, elles sont étrangères à notre travail. Si les formalités prescrites pour la validité de la saisie à l'égard des tiers n'ont pas été observées, le dépositaire aura le droit et l'obligation de restituer la chose au déposant. Toutefois cela n'est vrai que de la saisie-arrêt ou de l'opposition proprement dite qui est pratiquée par un créancier du déposant. L'opposition peut aussi venir d'un tiers qui prétend avoir sur la chose déposée un droit de propriété ou un autre droit réel : il peut s'opposer, en vertu de son droit, à ce que la chose soit rendue au déposant. Cette opposition n'est pas soumise aux formalités de la saisie-arrêt ; il suffit d'une sommation signifiée au dépositaire pour qu'il doive s'abstenir de restituer la chose déposée au préjudice des droits que les tiers feront valoir en justice. La doctrine et la jurisprudence sont en ce sens (1).

Nº 4. DANS QUEL LIEU LA RESTITUTION DOIT-ELLE SE FAIRE ?

123. « Si le contrat de dépôt désigne le lieu dans lequel la restitution doit être faite, le dépositaire est tenu d'y porter la chose déposée. S'il y a des frais de transport, ils sont à la charge du déposant » (art. 1942). Cette dernière disposition est fondée en droit et en équité : le dépositaire s'oblige à garder et à restituer, mais non à supporter les frais que peuvent nécessiter la garde et la restitution. C'est le cas d'appliquer le vieil adage : *Officium suum nemini debet esse damnosum*. C'est une règle d'équité autant que de droit. Le dépositaire ne s'étant chargé du dépôt que pour faire plaisir au déposant, la justice ne permet pas qu'il supporte aucuns frais. Pothier, qui fait cette remarque, ajoute que si l'on est convenu que la restitution se ferait au

---

(1) Voyez les autorités citées par Pont, t. I, p. 222, nº 496.

lieu où le dépôt a été fait, et si le dépositaire a un juste motif de transporter ailleurs la chose déposée, le déposant devra encore supporter les frais du transport (1). La décision est aussi équitable que juridique. Il est vrai que c'est par le fait du dépositaire que la chose a été déplacée, mais ce fait, on le suppose, ne constitue pas une faute, c'est l'exercice d'un droit; dès lors on rentre dans l'adage que le service que rend le dépositaire ne doit pas lui être préjudiciable (2).

124. « Si le contrat ne désigne point le lieu de la restitution, elle doit être faite dans le lieu même du dépôt » (art. 1943). Qu'entend-on par lieu du dépôt? Est-ce le lieu où le contrat a été fait? Est-ce le lieu où la chose se trouve lors de la restitution qui en doit être faite? Le sens est douteux; il faut donc s'en tenir à la tradition. Les auteurs du code ont emprunté la disposition à Pothier; et Pothier dit que, dans le silence du contrat, la restitution doit se faire au lieu où se trouve la chose, quand même elle se trouverait dans un lieu plus éloigné que celui où elle a été remise au dépositaire. Toutefois Pothier ajoute une restriction : pourvu que ce soit sans malice que la chose ait été transportée dans un autre lieu; par exemple, si le dépositaire avait délogé, il devrait naturellement transporter la chose déposée avec ses propres effets; la nécessité même de la garde l'exige.

N° 5. DU DÉPOSITAIRE INFIDÈLE.

125. « Le dépositaire infidèle n'est point admis au bénéfice de cession » (art. 1945). Quand peut-on dire que le dépositaire est infidèle? L'infidélité implique le dol, la mauvaise foi; la simple faute ne suffit pas pour que le dépositaire soit infidèle. Tous les auteurs l'entendent ainsi (3). Ce qui prouve que cette interprétation est exacte, c'est la peine même dont la loi frappe le dépositaire coupable d'infidélité; elle ne l'admet pas au bénéfice de cession; il s'agit de la

---

(1) Pothier, *Du dépôt*, n° 56. Duranton, t. XVIII, p. 55, n° 66.
(2) Pothier, *Du dépôt*, n° 57. Duranton, t. XVIII, p. 55, n° 67.
(3) Troplong, *Du dépôt*, n° 180, et tous les auteurs.

cession judiciaire qui, aux termes de l'article 1268, est
accordée au débiteur malheureux et de *bonne foi;* dire que
le dépositaire infidèle ne jouit pas du bénéfice de cession,
c'est donc dire qu'il est de mauvaise foi. Le dépositaire qui
use de la chose confiée à sa garde est infidèle; dans l'ancien droit, on le considérait même comme voleur. A plus
forte raison le dépositaire qui nierait le dépôt serait-il
infidèle.

La cession de biens n'a d'autre avantage pour le débiteur que de le décharger de la contrainte par corps (article 1270). Or, la contrainte par corps est abolie en France
et en Belgique; toutefois la loi belge du 27 juillet 1871
permet au juge de la prononcer pour les *restitutions,* lorsque le débiteur est coupable de mauvaise foi. Cette exception s'applique au dépositaire infidèle; il peut donc être
contraint par corps, et, dans ce cas, il ne serait pas admis
au bénéfice de la cession judiciaire.

Nº 6. QUAND LES OBLIGATIONS DU DÉPOSITAIRE CESSENT-ELLES?

126. « Toutes les obligations du dépositaire cessent s'il
vient à découvrir et à prouver qu'il est lui-même propriétaire de la chose déposée » (art. 1946). Il n'y a plus de
dépôt dans ce cas; il ne peut donc plus être question d'ac-
cuser le dépositaire d'infidélité, alors même qu'il aurait
disposé de la chose à un moment où il ne savait pas encore
qu'il fût propriétaire : qu'il le sache ou qu'il l'ignore, il dispose d'une chose qui lui appartient; il fait, par conséquent,
ce qu'il a le droit de faire.

Il a été jugé que, lorsque la propriété de la chose déposée est contestée, le dépositaire peut refuser de la rendre
au déposant jusqu'à ce que le débat sur la propriété soit
vidé (1). Cela est douteux, à moins que celui qui se prétend
propriétaire ne forme opposition à la restitution. S'il y a
une opposition, le dépositaire est obligé de suspendre la
restitution. Mais si aucune opposition n'est faite et que, du

---

(1) Paris, 2 juillet 1830 (Dalloz, au mot *Dépôt,* nº 82, 3º). Pont approuve,
t. I, p. 225, nº 504.

reste, il ne s'agisse pas de choses volées, le dépositaire a l'obligation de restituer le dépôt au déposant. Son refus ne le constituerait pas, à la vérité, dépositaire infidèle, puisqu'il peut considérer le procès sur la propriété du dépôt comme une juste cause de refuser la restitution ; toujours est-il qu'il manque à l'obligation que lui imposent les articles 1937 et 1944 et que, par suite, il s'expose à des dommages-intérêts.

127. La loi refuse au dépositaire le droit de se prévaloir de la compensation quand, débiteur à raison du dépôt, il devient créancier du déposant. Nous renvoyons à ce qui a été dit, sur l'article 1293, au titre des *Obligations*. Mais, dans le cas prévu par l'article 1948, le dépositaire jouit du droit de rétention, comme nous allons le dire en traitant des obligations du déposant.

SECTION IV. — Des obligations du déposant.

128. Aux termes de l'article 1947, « la personne qui a fait le dépôt est tenue de rembourser au dépositaire les dépenses qu'il a faites pour la conservation de la chose déposée et de l'indemniser de toutes les pertes que le dépôt peut lui avoir occasionnées. » Ces obligations ne naissent pas du dépôt même ; le déposant ne contracte aucun engagement envers le dépositaire, le dépôt est un contrat unilatéral. Mais il peut se faire que par accident le dépositaire acquière un droit contre le déposant à l'occasion du dépôt. L'article 1947 prévoit deux cas dans lesquels le déposant se trouve obligé envers le dépositaire.

D'abord quand le dépositaire a fait des dépenses pour la conservation de la chose déposée. En conservant la chose, il rend service au déposant ; celui-ci lui en doit compte, sinon il s'enrichirait sans cause à ses dépens. Cela suppose que le déposant aurait dû faire les dépenses que le dépositaire a faites ; il en est ainsi des dépenses nécessaires sans lesquelles la chose eût péri. On doit supposer que le déposant tient à conserver la chose, sinon il ne l'aurait pas donnée en dépôt ; ce sont toujours des choses de quelque valeur que l'on donne à garder quand on ne peut le faire soi-même. Il n'en est pas de même des dépenses utiles qui augmentent seulement la valeur de la chose déposée. Le dépositaire n'a aucune qualité pour améliorer la chose, son obligation comme son droit se bornent à la garde ; et pour des dépenses faites sans droit, il ne peut avoir aucun recours. On objecte que le déposant profite de ces dépenses dans une certaine mesure et qu'il ne peut s'enrichir aux dépens du dépositaire ; de là on conclut qu'il a l'action *de in rem verso* jusqu'à concurrence du profit que le déposant a tiré de la dépense. A notre avis, c'est faire une fausse application de la maxime d'équité sur laquelle est fondée l'action *de in rem verso*. Il y a lieu à cette action, comme nous l'avons dit en traitant des quasi-contrats, lorsque l'une ou l'autre condition requise pour qu'il y ait gestion d'affaires fait défaut. Cela suppose l'absence de toute convention, car là où il y a contrat, il ne peut plus être question d'un quasi-contrat. Or, dans l'espèce, un contrat existe entre le déposant et le dépositaire ; la loi dit quelles dépenses le dépositaire peut faire, ce sont les dépenses nécessaires, de conservation ; si le dépositaire trouve bon de faire des dépenses utiles, il agit sans droit, donc il ne peut avoir d'action. Vainement invoque-t-on l'équité en faveur du dépositaire ; l'équité plaide aussi pour le déposant ; il n'a pas donné sa chose à garder pour que le dépositaire puisse l'engager dans des dépenses que lui n'aurait point faites ; l'équité s'oppose donc à ce qu'on lui fasse supporter des frais qui, tout en améliorant la chose, constituent le déposant en perte, puisqu'il doit les supporter malgré lui. Toutefois l'opinion contraire est généralement enseignée (1).

129. Les sommes que le dépositaire débourse pour dépenses nécessaires portent-elles intérêt de plein droit? Il faut répondre négativement et sans doute aucun, car le texte du code décide la question. L'obligation du déposant consiste dans le payement d'une certaine somme ; c'est donc le cas d'appliquer l'article 1153, aux termes duquel les intérêts ne sont dus que du jour de la demande, *excepté* dans les cas où la *loi* les fait courir de plein droit. Il fau-

---

(1) Duvergier, *Du prêt*, p. 564, n° 502. Aubry et Rau, t. IV, p. 626, note 1, § 404. Pont, p. 226, n° 508.

drait donc une loi pour que le déposant fût tenu de plein droit des intérêts de la somme qu'il doit rembourser au dépositaire, et de loi il n'y en a pas. Cela est décisif. La cour de Bruxelles s'est cependant prononcée pour l'opinion contraire, par analogie de l'article 2001 aux termes duquel le mandataire a droit aux intérêts des avances qu'il fait pour le mandant, du jour des avances constatées. Nous avons répondu d'avance en rappelant que c'est par exception que les intérêts courent de plein droit; il s'ensuit que l'article 2001, spécial au mandat, ne peut être étendu au dépôt. La cour ajoute que si le dépositaire n'avait pas droit aux intérêts, il serait en perte; or, la loi dit elle-même qu'il peut se faire indemniser de toutes les pertes que le dépôt lui aurait occasionnées (1). C'est oublier que, dans le système du code, il faut, en principe, une demande judiciaire pour constater la perte que le créancier éprouve par le défaut de payement d'une dette d'argent. Ce n'est que par exception que la loi elle-même constate le préjudice que le créancier souffre; donc légalement il n'y a de perte que lorsqu'il y a une demande en justice, ou une loi qui fait courir les intérêts de plein droit.

130. Le déposant est encore tenu d'indemniser le dépositaire de toutes les pertes que le dépôt peut lui avoir occasionnées (art. 1947). Tels seraient les vices cachés dont la chose déposée est infectée s'ils se communiquent par la contagion aux choses qui appartiennent au dépositaire. Peu importe que le déposant les ignore; la loi n'exige pas qu'il y ait mauvaise foi, elle se contente du fait de la perte que le dépositaire a éprouvée. On peut encore invoquer par analogie l'article 1721, aux termes duquel le bailleur doit garantie au preneur pour tous les vices ou défauts de la chose qui en empêchent l'usage, quand même il ne les aurait pas connus lors du bail. Il est vrai que le bailleur s'oblige à faire jouir le preneur, tandis que le déposant ne contracte aucune obligation envers le dépositaire. Mais, d'un autre côté, la responsabilité du déposant, à raison des vices de la chose, est plus stricte que celle du bailleur,

---

(1) Bruxelles, 10 août 1855 (*Pasicrisie*, 1856, 2, 34). En sens contraire, Pont, t. I, p. 227, nº 509.

parce que le dépôt est fait uniquement en faveur du déposant; de là le principe que le dépositaire ne doit jamais
souffrir une perte par le dépôt (1).

La cour de Bruxelles, dans l'arrêt que nous venons de citer (p. 147, note 1), a appliqué ce principe aux intérêts des déboursés faits par le dépositaire; c'est dépasser la loi, puisqu'il n'y a pas de perte constatée. Mais si le dépositaire
avait dû emprunter de l'argent à intérêt pour faire les dépenses nécessaires, il pourrait invoquer l'article 1947; car,
devant payer les intérêts, il serait en perte si on ne les lui
remboursait pas.

131. « Le dépositaire peut retenir le dépôt jusqu'à l'entier payement de ce qui lui est dû à raison du dépôt »
(art. 1948). C'est un des cas dans lesquels le code accorde
le droit de rétention. Qu'est-ce que ce droit? Est-ce un privilége? le dépositaire peut-il l'opposer aux tiers? Nous
reviendrons sur ces questions aux titres du *Nantissement*
et des *Hypothèques*.

SECTION V. — Du dépôt nécessaire.

§ Ier. *Principes généraux.*

132. L'article 1949 définit le dépôt nécessaire en ces
termes : « C'est celui qui a été *forcé* par quelque accident,
tel qu'un incendie, une ruine, un pillage, un naufrage ou
autre événement imprévu. » En quel sens ce dépôt est-il
forcé? Le dépôt n'est pas forcé, en ce sens qu'il se forme
sans concours de consentement; mais il y a *nécessité* et
force, en ce sens que d'abord c'est un événement de force
majeure qui oblige le déposant à faire le dépôt pour sauver
la chose; puis il n'a pas le choix du dépositaire, parce qu'il
n'a pas le temps de choisir; il remet la chose au premier
venu qui veut s'en charger.

Ainsi le dépôt nécessaire est un contrat qui exige le concours de consentement de celui qui donne la chose en
dépôt et de celui qui la reçoit. Réal dit le contraire dans

_____

(1) Pont, *Des petits contrats,* t. I, p. 227, n° 510.

l'Exposé des motifs. D'après lui, le dépôt nécessaire n'est pas un contrat, c'est plutôt un *quasi-contrat* fondé sur la nécessité (1). L'erreur nous paraît évidente ; la nécessité qui contraint le déposant à donner la chose en dépôt pour la sauver et l'impossibilité où il est de choisir n'excluent pas le consentement de sa part, et celui à qui il remet la chose, pouvant la refuser, consent également s'il accepte le dépôt ; voilà un concours de consentement, donc un contrat. C'est l'avis de tous les auteurs, sauf de Troplong, qui a trouvé bon de reproduire l'erreur de Réal en y ajoutant une erreur nouvelle. Dans un naufrage, une femme mariée, un mineur se charge d'un dépôt. Le contrat sera-t-il valable ? Non, dit Troplong ; mais le dépôt vaudra toujours comme quasi-contrat, ayant force obligatoire pour astreindre la femme et le mineur à la représentation de la chose déposée (2). Si Troplong avait lu l'article qui définit le quasi-contrat, il n'aurait pas écrit l'hérésie que nous venons de transcrire ; ce sont, dit l'article 1370, des engagements qui se forment sans qu'il intervienne aucune convention. Là où il intervient une convention, c'est-à-dire un concours de volontés, il y a contrat. Or, quand une femme mariée reçoit un dépôt, elle consent, quoique son consentement soit vicié. Donc il y a contrat, mais contrat nul à raison de l'incapacité du dépositaire. Est-ce qu'un contrat nul est un quasi-contrat ? Cela n'a point de sens. Ce n'est pas à dire que l'incapable qui s'est chargé d'un dépôt nécessaire ne soit pas astreint à le représenter. L'article 1926 décide la difficulté ; nous renvoyons à ce qui a été dit sur le dépôt remis à un incapable (n° 85).

133. Pour qu'il y ait dépôt nécessaire, il faut d'abord qu'il ait été *forcé par quelque accident*. Quand il n'y a point de cas de force majeure, il n'y a pas de dépôt nécessaire. Le débiteur remet, en l'absence du créancier, des sacs d'argent à la femme du créancier. Est-ce un dépôt nécessaire ? On l'a prétendu à raison des difficultés qu'il y aurait eu à transporter de nouveau les sacs au domicile du

---

(1) Réal, Exposé des motifs, n° 8 (Locré, t. VII, p. 319).
(2) Troplong, *Du dépôt*, n° 208. En sens contraire, tous les auteurs (Pont, t. I, p. 229, n°s 515, et 516).

débiteur. Cela n'est pas sérieux. La cour de cassation répond que rien n'empêchait le débiteur de se faire délivrer un reçu de la remise qu'il opérait. Mais la validité du reçu aurait aussi été contestée, la femme mariée étant incapable de tout fait juridique (1). Il y a une réponse plus simple, c'est que des difficultés de transport ne constituent pas un accident de force majeure; le dépôt n'était donc pas nécessaire, partant il était volontaire.

Il faut ensuite que le dépôt ait eu pour objet de sauver la chose : c'est sous ce rapport qu'il est forcé. Un incendie éclate; voilà un accident de force majeure; mais le dépôt fait à l'occasion de l'incendie n'est un dépôt nécessaire que si la chose se trouvait dans la maison incendiée, et que pour la sauver on la dépose entre les mains d'un premier venu. Dans une espèce jugée par la cour de Rennes, la chose se trouvait dans une autre maison qui n'était point menacée par l'incendie; on la retira de là pour la déposer ailleurs; ce dépôt n'était pas nécessaire, car il n'était pas forcé, et il n'avait pas pour objet de sauver la chose.

134. Le code énumère les cas habituels de force majeure, puis il ajoute : ou autre événement imprévu. On cite d'ordinaire la sédition, c'est-à-dire la révolution ou la guerre civile; en 1804, l'ère révolutionnaire paraissait close, et l'on était loin de songer à l'invasion étrangère, à la France foulée et dévastée par l'ennemi; la France, à cette époque, abusait de sa force; elle a appris, à ses dépens, que l'abus de la force conduit nécessairement à une réaction également abusive. Dans tous ces cas, il y a force majeure, mais cela ne prouve pas encore que le dépôt soit nécessaire; il faut qu'il y ait un rapport entre l'accident et le dépôt. Il a été jugé qu'un dépôt fait après la révolution de 1830 par un officier hollandais, forcé de quitter la Belgique, était un dépôt nécessaire (2); c'est une interprétation très-large de l'article 1949 : l'officier avait eu tout le temps de choisir un dépositaire; dès lors le dépôt n'était point forcé. La cour de Dijon et, sur pourvoi, la cour de cassation ont mieux

(1) Rejet, chambre criminelle, 12 août 1848 (Dalloz, 1848, 5, 99).
(2) Bruxelles, 1er mars 1843 (*Pasicrisie*, 1848, 2, 324).

jugé en décidant qu'un dépôt fait pendant les troubles de
la révolution, en thermidor an II, n'était pas pour cela un
dépôt nécessaire, s'il n'est pas prouvé que le déposant se
soit trouvé dans une nécessité pressante qui ne lui permettait pas de choisir un dépositaire (1).

135. Quelles sont les règles qui régissent le dépôt nécessaire? Et en quoi diffèrent-elles du droit commun? Les
articles 1950 et 1951 répondent à la question : « La preuve
par témoins peut être reçue pour le dépôt nécessaire, même
quand il s'agit d'une valeur au-dessus de 150 francs. Le
dépôt nécessaire est d'ailleurs régi par toutes les règles
précédemment énoncées. » L'exception que le code signale
ne concerne pas spécialement le dépôt nécessaire, c'est plutôt le droit commun, tel que le code l'établit dans l'article 1348 : « *Toutes les fois* qu'il n'a pas été possible au
créancier de se procurer une preuve littérale de l'obligation contractée envers lui, les règles sur la preuve testimoniale reçoivent exception, » c'est-à-dire que la preuve
par témoins est indéfiniment admissible. L'article 1348, n° 2,
applique ce principe aux dépôts nécessaires, et l'article 1950
ne fait que reproduire la même disposition : elle a été expliquée au titre des *Obligations*.

L'article 2060, n° 1, contenait une dérogation au droit
commun, tel qu'il existait sous l'empire du code Napoléon
et des lois spéciales sur la contrainte par corps. Cette voie
d'exécution n'était admise, en matière civile, que par exception; l'article 2060, 1°, l'admettait en cas de dépôt nécessaire. L'abolition de la contrainte par corps a fait cesser
cette différence qui distinguait le dépôt nécessaire du dépôt
volontaire.

§ II. *Du dépôt fait dans une auberge ou hôtellerie et de la
responsabilité des aubergistes ou hôteliers.*

N° 1. LE PRINCIPE.

136. L'article 1952 porte : « Les aubergistes ou hôteliers sont responsables, comme dépositaires, des effets

---

(1) Rejet, 17 mai 1810 (Dalloz, au mot *Dépôt*, n° 154, 1°).

apportés par le voyageur qui loge chez eux; le dépôt de
ces sortes d'effets doit être regardé comme un dépôt *nécessaire*. » Cette disposition contient deux règles qu'il faut
bien se garder de confondre. D'abord elle assimile à un
dépôt nécessaire le dépôt fait par les voyageurs dans une
auberge ou un hôtel. Ensuite elle déclare les aubergistes et
hôteliers responsables, comme dépositaires, des effets apportés par le voyageur qui loge chez eux. L'assimilation
du dépôt d'auberge à un dépôt nécessaire n'a d'autre conséquence que de rendre applicable à ce dépôt la disposition
de l'article 1950 relative à la preuve testimoniale; cette
preuve n'est pas admise pour le dépôt volontaire dès que
la valeur de la chose déposée excède 150 francs, tandis
qu'elle est admise indéfiniment quand le dépôt est nécessaire; donc pour le dépôt que les voyageurs font de leurs
effets dans une auberge ou un hôtel. C'est ce qu'avait déjà
dit l'article 1348, n° 2. Nous renvoyons au titre des *Obligations*.

L'assimilation que le code fait du dépôt d'auberge et du
dépôt nécessaire n'est pas absolue, elle ne concerne que la
preuve. Du reste, il y a une différence considérable entre
le dépôt d'auberge et le dépôt nécessaire. Le dépôt nécessaire est soumis aux règles du dépôt volontaire, parce qu'en
réalité c'est un dépôt volontaire qui se forme par le concours de consentement des deux parties contractantes. C'est
donc un contrat de bienfaisance essentiellement gratuit, et
qui se fait uniquement dans l'intérêt du déposant auquel le
dépositaire rend un service d'ami. Il n'en est pas de même
du dépôt d'auberge; il ne se fait pas par amitié, mais en
considération du profit que l'aubergiste retire des voyageurs
qu'il loge dans son auberge. Il est vrai qu'il ne reçoit aucune
rétribution séparée pour ce dépôt; mais, comme le dépôt
des effets du voyageur est un accessoire du contrat principal qui intervient entre l'aubergiste et le voyageur, on doit
regarder le dépôt comme une convention de même nature,
c'est-à-dire intéressée de part et d'autre; cela est si vrai,
que le voyageur qui a des chevaux ou des voitures descen-
dra dans telle auberge de préférence à une autre, à raison
des facilités qu'il y trouve pour le logement de ses équi-

pages; de son côté, l'aubergiste y a intérêt, puisqu'il attire
par là une grande affluence de voyageurs, ce qui lui procure des profits plus considérables. Pothier en conclut que
l'aubergiste est tenu de la faute légère; tandis que, dans sa
théorie, le dépositaire, dans le dépôt nécessaire comme
dans le dépôt volontaire, est seulement tenu de la fidélité (1).
D'après la théorie du code, l'aubergiste est tenu de veiller
aux effets du voyageur avec les soins d'un bon père de famille, ce qui est le droit commun (art. 1137); tandis que
le dépositaire nécessaire ou volontaire est seulement tenu
d'apporter dans la garde de la chose déposée les soins qu'il
met à garder les choses qui lui appartiennent (art. 1927).

L'article 1952 ne s'exprime donc pas exactement en disant que les aubergistes sont responsables, comme dépositaires, des effets apportés par les voyageurs qui logent chez
eux. Nous venons de dire que, d'après l'article 1927, les
dépositaires sont tenus moins sévèrement, en ce qui concerne la garde de la chose, que les débiteurs en général;
ceux-ci doivent prester la faute légère *in abstracto* (art. 1137),
tandis que les dépositaires sont seulement tenus de la faute
légère *in concreto*. La responsabilité des aubergistes est
celle du droit commun; Pothier le dit, et cela résulte des
textes mêmes du code. L'article 1928 dit que la responsabilité du dépositaire doit être appliquée avec plus de
rigueur si le dépositaire stipule un salaire pour la garde du
dépôt; or, l'aubergiste, quoiqu'il ne reçoive pas de salaire
spécial pour la garde du dépôt, est largement indemnisé
des soins qu'il donne à la garde de la chose par les dépenses que font les voyageurs qui logent chez lui; on peut
donc lui appliquer la disposition de l'article 1928 qui aggrave
la responsabilité du dépositaire salarié.

137. La responsabilité de l'aubergiste diffère donc de
celle du dépositaire en ce qui concerne le degré de faute.
Elle en diffère encore en ce qui concerne l'étendue de la
responsabilité. Le dépositaire ne répond pas des cas fortuits; aux termes de l'article 1933, les détériorations qui
ne sont pas survenues à la chose déposée par son fait sont

---

(1) Pothier, *Du dépôt*, n° 77; Pont, t. I, p. 241, n° 535.

à la charge du déposant. Il n'en est pas de même de l'aubergiste ; il répond du vol ou du dommage des effets du
voyageur, alors même que le vol a été fait ou que le dommage a été causé par des voyageurs ou par des personnes
qui se sont furtivement introduites dans l'hôtel ; sa responsabilité ne cesse que si le fait dommageable a été commis
avec force armée ou autre force majeure (art. 1953, 1954).
C'est dire que régulièrement l'aubergiste répond du dommage, sans qu'il puisse s'excuser d'avoir gardé les choses
avec les soins d'un bon père de famille ; donc il est, en un
certain sens, responsable du cas fortuit. Cette responsabilité dépasse celle du dépositaire, et même celle du débiteur
en général, lequel peut invoquer, pour se décharger de
toute obligation, non-seulement la force majeure, mais aussi
le cas fortuit (art. 1146). Le débiteur est à l'abri de toute
responsabilité lorsqu'il prouve qu'il a rempli ses obligations
de bon père de famille ; l'aubergiste n'est déchargé qu'en
prouvant que le dommage est arrivé par un cas de force
majeure (1).

138. Quel est le motif de la responsabilité exceptionnelle qui pèse sur l'aubergiste ? La responsabilité des aubergistes est un principe traditionnel, et la tradition remonte
jusqu'au droit romain. Les jurisconsultes donnent comme
raison que le voyageur qui descend dans une auberge est
dans l'impossibilité de prendre des renseignements sur la
moralité de celui chez lequel il est obligé de se loger ; il
doit nécessairement s'en remettre à sa bonne foi, en confiant à sa garde les objets qu'il transporte avec lui (2). Cela
implique que la moralité des aubergistes était suspecte ;
quand un vol était commis, on supposait qu'ils en étaient
les auteurs. En effet, dans l'antiquité, les auberges étaient
rares, et ceux qui les tenaient jouissaient d'une assez mauvaise réputation. De là une présomption de faute à leur
charge quand il arrivait que les effets du voyageur dispa-
raissaient. Hâtons-nous de dire que ces soupçons seraient
très-déplacés aujourd'hui ; mais nous n'oserions pas affirmer

(1) Pont, *Des petits contrats*, n° 539, p. 243.
(2) L. 1, pr. D. *Nautæ, caup.* (IV, 9). Comparez Pont, t. I, p. 232, n° 520),
et mes *Études sur l'histoire de l'humanité*, t. III (Rome).

que la tradition ne joue un rôle dans la rigueur que le législateur met à rendre l'aubergiste responsable; il y a une présomption de faute à sa charge, et il ne peut la combattre que par un moyen qui est rarement à sa disposition, la preuve de la force majeure. Pour justifier cette rigueur, on dit que l'aubergiste s'offre à la confiance du public; il promet aux voyageurs qu'ils trouveront chez lui une entière sécurité pour leur personne et leurs effets. C'est cette sécurité qui multiplie les voyages, et ce sont les aubergistes qui en profitent.

Cette dernière considération est invoquée par le rapporteur du Tribunat. « Il faut, dit-il, que la plus grande sécurité accompagne le voyageur dans l'hôtellerie où il descend, et qu'il la conserve par la certitude que la loi lui donne, que ses effets ne seront pas impunément divertis, soit par l'aubergiste, soit par les domestiques qu'il emploie, soit par les étrangers qui vont et viennent dans l'hôtellerie. Cette responsabilité, qui paraît rigoureuse, est peut-être la base la plus solide de la prospérité des aubergistes. C'est la confiance qu'ils inspirent, ou la bonne foi et la surveillance à laquelle la loi les oblige, qui rend les voyages plus faciles, plus multipliés, et qui appelle les voyageurs chez eux (1). »

139. Le rapporteur du Tribunat ajoute que cette responsabilité rigoureuse est modérée par le pouvoir discrétionnaire qui appartient au juge, en ce qui concerne la preuve du dépôt. Chose singulière, le rapporteur de même que les interprètes du code civil semblent se préoccuper plus de l'intérêt de l'aubergiste que de l'intérêt des voyageurs. Cela prouve combien nos mœurs et notre état social ont changé. On ne craint plus que les auberges soient des coupe-gorge et des antres de brigands; on craint que des voyageurs de mauvaise foi, des filous, comme dit Pothier, n'exploitent la responsabilité de l'aubergiste, en alléguant un vol qui n'a jamais existé, et en le prouvant par le témoignage d'autres filous, leurs complices. Nous devons insister sur cette face de la responsabilité des aubergistes.

(1) Favard de Langlade, Rapport, n° 16 (Locré, t. VII, p 325).

Les tribunaux ont, en effet, un pouvoir discrétionnaire, en ce qui concerne la preuve du dépôt que les voyageurs font dans les auberges; et ce pouvoir diminue le danger qui résulte de cette responsabilité, peut-être trop rigoureuse. Mais il faut se garder d'en conclure, comme on l'a fait, que la responsabilité même est abandonnée à l'appréciation des juges. Nous devons donc voir avant tout comment se fait la preuve du dépôt d'auberge.

C'est sous le rapport de la preuve que l'article 1952 dispose que le dépôt des effets apportés par les voyageurs doit être regardé comme un dépôt nécessaire. L'article 1348 l'avait déjà dit. Il en résulte que ce dépôt peut être prouvé indéfiniment par témoins. Ici naît le danger. La loi se défie en général de la preuve par témoins, à raison des faux témoignages. C'est surtout pour les dépôts faits par des voyageurs dans une auberge que ce danger est à craindre. Les témoignages sont d'ordinaire la seule preuve qui soit possible. Si le juge doit l'admettre et se décider d'après les dépositions des témoins, l'aubergiste sera à la merci d'audacieux filous. Il n'y a qu'un moyen de mettre les aubergistes à l'abri d'une coalition de voleurs, c'est de donner aux juges le pouvoir d'admettre ou de rejeter la preuve offerte, d'après les circonstances de la cause. Telle était la disposition de l'ordonnance de 1667. « N'entendons pareillement, disait-elle, exclure la preuve par témoins pour dépôts faits en logeant dans une hôtellerie, *qui pourra être ordonnée par le juge, suivant la qualité des personnes et les circonstances du fait.* » Pothier dit que ces derniers termes ont été ajoutés pour avertir les juges de n'admettre la preuve testimoniale qu'avec beaucoup de circonspection, et d'avoir égard à la bonne ou mauvaise réputation, tant du voyageur que de l'aubergiste. Le premier président du parlement en avait fait l'observation lors de la discussion du projet d'ordonnance. « Si, disait-il, la preuve par témoins était indistinctement accordée à toutes sortes de personnes, les aubergistes seraient à la discrétion des filous : un filou viendrait loger dans une auberge, demanderait à faire preuve d'un prétendu dépôt qu'il dirait avoir fait à l'aubergiste; et pour administrer cette preuve, il ferait entendre comme témoins deux filous de ses camarades (1). »

L'article 1348 n'est pas aussi explicite que l'ordonnance ; il ne dit pas que le juge *pourra* ordonner la preuve par témoins ; il dit que la prohibition de la preuve testimoniale souffre exception, ce qui semble dire que l'exception est de droit, que, par suite, la preuve testimoniale doit être admise. Telle n'est cependant pas l'interprétation qu'on donne à la loi ; comme l'article 1348 reproduit ces expressions de l'ordonnance, *le tout suivant la qualité des personnes et les circonstances du fait*, il faut croire que le juge doit prendre en considération et les circonstances de la cause, et la qualité des personnes, avant d'ordonner la preuve testimoniale, et qu'il pourra ne pas l'ordonner si la personne lui paraît suspecte ou si les probabilités sont contraires à la demande. C'est en ce sens que le rapporteur du Tribunat explique le code civil. « Notre nouveau code, dit Favard, ne fait que maintenir une disposition admise par nos anciennes lois. La faculté laissée au juge d'ordonner ou de rejeter, suivant les circonstances, la preuve offerte par le voyageur, fait que les intérêts de ce dernier et ceux de l'hôtelier ne pourront jamais être compromis (2). » Toullier est plus explicite, il dit, et avec raison, que la faculté de refuser la preuve testimoniale offerte par le voyageur modère la responsabilité des aubergistes et en prévient les abus (3).

La jurisprudence est en ce sens, et elle prouve combien la preuve testimoniale est dangereuse en cette matière. Un voyageur commerçant réclama une indemnité contre l'aubergiste chez qui il logeait, pour le vol d'argent qui lui aurait été fait dans la chambre où il logeait, argent provenant des ventes par lui faites. La cour de Bourges rejeta la demande ; elle rapporte toutes les circonstances qui témoignaient contre la réclamation du voyageur. Il avait une chambre et une armoire, toutes deux fermant à clef,

---

(1) Pothier. *Du dépôt*, n° 81.
(2) Favard de Langlade, Rapport, n° 16 (Locré, t. VII, p. 325).
(3) Toullier, t VI, 1, n. 254. Duvergier, *Du prêt*, p. 572, n° 517. Pont, t. I, p. 233, n° 524.

et il avait laissé son argent dans une malle non fermée,
quoiqu'il en eût la clef et le cadenas. La cour dit, et avec
raison, que l'usage des commerçants est de retirer chaque
soir du magasin ou du comptoir l'argent reçu dans la jour-
née, pour le mettre dans un lieu plus sûr, et au moins sous
clef. La négligence que le voyageur avoue avoir mise à
garder son argent, dit la cour, tend à faire douter qu'il ait
été volé. D'autres circonstances venaient augmenter ces
doutes. La cour avait ordonné au voyageur de justifier,
par ses carnets ou registres, les ventes qu'il avait faites; il
ne produisit rien, sinon une feuille volante qui contenait,
disait-il, un relevé fait sur les registres. Et qu'étaient devenus les registres? La copie faite prétendument sur des
registres n'avait aucune force probante par elle-même;
c'est le registre du commerçant qui fait foi, parce qu'il est
tenu d'y inscrire tous les jours, à chaque heure de la jour-
née, chaque vente qu'il fait; un pareil écrit inspire toute
confiance et fait foi, tandis qu'on n'en peut attacher aucune
à une copie, alors qu'on ne produit pas l'original. Le voyageur prétendait avoir déchiré les registres; est-ce qu'un
commerçant détruit ses registres pour ne garder qu'un relevé informe? La cour conclut qu'il n'y avait ni certitude
du vol, ni documents sur la quotité de la somme volée, et
que toutes les circonstances conduisaient plutôt à douter
du vol. En conséquence elle renvoya l'aubergiste de la demande formée contre lui (1). On voit que si, dans l'antiquité, les aubergistes étaient suspects d'être les voleurs, ils
risquent aujourd'hui d'être les volés.

140. Toullier remarque que les juges ont encore un
autre pouvoir, également discrétionnaire, qui leur permet
de prévenir les abus et les dangers qui résultent de la preuve
testimoniale. Lorsque l'apport des effets volés ou perdus
est prouvé, il faut de plus en prouver la valeur; c'est le
cas du serment *en plaids* que le juge défère au voyageur,
sur une déclaration détaillée que celui-ci donne de ses
effets; le juge peut modérer cette évaluation et déterminer

---

(1) Bourges, 9 février 1820 (Dalloz, au mot *Dépôt*, n° 158). Comparez
Rejet, chambre civile, 2 août 1864 (Dalloz, 1864, 1, 373).

la somme jusqu'à concurrence de laquelle le demandeur en sera cru sur son serment. Ce pouvoir du juge n'est pas douteux, l'article 1369 le lui donne. Faut-il aller plus loin? Toullier prétend que le juge a encore un pouvoir discrétionnaire pour rejeter la demande, quand le voyageur réclame une indemnité pour des choses précieuses qu'il aurait apportées, sans les déclarer à l'aubergiste. Ici naît la confusion que nous avons signalée entre la responsabilité de l'aubergiste et la preuve des effets dont il est responsable. Quand il s'agit de la preuve, le juge a un pouvoir discrétionnaire. Nous allons voir qu'il n'en est pas de même quand il s'agit de l'étendue de la responsabilité.

N° 2. RESPONSABILITÉ DE L'AUBERGISTE EN CAS DE VOL OU DOMMAGE DES EFFETS APPORTÉS PAR LE VOYAGEUR.

I. *Dans quels cas l'aubergiste est-il responsable?*

141. Aux termes de l'article 1953, « les aubergistes sont responsables du vol ou du dommage des effets du voyageur, soit que le vol ait été fait ou que le dommage ait été causé par les domestiques et préposés de l'hôtellerie, ou par des étrangers allant et venant dans l'hôtellerie. » La responsabilité que la loi impose à l'aubergiste, quand le vol ou le dommage est le fait de ses domestiques ou préposés, est l'application du principe général établi par l'article 1384 : les maîtres et commettants sont responsables du dommage causé par leurs domestiques et préposés, dans les fonctions auxquelles ils les ont employés. La loi entend par dommage celui qui résulte d'un délit criminel ou civil, ou d'un quasi-délit. Cette responsabilité est très-sévère, car les maîtres et commettants ne sont pas admis à prouver qu'ils n'ont pu empêcher le fait dommageable. Nous avons dit ailleurs les motifs de cette rigueur. Les maîtres et commettants sont en faute, par cela seul qu'ils choisissent des domestiques ou préposés malhonnêtes ou inhabiles; les aubergistes surtout doivent apporter une prudence extrême dans le choix du personnel de l'hôtellerie; l'occasion pour le personnel servant de se procurer un profit illicite se présente tous les jours, et elle pourrait tenter des hommes portés au vice ; d'un autre côté, les voyageurs doivent compter non-seulement sur la probité de l'hôtelier, mais aussi sur celle de ses domestiques et préposés, puisque c'est avec eux surtout qu'ils sont en rapport.

Le principe est rigoureux, mais juste, et la jurisprudence l'applique avec rigueur, dès que le vol est constant. Un Anglais, marchand de pierres précieuses, descend dans une hôtellerie de Boulogne, et donne son gilet à nettoyer au domestique. Il y avait des diamants dans la poche du gilet ; le domestique en vola un certain nombre. Le vol était constant, le domestique l'avait commis dans l'exercice de ses fonctions, donc l'article 1384 était applicable. L'arrêt attaqué avait néanmoins déchargé l'hôtelier de toute responsabilité à raison de la négligence dont le voyageur s'était rendu coupable ; la cour de cassation rejeta l'excuse (1). Nous reviendrons sur cette difficulté.

La loi déclare encore l'aubergiste responsable quand le vol a été commis ou le dommage causé par des étrangers allant et venant dans l'hôtellerie. Une première difficulté se présente : quels sont ces *étrangers?* Sont-ce les voyageurs logeant dans l'auberge? On l'a soutenu, mais cette interprétation n'a point trouvé faveur ; elle est en opposition avec le texte même de la loi. Le code ne parle pas des *voyageurs,* il parle des *étrangers,* c'est-à-dire de tous ceux qui ne sont pas domestiques ni préposés ; cette expression générale comprend même les voleurs qui s'introduisent sous un prétexte quelconque dans l'auberge, car ils vont et viennent dans l'auberge ; le texte leur est donc applicable et l'esprit ne laisse aucun doute ; l'aubergiste sachant qu'il répond du vol et du dommage, quant aux effets des voyageurs, doit exercer sa surveillance sur tous ceux qui circulent dans son établissement, et même de préférence sur ceux qui ne sont pas voyageurs, parce qu'ils sont plus sujets à suspicion que les voyageurs (2).

---

(1) Cassation, 11 mai 1846 (Dalloz, 1846, 1, 192).
(2) Aubry et Rau, t. IV, p. 629, note 7, § 406.

En déclarant l'aubergiste responsable du vol ou dommage commis par les domestiques, préposés et tous étrangers, quels qu'ils soient, le code décide implicitement que l'aubergiste répond de tout fait dommageable commis dans son établissement, quel qu'en soit l'auteur, et quand même il serait resté inconnu. C'est ce que la cour de Paris a décidé dans une espèce très-étrange. Un député occupait, avec sa femme et deux domestiques, un appartement au prix de 860 francs par mois. Pendant qu'il travaillait dans son cabinet, on vola dans la chambre à coucher une montre de prix et des bijoux. Personne ne s'aperçut de la soustraction, toutes les réclamations et les recherches faites chez les bijoutiers, horlogers et au mont-de-piété furent vaines ; le vol resta enveloppé du plus profond mystère. Le tribunal condamna l'hôtelier à une indemnité de 1,200 francs. On faisait bien des objections dans l'intérêt du défendeur, la cour les écarta toutes. Les voyageurs, disait-on, n'avaient pas déclaré ces objets précieux à l'hôtelier ; la cour répond qu'aucune loi ne prescrit cette déclaration, qui pourrait parfois être dangereuse pour l'aubergiste aussi bien que pour le voyageur. Il y avait imprudence, disait-on, de laisser des choses précieuses sur une cheminée ; on répondit que la chambre à coucher se trouvant au fond de l'appartement, il n'y avait aucune imprudence à déposer une boîte sur la cheminée. Enfin les voyageurs, ayant leurs domestiques, devaient être censés avoir pris sur eux la surveillance de leurs effets ; mauvaise excuse, répond l'arrêt, le surcroît de surveillance que le voyageur exerce ne saurait dispenser l'hôtelier de l'obligation qui lui incombe (1).

142. L'aubergiste répond-il toujours du vol ou du dommage, dans quelques circonstances que le vol ait été commis ou que le dommage ait été causé ? Il nous semble que la question est décidée par l'article 1954, qui porte : « Les aubergistes ou hôteliers ne sont pas responsables des vols faits avec force armée ou autre force majeure. » Cette disposition doit être combinée avec celle de l'article précédent qui pose en principe que l'aubergiste répond du vol com-

(1) Paris, 29 août 1844 (Dalloz, 1846, 2, 84).

mis par n'importe qui dans l'auberge. La responsabilité est donc la règle ; et cette règle reçoit une exception prévue par l'article 1954 ; hors ce cas, l'aubergiste est responsable ; c'est la conséquence qui résulte du rapport entre l'exception et la règle ; dès que l'aubergiste ne se trouve pas dans le cas où, par exception, sa responsabilité cesse, il est responsable. Il l'est donc du vol commis par effraction. On l'a jugé ainsi dans l'ancien droit, ce qui est un préjugé considérable dans une matière traditionnelle ; telle est aussi l'opinion généralement enseignée par les auteurs modernes, et la jurisprudence est dans le même sens. On objecte que c'est une rigueur excessive, et qu'il est contraire au droit et à l'équité de rendre l'aubergiste responsable, alors qu'il n'y a aucune faute à lui reprocher, en ce sens qu'il a surveillé comme l'aurait fait le père de famille le plus diligent. Nous répondons que le reproche de rigueur, en le supposant fondé, s'adresse au législateur ; il a voulu être rigoureux, le rapport fait au Tribunat le prouve, et la rigueur est écrite dans le texte des articles 1953 et 1954. Quand la tradition, le texte et l'esprit de la loi sont d'accord, l'interprète doit accepter la loi telle qu'elle est, il ne lui est pas permis d'invoquer l'équité contre la volonté du législateur (1). La responsabilité est, en effet, rigoureuse. Le vol fait avec effraction, sans qu'il y ait une faute à reprocher à l'aubergiste, est, en réalité, un cas fortuit. Mais comme ce n'est pas un cas de force majeure, il faut dire que l'aubergiste est responsable. D'ordinaire la loi met le cas fortuit et la force majeure sur la même ligne ; le débiteur ne répond ni de l'un ni de l'autre (art. 1148). Le texte de l'article 1954 déroge à ce principe ; il cite d'abord un cas de force majeure, c'est le vol à force armée, il fait cesser toute responsabilité, parce que toute imputabilité fait défaut. Puis la loi ajoute : ou autre force majeure : tel serait un pillage dans une sédition, ou un pillage commis par une armée ennemie dans une guerre d'invasion ; ce n'est pas là un vol, mais c'est un cas de force majeure.

(1) Troplong, *Du dépôt*, n° 235. Aubry et Rau, t. IV, p. 629, note 9, § 406. En sens contraire, Pont, t. 1, p. 244, n° 540.

143. Il y a cependant des cas où les tribunaux ont déclaré que l'aubergiste n'était pas responsable, non à titre d'exception, mais par application du droit commun. Le voyageur qui réclame une indemnité contre l'aubergiste, du chef d'un vol, doit prouver non-seulement le fait du vol, il doit prouver de plus que le vol a été commis dans l'auberge ou l'hôtel. En effet, c'est là une condition requise pour que la responsabilité de l'aubergiste soit engagée. Il faut que l'effet ait été apporté dans l'hôtel par le voyageur, dit l'article 1952, qui pose le principe général de la responsabilité de l'aubergiste ; et l'article 1953 rend l'aubergiste responsable du vol des effets du voyageur, quand le vol est commis par les domestiques ou préposés de l'*hôtellerie,* donc dans l'hôtel ; ou, ajoute la loi, par des étrangers allant et venant *dans l'hôtellerie;* donc encore dans l'hôtel. Le bon sens d'ailleurs le dit ; l'aubergiste est tenu de surveiller ce qui se fait dans son auberge, il n'a ni qualité ni obligation de surveiller ce qui se passe en dehors de l'hôtel. Un marchand, qui vient chaque année à Paris faire ses emplettes au comptant, met dans son portefeuille les billets de banque destinés à cet usage, et il dépose son portefeuille dans le secrétaire de la chambre qu'il occupe. Au moment où une facture lui est présentée, il s'aperçoit que les billets ne se trouvent plus dans son portefeuille. Action contre l'hôtelier. Le premier juge l'admet, et condamne l'hôtelier à payer le montant des billets, s'élevant à 2,750 francs. Sur l'appel, la cour de Paris réforma la décision. Il était constant que le voyageur n'avait pas laissé le portefeuille dans le secrétaire, il en avait été vu porteur chez ses correspondants ; dès lors il se pouvait que les billets eussent été perdus ou volés hors de l'hôtel. Or, comme demandeur, le voyageur devait établir que le vol avait été commis dans l'hôtellerie, et cette preuve il ne l'avait point faite ; dès lors l'aubergiste devait être renvoyé de la demande. C'est, non une exception, mais l'application de l'adage : *actore non probante, reus absolvitur* (1).

144. L'aubergiste cesse-t-il d'être responsable quand

(1) Paris, 30 avril 1850 (Dalloz, 1850, 2, 170)

le voyageur a commis une négligence ou une imprudence qui peut avoir favorisé ou facilité le vol? Ainsi posée en termes absolus, la question doit être décidée négativement. Il n'y a pas de loi qui décharge l'aubergiste de la responsabilité qui lui incombe, par cela seul que le voyageur est en faute. Et les principes généraux de droit ne permettent pas non plus de décider que la faute du voyageur fait cesser la responsabilité de l'aubergiste. En effet, la faute du voyageur ne détruit pas le principe de responsabilité de l'aubergiste si celui-ci est présumé en faute par la loi qui le déclare responsable, et elle n'admet d'autre excuse pour l'aubergiste que celle de la force majeure. De là suit que la responsabilité peut coexister avec la faute. C'est ce que la cour de cassation a décidé dans l'affaire du joaillier anglais qui avait eu l'imprudence de laisser des diamants dans le gousset de son gilet. La cour de Douai avait, pour ce motif, renvoyé l'hôtelier de l'action en responsabilité intentée contre lui. Sur le pourvoi, il intervint un arrêt de cassation. La cour commence par constater que le vol avait été commis par un domestique dans les fonctions auxquelles il était employé; elle rappelle que, d'après l'article 1384, cette responsabilité est absolue, que le maître n'est pas même admis à prouver qu'il n'a pu empêcher le fait qui donne lieu à sa responsabilité. Cette même responsabilité, dit la cour, est établie par les articles 1952 et 1953. La cour en conclut que l'arrêt attaqué a violé ces dispositions en déchargeant l'hôtelier de la double responsabilité qu'elles prononcent, et en apportant à cette responsabilité une exception que la loi n'a pas admise (1). » La décision est exacte, quoique formulée en termes trop absolus. Sans doute, le seul fait que le voyageur a commis une imprudence n'empêche pas l'aubergiste d'être responsable, et c'est pour l'avoir décidé ainsi que l'arrêt de Douai a été cassé. Est-ce à dire que l'on doive toujours faire abstraction de la faute qui peut être imputable au voyageur? La doctrine et la jurisprudence se sont prononcées pour l'opinion contraire. Seulement il est difficile de pré-

(1) Cassation, 11 mai 1846 (Dalloz, 1846, 1, 192).

ciser quelle doit être l'influence que la négligence du voyageur exerce sur la responsabilité de l'hôtelier.

Duvergier décharge l'aubergiste de toute responsabilité dès qu'il y a une faute imputable au voyageur. C'est le système condamné par la cour de cassation. A notre avis, la faute du voyageur n'affranchit l'hôtelier de la responsabilité que lorsqu'il est constant que, sans cette faute, le vol n'aurait pas eu lieu; ce qu'il sera toujours très-difficile de prouver. Delvincourt et Duranton admettent que l'aubergiste cesse d'être responsable quand le voyageur est en faute, mais avec cette restriction que l'aubergiste n'est pas libéré par la faute du voyageur lorsque le vol a été commis par un de ses domestiques ou préposés (1). Cette circonstance se rencontrait dans l'affaire jugée par la cour de cassation, mais la cour n'y insiste point et n'en fait pas la base de sa décision, et avec raison, nous semble-t-il. La responsabilité du maître est un quasi-délit; ce quasi-délit repose sur une présomption de faute; la présomption de faute cesse-t-elle ou est-elle diminuée lorsque celui qui est victime du fait dommageable est lui-même en faute? Telle est la question, au point de vue de l'article 1384, et la difficulté est la même, dans l'application de l'article 1953, lequel établit aussi une responsabilité fondée sur une présomption de faute.

La jurisprudence n'a pas de principe absolu, elle tient compte de la faute du voyageur d'après les circonstances. Dans ces termes généraux, la doctrine consacrée par la jurisprudence ne saurait être contestée. Toute responsabilité implique une faute, la loi présume la faute de l'aubergiste. Mais de ce que l'aubergiste est présumé en faute, doit-on conclure que le voyageur peut être impunément négligent en facilitant le vol, en le favorisant? Le sens moral se révolte contre une pareille conséquence; si l'aubergiste est présumé responsable par la loi, le voyageur doit, de son côté, répondre de ses faits, et il serait aussi contraire au droit qu'à la morale, que la négligence du

(1) Voyez, en sens divers, Duranton, t. XVIII, p. 67, n° 80; Duvergier, t. IV, p. 575, n° 520; Massé et Vergé sur Zachariæ, t. V, p. 14, note 7; Aubry et Rau, t. IV, p. 630, note 13, § 406.

voyageur lui profitât au préjudice de l'hôtelier. Il y a donc une part à faire à la faute du voyageur, quand il s'agit d'apprécier la faute de l'aubergiste. C'est la doctrine que nous avons enseignée et que tout le monde admet en matière de délits et de quasi-délits (art. 1382 et 1383); il y a même raison de l'admettre pour la responsabilité de l'hôtelier.

Quant à l'influence que la faute du voyageur aura sur la responsabilité de l'aubergiste, elle dépend de la gravité de la faute; c'est donc une question de circonstances. Si la faute du voyageur est d'une gravité telle qu'elle détruit la présomption de faute qui pèse sur l'aubergiste, celui-ci pourra être déclaré non responsable parce qu'il n'y a aucune faute à lui reprocher. Cela arrivera rarement. Ainsi dans l'affaire du joaillier anglais, le voyageur était sans doute en faute, mais l'hôtelier était aussi en faute d'avoir pris pour domestique un malhonnête homme. Il y avait donc faute de part et d'autre, ce qui est le cas ordinaire. La responsabilité de l'aubergiste subsistera, mais elle sera diminuée par la faute du voyageur; le juge en tiendra compte dans l'évaluation des dommages-intérêts. Ceci est une pure question de fait. Le juge a toujours une certaine latitude dans l'appréciation des dommages-intérêts qu'il prononce : il peut et il doit user de cette latitude quand le demandeur qui reproche une faute au défendeur est lui-même en faute (1).

145. Les aubergistes et hôteliers ont essayé de se soustraire à la responsabilité très-rigoureuse que la loi leur impose, en affichant dans les chambres des voyageurs des avis indiquant les mesures de précaution que ceux-ci devaient prendre et la valeur jusqu'à concurrence de laquelle ils entendaient être responsables. Ces avis sont-ils obligatoires pour les voyageurs? Que les hôteliers puissent faire, avec les voyageurs, des conventions concernant la responsabilité que la loi leur impose, cela ne saurait être contesté, pourvu que ces conventions ne détruisent pas le principe de la responsabilité; ainsi il n'est pas permis de stipuler que l'on ne répondra pas de sa faute,

_____

(1) Voyez les arrêts cités par Pont, t. I, p. 244, n° 541.

mais il est permis de convenir que le voyageur n'aura d'action contre l'aubergiste que s'il observe telles mesures de prudence que l'aubergiste prescrit; c'est convenir que l'aubergiste ne répondra pas de la négligence du voyageur, et cette convention n'a rien de contraire au droit ni à la morale. Mais la simple affiche d'un avis suffit-elle pour qu'il en résulte une convention entre l'aubergiste et le voyageur? La négative est certaine. Pour qu'il y ait une convention, il faut un concours de volontés; or, l'affiche d'un avis n'est que l'expression de la volonté de l'aubergiste, il faut que le voyageur accepte les conditions que l'aubergiste a le droit d'offrir, mais non d'imposer. Et combien de voyageurs y a-t-il qui lisent ces avis? Et il ne suffit pas qu'ils les lisent, ils doivent y consentir; l'aubergiste devrait donc faire une convention avec chaque voyageur, lorsqu'il entre à l'hôtel. Cela n'est point d'usage, partant, l'affiche est inutile. Tout ce qui en peut résulter, c'est que s'il est constant que le voyageur a pris connaissance de l'avis, et s'il a négligé les mesures de prudence que l'aubergiste lui recommande, il y aura faute de sa part, et le juge tiendra compte de sa faute, comme nous venons de le dire (1) (n° 144).

La question s'est présentée devant la cour de Caen dans l'espèce suivante. Un baigneur fut volé sur la plage de Tourville, où les cabines se louent pour le compte de la ville. Un arrêté municipal, affiché partout, avertit que la commune n'entend pas être responsable des valeurs ou objets de prix laissés dans les cabines, la ville ayant elle-même pris soin d'établir un bureau spécial de dépôts. Un baigneur avait remis au bureau son portefeuille contenant des valeurs de 900 francs; le préposé lui donna un reçu consistant dans un *ticket* en bois muni d'une corde qui sert à attacher le *ticket* au caleçon de bains; le *ticket* portait le n° 5, et le portefeuille avait été mis, en présence du déposant, dans une case du bureau ayant le même numéro. Au lieu de conserver le *ticket* sur lui, le baigneur le cacha dans l'intérieur de son chapeau; un voleur s'en empara, et sur la

(1) Aubry et Rau, t. IV, p. 630, et note 12, § 406; Pont, t. I, p. 245, n°s 542 et 543, et les autorités qu'ils citent.

représentation du *ticket*, la préposée lui remit le portefeuille. De là une action en dommages-intérêts. La cour
rejeta la demande, en se fondant sur l'imprudence du baigneur, et elle décida, en fait, qu'aucune faute n'était imputable au dépositaire (1). Le fait litigieux présentait bien
des difficultés de droit. Et d'abord était-ce un dépôt nécessaire? Nous reviendrons sur cette question (n° 151).
Puis, la faute du déposant suffit-elle pour le déclarer non
recevable? L'arrêt ne discute pas le point de droit. Dans
l'espèce, le baigneur avait consenti au règlement municipal, en déposant son portefeuille au bureau établi par la
ville. Cela tranchait la difficulté. Tout le débat gisait donc
en fait.

146. Nous avons toujours supposé le vol des effets du
voyageur, c'est le cas ordinaire de responsabilité; mais la
loi ne la limite pas au vol, elle ajoute que les aubergistes
sont responsables du *dommage* des effets du voyageur, et
l'article 1953 met le *dommage* sur la même ligne que le
vol. Ce que nous avons dit du vol s'applique donc au dommage : le principe est identique. Le mot *dommage* comprend tout fait dommageable, donc le délit civil et le
quasi-délit; l'aubergiste répond de tout dommage que le
voyageur souffre, quand ses effets sont ou détruits ou ava-
riés dans l'auberge. Le voyageur n'est pas tenu de prouver l'existence d'un délit ou d'un quasi-délit à charge de
l'aubergiste; celui-ci est présumé en faute pour le dommage, comme il l'est pour le vol, et il ne peut s'excuser que
dans le cas où le dommage a été le résultat d'un cas de
force majeure (art. 1954). Il faut ajouter que la faute du
voyageur peut faire cesser la responsabilité de l'aubergiste
ou au moins la diminuer. La doctrine et la jurisprudence
sont en ce sens (2).

La cour de Paris a appliqué la disposition de l'article 1953 à l'incendie, en posant en principe que la présomption légale est contre l'aubergiste, et que pour être
déchargé de la responsabilité qui pèse sur lui, il doit prou-

_____

(1) Caen, 17 décembre 1875 (Dalloz, 1876, 2, 190).
(2) Aubry et Rau, t. IV, p. 629, note 8, § 406, et les autorités qu'ils
citent.

ver que le dommage est uniquement provenu d'un accident de force majeure. Dans l'espèce, l'incendie avait détruit un chariot chargé de marchandises, et fait périr les six chevaux appartenant à un commissionnaire de roulage. L'incendie avait éclaté dans une des écuries de l'auberge, par la faute d'un roulier; l'arrêt dit que les rouliers sont compris dans la qualification d'étrangers allant et venant dans l'hôtellerie, du fait desquels l'aubergiste est déclaré responsable par l'article 1953. Il n'y avait pas de force majeure dans la cause, donc la responsabilité était certaine (1).

II. *Conditions de la responsabilité.*

1. QUI EST RESPONSABLE?

147. La loi déclare responsables les aubergistes ou hôteliers comme dépositaires des effets apportés par le voyageur qui loge chez eux (art. 1952); puis, l'article 1953 dispose spécialement que les aubergistes ou hôteliers répondent du vol des effets du voyageur. Que faut-il entendre par aubergistes et hôteliers? Si l'on s'en tient au texte de l'article 1952, il faut répondre que la loi ne s'applique qu'à ceux qui louent des chambres ou appartements aux voyageurs, pour y loger, et comme ceux qui voyagent ont toujours des effets sur eux, les aubergistes ou hôteliers sont responsables de la perte ou du dommage de ces effets. Telle est aussi la signification vulgaire des mots dont la loi se sert. Doit-on s'y tenir, en excluant tous ceux qui ne reçoivent pas des voyageurs chez eux avec leurs effets, pour les loger? Duvergier a émis cette opinion; et, en apparence, elle est fondée sur les vrais principes.. La responsabilité des aubergistes et hôteliers est exceptionnelle; sur ce point il ne saurait y avoir de doute. Or, n'est-il pas de principe que les dispositions exceptionnelles sont de la plus stricte interprétation? Plus la loi est rigoureuse, plus il faut en limiter l'application aux aubergistes et hôteliers

(1) Paris, 17 janvier 1850 (Dalloz, 1851, 2, 122). Comparez Colmar, 8 avril 1845 (Dalloz, 1849, 5, 345).

proprement dits (1). Toutefois cette opinion est restée isolée, et nous croyons aussi qu'elle est inadmissible. Sans
doute, on ne peut étendre des exceptions, mais le juge conserve le droit et il a le devoir d'interpréter les lois même
exceptionnelles. Or, l'article 1952, qui établit le principe
de responsabilité, ne se borne pas à dire que les aubergistes et hôteliers sont responsables; la loi ajoute qu'ils le
sont comme dépositaires, et que le dépôt qu'ils reçoivent
est un dépôt nécessaire. Le principe doit donc être formulé
comme suit : tous ceux qui reçoivent des personnes ayant
avec eux des effets qui doivent être gardés sont des dépositaires nécessaires, dans le sens des articles 1952 et 1953;
ils répondent du vol ou du dommage des effets, comme
dépositaires nécessaires, pour mieux dire, comme dépositaires intéressés à garantir une pleine sécurité à ces personnes qui demeurent chez eux. Si la loi ne parle que des
aubergistes et hôteliers, c'est que la disposition est traditionnelle et que les termes sont traditionnels; seulement
ces termes doivent être étendus à des personnes qui ne sont
pas, à proprement parler, des aubergistes, mais dont la
situation est identique, puisqu'ils sont aussi des dépositaires
nécessaires et intéressés.

148. La doctrine et la jurisprudence sont en ce sens,
toutefois avec des hésitations et avec bien des doutes.
Tout le monde admet que les hôtels garnis doivent être
rangés parmi les hôtelleries dont parlent les articles 1952
et 1953; on avoue que ce ne sont pas des auberges proprement dites; on n'y fournit pas la nourriture aux voyageurs, on ne fournit que le logement; or, c'est précisément
à raison du profit que les hôteliers font sur les fournitures
qu'ils se chargent du dépôt des effets, et c'est la raison pour
laquelle ces dépôts sont des dépôts intéressés qui soumettent les dépositaires à une responsabilité plus rigoureuse
que celle des dépositaires en général et même que celle
des débiteurs (nos 140 et 141). Si donc on admettait l'interprétation restrictive de Duvergier, il faudrait dire que
ceux qui tiennent des hôtels garnis ne sont pas soumis à la

(1) Duvergier, *Du prêt*, p. 576, n° 522.

responsabilité des aubergistes. La conséquence témoigne contre le principe ; elle est universellement repoussée, pour mieux dire, on ne discute pas même la question (1) : les hôtels garnis sont assimilés aux auberges, parce que ceux qui y occupent des appartements y doivent trouver la même sécurité qu'ils auraient dans un hôtel proprement dit ; le dépôt qu'ils y font de leurs effets est aussi un dépôt nécessaire, en ce sens que les voyageurs doivent déposer leurs effets là où ils logent : la situation est donc identique, c'est plus que de l'analogie. Si la loi ne parle pas des hôtels garnis, c'est d'abord parce que la tradition à laquelle remonte la responsabilité des aubergistes, ignorait les hôtels garnis, ensuite parce que ceux qui tiennent un hôtel ne portent pas un nom spécial dans le langage juridique ; il se confondent avec les hôteliers, quoique les hôtels garnis ne soient pas des hôtels proprement dits.

149. Il a été jugé que la responsabilité des articles 1952 et 1953 ne s'applique pas à la généralité des propriétaires d'une ville qui, dans un temps de foire ou de fête, à raison d'une affluence extraordinaire d'étrangers, louent leurs propres maisons, quand même ils loueraient, en détail et en garni, les appartements qui les composent. Cette location momentanée, dit la cour de Nîmes, ne change pas la qualité de simples propriétaires en celle de logeurs ou de loueurs en garni, puisqu'ils ne contractent aucun engagement général, que leurs maisons ne deviennent pas publiques et qu'ils ne payent aucune patente à cet effet (2). La décision nous paraît douteuse. Il faut d'abord laisser la patente de côté, c'est une question fiscale qui n'a rien de commun avec la responsabilité. Est-il vrai que les maisons particulières ne deviennent pas des maisons offertes au public pendant tout le temps de la foire? Les propriétaires logent tous ceux qui se présentent et qui consentent à payer le prix qu'ils leur demandent; ils se font logeurs temporaires. Est-ce que les logeurs à temps ne doivent pas offrir, aux voyageurs qu'ils reçoivent, les mêmes garanties

(1) Voyez les autorités dans Pont, t. I, p. 234, n° 526.
(2) Nîmes, 18 mai 1825 (Dalloz, au mot *Dépôt*, n° 163). Comparez Pont. t. I, p. 235, n° 529.

que les logeurs de profession? Le dépôt est nécessaire,
dans l'une et l'autre hypothèse, la situation des voyageurs
est la même : là où la situation est identique, la décision
doit être la même.

150. La question devient plus difficile quand il s'agit
de cafetiers, restaurateurs, ou de personnes qui tiennent
un établissement de bains. Merlin a soutenu devant la
cour de cassation qu'on doit leur appliquer la responsabilité des articles 1952 et 1953. Il invoque une raison d'analogie. Quels sont les motifs qui ont porté le législateur à
déclarer les aubergistes et hôteliers dépositaires nécessaires, et par conséquent responsables, des effets apportés
chez eux par les voyageurs? Ces motifs sont que la confiance des voyageurs dans les hôteliers et aubergistes est
commandée par la nature même des choses, et qu'il n'est
pas possible de constater par écrit l'apport que les voyageurs font de leurs effets dans les auberges et hôtelleries.
Ces motifs reçoivent une application directe et entière aux
baigneurs publics. Les personnes qui vont se baigner
dans les bains publics sont forcées, par la nature même
des choses, d'avoir, pour la sûreté de leurs effets, pleine
confiance dans les baigneurs; il leur est également impossible de se faire donner, en entrant dans les bains, des
déclarations par écrit qui renseignent les effets dont ils
sont porteurs. Et, dans le fait, qu'est-ce qu'un bain public,
si ce n'est une hôtellerie dans laquelle le public est admis
à se baigner, moyennant une rétribution pécuniaire? Le
pourvoi objectait que, dans cette opinion, il fallait aussi
appliquer les articles 1952 et 1953 aux teneurs de billards
et de cafés, aux traiteurs et aux restaurateurs. Pourquoi
non? répond Merlin. Il s'appuie de la jurisprudence qui a
décidé que les traiteurs et les cafetiers sont compris dans
l'article 386 du code pénal, sous la dénomination d'aubergistes et d'hôteliers. Cela prouve, comme nous l'avons dit,
que ces mots désignent les dépositaires nécessaires qui reçoivent les choses en même temps que les personnes, plutôt qu'une profession déterminée et exclusive de toute autre
profession. Il est à remarquer toutefois que la cour de cassation évita de se prononcer sur la question plaidée par

Merlin, et qu'elle décida la difficulté contre le baigneur, en
se fondant sur le principe de responsabilité de l'article 1382 (1) : décision peu juridique, car l'article 1382 suppose un délit ou un quasi-délit, c'est-à-dire l'absence de
toute convention ; or, il intervient une convention entre
celui qui se baigne et le baigneur, de même qu'entre celui
qui descend dans un restaurant ou un café et le traiteur ou
cafetier. Il fallait donc laisser l'article 1382 de côté, et
trancher la difficulté que le pourvoi soulevait, soit pour,
soit contre les baigneurs et cafetiers.

La question est controversée, surtout pour ce qui concerne les cafetiers et traiteurs. On dit que l'article 1953
établit une présomption contraire au droit commun et
aggrave la responsabilité ordinaire, ce qui ne permet pas
de l'appliquer à des cas non prévus par la loi (2). Nous
avons répondu d'avance à l'objection (n° 147). Si l'on considère la disposition comme exceptionnelle, en ce sens qu'on
ne puisse l'appliquer qu'aux aubergistes et hôteliers proprement dits, il faut en conclure que les logeurs en garni
ne sont pas soumis à la responsabilité de l'article 1953 ; et
cependant les auteurs qui refusent de rendre responsables
les cafetiers et traiteurs appliquent sans difficulté aux
hôtels garnis ce que la loi dit des auberges. La loi n'est
donc pas aussi restrictive qu'on le dit ; elle admet une interprétation extensive, en ce qui concerne le point de savoir ce que l'on doit entendre par aubergistes et hôteliers :
c'est une difficulté de fait plutôt que de droit, donc abandonnée à l'appréciation des tribunaux.

151. La cour de Caen a jugé en ce sens, dans une
espèce où il s'agissait d'un établissement de bains de mer.
Peut-on assimiler une cabine mobile, placée sur la plage,
à un hôtel ou auberge? Non, dit la cour. Celui qui exploite
un hôtel en est le maître absolu et le surveillant obligé ;
nul ne peut y pénétrer sans son autorisation, et les voyageurs qui y sont reçus sont forcés d'y déposer les valeurs

---

(1) Merlin, *Questions de droit*, au mot *Dépôt nécessaire* (t. V, p. 187).
(2) Voyez, en sens divers, Pont, t. I, p. 234, n°s 527 et 528, et les auteurs
qu'il cite. Aubry et Rau, t. IV, p. 628, note 4, § 406. Zachariæ, édition de
Massé et Vergé, t. V, p. 13, note 1.

dont ils se sont munis pour les besoins du voyage ou de leurs affaires. Voilà pourquoi le dépôt fait dans un hôtel est un dépôt nécessaire. Il en est tout autrement d'une cabine de baïns ; d'abord on ne peut pas assimiler des cabines à une hôtellerie ; ce n'est pas une construction analogue à un édifice ; elles ne présentent aucune solidité, et il est impossible d'établir un gardien comme surveillant de chacune d'elles. Ensuite, les baigneurs ne sont pas obligés, par la force des choses, d'y déposer les objets précieux dont ils sont nantis ; la prudence la plus vulgaire leur conseille, au contraire, de ne pas les y déposer. On objectait que le baigneur est obligé de conserver sur lui une certaine somme pour payer le propriétaire des cabines. La cour répond que, dans l'espèce, l'objection n'était pas fondée, puisque les baigneurs payent en entrant dans l'enceinte où sont placées les cabines.

On faisait une autre objection. Il y a des agents de police sur les plages où sont placées les cabines ; on en inférait qu'il y avait négligence de leur part, puisqu'un voleur avait pu pénétrer dans une cabine. La cour répond que les cabines sont uniquement destinées à soustraire les baigneurs aux regards du public, et que le baigneur en y déposant son portefeuille, avait commis une faute dont il devait seul supporter la conséquence (1).

Cette dernière partie de l'arrêt est sujette à critique ; nous renvoyons à ce qui a été dit plus haut (n° 145). A notre avis, la cour a bien jugé en décidant qu'une cabine n'est pas une hôtellerie, dans le sens de l'article 1953. Cette espèce vient à l'appui de ce que nous venons de dire, que la question est de fait plutôt que de droit.

2. AU PROFIT DE QUI LA RESPONSABILITÉ EST-ELLE ÉTABLIE ?

152. La loi qualifie toujours les déposants de voyageurs ; en effet, c'est seulement à leur égard que le dépôt est nécessaire, en ce sens qu'ils sont obligés de descendre

(1) Caen, 17 décembre 1875 (Dalloz, 1876, 2, 190). Dans le même sens, jugement du tribunal de commerce de Bruxelles, du 16 décembre 1875 (*Pasicrisie*, 1876, 3, 213).

dans l'auberge ou dans l'hôtel du lieu où ils s'arrêtent, sans être à même de choisir, en supposant qu'il y ait choix, puisqu'ils sont dans une ignorance complète des personnes et des choses. Il suit de là que la responsabilité des articles 1952 et 1953 ne peut pas être invoquée par les habitants de la localité qui viendraient occuper un appartement dans un hôtel comme locataires. Ils ne sont pas des voyageurs, et ce n'est pas pour eux que le droit traditionnel a établi une protection spéciale, et une responsabilité extraordinaire; ils peuvent veiller eux-mêmes à leurs intérêts : raison décisive pour que la loi n'intervienne pas. La cour d'Angers a jugé en ce sens. Dans l'espèce, des négociants en blé occupaient dans un hôtel des magasins par eux loués à l'année et servant d'entrepôt pour leurs marchandises; ils avaient loué de plus une chambre qui leur servait de bureau d'affaires; ils y recevaient le prix des marchandises vendues, ils payaient celles qu'ils avaient achetées, avaient affaire par là à de nombreuses personnes formant leur clientèle, entrant et sortant, non pas comme dans une hôtellerie, mais comme dans un bureau d'affaires. Il suffit de constater les faits pour prouver que ce n'étaient pas là des voyageurs et que la somme qu'ils prétendaient leur avoir été volée n'était point un effet qu'un voyageur transporte avec lui et qu'il dépose à l'hôtel où il loge accidentellement. La cour d'Angers renvoya l'hôtelier de l'action intentée contre lui, par le motif que les demandeurs n'étaient pas des voyageurs (1).

C'est l'opinion générale, sauf le dissentiment des traducteurs de Zachariæ, MM. Massé et Vergé. Ils disent que toute personne qui vient prendre un logement dans une auberge est, pour l'aubergiste, un voyageur. C'est mal poser la question, nous semble-t-il. Il ne s'agit pas de savoir ce que le dépositaire est pour l'aubergiste, il s'agit de déterminer le caractère du dépôt; or, si le dépôt est nécessaire quand c'est un voyageur qui le fait, il est purement volontaire quand le dépositaire est un locataire volontaire, en ce sens que le locataire a choisi l'hôtel et l'hôtelier; il ne

(1) Angers, 15 juillet 1857 (Dalloz, 1857, 2, 167).

peut donc pas réclamer une protection que la loi donne au voyageur précisément parce qu'il est dans l'impossibilité de choisir. Partant il est inexact de dire qu'il y a une similitude parfaite entre l'habitant du lieu qui se fait locataire dans un hôtel et le voyageur qui y prend son logement (1); celui-ci a besoin d'être protégé contre son ignorance, tandis que le premier est dans la position de tout locataire, c'est-à-dire dans le droit commun.

153. L'article 1952 porte que les aubergistes ou hôteliers sont responsables, comme dépositaires, des effets apportés par le voyageur *qui loge chez eux*. Ces derniers mots expriment-ils une condition? En d'autres termes, l'aubergiste serait-il responsable si le voyageur déposait des effets chez lui sans y loger? La question est controversée; au premier abord, on pourrait croire que le texte du code la décide en faveur de l'aubergiste; les mots de l'article 1952, *qui loge chez eux,* doivent avoir un sens; et n'est-ce pas les effacer que de dire que l'aubergiste est responsable des effets qu'il reçoit, alors même que le voyageur ne descendrait pas chez lui? Toutefois le texte n'est pas aussi décisif qu'il en a l'air; si l'aubergiste est responsable, c'est parce qu'il est dépositaire des effets, l'article 1952 le dit; or, il est dépositaire des effets dès qu'il les reçoit dans son auberge; et ce sont bien les effets d'un voyageur dont il est dépositaire, non-seulement parce que les effets appartiennent à un voyageur, mais aussi parce que c'est à ce titre que l'aubergiste s'en charge; si ce n'est pas tout à fait par complaisance, comme on l'a dit, c'est du moins une complaisance intéressée, car c'est pour attirer les voyageurs chez lui qu'il se charge de leurs effets; et alors même que les voyageurs ne logeraient pas chez lui, ils manqueront rarement de faire des dépenses à l'auberge. En définitive, les circonstances principales du dépôt restent les mêmes, que le voyageur loge ou non à l'auberge; donc le principe de la responsabilité peut et doit recevoir son application. La jurisprudence est en ce sens (2).

---

(1) Massé et Vergé sur Zachariæ, t. V, p. 13, note 3.
(2) Rennes, 26 décembre 1833 (Dalloz, au mot *Dépôt*, n° 170). Jugement

154. La cour de Paris est allée plus loin. Elle a considéré comme un dépôt nécessaire, dans le sens des articles 1952 et 1953, le dépôt d'une somme d'argent fait, entre les mains d'un aubergiste, par le mandataire d'un voiturier, pour être remise à ce voiturier, qui avait l'habitude de loger à l'auberge (1). Nous croyons que cette décision dépasse le texte de la loi; ce n'est pas un dépôt fait *par* un voyageur, c'est un dépôt fait *pour* un voyageur; et on ne peut pas même dire que le voiturier, dans l'espèce, fût voyageur, puisque de fait il n'avait pas voyagé; et dire que celui qui a l'habitude de descendre dans une auberge doit être assimilé à un voyageur, c'est abuser de l'interprétation analogique.

3. DE QUELS EFFETS L'AUBERGISTE EST-IL RESPONSABLE ?

155. L'article 1952 dit que l'aubergiste est responsable des *effets apportés* par le voyageur, et l'article 1953 dispose qu'ils sont responsables du vol ou du dommage des *effets du voyageur*. Qu'entend-on par effets? Il s'agit des objets qu'un voyageur transporte avec lui, soit sur sa personne, soit dans les malles qu'il a avec lui, et même des choses qui ne sont pas de nature à être enfermées dans un coffre : telles sont les marchandises qu'un marchand ou voiturier transporte sur un chariot et, par suite, les chevaux qui servent à transporter le voyageur et ses effets. Il n'y a aucun doute sur le sens général que nous attribuons au mot *effets,* il résulte de la nature même du dépôt nécessaire et des circonstances dans lesquelles se font d'ordinaire les voyages; il en était surtout ainsi dans l'état social qui a donné naissance à la responsabilité des aubergistes; on n'y connaissait pas les transports faits par roulage, et bien moins encore ceux qui se font par les merveilleuses voies de communication inventées dans les temps modernes; le voyageur transportait lui-même ses marchandises et le prix qu'il en recevait. Donc, d'après la tradition, comme d'après

du tribunal de commerce du 10 juin 1876 (*Pasicrisie*, 1876, 3, 234). Comparez Pont, t. I, p. 240, n° 534.

(1) Paris, 6 avril 1829 (Dalloz, au mot *Dépôt*, n° 179, 2°).

le texte, le mot *effets* reçoit son application à tout ce qu'un voyageur est dans le cas de transporter avec lui.

La jurisprudence est en ce sens. Il a été jugé que la dénomination générale d'*effets* comprend évidemment les marchandises et les animaux, tels que bœufs et chevaux (1). Le cas s'est présenté plusieurs fois pour des chevaux qui, mis à l'écurie de l'auberge, y recevaient des coups et des blessures d'autres chevaux; les aubergistes ont toujours été déclarés responsables, par application de l'article 1953. Les tribunaux constatent qu'il y avait, de leur part, défaut de soins et de précautions pour prévenir ces accidents; il est même inutile de constater leur faute, puisqu'elle est présumée par la loi; le juge doit appliquer la responsabilité par cela seul que l'aubergiste ne prouve pas que l'accident provient d'une force majeure (2).

Le mot *effets* comprend aussi les valeurs que le voyageur transporte avec lui, soit en espèces, soit en billets de banque. On prétendait, devant la cour de Paris, que cette expression ne comprenait que le linge et les vêtements; interprétation absurde et presque ridicule : est-ce avec son linge et ses vêtements que le voyageur payera ses dépenses d'hôtel et fera ses affaires? La cour a jugé que la loi s'appliquait aux sommes que le voyageur était présumé, d'après sa position sociale et les circonstances de la cause, avoir eues en sa possession au moment du vol (3). Cette restriction, comme nous allons le dire, concerne plutôt la preuve de la valeur des effets que le principe de responsabilité. Il est incontestable que le mot *effets* ne reçoit aucune restriction quant au principe.

156. Sur ce point, on est généralement d'accord, mais les avis diffèrent sur le point de savoir si la responsabilité de l'aubergiste est illimitée : répond-il des effets, quelque considérable que soit leur valeur? A notre avis, l'affirmative est certaine, car elle résulte du texte de la loi; l'article 1952 rend l'aubergiste responsable des *effets* apportés

---

(1) Rennes, 26 décembre 1833 (Dalloz, au mot *Dépôt*, n° 170).
(2) Besançon, 21 mai 1859 (Dalloz, 1859, 2, 166). Jugement du tribunal de Lyon, 23 décembre 1865 (Dalloz, 1866, 3, 40).
(3) Paris, 7 mai 1838 (Dalloz, au mot *Dépôt*, n° 174, 1°).

par le voyageur, sans limitation aucune et sans aucune condition; et l'article 1953, qui applique la responsabilité au vol et au dommage, est tout aussi général. La restriction qui n'est pas dans le texte résulte-elle peut-être des principes qui régissent la matière? Le voyageur est libre de transporter avec lui tels effets qu'il veut; lui seul peut apprécier ses convenances et son intérêt. Ces considérations sont tout à fait étrangères à l'aubergiste; à son égard, il n'y a qu'une chose à voir : les effets sont-ils entrés dans son auberge? quelle est leur valeur? ont-ils été volés dans l'auberge? Si les faits qui engendrent la responsabilité sont établis, la responsabilité est encourue, et elle est naturellement en proportion du dommage causé, c'est-à-dire de la valeur des effets.

157. On objecte l'esprit de la loi tel qu'il résulte du rapport fait au Tribunat; nous allons le transcrire, c'est un élément essentiel du débat. Le projet soumis au conseil d'Etat contenait une disposition ainsi conçue : « L'hôtelier ou l'aubergiste est responsable des effets apportés par le voyageur encore qu'ils n'aient pas été remis à sa garde personnelle. » Cet article fut retranché, sur les observations du Tribunat, pour les motifs suivants : « La section regarde comme suffisante la disposition de l'article 1952 qui déclare formellement les aubergistes ou hôteliers responsables des effets apportés par le voyageur qui loge chez eux. Le dépôt de ces sortes d'effets, d'après le même article, devant être regardé comme un dépôt nécessaire, *il a paru beaucoup trop rigoureux* d'assujettir les aubergistes ou hôteliers, *sans distinguer aucune circonstance* et *sans excepter aucun cas*, à la responsabilité de *tout* ce que le voyageur aurait apporté chez eux, quand même ce seraient des objets du plus léger volume et du *plus grand prix*, et que même le voyageur n'aurait prévenu personne. Cette extrême rigueur deviendrait quelquefois une grande injustice; et, comme il est impossible que la loi prévoie ces différents cas, elle doit se contenter d'établir le principe général et *doit laisser le reste à l'arbitrage du juge.* »

Ici nous arrêtons le Tribunat. Qu'un pouvoir discrétionnaire ait pu être accordé au juge à raison de la rigueur excessive qu'aurait la responsabilité de l'aubergiste si on l'appliquait indéfiniment, cela se comprend. Que tel ait été l'avis du Tribunat, cela est encore certain. Mais la ques-. tion est de savoir si tel est le système du code. C'est ce que nous nions. Le Tribunat cherche cependant à le prouver. Il cite l'article 1348, qui, après avoir permis de prouver par témoins le dépôt fait par les voyageurs dans une auberge, ajoute : *le tout suivant la qualité des personnes et les circonstances du fait.* Cette disposition donne, en effet, au juge un pouvoir discrétionnaire en ce qui concerne la preuve du dépôt que le voyageur prétend avoir fait; le juge peut rejeter la preuve testimoniale si le fait du dépôt et du vol lui paraît contraire à toutes les probabilités résultant des circonstances de la cause. Nous l'avons dit plus haut en citant un exemple emprunté à la jurisprudence (n° 139). Mais, pour le moment, il ne s'agit pas de la preuve du dépôt, ni de la preuve de la valeur des effets volés. Pour que la question de l'étendue de la responsabilité puisse s'élever, il faut que le dépôt et le vol soient établis; alors on peut demander si l'aubergiste devra indemniser le voyageur de toute la perte que celui-ci a éprouvée, ou si la responsabilité doit être modérée, limitée. Cette seconde question est toute différente de la première. Il faut donc voir si le législateur a donné au juge, en ce qui concerne l'étendue de la responsabilité, le même pouvoir discrétionnaire qu'il lui a accordé pour la preuve du dépôt. Ecoutons le Tribunat : « L'article du projet qui déclare l'aubergiste responsable, encore que les effets n'aient point été remis à sa garde personnelle, étant supprimé, l'article 1952 et l'article 1348 *paraîtront dictés tous deux par le même esprit; tous deux laisseront dans le domaine du juge ce qu'ils ne pouvaient en retirer sans les inconvénients les plus grands* (1). »

Voilà une étrange interprétation. La disposition retranchée sur la proposition du Tribunat n'avait rien de commun avec l'étendue de la responsabilité de l'aubergiste; elle reproduisait le principe de l'ancien droit qui exigeait, pour que l'aubergiste fût responsable, que les effets, précieux ou

---

(1) Observations du Tribunat, n° 4 (Locré, t. VII, p. 315).

non, lui eussent été remis; le code n'admet pas cette condition, qui est relative au principe de la responsabilité. Va-t-on inférer de là que le code entend donner au juge un pouvoir discrétionnaire pour limiter l'étendue de la responsabilité? Le raisonnement n'a pas de sens. Reste l'article 1952, qui dit tout le contraire de ce que le Tribunat lui fait dire; loin de limiter la responsabilité de l'aubergiste, il la déclare illimitée. Si le Tribunat avait voulu formuler dans la loi le pouvoir discrétionnaire qu'il réclamait pour le juge dans l'intérêt de l'aubergiste, il aurait dû modifier la rédaction des articles 1952 et 1953, car cette rédaction est incompatible avec un pouvoir discrétionnaire. Nous concluons que le code ignore ce prétendu pouvoir discrétionnaire, et le texte de la loi doit l'emporter sur les observations du Tribunat.

Notre interprétation est confirmée par une autorité qu'on ne s'attendrait pas à trouver en opposition avec l'opinion du Tribunat; Favard de Langlade, le rapporteur du Tribunat, ne reproduit pas la doctrine énoncée dans les *Observations* de la section de législation dont il était l'organe; il se borne à rappeler l'article 1348, qui, dit-il, en laissant au juge la faculté d'ordonner ou de rejeter, suivant les circonstances, la preuve offerte par le voyageur, lui permet de sauvegarder les intérêts du voyageur et ceux de l'aubergiste. Favard ne dit pas que le juge a un pouvoir discrétionnaire pour modérer la responsabilité de l'aubergiste, quand elle paraîtrait trop rigoureuse. La différence est grande entre le rapport de Favard et les *Observations* du Tribunat; celles-ci proposent un système que le code ignore, tandis que Favard se tient dans les limites de l'article 1348 (1).

158. Les auteurs sont divisés. La plupart s'en rapportent aux *Observations* du Tribunat, mais chacun les interprète à sa guise. Voici ce que dit le dernier auteur qui a écrit sur la matière. Le mot *effets* comprend l'argent et les choses précieuses; mais l'étendue de la responsabilité des aubergistes pour les effets de cette sorte dépend des cir-

(1) Favard de Langlade, Rapport, n° 16 (Locré, t. VII, p. 325).

constances que les juges du fait devront apprécier, en tenant
compte de tous les éléments qui peuvent influer sur leur
décision. Ainsi ils prendront en considération la condition
des voyageurs, les habitudes de l'hôtel, *et ils se montre-*
ront plus ou moins faciles à consacrer la responsabilité
de l'aubergiste ou de l'hôtelier, suivant que l'établissement
de ce dernier sera tenu dans des conditions modestes ou
qu'il paraîtra destiné à recevoir des voyageurs dont le rang
et la fortune supposent qu'ils doivent porter avec eux des
bijoux ou d'autres objets précieux. L'auteur confond ici,
comme le fait le Tribunat, la question de preuve avec la
question de responsabilité. Le juge doit tenir compte de
toutes ces considérations quand il s'agit de savoir si le
voyageur a apporté dans l'hôtel des valeurs considérables
ou des choses précieuses, et si ces choses ou valeurs ont
été volées. Si le tribunal trouve que la réclamation du
voyageur est en opposition avec toutes les probabilités de
la cause, il ne l'admettra pas à la preuve testimoniale; ce
qui aboutira à rejeter la demande. Mais si le voyageur est
admis à la preuve, et s'il la fournit, le juge aura-t-il encore
le pouvoir de modérer la responsabilité de l'aubergiste?
Pont semble le dire, puisqu'il admet que le juge se mon-
trera *plus ou moins facile à consacrer la responsabilité de*
l'aubergiste. Non; une fois la preuve faite, le juge doit
appliquer la responsabilité dans toute sa rigueur (1).

Nous avons admis une exception à cette décision rigoureuse dans les cas où il y aurait une faute à reprocher au
voyageur, négligence ou imprudence. Cette restriction résulte des principes généraux de droit; ce n'est plus là un
pouvoir discrétionnaire tel que le Tribunat l'entend, c'est
l'appréciation de la faute de l'aubergiste; faute que la loi
présume, mais faute qui, en fait, peut être diminuée ou
même cesser par la faute du voyageur. C'est à cet élément
du débat que les éditeurs de Zachariæ semblent s'attacher
exclusivement (2). En cela ils s'écartent de l'opinion du Tribunat qui, dans ses Observations, ne parle pas de la faute

(1) Pont, *Des petits contrats,* t. 1, p. 237, n° 531.
(2) Aubry et Rau, t. IV, p. 629 et suiv., note 10, § 406.

de l'aubergiste et se montre uniquement préoccupé de la rigueur de la responsabilité qui pèse sur lui, et qui, pour modérer cette rigueur, voulait accorder au juge un pouvoir discrétionnaire, non-seulement pour la preuve des effets et du vol, mais aussi pour l'étendue de la responsabilité.

159. La jurisprudence n'a pas de théorie, elle n'invoque pas les Observations du Tribunat, et elle applique généralement la responsabilité sans restriction aucune, sauf à tenir compte, pour la modérer, de la faute du voyageur. Une somme de 2,400 francs en or est volée à un voyageur anglais. Sur l'action par lui intentée contre l'hôtelier, celui-ci objecte que les hôteliers ne répondent pas de sommes considérables, à moins que les voyageurs ne leur en fassent la déclaration. La cour de Paris se prononça contre l'hôtelier en se fondant sur les termes de l'article 1952, qui rend l'hôtelier responsable des *effets apportés* par le voyageur; la cour ajoute que la somme de 2,400 francs pouvait être conservée *sans imprudence* par le voyageur, parce qu'elle n'était pas disproportionnée avec sa fortune et ses besoins (1). Ainsi la cour applique la responsabilité, quels que soient les effets apportés par le voyageur, et elle ne la modère que lorsqu'il y a une imprudence à reprocher au voyageur. C'est notre doctrine.

Il y a des décisions qui restreignent le texte de la loi. On lit dans un arrêt de la cour de Paris que la responsabilité de l'aubergiste ne peut s'étendre qu'aux effets que les voyageurs apportent avec eux pour les nécessités du voyage, qu'on doit la restreindre dans les termes où raisonnablement on peut croire que les aubergistes consentiraient à l'accepter (2). Il est inutile de s'arrêter à ces restrictions qui ajoutent à la loi des conditions tout à fait arbitraires.

La cour de cassation s'est montrée plus sévère, mais plus juste, en cassant un arrêt qui avait déchargé l'hôtelier de toute responsabilité, par la raison que le voyageur était en faute et bien qu'il s'agît de diamants (3). Un arrêt de la

---

(1) Paris, 26 décembre 1838 (Dalloz, au mot *Dépôt*, n° 174, 2°). Comparez Rouen, 11 août 1824 (Dalloz, *ibid*, n° 177).
(2) Paris, 21 novembre 1836 (Dalloz, au mot *Dépôt*, n° 175, 2°).
(3) Cassation, 11 mai 1846 (Dalloz, 1846, 1, 192).

cour de Paris, bien différent de celui que nous venons d'analyser, décide que l'hôtelier est responsable, quoiqu'il s'agisse
de bijoux. L'hôtelier objectait que le voyageur aurait dû
lui déclarer les choses précieuses; la cour répond qu'aucune
disposition ne prescrit la déclaration préalable des effets
apportés (1).

160. La loi exige que le voyageur ait apporté les effets
dans l'auberge pour que l'hôtelier en soit responsable. Cette
condition résulte de la nature même du contrat en vertu
duquel l'aubergiste est responsable; c'est un dépôt, il faut
donc qu'il y ait tradition de la chose déposée (art. 1919).
Dans le dépôt ordinaire, la tradition se fait entre les mains
du dépositaire. L'ordonnance de 1667, en autorisant la
preuve testimoniale des dépôts faits par les voyageurs, voulait aussi que les choses fussent remises entre les mains de
l'hôte ou de l'hôtesse. Pothier, se fondant sur une loi romaine, enseignait également qu'il ne suffisait point que le
voyageur eût apporté ses effets dans l'auberge au vu et au su
de l'aubergiste, s'il ne les lui avait pas expressément données
en garde (2). Nous avons dit qu'une disposition conçue en
ce sens avait été rejetée, sur les observations du Tribunat.
Le texte du code est formel, il se contente de l'apport dans
l'auberge (3); de sorte que la responsabilité de l'aubergiste
peut se trouver engagée à son insu. Cela n'est pas très-
juridique; l'hôtelier est responsable comme dépositaire; or,
le dépôt, comme tout contrat, exige le concours de consentement des parties contractantes, et peut-il y avoir consentement alors que l'une des parties ignore le fait sur
lequel le consentement doit intervenir? Il faut supposer
que l'aubergiste consent à se charger des effets par cela
seul qu'un voyageur descend dans un hôtel, tout voyageur
ayant nécessairement des effets, et ces effets devant être
déposés dans l'hôtellerie.

161. L'apport, qui, aux termes du code, suffit pour engager la responsabilité de l'aubergiste, implique que les

---

(1) Paris, 29 août 1844 (Dalloz, 1846, 2, 84).
(2) Pothier, *Du dépôt*, n° 79.
(3) Aubry et Rau, t. IV. p. 628, note 5, § 406, et les autorités qu'ils
citent.

effets ont été déposés dans l'auberge ou dans ses dépen-
dances, quand il s'agit d'objets qui doivent être déposés
dans une cour, une remise ou une écurie. Toutefois la doctrine et la jurisprudence s'accordent à admettre que l'aubergiste serait responsable même des objets qui, à raison
de leur volume ou de l'exiguïté de l'auberge, n'auraient
pas pu être reçus dans l'établissement et seraient restés
sur la voie publique. La cour de Paris dit que la loi n'exige
pas que les effets du voyageur soient dans l'intérieur de
l'auberge; il est vrai qu'elle ne le dit pas en termes formels, mais les mots *apportés par le voyageur qui loge
chez les aubergistes* supposent certainement un dépôt dans
l'établissement; cela résulte aussi de la notion même du
dépôt. Tout ce que l'on peut dire en faveur de l'opinion générale, c'est que le voyageur doit compter sur la surveillance de l'aubergiste en ce qui concerne les effets qu'il
transporte avec lui, sauf à l'aubergiste à l'exercer selon
les circonstances, soit dans l'intérieur de l'établissement,
soit à l'extérieur; c'est sur la foi de cet engagement que les
voyageurs descendent chez lui, et comme l'aubergiste en
fait son profit, il est juste qu'il en supporte les charges (1).

162. La responsabilité de l'aubergiste est engagée par
le fait de l'apport dans l'auberge; elle dure aussi longtemps
que le dépôt continue. Que faut-il décider si le voyageur,
en quittant l'auberge, y laisse des effets, soit par oubli,
soit volontairement? Il n'y a pas de doute que l'aubergiste,
qui reste dépositaire, ne soit responsable comme tel. Mais
est-ce à titre de dépôt volontaire ou de dépôt nécessaire?
La différence est grande à cause des dispositions exceptionnelles des articles 1952 et 1953. Il nous semble que le dépôt reste un dépôt nécessaire, par cela seul qu'il est fait
par un voyageur dans une auberge; et le dépôt ne perd
pas ce caractère quand le voyageur quitte l'hôtel; il n'est
pas même requis qu'il y loge (n° 153); donc le dépôt
reste ce qu'il était quand le voyageur cesse de loger (2).

(1) Paris, 15 septembre 1808 et 14 mai 1839 (Dalloz, au mot *Dépôt*, n° 172,
1° et 2°). Comparez Aubry et Rau, t. IV, p. 629, note 6, § 406, et Pont,
t. I, p. 239, n° 532.
(2) Merlin, *Questions de droit*, au mot *Dépôt nécessaire* (t. V, p. 189).

Seulement il faut le concours de volonté de l'aubergiste pour que le dépôt continue ; il n'est pas obligé de conserver les effets du voyageur quand celui-ci quitte l'hôtel, car alors il n'est plus voyageur à son égard.

———×◇×———

CHAPITRE III.

DU SÉQUESTRE.

———

SECTION I. — Des diverses espèces de séquestre.

163. « Le séquestre, dit Pothier, est une espèce de dépôt que deux ou plusieurs personnes, qui ont une contestation sur une chose, font de la chose contentieuse à un tiers qui s'oblige de la rendre, après la contestation terminée, à celle d'entre elles à qui il sera décidé qu'elle doit être rendue. » L'article 1956 a emprunté cette définition à Pothier en l'appliquant au séquestre conventionnel, mais il a modifié la définition en un point, en disant que le séquestre est le dépôt fait par *une* ou plusieurs personnes. C'est une faute de rédaction que l'on a de la peine à comprendre, les auteurs du code ayant eu Pothier sous les yeux, et Pothier explique longuement que le séquestre diffère du dépôt ordinaire précisément par le nombre des personnes qui y interviennent ; dans le séquestre, il y a au moins trois parties, puisque, outre le dépositaire, il faut *deux déposants* qui, ayant des intérêts contraires, sont des parties différentes, et qui sont chacun déposants pour le total d'une chose que chacun d'eux prétend lui appartenir pour le total ; tandis que le dépôt ordinaire se contracte entre deux parties, le déposant et le dépositaire ; et lorsque plusieurs personnes déposent ensemble une chose qui leur est commune, elles ne forment toutes qu'une partie, et chacune d'elles ne la dépose que pour la part qu'elle y a(1).

164. Le séquestre est ou conventionnel ou judiciaire (art. 1955). Il y a cette différence entre les deux dépôts que le séquestre judiciaire est ordonné par le juge, tandis que le séquestre conventionnel se fait du consentement des parties sans intervention du juge.

Pothier dit que le terme de *séquestre* ne se prend pas seulement pour le contrat, mais aussi pour la personne à qui la garde de la chose contentieuse est confiée par le contrat. Le code emploie le mot en ce sens dans l'art. 2060, 4°, et le code de procédure dans l'article 681. Duvergier remarque qu'il faut dire, à la louange des auteurs du code civil, que, dans le titre du *Dépôt,* ils ont évité de confondre sous une même dénomination la convention et la personne qui la consent, le dépôt et le dépositaire. Nous ferons de même,

SECTION II. — Du séquestre conventionnel.

165. « Le séquestre conventionnel est le dépôt fait par une (lisez *deux*) ou plusieurs personnes d'une chose contentieuse entre les mains d'un tiers qui s'oblige de la rendre, après la contestation terminée, à la personne qui sera jugée devoir l'obtenir » (art. 1956).

166. « Le séquestre peut n'être pas gratuit » (article 1957); tandis que le dépôt proprement dit est essentiellement un contrat de bienfaisance(art. 1917). En disant que le séquestre conventionnel *peut* n'être pas gratuit, la loi décide implicitement que ce contrat est gratuit de sa nature; tandis que le séquestre judiciaire est salarié. Il faut dire plus : le séquestre conventionnel qui n'est pas gratuit cesse d'être un dépôt. Pothier dit que, dans ce cas, le séquestre tient plutôt du louage que du dépôt; il en conclut que le dépositaire à titre de séquestre est tenu de la faute légère, de même que celui qui loue ses services (2).

(1) Pothier, *Du dépôt*, nos 84 et 85.
(2) Pothier, *Du dépôt*, n° 90. Duvergier, *Du prêt,* p. 580, n° 529. Troplong, *Du dépôt*, n° 261. Comparez Zachariæ, traduction de Massé et Vergé, t. V, p. 15, § 741, note 1.

L'article 1958 est conçu dans le même sens : « Lorsque le séquestre est gratuit, dit le code, il est soumis aux règles du dépôt proprement dit, sauf les différences signalées dans les articles 1959 et 1960 »; ce qui implique que le séquestre salarié n'est pas régi par les principes du dépôt. Nous venons d'en donner un exemple d'après Pothier.

167. Le dépositaire a action contre le déposant à raison des dépenses de conservation qu'il a faites (art. 1947). Il a de plus une action pour le payement du salaire, s'il s'agit d'un séquestre conventionnel qui stipule un salaire. On demande contre qui le dépositaire peut agir. Qu'il ait action contre celle des parties qui obtient gain de cause, cela va sans dire, puisqu'il résulte du jugement que c'est dans l'intérêt de cette partie que le dépôt a été fait. Le dépositaire a-t-il aussi action contre la partie qui succombe? Nous le croyons, et c'est l'opinion générale. La raison en est que cette partie intervient au contrat, elle est déposante, donc soumise aux actions qui naissent du dépôt contre le déposant.

Reste à savoir si le dépositaire a action pour le tout contre chacun des déposants. Pothier enseigne que chacune des parties déposantes est solidairement tenue envers le dépositaire, par la raison que chacune de ces parties est déposante pour le total (1). Il y a cependant un motif de douter. La solidarité n'existe qu'en vertu de la loi ou de la convention. De solidarité légale il n'y en a pas, dans l'espèce. Quant à la solidarité conventionnelle, elle doit être expressément stipulée (art. 1202). Il n'y a donc pas de solidarité en vertu de la nature de l'engagement, comme il y a une indivisibilité par la nature de l'obligation.

168. Quelles sont les règles qui régissent le séquestre conventionnel? Le code ne s'occupe pas du séquestre salarié, sans doute parce que ce n'est pas un dépôt (n° 166). Quant au séquestre gratuit, il est régi par les règles du dépôt, sauf les différences suivantes que le code signale.

D'après l'article 1959, « le séquestre peut avoir pour

---

(1) Pothier, *Du dépôt*, n° 89. Aubry et Rau, t. IV, p. 631, note 3, § 408, Pont, t. I, p. 249, n° 549. Comparez Massé et Vergé sur Zachariæ, t. V, p. 16, note 3 du § 741.

objet, non-seulement des effets mobiliers, mais même des immeubles. » Le séquestre d'un immeuble donne au dépositaire des droits et lui impose des obligations qui se concilient difficilement avec le contrat de dépôt. Le dépositaire doit seulement garder la chose; les immeubles n'ont pas besoin d'être gardés. Quel est donc l'objet du séquestre d'un immeuble? Le dépositaire doit administrer, percevoir les fruits; il est, par conséquent, administrateur plutôt que dépositaire (1).

169. L'article 1960 établit une seconde différence entre le séquestre conventionnel et le dépôt. Il porte : « Le dépositaire chargé du séquestre ne peut être déchargé, avant la contestation terminée, que du consentement de toutes les parties intéressées, ou pour une cause jugée légitime. » Il faut le consentement de toutes les parties intéressées. C'est la conséquence du séquestre. Le dépositaire ne s'oblige pas, comme dans le dépôt ordinaire, à rendre la chose à la première demande du déposant (art. 1944); car la convention porte qu'il doit rendre la chose, après le jugement, à la partie qui obtiendra gain de cause. Pendant le cours de l'instance, le dépositaire est obligé de conserver le dépôt, à moins que toutes les parties ne s'entendent pour l'en décharger. Toutes les parties intéressées, dit la loi. On entend par parties intéressées les déposants; cela est d'évidence, parce que les déposants sont parties au contrat; et si tous ceux qui parlent au contrat s'entendent pour mettre fin au séquestre, il va sans dire que le dépositaire devra rendre la chose déposée; on rentre alors dans la règle de l'article 1944.

L'expression *parties intéressées* n'a-t-elle pas un sens plus large? ne faut-il pas y comprendre les tiers qui sont intervenus dans l'instance (Code de proc., art. 339-341)? Cette question a fait au conseil d'Etat l'objet d'une de ces discussions embrouillées qui diminuent singulièrement l'autorité que l'on aime à attacher aux travaux préparatoires du code civil; on ne sait pas même, de l'aveu de tous les auteurs, ce que le conseil d'Etat a voulu. Réal, l'ora-

_____
(1) Pont, *Des petits contrats*, t. I, p. 250, n° 553.

teur du gouvernement, tranche la difficulté dans l'Exposé des motifs, en disant que l'article 1960 s'applique à toutes les personnes qui, par leur intervention au procès, ont manifesté des prétentions qui rendent leur concours nécessaire lors de la restitution. Cela est trop absolu ; le dépositaire ne peut pas connaître les intervenants ; c'est donc à ceux-ci de se faire connaître ; encore les déposants peuvent-ils contester la nécessité de leur concours ; dans ce cas, le tribunal décidera (1).

170. L'article 1960 permet au dépositaire de se décharger du séquestre pour une cause jugée légitime. Pothier en donne des exemples : une infirmité habituelle qui lui serait survenue, un long voyage qu'il aurait à faire (2). C'est une exception au droit commun. Le dépositaire ne peut pas rendre la chose avant l'expiration du terme exprès ou tacite pendant lequel il s'est obligé de la garder (n° 121). Régulièrement le dépositaire devrait donc garder le séquestre jusqu'à la fin du procès. C'est sans doute parce que le procès peut durer bien plus longtemps que les dépôts ordinaires que la loi admet le dépositaire à demander sa décharge plus tôt. Le tribunal décidera si la cause est légitime.

SECTION III. — Du séquestre ou dépôt judiciaire.

171. L'intitulé paraît assimiler entièrement et confondre le *séquestre* judiciaire et le *dépôt* judiciaire. Il y a cependant une différence essentielle qui a été signalée par Pothier et, à sa suite, par les auteurs modernes. Pothier traite, dans des paragraphes distincts, du *séquestre* et du *dépôt* ordonnés par justice. Ce qui caractérise le *séquestre,* c'est que la chose dont le tribunal ordonne le dépôt est litigieuse ; tandis que le *dépôt* judiciaire ne suppose aucun litige. Ainsi l'article 1961 considère comme un séquestre le dépôt des meubles saisis sur un débiteur ; ces meubles ne sont pas

(1) Duvergier, *Du prêt*, p. 581, n° 532. Pont, t. I, p. 251, n° 555. Réal, Exposé des motifs, n° 13 (Locré, t. VII, p. 319).
(2) Pothier, *Du dépôt*, n° 88.

litigieux, donc il n'y a point de séquestre. Pothier a raison de qualifier cette mesure ordonnée par le juge de *dépôt* judiciaire. Il en est de même des choses qu'un débiteur offre pour sa libération; ces choses ne sont pas litigieuses, il n'est pas contesté qu'elles appartiennent au débiteur ; donc il n'y a pas lieu d'en ordonner le séquestre (art. 1961, 3°). C'est seulement dans le second cas prévu par l'article 1961 qu'il y a séquestre judiciaire, lorsque la propriété ou la possession d'une chose est litigieuse entre deux ou plusieurs personnes. A la vérité, le séquestre et le dépôt sont, en général, régis par les mêmes principes, mais il y a des différences; il vaut donc mieux les distinguer, comme le fait Pothier (1).

§ Ier. *Du séquestre judiciaire.*

172. Le séquestre judiciaire est-il un dépôt, c'est-à-dire un contrat? Domat répond que le séquestre judiciaire diffère du séquestre conventionnel en ce que celui-ci est un contrat, tandis que l'autre est un règlement ordonné par le juge. Cela est trop absolu. Il est vrai que le juge ordonne toujours le séquestre, mais il peut permettre aux parties intéressées de remettre la chose entre les mains d'un dépositaire dont elles conviennent entre elles; dans ce cas, il se forme, entre les parties qui déposent et le tiers qui se charge du séquestre, une convention, puisqu'il y a concours de consentement. Mais, lorsque le juge nomme un dépositaire d'office, il n'intervient pas de concours de volontés; donc il ne se forme pas de contrat. Pothier dit qu'il y a, dans ce cas, un quasi-contrat qui produit, entre le dépositaire et les parties litigantes, les obligations qui résultent du séquestre conventionnel (2).

173. Aux termes de l'article 1961, 2°, « la justice *peut* ordonner le séquestre d'un immeuble ou d'une chose mobi-

---

(1) Duvergier, *Du prêt*, p. 585, n° 536. Pothier, *Du dépôt*, n°s 91, 98 et 99.

(2) Domat, *Des lois civiles*, livre I, tit. VII, Introduction. Pothier, *Du dépôt*, n° 98.

lière dont la propriété ou la possession est litigieuse entre deux ou plusieurs personnes. » Il résulte du texte de la loi que le séquestre judiciaire est facultatif. Quand le juge doit-il user de cette faculté? Loysel nous apprend quelle était, dans ce qu'on appelle le bon vieux temps, l'utilité, pour mieux dire, la nécessité du séquestre : « Quand les preuves des possessions sont incertaines, ou qu'il y a crainte que l'on ne vienne aux mains, la complainte est fournie et les choses contentieuses sont séquestrées. » Le bon vieux temps était le temps où régnait la force; heureusement la force a fait place au droit; et les parties plaidantes ne songent plus à s'arracher la possession les armes à la main. C'est donc seulement quand la possession ou la propriété est incertaine qu'il y a lieu au séquestre; mais l'incertitude ne suffit point, puisque le séquestre est facultatif. Notre question revient donc. Les juges ont, en cette matière, un pouvoir discrétionnaire; la jurisprudence nous dira dans quel esprit ils exercent ce pouvoir.

On lit dans un arrêt de la cour de Liége : « Le séquestre d'une propriété est une *mesure extrême* qui prive le propriétaire, pour un temps indéterminé, de l'exercice et de la jouissance de ses droits; par conséquent, elle ne doit être prononcée par le juge que dans des *cas très-graves*, tels que celui où la propriété est contestée et où son exercice pourrait présenter des dangers et des chances telles, que le dommage deviendrait irréparable. » Il faut donc qu'il y ait un danger pour l'une des parties dans la possession dont jouit la partie adverse, pour que le juge puisse dépouiller provisoirement le propriétaire de l'exercice de son droit. Ce qui légitime cette exception, c'est que le droit du propriétaire est attaqué et que le litige rend sa propriété incertaine. Dans l'espèce, la cour de Liége décida qu'il n'y avait pas lieu au séquestre judiciaire, parce que la contestation ne portait que sur des servitudes usagères réclamées par des communes dans une forêt; la propriété était certaine, les limites de la propriété résultant des servitudes étaient seules contestées. La jouissance du propriétaire pendant l'instance pouvait causer un préjudice aux usagers en supposant leurs droits établis; mais, dans cette supposition, elles avaient une action en dommages-intérêts, action dont la position du propriétaire assurait l'exercice (1).

174. Le juge peut donc ne pas ordonner le séquestre. Dans une espèce jugée par la cour de cassation, il s'agissait de la possession d'un fossé. Sur l'appel, le tribunal avait décidé que les parties avaient simultanément et sans trouble exercé des actes de possession; il en conclut que l'on ne pouvait accorder la possession à l'une au préjudice de l'autre; qu'il fallait se borner à les maintenir dans la possession respective qui leur était acquise, sauf à elles à se pourvoir au pétitoire. Pourvoi en cassation de l'un des voisins; il soutenait que, dans l'état des faits, le tribunal aurait dû ordonner le séquestre. Arrêt de rejet qui décide que le juge a toujours la faculté d'ordonner le séquestre ou de ne pas l'ordonner (2).

175. C'est surtout en matière de succession que la propriété est contestée et devient incertaine quand il y a un légataire universel et que les héritiers exclus demandent la nullité du testament. Suffit-il qu'il y ait une action en nullité pour que les droits du légataire soient incertains et qu'il y ait lieu de nommer un séquestre? Le légataire universel a la saisine quand il n'y a pas d'héritiers réservataires, il est propriétaire et possesseur : le juge lui enlèvera-t-il l'exercice de ses droits sur une demande trop souvent inspirée par le dépit et la vengeance? La jurisprudence maintient le principe formulé par la cour de Liége (n° 173). Il n'y a lieu, dit un arrêt de Bruxelles, à enlever la possession au légataire, pour la confier à un dépositaire, que lorsqu'il se rencontre des circonstances impérieuses et des raisons majeures (3). Dans une espèce où le testament était valable en la forme, il a été jugé que provision est due au titre authentique : les héritiers attaquaient le testament pour cause de démence et de captation, mais les enquêtes n'étaient pas encore levées; de sorte que l'on ne pouvait

---

(1) Liége, 17 juillet 1833 (*Pasicrisie*, 1833, 2, 204). Comparez Liége, 26 novembre 1818 (*Pasicrisie*, 1818, p. 220), et Gand, 11 août 1860 (*Pasicrisie*, 1861, 2, 239).

(2) Rejet, 28 avril 1813 (Dalloz. au mot *Action possessoire*, n° 691).

(3) Bruxelles, 3 janvier 1823 (*Pasicrisie*, 1823, p. 326).

savoir si l'action était sérieuse. Les juges saisis de la demande en nullité peuvent toujours ordonner le séquestre quand ils le jugent convenable (1).

Quand il y a un danger sérieux à laisser la possession au légataire, le juge doit ordonner le séquestre. Le testateur lègue tous ses biens à sa servante. Il se trouvait dans la succession un riche mobilier que la légataire pouvait facilement dissiper ; et, au cas où elle eût été condamnée à le restituer, elle ne présentait aucune garantie de solvabilité. La cour de Bruxelles maintint la nomination d'un dépositaire que le président du tribunal de Gand avait ordonnée (2). Cette mesure ne pouvait nuire à la légataire, dont les droits demeuraient intacts et ne couraient aucun danger ; tandis que les droits éventuels des héritiers eussent été compromis si les biens n'avaient pas été mis sous séquestre. Si la possession que l'une des parties conserve pendant le litige n'est pas de nature à causer un dommage à l'autre, il n'y a pas lieu à séquestre (3) ; ce serait dépouiller le propriétaire de l'usage de sa propriété sans nécessité pour la partie adverse.

L'un des héritiers forme une action en partage : son cohéritier peut-il demander que les biens soient mis sous séquestre ? Il y a un motif de douter ; il est certain que les biens appartiennent par indivis à tous les cohéritiers, et le droit de chacun paraît tout aussi certain, puisqu'il est écrit dans la loi. Néanmoins le juge a le droit d'ordonner le séquestre ; il y a, en effet, incertitude et instance en ce qui concerne les biens qui appartiendront à chacun des copartageants ; dans cet état de choses, l'un pourrait posséder des biens sur lesquels il sera reconnu plus tard qu'il n'a jamais eu de droit, et cette possession peut compromettre les droits de l'héritier dans le lot duquel les biens tomberont (4).

Ce que nous disons de la succession s'applique à la communauté. Il y a de plus une difficulté particulière à ce ré-

(1) Liége, 11 juillet 1822 (*Pasicrisie*, 1822, p. 207).

(2) Bruxelles, 22 juin 1814 (*Pasicrisie*, 1814, p. 123). Comparez Gand, 16 juillet 1857 (*Pasicrisie*, 1858, 2, 5).

(3) Comparez Colmar, 17 décembre 1812 (Dalloz, au mot *Dépôt*, no 221).

(4) Agen, 8 janvier 1825 (Dalloz, au mot *Dépôt*, no 224).

gime qui peut rendre la propriété incertaine. On y distingue les acquêts et les propres ; si les parties ne sont pas d'accord sur les biens qui sont propres ou acquêts, il y a incertitude sur la propriété ; ce qui autorise le juge à ordonner le séquestre des biens dont la nature est litigieuse (1).

176. L'application de l'article 1961 donne lieu à de nombreuses contestations ; la partie qui ne possède pas est toujours disposée à demander le séquestre contre celle qui possède ; on demande si le juge a un pouvoir discrétionnaire pour ordonner le séquestre. Cela est douteux. Un premier point est certain, c'est que l'article 1961 est applicable, quelle que soit la cause qui rende la propriété ou la possession incertaine. Les actions en nullité, en rescision, en résolution tendent à déplacer la propriété ; si l'action est admise, la partie qui possède cessera d'être propriétaire et l'autre sera censée avoir toujours eu la propriété ; en ce sens, la propriété est incertaine ; l'issue du procès décidera qui est propriétaire. Cela suffit pour que les droits du demandeur puissent être compromis par la possession du défendeur ; on est donc dans le texte et dans l'esprit de la loi.

Un mariage est attaqué après la mort de l'un des époux ; par suite, la communauté entre les époux et la succession du prédécédé deviennent litigieuse ; dès lors le juge peut, si la prudence l'exige, ordonner le séquestre de tous les biens du défunt (2).

Les héritiers à réserve demandent la nullité d'une vente consentie par leur auteur comme déguisant une donation, au préjudice de leurs droits. Y a-t-il lieu à prononcer le séquestre ? Il est certain que l'action rend litigieuse la propriété des biens vendus. Et, en fait, il était établi que l'acquéreur commettait des dégradations en coupant des bois de haute futaie. Le séquestre fut ordonné (3).

Le vendeur d'un immeuble demande la rescision de la vente pour cause de lésion : y a-t-il incertitude de la propriété ? Par le fait de la demande, oui, puisqu'elle tend à

---

(1) Rejet, 21 décembre 1826 (Dalloz, au mot *Dépôt*, n° 226, 6°).
(2) Bruxelles, 2 septembre 1831 (*Pasicrisie*, 1831, p. 249).
(3) Poitiers, 29 janvier 1813 (Dalloz, au mot *Dépôt*, n° 226, 3°).

rescinder, c'est-à-dire à annuler la vente. Mais l'acheteur
a le droit de maintenir son acquisition en payant le supplément du juste prix. Du moment qu'il use de ce droit, il n'y
a plus de litige quant à la propriété; donc il n'y a pas lieu
de mettre le bien sous séquestre. Mais le juge aurait ce
droit tant que l'acheteur n'use pas de la faculté que la loi
lui accorde, car l'action du demandeur a pour objet, non
le payement d'un supplément, mais l'annulation de la vente;
donc elle rend la propriété incertaine (1).

L'acheteur ne paye pas le prix; le vendeur agit en résolution de la vente; par suite, la propriété devient incertaine; l'acheteur, menacé d'être évincé, peut abuser de sa
jouissance et compromettre les droits du vendeur : c'est le
cas de prononcer le séquestre (2).

177. Autre est la question de savoir si le juge peut ordonner le séquestre dans tous les cas où cette mesure aurait
pour objet de conserver les droits de l'une des parties, alors
même que la propriété et la possession ne seraient pas litigieuses. L'affirmative est généralement admise par la doctrine et par la jurisprudence. Elle nous paraît douteuse.
L'ordonnance de 1667 laissait la plus grande latitude au
juge; elle portait (titre XIX, art. 2) : « Les séquestres
pourront être ordonnés d'office en cas que les juges estiment
qu'il y a nécessité de le faire. » Mais les auteurs du code
civil n'ont pas reproduit cette disposition; ils ont, au contraire, précisé le cas où le juge pourrait ordonner le séquestre en le limitant : il faut que la propriété ou la possession d'une chose soit litigieuse. Ces termes restrictifs,
comparés avec les termes de l'ordonnance, témoignent que
le législateur n'a pas voulu accorder au juge un pouvoir
discrétionnaire. Et il y avait de bonnes raisons pour cela :
le séquestre déroge aux droits du possesseur, à qui il enlève
la possession; cette dérogation doit être une rare exception, sinon elle porte atteinte au droit de propriété (3).

Il y a des auteurs qui distinguent. Ils admettent que le

---

(1) Bourges, 8 mars 1822 (Dalloz, au mot *Dépôt*, n° 226, 1°).
(2) Toulouse, 29 août 1827 (Dalloz, au mot *Dépôt*, n° 226, 2°).
(3) Troplong, *Du dépôt*, n°ˢ 293 et 294. Massé et Vergé sur Zachariæ,
t. V, p. 16, note 3 du § 742.

juge jouit d'un pouvoir discrétionnaire lorsque le séquestre est provoqué au cours d'une instance que le demandeur a introduite pour obtenir la mise en possession d'une chose, n'importe en vertu de quel titre; mais ils ne lui reconnaissent pas ce pouvoir lorsque le séquestre est demandé par voie d'action principale ou incidente (1). La distinction nous paraît peu juridique. Si le pouvoir du juge est limité, la raison en est dans le respect que la loi a pour les droits des citoyens; et si on lui reconnaît un pouvoir illimité, c'est pour empêcher que l'exercice de ces droits ne cause un dommage irréparable à l'une des parties litigantes; peu importe donc comment la demande est formée. A notre avis, il faudrait un texte pour que le juge eût le pouvoir discrétionnaire qu'on lui reconnaît; or, le texte de l'article 1961 est restrictif, si on le compare à l'ordonnance de 1667; cela nous paraît décisif.

178. La jurisprudence est divisée. La plupart des arrêts admettent le pouvoir discrétionnaire. Cela se comprend : les nécessités pratiques l'emportent sur la rigueur du droit. On lit dans un arrêt de la cour de Bourges que le pouvoir accordé aux juges d'ordonner le séquestre des objets litigieux est indéfini et confié à la discrétion des tribunaux. A l'objection puisée dans l'article 1961, la cour répond que cette disposition n'est pas restrictive, que la loi cite une espèce dans laquelle le séquestre peut être ordonné, mais qu'elle ne contient pas défense de l'ordonner dans d'autres cas (2). C'est une série d'affirmations auxquelles nous avons répondu d'avance. Le vrai motif qui a engagé les tribunaux à dépasser les limites de l'article 1961, c'est que le séquestre est une mesure conservatoire, dont l'utilité est incontestable dans des cas où le texte de l'article 1961 ne peut recevoir son application. Il en est ainsi en matière de société; la cour de Paris a jugé que les dispositions de l'article 1961 ne sont point limitatives, et que la justice peut ordonner le séquestre des objets sociaux toutes les fois que

---

(1) Pont, t. I, p. 255, n° 560, d'après Aubry et Rau, t. IV, p. 632, note 4, § 409.

(2) Bourges, 8 mars 1822 (Dalloz, au mot *Dépôt*, n° 226, 1°).

l'intérêt des parties l'exige sérieusement (1). Les créanciers d'une société en déconfiture demandent la nomination d'un séquestre ; ils disent que c'est le seul moyen d'empêcher la suspension des travaux et la perte de leur gage commun. Dans de pareilles circonstances, il est difficile que le juge refuse d'ordonner ce qui est utile à tous et ne nuit à personne (2). Il y a un arrêt de la cour de Gand en ce sens ; elle invoque l'esprit de la loi ; si le texte paraît restreindre le pouvoir des tribunaux, l'esprit leur donne un pouvoir illimité quand il s'agit d'ordonner une mesure conservatoire que l'intérêt des parties exige (3). En fait, la décision est bonne, mais en droit ? La cour oublie qu'il y a une partie, celui que l'on dépouille de la possession ; il est intéressé à la conserver, et il est un peu dur pour lui d'être dépouillé d'une possession à laquelle il peut avoir droit et de devoir payer encore le séquestre qui administre malgré lui. Ce sont ces droits auxquels le séquestre porte une certaine atteinte qui ont engagé d'autres cours à s'en tenir strictement au texte du code (4). Il est contraire à tous les principes, dit la cour de Liége, qu'un propriétaire légitime soit entravé dans sa jouissance par la raison qu'il y aurait des mesures à prendre relativement au droit d'un tiers (5). C'est, à notre avis, la vraie doctrine.

179. On demande si l'article 1961 est applicable en cas de surenchère ou de folle enchère. La cour de Bordeaux a jugé que la surenchère, quoiqu'elle ne dépouille pas l'acquéreur de la propriété de l'immeuble, rend néanmoins cette propriété incertaine jusqu'au jour de l'adjudication, et qu'elle autorise, en conséquence, la mise de l'immeuble sous séquestre. Incertaine, oui ; mais peut-on dire qu'elle soit litigieuse ? La cour de Bordeaux a prévu l'objection en invoquant le principe, également contesté, que l'article 1961 n'est pas restrictif, qu'il est seulement indicatif. Elle a jugé, par la même raison, que la mise en séquestre de l'immeu-

---

(1) Paris, 23 janvier 1866 (Dalloz, 1866, 2, 28), et 4 mai 1867 (Dalloz, 1867, 2, 159).
(2) Lyon, 27 mars 1873 (Dalloz, 1875, 2, 149).
(3) Gand, 25 mai 1835 (*Pasicrisie*, 1835, 2, 214).
(4) Colmar, 2 janvier 1834 (Dalloz, au mot *Dépôt*, n° 228, 2°).
(5) Liége, 12 janvier 1813 (Dalloz, au mot *Dépôt*, n° 225).

ble peut être ordonnée pendant les poursuites de folle enchère, si l'adjudicataire commet des dégradations (1). Voilà
un de ces cas où le séquestre est nécessaire comme mesure
conservatoire, quoique l'on ne puisse pas dire que la propriété soit litigieuse, car il n'y a aucun litige sur la propriété.

180. Il y a des cas où la loi ordonne le séquestre, bien
qu'il n'y ait pas contestation sur la propriété ou la possession. L'article 602 dispose que les immeubles grevés d'usufruit seront mis sous séquestre lorsque l'usufruitier ne trouve
pas de caution. C'est une mesure conservatoire, mais il a
fallu un texte formel pour autoriser le juge à la prescrire.
De même le code de procédure (art. 681) décide qu'en cas
de saisie immobilière, si les immeubles saisis ne sont pas
loués ou affermés, le saisi restera en possession jusqu'à la
vente comme séquestre judiciaire. Enfin, d'après l'article 465 du code d'instruction criminelle, quand, après un
arrêt de mise en accusation, l'accusé n'aura pas été saisi,
ou ne se présentera pas dans les dix jours de la notification
qui lui aura été faite à son domicile, le président de la cour
d'assises rendra une ordonnance portant que les biens de
l'accusé seront séquestrés pendant l'instruction de la con-
tumace. Cette dernière disposition n'a rien de commun avec
le séquestre du code civil.

181. Qui peut être chargé du séquestre? Aux termes de
l'article 1963, le séquestre judiciaire est donné, soit à une
personne dont les parties intéressées sont convenues entre
elles, soit à une personne nommée d'office par le juge. Cette
disposition présente un doute : le juge peut-il nommer
le séquestre d'office, sans que les parties aient été appelées
à le désigner? Pothier enseignait que le jugement qui ordonne le séquestre porterait que le dépositaire serait convenu entre les parties, sinon nommé d'office. Le code n'a
pas reproduit cette doctrine; il s'exprime d'une façon alternative, ce qui implique un choix; il est certain que ce choix
ne peut pas dépendre des parties, il appartient par cela
même au juge; il a donc le droit de nommer d'office, sans

(1) Bordeaux, 17 mai 1831, et 23 juin 1840 (Dalloz, au mot *Dépôt*, n° 223).

que les parties aient été appelées à désigner un dépositaire (1).

Quand les parties conviennent d'un dépositaire chargé du séquestre, elles jouissent d'une entière liberté dans le choix qu'elles sont appelées à faire ; elles peuvent donc désigner l'une d'elles. Le juge a-t-il la même latitude ? A la rigueur, oui, puisqu'il n'y a pas de loi qui défende au juge de confier le séquestre à l'une des parties litigantes. Toutefois il y a des convenances à observer. Comme le dit très-bien la cour de Liége, il est dans l'esprit de la loi et dans la nature même de l'institution que les fonctions de séquestre soient, en général, confiées à un tiers, à moins que des circonstances toutes spéciales ne justifient la nomination de l'une des parties. C'est la doctrine de Pothier (2).

182. Le dépositaire judiciaire n'est pas un simple dépositaire ; il est chargé d'administrer les choses, d'ordinaire des immeubles, dont le séquestre lui est confié ; et des immeubles ne sont pas l'objet d'une garde, ils sont l'objet d'une administration. Voilà pourquoi la loi ne dit pas du séquestre judiciaire ce qu'elle dit du séquestre conventionnel, qu'il peut n'être pas gratuit (art. 1957) ; il n'est pas gratuit de sa nature, le dépositaire a droit à un salaire proportionné à la gestion dont il est chargé ; et il a action, de ce chef, contre ceux dans l'intérêt desquels il administre, alors même qu'il tiendrait sa nomination du tribunal ; dans tous les cas, il est mandataire, soit conventionnel, soit judiciaire. Il s'est même présenté un cas dans lequel le dépositaire avait été nommé par l'autorité administrative ; il s'agissait d'un cheval dont aucune des parties litigantes n'entendait être propriétaire ; le cheval, laissé à l'abandon, fut mis en fourrière par ordre du maire ; la cour de cassation a jugé que le gardien avait le droit de réclamer les frais de fourrière contre les deux parties engagées dans le litige (3).

(1) Comparez Rejet de la cour de cassation de Belgique, 9 mai 1838 (*Pasicrisie*, 1838, 1, 304).

(2) Pothier, *Procédure civile*, Partie II, ch. III, art. III, § III. Liége, 20 décembre 1856 (*Pasicrisie*, 1858, 2, 48). Comparez Toulouse, 13 mai 1812, et Paris, 2 juillet 1830 (Dalloz, au mot *Dépôt*, n° 232 et n° 82, 3°).

(3) Cassation, 27 avril 1859 (Dalloz, 1859, 1, 171).

183. Quelles sont les fonctions du dépositaire et quels sont ses pouvoirs? Il est administrateur, mais administrateur provisoire, et sa nomination est faite à titre de mesure conservatoire : tel est le principe dans lequel il puise son droit d'administrer. D'ordinaire le tribunal décide ce que le dépositaire a le droit de faire; et il résulte de l'esprit de l'institution que ces attributions doivent être restreintes dans des limites très-étroites, car il s'agit d'administrer la chose du propriétaire, malgré lui. Il a été jugé qu'un notaire, nommé à titre de séquestre pour administrer les biens d'une succession, aurait le droit de prendre toutes les mesures conservatoires nécessaires jusqu'à ce que le partage fût effectué, mais qu'il ne pourrait pas louer les biens sans le consentement des parties litigantes, sauf recours au juge au cas où elles seraient en désaccord; la restriction est motivée sur ce que, dans les circonstances de la cause, il pouvait être contraire à l'intérêt commun des parties de louer les biens séquestrés (1). Si le jugement ne déterminait point les actes que le dépositaire a le droit de faire, il devrait se borner aux actes de conservation, sauf à référer aux parties intéressées, s'il était nécessaire de faire un acte d'administration définitive, tel qu'un bail. La cour de Lyon a décidé que le séquestre nommé pour exercer les droits des héritiers du créancier d'une faillite n'avait pas qualité pour recevoir le payement, si le jugement ou l'ordonnance qui le nomme ne lui donne pas mandat à cet effet (2).

Quand nous disons que c'est le juge qui détermine les pouvoirs du dépositaire chargé du séquestre, nous n'entendons pas que le juge puisse lui conférer des pouvoirs illimités. Le juge lui-même est limité par la nature du mandat qu'il donne au dépositaire; c'est à titre de mesure conservatoire qu'il met les biens sous séquestre, et cette mesure doit concilier les droits divers qui sont contestés. D'un autre côté, les droits des tiers sur les biens séquestrés restent entiers; le juge ne peut pas y porter atteinte. Tel est le principe. L'application dépend des circonstances de la cause.

---

(1) Bruxelles, 21 novembre 1867 (*Pasicrisie*, 1868, 2, 384).
(2) Lyon, 18 avril 1874 (Dalloz, 1876, 2, 195).

Il est certain que celui qui administre une société à titre de séquestre doit avoir des pouvoirs plus étendus que celui qui administre les biens d'une succession ; le tribunal tiendra compte de cette différence de situations (1).

Nous citerons un exemple emprunté à la jurisprudence. Un débiteur tombe en déconfiture. Le président du tribunal, jugeant en référé, mit les biens du débiteur en séquestre et détermina les pouvoirs du gérant en lui donnant mission de recouvrer seul tout l'actif, et d'en faire la répartition entre les créanciers, toutes les fois que les sommes recouvrées excéderaient 4,000 francs, à la charge de rendre compte à qui de droit ; de plus, le jugement déclarait les créanciers qui avaient déjà dirigé ou qui se proposaient de diriger des poursuites contre leur débiteur, passibles des frais de procédure qu'ils pourraient faire. Cette décision, approuvée en appel par la cour de Lyon, a été cassée pour excès de pouvoir et fausse application de l'article 1961. La cour commence par rappeler que le débiteur en déconfiture n'est pas privé de l'administration de ses biens ; que ses créanciers conservent le droit de le poursuivre, et que le juge ne peut pas les priver arbitrairement de ce droit, ni les assujettir pour son exercice à des conditions que la loi ne prescrit point. Puis l'arrêt pose le principe qui détermine et limite les pouvoirs du dépositaire judiciaire. Le séquestre a pour but unique la conservation, soit d'une chose litigieuse, soit d'une chose affectée à la garantie des obligations du débiteur ; cette mesure peut bien autoriser le dépositaire qui en est chargé à faire les actes d'administration nécessaires à la conservation de la chose séquestrée, mais non empêcher un créancier d'exercer même sur cette chose son droit de poursuite. La cour ajoute que si ces principes d'ordre public lient le juge quand il prononce dans toute la plénitude de sa juridiction, ils lient, à plus forte raison, le juge des référés statuant d'urgence, et ne pouvant jamais préjudicier au principal (2).

184. Quand le dépositaire du séquestre agit dans les

(1) Lyon, 27 mars 1873 (Dalloz, 1875, 2, 149).
(2) Cassation, 17 janvier 1855 (Dalloz, 1855, 1, 11).

limites de ses pouvoirs, il oblige les parties litigantes dont il est le mandataire judiciaire. La cour de Bordeaux l'a jugé ainsi en appliquant au séquestre les principes du mandat. Dans l'espèce, le dépositaire, chargé d'administrer un domaine litigieux, avait fait un emprunt de 6,000 francs pour fournir aux frais d'exploitation : le prêteur avait-il une action directe contre le propriétaire? D'après les principes du mandat, l'affirmative n'est pas douteuse. Il s'agit donc de savoir si ces principes sont applicables au séquestre. La cour dit que le dépositaire chargé du séquestre est un mandataire judiciaire. En effet, il s'agit moins de garder la chose litigieuse que de l'administrer; ce qui caractérise le mandat plutôt que le dépôt; celui qui contracterait avec un dépositaire pour des dépenses nécessaires n'aurait pas d'action directe contre le déposant, mais la situation du dépositaire judiciaire est différente, les tiers traitent avec lui comme représentant des parties litigantes; ils doivent donc avoir action contre les parties (1).

185. Quand finit le séquestre judiciaire? Le dépositaire qui en est chargé doit administrer la chose litigieuse tant que le litige dure; donc le jugement qui met fin au litige met fin aussi au séquestre (2).

Quand ses fonctions cessent, le dépositaire judiciaire doit rendre compte de sa gestion, notamment des fruits qu'il a perçus. C'est encore une conséquence de la nature particulière du séquestre. Le dépositaire ordinaire n'a pas de compte à rendre, puisqu'il n'agit point; tandis que celui qui est chargé d'un séquestre administre, et tout administrateur est comptable (3).

§ II. *Du dépôt judiciaire.*

186. D'après l'article 1961, 1°, la justice peut ordonner le séquestre des meubles saisis sur un débiteur. Nous avons déjà dit que le code appelle séquestre ce qui, à vrai dire, est un simple dépôt (n° 171). La loi, confondant le dépôt

---

(1) Bordeaux, 27 juillet 1830 (Dalloz, au mot *Dépôt*, n° 239).
(2) Bruxelles, 20 avril 1820 (*Pasicrisie*, 1820, p. 107).
(3) Lyon, 23 juin 1831 (Dalloz, au mot *Vente*, n° 1377).

avec le séquestre, lequel est essentiellement facultatif, dit
que le juge *peut* ordonner que les meubles saisis soient mis
sous séquestre. Cela n'est pas exact. Le code de procédure
veut qu'il y ait un gardien des meubles saisis, par la raison
qu'il importe, dans l'intérêt du saisissant, d'empêcher le
détournement ou la détérioration des objets saisis. C'est
l'huissier qui constitue le gardien au nom de la justice (1).
(Code de proc., art. 596 et 597.)

187. Ce gardien diffère des dépositaires ordinaires tout
ensemble et de ceux qui sont chargés d'un séquestre. Pothier dit que l'établissement d'un gardien est une espèce de
dépôt, puisque le gardien est chargé de garder les meubles
saisis ; mais il ajoute que c'est improprement que l'on qualifie de dépôt l'établissement d'un gardien, puisque le gardien doit être payé de sa garde ; le tarif du 16 février 1807
fixe le salaire qui lui est dû (art. 34) ; tandis que le dépôt
est essentiellement gratuit. Le contrat tient du louage plus
que du dépôt. Il s'ensuit que l'article 1927 n'est pas applicable au gardien ; il est soumis au droit commun en ce qui
concerne la faute dont il répond (art. 1962).

Envers qui le gardien est-il responsable? Quoique constitué par l'huissier au nom de la justice, ce n'est pas à
l'égard de l'huissier que le gardien est tenu, et bien moins
encore à l'égard de la justice ; le gardien est censé contracter avec le saisissant, dans l'intérêt duquel la saisie est pratiquée et le gardien constitué.

Le gardien diffère de celui qui reçoit un dépôt à titre de
séquestre. Celui-ci gère, il administre, il possède au nom
des parties litigantes. Le gardien n'a que la garde des
effets saisis ; la possession reste au débiteur saisi, de même
que la propriété. C'est en ce sens qu'une vieille maxime dit :
Main de justice ne dessaisit personne (2).

188. L'article 1962 détermine les obligations qui résultent de l'établissement d'un gardien judiciaire. Celui-ci
doit représenter les effets saisis, soit à la décharge du saisissant pour la vente, soit à la partie contre laquelle les

---

(1) Duvergier, *Du prêt*, p. 587, n° 537. Pont, t. I, p. 257, n° 564.
(2) Pothier, *Du dépôt*, n°ˢ 92 et 93.

exécutions ont été faites en cas de mainlevée de la saisie. D'après le code civil, le gardien était contraignable par corps, comme garantie des obligations que la loi lui impose (art. 2060, 4°) ; on sait que la contrainte par corps est abolie en France et en Belgique.

De son côté, le saisissant s'oblige à payer au gardien le salaire déterminé par la loi.

189. Nous avons supposé jusqu'ici que le gardien est constitué par l'huissier. Le code de procédure permet au saisi, pour éviter les frais de garde, de présenter un gardien solvable et réunissant les conditions requises par la loi. Ce gardien doit être accepté par le saisissant, ou par l'huissier au nom du saisissant. S'il est accepté, il se forme entre les parties un véritable contrat de dépôt. C'est la remarque de Pothier, que le législateur a suivi en cette matière. Le gardien sera, dans ce cas, tenu envers le saisi et le saisissant, puisque l'un et l'autre interviennent au contrat de dépôt ; tandis que le gardien constitué par l'huissier ne contracte qu'avec le saisissant (1).

190. Toutefois le gardien présenté par le saisi et agréé par le saisissant ne doit pas être assimilé, en tout, à un dépositaire ordinaire. Pothier dit qu'il y a une différence en ce qui concerne la faute dont il est tenu ; comme il est présenté en lieu et place d'un gardien que l'huissier constituerait, il doit présenter les mêmes garanties ; il est donc soumis à la responsabilité générale de l'article 1137, et non à la responsabilité exceptionnelle de l'article 1927 ; cela résulte de la nature même du contrat et de l'intention des parties contractantes (2).

191. Il y a un deuxième cas dans lequel, aux termes de l'article 1961, 3°, la justice peut ordonner le séquestre : c'est quand un débiteur offre des *choses* pour sa libération. Lorsque le débiteur doit une somme d'argent, l'intervention du juge n'est point requise ; nous renvoyons à ce qui a été dit au titre des *Obligations*. S'il doit un corps certain et déterminé, et que le contrat n'indique point le lieu où il

(1) Pothier, *Du dépôt*, n° 95.
(2) Pothier, *Du dépôt*, n° 96.

doit faire le dépôt, le débiteur doit s'adresser à la justice. Le juge accordera, en ce cas, l'autorisation de déposer la chose entre les mains de la personne qu'il désignera (article 1264). Cette personne sera un dépositaire judiciaire; on lui appliquera donc l'article 1963 pour ce qui concerne ses droits et ses obligations.

TITRE XIII.

DES CONTRATS ALÉATOIRES.

CHAPITRE Ier.

NOTIONS GÉNÉRALES.

192. L'article 1964 définit le contrat aléatoire en ces termes : « C'est une convention réciproque dont les effets, quant aux avantages et aux pertes, *soit pour toutes les parties, soit pour l'une ou plusieurs d'entre elles,* dépendent d'un événement incertain. » Il y a une autre définition dans l'article 1104 qui définit le contrat *commutatif* et le contrat *aléatoire* : « Il est *commutatif* lorsque *chacune des parties* s'engage à donner ou à faire une chose qui est regardée comme l'équivalent de ce qu'on lui donne ou de ce qu'on fait pour elle. Lorsque l'équivalent consiste dans la chance de gain ou de perte *pour chacune des parties,* d'après un événement incertain, le contrat est aléatoire. » Les deux définitions diffèrent. Celle de l'article 1104 semble exiger, pour que le contrat soit aléatoire, qu'il y ait chance de gain ou de perte pour *chacune des parties* ; tandis que, d'après l'article 1964, le contrat est aléatoire lorsque les effets, quant aux avantages et aux pertes, dépendent d'un événement incertain, *soit pour toutes les parties, soit pour l'une d'elles.* Laquelle de ces définitions est la meil-

leure? Cette question est très-controversée, quoique de pure
théorie : quand même on admettrait, et c'est notre avis,
que la définition de l'article 1104 est la bonne, il n'en serait
pas moins vrai, légalement parlant, que le contrat est aléatoire en vertu de l'article 1964, quand même il n'y aurait
chance de gain ou de perte que pour l'une des parties.

Il faut voir avant tout quel est le sens de l'article 1964.
Les auteurs du code ont emprunté cette disposition à Pothier. D'après lui, il y a deux espèces de contrats aléatoires.
La première, quand une seule des parties contractantes
s'expose à un risque au profit de l'autre partie, laquelle
s'oblige de lui payer le prix de ce risque, sans qu'elle s'expose à aucun risque de son côté. Tel est le contrat d'assurance. Il n'y a que l'une des parties, l'assureur, qui se
charge des risques de l'assuré. L'autre partie, l'assuré,
s'oblige à payer la prime, qui est le prix de ce risque, mais
sans qu'il s'expose lui-même à un risque.

Dans la seconde espèce de contrats aléatoires, chacune
des parties se charge réciproquement d'un risque qui est le
prix de celui dont l'autre se charge. Tel est le contrat de
rente viagère. Le crédirentier court le risque de ne recevoir rien ou presque rien pour le capital qu'il a fourni au
débirentier s'il vient à mourir peu après le contrat; ce
risque que court le crédirentier est le prix de celui que
court, de son côté, le débirentier de payer au crédirentier
le double ou le triple du prix de cette chose si le crédirentier a une longue vie. Pothier ajoute que le contrat de jeu
est de cette seconde espèce.

Il n'y a de difficulté que pour le contrat d'assurance.
Pothier vient de nous dire en quel sens l'assureur seul
court un risque, tandis que l'assuré n'en court aucun. L'assuré ne court aunu risque, et il faut ajouter, avec les
auteurs modernes qui suivent l'opinion de Pothier, que
l'assuré n'a aucune chance de gain. Dès l'instant du contrat, sa situation est fixée; son obligation consiste à payer
la prime, et il la paye, qu'il y ait un sinistre ou qu'il n'y en
ait pas. N'y a-t-il pas de sinistre, il aura perdu toutes les
primes qu'il a payées pendant de longues années. Arrive-
t-il un sinistre, il reçoit une indemnité : est-ce à dire qu'il

gagne? Non, car il n'est pas plus riche après qu'avant; tout ce que l'on peut dire, c'est qu'il évite de perdre.

À notre avis, cette doctrine est plus subtile que vraie. Il y a pour l'assuré, comme pour l'assureur, chance de gain et de perte. Que l'assuré ait une chance de perte, tout le monde l'admet, puisque, dans l'opinion contraire à la nôtre, on soutient qu'il est sûr de perdre. Mais on conteste qu'il ait une chance de gain. Nous disons qu'il gagne quand le sinistre éclate, car il reçoit une indemnité bien plus forte que la prime qu'il a payée; son gain est plus ou moins grand, selon que le sinistre arrive peu ou longtemps après le contrat; voilà une chance qu'il court. On prétend que l'indemnité qu'il reçoit n'est pas un gain; il ne s'enrichit pas, dit-on, il ne perd rien. Ici est, nous semble-t-il, la subtilité. Par le sinistre, l'assuré est en perte; il a perdu peut-être tout ce qu'il possédait, une maison, une fabrique. Quand je perds 100,000 francs, et que cette perte est réparée par l'indemnité que je touche, dira-t-on que je ne gagne rien? Je regagne ce que je viens de perdre; et mon gain est énorme, car pour une faible prime que j'ai acquittée pendant une année, l'assureur me paye une indemnité de 100,000 francs. J'ai donc une chance de gain; elle consiste en ceci, c'est qu'en cas de sinistre, la perte que j'éprouverai sera réparée moyennant une prime plus ou moins élevée. Il n'est pas même exact de dire que dès le contrat ma situation est fixée, immuable; le chiffre de la prime est fixé, mais on ne sait pas pendant combien d'années je la payerai, en supposant qu'il arrive un sinistre; ce peut être un an, ce peut être cinquante ans. Ma perte n'est donc pas certaine, comme on le prétend, car le chiffre en est incertain. J'ai, par conséquent, une chance de perdre plus ou moins et, par suite, j'ai aussi une chance de gagner plus ou moins, puisque je puis toucher mon indemnité de 100,000 francs après avoir payé la prime pendant cinquante ans ou après l'avoir payée pendant un an. Voilà une chance dont on ne tient pas compte dans l'opinion que nous combattons (1).

(1) Mourlon, d'après Delvincourt, t. III, p. 422, n° 1075. En sens contraire, Pont, t. I, p. 262, n° 575, et les auteurs qu'il cite.

193. L'article 1964, après avoir défini le contrat aléa-toire, ajoute : « Tels sont le contrat d'assurance, le prêt à grosse aventure, le jeu et le pari, le contrat de rente via-gère. Les deux premiers sont régis par les lois maritimes. » A s'en tenir à cette dernière disposition, on pourrait croire qu'il n'y a que des assurances maritimes ; tout le monde sait qu'il y a des assurances terrestres d'une variété que l'on peut dire infinie, puisqu'on en fait tous les jours de nouvelles applications à des chances qui ne manquent point dans les relations civiles. Les plus usuelles de ces applica-tions existaient déjà lors de la rédaction du code civil ; le législateur aurait donc dû établir des règles pour les assu-rances terrestres, comme il en établit pour les assurances maritimes ; c'est une lacune. Il n'y a pas de loi concernant les assurances contre l'incendie, qui deviennent tous les jours plus fréquentes, ni pour les autres assurances dont le nombre va également croissant. Dans le silence de la loi, on doit recourir aux principes généraux qui régissent les obligations conventionnelles, comme on le fait pour les contrats innomés ; et, légalement parlant, le contrat d'as-surance civile est un contrat innomé, puisque le code ne le prévoit pas et n'en trace pas les règles. Quant aux assu-rances maritimes, elles sont régies par le code de com-merce, dont les dispositions sont invoquées, par analogie, dans les débats qui s'élèvent sur les assurances terrestres. Notre travail étant limité au code civil, nous laissons de côté les assurances, soit terrestres, soit maritimes (1).

194. L'article 1964 range parmi les contrats aléatoires le jeu et le pari. Cette disposition a aussi donné lieu à des controverses sans fin. On demande si le jeu et le pari sont réellement des contrats, c'est-à-dire des contrats civils? Ou n'engendrent-ils qu'une obligation naturelle? Ou sont-ils en tout illicites? Nous avons répondu, en partie, à ces ques-tions au titre des *Obligations*. A notre avis, et c'est l'opi-nion générale, le jeu et le pari ne produisent que des obli-gations naturelles, sauf dans les cas où, par exception, la

---

(1) Il a paru plusieurs traités sur la matière des assurances. Voyez Za-chariæ, traduction de Massé et Vergé, t. V, p. 19, note 1.

loi accorde une action pour. les dettes de jeu. Cela implique qu'en principe le jeu et le pari ne sont pas des contrats civils. Les derniers auteurs qui ont écrit sur la matière soutiennent, au contraire, que le jeu et le pari sont des contrats civils. Comme on se prévaut de cette théorie nouvelle pour en déduire des conséquences juridiques, nous sommes obligé de la combattre.

Le code civil, dit-on, ne prohibe pas le jeu, comme le faisait le droit romain ; loin de là, il l'élève au rang de contrat civil ; en effet, il en traite au titre des *Contrats aléatoires*, contrats qui sont certainement civils ; et il le met sur la même ligne que le contrat de rente viagère et que les contrats maritimes d'assurance et de prêt à grosse aventure (art. 1964) ; tous ces contrats ont donc la même nature ; si les uns sont civils, on ne peut pas contester que le jeu et le pari le soient également (1). L'argument de texte est d'une faiblesse extrême. En plaçant le jeu et le pari au nombre des contrats aléatoires et, par conséquent, parmi les contrats civils, l'article 1964 a-t-il entendu dire que le jeu et le pari sont toujours des contrats civils ? Ce n'est pas l'article 1964 qui décide la question, ce sont les articles 1965-1967 qui règlent la matière. Or, que dit le premier de ces articles ? « La loi n'accorde aucune action pour une dette de jeu ou pour le payement d'un pari. » Voilà la règle pour le jeu et le pari en général. Est-ce en déniant toute action à ceux qui jouent ou qui parient que le législateur a élevé leurs conventions au rang de contrats civils ? N'est-il pas de l'essence d'un contrat de donner une action aux parties contractantes ? Un contrat qui ne donne pas d'action n'existe pas aux yeux de la loi civile ; et on veut que ce soit un contrat civil ? L'article 1966 dit que, par exception, il y a des jeux pour lesquels la loi accorde une action. Tels sont les jeux que l'article 1964 met sur la même ligne que les autres contrats aléatoires ; et voilà pourquoi le législateur a pu logiquement traiter du jeu au titre des *Contrats* ; mais cela n'est vrai que par exception ;

(1) Pont, *Des petits contrats*, t. I, p. 278, n° 603. Pilette, dans la *Revue pratique*, t. XV, p. 441 et suiv. Pont cite encore une consultation de Coin-Delisle.

et c'est une assez mauvaise logique que de transformer
l'exception en règle, alors que la règle formulée par l'article 1965 dit tout le contraire de ce qu'on lui fait dire.

·L'esprit de la loi est tout aussi évident que le texte.
Que dit Pothier, le guide habituel des auteurs du code
Napoléon? Il distingue le for extérieur et le for de la conscience. La loi dénie toute action à ceux qui jouent; c'est
dire que la loi prive leur convention d'exécution dans le for
extérieur. Mais comme le jeu ne contient en soi rien d'illicite, le contrat ne laisse pas d'exister dans le for de la conscience. Cette obligation, qui n'a d'effet que dans le for
intérieur, est ce que l'on appelle d'ordinaire une obligation
naturelle. D'après le code, il faut aller plus loin; le jeu, de
même que toutes les obligations naturelles, produit un effet
dans le for extérieur; d'après l'article 1967, le perdant ne
peut pas répéter ce qu'il a volontairement payé; et tel est
aussi l'effet que l'article 1237 attache aux obligations naturelles. Voilà la théorie de Pothier et celle du code; ce
n'est certes pas la théorie des contrats civils (1).

Nous arrivons aux travaux préparatoires, dont on ne
tient aucun compte dans l'opinion que nous combattons.
Pour expliquer l'article 1965, qui refuse toute action pour
les dettes de jeu, l'orateur du gouvernement dit, dans l'Exposé des motifs, que l'on cherche vainement une cause des
engagements contractés par les joueurs, qu'on n'en voit
aucune (2). Or, qu'est-ce qu'une convention qui manque de
cause? L'article 1131 répond que l'obligation sans cause
ne peut avoir aucun effet. C'est dire que le jeu n'existe point
à titre de contrat; et un contrat inexistant serait-il un contrat civil? La question n'a point de sens.

Le rapporteur du Tribunat professe la même doctrine,
mais plus sévère. Il demande si le jeu et le pari sont des
causes licites d'obligation; et il répond : Le jeu n'est pas
une cause licite d'obligation, parce qu'il n'est pas nécessaire,
qu'il n'est pas utile et qu'il est extrêmement dangereux (3).
L'explication conduit à la même conséquence juridique, car

(1) Pothier, *Traité du contrat du jeu*, n° 55.
(2) Portalis, Exposé des motifs, n° 7 (Locré, t. VII, p. 342).
(3) Siméon, Rapport, n° 4 (Locré, t. VII, p. 349).

l'article 1131 dit de la cause illicite ce qu'il dit du défaut de cause : l'obligation sur cause illicite ne peut avoir aucun effet. C'est dire énergiquement que le jeu n'est pas un contrat, car il n'existe pas, aux yeux de la loi.

Duveyrier, l'orateur du Tribunat, est encore plus sévère; il traite le jeu de monstre antisocial; bien qu'il affecte la figure et le maintien d'un contrat, le jeu ne mérite pas sans doute la protection que la loi accorde aux contrats ordinaires. « Je parle de la loi civile, dit Duveyrier, qui ne peut s'occuper du jeu que sous le rapport prétendu entre ses folles conventions et le lien légitime d'un engagement réciproque. Et, sous ce rapport, la loi civile doit seulement le *dédaigner*, le *méconnaître, lui refuser son appui* (1). » Ainsi la loi ne connaît pas le jeu, elle l'ignore. C'est dire, en termes un peu excessifs, que le jeu n'est pas un contrat, aux yeux de la loi civile.

195. Le code ne traite que de deux contrats aléatoires, le jeu et la rente viagère; quant au pari, il se confond avec le jeu : le jeu et le pari, dit l'orateur du Tribunat, produits par les mêmes causes, dirigés par les mêmes motifs, sont soumis aux mêmes règles. A vrai dire, le jeu n'est qu'une espèce de pari. Nous avons déjà dit que le code ne parle pas du plus usuel des contrats aléatoires, du contrat d'assurance. Les contrats aléatoires sont très-nombreux. Duveyrier cite la vente de la nue propriété d'un immeuble : le vendeur et l'acheteur traitent sur une chance, la durée incertaine de la vie de l'usufruitier. Il en est de même de la vente d'une hérédité, quand l'objet de la vente est le droit incertain du vendeur à une succession : il vend et l'acheteur achète une chance. Nous ne traiterons, comme le font tous les auteurs, que des contrats aléatoires prévus par le code civil.

(1) Duveyrier, Discours, n° 3 (Locré, t. VII, p. 354).

CHAPITRE II.

DU JEU ET DU PARI (1).

§ Ier. *Principe.*

196. « La loi n'accorde aucune action pour une dette de jeu ou pour le payement d'un pari » (art. 1965). Portalis expose assez longuement les motifs pour lesquels le jeu ne produit aucune action, c'est-à-dire aucun contrat civil (2). Quand le jeu n'est qu'un délassement, il n'a rien d'illicite ; mais les récréations ne sont pas du ressort de la loi et de la justice ; en ce sens, Pothier dit que les joueurs peuvent bien recevoir licitement les sommes modiques qu'ils ont gagnées en s'amusant, mais ces jeux innocents ne sauraient donner une action en justice. Si la loi consacre les contrats et les place sous la protection de la justice, la raison en est que les conventions sont nécessaires à l'homme pour qu'il puisse se procurer les choses sans lesquelles la vie physique, intellectuelle et morale serait impossible ; à ce titre, le jeu ne méritait certes pas une place dans le code. Quand le jeu prend de l'importance à raison du montant pécuniaire des engagements que les joueurs contractent, il n'est plus une distraction, c'est la passion du gain qui en est le mobile. Le législateur ne réprouve certes pas le désir du gain ; il favorise, au contraire, le développement de la richesse, parce que la richesse est un instrument de progrès et de civilisation. Mais il n'en est ainsi que de la richesse qui est le produit du travail. Le travail est la destinée de l'homme, il moralise en même temps qu'il enrichit. Or, tel n'est pas

---

(1) Sources : Pothier, *Traité du contrat du jeu.* Troplong, *Des contrats aléatoires*, Paris, 1845, 1 vol. in 8°. Pont, *Des petits contrats*, t. 1 (Paris, 1863).

(2) Portalis, Exposé des motifs, n° 7 (Locré, t. VII, p. 42. Pothier, *Du jeu*, n° 50.

le gain que l'on fait au jeu, c'est le hasard qui le procure; et, loin de contribuer au développement intellectuel et moral des joueurs, il l'entrave et l'empêche, car le jeu détourne du travail et devient par là une source de vices. C'est une raison décisive pour que le législateur le proscrive, au moins en ce sens qu'il refuse son appui aux engagements que les joueurs contractent. Le législateur doit toute sa faveur au travail, parce que telle est la mission de l'homme; donc il doit réprouver le jeu qui détourne du travail. C'est donc par un motif d'ordre public que la loi refuse toute action pour les dettes de jeu, car il n'y a pas de plus grand intérêt pour la société que le travail, et, par conséquent, rien de plus dangereux et de plus nuisible que le jeu qui détourne l'homme du travail.

197. L'article 1965 met le pari sur la même ligne que le jeu. C'est une innovation. L'ancien droit, qui réprouvait le jeu comme un délit, ne punissait pas le pari, sans doute parce qu'il est moins dangereux. Au point de vue des principes, il n'y a aucune différence entre le pari et le jeu; le pari, qui est une récréation de famille, n'a rien de sérieux, il sert de prétexte pour faire des cadeaux; la justice ne se mêle pas de ces innocents plaisirs. Que si le pari devient une spéculation, il se confond entièrement avec le jeu et doit, par conséquent, être soumis aux mêmes règles, comme le dit Duveyrier (n° 194).

198. Le principe établi par l'article 1965 reçoit une exception pour certains jeux prévus par l'article 1966 : « Les jeux propres à exercer au fait des armes, les courses à pied ou à cheval, les courses de chariot, le jeu de paume et autres jeux de même nature qui tiennent à l'adresse et à l'exercice du corps sont exceptés de la disposition précédente. » Portalis dit, dans l'Exposé des motifs, que ces sortes de jeux sont utiles et qu'on les a peut-être trop négligés dans nos temps modernes. L'orateur du gouvernement fait allusion aux exercices gymnastiques que les Grecs aimaient avec passion; les barons du moyen âge s'y livraient avec la fureur guerrière qui était le principe de leur existence, tandis que nos mœurs pacifiques les ont fait tomber en désuétude. Portalis a raison de dire qu'on les

néglige trop ; non que nous devions vivre dans les armes,
comme jadis, mais nous n'en devons pas moins être armés,
puisque nous avons notre liberté et notre patrie à défendre;
la dernière guerre entre la France et l'Allemagne a montré
ce que valent des soldats élevés depuis leur enfance dans
les exercices du corps. Le texte et l'esprit de la loi concourent donc pour déterminer la portée et la limite de l'exception établie par l'article 1966. La loi excepte les jeux
qui tiennent à l'adresse et à l'exercice du corps et qui, par
suite, rendent les hommes aptes au fait des armes. Elle
donne des exemples qui tous se rapportent à des jeux gymnastiques ; ces exemples n'ont évidemment rien de limitatif,
il peut y en avoir d'autres : tels sont les exercices que l'on
fait dans nos écoles ou sociétés de gymnastique. Mais le
principe est certainement restrictif, car il consacre une
exception à l'article 1964, et toute exception est de stricte
interprétation ; donc on doit la limiter aux exercices qui
développent la souplesse et l'adresse du corps. Cela exclut
les jeux intellectuels. Sur ce point, le rapporteur et l'orateur du Tribunat se sont trompés. Siméon établit le principe de l'exception en termes beaucoup plus larges : « Les
jeux d'exercice, ceux qui ne sont pas fondés sur le pur
hasard, *et auxquels se mêlent des calculs et des combinaisons*, ces jeux sont utiles, les uns à développer les forces
physiques, *les autres à exercer les forces intellectuelles* (1). »
Le rapporteur étend l'exception, et, en l'étendant, il se
place en dehors de la loi. Duveyrier l'avoue : « La *loi*,
dit-il, excepte tous les jeux propres à exercer l'adresse, la
force et la légèreté ; et l'on peut, *quoiqu'elle n'en parle pas,
comprendre dans la même exception* ces jeux composés de
combinaisons ingénieuses, connus des anciens et cultivés à
Athènes comme le plus honorable délassement, parce qu'ils
exercent aussi la sagacité, la méditation, la présence d'esprit et toutes les facultés intellectuelles qui peuvent seules
y disputer l'avantage (2). » Dire que l'on peut comprendre
dans une exception ce que la loi n'y comprend pas, c'est

---

(1) Siméon, Rapport, n° 5 (Locré, t. VII, p. 349).
(2) Duveyrier, Discours, n° 5 (Locré, t. VII, p. 355).

avancer une hérésie juridique ; et avouer que la loi ne parle pas des jeux intellectuels, c'est reconnaître que ces jeux, étant en dehors de l'exception, rentrent par cela même dans la règle. Nous ajouterons que le législateur a bien fait de ne pas étendre l'exception aux jeux où l'intelligence joue un rôle, ces jeux n'ont pas pour but de développer et de fortifier l'intelligence ; Kant, qui se délassait tous les soirs en jouant aux cartes, ne le faisait certes point en guise d'exercice intellectuel ; et quelque savantes que soient les combinaisons du jeu d'échecs (1), une heure d'étude et de réflexion vaut certes mille fois mieux comme gymnastique de l'intelligence. La doctrine et la jurisprudence sont en ce sens. On a fait une réclamation en faveur du jeu de billard (2) ; si Pont avait écrit après la malheureuse guerre de 1870, nous doutons qu'il eût pris parti pour ce jeu ; il s'est trouvé en lutte des officiers très-forts au billard, dit-on, et des officiers nourris dans l'étude et fortifiés par la gymnastique ; on sait pour qui se prononça la victoire. Il y a quelque chose de mieux pour la jeunesse et l'âge mûr que le jeu, en le considérant même comme un exercice des facultés du corps et de l'intelligence, c'est le travail, c'est-à-dire le développement de nos facultés, sauf à user du jeu comme d'un délassement. C'est la théorie du code, car les jeux qu'il excepte sont, en réalité, des exercices gymnastiques.

199. L'article 1966, tout en admettant que les dettes de jeu donnent lieu à une action quand il s'agit de jeux qui tiennent à l'adresse et à l'exercice du corps, ajoute une réserve : « Néanmoins le tribunal peut rejeter la demande quand la somme lui paraît excessive. » Portalis explique très-bien le motif de cette restriction : « On conçoit, dit-il, que des citoyens qui jouent à un jeu d'adresse ou d'exercice peuvent, pour soutenir entre eux l'émulation et l'intérêt, stipuler un prix pour le plus adroit ou le mieux exercé. Mais si le gain ou le prix convenu est immodéré, il devient *illicite,* parce que dès lors la cause d'un tel gain cesse

---

(1) Troplong, Massé et Vergé se sont prononcés en faveur du jeu d'échecs ; leur opinion est restée isolée (Pont, t. I, p. 290, n° 610).
(2) Pont, t. I, p. 289, n° 609. La doctrine et la jurisprudence sont contraires.

d'être proportionnée à l'objet qui doit le produire (1). » Le gain n'est plus un accessoire du jeu et un stimulant, il est l'objet principal que les parties ont en vue; quant au jeu, il est l'occasion pour les parties de faire une convention dont l'unique but est de procurer à l'une un gain aux dépens de l'autre. Il suit de là que l'enjeu excessif fait dégénérer le jeu licite en jeu illicite. Voilà pourquoi la loi permet au juge de *rejeter* la demande de la partie qui a gagné; la loi ne dit pas que le juge peut la modérer; dès que la somme demandée et perdue par l'une des parties est excessive, c'est une preuve que les parties ne sont point dans l'exception, elles sont dans la règle; et, par conséquent, la demande doit être rejetée. La modérer seulement, ce serait transformer une convention illicite en une convention licite; ce qui est absurde (2).

Quand la somme est-elle excessive? On répond que le juge doit prendre en considération la fortune et la condition des parties, parce qu'une somme qui serait excessive pour des particuliers peut être modérée s'il s'agit de princes (3). Sans doute, l'excès est une chose relative; mais il doit s'estimer, nous semble-t-il, bien moins à raison de la fortune des joueurs qu'à raison de leur intention, c'est-à-dire de l'objet qu'ils ont principalement en vue : est-ce le jeu, l'exercice du corps, le tribunal accueillera la demande : est-ce le gain, le tribunal la rejettera. Dans le premier cas, la convention est licite; dans le second cas, elle est illicite.

200. L'article 1966 ne parle que des jeux corporels; il ne dit rien des paris. En faut-il conclure que l'exception ne s'applique point aux paris qui seraient faits pour les jeux de cette nature? On pourrait le soutenir, car le pari, compris dans la règle qui ne donne pas d'action, n'est pas compris dans l'exception qui donne une action pour certains jeux. Toutefois cette conséquence serait trop absolue. Il faut distinguer. Si le pari est fait par des personnes qui ne jouent point, elles ne peuvent invoquer le bénéfice de l'exception, car si la loi accorde une action aux joueurs, c'est

(1) Portalis, Exposé des motifs, n° 8 (Locré, t. VII, p. 343).
(2) Duranton, t. XVIII, p. 90, n° 111.
(3) Duranton, t. XVIII, p. 91, n° 112.

qu'elle veut favoriser les exercices corporels ; or, les paris de ceux qui ne prennent pas part à ces exercices ne peuvent certes les favoriser ; les jeux gymnastiques ne sont que l'occasion du pari ; le pari étant étranger aux jeux, on ne se trouve ni dans le texte ni dans l'esprit de l'exception ; donc on reste sous l'empire de la règle qui refuse l'action (1). Il n'en est pas de même quand ce sont des joueurs qui parient ; le pari sert, dans ce cas, d'enjeu ; c'est une autre forme de stipuler une somme qui sera payée par le perdant ; le pari est donc un stimulant pour les joueurs ; à ce titre il est légitime, au moins dans l'esprit de la loi. Reste la difficulté de texte ; l'article 1966 ne parle pas du pari, mais peu importe ; puisque le pari et le jeu se confondent, la loi qui légitime l'un, légitime l'autre ; de même qu'elle réprouve le pari, parce qu'elle réprouve le jeu. Seulement il faudra que le pari ne soit pas excessif ; dès que l'on applique l'article 1966, on doit l'appliquer en son entier. A l'appui de cette interprétation, nous citerons le rapport de Siméon : « La gageure, dit-il, ou pari a les mêmes vices originels et les mêmes dangers que le jeu ; comme lui, elle ne donne aucune action lorsqu'elle n'a de base que la recherche et l'amour du gain ; comme lui, elle est tolérée lorsqu'elle a un objet raisonnable ou plausible, des actes, par exemple, de force ou d'adresse, et qu'elle n'est pas immodérée (2). » Duveyrier dit aussi que le jeu et le pari sont soumis aux mêmes règles (3).

Les paris faits pour les courses de chevaux soulèvent une difficulté particulière. Qui sont les joueurs? Sont-ce les jockeys qui montent les chevaux, ou sont-ce les propriétaires auxquels ils appartiennent? Si la question devait se décider par l'article 1966, il faudrait dire que ces courses ne sont pas comprises dans l'exception, car ce n'est pas l'homme qui s'exerce, c'est le cheval ; et c'est le cheval qui est célébré comme vainqueur, ce n'est pas le jockey. En

---

(1) Voyez un curieux exemple de cette espèce de paris, dans un arrêt de la cour de Paris, 31 décembre 1874 (Dalloz, 1875, 2, 92), et Rejet, chambre criminelle, 18 juin 1875 (Dalloz, 1875, 1, 445).
(2) Siméon, Rapport, n° 5 (Locré, t. VII, p. 349).
(3) Duveyrier, Discours, n° 3 (Locré, t. VII, p. 353).

tout cas, les propriétaires ne participent aucunement aux jeux, il n'y a pour eux ni adresse ni exercice du corps. Donc on ne se trouve ni dans le texte ni dans l'esprit de l'exception. C'est bien là notre avis. L'opinion générale est contraire (1). Les courses de chevaux, dit-on, favorisent la transplantation et la propagation des races les plus propres à améliorer l'espèce : ce sont les termes d'une instruction ministérielle. C'est la raison pour laquelle l'Etat et les communes ont créé des primes auxquelles ont droit les propriétaires des chevaux, à l'exclusion des écuyers. Rien de mieux ; mais qu'est-ce que cela a de commun avec les jeux de l'article 1966 ? Le code civil a pour objet de former des hommes aptes à la guerre, il n'a pas songé aux chevaux ; les courses de chevaux sont donc étrangères à la disposition exceptionnelle établie pour les exercices des hommes.

§ II. *Effet de la convention du jeu ou du pari.*

Nº 1. DU DÉFAUT D'ACTION.

201. La loi n'accorde aucune action pour une dette de jeu (art. 1965). De là suit que si le gagnant agit en justice, le défendeur peut repousser la demande par une exception péremptoire. Mais que faut-il décider si le perdant n'oppose pas l'exception ? Le juge peut-il l'opposer d'office ? La question est controversée. Nous n'hésitons pas à admettre l'affirmative en termes absolus et sans distinction aucune. La solution dépend de la nature de l'exception : est-elle d'ordre public ? ou est-elle d'intérêt privé ? Et cette question elle-même dépend de la nature des dettes de jeu et du motif pour lequel ces dettes n'engendrent pas d'action. Dans notre opinion, les dettes de jeu sont des obligations naturelles ; par conséquent, elles n'ont aucune existence aux yeux de la loi ; elles ne produisent qu'un seul effet, c'est que, quand elles sont volontairement payées, elles ne donnent pas lieu à une action en répétition ; ainsi les dettes de

---

(1) Mourlon, t. III, p. 425, nº 1077⁴. Pont, t. I, p. 292, nº 613.

jeu, comme toutes les obligations naturelles, n'ont d'effet que lorsqu'elles sont éteintes par un payement volontaire. Tant qu'elles ne sont pas acquittées volontairement, la loi les ignore; c'est, légalement parlant, le néant. Ce caractère des dettes naturelles suffit pour décider notre question. Il en résulte que le juge ne peut pas baser sa condamnation sur une dette de jeu, car ce serait la baser sur le néant; il doit motiver sa décision : condamnera-t-il le débiteur par le motif qu'il a perdu une somme d'argent au jeu? Là où il n'y a pas de dette, il ne saurait y avoir de condamnation. Le juge est donc obligé de renvoyer le défendeur de la demande : c'est dire qu'il doit opposer l'exception d'office.

On nous objectera qu'il est contesté que les dettes de jeu soient des obligations naturelles, et qu'il est contesté encore que les dettes naturelles soient inexistantes aux yeux de la loi, à ce point qu'on puisse les comparer au néant; c'est donc, dira-t-on, décider une controverse par des principes controversés. Soit; nous laisserons de côté la théorie des obligations naturelles pour nous en tenir à l'article 1964 et aux motifs pour lesquels le législateur n'accorde aucune action pour les dettes de jeu. Portalis dit que ces dettes n'ont pas de cause; le rapporteur du Tribunat dit que la cause en est illicite, et Duveyrier en conclut que le législateur doit les ignorer ou les dédaigner (n° 194). Ainsi l'orateur du gouvernement et les orateurs du Tribunat s'accordent à établir ce principe que les dettes de jeu, ou n'ont point de cause, ou ont une cause illicite. Elles diffèrent, sous ce rapport, des obligations naturelles qui n'ont rien d'illicite; tandis que les dettes de jeu sont contraires à l'ordre public et aux bonnes mœurs. Elles sont contraires à l'ordre public parce que le jeu détourne les hommes du travail et que le travail est la base de l'ordre social. Le travail est aussi l'âme de l'ordre moral; le jeu, en nourrissant l'oisiveté, en donnant l'habitude de folles dépenses, devient une cause fatale d'immoralité. En ce sens les dettes de jeu ont un caractère illicite; la conséquence légale est qu'elles ne peuvent avoir aucun effet (art. 1131 et 1133). Dès lors on ne conçoit pas qu'elles servent de base à une condamnation. Le législateur les réprouve; il ne veut pas que le gagnant agisse en justice, il lui refuse l'action; et l'on veut que le juge accueille la demande, qu'il y fasse droit, qu'il condamne le perdant à payer ce qu'il ne doit pas! L'exception de jeu est donc essentiellement d'ordre public; donc, dans l'intérêt de l'ordre public, le juge doit l'opposer d'office.

Il est vrai que cette théorie des dettes de jeu est aussi controversée. On enseigne que les dettes de jeu n'ont rien d'illicite; que, loin de les réprouver, le législateur moderne les considère comme des contrats civils et leur donne une place dans le titre consacré aux contrats aléatoires. Nous avons répondu d'avance à l'objection (n° 194), en nous appuyant sur la tradition, sur le texte et sur l'esprit de la loi; nous allons compléter notre réponse en examinant la question spéciale qui fait l'objet du débat. La loi, dit-on, permet au perdant de payer sa dette; et s'il la paye, elle lui défend de répéter; ce qui prouve qu'il devait; or, s'il doit, et s'il peut payer volontairement, pourquoi ne lui permettrait-on pas de se laisser condamner à payer en n'opposant pas l'exception de jeu? Ne pas opposer l'exception, alors qu'il sait qu'il peut anéantir la demande en l'opposant, c'est bien consentir volontairement à payer la dette sous forme de sentence judiciaire; si le perdant a le droit de payer volontairement hors de justice, il doit aussi avoir le droit de payer en justice. L'argumentation nous paraît très-faible. Ce qui prouve que le perdant n'a pas payé volontairement, c'est que le gagnant le poursuit devant les tribunaux; il est vrai que le défendeur n'oppose pas l'exception de jeu, c'est sans doute parce que la honte et la crainte de l'opinion publique l'en empêchent; toujours est-il que ce silence n'équivaut pas à un payement volontaire; s'il avait entendu payer volontairement, il ne se serait pas laissé poursuivre devant les tribunaux (1).

202. Nous avons discuté la question en restant sur le terrain de l'article 1965. La question présente encore une autre face. D'après la législation française, il y a des jeux

___

(1) En sens contraire, Aubry et Rau, t. IV, p. 575, note 10, § 386. Pont, t. I, p. 313, n° 636.

qui constituent un délit. Les articles 421 et 422 du code pénal de 1810 portent : « Les paris qui auront été faits sur la hausse ou la baisse des effets publics seront punis des peines portées par l'article 419. Sera réputé pari de ce genre toute convention de vendre ou de livrer des effets publics qui ne seront pas prouvés par le vendeur avoir existé à sa disposition au temps de la convention, ou avoir dû s'y trouver au temps de la livraison. » Les jeux de Bourse constituant des délits, la convention formée par les joueurs est par cela même illicite; par conséquent, l'exception de jeu est d'ordre public. Mais, en général, le jeu n'est pas un délit, puisque la loi ne le punit pas; en ce sens, il est licite; et, partant, dit-on, l'ordre public n'est point intéressé à ce que l'exception de jeu soit opposée d'office par le juge. Si cette doctrine était exacte, il en résulterait une conséquence très-grave pour notre droit belgique. Le nouveau code pénal n'a pas reproduit les articles 421 et 422 du code de 1810; le jeu de Bourse n'est donc pas plus un délit que tout autre jeu. En ce sens tout jeu est licite. Il en faudrait conclure que l'exception de jeu n'est plus d'ordre public, d'après notre droit.

Nous n'admettons pas la distinction entre le jeu qui constitue un délit et le jeu qui n'est pas puni par le code pénal; cette distinction n'a aucune influence sur notre question. Une exception peut être d'ordre public, quand même il ne s'agit point d'un délit criminel. Quand une convention est fondée sur une cause illicite, comme contraire à l'ordre public et aux bonnes mœurs, elle ne peut avoir aucun effet, aux termes des articles 1131 et 1133; d'où suit que la convention ne peut pas faire l'objet d'un débat judiciaire, et, par suite, le juge ne peut pas connaître de la demande; il doit opposer l'exception d'office, puisqu'elle est d'ordre public. Or, telle est la dette de jeu. Peu importe donc que le jeu soit ou non puni comme délit. Quand il constitue un délit, il y a une circonstance aggravante qui ne laisse aucun doute sur le caractère de la convention et de l'exception qui en résulte, mais il n'est pas requis qu'une convention soit punie par le code pénal pour que l'exception soit d'ordre public. Donc les articles 421 et 422 sont étrangers au débat, et la question reste la même, d'après notre droit comme d'après le droit français.

203. Nous arrivons à la jurisprudence. On se la dispute ; elle a pu paraître douteuse, parce que les arrêts sont le plus souvent rendus dans des espèces où il s'agit de jeux de Bourse, c'est-à-dire de jeux prohibés par le code pénal. Toutefois la doctrine consacrée par la jurisprudence n'est pas douteuse. Alors même qu'il s'agit de jeux de Bourse, et que le tribunal oppose d'office l'exception de jeu, la décision n'est pas fondée sur le code pénal, elle est fondée sur l'article 1964, qui est le vrai siége de la difficulté. Action d'un agent de change de Paris contre un agent de change d'Amiens en payement d'un reliquat de compte. Le défendeur appelle ses clients en garantie. La contestation n'avait pour objet que le chiffre des sommes réclamées. Aucune des parties ne soutint que les opérations à l'occasion desquelles les comptes litigieux étaient produits constituaient des jeux de Bourse ne pouvant donner lieu à une action en justice. Des arbitres furent nommés pour apurer les comptes. Quand les parties revinrent devant le tribunal, les juges se livrèrent d'office à l'appréciation des opérations qui leur étaient soumises. Le jugement, confirmé en appel, constate que les parties, en faisant à la Bourse des opérations qui étaient hors de proportion avec leur fortune, n'avaient en vue que de se livrer à des paris sur la hausse et la baisse et de chercher ainsi, à tous risques, la fortune ailleurs que dans le travail, au grand détriment de la morale publique. On voit que la cour ne cite pas le code pénal, elle se place sur le terrain de l'article 1133, et déclare que le jeu est une convention contraire aux bonnes mœurs et à l'ordre public. Ce qu'elle dit s'applique à tout jeu, puisque tout jeu détourne du travail ; cela est décisif. La cour arrive ensuite à la question de droit que nous venons de discuter. Invoque-t-elle le code pénal qui punit les jeux de Bourse ? Non, elle cite l'article 1965, qui n'accorde aucune action pour les dettes de jeu et les paris. Les opérations qui font l'objet du procès constituent des infractions à des lois d'ordre public ; dès lors il n'est pas permis de prononcer une condamnation pour des faits au sujet desquels il n'est accordé aucune action en justice. La cour ajoute : « et qui d'ailleurs sont considérés comme des délits. » Voilà la circonstance aggravante, mais ce n'est pas le seul motif de décider ; ce que la cour vient de dire, que la convention est immorale, contraire à l'ordre public et ne donne lieu à aucune action, suffit : ce sont les raisons décisives. La cour y revient encore en répondant à l'objection tirée du silence des parties. « Peu importe, dit-elle, que les parties n'élèvent de contestations que sur la manière d'établir leur compte avec l'agent de change ; quel que soit le résultat de ce compte, *la cour ne pourrait donner sa sanction au payement d'un solde pour lequel la loi dénie toute action en justice* (1). »

La cour de Lyon a jugé dans le même sens. Elle prend comme point de départ, non les articles 421 et 422 du code pénal, mais l'article 1965, aux termes duquel aucune action n'est accordée en justice pour une dette de jeu. Ce texte constitue une loi d'ordre public édictée en vue des intérêts généraux de la société, non moins qu'en vue des intérêts privés des parties. Cela est manifeste, dit l'arrêt, si l'on tient compte, d'une part, de la lettre de cette disposition énergique : *la loi n'accorde aucune action,* et si l'on s'enquiert, d'autre part, du but qu'a dû se proposer le législateur dans l'intérêt de la *morale publique.* » Ces motifs de décider sont déterminants ; l'arrêt ajoute qu'*au surplus* les jeux de Bourse, si dangereux pour l'ordre social, constituent de véritables délits. C'est un motif qui vient à l'appui de ceux que la cour avait donnés, mais ce n'est pas la raison déterminante. L'arrêt établit ensuite en fait que les opérations sur lesquelles il y avait litige n'étaient autre chose que des jeux de Bourse ; elle en conclut que ce serait violer la loi que d'admettre une action prohibée par la loi. Dans l'espèce, les parties n'opposaient pas l'exception de l'article 1965 ; ce qui s'expliquait, dit la cour, les deux parties, agents de change, ayant manqué l'une et l'autre aux devoirs professionnels de leur charge. Mais, dit l'arrêt, cette exception peut et doit être admise d'office, la loi résistant perpétuellement et d'elle-même, selon l'expression

(1) Amiens, 14 janvier 1859 (Dalloz, 1859, 2, 70).

des anciens docteurs, à ce qu'elle prohibe par un motif d'ordre public et d'intérêt général (1).

La cour de Paris a rendu deux arrêts sur la matière. Il n'y est pas question des articles 421 et 422 du code pénal; les décisions sont fondées exclusivement sur le texte et l'esprit de l'article 1965. Le premier arrêt commence par constater en fait que les opérations qui ont donné lieu au procès consistaient en spéculations sur la hausse et la baisse des effets publics et ne devaient se liquider, d'après l'intention des parties, et ne se sont liquidées que par le payement de différences, sans que jamais il y eût payement des prix d'achat ou livraison de valeurs vendues. Ces opérations, dit la cour, constituent un jeu. Or, la loi refuse toute action à toute demande qui a pour base des faits de cette nature; ces prescriptions étant d'*ordre public*, il est du droit et du devoir des tribunaux d'en faire, même d'office, l'application quand preuve est faite qu'il y a jeu. Dans l'espèce, le ministère public avait requis l'application de l'article 1965 (2). Ainsi le ministère public de même que la cour décident la question, en termes généraux, pour tout jeu; car l'article 1965 refuse l'action pour tout jeu. Enfin le dernier arrêt de la cour de Paris a jugé, en termes absolus, que l'exception de jeu est d'ordre public et peut être soulevée d'office par le tribunal, alors même qu'aucune des parties ne prétend s'en prévaloir (3). La cour ne donne pas d'autre motif; la jurisprudence est fixée, et, à vrai dire, elle n'a jamais été douteuse; il n'y a que les auteurs intéressés à écarter l'autorité des décisions judiciaires qui les ont interprétées de manière à leur faire dire autre chose que ce qu'elles disent.

204. Il arrive souvent que le perdant, ne pouvant pas payer comptant, souscrit des billets qu'il remet à la partie gagnante. Si le payement des billets est demandé en justice, celui qui les a souscrits peut-il opposer l'exception de jeu? Lorsque c'est le gagnant lui-même qui forme la demande, l'affirmative n'est point douteuse, car les parties se

(1) Lyon, 29 juin 1871 (Dalloz, 1871, 2, 152).
(2) Paris, 13 mai 1873 (Dalloz, 1873, 2, 240).
(3) Paris, 20 mai 1873 (Dalloz, 1874, 5, 300).

trouvent toujours dans le cas prévu par l'article 1965; le gagnant réclame le payement de ce qu'il a gagné au jeu contre le perdant, peu importe sous quelle forme la réclamation se produit. Vainement le demandeur dirait-il qu'il demande, non le payement d'une dette de jeu, mais l'acquittement d'un billet; ce billet n'est autre chose que la reconnaissance de la dette de jeu; on ne peut pas dire que c'est un payement volontaire de la dette et que, par suite, le perdant a renoncé à toute exception en vertu de l'article 1967; car souscrire un billet ce n'est point payer, c'est promettre de payer; or, on ne peut pas promettre de payer une dette de jeu, avec cet effet que le créancier aura action en justice, l'article 1965 s'y oppose. On ne peut pas objecter non plus que la dette de jeu est novée, d'abord parce que les dettes de jeu ne peuvent pas se nover, comme nous le dirons plus loin, et en supposant que la novation soit possible, la souscription d'un billet n'est pas une novation; nous renvoyons, sur ce point, au titre des *Obligations*. Donc la dette de jeu subsiste; ce qui est décisif (1).

· La jurisprudence a consacré le principe et les conséquences qui en résultent. On lit dans un arrêt de la cour d'Angers que la remise de billets à ordre n'est pas un payement, mais une promesse de payer; l'article 1965 s'applique donc au billet de même qu'à la dette; en refusant action pour une dette de jeu, la loi la refuse nécessairement pour l'acquittement du billet qui en est la reconnaissance (2). C'est la constatation d'une obligation inexistante; or, la confirmation la plus expresse d'une dette qui n'existe pas est inopérante, puisque le néant ne se confirme pas. A plus forte raison la simple promesse de payer ce que l'on ne doit pas ne peut avoir aucun effet.

Tant que le billet est entre les mains du gagnant, il n'y a aucune difficulté. Mais si le billet est négociable, le gagnant se hâtera de le mettre en circulation. Quels sont, en ce cas, les droits et quelles sont les obligations du souscripteur? Il est de doctrine et de jurisprudence que le tiers porteur, s'il est de bonne foi, a action contre le souscrip-

(1) Pont, t. I, p. 314, n° 638. Aubry et Rau, t. IV, p. 576, note 11. § 386.
(2) Angers, 13 août 1831 (Dalloz, au mot *Jeu-Pari*, n° 14).

teur. Au point de vue des principes du droit civil, il y a un motif de douter. La dette de jeu est inexistante et ne produit aucun effet, sinon que la répétition du payement volontaire n'en est pas admise ; or, la dette ne change pas de nature pour être constatée par un billet à ordre ; ce billet n'a donc aucune valeur, et celui au profit duquel il est souscrit ne peut pas en le négociant lui donner une valeur qu'il n'a point ; donc le souscripteur devrait avoir le droit de repousser le tiers porteur par la même exception qu'il peut opposer au bénéficiaire. Mais les principes du droit commercial ne permettent pas que le souscripteur du billet refuse de payer un billet valable en la forme, car ce serait lui permettre d'induire les tiers en erreur et de les tromper par son fait ; il signe un billet négociable, il doit en supporter les conséquences. La bonne foi, qui est l'âme des relations commerciales, l'exige. De là suit que si le tiers porteur était de mauvaise foi, le souscripteur pourrait lui opposer l'exception de jeu ; le tiers qui est de mauvaise foi ne peut pas invoquer des principes qui ne sont établis qu'en faveur de la bonne foi (1).

Si le souscripteur, sur la poursuite du tiers porteur de bonne foi, doit payer, aura-t-il un recours contre le gagnant qui a touché le montant du billet ? L'affirmative est certaine, bien qu'une cour d'appel s'y soit trompée. En effet, la négociation du billet ne change rien aux relations des parties contractantes ; entre les joueurs, il n'y a toujours pas de contrat, pas de dette ; en remettant au gagnant un billet, le perdant n'a pas entendu payer ; et puisque le gagnant a forcé le souscripteur à payer en négociant le billet, il lui doit garantie de ce chef. On objecte, et l'objection a égaré la cour de Paris, que ce recours en garantie n'est autre chose que la répétition de ce que le perdant a payé ; et l'article 1967 dispose que dans aucun cas le perdant ne peut répéter ce qu'il a volontairement payé. La décision a été cassée, et elle devait l'être. L'article 1967 suppose un payement volontaire fait par le perdant ; or, dans l'espèce, il n'y a pas de payement ; il ne peut donc pas même s'agir

(1) Aubry et Rau, t IV, p. 576, notes 12-14, § 386. Pont, t. I, p. 316, n° 641.

d'un payement volontaire. Il n'y a pas de payement; car la remise, faite par le perdant au gagnant, de billets à ordre et de lettres de change ne constitue pas un payement, c'est une simple promesse de payer plus tard, parce que, pour le moment, le perdant ne peut pas payer. Le porteur, dit la cour de cassation, n'a pas pu, en transmettant les effets à un tiers, changer la cause et la nature de l'obligation contractée envers lui. Il suit de là que le souscripteur conserve le droit d'opposer au tiers porteur, lorsque celui-ci connaît l'origine de la dette, les exceptions qu'il pouvait opposer au porteur primitif (1). S'il est obligé de payer au tiers porteur de bonne foi, c'est uniquement à raison de sa bonne foi; mais, conservant son droit d'opposer l'inexistence de la dette, il a le droit d'appeler en cause le porteur primitif et de demander, à son égard, la nullité des traites qu'il a souscrites, en prouvant que ces traites sont sans cause ou fondées sur une cause illicite. En mettant le gagnant en cause, le souscripteur n'exerce pas l'action en répétition de ce qu'il a volontairement payé, car il n'a pas payé sa dette; s'il a dû payer le porteur du billet, cela n'a rien de commun avec la dette de jeu, celle-ci reste ce qu'elle était, une dette sans cause ou sur cause illicite (2).

205. L'action que le tiers porteur de bonne foi a contre le souscripteur du billet fait naître une autre question. Pour ne pas être exposé à devoir payer, le souscripteur serait intéressé à réclamer la restitution des billets contre le gagnant : en a-t-il le droit? Il a été jugé que le perdant peut réclamer la restitution des billets et qu'il peut même exiger une garantie pour les billets qui sont déjà en circulation (3). Sur le premier point, il ne saurait y avoir de doute. Les billets souscrits par le perdant sont la reconnaissance d'une dette qui n'existe pas; le gagnant à qui ils sont remis n'y a donc aucun droit; et comme il pourrait en abuser en les

_____

(1) Voyez, sur ce point, l'arrêt de rejet, du 30 novembre 1826 (Dalloz, au mot *Jeu-Pari*, n° 36).

(2) Cassation, 12 avril 1854 (Dalloz, 1854, 1, 180). Dans le même sens, Angers, 24 août 1865 (Dalloz, 1866, 2, 211), et Montpellier, 17 janvier 1868 (Dalloz, 1870, 1, 258).

(3) Angers, 28 août 1813, et sur pourvoi, Rejet, 29 décembre 1814 (Dalloz, au mot *Jeu-Pari*, n° 38).

négociant, le perdant a intérêt et droit d'en demander la restitution. Quant à la garantie du chef des billets qui circulent, il nous semble que l'action est prématurée ; ce serait une action du chef d'un droit qui n'est pas ouvert, qui peut-être ne s'ouvrira jamais ; or, nos lois ne connaissent pas ces actions ; toute demande judiciaire doit reposer sur un droit né et certain, au moins quant à son existence.

206. Les billets souscrits par le perdant énoncent régulièrement une fausse cause. De là des difficultés de preuve que nous avons examinées au titre des *Obligations* (t. XVI, n°s 169-175) en traitant de la preuve (1).

Nº 2. DE L'EXCEPTION DE PAYEMENT VOLONTAIRE.

207. L'article 1967 porte qu'en aucun cas le perdant ne peut répéter ce qu'il a volontairement payé. C'est l'application aux dettes de jeu du principe qui régit les obligations naturelles : « La répétition n'est pas admise à l'égard des obligations naturelles qui ont été volontairement acquittées. » C'est parce que les dettes de jeu produisent le même effet que les obligations naturelles, que l'on range d'ordinaire les dettes de jeu parmi les obligations naturelles. Il y a toutefois une différence. Les auteurs du code réprouvent les dettes de jeu par le motif que le jeu, quand il a pour objet le gain, est contraire aux bonnes mœurs et à l'ordre public. Sous ce rapport, les dettes de jeu sont des obligations sur cause illicite : or, ces obligations n'excluent pas, en principe, la répétition de ce qui a été payé. L'intérêt public semble, au contraire, exiger que le jeu ne profite jamais au gagnant ; lui permettre de conserver ce que le perdant lui a donné, n'est-ce pas indirectement encourager les joueurs et le jeu ? Il eût été certainement plus logique, dans cet ordre d'idées, de donner au perdant une action en répétition. L'orateur du Tribunat, qui qualifie le jeu de monstre antisocial, est assez embarrassé quand il s'agit de justifier la disposition de l'article 1967, qui permet à ce

(1) Aubry et Rau, t. IV, p. 576, note 13, § 386. Pont, t. 1, p. 315, nº 639.

monstre de garder ce qu'il a extorqué de la passion du perdant. Il dit que la restitution blesserait le droit de propriété. Le propriétaire a le droit d'user et d'abuser, il peut
dissiper en folles dépenses tout ce qu'il a; la loi civile respecte même les folies qu'il commet, sauf à le placer sous
conseil judiciaire; mais tant qu'il conserve sa pleine capacité, elle ne lui permet pas de demander la restitution de
ce qu'il a follement dépensé. La conséquence logique de ce
pouvoir absolu du propriétaire, dit Duveyrier, c'est que le
perdant ne peut pas répéter ce qu'il a payé. « Ce qu'il a
perdu au jeu et payé, il aurait pu le perdre dans toute autre
opération inconsidérée, il aurait pu le donner. » L'argumentation cloche, nous semble-t-il. Duveyrier oublie que la
loi ne laisse pas pleine liberté aux personnes qui jouent; si
elles sont libres de jeter leur argent par la fenêtre, elles ne
sont pas libres de le jouer en donnant une action au gagnant contre le perdant; en ce sens, le jeu, quoique n'étant
pas une dette, reste néanmoins un fait illicite; or, la liberté
du propriétaire ne va pas jusqu'à commettre des actes illicites.

Duveyrier donne encore une autre raison pour justifier
la disposition de l'article 1967. Il dit que « le perdant qui
paye, quoiqu'il sache qu'il ne doit pas, obéit à sa conscience,
qu'il serait bien difficile de contredire; à une certaine délicatesse, qu'on ne pourrait guère condamner; à l'équité naturelle, qui toujours impose une exacte réciprocité (1). »
Notre réponse est toujours la même. S'il est vrai que le
jeu est réprouvé parce qu'il blesse les bonnes mœurs et
l'intérêt social, les joueurs sont sans droit pour invoquer
leur conscience et pour agir d'après des sentiments très-
honorables sans doute, mais qui, dans l'espèce, aboutissent
à contrevenir indirectement à une loi d'ordre public. Le
droit de la société devrait donc l'emporter.

208. La loi ne valide pas toute espèce de payement;
pour qu'il ne donne pas lieu à répétition, il faut que le perdant ait payé *volontairement*. Quand le payement est-il
volontaire? Sur ce point, nous renvoyons à ce qui a été

_____

(1) Duveyrier, Discours, n° 4 (Locré, t. VII, p. 354 et suiv.).

dit, sur l'article 1235, au titre des *Obligations*; le principe est identique (t. XVII, n° 26).

209. L'article 1967, après avoir dit qu'en aucun cas le perdant ne peut répéter ce qu'il a volontairement payé, ajoute : « A moins qu'il n'y ait eu, de la part du gagnant, dol, supercherie ou escroquerie. » Cette disposition n'est que l'application d'un principe général de droit. C'est un vieil adage que le dol fait toujours exception, alors même que la loi ne le dit pas. Elle n'a pas besoin de le dire; le dol vicie le consentement et la volonté, et, par conséquent, il vicie tout fait juridique où la volonté intervient. Le perdant paye par délicatesse, par point d'honneur; cela suppose que le jeu s'est passé honorablement. Si, lors du payement, le perdant avait su qu'il était victime d'un fripon, d'un escroc, certes il n'aurait pas payé; un payement pareil est nul, parce qu'il est vicié par le dol et l'erreur. Le perdant a donc le droit de demander la nullité du payement et, par suite, de réclamer la restitution de ce qu'il a payé (1).

210. L'ordonnance de 1566 donnait aux mineurs le privilège de restitution qu'elle refusait aux personnes capables de contracter. Sous l'empire du code, le privilège des mineurs est devenu le droit commun. Les mineurs, comme tous les incapables, sont d'ailleurs protégés par leur incapacité. Incapable de contracter, le mineur est, à plus forte raison, incapable de jouer. Il en est de même de la femme mariée, incapable de faire aucun acte juridique sans autorisation maritale. Cependant la passion du jeu, pour mieux dire de la richesse que l'on y cherche, gagne les femmes : elles jouent à la Bourse! Les conséquences de ces engagements ont donné lieu à des procès qui ont été portés jusque devant la cour de cassation. Nous devons nous y arrêter : c'est un trait de mœurs tout ensemble et une leçon de droit.

211. Une femme mariée sous le régime de communauté charge un courtier d'opérations d'achat et de vente de valeurs de Bourse dont le compte fut réglé après le décès de

(1) Duveyrier, Discours, n° 5 (Locré, t. VII, p. 355).

son mari. Elle avait laissé aux mains de son mandataire diverses sommes produites par des ventes sérieuses, afin de le couvrir dans la série de jeux qu'il accomplissait pour son compte. Débitrice en vertu de ces jeux, la femme refusa de laisser porter à son débit ces dettes, comme ayant été contractées sans le consentement de son mari ; elle réclama, en conséquence, la restitution des sommes affectées aux pertes résultant de ces opérations, ce payement anticipé n'étant pas plus valable que les opérations elles-mêmes à raison de son incapacité. Le premier juge rejeta toutes ses prétentions, et la décision fut confirmée en appel. La cour répond à l'objection tirée de ce que la femme sous puissance de mari n'avait pu engager sans autorisation les valeurs de la communauté. « Il était de notoriété publique, dit l'arrêt, que la femme était spécialement chargée par son mari d'administrer la fortune mobilière de la communauté ; et il résultait des faits et documents de la cause que l'*autorisation* au moins tacite du mari s'étendait jusqu'aux opérations d'achat et de vente de valeurs de Bourse auxquelles sa femme pouvait se livrer. »

Pourvoi en cassation. La demanderesse se prévalait d'erreurs évidentes échappées au premier juge et que la cour s'était appropriées en adoptant les motifs du jugement. Nous laissons ce débat de côté. Il s'agissait de savoir si la femme avait pu payer valablement le courtier chargé des opérations de Bourse, et si, par suite, il y avait payement volontaire dans le sens de l'article 1967, excluant la répétition. La cour pose en principe que l'autorisation donnée par le mari à sa femme peut être tacite et que l'arrêt attaqué constatait qu'il y avait eu autorisation au moins tacite. Il y a ici une erreur dans le langage. Le mari qui charge sa femme d'administrer la communauté, avec un pouvoir allant jusqu'à faire des opérations de Bourse fictives, ne donne pas à sa femme l'*autorisation* dont celle-ci a besoin pour couvrir son incapacité, il lui donne un *mandat* ; il n'y aurait lieu à autorisation que si la femme jouait à la Bourse pour son propre compte. En droit, il y a donc deux questions très-distinctes : Le mari peut-il donner à sa femme mandat de gérer la communauté et de faire même des opé-

rations de Bourse? L'affirmative est certaine. Il est certain
aussi que ce mandat, comme tout mandat, peut être tacite.
La conséquence était évidente, dans l'espèce. La femme
pouvait, comme mandataire du mari, jouer à la Bourse;
ces engagements étaient nuls à titre de jeu, mais le payement volontaire fait par la femme, au nom de son mari et
comme mandataire, était valable; par suite, il n'y avait
pas lieu à répétition (1).

Autre est la question de savoir si le mari peut *autoriser*
la femme à jouer à la Bourse pour son propre compte; ce
qui suppose qu'elle possède des valeurs mobilières dont elle
a le droit de disposer avec autorisation maritale. La négative nous paraît certaine : l'autorisation maritale est établie pour garantir l'incapacité de la femme; elle suppose
qu'après délibération le mari approuve l'acte juridique que
la femme se propose de faire comme étant utile à la femme
et à la famille. Il faut donc qu'il s'agisse d'une convention
sérieuse, ce qui exclut le jeu que la loi réprouve comme
une convention illicite; et si le mari ne peut autoriser sa
femme à jouer, il ne peut pas non plus l'autoriser à payer
une dette de jeu. Ce qui rend la chose évidente, c'est que,
sur le refus du mari, la femme peut s'adresser à la justice;
et conçoit-on la justice autorisant la femme à jouer à la
Bourse et à payer les dettes qu'elle contracterait dans ces
jeux?

212. Une femme séparée de biens peut-elle jouer à la
Bourse sans autorisation maritale? Nous avons rapporté,
au titre du *Contrat de mariage* (t. XXII, n° 320), un arrêt
sur cette question. D'après ce que nous venons de dire, la
femme séparée ne peut jamais se livrer à ces opérations
aussi dangereuses qu'immorales. La capacité d'administrer
ne donne pas le pouvoir de faire des actes de dissipation et
de désordre. Et l'autorisation donnée pour faire des opérations pareilles ne se conçoit pas, ni en morale, ni en
droit. Dans l'espèce, il s'agissait aussi de savoir si la femme
pouvait répéter les sommes qu'elle avait volontairement
payées à son agent de change. On invoquait contre elle

(1) Rejet, 20 novembre 1865 (Dalloz, 1866, 1, 112).

l'article 1967. La cour de cassation répond que la loi valide le payement volontaire; cela suppose que celui qui
paye a capacité légale de vouloir; or, la femme mariée,
quoique séparée de biens, n'a pas capacité de payer une
dette de jeu; donc elle peut répéter ce qu'elle a payé.

213. L'article 1967 donne lieu à des difficultés plus sérieuses. Le perdant ne peut pas répéter ce qu'il a volontairement payé. Quand peut-on dire qu'il y a payement?
Les parties déposent leur enjeu sur la table : ce dépôt est-il
un payement anticipé et, comme tel, n'est-il pas sujet à
restitution? La question est controversée. On admet généralement que les articles 1965 et 1967 sont inapplicables
dans ce cas, en ce sens qu'ils supposent un jeu sur parole;
tandis que, dans l'espèce, il y a jeu au comptant, un dépôt
des sommes que le perdant doit payer. Ce dépôt est un
payement conditionnel; chacune des parties transmet à
l'autre la propriété des sommes qu'elle dépose sur la table;
si elle perd, la condition se réalise, le gagnant est propriétaire et, partant, il ne peut être question de répéter contre
lui des deniers qui sont entrés dans son patrimoine; ce
serait le dépouiller de sa propriété. Il en serait de même
si les enjeux avaient été remis aux mains d'un tiers : celui-
ci devrait remettre la somme dont il est dépositaire au gagnant, dont elle est devenue la propriété; il n'aurait pas le
droit de la restituer au déposant, car le déposant a cessé
d'être propriétaire et le gagnant l'est devenu (1).

Cette doctrine nous laisse des doutes. La conséquence à
laquelle aboutit le principe témoigne contre le principe. En
effet, il en résulte que toute convention de jeu n'est pas
nulle: le jeu au comptant serait valable et la loi n'annule-
rait que le jeu sur parole. Cette distinction n'est ni dans le
texte ni dans l'esprit de la loi. Le texte ne prévoit pas la
difficulté; dira-t-on que cela suffit pour valider le jeu au
comptant en vertu du principe que tout ce qui n'est pas
défendu est permis? A vrai dire, la loi ne prohibe pas formellement le jeu, elle se borne à refuser toute action pour

---

(1) Duranton, t. XVIII, p. 93, n° 116. Pont, t. I, p. 330, n°s 657 et 658.
Aubry et Rau, t. IV, p. 578, note 20, § 386.

les dettes de jeu. Mais pourquoi n'accorde-t-elle pas d'action? Parce que le jeu détourne du travail et conduit à l'immoralité. Est-ce que par hasard le jeu au comptant est plus moral que le jeu sur parole? Valider le jeu au comptant, ce serait encourager le jeu et le favoriser. Les joueurs commencent toujours par jouer au comptant, en payant de suite ce qu'ils perdent; mais bientôt leurs ressources s'épuisent et le jeu continue sur parole. Le jeu reste toujours le même et ne change point de nature; si la loi réprouve le jeu sur parole, elle doit aussi réprouver le jeu au comptant.

L'argumentation juridique par laquelle on essaye de justifier le jeu au comptant est plus subtile que vraie. Si la loi valide le payement volontaire des dettes de jeu, c'est qu'elle suppose que le payement se fait après que le jeu est terminé, alors que la passion n'anime plus les joueurs; le perdant qui paye entend acquitter une dette d'honneur. Est-ce ainsi que les choses se passent quand les joueurs mettent leur enjeu sur table ou le déposent entre les mains d'un tiers? Non, c'est dans la surexcitation de la passion qu'ils font ce dépôt, non pour payer une dette, il n'y en a pas encore, mais pour témoigner que leur volonté est de la payer. C'est donc une promesse de payer plutôt qu'un payement. Le payement suppose une dette, et la dette de jeu ne prend naissance que lorsque le jeu est fini; le payement anticipatif et volontaire d'une dette de jeu ne se comprend pas. Payer anticipativement, c'est payer ce que l'on ne doit pas, et l'on peut répéter ce qu'on a payé sans le devoir; si la loi n'admet pas la répétition, c'est seulement quand le débiteur paye, alors que tout est consommé et qu'il a bien conscience de ce qu'il fait (1).

Nous ne connaissons pas d'arrêt sur la matière (2). Voici la seule espèce analogue qui se soit présentée. Deux personnes jouent au billard et souscrivent d'avance des billets,

(1) Troplong, Des contrats aléatoires, nos 201 et 202. Mourlon, p. 431, 2°, n° 1079⁶.
(2) En matière de jeux de Bourse et de couvertures données aux agents de change, il y a des arrêts qui décident qu'il ne peut y avoir de payement par anticipation. Voyez plus bas.

de 1,200 francs chacun, qui seront remis au gagnant. Est-ce là un payement anticipatif ou, comme on dit, un jeu au comptant, ou est-ce un jeu sur parole? Dans l'espèce, il n'y avait guère de doute; la remise d'un billet à ordre n'est pas un payement, c'est une simple promesse de payer, et promettre de payer une dette de jeu, c'est jouer sur parole. Donc les parties ne se trouvent plus dans les termes de l'article 1967, il n'y a pas de payement; le porteur du billet réclame le payement, et à cette action le perdant peut opposer l'exception de jeu (1).

214. Aux termes de l'article 1243, le créancier ne peut être contraint de recevoir une autre chose que celle qui lui est due, mais il est libre de l'accepter; c'est ce qu'on appelle une dation en payement. La dation en payement équivaut au payement; elle libère le débiteur, et le créancier devient propriétaire de la chose, comme il le serait par une vente. Dès lors l'article 1967 est applicable. Le débiteur peut donner en payement non-seulement une chose mobilière ou immobilière, mais aussi une créance. Seulement les cessions de créances sont soumises à certaines formes qui varient d'après la nature du droit cédé. Les créances civiles sont cédées par voie de vente, c'est ce que le code appelle une cession ou un transport; l'article 1689 porte qu'entre le cédant et le cessionnaire la délivrance s'opère par la remise du titre; mais, aux termes de l'article 1690, le cessionnaire n'est saisi à l'égard des tiers que par la signification du transport faite au débiteur, ou par l'acceptation du transport par le débiteur dans un acte authentique. Si le perdant fait une cession dans ces conditions, il est certain qu'il y a payement. Le cas s'est présenté récemment devant la cour de cassation (2). Dans l'acte de cession, il était dit que le débiteur, voulant se libérer, avait offert à son créancier, qui l'acceptait, plusieurs créances; le créancier se trouvait en possession des titres; la cession avait été notifiée aux débiteurs cédés, et le créancier avait reçu des débiteurs des à-compte échus sur les sommes dues.

---

(1) Angers, 13 août 1831 (Dalloz, au mot *Jeu-Pari*, n° 14).
(2) Rejet, 7 juillet 1869 (Dalloz, 1871, 1, 208).

Néanmoins le débiteur demanda la nullité de la cession comme reposant sur une cause illicite. La cour de cassation, après avoir rappelé les faits que nous venons de constater, décida que, *dans ces circonstances,* en assimilant la cession à un payement, l'arrêt attaqué avait fait une juste application de l'article 1967. La cour dit : *dans ces circonstances.* C'est une restriction qui doit être notée. Il s'agit de savoir si la cession est un payement volontaire, dans le sens de l'article 1967; toute cession ne suffit pas, quoique valable entre le cédant et le cessionnaire par le seul consentement des parties contractantes; si la cession n'avait pas été signifiée ni acceptée, elle ne vaudrait pas payement, car le cédant conserverait le droit de céder la même créance à un autre cessionnaire, lequel serait saisi de la créance, à l'exclusion du premier, en signifiant la cession au débiteur cédé. Une cession non signifiée ni acceptée n'est, au point de vue de l'article 1967, qu'une promesse de payer, et une promesse de payer n'est pas un payement. Par la même raison, si la créance était hypothécaire ou privilégiée, la cession devrait être rendue publique, conformément à notre loi hypothécaire. En principe, la cession n'équivaut à un payement que si elle présente le même avantage au créancier qui l'accepte comme payement, c'est-à-dire si elle lui transfère irrévocablement, et à l'égard de tous, la propriété de la créance, de sorte qu'elle lui tient lieu de la somme due.

Quant aux billets à ordre que le perdant céderait au gagnant, la cession n'équivaudra au payement que si les formalités requises pour l'endossement ont été remplies; c'est l'application des mêmes principes. Il n'y a de payement réel et volontaire, dans le sens de l'article 1967, que par le dessaisissement et le transport de la propriété des valeurs données en payement; ce qui, pour les valeurs à ordre, se fait par l'endossement, dans les formes prescrites par le code de commerce. Tant que le perdant n'a pas endossé les billets, il n'y a point de transport de propriété, donc pas de payement (1). Il n'en est pas de même des bil-

---

(1) Bordeaux, 6 juillet 1826 (Dalloz, au mot *Jeu-Pari,* nº 42).

lets au porteur ; la simple tradition faite par le perdant au gagnant suffit pour transférer à celui-ci la propriété de ces valeurs ; dès lors il y a payement, et, par suite, le perdant ne peut pas répéter (1).

215. Il ne faut pas confondre la cession d'un billet constatant une créance avec la souscription d'un billet par le perdant. Nous avons dit qu'un billet souscrit par le perdant n'est qu'une promesse de payer (n° 204) ; par suite, le perdant conserve le droit d'opposer l'exception de jeu en vertu de l'article 1965, sans qu'on puisse lui opposer l'exception de l'article 1967. Cela est de doctrine et de jurisprudence ; il est inutile de s'y arrêter, puisque les principes sont certains (2). Il arrive assez souvent que le gagnant cherche à rendre la répétition impossible en donnant à la reconnaissance de la dette la couleur d'un payement. Il fait signer au perdant une obligation notariée pour cause de prêt ; et quand, sur les poursuites exercées contre le souscripteur, celui-ci oppose que l'obligation a été souscrite pour une dette de jeu, le créancier répond que la preuve testimoniale n'est pas admise contre et outre le contenu en l'acte ; ce qui mettrait le perdant dans l'impossibilité d'opposer l'exception de jeu. La jurisprudence a repoussé cette mauvaise chicane ; nous renvoyons à ce qui a été dit, sur la preuve, au titre des *Obligations*. Le prétendu créancier objectait encore, dans une espèce jugée par la cour de Lyon, qu'en supposant qu'il y eût dette de jeu, le perdant l'avait payée en souscrivant l'obligation notariée ; la cour répond que l'obligation n'est jamais qu'une promesse de payer, et que l'article 1967 n'est applicable que lorsqu'il y a payement réel et volontaire ; or, loin de vouloir payer, le souscripteur de l'acte en demandait la nullité (3).

La souscription d'une obligation notariée ne diffère d'un simple billet que par la forme, ce n'est qu'une reconnaissance de la dette, une preuve littérale du fait qu'il y a eu jeu ; or, la preuve ne donne pas l'existence légale à une

(1) Pont, t. I, p. 329, n° 655.
(2) Aubry et Rau, t. IV, p. 577, note 19, § 386, et les autorités qu'ils citent. Pont, t. I, p. 329, n° 656.
(3) Lyon, 21 décembre 1822 (Dalloz, au mot *Jeu-Pari*, n° 53).

dette qui, en réalité, n'existe point. On s'y est pris autrement pour simuler un payement. Le perdant souscrivit par-devant notaire une obligation de 20,000 francs pour cause de prêt; puis le prétendu créancier céda cette obligation à un agent de change. On fit intervenir dans l'acte de cession le prétendu débiteur, lequel déclara l'accepter. Plus tard le perdant, ne se croyant lié ni par l'obligation qu'il avait souscrite, ni par l'acceptation qu'il avait faite de la cession, demanda la nullité de tous ces actes en fondant son action sur ce que la véritable cause de l'obligation était une dette de jeu; ce qui la rendait radicalement nulle, et l'inexistence de l'obligation entraînait la nullité de la cession et de l'acceptation. Les défendeurs opposèrent que l'action en nullité était, au fond, une action en répétition de ce que le débiteur avait payé volontairement; or, l'article 1967 ne permet pas au perdant de répéter ce qu'il a payé. La cour de cassation répond que la souscription de l'obligation n'est pas un payement et que la cession de cette obligation, quoique acceptée par le souscripteur, n'est pas non plus un payement, car le perdant ne paye rien, il promet seulement de payer, d'abord au gagnant, puis au cessionnaire du gagnant; et promettre de payer, ce n'est pas payer. Tout ce que l'on peut soutenir, c'est que le cessionnaire a action contre le souscripteur de l'obligation, en supposant qu'il soit de bonne foi, sauf au souscripteur, s'il est obligé de payer, son recours en garantie contre le gagnant. La cour de cassation admet cette doctrine en appliquant au cessionnaire les principes qui régissent le droit du tiers porteur d'un billet négociable (n° 204) (1). Cela nous paraît douteux. Le débiteur qui accepte la cession ne contracte aucun engagement personnel à l'égard du cessionnaire; l'acceptation, de même que la signification de la cession, n'est rien qu'une espèce de publicité donnée à la cession, publicité qui saisit le cessionnaire à l'égard du débiteur, mais qui ne change pas la nature de la créance saisie; si elle est nulle ou inexistante, le débiteur conserve le droit de se prévaloir de la nullité et de

_____

(1) Rejet, chambre civile, 4 décembre 1854 (Dalloz, 1854, 1, 413).

l'inexistence de la dette. Nous renvoyons, quant aux principes, à ce qui a été dit au titre de la *Vente*.

N° 3. LA CONVENTION DE JEU PRODUIT-ELLE D'AUTRES EFFETS?

216. Dans la doctrine des auteurs du code civil, la convention de jeu n'a point de cause, ou elle est fondée sur une cause illicite (n°s 196 et 201). De là suit qu'elle n'engendre aucune obligation : c'est un contrat qu'à l'école on appelle inexistant. L'article 1131 le dit en d'autres termes : « L'obligation sans cause, ou sur cause illicite ne peut avoir aucun effet. » Il en résulte que la dette de jeu ne donne aucune action (art. 1965). Toutefois l'article 1967 ne permet pas au perdant de répéter ce qu'il a volontairement payé. Dans notre opinion, c'est une dérogation à la rigueur des principes. Les auteurs du code justifient cette disposition en assimilant la dette de jeu à une dette de conscience; ce qui, dans leur pensée, signifie que c'est une obligation naturelle. Il faut donc appliquer aux dettes de jeu ce que nous avons dit des obligations naturelles. La loi les ignore, sauf quand elles ont été volontairement acquittées; ce qui veut dire qu'elles n'existent en droit qu'au moment où elles ont cessé d'exister. Tant qu'elles ne sont pas payées, elles n'existent pas aux yeux de la loi; donc elles ne peuvent produire aucun effet; et quand elles sont volontairement payées, elles sont éteintes; partant il ne peut plus s'agir de leur faire produire un effet quelconque.

217. Les dettes de jeu peuvent-elles être novées? Dans notre opinion, la négative est certaine, car la condition essentielle requise pour qu'il y ait novation, c'est l'existence d'une première obligation; or, la dette de jeu n'est pas une obligation. Nous renvoyons à ce qui a été dit des obligations naturelles (t. XVII, n°s 29 et 30). La doctrine et la jurisprudence se sont prononcées en ce sens. Nous avons relevé ailleurs ce que nous croyons être une contradiction. On admet généralement que les dettes naturelles peuvent être novées; or, les dettes de jeu, quant au seul effet légal qu'elles produisent (art. 1967), sont assimilées aux dettes naturelles (art. 1235); il faudrait donc admettre ou rejeter la novation pour les unes comme pour les autres. On explique cette différence par la cause illicite des dettes de jeu. A vrai dire, la cause des dettes de jeu n'est pas illicite, en ce sens que la loi ne prohibe pas le jeu, elle se borne à lui refuser toute action; mais elle refuse aussi toute action aux obligations naturelles. Sous ce rapport, il y a identité entre ces deux espèces d'obligations; elles doivent donc être régies par les mêmes principes (1).

Nous avons dit plus haut (n° 194) que la nature des dettes de jeu est controversée. L'opinion la plus récente les considère comme des contrats civils. Nous avons combattu cette doctrine nouvelle, et nous rejetons aussi les conséquences que l'on en déduit. Si ce sont des dettes civiles, il faut décider qu'elles peuvent être novées; on admet la conséquence pour les dettes de jeu en général, en faisant exception pour les jeux de Bourse qui, d'après le code pénal de 1810, sont des délits. Mais grand est l'embarras des partisans de cette opinion, quand il s'agit de déterminer l'effet de la novation : en résultera-t-il que le perdant ne pourra plus opposer l'exception de jeu? Il conserve ce droit, dit-on, et il serait difficile de le lui refuser, alors que l'article 1965 décide en termes absolus que la loi n'accorde aucune action pour une dette de jeu (2). Mais que devient alors la novation? Ce n'est pas une novation véritable, puisque la vraie novation éteint l'ancienne dette et lui en substitue une nouvelle qui n'a pas les caractères de la première; ce n'est qu'une novation apparente; donc, en réalité, il n'y a pas de novation, et il ne peut y en avoir, puisque ce serait donner effet à une dette qui, étant sans cause, ou sur une cause illicite (n° 196), n'en peut produire aucun.

218. Les dettes de jeu peuvent-elles être cautionnées? La question est la même. S'il est vrai, comme le disent les auteurs du code (n° 194), que la dette de jeu est sans cause, ou sur une cause illicite, et si, par suite, elle ne peut

(1) Comparez Aubry et Rau, t. IV, p. 575, note 9, § 386, et les autorités qu'ils citent.
(2) Pont, t. I, p. 319, n°s 644 et 645. Pilette, *Revue pratique*, t. XV, p. 448 et suiv.

avoir aucun effet (art. 1131), il en résulte qu'elle ne saurait être cautionnée, puisque le cautionnement donnerait
au gagnant une action contre la caution. On enseigne cependant, dans la nouvelle théorie, que le cautionnement est
incontestablement valable, et on cite un texte ; aux termes
de l'article 2012, le cautionnement ne peut exister que sur
une obligation valable, mais on peut cautionner une obligation, encore qu'elle pût être annulée par une exception
purement personnelle. Est-ce que l'exception de jeu est
personnelle au débiteur ? Qu'on lise ce qu'ont dit les orateurs du gouvernement et du Tribunat ; ils sont unanimes
à déclarer que la convention de jeu est ou un amusement
ou un engagement contraire aux bonnes mœurs et à l'ordre public ; la conséquence logique qui résulte de cette doctrine, c'est que les dettes de jeu n'ont pas d'existence
légale ; elles sont plus que nulles, elles sont inexistantes,
et cautionne-t-on le néant ? Inutile d'insister, car le prétendu
cautionnement comme la prétendue novation n'aboutissent
à rien, puisqu'on admet que la caution peut opposer l'exception de jeu (1). Le cautionnement n'est donc qu'une co-
médie !

219. Ce que nous disons du cautionnement s'applique
au nantissement ; il ne saurait y avoir de gage sans dette.
On a essayé de donner effet au nantissement, en le représentant comme un payement volontaire que fait le perdant.
Dans une espèce jugée par le tribunal de la Seine, un
agent de change avait reçu quatre tableaux de prix, à titre
de cautionnement pour des opérations de Bourse faites et
à faire. Action en restitution des tableaux. L'agent de
change refusa et demanda au tribunal l'autorisation de les
faire vendre pour se payer d'une somme de 81,000 francs
qui lui était due pour opérations de Bourse ; il invoquait
l'article 1967. Le tribunal de la Seine jugea que cette disposition n'était pas applicable. En effet, la remise des
quatre tableaux n'avait pas eu pour objet d'éteindre en tout
ou en partie les dettes de jeu contractées ou à contracter ;
le joueur ne s'était pas dessaisi de la propriété de ces ta-

_____

(1) Pont, t. 1, p. 320, n° 645.

bleaux, ce que l'agent de change reconnaissait lui-même, puisqu'il formait une demande tendante à être autorisé de les vendre. Il n'y avait donc pas de payement (1). Le tribunal ne s'occupe pas du point de savoir si le nantissement était valable comme tel, cette question ne lui ayant pas été soumise.

220. Il peut y avoir d'autres conventions contractées à l'occasion du jeu. Un tiers prête des fonds à l'un des joueurs; a-t-il action contre l'emprunteur? L'affirmative est certaine, si le prêteur est étranger au jeu; dans ce cas l'action naît d'un contrat ordinaire de prêt, l'emploi que l'emprunteur fait de l'argent ne peut pas être opposé au prêteur, celui-ci n'ayant pas prêté les deniers pour qu'ils servent à jouer (2). Par contre, si le prêteur est intéressé au jeu, s'il avance des deniers au joueur pour qu'il puisse continuer le jeu, le prêt aura la même cause que le jeu, c'est-à-dire une cause illicite, dans le sens de l'article 1133; dès lors le prêt n'a pas plus d'effet que le jeu. La cour de Douai l'a jugé ainsi dans une affaire qui montre quel rôle funeste les prêteurs jouent parfois dans les jeux de Bourse, aussi ruineux qu'immoraux. L'agent d'une maison de banque de Valenciennes avait éveillé dans toutes les classes de la société une ardeur effrénée du jeu; il excitait les joueurs, il les initiait au mécanisme de ces spéculations, les guidait, les encourageait à ne pas s'alarmer des pertes qu'ils éprouvaient en leur faisant espérer des chances plus heureuses. En avançant des capitaux considérables aux joueurs, il croyait agir dans l'intérêt de la maison de banque qu'il dirigeait; d'abord il percevait les droits de commission, puis il soutenait le crédit des personnes avec lesquelles la maison avait des relations; lui-même comptait sur des hasards heureux qui viendraient raffermir leur situation commune. C'étaient donc des prêts intéressés, et des prêts faits pour entretenir la passion du jeu. L'un des joueurs fit des pertes considérables; sa succession fut acceptée sous bénéfice d'inventaire; les héritiers demandè-

---

(1) Jugement du tribunal de la Seine, 26 avril 1867 (Dalloz, 1868, 3, 79).
(2) Colmar, 29 janvier 1841 (Dalloz, au mot *Jeu-Pari*, n° 60).

rent que les prêts faits pour jeu fussent retranchés du
compte dont la maison de banque réclamait le payement.
La banque y consentit pour les comptes de Bourse proprement dits, s'élevant à une somme de plus de 77,000 francs,
mais elle persista à prétendre qu'une somme de plus de
135,000 francs devait être maintenue à son crédit, comme
ayant été payée par elle en vertu d'un mandat du défunt et
pour le libérer des différences qu'il devait à un agent de
change. Cette prétention a été repoussée par la cour de
Douai. En droit, elle admet la validité du prêt que fait un
prêteur, étranger au jeu, de bonne foi et désintéressé.
Mais tout autre est la position du capitaliste qui alimente
incessamment la passion du joueur par l'appât des facilités
qu'il lui procure pour couvrir ses pertes, et qui en perce-
vant des primes pour les sommes qu'il avance au joueur,
se ménage une source de lucre dans des opérations illicites; ce capitaliste n'est plus un prêteur, il participe au
jeu, il en est le complice. Tel avait été, dans l'espèce, le rôle
de la maison de banque; son agent était l'instigateur et le
bénéficiaire des opérations aléatoires du joueur, qui mourut insolvable (1).

La cour de cassation a consacré ces principes dans une
affaire qui présentait une circonstance remarquable. En
première instance et en appel, l'emprunteur avait contesté
la validité de l'obligation par lui souscrite pour cause de
prêt, par le seul motif qu'il s'agissait d'avances faites par
le prêteur, non à lui, mais à la société illicite qui aurait
existé entre eux. Devant la cour de cassation il abandonna
ce système, et il soutint qu'il s'agissait de prêts faits sciemment par le prêteur afin d'éteindre des dettes de jeu que
le prêteur l'avait autorisé à faire sous son nom. Le moyen
était nouveau, donc, disait le défendeur, non recevable.
Cette fin de non-recevoir ne fut point admise : il est du
droit et du devoir de la cour d'apprécier ce moyen, dit
l'arrêt, puisque la nullité qu'il a pour objet de justifier
touche à un intérêt d'ordre public. Puis la cour constate
les faits tels qu'ils résultaient de l'arrêt attaqué. Le pré-

(1) Douai, 8 août 1857 (Dalloz, 1858, 2, 46).

teur avait autorisé l'emploi de son nom par l'emprunteur dans des jeux de Bourse; en prêtant son nom, il avait été mû par l'espoir de rentrer dans des sommes que l'emprunteur lui devait en partie pour des jeux de Bourse antérieurs; des pertes ayant été éprouvées, il intervint un prêt considérable de près de 49,000 francs, destiné à en acquitter le montant. Il résultait de là que le prêteur était engagé dans le jeu; que son nom servait de couverture au joueur; qu'il favorisait, pour en tirer profit dans une certaine mesure, les jeux de Bourse dans lesquels il était partie, comme mandant. Il est évident, dit la cour suprême, que, dans ces circonstances, le prêteur n'était créancier que d'une dette de jeu; il fallait donc lui appliquer l'article 1965; en décidant le contraire, l'arrêt attaqué avait ouvertement violé la loi (1).

221. Nous avons supposé jusqu'ici des prêts faits au joueur avant le jeu ou pendant qu'il se livre aux opérations aléatoires de la Bourse. Si le prêt est consenti après que le jeu est consommé, et pour permettre au perdant d'acquitter sa dette, le prêt est étranger au jeu; alors même que le prêteur saurait que les sommes qu'il avance sont destinées à payer une dette de jeu, la convention n'en est pas moins valable. En effet, la loi légitime le payement des dettes de jeu, en refusant au perdant le droit d'agir en répétition; le prêt a donc une cause légitime : ce qui est décisif. La doctrine et la jurisprudence sont d'accord sur ce point (2).

222. Les opérations aléatoires de la Bourse ne se font pas directement par les joueurs, elles se font par des intermédiaires qui ont mandat de jouer et de payer. De là la question de savoir si les mandataires ont action contre les mandants. Si le mandat comprend tout ensemble le pouvoir de jouer et de payer, il n'y a aucun doute, le mandat a pour objet le jeu, et il ne peut pas naître d'action d'un contrat de jeu; l'article 1965 reçoit, dans ce cas, directement son application. La jurisprudence est constante; nous y

---

(1) Cassation, 15 novembre 1864 (Dalloz, 1865, 1, 224), après délibéré en chambre du conseil.
(2) Voyez les autorités citées par Pont. t. I, p. 321, n° 647).

reviendrons plus loin, en traitant des marchés à terme. La question est tout autre lorsque le perdant donne mandat de payer à une personne qui est restée étrangère au jeu. Ce mandat n'a rien d'illégitime, pas plus que le prêt contracté pour payer une dette de jeu. Le mandant paye par l'intermédiaire du mandataire; or, le perdant a le droit de payer. donc le mandat qu'il donne de payer est valable, et par suite, le mandataire a action contre le mandant.

§ III. *Des marchés à terme.*

Nº 1. QUAND LES MARCHÉS A TERME SONT-ILS UN JEU?

223. Les valeurs cotées à la Bourse, marchandises ou effets publics, ont une valeur variable. Quand elles font l'objet d'une vente au comptant, cette variation est indifférente : le prix est fixé au cours du jour, c'est une vente ordinaire. Il n'en est pas de même quand la vente est à terme; le cours du jour où la vente a lieu peut être inférieur ou supérieur au cours du jour où se fait la livraison; cette différence entre les deux cours forme une chance, favorable ou défavorable, selon que l'on est vendeur ou acheteur, et selon qu'il y a baisse ou hausse. Les marchés à terme ont donc un caractère aléatoire. Est-ce à dire qu'ils soient illicites, à raison de cette chance de gain ou de perte que les parties subissent? Non, car la loi ne réprouve pas les contrats aléatoires, elle les sanctionne au contraire; il n'y a d'exception que pour le jeu, c'est-à-dire pour les conventions qui ont pour objet un gain que les parties cherchent dans le hasard. Or, les marchés à terme, par eux-mêmes, ne sont pas un jeu : c'est une vente qui doit être suivie de livraison, à l'échéance du terme, pour le prix qui a été convenu, quand même le prix aurait varié dans l'intervalle entre le marché et son exécution. Toute fois les marchés à terme peuvent cacher un jeu; cela arrive quand les parties contractantes n'ont pas l'intention d'acheter ni de vendre; lors de l'échéance du terme, il ne se fait aucune livraison, il y a seulement lieu à régler les *différences* qui résultent de la variation des valeurs au profit de l'une ou de l'autre des parties. Lorsque le marché à terme déguise un jeu, il est certain qu'il tombe sous l'application des lois qui réprouvent le jeu, ou qui du moins refusent toute action aux joueurs. Reste à savoir quand le marché est sérieux, et quand il n'est qu'un jeu.

Déjà, dans l'ancien droit, ces questions avaient soulevé de nombreuses difficultés; des arrêts du conseil, du 24 septembre 1724, du 7 août 1735, du 2 août 1785 et du 22 septembre 1786 avaient essayé de les résoudre et d'empêcher les manœuvres pratiquées par les joueurs pour éluder des dispositions qui tendaient à proscrire les jeux de Bourse. Dans le dernier état de la législation, antérieure à 1789, on admettait la validité du marché à terme, mais sous des conditions très-rigoureuses : il fallait que le vendeur fût en possession des titres au moment de l'engagement, qu'il fît le dépôt préalable de ces titres, et que l'échéance ne dépassât pas deux mois. Tout marché à terme qui ne réunissait pas ces conditions était réputé fictif, assimilé au jeu et réprouvé comme tel (1).

224. Les arrêts du conseil sont-ils encore obligatoires? En France, la jurisprudence a varié, elle a fini par se prononcer pour l'abrogation (2). On a aussi invoqué ces arrêts en Belgique, mais il a été jugé qu'ils n'avaient jamais été légalement publiés, de sorte qu'ils ne pouvaient avoir de force obligatoire (3). La cour de Bruxelles dit très-bien que ces arrêts sont en opposition avec les principes que le code civil consacre. D'après l'article 1130, les choses futures peuvent être l'objet d'une obligation, il est donc permis de vendre des marchandises ou effets publics que l'on ne possède pas lors de la vente, ce qui exclut la nécessité du dépôt. La loi prévoit le cas de ventes faites à terme, et elle règle les effets du défaut de délivrance (art. 1610); ce qui est également incompatible avec la législation des arrêts du conseil. Il y a encore incompatibilité entre l'article 422 du code pénal de 1810 et l'ancien droit. Sur ce

---

(1) Voyez ces arrêts dans Merlin, *Répertoire*, au mot *Marché à terme*, § II. Comparez Pont, t. I, p. 302, n° 628.
(2) Pont, t. I, p. 304, n°⁵ 630 et 631, et les arrêts qu'il cite.
(3) Bruxelles, 30 mars 1826 (*Pasicrisie*, 1826, p. 107).

dernier point, il faut remarquer que les articles 421 et 422 du code français n'ont pas été reproduits par notre nouveau code pénal; il suit de là, d'abord qu'il n'y a plus de pari ni de jeu qui soit considéré comme un délit criminel, tandis que l'article 422, toujours en vigueur en France, punit comme un délit toute convention de vendre ou de livrer des effets publics que le vendeur ne pourra prouver avoir existé à sa disposition au temps de la convention, ou avoir dû s'y trouver au temps de la livraison : le code pénal assimile ces conventions à un pari fait sur la hausse ou la baisse des effets publics, et le punit d'un emprisonnement d'un mois à un an, et d'une amende de 500 francs à 10,000 francs. Le code pénal ne punissait pas le marché qui avait pour objet des denrées; il y avait donc des paris ou des jeux prohibés et punis, il y en avait qui étaient licites, en ce sens qu'ils n'étaient pas punis, quoique les conventions fussent de même nature. Cette distinction répand quelque incertitude sur la jurisprudence française et sur la doctrine des auteurs. Elle disparaît dans notre droit belgique.

225. Il est donc constant que le marché à terme est en lui-même une convention valable; il n'existe plus de présomption légale de jeu comme il y en avait en vertu des arrêts du conseil. La cour de cassation a consacré ce principe : « Des marchés à terme, en vue de bénéfices à réaliser sur la variation des cours des effets publics, peuvent être sérieux et dès lors légitimes; ils n'impliquent donc pas nécessairement et par eux-mêmes la présomption légale ou la preuve du jeu (1). » Ces conventions restent sous l'empire du droit commun : sérieuses, elles sont valables : fictives, elles constituent un jeu et sont, par suite, destituées d'action. C'est ce que la cour de cassation dit encore : « En principe, les marchés à terme d'effets publics ou de marchandises sont valables lorsqu'il sont réels et sérieux. La loi ne prohibe que ceux qui servent à déguiser des opérations de nature à se résoudre nécessairement en *différences,* par l'effet de la volonté originaire des parties, et

---

(1) Rejet, chambre civile, 26 août 1868 (Dalloz, 1868, 1, 439).

qui constituent dès lors des opérations de jeu (1). » On
reste aussi sous l'empire du droit commun en ce qui concerne la preuve. Puisqu'il n'y a plus de présomption légale
de jeu, la preuve incombe au demandeur qui soutient que
l'opération est fictive et déguise un jeu. Vainement a-t-on
soutenu que les probabilités et, par suite, la présomption
étaient en faveur de la fiction. La cour de Lyon avoue
qu'à la Bourse le nombre des marchés fictifs excède démé-
surément celui des marchés sérieux ; tout en déplorant
cette funeste tendance, la cour ajoute qu'il se fait cependant tous les jours des marchés sérieux, et qu'il suffit de
ce fait pour que la fiction ne soit pas *a priori* présumée (2).
Il y a un argument plus péremptoire : c'est qu'il n'y a pas
de présomption *a priori*, c'est-à-dire légale, sans loi. Et à
défaut de présomption dispensant le demandeur de la
preuve qui est à sa charge, il faut appliquer la règle élémentaire de l'article 1315 qui impose au demandeur le
fardeau de la preuve. En cette matière plus qu'en toute
autre, la preuve est difficile, mais la difficulté de la preuve
ne modifie pas le droit.

226. Sous un autre rapport encore les marchés à terme
fictifs restent sous l'empire du droit commun. D'après la
législation française, les marchés à terme fictifs sur les
marchandises ou denrées ne constituent pas un délit, tandis que les marchés à terme fictifs sur les effets publics
sont punis par le code pénal. Les articles 421 et 422 du
code pénal de 1810 étant abrogés en Belgique, il n'y a
plus de différence entre les divers marchés fictifs, aucun
n'est un délit, mais tous sont soumis à la disposition de
l'article 1965, qui refuse toute action pour dettes de jeu.
Ces dettes ont donc toutes la même nature ; si elles ne sont
pas des délits, si en ce sens elles sont licites, on peut dire
aussi, au point de vue du droit civil, qu'elles ont une cause
illicite dans le sens de l'article 1133 ; car les conventions
de jeu sont contraires aux bonnes mœurs et à l'ordre public, et partant, ces conventions ne peuvent avoir aucun

(1) Rejet, 1er avril 1856 (Dalloz, 1856, 1, 148).
(2) Lyon, 30 juillet 1869 (Dalloz, 1870, 2, 11).

effet d'après l'article 1131. Sous ce rapport, l'abrogation des articles 421 et 422 du code pénal de 1810 n'a apporté aucun changement au droit civil.

227. Il y a de nombreux arrêts qui admettent la validité des marchés à terme quand ils sont sérieux. Nous empruntons quelques exemples à la jurisprudence. Un négociant donne ordre d'acheter une certaine quantité d'esprit, nommé 3/6, pour être livrée à différentes époques. Ces achats furent faits par l'intermédiaire d'un courtier. Des bordereaux en forme constataient, de la part du vendeur, l'obligation pure et simple de livrer la marchandise au terme convenu, et l'obligation de l'acheteur de prendre livraison et de payer comptant à l'échéance. Après avoir pris livraison d'une partie des 3/6 achetés, le négociant refusa de recevoir les livraisons qui devaient suivre, par le motif que l'achat fait pour son compte n'avait eu pour objet qu'un jeu de Bourse. Quant aux bordereaux du courtier qu'on lui opposait, il les écartait en disant que ces écrits constataient bien l'achat et la vente, mais n'établissaient pas la preuve de la vérité du contrat. Sans doute, dit la cour de Bordeaux, les écrits ne prouvent pas la réalité et la sincérité de la convention; mais aussi, la simulation prétendue étant une espèce de dol, c'est à celui qui l'allègue à en faire la preuve. Il fallait dire que c'est toujours au demandeur à faire la preuve, c'est donc à celui qui soutient qu'un marché sérieux en apparence cache une opération de jeu, de le prouver. Or, dans l'espèce, le négociant qui opposait l'exception de jeu n'avait pas prouvé son allégation; son propre fait témoignait contre lui, puisqu'il avait reçu une partie des denrées achetées pour son compte. Sur le pourvoi, il intervint un arrêt de rejet (1)

On voit que le soupçon de jeu est exploité par les parties qui, lors du contrat, n'entendaient pas jouer et qui refusent de tenir les marchés qui leur deviennent désavantageux. La jurisprudence n'offre que trop d'exemples de cette mauvaise foi qui déshonore le commerce. Des facteurs à la halle aux blés font, pour le compte de deux boulangers

(1) Rejet, 29 novembre 1836 (Dalloz, au mot *Jeu-Pari*, n° 21, 2°).

et sur leurs ordres, des achats et ventes de farines livrables en 1846 et 1847. Ceux-ci refusèrent de tenir leurs engagements, en alléguant qu'ils n'avaient eu pour objet qu'un jeu sur la hausse et sur la baisse des farines, dont le résultat devait être réglé d'après les différences des cours. Il a été jugé que les marchés étaient sérieux et que la *mauvaise foi* des boulangers, qui alléguaient un fait qu'ils ne prouvaient point, ne pouvait faire annuler les engagements que les facteurs avaient contractés sérieusement et dont l'inexécution leur causait un grave préjudice (1). Ces mêmes reproches de mauvaise foi ont retenti plus d'une fois devant les tribunaux de Belgique : on tient le marché à terme quand il est avantageux, on le rejette quand il devient préjudiciable par la variation du cours, en prétendant que l'opération est un jeu. Il faut s'en tenir rigoureusement au principe consacré par la cour de cassation : le marché à terme par lui-même est valable, à moins qu'il ne déguise une opération de jeu. C'est au demandeur à prouver qu'en contractant les parties n'avaient pas l'intention, l'une de vendre, ni l'autre d'acheter, qu'elles n'avaient d'autre objet que de jouer sur la hausse et la baisse ; si cette preuve n'est point faite, le marché sera maintenu (2).

228. Les mêmes principes s'appliquent aux marchés à terme qui ont pour objet des effets publics. En théorie, il est certain que l'on doit considérer comme licites les opérations à terme sur les effets publics, à la seule condition qu'elles soient sérieuses, c'est-à-dire qu'elles tendent à la délivrance réelle des titres et ne cachent pas des marchés fictifs et de jeu. Ce sont les termes d'un arrêt de la cour de cassation (3). Mais ici se vérifie malheureusement la vérité de ce que dit la cour de Lyon (p. 250, note 2); il y a peu d'arrêts qui maintiennent des marchés sérieux faits sur des fonds publics, tandis qu'il y en a beaucoup qui annulent les conventions fictives que l'on fait journellement à la Bourse.

---

(1) Paris, 14 août 1847 (Dalloz, 1849, 2, 214). Comparez Paris, 17 mars 1849 (Dalloz, 1849, 2, 169).

(2) Bruxelles, 7 avril 1827 (*Pasicrisie*, 1827, p. 126). Gand, 3 août 1834 (*Pasicrisie*, 1834, 2, 214). Bruxelles, 11 juin 1860 (*Pasicrisie*, 1860, 2, 284), et 11 janvier 1865 (*Pasicrisie*, 1865, 2, 93).

(3) Rejet, chambre criminelle, 19 janvier 1860 (Dalloz, 1860, 1, 40).

Ce sont les effets publics sur lesquels de préférence on joue, parce que les chances de hausse et de baisse sont journalières. Cela n'empêche pas de maintenir le principe de la cour de cassation : les marchés à terme par eux-mêmes sont valables, à moins que l'on ne prouve qu'ils déguisent une opération fictive et de jeu. Un agent de change reçoit ordre d'acheter 150 actions du chemin de fer du Nord, livrables, par les vendeurs, le 15 août, ou même plus tôt, à la volonté de l'acheteur, contre payement de 46,987 fr. L'agent de change lève les titres et les fait offrir à l'acheteur par exploit d'huissier. Sur le refus de l'acheteur de les recevoir, l'agent fait revendre les titres par la chambre syndicale à la Bourse du 23 août; la perte résultant de cette vente est portée, au compte du débiteur, pour solde de 4,762 francs, dont l'agent de change réclama le payement. L'acheteur répond que l'on ne saurait voir des opérations sérieuses dans les ordres par lui donnés, qu'il s'agissait de spéculations sur les différences, ne donnant lieu à aucune action. Cette défense ne fut pas admise. La cour de Paris décida qu'il n'était pas justifié que les opérations qui avaient eu lieu entre les parties fussent des jeux de Bourse. Cela était décisif. C'était au défendeur qui opposait l'exception de jeu à prouver qu'il y avait jeu; dès qu'il ne fournissait point cette preuve, il devait succomber dans son exception (1).

229. Nous avons supposé des marchés à terme sérieux, et il s'en fait surtout en matière de denrées. Toutefois les opérations fictives ne manquent point. Le 8 juin 1846, un négociant en farines vend à un boulanger 1,200 sacs de farine, livrables par 100 sacs de quinzaine en quinzaine, en juillet, août, septembre, octobre, novembre et décembre. Le lendemain, 9 juin, le même boulanger vend au même négociant 1,200 sacs de farine de même provenance livrables de la même manière et aux mêmes époques. Ces deux marchés, dit la cour de Paris, n'étaient évidemment pas sérieux; si on les avait pris au pied de la lettre, les deux

(1) Paris, 25 avril 1849 (Dalloz, 1849, 2, 215). Comparez Bruxelles, 16 avril 1816 (*Pasicrisie*, 1816, p. 102).

dettes se seraient éteintes par compensation au moment
même où elles se formaient. Pour donner un sens aux conventions des parties, il fallait y voir des spéculations sur la
baisse ou la hausse des farines. C'est effectivement ce qui
résultait d'un arrêté de compte du 7 septembre 1846 comprenant cinq quinzaines, et, par conséquent, le règlement
du prix de 500 sacs de farine; les parties s'étaient tenu
compte seulement des différences des prix des deux marchés. Depuis, le boulanger refusa de tenir ses engagements
en opposant l'exception de jeu. Il y était fondé en droit, dit
la cour, malgré sa mauvaise foi, les faits de la cause prouvant suffisamment que la double opération intervenue entre
les parties n'avait pour objet qu'un jeu et un pari. La cour
ajoute que si les marchés à terme fictifs doivent être annu-
lés comme *illicites*, la morale et l'intérêt public réclament
une application plus sévère encore de ces principes quand
il s'agit, comme dans la cause, de jeux et de paris dont le
résultat pourrait être d'altérer le cours régulier des denrées alimentaires et de première nécessité, et d'augmenter
ainsi les besoins et les souffrances de la population (1).
Cette décision est l'application des principes que nous avons
posés (n° 225); la cour qualifie d'*illicites* les marchés à terme
fictifs. bien qu'il s'agit de denrées; convention qui n'est
pas punie comme un délit, mais elle est fondée sur une
cause illicite.

230. Les marchés fictifs sur les effets publics sont de
beaucoup les opérations les plus nombreuses qui se fassent
à la Bourse, au dire de la cour de Lyon, bien placée pour
en juger. Mais les joueurs ont intérêt à donner à leurs
marchés toutes les apparences de conventions sérieuses,
d'abord pour échapper à la peine prononcée par le code
pénal (art. 422) contre les paris sur les effets publics, et,
abstraction faite de ces poursuites, pour donner au gagnant
une action, action que la loi refuse aux dettes de jeu. De
là des difficultés de fait souvent très-grandes pour distinguer les marchés sérieux des marchés fictifs. Nous empruntons un exemple à la jurisprudence de la cour de cas-

(1) Paris, 14 août 1847 (Dalloz, 1849, 2, 215).

sation. La cour commence par dire quels sont les marchés sérieux : ce sont ceux qui tendent à la délivrance et au payement réel des titres, peu importe que le vendeur les ait possédés lors de la vente ou qu'il n'en soit devenu possesseur qu'au temps de la livraison, car c'est précisément dans ce dernier cas qu'il y a avantage à conclure un marché à terme; la loi protége ces conventions, comme elle protége tous les contrats par lesquels les hommes peuvent se procurer les objets qui leur sont nécessaires. Mais la loi ne saurait accorder sa protection à des opérations de Bourse qui empruntent mensongèrement la forme des marchés à terme et cachent, en réalité, le jeu et ses spéculations hasardeuses. Le code pénal de 1810 qualifie de pari ces spéculations sur la hausse et sur la baisse; il comprend sous ce nom tout ce qui est jeu. Pour distinguer le jeu des spéculations sérieuses, le juge doit apprécier les actes et les faits, sans s'arrêter à la forme extérieure que les parties ont donnée à leurs actes, car ces formes ont pour objet de tromper la justice en faisant passer comme sérieux des ventes et des achats fictifs. Dans l'espèce, deux personnes, par l'intermédiaire d'un agent de change, s'étaient portées acheteurs à terme et plus tard vendeurs d'une quantité considérable de valeurs et effets publics de toute nature; pour deux mois seulement la liquidation s'était résumée en un solde à leur perte de près de 27,000 francs. L'arrêt attaqué constatait que jamais les contractants n'avaient pris livraison des actions qui avaient été achetées pour eux; ils reconnaissaient eux-mêmes qu'ils n'avaient pas eu l'intention de se mettre en possession des titres, se proposant de payer, à chaque échéance, la différence que présenterait le cours des valeurs. Ainsi, de leur propre aveu, leur but était de spéculer sur des *différences;* c'est le terme technique dans le langage de la Bourse que l'on serait tenté de comparer à un argot. Interrogés en justice sur les fonds avec lesquels ils auraient pu remplir leurs engagements, en les supposant sérieux, ils avaient été dans l'impossibilité d'indiquer des moyens suffisants. En réalité, ils n'avaient remis à l'agent de change que l'inscription destinée à le couvrir des différences; nous reviendrons sur cette *couverture.*

L'objet de la spéculation des contractants, joint à l'état de
leur fortune, ne laissait guère de doute sur la nature de
leurs conventions : c'étaient des jeux de Bourse. Ils avaient
cependant donné à leurs opérations le nom de *marché à
terme* ; c'était une apparence trompeuse et faite pour tromper. Est-ce un acheteur que celui qui ne peut ni ne veut
prendre livraison ou lever les titres? Est-ce un vendeur
que celui qui ne livrera jamais la chose vendue, parce que
le prétendu acheteur n'a pas de quoi payer le prix? L'une
des parties ne veut pas plus vendre que l'autre ne veut
acheter. Ce que les contractants ont en vue, c'est le payement des *différences*. On dira que dans le marché à terme
il y a aussi une spéculation et une chance de gain ou de
perte. Sans doute, mais dans les marchés sérieux la perte
ou le gain se réalisent par l'exécution que reçoivent les
contrats ; tandis que dans les marchés fictifs il n'y a pas
d'exécution de la vente, le vendeur ne livre pas et l'acheteur ne paye point ; la spéculation porte uniquement sur la
chance bonne ou mauvaise résultant de la variation des
cours ; les parties ne spéculent que sur ces *différences*, et
la convention se borne à les payer ; c'est la partie qui a la
chance contre elle qui paye, comme un joueur ou un pa-
rieur qui perd ; l'autre partie gagne au jeu. Tout se résume
donc en une spéculation sur des *différences* ; la vente prétendue est l'apparence trompeuse imaginée pour échapper
au code pénal et à l'application de l'article 1965.

Viennent maintenant les objections, c'est-à-dire les combinaisons inventées pour donner la couleur d'une convention sérieuse à ce qui n'est que jeu ou pari. On soutient
qu'à l'aide du report et à chaque échéance les opérations
devenaient effectives. Il en est du report comme du marché
à terme, c'est une forme empruntée à des opérations sérieuses pour déguiser des opérations fictives. Le report devient l'instrument des jeux de Bourse ; en permettant de
reculer sans cesse la réalisation des marchés, il favorise
le spéculateur hasardeux qui profite de ce nouveau terme
pour courir de nouveaux hasards. Il est vrai que le reporteur prend livraison, ici est l'objection des joueurs ; mais,
dit la cour, le reporteur annule immédiatement l'effet de la

livraisou par une revente à terme qui se fait au même instant et maintient le reporté dans la situation qu'il s'était faite. Donc le report, loin de prouver le sérieux du marché, met à nu la fiction et le jeu.

Les joueurs font une autre objection et se prévalent des opérations de l'agent de change pour en induire qu'il y a eu livraison réalisée et, par suite, possession des titres. Sans doute l'agent de change, chargé d'acheter, achète; il reçoit donc les titres, mais il n'en fait jamais la délivrance aux parties, celles-ci ne peuvent en disposer; si elles les revendent et livrent les titres, c'est par la volonté et le consentement de l'agent de change; tout ce que fait l'agent de change est sérieux dans la forme, et, en ce qui concerne les joueurs, tout est fictif au fond; la propriété des préten-dus acheteurs est purement nominale : comment devien-draient-ils propriétaires alors qu'ils n'ont jamais voulu l'être? Si l'agent de change détient les valeurs, il n'en résulte nul-lement que sa possession se communique à ceux qui, se servant de son nom et de son intervention, poursuivent le jeu et rien que le jeu; l'agent de change détient, mais, pour sa sûreté, il vend les titres et la différence est payée par le perdant; quant à l'agent de change, il est d'ordinaire couvert d'avance par la remise de deniers ou d'effets des-tinés à solder les différences. Il est donc vrai de dire, c'est la conclusion de la cour, que les parties n'ont jamais pos-sédé les titres vendus, qu'elles n'ont pu subir que la perte ou réaliser le gain des *différences* amenées par l'écart des cours; qu'attendant ce résultat des seules chances du hasard, ils sont des joueurs véritables; que leurs opérations sont illicites et nulles et, de plus, punies comme délits par le code pénal de 1810 (1).

231. Quand les parties intéressées ont recours à tant d'artifices pour tromper la justice, c'est un devoir pour l'in-terprète de recueillir les témoignages que fournit la juris-prudence et qui peuvent guider le magistrat dans la déci-sion des procès sans cesse renaissants que suscitent des jeux auxquels la bonne foi préside rarement. Les principes

(1) Rejet, chambre criminelle, 9 mai 1857 (Dalloz, 1857, 1, 146).

de droit sont d'une grande simplicité. Quand le marché
est-il fictif? quand est-il sérieux? Il est sérieux quand l'une
des parties entend vendre et l'autre acheter ; or, pour qu'il
y ait vente, il faut qu'il y ait transport de propriété de la
chose qui fait l'objet de la vente ; le vendeur doit donc avoir
l'intention de transporter la propriété des titres à l'acheteur et d'en recevoir le prix, et l'acheteur doit avoir l'intention d'acquérir cette propriété moyennant le payement du
prix. Si, lors de la convention qualifiée de vente, l'acheteur
n'a pas l'intention de devenir propriétaire des effets publics
qu'il charge un agent de change d'acheter, et si le vendeur,
de son côté, ne veut pas en transmettre la propriété à
l'acheteur, il n'y a pas de vente réelle ; l'opération est fictive, elle n'a pas pour objet un transport de propriété, donc
ce n'est pas une vente ; dans l'intention des parties, il n'y
a rien qu'une spéculation sur la variation des cours. Voilà
le marché fictif ; c'est en ce sens que la cour de cassation
le définit : ce sont des marchés qui servent à déguiser des
opérations de nature à se résoudre nécessairement en *différences, par l'effet de la volonté originaire des parties.*
C'est un jeu (1).

232. La volonté originaire *des parties*, dit la cour. Il
faut donc que l'intention des deux parties soit de jouer pour
qu'il y ait marché fictif. Cela résulte de l'essence même des
conventions ; elles se forment par un concours de consentement. De même qu'il ne peut y avoir de vente réelle que
par le concours de volontés des parties, dont l'une veut
vendre et l'autre acheter, de même il ne peut y avoir de
vente fictive ou de jeu que par le concours de volontés ;
seulement ici les volontés concourent pour feindre ou pour
jouer. Lors donc que l'une des parties vient dire qu'elle n'a
pas entendu traiter sérieusement, cela suffira-t-il pour qu'il
y ait un marché fictif, un jeu? Non, certes ; il faut être
deux pour jouer, ou pour faire une convention fictive, comme
il faut être deux pour faire un contrat réel ; il n'y a un
perdant que s'il y a un gagnant. En admettant donc la vérité de la déclaration que fait l'une des parties d'avoir voulu

(1) Rejet, 1er avril 1856 (Dalloz, 1856, 1, 148).

jouer, il n'en résulte pas que l'opération soit un jeu : la
partie qui a entendu traiter sérieusement aura une action,
puisque l'autre partie a feint, de son côté, de traiter sérieusement. Celle-ci n'a pas fait connaître, en contractant, son intention de jouer ; si elle pouvait ensuite dire qu'elle a voulu
jouer, elle romprait un contrat en apparence sérieux : ce
serait un moyen facile de tromper, et la loi ne prête pas la
main au dol. On dira à celle des parties qui vient soutenir
qu'elle a joué : « Si votre intention n'était pas de contracter
sérieusement, il fallait en prévenir l'autre partie contractante, laquelle a eu l'intention de faire un contrat sérieux.
En gardant le silence et en faisant une convention sérieuse
en apparence, vous avez trompé celui avec lequel vous avez
traité ; vous devez répondre des suites de votre dol en
exécutant la convention, sérieuse en apparence, que vous
avez souscrite. » Dans ce cas, la vente produira ses effets
au profit de la partie qui aura agi de bonne foi ; la morale
est d'accord avec le droit pour le décider ainsi.

La jurisprudence s'est prononcée en ce sens. Si les deux
parties, dit la cour de Poitiers, sont convenues qu'aucune
d'elles ne pourra être contrainte à faire ou à recevoir
livraison, et que l'opération se résoudra nécessairement en
un payement de *différences,* suivant le cours à l'époque du
marché et à celle de la livraison, dans ce cas il y a jeu, et
aucune des parties n'aura une action en justice. Il peut
aussi arriver, ajoute la cour, que l'une des parties veuille
faire sincèrement un acte de commerce, vente ou achat, et
que l'autre ait eu la volonté de jouer ; dans ce cas, la justice doit protéger le commerçant et faire exécuter le contrat contre le joueur qui a caché ses intentions. Dans l'espèce, des négociants en farines avaient vendu à un cafetier,
se disant négociant, mille sacs de farines des six marques,
livrables à Paris en mars et avril prochains et payables
comptant. L'acheteur, cafetier de petite ville, ne possédant
qu'une maison qu'il n'avait point payée, était dans l'impossibilité de payer, non-seulement les 80,000 francs de son
marché, mais même la différence des cours, pour peu
qu'elle fût importante ; cela ne l'empêcha point d'acheter,
dans le même temps et aux mêmes conditions, trois autres

mille sacs de farine, ce qui faisait porter ses spéculations sur plus de 300,000 francs, alors qu'il n'avait pas 1,000 fr. à sa disposition. Il est donc certain que l'acheteur n'entendait pas acheter; il voulait seulement jouer, et il ne possédait pas même sa mise au jeu. Le vendeur, au contraire, faisait des affaires importantes, et, de son côté, le marché était sérieux (1).

233. D'ordinaire la partie qui prétend n'avoir pas traité sérieusement se repent du marché, parce que les chances tournent contre elle; la déclaration d'avoir voulu jouer, alors que l'autre partie exécute sérieusement le contrat, mérite donc peu de foi; en tout cas, elle est inopérante. Un agent de change fait, depuis le mois de septembre 1867 jusqu'au mois de janvier 1869, diverses opérations d'achats et de vente pour un employé de la société Langrand-Dumonceau, fameuse en Belgique pour avoir voulu christianiser les capitaux, ce qui a abouti à ruiner les croyants. L'agent de change, créancier d'une somme de 3,231 francs, actionna l'acheteur; celui-ci soutint que les opérations constituaient un jeu de Bourse. Il ne suffit point, répond la cour de Bruxelles, d'alléguer qu'il y a jeu, il faut le prouver; et si celui qui oppose l'exception de jeu ne prouve pas que réellement les marchés étaient fictifs, il doit succomber. Encore ne suffit-il pas que le spéculateur établisse qu'il a réellement joué à la hausse ou à la baisse sur les valeurs qui ont fait l'objet des opérations; il faut, en outre, qu'il soit établi que l'autre partie contractante à laquelle le moyen est opposé s'est constituée la *contre-partie* du jeu; s'il s'agit d'un agent de change, il faut qu'il ait su qu'il prêtait son ministère à des opérations fictives. De là la cour conclut que si l'agent de change a cru faire des opérations sérieuses qui, dans sa pensée, devaient être suivies de la livraison des titres, il se trouve à l'abri de l'exception. Le défendeur n'ayant pas fait cette double preuve qui lui incombait, le marché restait ce qu'il était en apparence, sérieux, et il devait recevoir son exécution (2).

(1) Poitiers, 19 mars 1863 (Dalloz, 1863, 2, 214).
(2) Bruxelles, 3 juillet 1869 (*Pasicrisie*, 1869, 2, 353).

Deux négociants achètent à terme une certaine quantité d'huile de pétrole. Le vendeur refuse de tenir le marché, en prétendant qu'il s'agit d'une opération fictive de jeu. Cette prétention ne fut pas admise. En supposant, dit la cour, que, dans l'intention du vendeur, la vente ne fût qu'un jeu, il faudrait encore prouver que les acheteurs entendaient également jouer; or, le défendeur qui oppose l'exception de jeu et qui devrait en prouver le fondement, n'administre pas cette preuve; et toutes les probabilités de la cause militent en faveur des acheteurs, négociants sérieux, et qui, à la même époque où ils traitaient avec le défendeur, achetaient une grande quantité d'huiles de pétrole et en prenaient livraison. C'était encore une fois un vendeur qui, voyant la chance tourner contre lui, voulait se dégager de ses obligations en prétendant qu'il avait joué (1).

234. Celui qui invoque l'exception de jeu doit prouver que l'intention des parties, lors du contrat, était de faire une opération fictive. Le point de savoir quelle est l'intention des parties contractantes est une difficulté de fait que le juge décide d'après les circonstances de la cause. Il est de principe qu'en ces matières les cours d'appel jouissent d'un pouvoir souverain (2). Ce qui ne veut pas dire que la cour de cassation ne puisse pas apprécier les faits tels qu'ils ont été constatés par le premier juge, et casser même sa décision s'il en a tiré une conséquence légale qui est contraire à la loi; nous en avons cité des exemples. Telle est d'ailleurs la règle générale.

Quant à l'intention des parties, ce doit être l'intention *originaire,* comme le dit la cour de cassation (n° 231), c'est-à-dire l'intention qu'elles avaient en contractant. Ce qui a parfois trompé les tribunaux, c'est que, dans les longues relations qui existent entre l'acheteur de denrées et le commissionnaire qui les lui vend, il se fait parfois des règlements que les parties appellent de différences; et ce mot technique, qui désigne d'ordinaire des conventions fictives, semble indiquer que les parties ont réellement joué. Des

(1) Bruxelles, 3 mars 1866 (Dalloz, 1867, 2, 118). Comparez Bruxelles, 10 avril et 24 juillet 1873 (*Pasicrisie*, 1873, 2, 236 et 339).
(2) Rejet, chambre criminelle, 9 mai 1857 (Dalloz, 1857, 1, 146).

opérations sincères, dit la cour de Bruxelles, n'excluent
pas des compensations; et celles-ci, lorsqu'elles s'opèrent
sur des valeurs inégales, entraînent nécessairement des
différences. Mais de là on aurait tort de conclure que les
opérations étaient fictives; ce ne sont pas les règlements de
compte qu'il faut prendre en considération pour décider s'il
y avait jeu, il faut considérer l'intention commune des parties lorsqu'elles contractent (1).

235. Les nombreux procès qui s'élèvent sur les marchés à terme prouvent que la passion du jeu ne va pas en
diminuant. C'est un signe des temps : les croyances morales font défaut à ceux-là mêmes qui prétendent avoir le
monopole de la morale, et à eux plus qu'à tous autres.
Dans un pareil état social, les hommes n'ont plus qu'une
passion, celle des jouissances matérielles, et pour s'y livrer
il leur faut de l'or à tout prix. Il est bon de citer des
faits qui pourront servir de leçon; ce seront au moins des
leçons de droit qui profiteront au magistrat dans ces matières ténébreuses. Nous emprunterons à la jurisprudence
des exemples de conventions sérieuses et de conventions
fictives; en se familiarisant avec les faits, le lecteur appren-
dra à distinguer la vérité et la fiction.

La vente de grains à livrer après la récolte, faite à un
négociant en grains, constitue-t-elle un marché à terme fictif? Il y a évidemment marché à terme, puisque l'on vend
des grains qui n'existent pas encore. Dans l'espèce, le vendeur étant tombé en faillite, les syndics prétendirent que
l'opération était un jeu sur la hausse ou la baisse des grains.
La cour de Metz établit très-bien que, d'après les circonstances de la cause, la vente était sérieuse, bien qu'il fût
constant que le vendeur se livrait à des opérations fictives. D'abord l'acheteur était un négociant sérieux qui faisait le commerce de grains sur une grande échelle. Il était
donc naturel qu'il achetât, dans le mois qui précède la récolte, des blés destinés à son commerce. L'achat litigieux
ne présentait, du reste, aucune trace d'opération fictive;

---

(1) Bruxelles, 12 mai 1849 (*Pasicrisie*, 1849, 2, 323). Comparez Bruxelles,
23 novembre 1861 (*Pasicrisie*, 1862, 2, 90), et 7 décembre 1874 (*Pasicrisie*,
1875, 2, 45).

les marchandises vendues étaient en rapport avec la nature
du commerce de celui qui les avait acquises; le contrat
stipulait avec précision le lieu, l'époque et le mode de livraison des blés vendus. L'acte entrait dans un détail qui
témoignait que l'intention des parties était certainement
d'exécuter le marché par la livraison effective des denrées :
il imposait l'obligation à l'acheteur de rendre les toiles dans
lesquelles les grains devaient être livrés. On objectait la
faculté stipulée par le vendeur de ne faire ses livraisons
qu'en novembre, décembre, janvier et février; c'est, au contraire, dit la cour, un indice de la vérité d'une négociation
dans laquelle l'acheteur voulait donner au vendeur le temps
nécessaire pour se procurer, après le battage, les grains
qui faisaient l'objet du marché. La convention ne fut pas
exécutée; au commencement de décembre, il était certain
que le vendeur ne voulait ou ne pouvait pas livrer les grains
vendus; dès lors l'acheteur devait se contenter des différences de prix à titre de dommages-intérêts. De ce que le
marché se résolut en différences, on ne pouvait pas conclure
que dès le principe l'intention des parties avait été de spéculer sur les différences; tous les faits de la cause témoignaient contre cette intention. Si l'acheteur dut se contenter
de différences, au lieu de recevoir des grains, c'est malgré
lui; ce n'était pas l'exécution de la convention primitive,
c'était plutôt la conséquence de l'inexécution du marché, et
ce qui se fait par suite de l'inexécution d'une convention ne
peut certes pas caractériser la convention telle qu'elle devait être exécutée. La cour conclut que le caractère illicite
de la convention litigieuse n'étant pas établi, il fallait la
maintenir contre la masse après la faillite du vendeur (1).

La cour de Bruxelles a rendu une décision analogue
dans l'espèce d'une vente d'huile de colza, également faite
avant la récolte. Le vendeur, qui opposait l'exception de
jeu, avouait qu'antérieurement à la vente actuelle il avait
fait avec l'autre partie des marchés à terme ayant pour
objet le même article, et que tous avaient été scrupuleuse-
ment exécutés par livraison des denrées et payement du

(1) Metz, 3 avril 1856 (Dalloz, 1856, 2, 150).

prix ; c'était un préjugé puissant contre sa prétention. La dernière convention présentait, du reste, tous les caractères d'un marché sérieux. Il résultait de la correspondance des parties qu'après débat sur le lieu de la livraison et autres chances du contrat, le vendeur promettait bonne qualité d'huile et bon conditionnement des barriques : songe-t-on à ces détails d'exécution réelle d'une vente quand, dans l'intention commune des parties, la vente n'est qu'un jeu? Nous laissons de côté les autres circonstances de la cause, toutes également probantes, d'une intention sérieuse de contracter (1).

236. La clause de *prime* a soulevé un doute dans une affaire jugée par la cour de Gand. On entend par *marché à prime* ou *marché libre* une vente à terme de denrées (ou aussi d'effets publics), avec cette condition que l'acheteur aura la faculté de renoncer au marché, en abandonnant une partie du prix stipulé sous forme de *prime* et payée au moment où la convention se fait. Cette clause prévient ou diminue du moins, dans une certaine mesure, les dangers inhérents aux marchés *fermes* qui doivent être tenus, quelle que soit la hausse ou la baisse des marchandises; c'est un nouveau pacte aléatoire, mais qui limite la perte que l'acheteur éprouvera en cas de baisse, au montant de la prime ; et, moyennant la réception de cette prime, le vendeur prend sur lui les pertes qui résulteront pour lui de la hausse (2). La prime a-t-elle pour effet de rendre la convention fictive? Non; c'est, au contraire, parce qu'elle est réelle que l'acheteur stipule la prime, pour se mettre à l'abri de pertes trop grandes. On objectait, devant la cour de Gand, que l'acheteur qui paye une prime de 1,500 fr., et se met par là à l'abri de la chance de baisse, fera, en cas de hausse, des bénéfices considérables, sans rapport aucun avec le chiffre de la prime; tandis que le vendeur, pour un faible dédommagement qu'on lui accorde en cas de baisse, s'expose, en cas de hausse, à des pertes qui peuvent le ruiner. La cour dit que cela est vrai; elle trouve le mar-

---

(1) Bruxelles, 4 décembre 1858 (*Pasicrisie,* 1860, 2, 83). Comparez 10 avril 1873 (*Pasicrisie,* 1873, 2, 236).
(2) Pont. 1, p. 299, n° 625.

ché à prime contraire à l'*équité*, et ajoute même qu'il est réprouvé par la *morale*; ceci est une mauvaise expression qui rend mal la pensée de la cour; car si la convention était réellement immorale, elle serait nulle; tandis que la cour ne la considère pas comme nulle, elle décide même, et avec raison, que la clause de prime ne rend pas le marché fictif si, dans son principe, il est sérieux. Et, dans l'espèce, cela n'était point douteux; ce qui prouvait que la livraison des marchandises devait être réelle, c'est que, lors du procès, elle avait déjà été faite en partie; il ne pouvait donc être question de jeu. La clause de prime n'est qu'une clause aléatoire, et la loi ne réprouve pas les contrats qui portent sur une chance, sauf quand ce sont des conventions de jeu (1).

237. Les mêmes principes reçoivent leur application aux marchés qui ont pour objet des effets publics. Dans une vente d'effets publics consentie à une personne qui faisait sa profession de négociations de Bourse, les pièces à livrer par le vendeur avaient été spécialement désignées par numéros. L'acheteur refusa d'en prendre livraison, prétendant que l'opération n'était qu'un jeu de Bourse. Rien ne justifiait cette prétention, au moins en ce qui concernait le vendeur; car, le jour fixé pour la livraison, il avait fait offrir à l'acheteur à découvert, et avec indication des numéros, les vingt-cinq pièces qui avaient été spécialement désignées lors de la conclusion du marché. La cour en conclut qu'il y avait convention sérieuse, et que l'acheteur devait l'exécuter ou payer des dommages-intérêts. Ces dommages-intérêts consistaient en *différences*, mais les *différences* n'étaient pas le résultat de la convention et son exécution; elles étaient dues, au contraire, parce que la convention n'était pas exécutée (2).

La question se présente rarement dans des termes aussi simples. Un autre arrêt de la cour de Bruxelles énumère longuement les circonstances de la cause qui prouvaient que les opérations, objet du litige, étaient sérieuses. Il y

(1) Gand, 17 novembre 1854 (*Pasicrisie*, 1855, 2, 13).
(2) Bruxelles, 11 juin 1836 (*Pasicrisie*, 1836, 2, 141).

avait eu de nombreuses relations entre les parties ; les achats
d'effets publics réalisés par l'agent de change avaient tous
été ordonnés par l'acheteur, à qui la réalisation était régulièrement annoncée. Cette réalisation se trouvait confirmée
par toute la comptabilité de l'agent de change, soit par les
feuilles de liquidation de la chambre syndicale, soit par ses
carnets, soit par son livre timbré. La réalisation était encore attestée par les différents reports exécutés par ordre
de l'acheteur ; en effet, les reports supposent que les opérations étaient sérieuses, puisqu'ils nécessitaient un nantissement de valeurs négociables. On voit qu'il s'agissait de
reports sérieux, et non de reports que nous avons déjà ren-
contrés et que la cour de cassation considère comme une
marque d'opérations fictives (n° 234). Avant le dernier procès, l'acheteur n'avait jamais élevé le moindre doute à cet
égard ; à chaque avis que lui transmettait son agent de
change, il répondait qu'il en prenait bonne note ; il lui avait
fait des remises nombreuses pour solder des achats, et non
pour régler des différences. D'où venait donc le doute, ou
du moins la contestation entre les parties ? Dans la correspondance de l'agent de change, il était quelquefois question
de jeux de Bourse et, dans les comptes et liquidations, il
y avait quelques articles provenant de *différences*. La cour
répond que rien ne prouve que les passages de la correspondance où il était question de jeux de Bourse eussent rapport aux opérations qui faisaient l'objet du procès ; quant
aux articles de différences, ils s'expliquent, comme nous
l'avons déjà vu, par les compensations qui s'effectuent entre
des valeurs inégales. La cour infirma, en conséquence, le
jugement de première instance qui avait considéré les opérations comme fictives. Ce dissentiment entre les tribunaux
et les cours, que l'on rencontre souvent en cette matière,
prouve combien l'appréciation des faits est difficile et douteuse (1).

238. Nous avons déjà donné un exemple d'un marché
à terme ayant pour objet des denrées, et qui, dans l'inten-

---

(1) Bruxelles, 13 août 1839 (*Pasicrisie*, 1839, 2, 191). Comparez Gand,
24 juillet 1873 (*Pasicrisie*, 1873, 2, 339).

tion des parties, n'était qu'une opération fictive. Pour le
moment nous demandons quelles sont les circonstances
d'où l'on peut induire qu'il y a jeu.

On lit dans un arrêt de la cour de Bordeaux que, dans
cette place importante et dans plusieurs places de commerce, il s'est introduit, sur la hausse et la baisse des
eaux-de-vie et des esprits dits 3/6, un jeu semblable à
celui qui se fait sur les effets publics, et que pour le couvrir, les joueurs simulent des marchés à terme dont les
conditions sont établies dans une formule imprimée. Dans
l'espèce, les parties elles-mêmes avouaient que leurs conventions devaient se résoudre en payements de *différences,*
seulement elles étaient en désaccord sur la manière de les
calculer et d'en déterminer le montant; du reste aucune
n'opposait l'exception de jeu. Elles entendaient donc rendre
la justice complice de leurs spéculations sur la hausse et la
baisse. La cour de Bordeaux ne tint aucun compte de l'accord des parties; elle invoque l'article 1965, aux termes
duquel la loi n'accorde aucune action pour dettes de jeu.
Par cela même la loi fait un devoir aux tribunaux « de réprimer des opérations illicites et dangereuses, dont il n'appartient pas aux joueurs de couvrir la nullité, et qui,
dénaturant les transactions commerciales, multiplient les
chances de ruine et de banqueroute, et ne blessent pas
moins les véritables intérêts du commerce que la morale
publique (1). » La cour aurait pu constater l'influence funeste que l'habitude du jeu a sur les sentiments moraux
des joueurs; ils ne semblent pas se douter de ce qu'il y a
d'illicite dans ces conventions fictives, ils les avouent en
justice, ils les consignent sur leurs registres. Aussi voit-
on, dans le principe, les cours se baser sur les registres
des parties pour y puiser la preuve des opérations illicites
auxquelles elles se livraient.

La jurisprudence, en annulant les marchés à terme fictifs, éveilla, sinon le sens moral des joueurs, du moins leur
prudence. Par suite, il devint plus difficile de prouver le

(1) Bordeaux, 28 août 1826, 16 juillet 1840; Paris, 26 août 1826 (Dalloz,
au mot *Jeu-Pari*, n⁰ˢ 17 et 18). Comparez Bruxelles, 8 août 1860 (*Pasicrisie*, 1860, 2, 296).

jeu, parce que le jeu prenait toutes les apparences d'une convention sérieuse. La cour de Lyon a relevé les circonstances suivantes comme établissant suffisamment le caractère fictif d'une prétendue vente d'huiles. D'abord l'une des parties ne faisait plus le commerce et n'avait plus de magasins. Puis aux deux époques du marché et de la délivrance des denrées qui en devaient être l'objet, ni l'une ni l'autre des parties n'avait ces denrées en sa possession. Nous disons ni l'une ni l'autre, car elles étaient simultanément vendeurs et acheteurs l'une de l'autre de la même marchandise; la cour insiste sur ce dernier caractère de la convention, et en conclut que, sous l'apparence d'un acte de commerce, le marché ne cachait qu'un jeu, jeu pour lequel la loi n'accorde aucune action (1). La même cour, dans une autre affaire, après avoir établi le caractère fictif de la convention, constate la mauvaise foi de la partie qui invoquait l'article 1965, alors qu'elle avait réalisé des bénéfices considérables sur des opérations de même nature, que l'autre partie contractante, qui avait perdu au jeu, avait consenti de payer; la cour flétrit cette conduite, mais en droit, dit-elle, on n'en peut tenir aucun compte, car ce n'est pas un vol dans le sens légal du mot. La flétrissure est méritée et elle est sévère, puisque la cour traite les joueurs de voleurs, au point de vue moral (2). Que ceux qui s'aventurent dans ces spéculations véreuses en fassent leur profit!

Un arrêt de la cour de Bruxelles relève d'autres circonstances qui dénotent que la vente est fictive. Une vente véritable est suivie de livraison; il faut donc que la délivrance se fasse dans les termes de l'article 1585; si les marchandises ne sont ni pesées, ni mesurées, ni expédiées, s'il n'y a ni envoi ni réception des choses vendues, c'est qu'il n'y a point de vente. Mais pour que la délivrance puisse se faire, il faut qu'un lieu de livraison soit indiqué; cela se fait dans toute vente sérieuse, c'est la première chose à laquelle les parties songent. Il en est ainsi surtout, quand,

---

(1) Lyon, 29 avril 1840 (Dalloz, au mot *Jeu-Pari*, n° 19, 1°).
(2) Lyon, 31 décembre 1832 (Dalloz, au mot *Jeu-Pari*, n° 19, 2°).

comme dans l'espèce, le vendeur habite Bruxelles, et l'acheteur Amsterdam. La marchandise doit-elle passer la frontière? C'est un point essentiel, à raison des droits de douane. Eh bien, les parties n'avaient pas indiqué le lieu où devait se faire la délivrance. C'est qu'elles ne songeaient pas à livrer la marchandise vendue; leur but était de jouer. Dans l'espèce, le prétendu créancier demandait à être colloqué à la faillite du débiteur, pour une somme de 21,000 francs, solde d'un compte courant. Le tribunal de commerce, qui écarta la demande, fait à ce sujet la remarque qu'il serait contraire à la morale et à l'équité d'admettre au passif d'une faillite une créance de jeu; en effet, un pareil créancier n'ayant rien fourni au failli, n'a contribué en rien à l'actif que les véritables créanciers sont réduits à se partager par contribution, et cependant il viendrait prendre une part dans les valeurs et marchandises fournies par les autres créanciers! Le tribunal aurait pu ajouter que le jeu auquel se livre un commerçant est d'ordinaire la cause de sa ruine : on verrait donc le complice ou l'auteur de la faillite dépouiller les créanciers qu'il a contribué à ruiner (1)! Il est bon d'appeler l'attention sur les conséquences habituelles auxquelles aboutit le jeu; l'enseignement peut être salutaire.

239. Un arrêt plus récent de la cour de Gand, rendu en matière de vente de farines, prouve que le jeu prend des proportions monstrueuses. La cour a parcouru les mandats de livraison appelés *filières,* en usage à la Bourse de Paris : le jeu s'y montre à chaque ligne; ce sont des opérations qui n'aboutissent jamais à une livraison de marchandises; le vendeur est acheteur, et l'acheteur est vendeur; les opérations se contre-balancent, s'annulent les unes les autres, et ne laissent, en dernière analyse, qu'une apparence et une fiction. Les achats et ventes réels ont une limite dans la production qui se règle sur les besoins des consommateurs. Il n'y a pas de limites pour la spéculation, parce qu'elle n'opère que sur des chiffres fictifs. La cour de Gand a fait le calcul de ces opérations fictives,

---

(1) Bruxelles, 28 décembre 1850 (*Pasicrisie*, 1851, 2, 42).

et elle a constaté que, dans le seul mois d'avril 1867, il s'était fait un jeu effréné qui avait transporté fictivement, et un grand nombre de fois en peu de jours, une quantité de 2,300 sacs de farine de froment ; elle est arrivée au chiffre de plus de sept millions de kilogrammes de farine, pour une seule maison, sur vingt ou trente qui font des marchés de même nature, soit, pour le total des vingt ou trente maisons, 150 à 180 millions de kilogrammes pour une seule espèce de farines « les *six-marques* », c'est-à-dire qu'en vingt jours on aurait vendu, sur une seule place, au moins cinquante fois plus de farines que n'en produisent pendant une année toutes les usines dont les produits sont classés parmi les *six-marques* (1) !

240. Il va sans dire que le jeu sur les effets publics prend les mêmes proportions. Dans une espèce jugée par la cour de Colmar en 1863, l'arrêt constate que la fortune du débiteur, par suite d'opérations fictives de Bourse, montait au plus, en y comprenant la dot de sa femme, à 120,000 ou 125,000 francs ; cependant, du 18 août 1855 au 4 août 1856, la maison de banque, intermédiaire de ces marchés, avait acheté à terme pour 1,733,755 francs de valeurs diverses, et vendu à terme également pour 1,771,592 francs. La cour en conclut, et la conclusion est d'une évidence matérielle, que dans ces divers achats et ventes, il eût été aussi impossible au vendeur de lever les titres par lui achetés, que de livrer lui-même les titres qui avaient été vendus pour lui. Ces marchés sans livraison de titres se terminent donc forcément, en liquidation, par des différences, c'est-à-dire que ce sont des jeux (2).

C'est d'ordinaire cette circonstance que les arrêts relèvent comme preuve du caractère fictif des opérations de Bourse ; celui qui ne possède que 100,000 francs ne peut pas acheter des valeurs pour des millions. L'écart est souvent plus considérable. La cour de Limoges a eu à juger une affaire qui offre plus d'un enseignement. Trois femmes, dont deux étaient mariées, formèrent une société que, dans

---

(1) Gand, 21 mai 1870 (*Pasicrisie*, 1870, 2, 253).
(2) Colmar, 15 juillet 1863 (Dalloz, 1864, 2, 52).

la cause, on appelait le *Trio*, dans le but de jouer à la Bourse. Les malheureuses espéraient devenir millionnaires, et pour atteindre un si grand but, tous les moyens leur semblaient bons. Elles s'associèrent donc, à l'insu de leurs maris. Un banquier servit d'intermédiaire; nous reviendrons sur cet honnête financier. Les banquiers ne consentent guère à faire des opérations de Bourse sans être *couverts*; notre *Trio* devait donc se procurer des fonds; or, des femmes mariées n'ont pas à leur disposition des valeurs dont elles puissent disposer pour jouer, quand même elles seraient riches, quand même elles seraient séparées de biens, et nos joueuses appartenaient à la classe de la société qui vit de son travail; elles déposèrent à la banque, l'une une somme de 3,000 francs, la seconde une somme de 2,443 francs 25 centimes, et la troisième une somme de 1,800 francs. Le banquier ne s'enquit pas de la légalité de ce versement : comment des personnes travaillant pour vivre et mariées s'étaient-elles procuré ces sommes relativement considérables, si l'on tient compte de leur position sociale ? Ces scrupules de légiste sont inconnus à la Bourse; on n'y respecte pas plus le droit que la morale. Nous disons qu'une *couverture* de 7,243 francs 25 centimes était considérable, à raison de la fortune des joueuses, mais c'était une mince couverture pour les opérations que la maison de banque fit au nom du *Trio* : dans l'espace de six semaines, elle fit, pour le compte de la société, en achats et ventes, un chiffre d'affaires s'élevant à cinq millions. Ce fait seul, dit la cour, prouve que les opérations n'étaient pas sérieuses, elles constituaient des jeux sur la hausse et la baisse. En France les joueuses s'exposaient à un emprisonnement d'un an pour avoir tenté la fortune par un jeu prohibé ; en tout cas, elles faisaient une chose immorale. Une fois la soif des richesses allumée, on ne recule devant rien (1).

241. Quel est le résultat de cette frénésie de jeu? L'expression est de la cour de Besançon; elle constate que d'ordinaire ces opérations fictives se liquident en pertes

_____

(1) Limoges, 12 décembre 1868 (Dalloz, 1869, 2, 14).

énormes (1). Il se peut que les pertes soient en rapport avec la fortune des joueurs. Dans ce cas l'élément habituel qui sert à caractériser ces opérations fait défaut. Est-ce à dire que si celui qui fait des marchés à terme a une fortune suffisante pour payer les titres qu'il achète, les opérations auxquelles il se livre ne soient pas des jeux de Bourse? Ce serait un singulier droit et une plus singulière morale : en effet, il en résulterait que les riches peuvent jouer, que pour eux le jeu est licite, et qu'ils ne commettent pas le délit puni par le code pénal, tandis que le jeu ne serait illicite que lorsque le perdant ne peut pas payer. La cour de Paris a repoussé, à juste titre, une doctrine que le droit et la morale condamnent. Quand l'acheteur a l'argent nécessaire pour payer les effets qu'il achète, le marché peut être sérieux, mais il peut aussi n'être qu'un jeu ; tandis que celui qui achète des valeurs pour cinq millions, alors qu'il ne possède pas cinq mille francs, ne peut pas avoir l'intention de faire un marché sérieux : voilà la seule différence entre l'acheteur solvable et l'acheteur insolvable. Mais l'acheteur solvable peut aussi ne pas avoir l'intention de lever les titres; dans ce cas, il joue, l'opération n'est pas une vente, c'est une convention qui aboutit à payer ou à recevoir des différences (2).

Le cas s'est présenté dans une affaire qui montre jusqu'où va le mépris des gens de Bourse pour le droit et la morale. Un banquier fait de compte à demi avec un jeune homme des opérations sur la hausse et la baisse des farines. Ces relations commencèrent à une époque où le jeune homme était encore mineur. Le négociant, qui savait son droit, trouva un moyen très-facile d'éluder l'exception d'incapacité, ce fut d'inscrire sur ses livres tous les comptes d'achat et de vente, et de régler toutes les opérations au nom de la mère du joueur, laquelle y était, cela va sans dire, complétement étrangère. Ainsi l'on commet des faux, au point de vue moral du moins, pour faire jouer un incapable. Décidément, les spéculations de Bourse sont un

(1) Besançon, 16 mars 1869 (Dalloz, 1871, 2, 195).
(2) Paris, 11 mars 1851 (Dalloz, 1851, 2, 217).

gouffre de corruption, où s'engloutissent et se perdent, non-seulement les fortunes, mais encore tous sentiments d'honneur et de délicatesse. Bientôt on fera jouer des enfants! Cependant ce négociant ou banquier osa se prévaloir de sa bonne foi; il osa se retrancher derrière les apparences de fortune du jeune homme dont il favorisait ou excitait la faiblesse et les passions : nous citons les termes de l'arrêt. Les mots perdent leur sens dans le langage de la Bourse : on appelle bonne foi ce que les cours flétrissent comme une excitation au désordre, et l'on croit qu'à la fortune tout est permis! L'arrêt de la cour de Paris ne convainquit pas cet honnête financier; il se pourvut en cassation. Un arrêt de rejet reproduisit la flétrissure que lui avait infligée le premier juge : le défendeur, dit la cour de cassation, était mineur, quand ces opérations fictives sur la hausse et la baisse commencèrent, et le demandeur favorisait ou excitait la faiblesse et les passions de ce jeune homme (1).

N° 2. DES EFFETS JURIDIQUES DES JEUX LE BOURSE.

242. Le code civil ne parle pas des jeux de Bourse; le code pénal de 1810 les punit quand ils ont pour objet des effets publics (art. 422). Faut-il conclure de là que ces jeux ne tombent pas sous l'application de l'article 1965? Cela a été soutenu devant les tribunaux, mais cette étrange interprétation n'a jamais été admise. L'article 1965 dit, en termes absolus, que la loi n'accorde aucune action pour une dette de jeu ou pour le payement d'un pari. Cette disposition, conçue dans les termes les plus généraux, s'applique aux jeux de Bourse comme à toute espèce de jeu : la loi n'est pas entrée et elle ne pouvait pas entrer dans le détail des jeux qu'elle réprouve en masse en refusant toute action aux conventions qui ont le jeu pour objet. Le code pénal de 1810 a trouvé ces jeux si dangereux, si funestes pour la morale publique, qu'il a puni comme délits les jeux ou paris sur effets publics. C'est une confirmation

(1) Rejet, 3 mars 1875 (Dalloz, 1875, 1, 277).

et une aggravation de l'article 1965; tous les motifs se réunissent pour destituer de toute action les jeux sur les effets publics, les bonnes mœurs, l'ordre public et la prohibition de la loi pénale (art. 1131 et 1133); il est donc impossible que ces conventions produisent un effet quelconque : elles n'existent pas aux yeux de la loi. Il est vrai que le code pénal ne considère pas comme délit le jeu ou le pari sur les marchandises et denrées, mais qu'importe? Tout ce qui en résulte, c'est que ces jeux ne sont pas prohibés comme délits; mais de ce que ce ne sont pas des délits, conclura-t-on que ce ne sont pas des jeux? Le jeu est identique, qu'il porte sur des denrées ou sur des effets publics. L'article 1965 est donc toujours applicable. D'après notre nouveau code pénal, il n'y a plus de différence entre le jeu sur les effets publics et le jeu sur les denrées, la loi n'y voit plus un délit. Au point de vue du droit civil, tous les jeux sont soumis à la même règle, aucun ne donne une action : s'il y avait lieu de faire une différence, le législateur aurait sans doute montré plus de sévérité pour les jeux qui offrent le plus d'appât aux mauvaises passions et qui, par conséquent, sont les plus dangereux. La jurisprudence est unanime en ce sens.

On lit dans un arrêt de la cour de cassation : « La loi n'accorde aucune action pour le payement d'un pari; tous les jeux ou paris sur la hausse ou la baisse des marchandises dont les prix sont cotés à la Bourse sont compris dans cette prohibition. » La cour ajoute que la prohibition a pour objet de tracer une ligne de démarcation salutaire entre la loyale négociation des fruits du travail et de l'industrie, les spéculations sérieuses du commerce et les marchés fictifs, ces transactions immorales et ruineuses où sont seulement engagées les sommes représentant la différence de valeurs ou de capitaux imaginaires (1). » Les cours mettent une juste sévérité à flétrir des jeux qui envahissent tous les rangs de la société, tous les âges et jusqu'aux femmes. « Ces marchés, dit la cour de Rouen, ne constituent qu'un véritable jeu de hasard, avec d'autant plus de

_____

(1) Cassation, 26 février 1845 (Dalloz, 1845, 1, 101).

dangers pour les familles, pour le commerce, qu'il se fait clandestinement, sans mise de fonds, que l'enjeu n'a rien de déterminé et que la perte peut dépasser toutes les prévisions (1). » La question ne se discute plus ; les arrêts ne font que constater que telle est la loi et que la jurisprudence a sagement admis que les marchés à terme sur les effets publics ne sont que des paris illicites, incapables d'engendrer aucune action lorsqu'ils ne sont pas sérieux, c'est-à-dire quand ils n'ont pas pour objet une délivrance réelle de titres et un payement effectif des titres achetés (2).

243. Les marchés à terme sur les valeurs cotées à la Bourse se font d'ordinaire par l'intermédiaire des agents de change ; l'acheteur ne traite pas directement avec le vendeur, comme cela se fait dans les jeux ordinaires. De là la question de savoir s'il naît une action des conventions qui interviennent entre l'agent de change et le joueur. La négative est certaine ; c'est la convention de jeu que la loi réprouve, de quelque manière qu'elle se fasse, directement ou indirectement, et aucun de ceux qui figurent dans ces conventions ne peut s'en prévaloir pour agir en justice. Quel est, en général, le rôle des intermédiaires qui interviennent entre le prétendu acheteur et le vendeur ? Ils ont mandat de jouer et de payer les différences. La question est donc de savoir si ce mandat est valable. Or, la négative est d'évidence. Le mandat, comme tout contrat, doit avoir une cause licite ; or, le jeu n'est pas une cause licite, c'est, au contraire, une cause illicite, d'après les discours des orateurs du gouvernement et du Tribunat ; l'article 1965 consacre cette doctrine ; c'est précisément parce que le jeu est sans cause, lorsque c'est un amusement, et qu'il a une cause illicite, lorsque c'est une spéculation intéressée, que l'article 1965 n'accorde aucune action pour dettes de jeu. Il suit de là que toute convention relative au jeu, et ayant le jeu pour objet, est destituée d'action ; notamment les jeux de Bourse ne peuvent engendrer aucune action entre les parties contractantes, ni entre les parties et leurs manda-

(1) Rouen. 9 février 1852 (Dalloz, 1853, 2, 200).
(2) Metz, 23 juin 1857 (Dalloz, 1858, 2, 36).

taires, le mandat étant vicié par la même cause que le
jeu.

La cour d'Aix s'y était trompée en accordant une action
au mandataire. Sa décision a été cassée. La cour de cassation consacre le vrai principe en insistant sur la nature
du mandat et la nature de la transaction pour laquelle le
mandat est intervenu. Quel est le rôle de l'agent de change,
du courtier, du banquier, ou d'un mandataire quelconque
en cette matière? Ils sont les agents du joueur dans les
opérations auxquelles celui-ci se livre sur la hausse et la
baisse; ils ont donc mandat de jouer; or, si la loi n'accorde
aucune action pour le jeu, il serait absurde qu'elle en donnât une pour le mandat de jouer; en effet, la loi fournirait
elle-même un moyen d'éluder la disposition de l'article 1965;
et dans les jeux de Bourse elle serait toujours éludée, puisque ces marchés se font toujours par un intermédiaire,
mandataire du joueur. Le législateur a voulu décourager
et réprimer le jeu, et il suffirait de jouer par mandataire
pour que le jeu donnât action au mandataire contre le
joueur! Ce serait prohiber d'une main et autoriser de l'autre.
La cour de cassation ajoute que, dans l'espèce, l'agent de
change était plus que mandataire, qu'il était intéressé au
jeu (1); et il en est toujours ainsi, sauf dans les cas assez
rares où le mandataire croit remplir un mandat sérieux
d'acheter et de vendre. Nous reviendrons sur l'exception.
La règle est donc que le mandat est vicié par la même cause
qui vicie le jeu; pour mieux dire, le mandat est un des éléments du jeu, ce qui est décisif.

244. Il en résulte une conséquence très-importante
pour les mandataires chargés de payer les effets qu'ils
achètent à la Bourse, ou faisant des avances au joueur
pour payer les différences, car le joueur ne paye que les
différences. Cette créance contre le joueur est une dette
naissant de la convention de jeu; donc elle ne donne aucune
action aux parties contractantes, le mandataire ne peut pas
agir contre le joueur, et celui-ci ne peut pas agir contre le
mandataire. La conséquence est grave pour les agents de

(1) Cassation, 26 février 1845 (Dalloz, 1845, 1, 101).

change et autres intermédiaires qui interviennent au jeu et qui payent; si le joueur est en perte, le mandataire sera créancier du montant des différences. Il n'a aucune action de ce chef, il est donc à la merci d'un joueur de mauvaise foi; nous dirons plus loin que les mandataires cherchent à se mettre à l'abri de ce risque en exigeant que le joueur dépose entre leurs mains des valeurs ou une somme suffisante pour couvrir le payement des différences. Mais la validité de cette couverture est controversée; et il se peut qu'elle soit insuffisante, ou que le mandataire ait eu confiance dans la bonne foi du joueur et qu'il soit trompé. La cour de Paris répond, en termes sévères mais justes, aux réclamations que les agents de change élèvent au nom de l'équité. « Si, dit-elle, une juste défaveur peut *quelquefois* s'attacher à l'exception opposée à la répétition des différences de jeu de Bourse réclamée par l'agent de change, cette défaveur frappe *toujours* l'agent de change, et l'atteint à un bien plus haut degré, parce que, institué pour être l'intermédiaire d'opérations sérieuses, morales et légitimes, l'agent de change manque au principe même de sa mission et au premier devoir de son ministère lorsqu'il prête son concours à des actes défendus par tous les règlements de sa profession et réprouvés par la loi, au lieu de protéger ses clients contre de funestes entraînements (1). »

On trouve un considérant analogue dans un arrêt de la cour de Bordeaux; nous le transcrivons pour l'instruction de tous ceux qui prennent une part quelconque aux jeux de Bourse; réprouvés par la loi, ils prennent encore un caractère plus odieux dans la pratique par la mauvaise foi des joueurs; les cours n'osent pas blâmer ceux qui, usant de leur droit, opposent l'exception de jeu; tout en les blâmant indirectement, elles réservent toute leur sévérité pour les agents de change qui, le plus souvent, ont un intérêt quelconque au jeu et sont d'ordinaire les grands coupables. « En opposant la nullité d'une obligation dont la cause est illicite, les défendeurs, banquiers, usent d'un droit légal, et il n'appartient pas aux tribunaux de blâmer ce que la loi

(1) Paris, 11 mai 1851 (Dalloz, 1851, 2, 217). Comparez Rouen, 9 février 1852 (Dalloz, 1853, 2, 200).

autorise; ce serait accorder à ces sortes d'obligations une
sanction morale, à défaut de la sanction civile que le législateur leur dénie en détournant les yeux du fait particulier
pour ne considérer que l'ordre général. » Puis la cour
ajoute : « Un blâme non moins sévère devrait d'ailleurs
être infligé à l'officier public qui, abusant, *dans des vues
intéressées*, du caractère dont il est revêtu, prête son ministère à des actes prohibés par la loi; abus trop fréquent
qui, en favorisant la funeste passion du jeu, la propage
dans toutes les classes de la société et habitue à chercher
à tous risques la fortune ailleurs que dans le travail, au
grand détriment des mœurs (1). »

245. Les mandataires, négociants commissionnaires,
ont fait une objection spécieuse que nous avons déjà rencontrée. Ils ont nié que les opérations auxquelles ils inter-
venaient fussent fictives. Ce qui prouve, disaient-ils, qu'elles
sont sérieuses et réelles, c'est que nous avons vendu ou
acheté les denrées que nous étions chargés de vendre ou
d'acheter; il n'y a donc rien de fictif dans le marché en ce
qui nous regarde. La cour de Paris et, sur pourvoi, la cour
de cassation ont répondu à l'objection. Il faut distinguer
les rapports entre le joueur et son mandataire, d'une part,
et les rapports qui s'établissent entre le mandataire et les
tiers; ces dernières relations sont très-réelles, puisqu'elles
consistent à acheter ou à vendre; mais ces ventes ou achats
restent étrangers au joueur, quoiqu'ils se fassent en son
nom. C'est précisément en cela que consiste la fiction; il
est entendu entre le joueur et celui à qui il donne mandat
d'acheter ou de vendre que ces contrats, en ce qui les concerne, sont fictifs, car le joueur ne songe pas acquérir des
effets que le plus souvent il ne serait pas en état de payer,
et il ne peut pas avoir la volonté de vendre des effets ou
des denrées qu'il ne possède pas; or, le mandataire qui
agit contre le joueur intente son action, non en vertu des
contrats réels qu'il a faits, il agit en vertu de la convention de jeu, et cette action n'est pas reçue en justice (2).

(1) Bordeaux, 15 juin 1857 (Dalloz, 1858, 2, 31).
(2) Rejet, 27 juillet 1869 (Dalloz, 1870, 1, 230). Comparez Bruxelles,
8 juin 1870 (*Pasicrisie*, 1870, 2, 257).

246. Les mandataires n'ont qu'un moyen légal de légitimer leur action, c'est de prouver qu'en acceptant le mandat d'acheter ou de vendre, ils ont cru que le mandat était sérieux; que, par conséquent, ils n'ont pas eu l'intention de jouer. C'est l'application du principe qui régit les conventions de jeu (n°232). Il ne suffit pas que celui qui donne mandat d'acheter ou de vendre à terme ait l'intention de jouer, il faut aussi que le mandataire ait cette intention; et c'est à celui qui soutient qu'il y a jeu et, par conséquent, à celui qui oppose l'exception de jeu de prouver que, dans l'intention originaire des parties contractantes, le marché était fictif et devait se résoudre en payement de différences, sauf au mandataire à faire la preuve contraire. S'il est établi que le mandataire ignorait que son mandant voulût jouer, s'il a pris le mandat au sérieux, il n'y a pas de convention de jeu, et, par suite, le mandataire aura action contre le mandant, sans qu'on puisse lui opposer l'exception de l'article 1965 (1).

En droit, cela n'est pas douteux; la difficulté gît dans la preuve. Les mandataires ne manquent pas d'objecter qu'ils ignoraient l'intention du mandant de faire des opérations fictives; et, il faut l'avouer, les combinaisons des jeux de Bourse sont parfois si subtiles, qu'elles pourraient tromper des personnes qui ne seraient pas initiées à ces mystères; mais la cour de Paris a raison de dire que si des profanes peuvent s'y tromper, il n'en est pas de même des agents de change; ceux-ci ne peuvent guère ignorer des fictions qu'eux-mêmes ont inventées pour déguiser le jeu (2). Ils sont d'ailleurs très-intéressés à s'assurer, avant d'accepter le mandat, s'il est sérieux ou s'il cache une opération de jeu; car, dans ce dernier cas, ils risquent de n'avoir pas d'action comme étant parties au jeu, ou ils risquent au moins de se voir engagés dans un procès sur la nature de l'opération, procès dans lequel toutes les probabilités sont pour la fiction, et, par conséquent, contre eux. Voilà pourquoi il est très-rare que la défense des mandataires soit admise. Et, en vérité, quand on suit les procès dans les-

(1) Aubry et Rau, t. IV, p. 581, note 33, § 386.
(2) Paris, 11 mars 1851 (Dalloz, 1851, 2, 217).

quels les agents de change, banquiers ou intermédiaires
quelconques invoquent leur ignorance et leur bonne foi, on
s'étonne, non de ce que les cours rejettent leur défense,
mais que la défense ait pu être proposée.

Un simple ouvrier bijoutier donne ordre à un agent de
change d'acheter des valeurs à la Bourse et de les revendre pour son compte. Après de nombreuses opérations, il
est constitué débiteur d'un solde fr. 760-30. Il oppose
l'exception de jeu. L'agent de change prétend qu'il ignorait que son mandant jouât sur la hausse ou la baisse. Cela
est-il sérieux? La cour constate que les achats s'élevaient
à des sommes considérables; l'agent de change pouvait-il
croire qu'un pauvre ouvrier acquittât les prix avec son faible salaire? S'il ne s'était agi que d'une opération unique,
la défense eût été, à la rigueur, possible; mais, dit la cour,
la manœuvre du joueur avait duré trop longtemps pour que
l'agent de change ait pu se méprendre sur les intentions de
son mandant; le joueur était un de ces imprudents ouvriers
qui tentent les hasards de la fortune, au lieu de remplir
leur mission de travail et de réaliser de lentes mais sûres
économies. Le devoir de l'agent de change était de l'éclairer en lui montrant l'abîme vers lequel il courait (1).

La cour de Bruxelles a eu à décider un procès du même
genre. Il s'agissait d'une demande intentée par un mandataire contre son mandant en remboursement de ses avances.
Les marchés litigieux avaient pour objet 200 obligations
métalliques; ils s'élevaient, en principal et accessoires, au
chiffre de 257,743 francs 65 centimes pour les achats et à
241,524 francs 95 centimes pour les ventes. Quel était le
riche spéculateur qui achetait par centaines de mille francs
et sérieusement, si l'on en croyait l'agent de change? Un
cabaretier de village; il avouait que son unique but était
de jouer sur la hausse et la baisse des métalliques à l'occasion de la guerre de l'Autriche et de la Prusse. La cour
constate, ce qui est d'évidence, que le spéculateur n'avait
ni l'intention ni les moyens de livrer ou de recevoir 200 obligations. Il lui est facile de prouver que l'agent de change

(1) Aix, 6 mai 1861 (Dalloz, 1863, 2, 72).

ne pouvait pas croire que les marchés fussent sérieux. Il suffisait pour cela que le mandataire connût la profession et la fortune du mandant. Or, il la connaissait, puisqu'il avait déjà fait des opérations fictives pour son compte; opérations qui, comme cela arrive d'ordinaire, avaient amené des contestations entre les parties, et l'agent de change avait reproché au cabaretier d'user des procédés d'un malhonnête homme qui, lorsqu'il gagne, empoche, et lorsqu'il perd, refuse de reconnaître ses *différences* (1).

247. Ce que nous disons des agents de change s'applique à tous les intermédiaires. Les banquiers ne procèdent pas autrement. Ils participent au jeu en facilitant aux joueurs les opérations fictives auxquelles ceux-ci se livrent pour tenter la fortune; et ils sont parties intéressées en ce sens qu'ils sont mandataires rémunérés, et les droits de diverse nature qu'ils prélèvent sur les opérations d'achat et de vente jouent un rôle assez considérable dans le solde définitif du débiteur. Comment peuvent-ils prétendre après cela qu'ils ignorent le jeu du mandant? Vainement invoquent-ils les marchés sérieux qu'ils font avec les tiers par suite de leur mandat; on leur répond, comme on répond aux agents de change (n° 245), que la régularité des opérations qui se font entre eux et les tiers ne prouve pas que le mandant entend contracter un marché sérieux (2).

La cour de Limoges a rendu un arrêt très-sévère à charge d'un banquier dans l'affaire du *Trio des joueuses* (n° 239). Elle l'accuse, pièces en main, d'avoir conseillé la formation de cette étrange société et d'en avoir dirigé toutes les opérations par l'intermédiaire d'un prête-nom. Elle dit que c'est par ses excitations et les promesses fallacieuses de son agent que des femmes mariées ont été entraînées, à l'insu de leurs maris, à des opérations de Bourse qui n'avaient pour but et qui ne pouvaient avoir pour résultat que d'exploiter, dans l'intérêt personnel du banquier, l'inexpérience et la cupidité de ses clientes (3). Voilà les hommes qui servent d'intermédiaires aux jeux de Bourse!

(1) Bruxelles, 8 juin 1870 (*Pasicrisie*, 1870, 2, 257).
(2) Colmar, 15 juillet 1863 (Dalloz, 1864, 2, 53).
(3) Limoges, 12 décembre 1868 (Dalloz, 1869, 2. 14).

248. Les mandataires n'ont donc aucune action contre le mandant. Nous disons : aucune action. L'article 1965 ne parle que des actions que le *jeu* engendre, c'est-à-dire le payement des sommes que perd l'un des joueurs. Par application de cette disposition, le mandataire ne peut pas réclamer le remboursement de ses avances, pour mieux dire, le payement des différences (1). Il faut ajouter qu'il ne peut avoir aucune autre action contre le joueur. Un commissionnaire en farines, n'étant pas payé de ses avances, demanda la résolution du marché par lequel un meunier l'avait chargé d'acheter des farines, et conclut à des dommages-intérêts. C'était, en réalité, réclamer, sous le nom de *dommages-intérêts,* le payement des différences. La cour de Paris répond qu'il n'y a pas lieu de demander la résolution d'un contrat fictif; l'action en résolution avec dommages-intérêts est établie en faveur du créancier sérieux contre un débiteur sérieux qui n'exécute pas ses engagements. Or, dans l'espèce, il n'y avait pas d'engagements, puisque le débiteur prétendu ne pouvait être forcé de les remplir; donc il n'y avait lieu ni à résolution ni à dommages-intérêts. Dans la théorie des auteurs du code que nous avons enseignée, cela est d'évidence. La convention de jeu est sans cause ou sur cause illicite; elle est donc inexistante et ne peut avoir aucun effet, ce sont les termes de l'article 1131; on ne peut donc pas en demander la résolution, car on ne demande pas la résolution d'un contrat qui n'existe point (2).

249. Si le mandataire n'a aucune action contre le mandant, par la même raison le mandant n'a pas d'action contre le mandataire. C'est la conséquence logique du principe que nous venons de rappeler; un contrat inexistant ne peut donner naissance à aucune action en faveur d'aucune des deux parties. Il a été jugé que le joueur qui donne à un agent de change le mandat de faire des marchés fictifs n'a aucune action contre lui, en cas de gain, pour se faire

(1) Paris, 16 juillet 1851 (Dalloz, 1852, 2, 95). Rejet, 17 janvier 1852 (Dalloz, 1852, 1, 291). Paris, 31 juillet 1852 (Dalloz, 1855, 5, 174).
(2) Paris, 27 juin 1867 (Dalloz, 1867, 2, 191).

rendre compte des sommes qu'il aurait reçues (1). La cour de Paris a encore jugé que le joueur n'avait aucune action en répétition des sommes volontairement remises par lui dans un but de jeu (2). Ces remises ont pour objet de couvrir le mandataire de ses avances. On les considère comme un payement anticipé. La validité de ces payements est très-douteuse. Nous y reviendrons.

250. Quel est le caractère de la nullité des jeux de Bourse? La question est mal posée, si l'on admet l'opinion que nous avons enseignée conformément aux discours des orateurs du gouvernement et du Tribunat. Les conventions qui ont le jeu pour objet sont inexistantes comme étant sur cause illicite. Il faut donc appliquer les principes qui régissent les actes inexistants. Les actes ne peuvent pas être confirmés, parce que l'on ne confirme pas le néant. On peut toujours se prévaloir de l'inexistence des conventions de jeu, elles ne se valident par aucune prescription, et toute partie intéressée peut opposer l'inexistence de la convention. La jurisprudence ne s'exprime pas ainsi, mais elle arrive aux mêmes conséquences. Il est de principe que la nullité des conventions de jeu est d'ordre public, et que partant elle ne peut être couverte par aucune renonciation ni confirmation. La cour d'Angers l'a jugé ainsi dans une espèce où le joueur avait déclaré, dans ses conclusions de première instance, renoncer à l'exception de jeu; la cour dit très-bien que cette renonciation est inopérante; les parties intéressées peuvent bien renoncer à des exceptions établies en leur faveur, mais il ne leur est pas permis de renoncer à ce qui est d'ordre public (art. 6) (3).

Du principe que la nullité des jeux de Bourse est d'ordre public suit encore que le juge doit la prononcer d'office. Dans une affaire jugée par la cour d'Amiens, les deux parties discutaient seulement sur la manière d'établir leurs comptes; le tribunal examina d'office la nature des opérations et décida que là où la loi n'accordait pas d'action, le

---

(1) Paris, 28 mars 1851 (Dalloz, 1852, 2, 95), et 13 juin 1868 (Dalloz, 1868 2, 170).

(2) Paris, 16 juillet 1851 (Dalloz, 1852, 2, 95).

(3) Angers, 24 août 1865 (Dalloz, 1866, 2, 211).

juge ne pouvait pas prononcer de condamnation (1). Nous
avons invoqué cette décision pour en induire que l'exception de jeu est toujours d'ordre public (n° 207). Il n'y a au
fond aucune différence entre le jeu en général et le jeu de
Bourse, sauf que, d'après le code pénal de 1810, certains
paris sont punis comme délits. Cette différence n'exerce
aucune influence sur le caractère du jeu en droit civil; il est
contraire à l'ordre public, et l'ordre public n'a point de
degrés ; cela est décisif.

Enfin, du même principe suit que l'exception peut être
opposée en tout état de cause, en appel et même en cassation (2).

N° 3. DE L'EXCEPTION DE RÉPÉTITION.

251. L'article 1967 est-il applicable aux jeux de Bourse?
Les termes de la loi ne laissent guère de doute : « *Dans
aucun cas*, le *perdant* ne peut répéter ce qu'il a volontairement payé, à moins qu'il n'y ait eu, de la part du *gagnant*,
dol, supercherie ou escroquerie. » De quels jeux l'article 1967 parle-t-il? Il se rapporte à l'article 1965, dont il
est une suite, et l'article 1965 est également conçu dans
les termes les plus généraux; il parle des *dettes de jeu* et
des *paris*, sans distinction aucune. Ainsi les deux dispositions qui règlent l'effet des conventions de jeu sont générales l'une et l'autre; la loi ne distinguant pas entre les
jeux ordinaires et les jeux de Bourse, l'interprète ne peut
pas distinguer. Au point de vue des textes, cela est décisif.
Toutefois la question est controversée, et elle a été portée
bien des fois devant la cour de cassation; il faut donc qu'il
y ait des raisons de douter dans l'esprit de la loi.

L'article 1967, même en tant qu'il s'applique aux jeux
ordinaires, est d'une explication difficile. Nous avons dit
plus haut que les motifs donnés par l'orateur du Tribunat
pour justifier la loi laissaient à désirer (n° 207). Dans l'interprétation que nous avons admise, la dette de jeu est une

---

(1) Amiens, 14 janvier 1859 (Dalloz, 1859, 2, 70).
(2) Paris, 10 juillet 1850 (Dalloz, 1851, 2, 184). Cassation, 15 novembre
1864 (Dalloz, 1865, 1, 224).

dette naturelle; malgré la défaveur dont la loi frappe le jeu, elle respecte le sentiment d'honneur et de délicatesse qui porte le débiteur à payer ce qu'il y a perdu. On peut invoquer identiquement la même raison de décider pour les jeux de Bourse; les tribunaux, tout en témoignant une juste réprobation pour ces conventions funestes, avouent qu'il y a malhonnêteté de la part du joueur qui tient le jeu quand il lui est favorable et qui refuse de payer quand les chances tournent contre lui. Cela est décisif; l'article 1967 doit être appliqué à tout jeu, parce que les motifs qui l'expliquent et le justifient reçoivent leur application aux jeux de Bourse aussi bien qu'aux jeux ordinaires.

Quel est donc le motif de douter? La doctrine et la jurisprudence s'accordent à flétrir les jeux de Bourse comme les jeux les plus dangereux et les plus funestes. Ces conventions sont donc essentiellement illicites, et partant on doit leur appliquer les articles 1131 et 1133 : inexistantes, elles ne peuvent produire aucun effet; et n'est-ce pas leur donner un effet très-considérable que de les munir d'une exception qui le plus souvent leur assure le même effet qu'aux conventions de jeu en général? Le perdant payera parce qu'il se trouve obligé en conscience de payer, et, par suite, la réprobation unanime qui frappe les jeux de Bourse sera vaine; pour qu'elle soit efficace, il faut que l'on donne au perdant le droit de répéter ce qu'il a payé. Nous répondrons d'abord à l'objection au point de vue de notre interprétation, et la réponse est facile, c'est que l'argument prouve trop; on peut dire absolument la même chose de toute dette de jeu, car tout jeu est funeste et dangereux; donc toute convention de jeu est illicite; et partant l'on devrait donner, dans tout jeu, au perdant le droit de répéter ce qu'il a payé en acquit d'une dette qui, aux yeux de la loi, n'existe point (n° 207). Vainement insisterait-on sur le caractère des jeux de Bourse pour les distinguer des autres jeux; nous l'avons déjà dit, il n'y a pas de degré dans l'ordre public; dès qu'une convention est contraire à l'ordre public, elle est illicite, et la convention illicite devrait être destituée de tout effet. C'est la réponse que la cour de cassation a faite d'abord à l'objection. Le pourvoi prétendait que l'on

ne pouvait pas appliquer le droit commun aux jeux de
Bourse, parce que ces jeux sont d'une nature spéciale et
portent atteinte au crédit public, en même temps qu'ils
outragent les principes de la morale. La cour répond qu'une
pareille distinction entre les jeux de Bourse et les jeux ordinaires blesserait profondément les sentiments de justice
naturelle et ne pourrait se justifier que par les considérations d'un grand intérêt public qui ne se rencontrent pas
dans les opérations fictives de la Bourse (1). La cour aurait
pu ajouter, dans cet ordre d'idées, que s'il y avait à distinguer entre des jeux les uns plus funestes que les autres,
cette distinction ne pourrait se faire que par le législateur,
car lui seul peut apporter des exceptions aux règles qu'il
établit.

252. L'objection fut reproduite devant la cour de cassation, et elle y chercha une autre réponse qui est généralement acceptée par la doctrine. Quel est le principe sur
lequel repose l'objection? C'est que les jeux de Bourse sont
une convention contraire à l'ordre public. Eh bien, que dit
la loi des conventions qui sont sur cause illicite, comme étant
contraires à l'ordre public et aux bonnes mœurs? L'article 1131 porte qu'elles ne peuvent avoir aucun effet. La loi,
dans les articles 1965 et 1967, applique ce principe aux dettes
de jeu, y compris les jeux de Bourse; elle refuse l'action
au gagnant et elle refuse l'exception au perdant; en d'autres
termes, elle réprouve les conventions de jeu en ne recevant
aucune des parties à s'en prévaloir, ni celle qui réclamerait
le payement de la dette, ni celle qui, ayant payé, voudrait
répéter ce qu'elle a payé indûment. Cette doctrine du code
est aussi la doctrine traditionnelle; quand il y a indignité
ou turpitude de la part de chacune des parties contractantes,
on n'admet ni l'action ni la répétition. C'est ce que disent
les lois romaines. De là ce vieil adage : *In turpi et pari
causa, possessor potior haberi debet.* Le perdant et le gagnant sont également indignes; mais si le perdant paye, le
gagnant a la possession pour lui : c'est un motif de préférence. On admet la doctrine traditionnelle pour les obliga-

(1) Rejet, 27 janvier 1852 (Dalloz, 1852, 1, 291).

tions sur cause illicite, on doit l'admettre, par voie de conséquence, pour les jeux de Bourse comme pour toute convention de jeu (1).

Nous n'avons pas admis la doctrine traditionnelle (t. XVI, n° 164); l'application que l'on en fait aux jeux de Bourse présente de nouveaux motifs de douter. Elle nous paraît fausse en droit; une convention illicite est une convention inexistante, et une convention pareille ne peut avoir aucun effet (art. 1133 et 1131); or, c'est accorder un effet très-considérable aux jeux de Bourse que de refuser la répétition au perdant. La plupart des dettes de jeu se payent par point d'honneur, ou par crainte de l'opinion publique. Qu'en résulte-t-il? C'est que la réprobation dont la loi, les auteurs et les juges frappent ces funestes conventions est inefficace; la loi, inconséquente, maintient le payement en refusant l'action. Qu'importe aux joueurs? Ils exécutent leurs engagements; et qu'en résulte-t-il? C'est qu'au mépris de la loi et au grand préjudice de la morale, les jeux de Bourse se multiplient; il n'y avait qu'un moyen légal d'y mettre une entrave, c'était de permettre au perdant de répéter ce qu'il avait payé. Il fallait donc faire exception au principe de l'article 1235 pour les dettes de jeu, et surtout pour les jeux de Bourse. Cette doctrine est bien plus morale que la doctrine traditionnelle. Quand l'indignité ou, comme on dit, la turpitude est égale de la part des deux contractants, la morale exige qu'aucun d'eux ne profite du contrat; cependant régulièrement le gagnant en profite; ce qui, au lieu d'arrêter la frénésie du jeu, lui donne sans cesse un nouvel aliment. Dira-t-on que c'est récompenser et encourager la malhonnêteté que de permettre au joueur de répéter ce qu'il a volontairement payé? Nous répondons que le joueur qui a réellement le sentiment d'honneur ne répétera pas; et il est bon que les fripons répètent, afin de dégoûter les hommes honnêtes et délicats d'opérations où ils risquent, plus que dans toute autre convention, d'être les dupes de la mauvaise foi de ceux avec qui ils contractent.

(1) Rejet, chambre civile, 19 juin 1855 (Dalloz, 1855, 1, 292). Rejet, 2 août 1859 (Dalloz, 1859, 1, 292). Comparez Aubry et Rau, t. IV, p. 579 et suiv., notes 28 et 29, § 386; Pont, t. I, p. 334, n° 663.

253. L'application de l'article 1967 aux jeux de Bourse soulève une nouvelle difficulté. Ces jeux se font régulièrement par l'intermédiaire de mandataires, agents de change ou commissionnaires. Les mandataires chargés d'acheter sont obligés de faire des avances, ne fût-ce que pour couvrir les *différences* que le joueur, dans ces conventions fictives, s'oblige à payer. N'ayant pas d'action contre le joueur qui leur a donné mandat de jouer, ils risquent toujours de faire des avances qu'ils ne pourront pas recouvrer par la voie légale. Pour se mettre à l'abri de l'exception de jeu, les agents de change exigent que le joueur leur remette des valeurs pour les *couvrir*. On demande si cette remise doit être considérée comme un payement anticipatif des *différences*.

La question suppose que le payement anticipatif est valable; ce que nous avons contesté (n° 219). Si l'on admet la validité d'un payement anticipatif, on peut considérer comme tel la *couverture* que le mandataire exige pour sa garantie. Toutefois la jurisprudence n'a pas admis cette conséquence. En effet, pour qu'il y ait payement, il faut qu'il y ait transport de propriété; or, le joueur qui remet des valeurs à son mandataire n'a pas l'intention de lui en transférer la propriété; il ne paye pas, parce qu'il ne doit encore rien; il ne veut lui donner qu'une simple garantie. C'est seulement quand le joueur perd et qu'il s'agit de payer les *différences* que les parties disposeront des valeurs dont le mandataire est nanti. Si celui-ci les vend et se paye sur le prix avec le consentement du perdant, il y aura payement volontaire dans le sens de l'article 1967, et, par conséquent, le joueur n'aura pas d'action en répétition contre son mandataire. Telle est l'opinion générale consacrée par la jurisprudence et enseignée par les auteurs (1). Elle n'est pas sans difficulté, et elle nous laisse des doutes.

La couverture est une garantie, dit-on, un nantissement. Peut-on garantir par une espèce de gage le payement d'une dette de jeu? Nous avons décidé la question négativement

---

(1) Aubry et Rau, t. IV. p. 581, notes 34 et 35, § 386 et les autorités qu'ils citent.

pour les conventions de jeu en général (n° 219); pour les jeux de Bourse, il y a un motif de plus de maintenir notre décision : l'usage des *couvertures* est général; s'il est légitime, les conventions fictives qui se font à la Bourse seront régulièrement exécutées, et, par conséquent, le but de la loi sera manqué. La cour de Bordeaux dit très-bien que la loi serait souverainement inconséquente si, en refusant de protéger les dettes de jeu, elle protégeait les mesures prises à l'avance pour en assurer le payement. A la vérité, l'article 1967 ne permet pas au perdant de répéter ce qu'il a volontairement payé; mais la loi suppose que le payement se fait après la perte, alors que le débiteur, pouvant en mesurer l'étendue, exécute librement une obligation nulle dans son principe. Il n'en est pas de même de la garantie qu'il donne au mandataire par une *couverture*; la loi ne saurait la valider, car ce serait un moyen facile d'assurer par avance l'exécution des conventions de Bourse les plus ruineuses. La cour conclut qu'il ne peut y avoir, en matière de jeu, ni *couverture* par nantissement, ni payement anticipatif; qu'il peut moins y en avoir encore en matière de jeux de Bourse, car ce serait garantir au délinquant le bénéfice du délit (1).

254. La décision nous paraît juste en théorie, mais elle est formulée en termes trop absolus. Sans doute la couverture est nulle et comme nantissement proprement dit et comme payement anticipatif. Faut-il conclure de là que dans aucun cas la couverture ne puisse constituer un payement auquel doive s'appliquer la disposition de l'article 1967? La cour de cassation va répondre à la question. Des banquiers actionnèrent un agent de change en remboursement d'actions d'une valeur de 32,655 francs, qu'ils disaient avoir confiée à ce dernier pour les vendre et leur en remettre immédiatement le prix. Le défendeur répondit qu'il avait reçu ces valeurs à titre de *couverture* avec autorisation de les vendre et d'en garder le prix pour se couvrir de sommes que lui devaient les demandeurs par suite d'opérations de

(1) Bordeaux. 15 juin 1857 (Dalloz, 1858, 2, 31). Comparez Paris, 13 juin 1868 (Dalloz, 1868, 2, 170).

Bourse auxquelles ils s'étaient livrés par son intermédiaire; il soutint que les valeurs avaient été réalisées du consentement des joueurs; ce qui constituait un payement volontaire dans le sens de l'article 1967. La cour de Toulouse admit cette défense dans des termes qu'il importe de constater afin de les comparer avec la décision de la cour de cassation. Elle pose en principe que les sommes consignées entre les mains de l'agent de change, pour le couvrir de pertes possibles et réalisées plus tard, ne sont pas sujettes à répétition; la cour se fonde sur ce que les sommes ainsi consignées constituent un payement fait par anticipation et, par suite, un payement volontaire de la dette de jeu. L'arrêt ajoute que le payement n'est anticipatif et volontaire que sous la condition que la *couverture* ait lieu en *espèces* ou en *valeurs réalisées* par l'agent de change avant la demande en restitution. Puis l'arrêt constate, en fait, que les titres ont été remis par les banquiers à l'agent de change, le 26 mai 1856, à titre de *couverture;* qu'ils ont été vendus dans les premiers jours de juin, et que ce n'est que le 25 juin que les demandeurs en ont réclamé la restitution. La cour conclut qu'il y a eu payement volontaire, et que partant la restitution n'est pas admissible. Pourvoi en cassation, et arrêt de rejet, après délibéré en chambre du conseil. La cour de cassation s'approprie-t-elle la doctrine de l'arrêt attaqué? Dit-elle que le payement anticipatif sous forme de *couverture* est valable? Non, elle constate simplement en fait que les joueurs avaient *remis volontairement et plus tard laissé vendre* pour leur compte les valeurs industrielles dont ils demandaient le prix; d'où elle conclut qu'en rejetant l'action en répétition, la cour de Toulouse avait fait une juste application de l'article 1967 (1). Ainsi la cour de cassation ne prononce pas les mots de *couverture* ni de *payement anticipatif.* Elle constate en fait qu'il y a eu payement volontaire, parce que les valeurs avaient été remises volontairement à l'agent de change et que les joueurs les avaient laissé vendre; ce qui implique que la vente s'était faite de leur consentement. D'après la

(1) Rejet, chambre civile, 1er août 1859 (Dalloz. 1859. 1, 289).

cour de cassation, tout se réduit donc à cette question de fait : les valeurs remises par le joueur ont-elles servi à un payement volontaire?

Même décision dans une affaire analogue, toujours de la chambre civile; ce qui prouve que la question avait au moins paru douteuse à la chambre des requêtes. En octobre 1862, un agent de change fut chargé de différentes opérations de Bourse. Le joueur déposa entre ses mains 40 obligations au porteur du chemin de fer lombardo-vénitien; la liquidation de fin octobre le constitua débiteur de 13,025 francs. Le 15 novembre, l'agent de change vendit les 40 obligations au prix de 10,923 francs 50 centimes. Le joueur donna quittance sur le bordereau de vente sans avoir reçu le prix; en même temps, le reçu constatant le dépôt fut restitué à l'agent de change et aussitôt déchiré en sa présence et de son consentement. Tous ces faits, dit la cour, librement accomplis entre les parties, avaient eu pour but, de leur part, de libérer d'autant le joueur envers l'agent de change. De là le juge du fait avait pu conclure que le débiteur avait volontairement payé la dette de jeu résultant des opérations de Bourse qu'il avait faites par l'intermédiaire de l'agent de change (1). La décision est en fait comme la première, ce qui nous dispense de nous y arrêter; la cour de cassation constate qu'il résulte de l'arrêt attaqué qu'il y a eu payement volontaire, ce qui est décisif; l'article 1967 devait donc recevoir son application.

255. La jurisprudence de la cour de cassation est constante en ce sens, et, dans ces termes, elle se concilie avec notre opinion. Elle ne valide pas le nantissement ni le payement anticipatif, et c'est la validité du nantissement et du payement anticipatif que nous avons contestée. La cour n'a pas eu à s'expliquer sur la question de savoir si les mêmes principes doivent s'appliquer à la remise que le joueur ferait de sommes d'argent à l'agent de change. Il a été jugé par la cour de Paris que c'était là un payement réel et effectif à valoir sur la différence des cours (2). Cela

---

(1) Rejet, chambre civile, 24 juillet 1866 (Dalloz, 1866, 1, 387). Comparez cassation, 23 juin 1869 (Dalloz, 1869, 1, 333).

(2) Paris, 9 mars 1853 (Dalloz, 1854, 5, 450).

est d'évidence quand les deniers sont remis après que les opérations sont consommées, parce que dès lors il y a dette, et cette dette a été volontairement acquittée. Mais si le dépôt des sommes avait pour objet de garantir à l'agent de change le payement des différences qui pourraient résulter d'opérations à faire, ce serait un payement anticipatif ou une simple garantie. On rentre alors dans l'ordre des faits et des principes que nous venons d'exposer et de discuter.

CHAPITRE III.

DU CONTRAT DE RENTE VIAGÈRE.

SECTION I. — Des conditions requises pour la validité du contrat

§ Ier. *Notion et caractères.*

256. On peut stipuler un intérêt moyennant un capital que le prêteur s'interdit d'exiger. Dans ce cas, le prêt prend le nom de *constitution de rente*. Quand la rente ne doit être payée que pendant la vie du crédirentier ou d'un tiers, sur la tête de qui elle est constituée, on l'appelle rente viagère (art. 1909, 1910). L'article 1914 ajoute que les règles concernant les rentes viagères sont établies au titre des *Contrats aléatoires*; elles forment l'objet du chapitre II de ce titre. En faut-il conclure que le contrat de rente viagère est toujours un contrat aléatoire? Non, car le contrat aléatoire est un contrat à titre onéreux; on peut lui appliquer la définition que l'article 1104 donne du contrat commutatif, dont il est une espèce; quand l'équivalent consiste dans une chance de gain ou de perte, le contrat commutatif prend le nom de *contrat aléatoire* (n° 192). Mais la rente viagère peut aussi être constituée à titre gratuit, l'article 1973 le dit; dans ce cas, le contrat n'a plus rien de commutatif, donc il n'est pas aléatoire; le donateur est bien dans le cas de servir la rente plus ou moins longtemps, mais ce n'est pas là une chance de gain ni de perte, c'est une libéralité plus ou moins étendue; et certes le donateur ne croit pas perdre quand celui à qui il paye la rente prolonge sa vie au delà des probabilités (1).

257. Le code, en rangeant la rente viagère parmi les contrats aléatoires, établit les règles qui la régissent, en la supposant constituée à titre onéreux. Reste à savoir si ces règles s'appliquent au cas où la rente viagère est constituée à titre gratuit. En principe, non; sauf quand il y a même raison de décider. La constitution de rente viagère à titre gratuit est une libéralité; elle est donc régie par les principes que le code établit au titre des *Donations et Testaments* (art. 1970) (2). Toutefois les règles qui sont indépendantes du titre onéreux ou du titre gratuit peuvent recevoir leur application à l'un et à l'autre contrat. C'est le droit commun : là où il y a même raison de décider, il doit y avoir même décision.

258. Les orateurs du gouvernement et du Tribunat discutent assez longuement la question de savoir si le législateur doit ou non donner sa sanction aux constitutions de rente viagère. Aujourd'hui personne ne doute de la légitimité de ce contrat. A l'époque où le code Napoléon a été rédigé, il régnait encore de singuliers préjugés sur les contrats par lesquels les hommes cherchent à s'assurer soit la subsistance, soit l'aisance pendant toute la durée de leur vie. Le code ne traite pas des assurances terrestres; on en a vainement cherché la raison; peut-être est-ce parce que l'une de ces assurances était considérée comme une convention illicite. On a proscrit avec raison, dit Portalis, les assurances sur la vie des hommes, parce que de pareils contrats sont vicieux en eux-mêmes et n'offrent aucun objet réel d'utilité qui puisse compenser les vices et les abus dont ils sont susceptibles. L'orateur du gouvernement met ce contrat sur la même ligne que la vente de la succession

---

(1) Duranton, t. XVIII, p. 102, n° 122.
(2) Voyez notamment ce qui a été dit sur l'article 917 (t. XII, n°s 151-160).

d'une personne vivante. On disait que les compagnies d'assurance, de même que l'acheteur de droits successifs, ne songent qu'à une chose, c'est de désirer la mort de celui à qui l'assureur paye une annuité, ou de celui dont l'acheteur doit prendre la place. Nous ne savons pas s'il en était ainsi dans les bons vieux temps; ce qui est certain, c'est qu'il n'en est plus ainsi de nos jours. Et le débirentier aussi ne songe guère à donner la mort à celui dont le décès le libérera de sa dette.

On attaquait encore les constitutions de rente viagère parce qu'elles favorisent l'égoïsme de l'homme qui s'assure l'aisance, peut-être la richesse aux dépens de sa famille (1). Il y a bien des réponses à faire à ce reproche. Si nous le mentionnons, c'est pour citer un excellent mot de Portalis : « On doit se reposer sur la liberté de chaque individu du soin de veiller à sa conservation et à son bien-être. *La loi gouvernerait mal si elle gouvernait trop; la liberté fait de grands biens et de petits maux,* pourvu qu'on ne lui laisse pas franchir les limites que l'intérêt public force de lui prescrire (2). » Paroles d'or que l'on ne devrait jamais perdre de vue dans les pays qui ont le bonheur de jouir de la vraie liberté, et où l'on abuse malheureusement de la liberté. Le rapporteur du Tribunat répond, et la France en fit bientôt l'expérience, que mieux valent les abus de la liberté que les bienfaits du despotisme : « L'abus que les hommes font de ce qui n'est pas mauvais en soi n'est pas une raison suffisante de proscrire ce dont ils abusent; il faudrait donc aussi leur ôter leur liberté. » Puis Siméon applique cette excellente maxime aux lois d'intérêt privé : « Les lois civiles organisent les conventions, elles présument qu'on les fera avec raison et sagesse; elles ne peuvent prohiber que celles qui sont directement contraires à l'ordre public et aux bonnes mœurs (3). »

259. Pour qu'il y ait contrat de rente viagère, il faut que le contrat soit aléatoire, et il ne l'est que lorsqu'il y a

---

(1) Comparez les déclamations de Duveyrier, l'orateur du Tribunat, n° 6 (Locré, t. VII, p. 355).
(2) Portalis, Exposé des motifs, n° 11 (Locré, t. VII, p. 344).
(3) Siméon, Rapport, n° 17 (Locré, t. VII, p. 351).

chance de gain et de perte pour chacune des parties contractantes. Cette chance est d'évidence quand il y a une
constitution véritable de rente viagère. Si le crédirentier,
dont la vie probable était de trente ans lors du contrat,
meurt après un an, la chance tourne contre lui et au profit
du débirentier; par contre, si, d'après les probabilités qui
ont servi de base à la fixation de la rente, le crédirentier
avait encore une existence probable de dix ans; et s'il vit
pendant vingt ans, la chance sera défavorable au débiteur et favorable au créancier(1). La question de savoir s'il
y a réellement chance ou non et, par suite, s'il y a ou non
contrat aléatoire, est très-importante. Quand la constitution
de rente est un contrat aléatoire, le seul défaut de payement des arrérages de la rente n'autorise pas le crédirentier à demander la résolution du contrat et à exiger, en
conséquence, le remboursement du capital ou la restitution
du fonds par lui aliéné à charge de rente; tandis que si le
contrat n'est pas aléatoire, l'article 1978 n'est pas applicable et, par suite, les parties restent sous l'empire du droit
commun, d'après lequel la condition résolutoire est sous-
entendue dans les contrats synallagmatiques; et l'opinion
commune étend même ce principe aux contrats unilatéraux.

La cour de Bourges l'a jugé ainsi dans une espèce qui
n'était pas douteuse. Vente de deux maisons pour un capital de 4,000 francs, payable au décès du survivant des
vendeurs et à charge, par l'acquéreur, de payer jusque-là
une rente annuelle de 250 francs. C'était, en apparence,
une rente viagère; elle ne fut pas payée. De là une action
en résolution du contrat. L'acquéreur opposa l'article 1978.
Il a été jugé que cette disposition n'était pas applicable. En
effet, la vente était faite pour une somme capitale dont
l'acheteur s'obligeait à payer l'intérêt sous le nom de rente;
il est vrai que la rente excédait de 50 francs l'intérêt légal;
il y avait là un élément aléatoire que la cour évalue à un
neuvième, mais cela ne suffisait pas pour qu'il y eût cette
chance réciproque de gain et de perte qui constitue l'essence
de la rente viagère (2).

(1) Duranton, t. XVIII, p. 101, n° 121.
(2) Bourges, 2 avril 1828 (Dalloz, au mot Vente, n° 1244).

260. Quelle est la nature de l'acte qui crée la rente viagère? Quand elle est constituée à titre gratuit, l'acte qui lui donne naissance est ou une donation entre-vifs ou un testament; l'article 1969 le dit, et cette disposition n'est que l'application de l'article 893, aux termes duquel on ne peut disposer de ses biens à titre gratuit que par testament ou par donation entre-vifs.

L'article 1968 porte que la rente viagère peut être constituée à titre onéreux moyennant une somme d'argent, ou pour une chose mobilière appréciable, ou pour un immeuble. La loi ne dit point quelle est la nature de ce contrat. On lit dans l'Exposé des motifs : « Dans tous les cas prévus par l'article 1968, la rente viagère n'est qu'une manière de vente, même lorsqu'elle est faite à prix d'argent, car l'argent est susceptible d'être loué ou vendu comme toutes les autres choses qui sont dans le commerce. On en dispose par forme de louage quand on prête à intérêt; on le vend quand on aliène le sort principal moyennant une rente. » La théorie de Portalis, en ce qui concerne la *vente*, est celle de l'ancien droit. Pothier dit qu'il est de l'essence du contrat de constitution de rente que l'acquéreur de la rente, le crédirentier, aliène l'argent qu'il a payé pour le prix de la constitution et qu'il ne puisse le répéter du constituant. Pothier ajoute que le crédirentier d'une rente viagère aliène même bien plus parfaitement que l'acquéreur d'une rente perpétuelle; car celui-ci, quoiqu'il ne puisse exiger le capital, conserve néanmoins l'espérance de le recouvrer du constituant ou de ses successeurs qui peuvent se décharger de la rente en remboursant le capital; au lieu que l'acquéreur d'une rente viagère n'a pas même d'espérance que le capital qu'il a payé lui soit jamais rendu par les débirentiers; en effet, ceux-ci n'ont pas la faculté de rachat qui n'existe que dans les rentes perpétuelles; et ils n'en ont pas besoin, puisque la mort du crédirentier ou de celui sur la tête duquel la rente est constituée les libère de leur obligation (1).

Est-ce bien là la théorie du code? Que la constitution de

(1) Portalis. Exposé des motifs, n° 12 (Locré, t. VII, p. 345). Pothier, *De la constitution de rente*, n° 227.

rente soit une vente lorsque la rente viagère est établie moyennant un objet mobilier ou un immeuble, cela est d'évidence; la rente forme le prix de la vente, et c'est la chose mobilière ou immobilière qui est l'objet vendu. Le contrat étant une vente, on applique les principes qui régissent la vente. Ainsi le contrat de constitution sera un contrat bilatéral. Ici cependant les principes généraux de la vente reçoivent une modification importante. La condition résolutoire est sous-entendue dans la vente, comme dans tout contrat bilatéral (art. 1654 et 1184); tandis que l'action en résolution pour défaut de payement de la rente n'est pas admise (art. 1978). C'est une dérogation au droit commun, sur laquelle nous reviendrons. La vente immobilière peut être rescindée pour cause de lésion; l'action en rescision pour lésion n'est pas admise pour la constitution de rente, parce que c'est un contrat aléatoire. Sauf ces exceptions, la vente qui se fait pour une rente viagère est soumise au droit commun. Nous verrons plus loin des applications du principe.

La constitution de rente est-elle aussi une vente quand la rente est constituée moyennant une somme d'argent? C'était la théorie de l'ancien droit, pour les rentes perpétuelles comme pour les rentes viagères; nous avons dit, en traitant du *prêt à intérêt*, que l'on avait imaginé une vente de la somme prêtée, afin d'en tirer un intérêt sous le nom d'*arrérages*, intérêt que les préjugés catholiques ne permettaient point de stipuler dans un simple prêt. C'était une véritable fiction. Dans le droit moderne, on n'a pas besoin de cette fiction, puisque le prêt à intérêt est aussi légitime que le contrat de vente. Voilà pourquoi le code assimile la constitution de rente à un prêt à intérêt. On peut stipuler un intérêt, dit l'article 1909, moyennant un capital que le prêteur s'interdit d'exiger; dans ce cas, le *prêt* prend le nom de *constitution de rente*. Cette rente peut être constituée de deux manières, en *perpétuel* ou en *viager* (art. 1910). Donc la constitution de rente viagère moyennant une somme d'argent est un *prêt*, ce n'est pas une *vente*. Les deux contrats sont d'une nature essentiellement différente : l'un est réel, l'autre consensuel : la vente est un contrat bilatéral, le prêt est un contrat unilatéral; et ces différences ne sont pas de pure doctrine, elles conduisent à des conséquences pratiques que nous exposerons au fur et à mesure que l'occasion s'en présentera.

Chose remarquable! Pothier, tout en enseignant que la constitution de rente est une vente, applique à cette prétendue vente les principes qui régissent le prêt; il laisse là la fiction pour s'en tenir à la réalité. La constitution de rente viagère, dit-il, de même que la constitution de rente perpétuelle, est un contrat réel qui n'est parfait que par le payement de la somme convenue pour le prix de la constitution; de là Pothier déduit la conséquence que c'est seulement du jour du payement de cette somme que l'obligation du constituant est contractée et que la rente commence à courir; en effet, on ne conçoit pas que l'emprunteur paye une jouissance qu'il n'a point, en payant les intérêts d'un capital qu'il n'a pas reçu. Pothier ajoute que la constitution de rente viagère est un contrat unilatéral, parce qu'il n'y a que le constituant qui s'oblige par ce contrat (1).

261. Quoique le code assimile à un prêt la constitution de rente moyennant une somme d'argent, la différence est grande entre le prêt à intérêt et la constitution de rente. L'article 1909, qui établit cette assimilation, marque en même temps une différence essentielle: dans la constitution de rente, le crédirentier s'interdit d'exiger le capital, il est créancier d'arrérages; tandis que, dans le prêt, le prêteur est créancier d'un capital. Le prêt sous forme de rente viagère est un prêt à fonds perdu; le créancier n'a droit qu'à des arrérages, et ce droit s'éteint à la mort de celui sur la tête duquel la rente est constituée : le taux des arrérages est calculé de façon que le crédirentier reçoive tout ensemble les intérêts et son capital sous forme d'arrérages; en ce sens, on dit vulgairement qu'il mange son capital avec les intérêts. De là une difficulté que le code a tranchée. Quand la rente viagère fait partie d'un usufruit, ou que la jouissance en appartient à un autre qu'au crédirentier, il s'agit de savoir ce que l'usufruitier doit restituer à la fin

---

(1) Pothier, *Constitution de rente*, nos 221 et 222.

de sa jouissance : sont-ce les arrérages qu'il a perçus, ou est-ce le droit de percevoir les arrérages? Le code assimile les arrérages aux intérêts; ainsi l'article 584 range les arrérages des rentes parmi les fruits civils, au même titre que les intérêts d'un capital; et si les arrérages sont un fruit, il est d'évidence qu'ils ne peuvent pas constituer le fonds du droit dont ils sont un produit. L'article 588 tire la conséquence du principe : il porte que l'usufruit d'une rente viagère donne à l'usufruitier, pendant la durée de son usufruit, le droit d'en percevoir les arrérages, sans être tenu à aucune restitution. Nous avons dit, au titre de l'*Usufruit,* que cette disposition tranche la controverse qui existait, dans l'ancien droit, sur la nature de la rente viagère : il considère les arrérages comme le produit du droit à la rente, de même que les intérêts sont le produit du capital. Cette doctrine est reproduite dans les articles 610, 1401 et 2277 (t. VI, n° 424) (1).

La grande analogie qui existe entre le prêt et la rente viagère donne parfois lieu à des difficultés dans la pratique : comment distinguer le prêt qui donne au prêteur une créance de capital, de la constitution de rente qui ne donne au crédirentier qu'un droit viager à des arrérages? La question s'est présentée dans l'espèce suivante. Un père, créancier de ses deux filles, du chef de leur tutelle, d'une somme de 15,000 francs, fait un contrat avec ses filles par lequel celles-ci s'obligent chacune à lui servir une rente viagère de 250 francs; elles lui abandonnent de plus la jouissance d'une maison et d'un pré. L'acte porte que si les filles vendaient leurs propriétés, il serait loisible au père de convertir la rente en une somme de 15,000 francs. Question de savoir si cette convention est une constitution de rente ou un prêt. La cour de Poitiers décida que l'acte litigieux n'était pas une constitution de rente viagère, que c'était un simple prêt à intérêt, avec obligation de rembourser le capital à l'avénement d'une certaine condition. Sur le pourvoi en cassation, il intervint un arrêt de rejet. L'acte, dit la chambre des requêtes, présentant quelque ambiguïté dans

---

(1) Pont, *Des petits contrats,* t. I, p. 339, n° 670.

ses termes, l'arrêt attaqué s'est attaché plus à l'intention des parties qu'au sens rigoureux des expressions dont elles s'étaient servies; en interprétant ainsi le contrat litigieux, ajoute la cour, l'arrêt a usé sagement du pouvoir d'interprétation conféré aux juges du fait et n'a violé aucune loi (1).

262. Quand la rente est un prêt, les arrérages consistent naturellement, comme dans tout prêt, en une somme d'argent. Si la rente est constituée moyennant des objets mobiliers ou immobiliers, il y a vente, et les arrérages forment le prix de la vente; il faut donc appliquer le principe général d'après lequel le prix consiste en argent. En matière de vente, la question de savoir si le prix peut consister en denrées est controversée; l'on a toujours admis que les arrérages d'une rente pouvaient consister en prestations de denrées. Il suit de là qu'en toute hypothèse les arrérages sont une prestation périodique soit d'une somme d'argent, soit de denrées que le débirentier doit payer au crédirentier. Cette condition est de l'essence du contrat de rente viagère; sans prestation périodique, il n'y a pas de constitution de rente, et, par suite, on n'applique pas les principes qui régissent la rente viagère; la convention reste soumise au droit commun.

La question s'est présentée souvent pour la convention par laquelle une personne vend un immeuble à la charge par l'acquéreur de l'entretenir pendant toute sa vie. Ce contrat est-il une constitution de rente? Non, car le débiteur ne s'oblige pas à payer une somme d'argent ni une certaine quantité de denrées. Les personnes étrangères à notre science peuvent s'y tromper; qu'importe, diront-elles, si le débiteur livre des denrées au créancier, ou s'il l'entretient directement en lui fournissant tout ce qui lui est nécessaire pour son entretien? L'objet des deux conventions est le même, c'est l'entretien du créancier. Nous répondons qu'en droit la différence est grande : l'obligation du débirentier consiste à donner, puisqu'il doit payer une somme d'argent ou des denrées; tandis que celui qui s'oblige à entretenir une personne s'oblige à faire. Les deux obligations sont

(1) Rejet, 29 décembre 1856 (Dalloz, 1857, 1, 261).

donc d'une nature toute différente, et elles ont aussi un effet différent. Le crédirentier reçoit les arrérages de la rente, et il en dispose comme il l'entend ; celui qui a droit à son entretien reçoit les aliments en nature, il est soigné, comme le portent les actes, en santé et en maladie, mais il ne reçoit rien et ne dispose de rien. De cette différence de principes découlent des conséquences très-graves. Les règles particulières qui régissent la rente viagère ne reçoivent pas d'application à la convention qui a pour objet l'entretien du créancier : telle est notamment la disposition de l'article 1978, qui n'admet pas l'action en résolution pour le défaut de payement des arrérages. C'est une exception au droit commun qui régit les contrats bilatéraux ; l'exception ne peut être étendue, donc elle n'est pas applicable à la convention alimentaire (1).

263. La cour de cassation de Belgique l'a décidé ainsi, et c'est la jurisprudence constante de nos cours. Par acte notarié, une veuve vend un petit héritage à deux époux pour une somme de 800 francs, laissés entre les mains des acquéreurs à titre d'alimentation. Ceux-ci s'obligent à nourrir, blanchir, chauffer, vêtir et entretenir la venderesse sa vie durant, tant en santé qu'en maladie ; de plus, la venderesse stipulait une rente de 25 francs 40 centimes, hypothéquée sur la propriété. Cette convention n'ayant pas été exécutée, la résolution en fut demandée. Les défendeurs objectèrent que, d'après l'article 1978, la résolution du contrat de rente viagère ne pouvait pas être demandée pour défaut d'acquittement des arrérages. C'est dans ces termes que la question se présentait devant la cour de cassation. La cour se demande ce que c'est que la rente viagère. Elle répond qu'il résulte des articles 1909, 1910 et 1980 que les arrérages de cette rente tiennent nature d'intérêt et s'acquièrent jour par jour ; ainsi un premier caractère de la rente est qu'elle consiste dans une redevance annuelle ou périodique, soit d'une somme fixe, soit tout au moins dans une quotité précise et déterminée de choses fongibles. De plus, la rente viagère, comme tout droit, est essentielle-

(1) Pont, *Des petits contrats*, t. I, p. 343, n° 676, et les autorités qu'il cite.

ment cessible, le crédirentier en dispose comme il veut (art. 1981). La cour en conclut que la convention litigieuse n'est pas une constitution de rente, car les débiteurs ne s'obligeaient pas à une prestation en argent ou en denrées, ils s'obligeaient à diverses prestations de faits essentiellement personnels. La conséquence était évidente, c'est que l'article 1978 n'était pas applicable dans l'espèce. Qu'était-ce que la convention litigieuse? Un de ces contrats innomés dont parle l'article 1107, et qui sont régis par les dispositions du titre III concernant les obligations conventionnelles. Or, l'article 1184 établit comme règle générale des contrats synallagmatiques que la condition résolutoire y est sous-entendue pour le cas où l'une des parties contractantes ne satisfait pas à ses engagements; c'est cette règle qui devait recevoir son application à l'espèce (1).

La cour de Liége s'est prononcée dans le même sens. Dans l'une des causes, il s'agissait aussi de savoir si l'article 1978 était applicable à une convention analogue à celle que nous venons de mentionner; dans l'autre, on demandait l'application de l'article 1975. La cour a jugé que ces deux articles étant des exceptions au droit commun ne pouvaient recevoir d'application qu'à la rente viagère, et que la convention alimentaire n'étant pas une constitution de rente restait soumise au droit commun (2).

264. La même question s'est présentée devant la cour de cassation de France, mais dans d'autres termes. Vente d'un pré à deux époux à la charge par ceux-ci de nourrir, loger, chauffer et éclairer le vendeur, tant en santé qu'en maladie, le tout bien et convenablement jusqu'à son décès. Cette charge était estimée, dans le contrat, à 500 francs par an, et en principal, au denier 10, à 5,000 francs; mais le vendeur stipulait que cette convention ne pourrait dispenser les acheteurs de remplir en nature les obligations qui leur étaient imposées. Le vendeur ne tarda pas à mourir; ses héritiers s'empressèrent de demander la nullité du

(1) Rejet, 7 février 1846, et Bruxelles, 13 mars 1845 (*Pasicrisie*, 1846. 1. 157, et 1846, 2, 9).

(2) Liége. 25 juin 1846 et 11 janvier 1850 (*Pasicrisie*, 1849. 2, 148, et 1850, 2, 268).

contrat alimentaire, par le motif que c'était une vente sans prix. La cour de Poitiers, après avoir fait estimer le pré par experts ainsi que la valeur de la pension, déclara la vente nulle à défaut de prix; en effet, il résultait de l'expertise que la pension, évaluée à 400 francs, était inférieure au revenu du pré évalué à 525 francs. Pourvoi en cassation. L'arrêt attaqué fut cassé, après délibéré en chambre du conseil, pour fausse application de l'article 1583 et violation de l'article 1976. Il nous semble que l'article 1976 était hors de cause; il porte que la rente viagère peut être constituée au taux qu'il plaît aux parties contractantes de fixer. Appliquer l'article 1976 à la convention litigieuse, c'était supposer que cette convention constituait une rente viagère, et, en réalité, elle ne stipulait qu'une obligation alimentaire. La convention était, comme nous venons de le dire, un contrat innomé, ce n'était pas une vente; l'article 1583 devait donc également être écarté. Que restait-il à décider? Si le contrat était aléatoire. Or l'affirmative est évidente. Comme le dit très-bien la cour de cassation, l'importance de la prestation alimentaire était difficile à apprécier, parce qu'il était impossible de déterminer les dépenses que pouvait entraîner, en cas de maladie, le traitement, les remèdes, la garde, les soins d'un homme qui pouvait vivre longtemps dans un état maladif. Le contrat étant aléatoire, ne pouvait pas être attaqué, ni annulé pour défaut de payement du prix; il était valable par cela seul qu'il était aléatoire (1).

265. Y a-t-il une condition de forme requise pour la validité de la constitution de rente? Il faut distinguer. Si la rente est constituée à titre gratuit, elle doit l'être soit par donation entre-vifs, soit par testament; dans l'un et l'autre cas, dit l'article 1969, elle doit être revêtue des formes requises par la loi. Ces formes sont prescrites pour l'existence même de la libéralité, de sorte que si elles ne sont pas observées, la rente n'existera point. Nous renvoyons, quant au principe, au titre qui est le siége de la matière.

Quand la rente est constituée à titre onéreux, la consti-

_____
(1) Cassation, 10 avril 1822 (Dalloz, au mot *Rente viagère*, n° 7).

tution est ou un prêt ou une vente; aucune de ces conventions n'est un contrat solennel; si les parties dressent un
écrit, c'est pour se procurer une preuve littérale, et cette
preuve est régie par le droit commun; nous renvoyons à
ce qui a été dit aux titres de la *Vente* et du *Prêt de consommation*. On demande si l'écrit sous seing privé que les
parties dressent est soumis aux formalités prescrites par
l'article 1325 pour la validité des actes qui constatent des
conventions synallagmatiques. D'après ce que nous venons
de dire (n° 260), il faut distinguer. La constitution de rente
moyennant aliénation d'une chose mobilière ou immobilière
est une véritable vente, donc un contrat bilatéral; et, par
conséquent, il y a lieu d'appliquer l'article 1325 et de faire
autant d'originaux qu'il y a de parties ayant un intérêt distinct, en ajoutant la mention du nombre des originaux (1).
Si la rente est constituée moyennant un capital, le contrat
est unilatéral, ce qui exclut l'application de l'article 1325.
Est-ce le cas d'appliquer l'article 1326? La question a été
examinée ailleurs.

266. Sur les principes, tout le monde est d'accord.
Reçoivent-ils une exception? La question ne se présente
que pour les rentes viagères constituées à titre gratuit et
entre-vifs. Il y a une exception qui est écrite dans l'article 1973, lequel est ainsi conçu: « La rente peut être constituée au profit d'un tiers, quoique le prix en soit fourni par
une autre personne. Dans ce dernier cas, quoiqu'elle ait
les caractères d'une libéralité, elle n'est point assujettie
aux formes requises pour les donations, sauf les cas de
réduction et de nullité énoncés dans l'article 1970. » Cette
disposition est une application et, dans l'opinion générale,
une extension de l'article 1121, au moins dans l'opinion
commune. En tant que l'article 1973 ne fait qu'appliquer
le principe de l'article 1121, il n'y a aucune difficulté. On
peut, par exception, stipuler au profit d'un tiers lorsque
telle est la condition d'une stipulation que l'on fait pour
soi-même ou d'une donation que l'on fait à un autre. En
vendant mon fonds, je puis stipuler que l'acheteur, outre le

(1) Pont, t. I, p. 345, n° 679. Angers, 18 février 1837 (Dalloz, au mot
Rente viagère, n° 17).

prix, payera une rente viagère à mon domestique. Je puis encore, en donnant mon fonds, imposer au donataire la charge de servir une rente viagère. C'est l'application pure et simple de l'article 1121 (1); nous pouvons donc renvoyer au titre des *Obligations* pour tout ce qui concerne les difficultés auxquelles cette disposition donne lieu.

On enseigne que l'article 1973 étend la disposition de l'article 1121, en permettant de constituer une rente viagère au profit d'un tiers à celui qui en fournit le prix, alors même que ce ne serait pas la condition d'un contrat qu'il ferait pour lui-même. Ainsi, dit-on, je puis compter une somme de 10,000 francs à Paul, à charge par lui de servir une rente viagère de 800 francs à mon domestique ; ce qui ne serait pas permis en vertu de l'article 1121. On se fonde sur les termes généraux de l'article 1973, qui n'exige pas que le constituant fasse un contrat pour lui-même (2). Cette interprétation nous laisse un doute : c'est qu'elle anéantit la théorie du code concernant les stipulations que l'on fait pour un tiers. En règle générale, ces stipulations sont nulles, parce que celui qui les fait n'aurait aucune action, puisqu'il n'a aucun intérêt appréciable à l'exécution de la stipulation, et le tiers n'aurait aucune action comme étant resté étranger à la convention. A cette règle l'article 1121 apporte des exceptions qui supposent que le stipulant est intéressé à la convention qu'il fait au profit du tiers ; en effet, dans les cas prévus par l'article 1121, la stipulation pour le tiers est une clause accessoire d'un contrat que le stipulant fait pour lui-même ; il a donc intérêt à ce que la clause soit exécutée. Mais quand je remets 10,000 francs à Paul, à charge par celui-ci de payer une rente viagère à mon domestique, je ne fais aucune convention principale à mon profit, je stipule uniquement au profit du crédirentier, Paul ne sert que d'intermédiaire entre moi et mon domestique ; c'est donc une simple libéralité que je fais en faveur du crédirentier ; par conséquent, cette libéralité doit être soumise

---

(1) Voyez un exemple, dans lequel il y avait doute, dans un arrêt de rejet du 5 novembre 1856 (Dalloz, 1857, 1, 112).

(2) Pont, *Des petits contrats*, t. I, p. 352, n° 694, d'après Duranton, t. XVIII, p. 124, n° 141.

aux conditions et aux règles que la loi établit pour la validité et l'existence même des donations entre-vifs. Il n'y a plus de motif qui légitime l'exception; l'exception tend, au contraire, à détruire la règle. Le code prescrit des conditions très-sévères pour les donations entre-vifs; dans l'opinion que nous combattons, je puis m'en affranchir, quand il s'agit d'une rente viagère, en remettant les deniers à un intermédiaire qui servira la rente viagère. Ainsi quand le code multiplie les formes dans le but d'entraver les donations, il permettrait de s'en affranchir si facilement en recourant à un intermédiaire! Nous avons de la peine à croire que tel soit le sens de l'article 1973; il est, du reste, inutile d'insister, parce que le débat n'est que de théorie.

267. Y a-t-il d'autres exceptions que celle de l'article 1973? La jurisprudence en admet d'autres pour les libéralités faites avec charge, ou à titre de récompense, ou en acquit d'une dette naturelle (1). Elle dispense ces libéralités des formes rigoureuses que la loi établit pour l'existence des donations entre-vifs. Nous avons examiné ailleurs ces prétendues exceptions et les difficultés auxquelles elles donnent lieu (2).

§ II. *Sur la tête de qui la rente peut-elle être constituée?*

268. La rente viagère peut d'abord être constituée sur la tête de celui qui en fournit le prix (art. 1971), ou au profit duquel elle est établie à titre gratuit. On lit dans le discours de l'orateur du Tribunat, Duveyrier : « L'usage le plus ordinaire est que la rente viagère soit constituée sur l'existence ou sur la tête de celui qui l'acquiert et qui en paye le prix. C'est la conséquence naturelle de son objet d'être attaché à la vie même qu'elle est chargée d'entretenir. »

269. La rente viagère peut aussi être constituée sur la tête d'un tiers qui n'a aucun droit d'en jouir (art. 1971). Cela paraît étrange au premier abord. L'objet de la rente n'est-il pas, comme le dit Duveyrier, de fournir aux besoins

(1) Voyez une exception dans Pont, t. I, p. 348, n° 684.
(2) Voyez le tome XII de mes *Principes*, p. 412 et suiv., n°s 333-3??.

ou à l'aisance du crédirentier pendant sa vie, et seulement pendant sa vie ? Ce but n'est pas atteint, ou il est dépassé si la rente est constituée sur la tête d'un tiers ; en effet, elle s'éteindra avec sa mort ; s'il meurt avant le crédirentier, celui-ci peut se trouver sans ressources pendant les dernières années de sa vie. Le crédirentier meurt-il avant le tiers, la rente subsistera au profit de ses héritiers ; or, ce n'est pas dans l'intérêt des héritiers que la rente est stipulée ; ils sont, au contraire, dépouillés, par la constitution de rente, du capital qui a servi à l'établir. Quels sont les motifs d'une combinaison qui paraît en opposition avec le but de la constitution de rente? La disposition est traditionnelle ; la seule raison qu'on en trouve dans les travaux préparatoires est celle que Duveyrier donne en un mot, en disant qu'on peut constituer la rente sur une autre tête *qu'on présume moins fragile*, donc sur la tête d'un tiers plus fort ou plus jeune que le crédirentier ; de sorte que, d'après toutes les probabilités, le tiers vivra plus longtemps que le rentier. Quel intérêt celui-ci a-t-il à faire une stipulation qui dépasse les bornes de son existence, alors qu'il ne stipule que dans l'intérêt de son existence ? En définitive, il y perd, puisque, les chances de vie du tiers étant plus grandes, le montant de la rente sera d'autant moindre. On donne généralement une autre raison qui n'est pas beaucoup meilleure. Le crédirentier doit produire, aussi souvent qu'il touche les arrérages, un certificat de vie ; il est dispensé de cette obligation quand il place la rente sur la tête d'un personnage historique, tel qu'un souverain. C'est un bien mince avantage et que le crédirentier paye très-cher, car il choisira naturellement un souverain plus jeune que lui, ce qui diminuera le taux des arrérages (1).

270. La rente constituée sur la tête d'un tiers donne lieu à de légères difficultés. Il va sans dire que le tiers n'a aucun droit de jouir de la rente (art. 1971) ; il est donc étranger au contrat, et partant il n'y doit pas figurer, n'étant pas appelé à consentir. Le plus souvent, dit Duvey-

---

(1) Duveyrier, Discours, n° 7 (Locré, t. VII, p. 356). Pont, t. I, n° 687.

rier, le tiers ignore la convention ; il lui prête, sans le savoir, le nombre incertain de jours qui lui sont donnés. Zachariæ est le seul auteur qui exige le consentement du tiers (1) ; pourquoi consentirait-il ? On consent, dans un contrat, pour stipuler ou pour promettre ; or, le tiers ne stipule ni ne promet. Pothier est bien plus juridique en disant que le tiers ne doit pas être capable ; fût-il mort civilement, la plus forte des incapacités, cela n'empêche pas que la constitution sur sa tête soit valable ; il suffit qu'il vive physiquement, quoique, aux yeux de la loi, il soit mort, car il n'a rien de commun avec la loi (2).

271. Pothier ajoute qu'il n'y aurait même aucun obstacle à ce que la rente fût constituée sur la tête du débirentier. C'est, disent les auteurs, le moyen le plus sûr pour le crédirentier de se mettre à l'abri du danger que sa vie court. Quelque insolite que soit la clause, on en trouve cependant un exemple dans la jurisprudence. Il est vrai qu'il s'agissait d'une rente léguée, et dans les testaments on doit s'attendre à toutes sortes de dispositions étranges (3).

272. La rente viagère peut être constituée sur une ou plusieurs têtes (art. 1972). Ces têtes peuvent être des tiers ; le but de la clause est, dans ce cas, de prolonger la jouissance de la rente au profit des héritiers ; ce qui n'est guère dans l'esprit de la constitution de rente viagère. Mais le but peut aussi être d'attribuer la jouissance de la rente à tous ceux sur la tête desquels elle est constituée. Le seul exemple pratique que l'on cite est celui d'une rente constituée sur la tête de deux époux, par le mari, moyennant des effets de communauté. Nous avons examiné, au titre du *Contrat de mariage*, les difficultés auxquelles donne lieu cette convention en ce qui concerne les droits de la communauté. Pour le moment, nous n'avons à nous occuper que de la combinaison qui consiste à prolonger la durée de la rente en la constituant sur plus d'une tête.

273. Nous supposons d'abord que ces têtes soient des

(1) Zachariæ, traduction de Massé et Vergé, t. VI, p. 26, note 7.
(2) Pothier, *Constitution de rente*, n° 226.
(3) Bordeaux, 15 février 1872 (Dalloz, 1873, 2, 16). Comparez Duranton, t. XVIII, p. 111, n° 130.

tiers; il faudra que les tiers soient désignés dans le contrat, puisque c'est un élément essentiel de la convention, sans lequel elle est imparfaite. En effet, il est de l'essence de la constitution de rente que le contrat soit aléatoire; or, ce qui le rend aléatoire, c'est qu'il est subordonné, quant à sa durée, à l'existence de ceux sur la tête desquels elle est constituée; il faut donc que ces personnes soient déterminées par le contrat, par concours de consentement, puisque le montant de la rente en dépend. Il a été jugé, par application de ces principes, que le contrat de rente viagère est nul si le créancier s'est réservé, à son choix, une personne sur la tête de laquelle la rente sera réversible. Il y avait un double vice dans cette convention. D'abord elle n'indiquait pas ceux qui avaient droit à la rente, car le tiers sur lequel la rente est déclarée réversible est aussi crédirentier; en laissant le choix de ce tiers au créancier qui devait d'abord profiter de la rente, on lui permettait d'altérer un des éléments essentiels du contrat, celui dont dépend la durée de la prestation, c'est-à-dire celui qui, avec la quotité de la rente, constitue le caractère aléatoire du contrat; et la quotité même de la rente dépend des têtes sur lesquelles elle est constituée; il est impossible que le débirentier établisse ses calculs de probabilité sur la durée et, par suite, sur le chiffre de la prestation, s'il reste dans l'ignorance sur les personnes qui doivent profiter de la prestation. Dans l'espèce jugée par la cour de Caen, le crédirentier désigna, par son testament, la personne sur la tête de laquelle la rente était réversible; c'était certes prolonger la rente au delà des prévisions du débiteur, car de cette manière le crédirentier faisait revivre une rente qui allait s'éteindre par sa mort. Tout ce qui concerne la chance, qui est de l'essence du contrat, doit être déterminé par le contrat même de constitution (1).

274. La rente peut être constituée sur la tête du crédirentier et d'autres personnes sans qu'elle soit réversible au profit de ces tiers. L'unique but de l'indication de ces têtes, dans ce cas, est de prolonger la durée de la rente au

_____

(1) Caen, 16 mars 1852 (Dalloz, 1853, 2, 95).

profit des héritiers du crédirentier, si les tiers indiqués dans le contrat lui survivent. Voici un cas singulier qui s'est présenté et qui a donné lieu à un doute sérieux. Une rente est léguée à une personne sur sa tête et, *après elle*, sur la tête de ses enfants légitimes, si elle en laisse. Les enfants étaient-ils de simples têtes sur lesquelles la rente était constituée? ou la rente était-elle réversible sur eux à la mort de leur père crédirentier? Cette question était très-importante, car de sa solution dépendait la validité de la rente. En effet, si la rente était réversible sur les enfants, ils étaient légataires; or, ils ne pouvaient l'être, parce qu'ils n'étaient pas conçus au décès du testateur; ce qui entraînait la nullité du legs. Tandis que si c'étaient de simples têtes sur lesquelles la rente était constituée, la rente n'était établie qu'au profit du père; à sa mort, si les enfants vivaient encore, la rente passait aux héritiers du crédirentier. La cour de Paris adopta cette dernière interprétation; il en résultait que les enfants, héritiers de leur père, profitaient de la rente comme si elle avait été déclarée réversible sur eux; mais ils en profitaient en qualité d'héritiers, et non en qualité de légataires. La décision fut attaquée; la cour de cassation rejeta le pourvoi en se fondant sur ce que la cour d'appel avait le pouvoir souverain d'interpréter l'intention des parties contractantes; or, l'arrêt attaqué interprétait le testament d'après l'intention du testateur. « Si, dit la cour, pour les testaments comme pour les contrats, il appartient toujours à la cour de cassation de reviser, au point de vue de leur conformité avec la loi, les décisions qui reposent sur l'appréciation de la nature et du caractère légal des dispositions contestées, il en est tout autrement lorsque la décision attaquée est fondée uniquement sur l'appréciation de l'intention du testateur; la recherche de cette intention ne relève pas plus de la juridiction de la cour de cassation que la recherche de l'intention qui a présidé à un contrat; dans un cas comme dans l'autre, l'appréciation du juge du fond peut aboutir à un mal jugé, non à une violation de la loi (1). »

(1) Rejet, 29 mai 1865 (Dalloz, 1865, 1, 363).

275. La clause de réversibilité donne lieu à quelque difficulté. On demande si elle doit être stipulée d'une manière expresse. Si la clause est stipulée, toutes les personnes sur la tête desquelles la rente sera constituée seront crédirentières; de sorte que si l'une d'elles vient à mourir, la rente ne s'éteindra pas pour la part du prémourant, et elle ne passera pas non plus à ses héritiers pour cette part, elle appartiendra pour le tout au survivant. De là la conséquence que nous venons de dire (n° 274); les personnes qui profitent de la réversibilité doivent être capables de recevoir à la mort du disposant, si la rente est léguée, et lors de la donation, si la rente est constituée entre-vifs.

Que faut-il décider si une rente est constituée au profit de deux personnes qui en fournissent le prix en commun, sans qu'elles stipulent la clause de réversibilité? La difficulté est de savoir si, dans ce cas, le survivant profitera de toute la rente ou si la rente s'éteint pour la part du prémourant. Il y a controverse. La cour de cassation a jugé que la rente constituée au profit de deux époux doit être considérée comme stipulée sur deux têtes, avec cet effet qu'elle profite en entier au survivant. On a objecté qu'un droit divisible stipulé par deux personnes se divise entre elles, de sorte que chacun des créanciers de la rente n'est créancier que pour moitié, et le droit, étant viager, s'éteint à la mort de chacun d'eux. Les deux opinions ne sont-elles pas trop absolues? L'article 1972, que la cour de cassation invoque, ne décide pas la question; la rente peut être constituée sur plusieurs têtes avec un effet différent, soit avec clause de réversibilité, soit sans clause de réversibilité. C'est donc une question d'intention, par conséquent de fait plutôt que de droit. En droit, il faudrait dire, avec Duranton, qu'un droit divisible se divise quand il y a deux ou plusieurs créanciers; mais le droit peut se trouver en opposition avec l'intention des parties; si elles ont stipulé une seule rente, avec cette intention que la durée en soit déterminée par l'existence des deux têtes qui en profitent, la rente subsistera en entier tant que l'un des crédirentiers vivra. C'est l'interprétation de l'orateur du Tribunat. L'une et l'autre interprétation sont admissibles; c'est au juge du fait de décider laquelle répond à l'intention des parties contractantes (1).

276. Nous avons dit que l'indication des têtes sur lesquelles la rente est constituée forme un élément essentiel du contrat de rente viagère, puisque la chance qui rend le contrat aléatoire dépend des têtes sur lesquelles la rente est créée. Les articles 1974 et 1975 consacrent les conséquences de ce principe. D'après l'article 1974, « tout contrat de rente viagère créée sur la tête d'une personne qui était morte au jour du contrat ne produit aucun effet. » La disposition est empruntée à Pothier, qui l'explique comme suit : « Il est de l'essence du contrat de constitution de rente viagère qu'il y ait une personne sur la tête de laquelle la rente soit constituée. C'est pourquoi si vous m'avez constitué une rente viagère sur la tête de mon fils dont j'ignorais la mort, pour une certaine somme que je vous ai payée, le contrat de constitution est nul *de plein droit* ; en ce cas, j'aurai la répétition de la somme que je vous ai payée *condictione sine causa* (2). » C'est dire que le contrat est sans cause, et un contrat sans cause n'a point d'existence aux yeux de la loi ; en ce sens Pothier dit qu'il est nul *de plein droit*. Si le crédirentier a payé le prix, il n'a pas besoin de demander la nullité du contrat, il ne le pourrait même pas, puisqu'on ne demande pas la nullité du néant ; il agit directement en répétition, car il a payé ce qu'il ne devait point. Telle est aussi la théorie du code ; l'article 1974 dit que le contrat ne produit *aucun effet* ; ces termes indiquent un contrat qui n'a point d'existence légale ; ce sont précisément les termes de l'article 1134, d'après lequel l'obligation sans cause ne peut avoir *aucun effet*. Le contrat de rente viagère est sans cause lorsque la personne sur la tête de laquelle la rente était créée était morte au jour du contrat, parce que le crédirentier ne s'oblige à payer le capital de la rente qu'à charge par le débiteur de payer une rente ; or, dans l'espèce, le débiteur ne serait pas obligé de payer la rente, puisque la personne

---

(1) Rejet, 18 janvier 1830 (Dalloz. au mot *Rente viagère*, n° 33). Cette opinion est généralement suivie (Pont, t. I, p. 351, n° 692). En sens contraire, Duranton, t. XVIII, p. 115, n° 134.

(2) Pothier, *De la constitution de rente*, n° 224.

sur la tête de laquelle elle est créée n'existe plus; donc l'obligation du crédirentier n'a pas de cause, partant le contrat est inexistant.

277. L'article 1974 est-il applicable quand la rente est constituée sur la tête de plusieurs personnes, dont l'une était morte lors du contrat? La question est controversée. A notre avis, le contrat de rente est nul, pour mieux dire, inexistant. La raison en est qu'il y a erreur sur la cause ou fausse cause, et l'obligation sur fausse cause est assimilée à l'obligation sans cause : elle ne produit aucun effet, dit l'article 1131. Reste à prouver qu'il y a erreur sur la cause. Dans la constitution de rente, la cause de l'obligation du crédirentier, c'est la prestation que le débirentier s'oblige de lui faire; s'il y a erreur sur cette prestation, il y a erreur sur la cause, donc fausse cause. Or, si je stipule une rente de 1,000 francs sur la tête de Pierre et de Paul, ce chiffre de 1,000 francs a été fixé à raison des deux têtes sur lesquelles la rente est constituée, parce que l'existence des deux têtes en détermine la durée probable; or, si l'une des deux têtes est morte lors du contrat, il se trouve que la rente aura été constituée sur des probabilités qui font défaut; par suite de cette erreur, il y a erreur sur la cause; je n'aurais pas payé le capital que j'ai payé si la rente avait été constituée sur une seule tête, ou la rente aurait été plus forte; l'erreur dans laquelle je me trouvais lors du contrat est donc une erreur sur l'obligation qui est la cause de la mienne; je n'aurais pas contracté sur une tête, ou j'aurais contracté sous d'autres conditions; donc mon obligation est fondée sur une fausse cause.

On objecte que la mort de l'une des têtes lors du contrat n'empêche point qu'il reste une chance suffisante pour qu'il y ait contrat aléatoire. Sans doute il reste une chance, mais ce n'est pas la chance que les parties ont eue en vue; or, la cause n'est pas un élément absolu, c'est un élément variable. Je vends mon fonds, j'entends le vendre pour 12,000 francs; vous entendez l'acheter pour 10,000 : y aura-t-il vente? Non, car il n'y a pas de prix; donc pas de cause à mon obligation. Il n'y a point de prix, bien que l'acheteur m'offre 10,000 francs; mais je n'ai pas voulu vendre pour 10,000 francs. De même, en stipulant une rente de 1,000 francs sur deux têtes, je m'oblige à payer 10,000 francs ; la cause de mon obligation, c'est une rente constituée sur deux têtes ; si, au lieu de deux têtes, il n'y en a qu'une, il reste, il est vrai, une cause abstraite à mon obligation, mais ce n'est pas la cause que moi j'ai eue en vue ; mon erreur sur la vie de l'une des têtes fait donc que la cause pour laquelle j'ai payé 10,000 fr. n'existe point (1). Nous n'insistons pas davantage, parce que la question se représente sur l'article 1975 ; nous devons donc y revenir.

278. L'article 1974 a soulevé une autre difficulté qui, en réalité, n'en est pas une. Il est stipulé que la rente viagère ne prendra cours que deux mois après le contrat, à partir du 1er avril. La crédirentière meurt le 16 mars. Ses héritiers prétendent que le contrat doit rester sans effet, puisque, au jour où la rente devait commencer à courir, la personne sur la tête de laquelle la rente était constituée n'existait plus. La cour de Bruxelles n'a pas admis cette singulière interprétation, qui confond l'existence de la rente avec son exigibilité. Dans l'espèce, la rente était le prix d'une maison ; le contrat était donc parfait par le seul consentement des parties contractantes, elles avaient constaté leurs conventions par acte authentique en date du 31 janvier ; dès ce jour, par conséquent, la rente existait au profit de la crédirentière ; seulement le payement en était ajourné au 1er avril. On ne se trouvait ni dans le texte ni dans l'esprit de l'article 1974. Nous croyons inutile d'insister. L'arrêt de la cour de Bruxelles répond aux raisons assez mauvaises des demandeurs (2).

279. L'article 1975 prévoit un cas analogue à celui de l'article précédent. « Il en est de même du contrat par lequel la rente a été créée sur la tête d'une personne atteinte de la maladie dont elle est décédée dans les vingt jours de la date du contrat. » La loi exige plusieurs conditions pour

---

(1) Pont. t. I, p. 362, nº 709. Comparez Bordeaux, 2 janvier 1874 (Dalloz, 1875, 2, 180). L'arrêt ne s'explique pas sur le point de savoir si la rente est *nulle* ou inexistante. En sens contraire Aubry et Rau, t. IV, p. 584 note 12, § 388.

(2) Bruxelles, 14 février 1855 (*Pasicrisie*, 1855, nº 122).

que le contrat reste sans effet. D'abord il faut que la personne sur la tête de laquelle la rente est constituée soit atteinte de maladie lors du contrat. Si, à ce moment, cette personne n'était pas malade, quand même elle serait venue à mourir dans les vingt jours, le contrat subsisterait, seulement les chances auraient tourné en faveur du débirentier ; il sera affranchi du service de la rente et il conservera le capital ou la chose mobilière ou immobilière pour lesquels la rente a été constituée. Il faut, en second lieu, que la personne sur la tête de laquelle la rente était créée soit décédée de la maladie dont elle était atteinte lors du contrat ; si elle mourait d'une autre maladie, l'article 1975 ne serait pas applicable ; ce serait encore une fois une de ces chances auxquelles les parties contractantes doivent s'attendre, favorables à l'une, défavorables à l'autre. Les événements postérieurs au contrat ne peuvent pas avoir d'influence sur la validité ou l'existence du contrat. Si la loi tient compte de la maladie suivie de mort de la personne sur la tête de laquelle la rente était constituée, c'est que la cause de la mort existait lors du contrat. Toutefois la loi exige une troisième condition, c'est que la mort arrive dans les vingt jours de la date du contrat. Cette limite est arbitraire, comme toutes les limites de temps que les lois établissent ; mais mieux vaut l'arbitraire du législateur, qui est étranger aux passions et aux intérêts des parties contractantes, que l'arbitraire du juge qui pourrait se laisser influencer par des considérations particulières (1).

280. Quel est le motif pour lequel la loi déclare le contrat de rente viagère sans effet dans cette seconde hypothèse ? Pothier répond que le contrat sera nul, mais pour une raison autre que celle qu'il donne dans la première hypothèse prévue par l'article 1974. Ce n'est pas pour défaut de cause, c'est pour erreur sur la substance de la chose. Il y a, d'après lui, erreur sur une qualité substantielle de la chose lorsque le crédirentier stipule une rente sur la tête d'une personne en santé et, par conséquent, une rente de qualité à avoir une durée un peu considérable, et

(1) Duranton, t. XVIII, p. 129, n° 146. Pont, t. I, p. 163, n°ˢ 711-713.

qu'il se trouve que par erreur il a créé la rente sur la tête d'un mourant; partant, une rente qui n'était d'aucune valeur et que les parties n'auraient certes pas constituée si elles avaient eu connaissance de l'état de santé de la personne sur la tête de laquelle elles l'ont créée (1). La distinc tion que Pothier fait entre les deux hypothèses prévues par les articles 1974 et 1975 nous paraît fondée sur les vrais principes qui régissent la cause et l'erreur. Dans le cas de l'article 1975, on ne peut pas dire qu'il y ait défaut de cause, car la personne sur la tête de laquelle la rente est constituée existe. L'erreur ne porte que sur les qualités de la rente; et la qualité sur laquelle il y a erreur étant substantielle, le contrat est nul, en ce sens qu'il est annulable; tandis que le défaut de cause fait que le contrat est inexistant. Toutefois la distinction est très-subtile, et les auteurs du code, qui n'aiment point les subtilités, ne l'ont pas admise. Cela résulte du commencement de l'article 1975 : *Il en est de même,* c'est-à-dire que le contrat ne produit aucun effet; donc il est inexistant. Au point de vue pratique, qui est celui de l'équité, la décision du code se justifie parfaitement. Qu'importe au crédirentier qui stipule une rente sur la tête d'une personne, que cette personne soit morte ou mourante? Dans les deux cas, l'obligation par lui contractée suppose une personne qui vive, c'est-à-dire qui ait les chances ordinaires de vie; si sa mort est certaine, c'est pour lui comme si elle était morte. Donc le contrat, dans son intention, ne peut avoir aucun effet, pas plus que s'il n'avait aucune cause juridique (2). Nous verrons plus loin des conséquences du principe.

281. L'application de l'une des conditions requises par l'article 1975 a soulevé, à plusieurs reprises, une étrange question. Dans les vingt jours de la date du contrat, le crédirentier se donne la mort. Nous supposons que la pensée du suicide existait lors du contrat. Cette supposition était une affreuse vérité dans l'une des affaires qui se sont présentées. Il y avait certitude du dessein longuement pré-

---

(1) Pothier, *Traité du contrat de constitution de rente,* n° 225.
(2) Comparez Mourlon, t. III, p. 404, n° 1025; Aubry et Rau, t. IV, p. 584, note 12. § 388.

médité de se donner la mort. Un capitaine du premier Empire, séparé de corps de sa femme, nourrissait contre elle une haine mortelle; il croyait qu'elle avait des enfants adultérins; craignant que sa fortune, il était riche, ne passât, au moins en partie, à ces enfants, il résolut de la placer à fonds perdu; et les rentes qu'il touchait, il les plaçait de nouveau, de sorte qu'à sa mort il avait droit à une rente de 58,000 francs; il avait ainsi réalisé son dessein de ne laisser d'autres biens qu'un parchemin auquel sa mort enlèverait toute valeur; il lui restait néanmoins 33 billets de banque de 1,000 francs; il les jeta au feu au moment où il se donna la mort : on les trouva à moitié consumés. De là un procès aussi étrange que les faits de la cause. Les héritiers soutinrent que cette pensée persistante du suicide était une folie qui viciait et annulait toutes les constitutions de rente stipulées par le défunt. Cette première prétention est étrangère à la question que nous examinons, elle devait être écartée en vertu de l'article 504; la preuve de la démence, après la mort de celui que les héritiers prétendent être mort en état de folie, n'étant admise que lorsqu'elle résulte de l'acte même qui est attaqué. Le malheureux capitaine venait de stipuler une nouvelle rente au moment où il se brûla la cervelle; ici l'article 1978 pouvait être invoqué, mais à condition de prouver la maladie du crédirentier lors du contrat; or, la passion de haine et de vengeance, qui était le mobile du suicide, ne peut pas être considérée comme une maladie dans le sens de l'article 1978, la loi entendant par maladie ce que dans le langage vulgaire on entend par là, c'est-à-dire une maladie du corps; donc l'article était inapplicable (1).

282. Comment calcule-t-on le délai de vingt jours? Il y a, sur le calcul des délais, un vieil adage dont nous avons fait plus d'une fois l'application, c'est que l'on ne compte pas le *dies a quo*; le délai ne commence donc à courir que le lendemain du jour où le contrat a été fait. Nous avons dit ailleurs les raisons de la maxime; la doctrine et la ju-

(1) Orléans. 28 avril 1860 (Dalloz. 1860. 2, 98). Comparez Caen, 22 novembre 1871 (Dalloz. 1872. 5. 383).

risprudence sont d'accord pour l'appliquer au cas prévu par l'article 1978 (1).

283. L'article 1978 exige trois conditions pour que le contrat soit sans effet. On demande qui doit faire la preuve de ces conditions? La question ne méritait vraiment pas d'être posée. N'est-ce pas au demandeur de prouver le fondement de sa demande? Celui qui soutient que le contrat est sans effet, dans le cas de l'article 1978, doit donc prouver que la personne sur la tête de laquelle la rente est constituée était atteinte, lors du contrat, de la maladie dont elle est morte dans les vingt jours, car c'est là le fondement de sa demande. Faut-il, parce qu'il a plu à Delvincourt de méconnaître ce principe élémentaire en divisant les divers éléments de la preuve, que les auteurs discutent éternellement une question qui n'aurait jamais dû être soulevée? La doctrine et la jurisprudence sont d'accord (2).

284. A quelles rentes s'applique l'article 1978? On demande d'abord s'il est applicable aux rentes constituées à titre gratuit. La cour de Montpellier a jugé que la disposition devait être appliquée à une donation faite avec réserve d'une rente viagère. On a eu raison de dire que cette décision était échappée à la cour; la cour de cassation l'a cassée; si nous la mentionnons, c'est pour prouver une fois de plus que la jurisprudence doit être discutée avant d'être citée comme autorité. Les erreurs palpables que l'on y rencontre seraient plus rares si les principes de droit étaient mieux connus; et par principes nous entendons, non les adages ni les textes, mais les motifs des adages et des dispositions légales. C'est la raison pour laquelle nous développons ces motifs, longuement s'il le faut, car tout le droit est là. Or, il suffit de se rappeler les motifs de l'article 1978 tels qu'ils résultent du texte même de la loi (n° 280), pour être convaincu que la loi n'entend parler que des rentes constituées à titre onéreux; dans les donations, la *cause* est l'esprit de bienfaisance; là où la volonté de conférer un

---

(1) Aubry et Rau (t. IV, p. 586, note 16, § 388), et Pont (t. I, p. 364, n° 714), et les autorités qu'ils citent.
(2) Voyez les témoignages dans Aubry et Rau, t. IV, p. 586, note 15, § 388 et dans Pont, t. I, p. 364, n° 715.

bienfait existe, il y a aussi donation, plus ou moins étendue quand il s'agit d'une rente viagère, mais toujours valable (1).

Ce qui a peut-être trompé la cour de Montpellier, c'est
qu'elle a considéré la donation avec réserve de rente viagère comme une rente constituée à titre onéreux. C'était le
système des demandeurs en nullité. Dans l'espèce, il était
sans fondement ; la donation dépassait la valeur de la rente,
donc il y avait libéralité. Mais le cas s'est présenté où la
prétendue libéralité était réellement un acte à titre onéreux. Par acte notarié, passé en forme d'une donation, le
donateur déclare donner à deux époux une somme de
1,100 francs, à la charge de payer au donateur, pendant
sa vie, une rente viagère de 110 francs. Onze jours après,
le crédirentier meurt. Ses héritiers demandent la nullité
de l'acte, comme constituant une rente viagère à titre onéreux. Cette demande fut accueillie par le premier juge, et
sur pourvoi, la décision fut confirmée par la cour de cassation. Le tribunal de Tours avait jugé que la véritable intention des parties avait été de constituer une rente à titre
onéreux, malgré la dénomination de donation donnée à
l'acte. En effet, la rente de 110 francs pour un capital de
1,100 représentait l'intérêt de 10 pour 100, taux ordinaire
auquel les rentes viagères sont constituées ; de plus le
créancier stipulait toutes les garanties de payement qui
sont d'usage dans une constitution de rente. La cour de
cassation, après avoir rappelé ces faits, dit que le jugement
attaqué, en déclarant qu'un tel contrat n'était pas une donation, mais un contrat de rente viagère à titre onéreux,
avait tiré des faits une conséquence légale et régulière, et
que sa décision était à l'abri de toute attaque. L'acte étant
à titre onéreux, l'article 1975 devait être appliqué (2).

285. L'article 1975 s'applique, sans difficulté aucune,
aux rentes constituées sur la tête d'un tiers, quand les
parties ignoraient que ce tiers fût atteint de la maladie dont
il est venu à mourir dans les vingt jours. Mais que faut-il

---

(1) Cassation, 18 juillet 1836 (Dalloz, au mot *Rente viagère*, n° 50). Pont,
t. I, p. 365, n° 717. Aubry et Rau, t. IV, p. 585. note 14, § 388.
(2) Rejet, 10 juillet 1855 (Dalloz, 1856, 1, 175).

décider si le créancier avait connaissance de ce fait, et s'il a néanmoins payé le capital, ou livré les choses mobilières ou immobilières pour lesquelles la rente a été constituée? Il y a controverse sur le point de savoir si l'acte peut valoir comme donation. A notre avis, il faut appliquer les principes qui régissent les obligations sans cause que le débiteur exécute volontairement. Dans la théorie du code, le contrat est sans cause lorsque la personne sur la tête de laquelle la rente est constituée était atteinte, lors du contrat, de la maladie dont elle est décédée dans les vingt jours. Si néanmoins le crédirentier preste la chose moyennant laquelle la rente a été créée, il fait un payement indû, et il peut répéter ce qu'il a payé sans cause, pourvu qu'il ait payé par erreur; s'il a payé sciemment, il n'y a pas lieu à répétition. Reste à savoir si le payement peut équivaloir à une donation. Si une somme d'argent ou une chose mobilière a été payée pour la constitution de rente, il y aura don manuel, parce que l'on suppose que celui qui paye sachant qu'il ne doit pas a entendu donner, et les dons manuels sont valables. Si c'est un immeuble qui a été livré, il y a doute; on peut dire que le crédirentier a fait une donation sous forme de constitution de rente, ce que la jurisprudence admet. Mais pour que la doctrine consacrée par la jurisprudence soit applicable, il faut que l'acte à titre onéreux qui contient une donation soit valable comme tel. Or, dans l'espèce, le contrat est plus que nul, il est inexistant; donc il n'y a ni constitution de rente, ni donation; partant, celui qui a livré l'immeuble pourra le revendiquer (1).

286. Si la rente est constituée sur la tête du crédirentier, ses héritiers pourront-ils invoquer l'article 1975? La jurisprudence s'est prononcée pour l'affirmative, et la solution ne nous paraît pas douteuse. Il y a une raison décisive, ce sont les termes généraux de la loi, qui ne distingue pas sur la tête de qui la rente est constituée (2). On a ce-

(1) Voyez, en sens divers, Duranton. t. XVIII, p. 125, n° 144. Pont. t. I, p. 366. n° 720. Aubry et Rau, t. IV, p. 583, notes 9 et 10, § 388.
(2) Paris, 9 février 1807, et Rouen, 25 janvier 1808 (Dalloz, au mot *Rente viagère*, n° 53). Rejet, 19 janvier 1814 (*ibid.*, n° 62, 1°).

pendant trouvé une objection dans la rédaction de l'article 1975 : il commence par dire : *il en est de même du contrat*; de là on conclut qu'il prévoit le même cas que l'article précédent; or, l'article 1974, en déclarant sans effet le contrat de rente viagère créé sur la tête d'une personne qui était morte lors du contrat, suppose nécessairement que la rente est constituée sur la tête d'un tiers; donc, dit-on, c'est cette même hypothèse qui est prévue par l'article 1975. Cette interprétation fait dire à la loi ce qu'elle n'a pas entendu décider. Les mots, *il en est de même*, se rapportent à *l'effet* du contrat et non à la personne, créancier ou tiers, sur la tête de laquelle la rente est constituée; l'article 1974, pas plus que l'article 1975, ne distingue, et à la rigueur, on en conçoit l'application, même au cas où la rente serait constituée sur la tête du créancier, s'il avait donné mandat de constituer la rente sur sa tête, et que le mandataire eût ignoré la mort du mandant. On a fait une autre objection. Le créancier, dit-on, qui crée une rente sur sa tête alors qu'il est malade, ne peut pas ignorer la maladie dont il est atteint; si malgré cela il fait la prestation à laquelle le contrat l'oblige, il la fait sachant qu'il ne doit pas la faire, c'est-à-dire qu'il fait une libéralité. La réponse est facile et péremptoire. Ceux qui font cette objection oublient que, par un bienfait de Dieu, les malades se font illusion sur la gravité du mal dont ils sont atteints. Sans doute ils savent qu'ils sont malades, mais ils ne se doutent pas qu'ils sont sur le point de mourir. Donc, à leur égard, l'article 1975 est applicable (1).

Il se peut toutefois que le malade ne se fasse pas illusion : si néanmoins il exécute le contrat, y aura-t-il libéralité? La même controverse se reproduit que dans l'hypothèse précédente. Les deux hypothèses sont identiques, puisque dans l'un et l'autre cas, le contrat est inexistant, pour défaut de cause, ou pour fausse cause (nos 276 et 280); la décision doit donc être la même.

287. Il y a une difficulté plus sérieuse. La rente est constituée sur plusieurs têtes, soit des tiers, soit des cré-

_____

(1) Duranton, t. XVIII, p. 132, n° 149.

direntiers : l'une des têtes vient à mourir dans les vingt jours ; le contrat sera-t-il sans effet ? La jurisprudence est presque unanime à décider que, dans ce cas, il n'y a pas lieu d'appliquer l'article 1975. Cependant l'arrêt le plus récent s'est prononcé pour l'opinion contraire, et, à notre avis, il a bien jugé. Voici l'espèce. Une rente est créée sur deux têtes et stipulée payable en totalité jusqu'au décès du survivant. Lors du contrat, un des crédirentiers était atteint de la maladie dont il est décédé dans les vingt jours ; le contrat est-il nul dans le sens de l'article 1975 ? La loi déclare le contrat sans effet lorsque le crédirentier était mourant lors du contrat ; nous en avons dit la raison (n° 280) : elle assimile ce cas à celui où le crédirentier était mort ; partant le contrat n'a point de cause. A-t-il une cause lorsque la rente est constituée sur deux têtes et que l'un des crédirentiers est venu à décéder dans les vingt jours ? Telle est·la difficulté. Nous croyons qu'il n'y a plus de cause, en ce sens que la cause qui reste n'est pas celle qui a engagé les parties à contracter. Il y a encore une cause, puisqu'il reste une tête, un créancier qui jouira de la rente ; mais ce n'est pas la cause qui a déterminé le premier contrat ; le motif juridique qui a engagé les parties à contracter, c'est que la rente devait être constituée sur deux têtes, les deux créanciers de la rente ; c'est sur cette cause que les parties ont calculé les chances de vie et de mort, et fixé en conséquence le montant de la rente, d'après la durée probable de l'existence des deux crédirentiers. L'un d'eux vient à mourir ; c'est, dans le système de la loi, comme s'il n'avait pas existé lors du contrat ; la cause n'est donc plus la même ; on ne peut pas maintenir pour une vie ce qui a été stipulé à raison de deux vies, donc le contrat tombe. C'est ce que la cour de Bordeaux dit en d'autres termes. La rente avait été constituée sur la tête de deux époux, et la femme était venue à mourir. Si, dit l'arrêt, la femme n'avait pas été vivante à l'époque où le contrat a été passé, on ne pourrait maintenir la rente sans que l'on substituât arbitrairement à la convention des parties une autre convention essentiellement différente, c'est-à-dire un contrat de rente viagère créée sur une seule tête, au lieu de l'être sur deux. Or, la loi assimile le crédirentier mourant au crédirentier mort; donc en maintenant le contrat, malgré le décès de la femme, on substitue un contrat à un autre, et le contrat est différent parce que la rente est différente. Cela est aussi fondé en raison. Il est certain que si les parties avaient prévu que la femme viendrait à mourir dans les vingt jours, elles n'auraient pas traité, ou elles auraient traité sous d'autres conditions, les chances de mort d'une tête n'étant pas les chances de mort de deux têtes. Donc, dans l'intention des parties contractantes, le premier contrat tombe, sauf à elles à faire un nouveau contrat, mais il n'appartient pas à la justice de leur imposer l'ancien contrat, alors que ce contrat était fondé sur une cause qui n'existait point (1).

Nous avons dit que la jurisprudence est contraire. Il y a un arrêt de la cour de cassation dont la doctrine est généralement suivie. La cour part de ce principe que les conventions légalement formées tiennent lieu de loi à ceux qui les ont faites. Lors donc que la rente est constituée sur plusieurs têtes, la constitution doit être maintenue, à moins que la loi ne permette de la rompre; or, l'article 1972, qui prévoit le cas d'une rente constituée sur plusieurs têtes, n'admet aucune exception ni modification à l'irrévocabilité de ce contrat. Quant à l'article 1975, qui consacre réellement une exception au droit commun, il s'applique uniquement au cas où la rente n'a été créée que sur la tête d'une personne déjà atteinte, lors du contrat, de la maladie dont elle est décédée ensuite dans les vingt jours; cette exception, déterminée par le défaut de chance aléatoire, doit être maintenue dans les limites que le législateur a lui-même prescrites; or, la mort de l'un des crédirentiers laisse subsister la clause aléatoire au profit de l'autre; donc on n'est ni dans le texte ni dans l'esprit de l'article 1975, on reste sous l'empire de la règle en vertu de laquelle tout contrat est irrévocable (2).

Il nous semble que cette argumentation repose sur une

---

(1) Bordeaux, 2 janvier 1874 (Dalloz, 1875, 2, 180).
(2) Cassation, 22 février 1820, et sur renvoi, Grenoble, 21 juin 1822 (Dalloz, au mot *Rente viagère*, n° 54).

fausse base; la cour dit que l'article 1975 consacre une exception au principe de l'irrévocabilité des contrats. Cela n'est pas exact. Nous avons dit quelle est l'opinion de Pothier, il considère le contrat comme étant vicié par une erreur substantielle; le code, en déclarant le contrat sans effet, suppose qu'il manque de cause. Est-ce que le défaut de cause, ou l'erreur substantielle sont une exception à l'irrévocabilité des conventions? Quelle que soit l'explication que l'on adopte, le défaut de cause ou l'erreur sur la substance de la chose, il est certain que l'article 1975 n'est que l'application des principes généraux de droit; on aurait dû admettre que le contrat de rente doit rester sans effet, alors même que le législateur ne l'eût pas dit; la théorie de la cause conduit à la conséquence qu'un contrat qui n'a point de cause, ou qui est sur fausse cause ne saurait produire aucun effet. Or, dans l'espèce, la cause que les parties ont eue en vue n'est pas celle qui existait en réalité; elles ont eu en vue une rente constituée sur deux têtes, et il se trouve qu'il n'y en avait qu'une. Chose remarquable! La cour de cassation fonde sa décision sur l'irrévocabilité des contrats, et sa décision aboutit à imposer aux parties un contrat qu'elles n'ont point entendu faire; elle change donc leurs conventions, en les maintenant pour une cause que les parties n'ont pas eue en vue. C'est tourner le principe de l'irrévocabilité des conventions contre les parties dans l'intérêt desquelles ce principe a été établi (1).

La jurisprudence a consacré la même opinion dans le cas où le décès de l'un des crédirentiers entraîne l'extinction partielle de la rente (2). Dans cette hypothèse, il y a un motif de plus, à notre avis, de rompre le contrat, en le déclarant sans effet, puisque la convention produit des effets tout différents de ceux que les parties avaient en vue; elles voulaient créer une rente de 1,000 francs sur deux

_____

(1) En sens contraire. Aubry et Rau, t. IV, p. 584, notes 12 et 13, § 388. Pont, t. I, p. 367, n° 721. C'est l'opinion générale. Voyez, dans le sens de notre opinion, Labbé, dans Sirey, 1865, 2, 321, note, et Bidart, *Revue pratique*, 1868, t. XXII, p. 323 et suiv.

(2) Bordeaux, 10 février 1857 (Dalloz, 1858, 2, 7). Lyon, 1er juillet 1858 (Dalloz, 1859, 2, 27).

têtes; et il se trouve que, par le décès de l'un des crédirentiers, il ne reste qu'une rente de 500 francs au profit du
survivant. C'est une convention nouvelle que la jurisprudence crée et que les parties n'ont pas voulue : le juge n'a
point ce droit-là.

288. L'article 1975 donne encore lieu à une difficulté.
On suppose que l'acte de constitution de rente est sous
seing privé et sans date certaine. Le crédirentier sur la
tête duquel la rente était constituée meurt dans les vingt
jours de la date du contrat. Première question : l'acte
fera-t-il foi de sa date à l'égard des héritiers? L'affirmative est écrite dans le texte du code. Il faut d'abord écarter l'article 1328, puisque les héritiers ne sont pas des
tiers. Reste l'article 1322, qui porte que l'acte sous seing
privé reconnu ou vérifié a entre ceux qui l'ont souscrit et
entre leurs héritiers la même foi que l'acte authentique.
Cette disposition s'applique-t-elle à la date que les parties
ont mise à l'acte sous signature privée? Oui, mais en ce
sens que la date apposée à un acte sous seing privé n'est
autre chose que la déclaration des parties qu'elles ont rédigé leur acte un tel jour. Cette déclaration fait foi, comme
toute autre déclaration émanée des parties. Mais quelle
foi? Fait-elle foi jusqu'à inscription de faux? Oui, du fait
matériel de la déclaration. Non, de la vérité de la déclaration. On est donc admis à prouver, sans devoir s'inscrire
en faux, que l'acte a été antidaté.

Tels sont les principes; nous les avons exposés au titre
des *Obligations*. Il n'y en a pas qui aient donné lieu à plus
de controverses en doctrine, et la jurisprudence est con-
fuse et incertaine. La même confusion se trouve dans la
doctrine et la jurisprudence concernant la date, dans le
cas de l'article 1975. Si l'on s'en tient à l'article 1322, tel
que nous l'avons expliqué, la décision est très-simple. Le
crédirentier meurt vingt-cinq jours après la date du contrat; les héritiers prétendent que l'acte a été antidaté, et
que, d'après la véritable date, leur auteur est mort dans
les vingt jours, que, partant, le contrat est nul et sans
effet. Seront-ils admis à cette preuve? L'affirmative est
certaine, car ils n'attaquent pas le fait matériel de la

date, ils reconnaissent que cette date a été mise lors
du contrat, mais ils contestent la vérité de la date, en
soutenant que l'acte a été antidaté ; c'est le droit des parties contractantes, c'est donc aussi le droit de leurs héritiers.

Par quelle preuve pourront-ils établir l'antidate? La difficulté est de savoir si la preuve testimoniale est admissible. Cela ne nous paraît pas douteux. En effet, les héritiers peuvent invoquer l'article 1348, aux termes duquel
la preuve par témoins est indéfiniment admise quand le
demandeur a été dans l'impossibilité de se procurer une
preuve littérale; or, telle est bien la situation des héritiers;
si l'acte a été antidaté, c'est précisément contre eux, et en
fraude de leurs droits; on doit donc leur permettre de
prouver l'antidate par témoins, ce qui rend également les
présomptions de l'homme admissibles (1).

Telle est la décision d'après les principes. Ecoutons
maintenant la cour de cassation. Dans une première espèce, l'arrêt attaqué avait décidé que le contrat de rente
n'était point daté lors des signatures des parties, et qu'il
ne l'avait été qu'après coup. C'est violer, dit le pourvoi,
l'article 1322, en vertu duquel l'acte sous seing privé a la
même foi que l'acte authentique, donc jusqu'à inscription
de faux. Que répond la cour? Que ce n'était pas contrevenir à l'article 1322, que de décider que l'acte n'avait point
de date lors du contrat. Cela suppose que l'article 1322 a
le sens que lui prêtait le pourvoi, ce qui n'est pas exact;
car la date mise à un acte sous seing privé ne fait pas foi
jusqu'à inscription de faux; c'est ce que la cour aurait dû
dire, en rétablissant la vraie signification de la loi. Au
lieu de cela, elle s'appuie sur l'article 1975, alors que
c'est l'article 1322 qui est le siége du débat. Dans un
autre arrêt, la cour de cassation dit que l'article 1975 introduit une exception à la règle de l'article 1322, en ce
qu'il annule le contrat de rente créé sur une personne décédée dans les vingt jours, sans distinction des actes sous

(1) Comparez Duranton, t. XVIII, p. 184, n° 151. Aubry et Rau, t. IV,
p. 586, note 17, § 388. Pont, t. I, p. 368, n⁰ˢ 722-724. Troplong, n° 277.

seing privé et des actes authentiques (1). Comment l'article 1975 dérogerait-il à l'article 1322, alors qu'il ne s'occupe pas de la force probante des actes? On voit que là cour ne sait comment écarter l'article 1322, preuve qu'elle lui donne un sens qu'il n'a point. Il n'y a aucune antinomie entre l'article 1975 et l'article 1322; il n'y a donc pas lieu de les concilier, en considérant l'un comme une exception apportée à l'autre.

§ III. *Du taux de la rente.*

289. « La rente viagère peut être constituée au taux qu'il plaît aux parties contractantes de fixer » (art. 1976). Lorsque la rente viagère est constituée moyennant une somme d'argent, le contrat est un prêt (n° 261). De là la question de savoir si les dispositions restrictives du taux de l'intérêt reçoivent leur application à la constitution de rente viagère. C'est cette question que l'article 1976 décide négativement. Dans le système du code civil, la décision était pour le moins inutile, car elle suppose que le taux de l'intérêt conventionnel ne peut pas excéder l'intérêt légal; or, le code permettait aux parties contractantes de stipuler un intérêt supérieur à l'intérêt légal. A plus forte raison le taux des arrérages devait-il être abandonné aux libres stipulations des parties. Car les arrérages ne sont pas des intérêts, ils se composent d'une partie du capital, puisque le fonds est perdu et que le crédirentier le reçoit en arrérages, augmenté d'intérêts. Ces intérêts et arrérages sont supérieurs à l'intérêt conventionnel tel qu'il a été fixé par la loi du 3 septembre 1807, parce que le débiteur gagne le capital, moyennant les arrérages qu'il paye pendant la vie du crédirentier. Le taux des arrérages dépend des probabilités de vie et de mort du crédirentier; il est d'ordinaire de 10 pour 100. Sous l'empire de la législation française on s'est demandé si cet intérêt est usu-

_____
(1) Rejet, 19 janvier 1814 et cassation, 5 avril 1842 (Dalloz, au mot *Rente viagère*, n° 62, 1° et n° 65.

raire; il va sans dire que la jurisprudence s'est décidée pour la négative, à moins que la constitution de rente n'eût pour objet de déguiser un prêt à intérêts excessifs (1). Ces controverses sont sans objet pour nous, depuis que la loi belge de 1865 est revenue au principe de liberté que le code civil consacrait (art. 1907).

290. Le taux des arrérages est calculé d'après les chances de vie et de mort; c'est ce qui rend le contrat aléatoire; et le contrat n'est aléatoire que si le taux est fixé de manière qu'il y ait pour chacune des parties chance de gain et de perte. Cela suppose que le taux des arrérages dépasse l'intérêt légal; si les arrérages équivalent aux intérêts ou sont moindres, il est évident que le débirentier ne court aucun risque; il fait, au contraire, un profit certain, puisqu'il gagne le capital dont il se borne à servir les intérêts pendant la vie du crédirentier. En réalité, une rente constituée à ce taux est une donation du capital que le crédirentier fait au débirentier. Cette donation est-elle valable? Pothier répond que la donation est valable quoiqu'elle ne soit pas faite dans les formes prescrites par la loi; il suffit de la tradition des deniers pour qu'il y ait don manuel (2), et le code a admis implicitement la doctrine de l'ancien droit qui validait les dons d'objets mobiliers faits de la main à la main.

291. La rente peut aussi être constituée comme prix d'un immeuble (art. 1968). Ce prix est fixé par les parties, non-seulement à raison de la valeur vénale de la chose, mais aussi à raison de leurs convenances, de leurs goûts et même de leurs caprices. C'est dire que tout dépend, en cette matière, de la volonté des parties contractantes. Toutefois ce principe reçoit des restrictions. La loi permet au vendeur d'un immeuble de demander la rescision de la vente, quand il est lésé de plus de sept douzièmes (art. 1674). Y a-t-il lieu à rescision, si le prix consiste en une rente viagère? Non, quand le contrat est réellement aléatoire, puisque la chance à laquelle les deux parties se soumet-

---

(1) Voyez les arrêts dans le *Répertoire* de Dalloz, au mot *Rente viagère*, nos 72-74.

(2) Pothier, *Traité du contrat de constitution de rente*, nos 219 et 220.

tent exclut toute idée de lésion. Mais le contrat peut n'être aléatoire qu'en apparence : il en serait ainsi dans le cas où les arrérages de la rente ne dépasseraient point la valeur des fruits de l'immeuble. Le vendeur pourra-t-il alors agir en rescision? La question a été examinée au titre de la *Vente* (t. XXIV, n° 427).

En supposant qu'à raison du taux de la rente, il n'y ait rien d'aléatoire dans la vente d'un immeuble pour une rente viagère, l'acte ne sera réellement pas une constitution de rente, puisque l'élément aléatoire est de l'essence de ce contrat. Celui qui vend un immeuble pour une rente viagère de 1,000 francs, alors que les produits de l'immeuble égalent ou dépassent cette somme, fait donation de l'immeuble au débirentier. Cette donation est-elle valable? Ouï, s'il y a volonté de donner. Il a été jugé qu'il y a lieu de maintenir un contrat de constitution de rente, si les circonstances démontrent que l'intention du vendeur a été de gratifier l'acquéreur de ce qui, dans les biens vendus, dépassait la charge qu'il lui imposait. Dans l'espèce, le demandeur en nullité articulait, avec offre de vérification, que la rente était inférieure au revenu des biens pour lesquels elle avait été constituée (1).

Cette décision suppose que le vendeur avait l'intention de faire une libéralité. Cette intention peut ne pas exister. Que devient, dans ce cas, le contrat? Il n'y aura pas de donation, puisqu'il ne saurait y avoir une donation sans la volonté de donner. La cour de Bordeaux a jugé que le contrat était nul, pour défaut de cause. Elle entend par cause la chance aléatoire, et comme il n'y avait aucune chance de perte pour l'acheteur, la rente de 200 francs ayant été constituée pour un prix de 4,900 francs, la cour en conclut que la rente était sans cause, et elle la déclare en conséquence nulle et de nul effet (2). Cela nous paraît très-douteux. Tout ce qui résultait des circonstances de la cause, c'est que la constitution de rente n'était pas un contrat aléatoire; mais elle n'était pas pour cela sans cause;

---

(1) Douai, 28 juillet 1846 (Dalloz, au mot *Rente viagère*, n° 75).
(2) Bordeaux, 9 août 1870 (Dalloz, 1871, 2, 211).

en effet, la cause de l'obligation du vendeur, c'est le prix que l'acheteur s'oblige à payer. Or, il y avait prix, dans l'espèce, prix vil, si l'on veut, mais le prix vil est un prix, donc il y avait cause. Tout ce que le vendeur pouvait soutenir, c'est que le prix était lésionnaire, et en supposant la lésion établie, il pouvait agir en rescision (1).

SECTION II. — Des effets du contrat entre les parties contractantes.

292. Aux termes de l'article 1979, le débirentier « est tenu de servir la rente pendant toute la vie de la personne ou des personnes sur la tête desquelles la rente a été constituée, quelle que soit la durée de la vie de ces personnes, et quelque onéreux qu'ait pu devenir le service de la rente. » C'est une conséquence du contrat, et l'effet naturel du caractère aléatoire de la convention. Quand la vie des personnes sur la tête desquelles la rente a été créée se prolonge au delà des probabilités que le débirentier a eues en vue, la chance tourne contre lui, comme elle aurait tourné en sa faveur, si ces personnes étaient mortes plus tôt. Ici c'est le cas de dire que les conventions sont irrévocables, et comme le contrat de rente est aléatoire, chacune des parties doit subir les chances mauvaises, comme elle profite des bonnes.

L'article 1979 déduit de ce principe la conséquence que la rente viagère n'est pas rachetable; le débirentier ne peut se libérer du payement de la rente en offrant de rembourser le capital et en renonçant à la répétition des arrérages payés. C'est une différence entre la rente viagère et la rente perpétuelle : celle-ci est essentiellement rachetable. Les lois de la révolution ont aboli les prestations perpétuelles, à raison de leur perpétuité; ce motif n'existe point pour les rentes viagères, puisqu'elles s'éteignent d'elles-mêmes par la mort des personnes sur la tête desquelles elles sont constituées. Le débiteur pourrait néanmoins avoir intérêt au rachat; l'article 1979 le suppose,

---

(1) Comparez Rejet, 15 janvier 1850 (Dalloz, 1850, 1, 48).

puisqu'il le refuse, alors même que le débirentier offrirait
de restituer non-seulement le capital, mais qu'il renonce-
rait encore à la répétition des arrérages payés. Cela paraît dur, mais c'est une conséquence logique de l'irrévocabilité du contrat; aucune des parties ne peut le rompre,
quelque intérêt qu'elle y ait. Quand il s'agit d'un contrat
aléatoire, les chances, quelque mauvaises qu'elles deviennent, ne doivent pas faire oublier que ces chances auraient
pu être favorables; l'équité est donc d'accord avec le droit
pour maintenir le contrat, avec les chances qui sont de son
essence.

293. Les parties pourraient-elles stipuler que le débirentier aura le droit de rachat? Pothier l'admet comme
une chose qui n'est point douteuse. Cela avait cependant
été contesté par de subtils docteurs; on peut voir leurs raisons assez mauvaises dans le traité de Troplong, qui aime
un peu trop les vieilleries. Que nous importe ce que pensait Fontanella et ce que Casaregis lui a répondu, quand
les plus simples notions de droit suffisent pour résoudre la
question? Les parties ont pleine liberté dans leurs conventions, elles peuvent donc déroger à la loi, puisque la loi le
leur permet, pourvu qu'elles ne blessent pas l'ordre public
et les bonnes mœurs. Il est vrai que le droit de rachat al-
tère le caractère aléatoire du contrat; mais puisque les
parties sont libres de le former, elles doivent aussi être
libres de le modifier (1). Il y a un arrêt de la cour de cassation en ce sens; pour mieux dire, la question n'était
pas même débattue; il s'agissait uniquement de savoir si
les conditions stipulées pour le contrat avaient été remplies (2).

294. « La rente viagère n'est acquise au propriétaire
que dans la proportion du nombre de jours qu'il a vécu »
(art. 1980), pour mieux dire, du nombre de jours qu'a
vécu la personne sur la tête de laquelle la rente a été
créée. Pourquoi la loi parle-t-elle du *nombre de jours?*
C'est que les arrérages sont des fruits civils qui s'acquiè-

---

(1) Pothier, *De la constitution de rente*, n° 258. Troplong, n°ˢ 324-326.
(2) Cassation, 3 frimaire an XI, et 12 fructidor an XI (Dalloz, au mot
Rente viagère, n° 169).

rent jour par jour jusqu'à ce que le crédirentier vienne à mourir. Quel est le point de départ du droit à la rente? C'est le jour qui suit le contrat ou la donation, si la rente est constituée entre-vifs; quant au jour où le contrat a été passé, il n'est pas entier, puisque au moment où l'acte se passe, le jour est déjà en partie écoulé, et la rente n'est due que pour un jour entier. S'il s'agit d'une rente léguée, les arrérages courent à partir de la demande en délivrance, ou à partir de l'époque fixée par le testateur, lequel peut ordonner que les arrérages seront payés à partir de l'ouverture du legs (1). La rente cesse de courir dès l'instant de la mort du crédirentier; donc elle n'est pas due pour le jour du décès (2).

295. Il se peut toutefois que des arrérages soient dus et payés pour des jours que le crédirentier n'a point vécu. Le deuxième alinéa de l'article 1980 porte : « Néanmoins s'il a été convenu que la rente serait payée d'avance, le terme qui a dû être payé est acquis du jour où le payement a dû en être fait. » C'est une dérogation aux principes tels que Pothier les enseigne. La rente s'éteint par la mort de la personne sur la tête de laquelle elle est constituée; de là suit que le crédirentier qui touche d'avance un semestre de la rente, alors qu'il vient à mourir pendant le premier mois, touche cinq mois de sa rente qui ne sont réellement pas dus. Si le législateur a sanctionné la clause ainsi interprétée, c'est que telle est l'intention probable des parties contractantes, et le législateur respecte leurs conventions, alors même qu'elles seraient en opposition avec la nature du contrat aléatoire, pourvu qu'elles n'aient rien de contraire à l'ordre public ni aux bonnes mœurs (3).

L'article 1980 donne lieu à une difficulté qui doit être sérieuse, puisque d'excellents auteurs, Aubry et Rau, ont changé d'opinion. Une rente est stipulée payable par trimestre et d'avance. Le débiteur meurt le premier jour du

---

(1) Comparez Cassation, 3 août 1863 (Dalloz, 1863, 1, 363 et 366).
(2) Aubry et Rau, t. IV, p. 587 et suiv., note 1, § 389.
(3) Pothier, *Constitution de rente*, n° 148. Duveyrier, Discours, n° 3 (Locré, t. VII, p. 338). Pont, t. I, p. 392, n° 774. Comparez Duranton, t. XVIII, p. 161, n° 174.

trimestre : a-t-il un droit acquis à la rente? Deux tribunaux ont jugé que le droit à la rente était acquis ; dans une espèce, le crédirentier était mort le premier jour du trimestre, à deux heures du matin, et dans l'autre, à six heures du soir. Son droit était ouvert, partant acquis (1). Il y a une raison de douter, et, au point de vue des principes, elle est très-grave. Le créancier meurt à un moment où aucun jour du terme n'est écoulé, où par conséquent il n'a droit à aucun arrérage pour ce terme, donc il n'y a pas lieu de payer le terme. On répond, et sur ce point la réponse est décisive, que la loi ne tient pas compte de la rigueur des principes ; la seule difficulté est de savoir si le droit à la rente est ouvert dès le premier jour du terme ; s'il est ouvert, le débiteur doit payer le terme entier. Il y a un autre motif de douter ; le débiteur ne pourrait pas être forcé à payer le premier jour, donc, dit-on, il ne doit point. On répond que l'objection confond le droit avec la poursuite du droit ; il est vrai que le créancier ne pourrait agir le premier jour du terme, parce que, au point de vue de la poursuite, ce jour n'est pas compris dans le terme ; mais, dans l'espèce, il ne s'agit pas d'un calcul du terme, il s'agit de savoir si le droit existe. Or, le droit est ouvert dès le premier instant du jour où le terme anticipatif s'ouvre.

296. « Le propriétaire d'une rente viagère n'en peut demander les arrérages qu'en justifiant de son existence, ou de celle de la personne sur la tête de laquelle elle a été constituée » (art. 1983). C'est l'application du principe de l'article 1315 : le demandeur doit prouver le fondement de son droit ; or, le crédirentier n'a de droit que si la personne sur la tête de laquelle la rente est constituée vit encore, il doit donc prouver qu'elle vit.

Comment se fait cette preuve? La loi ne le dit pas ; par cela seul, elle s'en rapporte au droit commun qui régit la preuve des faits purs et simples ; donc, au besoin, par té-

---

(1) Jugements du tribunal de Marmande, 2 décembre 1857 (Dalloz, 1857, 5, 281) et de Nancy, 12 mai 1873 (Dalloz, 1874, 5, 426). Aubry et Rau, t. IV, p. 587, note 1, § 389, 4ᵉ édition. Pont, t. I, p. 393, nᵒ 775. En sens contraire, Troplong et Taulier.

moins. On lit dans un arrêt de la cour de cassation que l'article 1983, ne déterminant pas le mode de justification qu'il exige, s'en est rapporté, sur le mode, à la prudence des juges (1). Le principe est mal formulé, et ne répond certes pas à la pensée de la cour ; l'appréciation des preuves est abandonnée à la prudence des juges, mais les preuves mêmes sont déterminées par la loi. Il y a une difficulté dans l'espèce ; la loi du 6 mars 1791 dit que les certificats de vie sont délivrés gratuitement par le président du tribunal ou par le maire, suivant la distinction que cette loi établit. Résulte-t-il de là que l'existence du crédirentier ou de la personne sur la tête de laquelle la rente est constituée doit être établie par un certificat conformément à la loi de 1791? La cour de cassation a jugé que l'article 1983 ne prescrit aucune forme spéciale (2) ; ce qui revient à dire, comme nous l'avons fait, que la preuve est régie par le droit commun.

297. La rente viagère forme une propriété au profit de celui qui y a droit ; c'est le terme dont le code se sert pour désigner le crédirentier ; elle l'appelle aussi le propriétaire de la rente (art. 1980, 1982 et 1983). Cette propriété est régie par le droit commun, puisque la loi n'y déroge point ; le crédirentier peut donc la céder, et ses créanciers peuvent la saisir en vertu du principe de l'article 2092. Quand on dit que la rente est cessible et saisissable, cela veut dire que le crédirentier peut céder non-seulement les arrérages échus, mais aussi les arrérages à échoir, ainsi que le droit même qui produit les arrérages ; et, par suite, ses créanciers peuvent aussi saisir les arrérages échus et à échoir, ainsi que le droit à la rente. Cela a été contesté, mais sans motif sérieux ; la cour de Caen dit très-bien que le texte de la loi décide la question, si question il y a. En effet, le code de procédure (livre V, titre X) prescrit les formalités qui doivent être observées pour la saisie et l'adjudication des rentes constituées sur les particuliers ; or, sous le nom de *rentes*, la loi comprend les rentes viagères aussi bien

---

(1) Rejet. 18 juin 1817 (Dalloz, au mot *Certificat de vie*, n° 15).
(2) Rejet, 19 août 1824 (Dalloz, au mot *Certificat de vie*, n° 15).

que les rentes perpétuelles; l'article 1910 porte que « les rentes peuvent être constituées de deux manières, en perpétuel ou en viager »; la combinaison de cette disposition avec celles du code de procédure prouve que les rentes constituées en viager peuvent être vendues comme celles constituées en perpétuel, et que pour la saisie et l'adjudication des unes et des autres on doit observer les mêmes formalités (1).

298. Aux termes de l'article 1981, « la rente viagère ne peut être stipulée insaisissable que lorsqu'elle a été constituée à titre gratuit. » Ce qui implique que les rentes établies à titre onéreux ne peuvent pas être stipulées insaisissables. L'orateur du gouvernement et le rapporteur du Tribunat ont expliqué en ce sens la disposition de l'article 1981. Il a toujours été reconnu, dit Portalis, que les rentes viagères créées à titre onéreux peuvent être saisies par les créanciers du propriétaire, quand même il serait stipulé par le contrat qu'elles ne pourront pas l'être. On conçoit que personne ne peut s'interdire à soi-même la faculté de contracter des dettes, ni à ses créanciers celle de s'en faire payer sur ses biens. Il est vrai que les créanciers chirographaires n'ont de droit que sur les biens que le débiteur possède lors de la poursuite et que le débiteur peut, par conséquent, soustraire ses biens à leur poursuite en les aliénant, mais il faut pour cela que l'aliénation soit faite de bonne foi; tandis que celui qui, ayant des dettes, aliénerait tous ses biens moyennant une rente viagère insaisissable agirait en fraude de ses créanciers, dit Siméon. Ces motifs n'existent pas en ce qui concerne les rentes créées à titre gratuit. Celui qui donne ou lègue une rente viagère pouvait ne pas gratifier le débiteur; s'il le fait, il peut ajouter à sa libéralité la condition que la rente sera insaisissable, sans que les créanciers puissent se plaindre que l'on porte atteinte à leur droit, car ils n'ont jamais eu de droit sur les biens qui ont servi à constituer la rente viagère; ils ne peuvent donc pas compter sur une rente dont le do-

---

(1) Caen, 21 juin 1814 (Dalloz, au mot *Rente viagère*, n° 87). Aubry et Rau, t. IV, p. 587, n° 23, § 388. Pont, t. I, p. 394, n° 777.

nateur gratifie leur débiteur sous la condition que les créanciers du donataire ne pourront pas la saisir (1).

Le code de procédure (art. 581), tout en maintenant la disposition de l'article 1981, l'a modifiée, en ce sens qu'il déclare insaisissables de plein droit les sommes et pensions pour aliments, encore que le testament ou l'acte de donation ne les déclare pas insaisissables ; la destination les met à l'abri de la saisie des créanciers : telle est l'intention du testateur et du donateur, sans qu'il ait besoin de l'exprimer autrement qu'en disant qu'il donne ou lègue pour aliments.

299. Le donateur qui se réserve une rente viagère peut-il la stipuler insaisissable? Non, car ce n'est pas là une rente constituée à titre gratuit dans le sens de l'article 1981. Pour qu'une rente donnée soit insaisissable, il faut que la donation l'ait fait entrer dans le patrimoine du donataire, avec la clause qu'elle ne pourra être saisie. Or, quand le donateur se réserve une rente à charge du donataire, il déclare, en réalité, insaisissable une partie de ses biens, ceux que le donataire ne reçoit qu'à charge de rente ; c'est donc un débiteur qui diminue son patrimoine en fraude de ses créanciers s'il prétend soustraire ses biens à leur poursuite. A l'égard des créanciers du donateur, la rente est réellement constituée à titre onéreux, car elle leur enlève une partie de leur gage ; et le débiteur ne peut pas la leur enlever en se constituant une rente viagère insaisissable, moyennant des biens qui pouvaient être saisis. La doctrine et la jurisprudence sont d'accord (2).

300. En quel sens la rente viagère est-elle insaisissable? C'est le droit à la rente qui ne peut être saisi et, par conséquent, le produit du droit, les arrérages sont également soustraits à l'action des créanciers. Le code de procédure apporte une restriction à ce principe ; il porte que les rentes déclarées insaisissables par le donateur ou le testateur, ainsi que celles que la loi déclare de plein droit

---

(1) Portalis, Exposé des motifs, n° 21 (Locré, t. VII, p. 346). Siméon, Rapport, n° 16 (Locré, t. VIII, p. 351).

(2) Rennes, 25 juillet 1840 (Dalloz, au mot *Mariage*, n° 706). Pont, t I. p. 395, n° 780.

insaisissables pour aliments, peuvent être saisies par des créanciers postérieurs à l'acte de donation ou à l'ouverture du legs; et ce en vertu de la permission du juge et pour la portion qu'il déterminera. Ainsi si la dette avait été contractée pour aliments, il serait juste que le créancier pût saisir une rente qui a été donnée ou léguée à titre alimentaire.

301. La rente viagère peut-elle être stipulée incessible? D'après la doctrine consacrée par la jurisprudence, on distingue entre les rentes constituées à titre gratuit et celles qui sont constituées à titre onéreux. Ces dernières ne peuvent être stipulées incessibles, tandis que l'on admet la validité de cette stipulation pour les rentes constituées à titre gratuit. La distinction nous paraît très-contestable. Déclarer une rente incessible, c'est enlever au crédirentier un droit qu'il tient de sa qualité de propriétaire. Or, la loi investit le propriétaire du pouvoir absolu de disposer de ce qui lui appartient; ce pouvoir tient à l'intérêt général, en ce sens que la propriété est la base de notre ordre civil. Peut-on la restreindre et la dépouiller d'un de ses attributs essentiels en mettant les biens hors du commerce? En principe, non. Nous renvoyons à ce qui a été dit au titre de la *Propriété*. Il faudrait une loi pour permettre de stipuler les rentes incessibles, comme il a fallu une loi pour permettre de les stipuler insaisissables (1).

302. On peut invoquer la jurisprudence contre la doctrine qui se fonde sur la jurisprudence. Un frère fait abandon à son frère de tous ses droits dans un héritage, à charge par l'acquéreur de payer les dettes nombreuses du vendeur et moyennant une rente viagère que les parties stipulèrent insaisissable et incessible. Nonobstant cette clause, le crédirentier céda les arrérages échus et à échoir à un de ses créanciers. Quand le cessionnaire agit contre le débirentier, celui-ci opposa la nullité de la cession. La cour d'Orléans déclara nulle la clause qui rendait la rente insaisissable et incessible. Nous reproduisons les motifs que la cour donne sur ce dernier point. La stipulation d'in-

(1) Pont, t. I, n° 782. Troplong, n° 347.

cessibilité, dit-elle, porte atteinte aux principes d'ordre public consacrés par les articles 544 et 1598. En effet, le droit de disposer est un des principaux attributs de la propriété ; si ce droit peut être modifié, c'est seulement à l'égard des personnes et des choses pour lesquelles la *loi* a fait une *exception spéciale;* mais, dans tous les autres cas, le principe de la libre disposition reprend toute sa force. Si la défense d'aliéner peut aussi provenir de la volonté de l'homme, ce n'est que dans les cas rares et déterminés par la *loi,* notamment dans les substitutions permises par les articles 1048 et 1049. Permettre d'une manière générale, dans les contrats, la condition de ne point aliéner, ce serait, d'une part, faciliter les substitutions tacites que le code a proscrites ; ce serait, d'autre part, placer hors du commerce des choses qui, dans l'intérêt privé comme sous le point de vue de l'économie politique, doivent circuler librement. Voilà les vrais principes, et il est certain qu'ils s'appliquent aux rentes viagères, à quelque titre qu'elles soient constituées ; le donateur, pas plus que le vendeur, n'a le droit de frapper les biens d'inaliénabilité. Après avoir bien établi les principes, la cour d'Orléans y admet une restriction que nous avons déjà rencontrée, c'est qu'il faut considérer si celui qui réclame l'exécution de la clause d'inaliénabilité y a un intérêt civilement appréciable. A vrai dire, ce n'est là qu'une considération accessoire, d'après la rédaction de l'arrêt. La cour oppose une fin de non-recevoir au débirentier. Celui-ci invoquait l'intérêt de famille qu'il avait à ce que son frère ne se dépouillât pas des seuls moyens de subsistance qui lui restaient. Ce n'était pas là un intérêt civilement appréciable; donc il fallait maintenir le principe de la libre disposition des biens. A notre avis, la cour a eu tort de modifier les principes par des considérations d'intérêt. Si la stipulation d'incessibilité était licite, il en serait résulté un droit, et au droit on n'oppose pas l'intérêt. Toutefois c'est à cette partie de l'arrêt que la cour de cassation s'attacha pour rejeter le pourvoi: l'arrêt attaqué, dit-elle, a pu, sans violer aucune loi, décider que la clause d'incessibilité était, dans l'*espèce* et d'après les *circonstances de cette affaire,* soumise à la disposition de l'article 1981 (1). La cour élude la difficulté, elle ne la résout point.

Un jugement de première instance résume en deux mots ce que nous venons de dire, et décide en termes absolus que la clause d'incessibilité est contraire à l'ordre public, en ce qu'elle a pour objet de gêner et d'entraver la disposition de la propriété, contrairement aux articles 544 et 1598; que cette clause doit, par conséquent, être réputée non écrite, pour mieux dire, nulle; car il s'agissait d'une vente moyennant rente viagère (2).

303. La cour de Rouen a jugé que le donateur peut déclarer la rente incessible. Elle met cette clause sur la même ligne que celle qui déclare la rente insaisissable. La différence est grande cependant; l'incessibilité met la chose hors du commerce et déroge au droit de propriété, tandis que l'insaisissabilité n'enlève aucun droit aux créanciers et ne prive le crédirentier d'aucun droit. La cour de Rouen ajoute que la clause qui déclare la rente incessible empêche seulement le crédirentier de disposer du droit et des arrérages à échoir, mais qu'il conserve le droit de disposer des arrérages échus (3). La distinction nous paraît tout à fait arbitraire. Si le droit est hors du commerce, les produits du droit sont également inaliénables; le législateur seul pourrait distinguer, l'interprète ne le peut pas.

Le tribunal de Bruxelles a admis la même doctrine par un jugement qui est au moins motivé, mais les motifs, à notre avis, sont très-faibles. Pour établir que le testateur peut déclarer la rente incessible, le tribunal cite les paroles de Duveyrier, l'orateur du Tribunat : « La rente viagère à titre gratuit jouit seule d'un privilége protecteur dont toutes les autres sont privées. Elle prend le caractère sacré des aliments charitables. Elle peut être stipulée insaisissable; et alors aucune attaque, aucune saisie, aucune poursuite ne pourront ni la détruire, ni la suspendre, ni détourner son cours et sa destination. » Le tribunal induit

---

(1) Orléans, 6 août 1841, et Rejet, 1er mars 1843 (Dalloz, au mot *Rente viagère,* n° 90, 1°).

(2) Jugement du tribunal de Brives, du 12 juillet 1843 (Dalloz, 1845, 3, 175).

(3) Rouen, 29 janvier 1829 (Dalloz, au mot *Rente viagère,* n° 91).

de là que les auteurs du code, accordant à la rente viagère
une extrême faveur, ont entendu permettre au disposant
de conférer un droit indélébile au crédirentier dont celui-ci
serait impuissant à se priver (1). C'est faire dire à la loi et
à l'orateur du Tribunat ce qu'ils ne disent point. Tout ce
que le code civil et le code de procédure disent, c'est que
la rente viagère peut être déclarée insaisissable ; et Duveyrier ne dit pas autre chose. Si le législateur avait aussi
voulu déclarer la rente incessible, il l'aurait dit, et il aurait
dû le dire, puisqu'il s'agit de modifier le droit de propriété.

SECTION III. — Extinction de la rente.

§ Ier. *La mort.*

304. L'article 1982 porte : « La rente viagère ne s'éteint
pas par la mort civile du propriétaire ; le payement doit en
être continué pendant sa vie naturelle. » Cette disposition
vient à tomber par suite de l'abolition de la mort civile en
Belgique et en France. Le code ne dit pas que la rente
viagère s'éteint par la mort naturelle ; l'article 1982 le suppose seulement. Il était inutile de le dire. En disposant que
la rente viagère est nécessairement constituée sur la *tête*
d'une personne, créancier ou tiers, ou sur plusieurs *têtes*,
la loi dit, ce que l'expression même de *rente viagère* indique
suffisamment, que la rente est attachée à la *tête* ou à l'existence de celui ou de ceux sur la tête desquels elle est
créée.

L'article 1982 dit, en termes trop absolus, que la rente
dure pendant la vie naturelle du crédirentier. Cela suppose,
ce qui est, en effet, le cas ordinaire, que la rente est constituée sur la tête du créancier ; elle s'éteint alors au moment de son décès. Si elle est constituée sur la tête d'un
tiers, elle s'éteindra à sa mort ; de sorte qu'elle pourra
cesser pendant la vie du crédirentier ; ce qui rend cette
clause peu favorable, contraire même au but de là rente
viagère ; voilà pourquoi la clause est peu usitée. Elle peut

(1) Jugement du tribunal de Bruxelles, du 19 mars 1875 (*Pasicrisie*,
1875, 3, 234).

avoir un effet contraire, en ce sens que le crédirentier vienne à prédécéder au tiers ; comme c'est sur la tête du tiers que la rente a été créée, elle ne sera pas éteinte par le décès du propriétaire ; elle passe donc à ses héritiers, qui en jouiront tant que vivra le tiers sur la tête duquel elle a été constituée. La rente peut aussi être constituée sur plusieurs têtes ; si ce sont des tiers, la durée de la rente sera prolongée jusqu'au décès du dernier mourant. Quand c'est sur la tête de plusieurs crédirentiers que la rente a été constituée, il faut voir si la rente est réversible sur le dernier mourant ; c'est l'intention ordinaire des contractants ; le prédécès de l'un des créanciers restera alors sans influence sur la durée de la rente, le survivant en jouira pour le tout jusqu'à sa mort. La rente peut aussi s'éteindre partiellement, si telle est l'intention des parties intéressées ; dans ce cas, le survivant ne jouira que de sa part tant qu'il vivra (1).

305. Il est arrivé ce que l'on croirait impossible dans l'état de nos mœurs : le débirentier donne la mort au crédirentier. Dans le conflit entre un mince intérêt pécuniaire et le devoir le plus impérieux, c'est le devoir qui est sacrifié. Quels sont les droits des héritiers du crédirentier assassiné ? D'après la rigueur des principes, il faut décider que la mort, même violente, du crédirentier éteint la rente, car on ne conçoit pas de rente viagère sans la vie de celui sur la tête duquel la rente est constituée ; mais comme c'est un crime qui a mis fin à la rente, le coupable est tenu de réparer le préjudice qu'il a causé par sa faute (art. 1382) ; sans le crime, l'existence du créancier se serait prolongée conformément aux lois ordinaires de la nature ; le crime prive donc le créancier des arrérages qu'il aurait perçus jusqu'à sa mort naturelle : c'est ce préjudice que le débiteur coupable doit réparer. Il devra donc continuer le service de la rente jusqu'à l'époque probable où le crédirentier serait mort. Mais comment le juge fixera-t-il cette époque ? Comme on la fixe quand on crée une rente en tenant compte de toutes les probabilités qui déterminent la durée de la

(1) Aubry et Rau, t. IV, p. 588, et notes 1-2, § 390.

vie d'une personne. Tel nous paraît être le droit strict.

La jurisprudence et la doctrine à sa suite ont résolu la difficulté d'une autre manière. Une rente de 180 boisseaux de blé est stipulée pour la cession d'un domaine. Après avoir laissé écouler quelques années sans payer la rente, les débirentiers, deux époux, assassinèrent le crédirentier; ils subirent la peine de mort. Action des héritiers du créancier contre les héritiers des débiteurs. La cour de Poitiers jugea que le crime avait résolu le contrat de rente. Qu'est-ce qui fait l'essence de ce contrat? L'incertitude de la vie du crédirentier; le débiteur qui, par son fait et plus encore par son crime, porte atteinte à cette incertitude, attaque l'acte dans son essence; et l'atteinte portée à l'essence de l'acte donne ouverture à la résolution. Quelles seront les conséquences de la résolution du contrat? Un premier point est certain : l'action née dans la personne du crédirentier est passée à ses héritiers. A quoi ont-ils droit? Le bail à rente est resté dans toute sa force, et doit, par conséquent, avoir tout son effet jusqu'au jour du crime qui a donné lieu à la résolution de l'acte; par conséquent, les arrérages sont dus jusqu'à ce jour. Ici nous arrêtons la cour, il y a contradiction entre le principe et la conséquence qu'elle en déduit. Si le contrat est résolu, il est censé n'avoir jamais existé (art. 1183); dès lors il ne peut plus être question d'arrérages; les parties doivent être replacées au même état où elles étaient avant que le contrat fût formé, sauf à condamner à des dommages-intérêts le débiteur qui, par son crime, a amené la résolution du contrat. La cour continue et dit qu'à partir du jour de la mort violente du crédirentier les débiteurs n'ont plus eu de droit aux fruits du domaine par eux perçus, qu'ils doivent donc les restituer. Logiquement, et en appliquant le principe de la résolution, les débirentiers auraient dû restituer tous les fruits par eux perçus; mais les arrérages aussi, si le créancier les avait perçus, auraient dû être restitués(1). Nous dirons plus loin quelles sont les difficultés que présente le principe de la

_____

(1) Poitiers, 13 nivôse an x; Amiens, 10 décembre 1840 (Dalloz, au mot *Rente viagère*, n° 176). Comparez Aubry et Rau, t. IV, p. 589, note 3, § 390; Troplong, n° 353; Pont, t. I, p. 397, n° 784.

résolution appliqué au contrat de rente viagère. Dans l'espèce, on pouvait contester qu'il y eût résolution ; le code ne l'admet que dans une hypothèse, celle où les sûretés stipulées n'ont pas été fournies (art. 1977) ; il ne l'admet pas quand le débirentier ne paye pas les arrérages ; or, quand le débiteur donne la mort au créancier, c'est précisément pour se dispenser du payement des arrérages ; il faudrait donc dire que le contrat n'est pas résolu, qu'il doit continuer à être exécuté ; ce qui nous ramène à notre principe.

Le principe de résolution consacré par la doctrine et par la jurisprudence donne encore lieu à une autre difficulté. Si la rente est constituée pour l'aliénation d'un immeuble, la vente est résolue. Que deviennent, dans ce cas, les actes de disposition faits par le débirentier dont le droit sur l'immeuble se trouve résolu ? Troplong répond que ces droits sont également résolus. C'est l'application du principe élémentaire qui régit la résolution ; celle-ci réagit contre les tiers. Toutefois cette conséquence a été contestée. Le dernier auteur qui a écrit sur la matière dit qu'il lui paraîtrait *plus équitable* d'appliquer, par analogie, l'article 958 qui, dans le cas de révocation d'une donation pour cause d'ingratitude, dispose que la révocation ne préjudicie pas aux aliénations faites par le donataire, ni aux charges réelles par lui consenties (1). Cette opinion est en opposition avec tous les principes. Il ne s'agit pas de savoir ce qui est le plus *équitable,* il s'agit de savoir ce que la loi et les principes décident. Or, la loi a décidé ; nous renvoyons à ce qui a été dit au titre des *Obligations* ; et quand la loi a décidé, l'interprète ne peut plus recourir à l'argumentation analogique. Et où est même l'analogie entre la révocation d'une donation pour ingratitude, qui ne rétroagit point, et la résolution d'un contrat qui est essentiellement rétroactive?

§ II. *La prescription.*

306. Le droit à la rente se prescrit-il? Cette question n'aurait jamais dû être soulevée. Est-ce que tout droit n'est

---

(1) Troplong, *Des contrats aléatoires,* n° 354. Pont, t. I, p. 397, n° 789.

pas prescriptible? Et si tout droit se prescrit par le laps de trente ans, pourquoi n'en serait-il pas de même du droit à la rente viagère? L'article 2262 pose une règle générale; et peut-il y avoir une exception sans texte? Il suffit de poser toutes ces questions pour les résoudre. Il s'est cependant trouvé deux cours d'appel qui ont méconnu ces principes élémentaires et qui ont décidé que le droit à la rente est imprescriptible, en se fondant sur l'article 2257. Aux termes de cette disposition, la prescription ne court point à l'égard d'une créance qui dépend d'une condition jusqu'à ce que la condition arrive. Les cours de Metz et de Lyon ont cru que la rente est un droit conditionnel, parce que la rente est subordonnée à la vie du créancier. C'est très-mal raisonner. Le droit à la rente est un droit pur et simple, à moins qu'il n'ait été stipulé sous une condition; seulement ce droit est viager, il s'éteint à la mort de la personne sur la tête de laquelle la rente est constituée; la durée du droit est donc incertaine, mais cette incertitude ne rend pas le droit conditionnel, dans le sens de l'article 2257, lequel suppose un droit suspendu par une condition, droit conditionnel qui n'existera que si la condition s'accomplit. Est-ce que le crédirentier n'a pas de droit actuel en vertu de son titre? La question n'a point de sens. Inutile d'insister. La doctrine est unanime, et la cour de Toulouse s'est prononcée dans le même sens (1).

307. Quand la prescription commence-t-elle à courir? Du jour où le droit n'est pas exercé, puisque c'est le non-exercice du droit qui constitue la prescription. La prescription courra donc du jour du contrat si le débirentier ne paye pas les arrérages qui y sont stipulés; s'il commence à les payer, et qu'il cesse ensuite de remplir ses obligations, la prescription commencera à courir à partir du jour du dernier payement; car, les arrérages étant dus jour par jour, le droit cesse d'être exercé dès le jour où le créancier ne perçoit plus d'arrérages.

308. L'article 2277 établit une prescription spéciale de

(1) Aubry et Rau, t. IV, p. 593, note 27, § 390; Pont, t. I, p. 398, n° 787, et les autorités qu'ils citent.

cinq ans pour les rentes perpétuelles et viagères. Nous y reviendrons au titre qui est le siége de la matière.

§ III. *De la résolution du contrat de rente.*

309. « Celui au profit duquel la rente viagère a été constituée moyennant un prix peut demander la résiliation du contrat, si le constituant ne lui donne pas les sûretés stipulées pour son exécution » (art. 1977). Les auteurs rattachent cette disposition au principe de la condition résolutoire tacite établi par l'article 1184 (1). S'il en était ainsi, il faudrait limiter le droit de résolution aux constitutions de rente qui forment des contrats bilatéraux (n° 260); ce droit ne recevrait donc pas son application au cas où la rente viagère est créée moyennant un capital, puisque dans cette hypothèse le contrat est unilatéral. Il est certain que l'article 1977 consacre une règle générale applicable à tous les contrats de rente, bilatéraux et unilatéraux. Pour concilier la généralité de l'article 1977 avec le texte de l'article 1184, l'on a tout simplement altéré le texte de l'article 1184, en remplaçant les mots *contrats synallagmatiques* par l'expression *contrats à titre onéreux*. Nous ne reconnaissons pas à l'interprète le droit de changer le texte de la loi. Ce qui prouve à l'évidence que, dans l'espèce, on a tort de voir dans le droit de résiliation de l'article 1977 une application de la condition résolutoire tacite de l'article 1184, c'est que les auteurs du code ont emprunté la disposition de l'article 1977 à Pothier, et Pothier ne pouvait pas la rattacher au principe d'une condition résolutoire légale, puisque aucune loi ne l'établissait.

Quelle est la raison que Pothier donne du droit de résolution que l'article 1977 a consacré? Il dit que le crédirentier peut répéter la somme qu'il a payée pour la constitution, lorsque le débiteur ne satisfait pas aux conditions sous lesquelles la constitution a été faite. Ainsi Pothier applique le principe de la condition résolutoire expresse. Par exem-

---

(1) Duranton, t. XVIII, p. 149, n° 162. Troplong, n° 289. Pont. t. I, p. 374, n° 734.

ple, dit-il, le débiteur s'est obligé par le contrat de donner incessamment une caution pour la prestation de la rente, et il ne la donne pas. Le créancier ne lui abandonne ses fonds que sous la condition d'une garantie ; si le débiteur ne fournit pas la garantie, le crédirentier peut demander la résolution du contrat, car la condition n'est pas remplie ; et le créancier qui veut s'assurer un revenu pour sa vie n'aurait point traité sans la garantie qu'il a stipulée (1). Telle est certes l'intention des parties contractantes. Et en ce sens on peut assimiler le droit de résiliation de l'article 1977 à la condition résolutoire de l'article 1184. Toujours est-il que l'article 1977 a quelque chose de spécial. En effet, la condition résolutoire tacite formulée par l'article 1184 reçoit surtout son application aux prestations que doit faire chacune des parties contractantes, notamment au payement du prix quand il s'agit d'une vente ; donc il faudrait l'appliquer au payement des arrérages de la rente ; et l'article 1978 dit, au contraire, que le seul défaut de payement des arrérages n'autorise pas le crédirentier à demander la résolution du contrat. Il y a donc, en matière de rente viagère, une théorie spéciale qui, loin d'être l'application de l'article 1184, y déroge.

310. L'article 1977 suppose que des sûretés ont été stipulées pour l'exécution du contrat et que le débirentier ne les fournit pas. Nous avons rencontré la même disposition dans l'article 1188, qui déclare le débiteur déchu du bénéfice du terme quand il diminue les sûretés qu'il avait données *par le contrat* à son créancier. Dans les deux cas il s'agit de sûretés conventionnelles. En expliquant l'article 1188, nous avons examiné les difficultés auxquelles cette condition donne lieu.

Outre l'exemple du cautionnement, Pothier cite les clauses suivantes. Le débiteur s'est engagé d'employer l'argent qu'il a reçu pour la constitution de rente à payer l'acquisition de quelque héritage, afin de procurer au crédirentier la subrogation au privilége du vendeur, et il manque à faire cet emploi et à procurer la subrogation promise. Ou, le dé-

---

(1) Pothier, *Traité du contrat de constitution de rente*, n° 228.

biteur, en accordant une hypothèque pour sûreté de la rente, déclare que les biens hypothéqués sont libres de toute charge, et il se trouve que cette déclaration est fausse. Dans tous ces cas, faute par le débirentier d'exécuter les conditions du contrat, le créancier peut en demander la résolution (1).

Nous ajouterons quelques applications empruntées à la jurisprudence. L'adjudicataire d'un immeuble vendu à charge d'une rente viagère ne fait pas transcrire l'acte dans le délai fixé par le cahier des charges. Est-ce le cas d'appliquer l'article 1977? La cour de cassation a repoussé cette prétention. En effet, on ne peut pas dire que la transcription soit une sûreté stipulée par le contrat. Il est vrai, comme le disait le vendeur, que la transcription aurait conservé son privilége; mais le privilége même n'est pas une sûreté conventionnelle, puisqu'il existe indépendamment de toute convention en vertu de la loi; donc on n'est pas dans le texte de l'article 1977; et cette disposition ne peut pas être étendue, puisqu'elle a un caractère exceptionnel (n° 309) (2).

Le débiteur avait déclaré les biens hypothéqués quittes et libres de toute charge; au lieu d'employer les deniers que le crédirentier lui avait fournis à payer les dettes pour affranchir les biens, il s'en servit pour ses affaires. C'est le cas prévu par Pothier; la cour de Bruxelles décida qu'il y avait lieu à la résiliation du contrat (3).

311. L'article 1977 accorde au crédirentier le droit de résiliation par cela seul que le débiteur ne *donne pas* les sûretés stipulées par le contrat, sans distinguer s'il y a faute de sa part ou non. La disposition, quoique sévère, se justifie. C'est à raison des sûretés stipulées que le crédirentier a traité, il ne l'aurait pas fait sans ces sûretés. Peu lui importe la raison pour laquelle les sûretés ne sont pas fournies, que ce soit par la faute du débiteur ou par cas fortuit; toujours est-il que la condition sous laquelle il avait avancé ses fonds n'est pas remplie.

(1) Comparez Duranton, t. XVIII, p. 149, n° 162.
(2) Orléans, 6 février 1835 et Rejet, 13 juin 1837 (Dalloz, au mot *Faillite*, n° 548. 3°).
(3) Bruxelles, 5 janvier 1826 (*Pasicrisie*, 1826, p. 8).

L'article 2131 (loi hyp., art. 79) contient une décision
analogue pour la stipulation d'un terme : le créancier peut
demander le remboursement de sa créance dès que les
sûretés hypothécaires sont diminuées, quand même ce
serait sans la faute du débiteur; toutefois, dans ce cas, la
loi permet au débiteur de fournir un supplément d'hypothèque. Nous croyons que cette restriction, qui modère la
rigueur du droit, devrait être appliquée par analogie au
cas prévu par l'article 1977. Que veut le créancier? Une
garantie. Si le débiteur est dans l'impossibilité de fournir
la garantie promise par suite d'un cas fortuit, et s'il lui en
fournit d'autres qui soient absolument équipollentes, on ne
peut pas dire que la condition n'est point exécutée; sauf,
en cas de contestation, au juge de décider s'il y a équipollence et si le créancier est sans intérêt. La cour de Bruxelles
l'a jugé ainsi, même dans un cas où il y avait faute de la
part du débiteur, mais il offrait une hypothèque ayant la
même valeur et présentant les mêmes avantages que celle
qui avait été stipulée; dès lors, dit-elle, le créancier était
sans intérêt, et sans intérêt il n'y a pas d'action (1). Nous
acceptons la décision, mais le motif nous laisse quelque
doute. Le créancier a un droit conventionnel : peut-on le
repousser en lui objectant qu'il n'a aucun intérêt à user de
son droit? Là où il y a un droit, l'intérêt doit être écarté.
Mais on peut nier qu'il ait un droit; si la garantie que le
débiteur offre présente les mêmes avantages que celle que
le contrat stipulait, ainsi que le dit la cour de Bruxelles,
la condition est réellement remplie, et le créancier est sans
droit.

312. L'article 1977 ne prévoit pas le cas où les sûretés
promises ont été fournies, mais deviennent insuffisantes.
Il en est de même de l'article 1912, qui permet au créancier d'une rente perpétuelle d'exiger le rachat si le débiteur
manque à fournir au prêteur les sûretés promises par le
contrat. En faut-il conclure que le créancier n'a pas le droit
de résiliation lorsque le débiteur a, à la vérité, fourni les

(1) Bruxelles, 21 avril 1810 (Dalloz, au mot *Rente viagère*, n° 125). Comparez Pont, t. I, p. 375, n° 736).

sûretés promises, mais que ces sûretés sont diminuées. Il faut distinguer. Si les sûretés sont diminuées par le fait du débiteur, le créancier a le droit de résiliation. Ce n'est pas étendre la disposition de l'article 1978, c'est l'appliquer d'après l'esprit qui l'a dictée. Pourquoi le créancier peut-il agir en résolution du contrat? Parce que le débiteur ne lui fournit pas les sûretés promises; or, il ne les fournit pas dans le cas où il les diminue par son fait, aussi bien que dans le cas où il n'a pas donné les sûretés. Ainsi il défriche un bois qu'il avait donné en hypothèque; qu'importe au créancier que le bois soit défriché, ou que l'hypothèque sur le bois n'ait pas été constituée? En tout cas, il se trouve sans garantie hypothécaire par le fait du débiteur; celui-ci manque à ses engagements dans l'une et l'autre hypothèse, et le créancier en éprouve le même préjudice. Cela nous paraît décisif. C'est l'opinion générale(1). Quand peut-on dire que les sûretés sont diminuées par le fait du débiteur? Sur ce point, nous renvoyons aux explications qui ont été données au titre des *Obligations* (t. XVII, nᵒˢ 206 et 207).

313. Que faut-il décider si les sûretés diminuent par cas fortuit? L'article 2131 (loi hyp., art. 79) prononce, dans ce cas, la déchéance du terme, mais en permettant au débiteur de fournir un supplément d'hypothèque. Peut-on appliquer cette disposition, par analogie, à la constitution de rente? La cour de Paris a jugé, et telle est aussi l'opinion des auteurs, que le crédirentier ne peut pas demander la résiliation du contrat quand les sûretés ont été fournies par le débiteur, mais qu'elles sont diminuées par un fait accidentel (2). Nous croyons que cette doctrine, quoique sévère, est fondée sur le texte et l'esprit de l'article 1977. Le texte ne peut pas être invoqué par le créancier, puisque les sûretés promises ont été fournies; on ne peut pas dire non plus que le cas est identique quand les sûretés, quoique fournies, ont été dépréciées par un cas fortuit : le débiteur

(1) Colmar. 25 août 1810 (Dalloz, au mot *Rente viagère*, nᵒ 130, 2ᵒ). Pont, t. I, p. 376, nᵒ 737. Duranton, t. XVIII, p. 150, nᵒ 163.
(2) Paris. 21 décembre 1836 (Dalloz, au mot *Rente viagère*, nᵒ 113). Aubry et Rau, t. IV, p. 590, note 10, § 390. Pont, t. I, p. 376, nᵒ 738.

peut dire qu'il a rempli ses engagements, que, par suite, il n'y a pas lieu de demander contre lui la résolution pour cause d'inexécution de ses engagements. On nous opposera l'opinion que nous avons enseignée au chapitre des *Rentes perpétuelles* ; l'article 1912 ne parle pas de la diminution des sûretés, et cependant nous avons admis que l'article 2131 est applicable quand les sûretés promises par le débiteur deviennent insuffisantes. En réalité, il n'y a pas contradiction, car les deux hypothèses sont différentes. Quand il s'agit d'une rente perpétuelle, le débiteur encourt la déchéance du terme lorsque, n'importe par quelle cause, les sûretés à raison desquelles le terme avait été accordé n'existent plus complètes, telles qu'elles avaient été stipulées ; de sorte que le cas de l'article 2131 est prévu implicitement par l'article 1912. Il en est tout autrement du droit de résiliation du contrat de rente viagère ; l'article 1977, loin d'appliquer un principe général, y déroge ; il est donc d'étroite interprétation.

314. Le débiteur qui avait diminué les sûretés stipulées par le contrat les rétablit, c'est-à-dire qu'il offre au créancier une sûreté suffisante. On demande si le créancier peut néanmoins agir en résolution. Nous venons de citer un arrêt de la cour de Bruxelles (n° 311) qui s'est prononcé en faveur du débiteur, et telle est aussi l'opinion des auteurs (1). Il y a cependant un motif de douter ; le fait de diminuer les sûretés équivaut au fait de ne pas les fournir ; or, quand le débiteur manque, sous ce rapport, à ses engagements, le créancier a le droit d'agir en résolution ; le débiteur peut-il, en lui offrant de nouvelles sûretés, priver le créancier d'un droit qui lui est acquis? Non, si le droit à la résolution était réellement acquis au crédirentier. Mais l'article 1977 ne dit pas cela ; il donne seulement au créancier le droit de demander la résolution, c'est le tribunal qui la prononce ; et il n'y a pas lieu de la prononcer lorsque le débiteur fournit les sûretés promises.

315. Le débiteur manque à l'engagement qu'il avait pris de fournir des sûretés au crédirentier ; celui-ci peut

---

(1) Voyez les autorités dans Pont. t. I. p. 378. n° 741.

demander la résiliation du contrat; mais avant qu'il ait intenté son action, il vient à mourir : ses héritiers pourront-ils agir en résolution? Pothier répond que les héritiers ne sont plus recevables à se plaindre, par la raison que, la rente n'existant plus, ils n'ont aucun intérêt à l'exécution des conditions stipulées par le contrat. La raison est décisive; il serait contradictoire dans les termes de conclure à ce qu'un contrat soit résolu pour inexécution des engagements du débiteur, alors qu'il n'y a plus ni contrat ni débiteur. Sans doute, si l'inexécution du contrat avait donné au créancier un droit indépendant de la résolution, par exemple un droit à une peine conventionnelle ou à des dommages-intérêts, ce droit passerait à ses héritiers, puisqu'il serait dans le patrimoine du crédirentier ; mais, dans l'espèce, celui-ci n'a d'autre droit à exercer que la demande en résolution d'un contrat; or, ce droit s'éteint avec sa mort; et si le créancier est sans droit, il ne peut rien transmettre à ses héritiers.

Il en serait de même, dit Pothier, si le créancier venait à mourir après avoir formé la demande et avant que le juge eût prononcé la résolution du contrat. La raison est celle que nous venons de donner (n° 314); c'est que la résolution n'a pas lieu de plein droit, elle doit être ordonnée par le tribunal; jusqu'à la sentence, le débiteur peut purger sa demeure, en ce sens qu'il est admis à fournir les sûretés promises. Donc, quand le créancier vient à mourir, les choses sont encore entières, il y a un contrat de rente qui s'éteint par la mort du crédirentier (1).

316. La résolution est prononcée. Quel en sera l'effet? Il y a controverse sur ce point et doute. L'article 1183 règle l'effet de toute résolution, soit expresse, soit tacite, d'un contrat; lorsque la résolution s'accomplit, le contrat est révoqué, et cette révocation rétroagit, car la loi ajoute que les choses sont remises au même état que si le contrat n'avait pas existé. Cela est de l'essence de la condition résolutoire. Or, l'action en résiliation du contrat de rente, dans le cas prévu par l'article 1977, est une action en ré-

_____

(1) Pothier, *Traité du contrat de constitution de rente*, n° 229. Duranton, t. XVIII, p. 151, n°ˢ 165 et 166, et tous les auteurs.

solution, de quelque manière qu'on l'explique. Pothier lui donne ce nom, et les auteurs qui rattachent l'article 1977 au principe de la condition résolutoire tacite de l'article 1184 aboutissent à la même conclusion. La cour de cassation a appliqué le principe de la rétroactivité de la condition ré- solutoire à la résiliation du contrat de rente viagère; elle a cassé un arrêt de la cour de Rennes qui, tout en prononç- ant la résolution du contrat, avait ordonné qu'il continue- rait à être exécuté jusqu'à l'entier remboursement du capi- tal; de sorte que la résolution non-seulement n'avait aucun effet rétroactif, mais elle ne produisait pas même d'effet à partir du jugement, le débirentier devant continuer à payer les arrérages comme si la rente existait encore. C'est une résolution conforme à l'article 1183, dit la cour suprême; le premier juge aurait dû remettre, d'après cet article, les choses au même état que si le contrat n'avait pas existé (1).

Cette décision a été critiquée par tous les auteurs, et elle n'a pas fait jurisprudence. On admet généralement que le principe de l'article 1183 ne reçoit pas d'application à la rente viagère. Le principe de la rétroactivité, dit-on, cesse là où son application est impossible. Or, il est évident que la révocation d'un contrat de rente viagère, après une exis- tence plus ou moins longue, ne peut pas replacer les choses dans leur état primitif. En effet, pendant tout le temps que le contrat a duré, le débiteur a eu en sa faveur les chances favorables d'extinction de la rente, et il en aurait profité si la chance avait tourné pour lui; les arrérages qu'il a payés ou dû payer étaient le prix de cette chance; résoudre le contrat rétroactivement, c'est détruire l'effet des chances qui sont de son essence. La rétroactivité se comprend dans les contrats commutatifs qui obligent les deux parties à faire des prestations fixes et irrévocables; elle ne se com- prend pas dans les contrats qui ont pour objet une chance. Ces principes ont été consacrés par la cour de Caen; elle a décidé, en conséquence, que le créancier avait droit au remboursement de son capital, aux arrérages échus et

_____

(1) Cassation, 23 août 1843 (Dalloz, au mot *Rente viagère*, n° 128).

non payés et aux intérêts du capital de la rente à partir de la demande (1).

A notre avis, la cour de cassation a raison au point de vue légal, et l'interprète doit se décider d'après les textes. Nous n'avons qu'une seule disposition sur les effets de la condition résolutoire, c'est celle de l'article 1183 ; elle doit recevoir son application à tous les cas où un contrat est résolu. Il n'appartient pas à l'interprète de créer des exceptions. Or, dans l'opinion générale, on crée une exception pour le contrat de rente viagère. Vainement dit-on que l'application de l'article 1183 est impossible quand il s'agit de contrats qui ont pour objet une chance ; il y a, il est vrai, un élément, la chance qui a couru pendant que le contrat existait, et cette chance ne se restitue point. L'argument s'adresse au législateur : c'est à lui de voir s'il convient d'apporter une exception à la règle générale de l'article 1183 ; l'interprète n'a pas ce droit. Donc on ne tiendra aucun compte de la chance aléatoire dans la résolution des contrats ; les restitutions se feront d'après le droit commun, tel que nous l'avons exposé au titre des *Obligations*.

§ IV. *Droit du créancier quand le débiteur ne paye pas la rente.*

317. L'article 1978 porte : « Le seul défaut de payement des arrérages de la rente n'autorise point celui en faveur de qui elle est constituée, à demander le remboursement du capital, ou à rentrer dans le fonds par lui aliéné : il n'a que le droit de saisir et de faire vendre les biens de son débiteur, et de faire ordonner ou consentir, sur le produit de la vente, l'emploi d'une somme suffisante pour le service des arrérages. » Cette disposition déroge au principe de la condition résolutoire tacite de l'article 1184 ; ce principe est applicable à tous les contrats bilatéraux, donc aussi au contrat de rente viagère quand il est bilatéral,

(1) Caen, 16 décembre 1843 (Dalloz, au mot *Rente viagère*, n° 100). Comparez les autres arrêts cités dans le *Répertoire* de Dalloz, n°ˢ 128-130, et les auteurs (Aubry et Rau, t. IV, p. 590, note 13, § 390 ; Pont, t. I, p. 379, n°ˢ 746 et 747).

c'est-à-dire quand le contrat constitue une vente (n° 260);
si le contrat est un prêt, il est unilatéral; et, d'après le
texte bien formel de l'article 1184, la condition résolutoire
tacite n'est pas sous-entendue dans les contrats unilatéraux.
De sorte que l'article 1978 déroge à l'article 1184 quand
le contrat est bilatéral, et il le maintient en ce sens que la
condition résolutoire n'existe pas dans le contrat de rente
lorsqu'il est unilatéral. Nous laissons ce dernier point de
côté; dans l'opinion assez généralement suivie, l'article 1184
s'applique à tous les contrats à titre onéreux; de sorte que
l'article 1978 consacrerait une dérogation complète au
principe de la condition résolutoire tacite. Quel est le motif
de cette exception?

Interrogeons d'abord les orateurs du gouvernement et
du Tribunat qui ont exposé les motifs de la loi. Après avoir
transcrit l'article 1978, Portalis ajoute : « S'il en était
autrement, il n'y aurait plus de solidité dans les contrats;
ils seraient dissous par la plus légère infraction de la part
d'un des contractants. On ferait prononcer la nullité d'un
acte lorsqu'on n'a que le droit d'en demander l'exécution (1). » Cette dernière remarque rappelle la théorie romaine. En droit strict, sans doute, le créancier n'a d'autre
droit que celui que lui donne son contrat, c'est-à-dire le
droit d'en poursuivre l'exécution par les voies légales. Mais
le code civil a dérogé à cette rigueur juridique : si je vends
un héritage pour 20,000 francs, je puis demander la résolution de la vente quand l'acheteur ne paye pas le prix; si
je vends le même héritage pour une rente viagère de
2,000 francs, et que l'acheteur ne paye pas les arrérages
de la rente, je ne puis pas agir en résolution. On demande
la raison de cette différence : pourquoi le code déroge-t-il
à la règle de l'article 1184 confirmée, en matière de vente,
par l'article 1653? Ce que Portalis dit ne répond pas à la
question.

L'article 1977 admet l'action en résolution du contrat de
rente quand le débiteur ne fournit pas les sûretés qu'il a
promises, donc pour inexécution d'un engagement. Quand

_____

(1) Portalis, Exposé des motifs, n° 18 (Locré, t. VII, p. 345).

le débirentier ne paye pas les arrérages, il manque aussi
à ses engagements : pourquoi le législateur ne permet-il
pas, dans le cas de l'article 1978 aussi bien que dans le
cas de l'article 1977, d'agir en résolution? Le rapporteur
du Tribunat répond à la question en ces termes : « Dans
le cas de l'article 1977, le contrat n'est pas consommé; la
résiliation naît de la contravention aux conditions stipulées. Au contraire, lorsque le contrat a été accompli, la
négligence dans la prestation de la rente n'est pas une cause
de résiliement; elle ne donne qu'une action en contrainte
pour l'exécution d'un contrat parfait, et qui ne peut être
éteint que par l'événement qui en est la base (1). » Ces motifs sont plus sérieux que ceux que Portalis a donnés. Il
est vrai que la résiliation de l'article 1977 se demande
d'ordinaire à l'origine du contrat, avant que le débiteur
l'ait exécuté en payant la rente; dans ce cas, il n'y a aucun
inconvénient à le rompre. Tandis que l'article 1978 suppose que le contrat est en exécution; le débiteur ne paye
pas les arrérages régulièrement, ou il cesse de les payer :
le contrat devra-t-il être résolu? Non, dit Siméon, le contrat est viager et ne doit prendre fin que par la mort du
crédirentier. Ce motif nous met sur la voie de la seule raison que l'on puisse donner pour expliquer l'article 1978.
Le contrat étant viager est par cela même aléatoire; à
mesure que le débiteur paye les arrérages, il a la chance
de voir éteindre la rente par la mort du crédirentier; c'est
la cause pour laquelle les arrérages dépassent les intérêts.
S'il a couru cette chance pendant plusieurs années, il a un
droit à l'extinction plus ou moins prochaine de la rente, en
gardant le capital pour lequel elle a été constituée. Résoudre
le contrat en le forçant à restituer le capital, c'est d'abord
le priver du droit éventuel à l'extinction de la rente; c'est
de plus le forcer à restituer deux fois le capital, au moins
dans la mesure des arrérages acquittés, car ces arrérages
comprennent une partie du capital. Pour qu'il y ait vraiment résolution dans le sens de l'article 1978, il faudrait
que le crédirentier restituât les arrérages qui lui ont été

(1) Siméon, Rapport, n° 13 (Locre, t. VII, p. 350).

payés et que le débirentier tînt compte des intérêts ou des fruits par lui perçus. Mais, ainsi entendue, la résolution ne serait guère avantageuse au crédirentier; il ne serait le plus souvent pas en état de restituer les arrérages. La loi concilie son intérêt avec le droit du débiteur en maintenant le contrat, sauf au crédirentier à en poursuivre l'exécution forcée. En définitive, c'est la nature aléatoire du contrat de rente qui s'oppose à la résolution pour défaut de paye-ment des arrérages (1).

318. L'article 1978 s'applique-t-il au cas où le dona-teur s'est réservé une rente à charge du donataire? On admet généralement que le donateur peut demander la ré-vocation de la donation pour cause d'inexécution des charges (art. 953). Au premier abord cette décision paraît contraire au texte de la loi. En effet, l'action en révocation de l'ar-ticle 953 n'est autre chose que l'action en résolution de l'article 1184; et l'article 1978 n'admet point cette action pour inexécution des charges que le contrat impose au dé-birentier. On fait donc, dans l'opinion générale, une excep-tion à l'article 1978, et nous avons dit bien des fois que l'interprète n'a pas ce droit. A vrai dire, le texte n'est pas aussi absolu qu'il en a l'air; l'article 1978 se rattache à l'article 1977, dont il est une suite; dans ces deux articles, le code répond à la question de savoir si le crédirentier peut demander la résolution du contrat quand le débiteur ne remplit pas ses engagements; l'hypothèse est donc la même, quoique la décision diffère selon la diversité des engagements : et quelle est cette hypothèse? L'article 1977 le dit en termes très-clairs : « Celui au profit duquel la rente viagère a été constituée *moyennant un prix*. » La loi suppose donc une constitution de rente faite à titre oné-reux; cela est d'évidence dans l'article 1977, cela est tout aussi évident dans l'article 1978. Rappelons-nous d'abord que la loi ne s'occupe que des rentes constituées à titre onéreux (art. 1968), sauf les quelques dispositions qui traitent des rentes établies à titre gratuit (art. 1969, 1970,

---

(1) Troplong. *Des contrats aléatoires*, nos 305-309. Duranton, t. XVIII. p. 153, no 168. Pont, t. 1, p. 381, nos 749-750.

1973); l'article 1978 ne s'explique d'ailleurs que par la nature aléatoire du contrat (n° 317); or, le contrat aléatoire est un contrat commutatif, c'est-à-dire à titre onéreux, donc l'article 1978 implique une constitution de rente à titre onéreux; et les motifs qui justifient cette disposition s'opposent à ce qu'on l'applique aux rentes constituées par le donateur comme charge de la donation; le donataire, débirentier, ne court aucune chance; il reçoit un bienfait, puisqu'il profite de la libéralité dont le montant excède la charge, sinon il n'y aurait plus de libéralité; s'il ne remplit pas la charge, il est juste que la donation soit révoquée; le donataire est presque au rang des donataires ingrats (1).

319. L'article 1978 est une disposition exceptionnelle, de quelque manière qu'on l'explique, puisqu'il déroge à un principe général, celui de la condition résolutoire tacite. Il suit de là qu'on ne doit l'appliquer qu'au cas prévu par la loi, c'est-à-dire à la constitution à titre onéreux d'une rente viagère. La cour de cassation déduit de là une conséquence très-importante, c'est que la disposition de l'article 1978, fondée sur le caractère essentiellement aléatoire du contrat qu'elle a en vue, est sans application aux contrats qui, tout en constituant une rente viagère au profit de l'une des parties, n'exposent le débiteur de la rente à aucune chance de perte. La cour cite comme exemple, d'abord la donation sous la condition d'une rente viagère au profit du donateur, c'est le cas dont nous venons de parler (n° 318). Telle serait encore la cession ou la vente moyennant une rente viagère dont les annuités seraient inférieures ou même égales à la moyenne annuelle des revenus du capital ou du fonds aliéné; la modicité de la rente, dans ce cas, sans rapport avec la valeur cédée, implique, du moins en partie, l'idée de libéralité et exclut pour l'acquéreur les chances de perte qui sont de l'essence du contrat aléatoire. Dans de pareilles circonstances, dit la cour de cassation, la raison de déroger au principe d'équité, formulé d'une manière géné-

---

(1) Pont, t. I, n° 751. Aubry et Rau, t. IV, p. 592, note 21, § 390, et les autorités qu'ils citent. Voyez la jurisprudence dans le *Répertoire* de Dalloz, au mot *Rente viagère*, n° 141. Il faut ajouter Nancy, 22 février 1867 (Dalloz, 1867, 2, 102). Comparez Gand, 22 mai 1872 (*Pasicrisie*, 1872, 2, 297).

rale par l'article 1184 et appliqué par l'article 1654 au
contrat de vente, n'existe plus. Mais pour que l'on puisse
admettre que l'article 1978 n'est pas applicable, il faut qu'il
soit constant en fait qu'à l'époque du contrat il n'y avait
pas pour le débiteur de chance de perte; il ne suffit pas
qu'au jour de la demande en résolution la moyenne des revenus du fonds aliéné soit supérieure aux annuités de la
rente; dans l'espèce jugée par la cour, un intervalle de
plusieurs années s'était écoulé entre la date du contrat et
l'action résolutoire; dans cet intervalle, la valeur ou les
produits du fonds aliéné pouvaient s'être accrus par l'effet
de l'accroissement naturel de valeur des immeubles ou par
quelque cause accidentelle; il faut donc remonter au jour
même du contrat pour apprécier quel était, à cette époque.
le rapport entre la rente stipulée et l'importance du fonds
aliéné (1). Le principe est bien formulé, la jurisprudence en
a fait plus d'une application.

320. Une vente est faite de deux maisons pour 4,000 fr.,
payables au décès du survivant des vendeurs, à charge par
l'acquéreur de payer jusque-là une rente annuelle de 250 fr.
Nous avons déjà rencontré l'espèce; il a été jugé que dans
ce cas il n'y avait pas de contrat aléatoire, puisque c'est à
peine si l'on y trouve un élément aléatoire d'un neuvième;
le caractère dominant de la convention, dit la cour de
Bourges, est celui d'une vente faite pour un prix fixe; donc
elle était résoluble pour défaut de payement (2).

Une vente est faite pour une somme capitale, plus une
rente viagère : si la somme capitale n'est pas payée, il y
a lieu à résolution; c'est le droit commun (3). Mais on ren-
trerait dans le cas de l'exception de l'article 1978, une fois
que le prix capital serait payé et qu'il ne reste plus de dû
que la rente (4).

Le crédirentier vend la rente; il pourra agir en résolution si l'acheteur ne paye pas le prix (5). Dans ce cas, il n'y

(1) Cassation, 16 mai 1866, au rapport de Laborie (Dalloz, 1866, 1,
211).
(2) Bourges, 2 avril 1828 (Dalloz, au mot *Vente*, n° 1244).
(3) Rejet, 20 novembre 1827 (Dalloz, au mot *Vente*, n° 1243).
(4) Orléans, 6 février 1835 (Dalloz, au mot *Faillite*, n° 548, 3°).
(5) Bordeaux, 1er août 1834 (Dalloz, au mot *Rente viagère*, n° 142).

a aucun doute, puisqu'il s'agit d'une vente ordinaire, bien
que l'objet de la vente soit un droit aléatoire ; cela n'empêche pas qu'entre le cédant et le cessionnaire il n'y ait
aucune dette de rente viagère, et c'est seulement au contrat de rente que l'article 1978 est applicable.

321. Quand le débirentier ne paye pas les arrérages,
le créancier a seulement le droit de poursuivre l'exécution
forcée de sa créance. C'est ce que dit l'article 1978 en ces
termes : « Le créancier n'a que le droit de saisir et faire
vendre les biens de son débiteur, et de faire ordonner ou
consentir, sur le produit de la vente, l'emploi d'une *somme
suffisante* pour le service des arrérages. » Comment calcule-t-on cette *somme ?* La jurisprudence a été hésitante sur
ce point. Par un premier arrêt, la cour de Caen avait jugé
que le payement de la rente serait mis en adjudication ;
l'adjudicataire serait chargé d'acquitter la rente jusqu'à son
extinction. Dans ce système, il intervenait un nouveau contrat aléatoire entre l'adjudicataire et le débiteur ou ses
créanciers. Cette interprétation ne prévalut point ; d'abord
elle n'est pas tout à fait conforme au texte du code, qui
suppose l'emploi d'une somme pour le service de la rente ;
puis la masse des créanciers perd la chance de gain qui
peut résulter de l'extinction de la rente, et le crédirentier
lui-même est sans garantie contre le nouveau débiteur.
Dans un arrêt postérieur, la cour de Caen, s'en tenant à la
lettre de l'article 1978, a décidé que l'on prendrait, sur les
deniers provenant de la vente des biens saisis, un capital
produisant des intérêts égaux aux arrérages. Ce second
système est plus favorable au crédirentier ; la rente est mise
à la charge de l'acquéreur des biens, ce qui donne au crédirentier, par voie de subrogation, le privilége du vendeur
et son droit de résolution ; si les biens vendus sont des
meubles, le crédirentier peut exiger qu'emploi soit fait sur
hypothèque ou privilége. Les autres créanciers y trouvent
aussi l'avantage de conserver leur droit sur le capital employé au service de la rente quand celle-ci viendra à s'éteindre (1).

(1) Pont, t. I, p. 385, n° 757, et les autorités qu'il cite. Il faut ajouter
Rejet, 5 novembre 1862 (Dalloz, 1863, 1, 299).

322. L'article 1978 ne parle pas du conflit qui s'élève entre le crédirentier et les autres créanciers du débiteur. Ce conflit existera régulièrement, et il donne lieu à quelque difficulté. Il faut distinguer d'abord si le crédirentier n'a qu'une créance chirographaire, ou si son droit est garanti par une hypothèque ou un privilége. Si le crédirentier est créancier chirographaire, sa créance est sur la même ligne que celles des autres créanciers avec lesquels il concourt ; il faut donc lui appliquer le principe de l'article 2093 (loi hyp., art. 8) : « Les biens du débiteur sont le gage commun de ses créanciers, et le prix s'en distribue entre eux par contribution. » Le crédirentier viendra donc à la contribution pour le capital nécessaire au service de la rente, et il subira, en cas d'insolvabilité du débiteur, la perte que doivent subir tous les créanciers. Il n'y a aucune raison de lui allouer sa créance intégrale, alors que tous les autres créanciers éprouvent une réduction forcée, car la loi n'admet d'autre préférence entre créanciers que celle qui résulte des priviléges et hypothèques (art. 2093 et 2094, et loi hyp., art. 8 et 9) (1).

La cour de cassation a appliqué au crédirentier la loi commune en matière de faillite. Dans l'espèce, le crédirentier n'avait pas figuré au concordat, les arrérages dont le failli était débiteur n'étant échus que depuis l'ouverture de la faillite. Le premier juge admit l'action du crédirentier contre le failli concordataire pour l'intégralité de sa créance, en se fondant sur ce que la rente viagère n'était qu'une créance d'arrérages, et que les arrérages réclamés étaient tous postérieurs au concordat. Cette décision a été cassée. Il n'est pas vrai que le crédirentier n'ait qu'une créance d'arrérages, il a un droit à la rente, et cette créance est sur la même ligne que toutes les créances chirographaires ; donc le crédirentier était compris dans la masse et le concordat lui était applicable (2).

Il y a un arrêt en sens contraire de la cour de Grenoble ; elle a jugé que l'état de déconfiture du débiteur d'une rente viagère constituée sans hypothèque n'a pas pour effet de

---

(1) Pont. t. I, p. 387, n° 761. Aubry et Rau, t. IV, p. 591, § 390.
(2) Cassation, 22 mars 1847 (Dalloz, 1847, 1, 236).

soumettre le crédirentier à la réduction proportionnelle que subissent toutes les créances chirographaires; le crédirentier, aux termes de l'arrêt, doit continuer à toucher intégralement les arrérages échus et à échoir; en conséquence, il doit être réservé, sur l'actif du débiteur de la rente, une somme affectée au service intégral de cette rente jusqu'à son extinction (1). Il nous est impossible de faire connaître les motifs de cette décision, car elle n'est pas motivée. Peut-être la cour se sera laissé égarer par les termes, absolus en apparence, de l'article 1978, qui semble dire que l'on doit *toujours* prélever sur le produit des biens saisis une somme *suffisante* pour le service des arrérages; mais la loi ne dit pas qu'il en soit ainsi quand il y a conflit entre créanciers chirographaires; ce conflit n'est pas prévu par l'article 1978, et l'objet de l'article n'était pas de le régler; tout ce que la loi décide, c'est que le crédirentier n'a pas le droit de résolution quand les arrérages ne sont pas payés, qu'il n'a que le droit d'exécution forcée. Quant aux conséquences de la saisie et de la vente des biens, dans le cas où il y a concours de créanciers chirographaires, ce n'est pas l'article 1978, c'est l'article 2093 qui les règle. Si l'on entend l'article 1978 comme la cour de Grenoble semble l'interpréter, il en résulterait que le crédirentier a une préférence sur les autres créanciers chirographaires, bien qu'il n'ait ni hypothèque ni privilége; ce serait une dérogation à une règle fondamentale, et une dérogation que rien n'explique. Pour admettre une pareille anomalie, il faudrait un texte formel, et ce texte n'existe point.

323. Si le crédirentier a un privilége ou une hypothèque, il est colloqué au rang que lui donne son inscription. Pour quelle somme? Faut-il appliquer ici la disposition de l'article 1978, c'est-à-dire colloquer le crédirentier pour la somme nécessaire au service de la rente? C'est l'opinion générale. Elle a été combattue par les créanciers postérieurs au crédirentier, et nous croyons qu'ils ont raison. L'article 1918 doit être écarté dans le conflit entre les créanciers hypothécaires, comme dans le concours des

---

(1) Grenoble, 4 décembre 1855 (Dalloz, 1856, 2, 278).

créanciers chirographaires : il suppose que le crédirentier
se trouve en face du débiteur de la rente ; dès qu'il y a
conflit entre créanciers, ce sont les principes établis au titre
des *Hypothèques* qui doivent recevoir leur application. Or,
il est de principe que le créancier hypothécaire ne peut
exercer son droit que jusqu'à concurrence du capital stipulé
par le contrat et rendu public par la voie de l'inscription.
Supposons une rente de 2,000 francs constituée pour un
capital de 20,000 francs et garantie par une hypothèque.
Quel est le montant de la créance hypothécaire ? Un capital
de 20,000 francs. Cette cette créance seule que les créanciers hypothécaires postérieurs au crédirentier connaissent ;
ils n'ont dû s'attendre à être primés que par cette créance de
20,000 francs. Ils seraient trompés s'ils étaient primés par
une créance supérieure. Or, dans l'opinion générale, ils sont
primés par une créance supérieure ; pour assurer le payement
d'une rente de 2,000 francs, il faut faire emploi d'un capital
de 40,000 francs ; donc les créanciers sont primés par une
créance de 40,000 francs, tandis qu'ils ne devaient être primés que par une créance de 20,000 francs. On dit que les
créanciers postérieurs sont suffisamment avertis par l'inscription si elle fait connaître le montant des arrérages.
Cela n'est pas exact. Le droit du crédirentier, tel qu'il est
garanti par l'hypothèque, est un droit à la rente, au capital
de 20,000 francs ; c'est ce chiffre de 20,000 qui constitue
sa créance, c'est ce chiffre de 20,000 qui figure dans l'inscription ; les créanciers ne savent pas même quelle somme
il faudra pour assurer, en cas de déconfiture, le payement
des arrérages. Cette incertitude est contraire à l'esprit du
régime hypothécaire ; les créanciers doivent connaître d'une
manière précise, et par l'inscription, quel est le montant de
la créance pour laquelle l'hypothèque a été consentie ; dès
qu'il y a la moindre incertitude sur ce point, le but de la
spécialité et de la publicité est manqué (1). Il n'y a qu'un
moyen de sauvegarder les intérêts du crédirentier, tout en
satisfaisant aux prescriptions du régime hypothécaire, c'est

_____

(1) En sens contraire, Pont, t. I, p. 386, n° 759, et les autorités qu'il
cite.

de stipuler une hypothèque pour la somme nécessaire au service de la rente, en cas de non-payement des arrérages, et de prendre inscription pour cette somme.

324. Il y a encore une difficulté dans le cas où la vente des biens hypothéqués ne produit pas une somme suffisante pour assurer le service de la rente viagère. On suppose que la rente est de 2,000 francs ; il faudrait un capital de 40,000 francs, dans l'opinion générale, pour en assurer le payement ; la vente ne produit qu'une somme de 30,000 fr. ; cette somme employée, comme le veut l'article 1978, ne donnera au crédirentier qu'une rente de 1,500 francs. Il est dans la position de tout créancier hypothécaire quand l'hypothèque est insuffisante ; pour l'excédant, il n'a qu'une créance chirographaire qui le soumet à la contribution avec les autres créanciers chirographaires ; s'il éprouve une perte, c'est à raison de l'insuffisance de la garantie hypothécaire qu'il avait stipulée. Telle est l'opinion assez générale des auteurs (1). La jurisprudence a imaginé un moyen de sauvegarder les droits du crédirentier, mais c'est aux dépens des autres créanciers hypothécaires (2). Le créancier touche d'abord les arrérages conservés par l'emploi qui a été fait des deniers provenant du bien hypothéqué, soit 1,500 francs dans l'exemple que nous venons de donner ; il prélève ensuite sur le capital les 500 francs qui lui sont nécessaires pour compléter sa rente ; le capital, étant chaque année entamé, finira par être absorbé par le crédirentier ; de sorte qu'il ne restera rien aux autres créanciers hypothécaires ; ce qui aboutit à faire supporter la perte par les créanciers, alors que le crédirentier devrait la supporter, puisque c'est par suite de l'insuffisance des sûretés par lui stipulées que la somme provenant de la vente se trouve insuffisante pour assurer le service intégral des arrérages.

---

(1) Grenier, Troplong et Pont, t. I, p. 387, nº 760. En sens contraire. Aubry et Rau, t. IV, p. 591 et suiv., note 19, § 390.

(2) Voyez les arrêts cités par Pont et par Aubry et Rau (note 1). Il faut ajouter Riom, 24 août 1863 (Dalloz, 1863, 2, 161).

§ V. *Du pacte commissoire.*

325. Les parties contractantes peuvent-elles stipuler que si le débirentier ne paye pas les arrérages, le créancier aura le droit de demander la résolution du contrat de rente? L'affirmative est généralement admise par la doctrine et par la jurisprudence. C'est le droit commun; les parties peuvent stipuler la résolution de tout contrat pour le cas où le débiteur ne satisfait pas à ses engagements; on donne à cette clause le nom de *pacte commissoire,* et ce pacte peut être stipulé dans tout contrat. Il y a cependant un motif de douter résultant de l'article 1978. Qu'est-ce que le pacte commissoire en droit français? C'est la condition résolutoire tacite écrite dans le contrat; or, le code n'admet pas la condition résolutoire tacite dans le contrat de rente viagère; s'il ne l'admet pas, quoique telle soit la volonté probable des parties contractantes, n'est-ce pas interdire à celles-ci de le stipuler? Nous pensons bien que telle était l'intention des auteurs du code, sinon l'article 1978 ne se conçoit point, car voici à quoi aboutit cette disposition dans l'opinion générale. Le législateur dit au crédirentier qu'il n'aura pas le droit d'agir en résolution en vertu de l'article 1184, quoique telle soit la volonté tacite des parties contractantes; mais si elles manifestent leur volonté d'une manière expresse, le crédirentier pourra agir en résolution. Peu m'importe, dira le crédirentier, nous écrirons la clause résolutoire dans le contrat. C'est écrire la disposition de l'article 1978 d'une main pour l'effacer de l'autre, et cela sans raison; car on ne donne aucun motif de la différence que la loi ferait entre la volonté expresse et la volonté tacite.

Il y a des arrêts dans le sens de cette opinion (2), mais l'opinion contraire l'a emporté. Elle s'appuie sur la tradition, faible appui dans une matière réglée par le code. L'ar-

---

(1) Paris, 22 décembre 1812 (Dalloz. au mot *Rente viagère,* n° 95, 1°). Toulouse, 15 février 1838 (Dalloz, au mot *Dispositions entre-vifs,* n° 1298, 3°. Comparez Duranton, t. XVIII, p 115, n° 169.

(2) Voyez les arrêts cités dans le *Répertoire* de Dalloz, au mot *Rente viagère,* n° 96

ticle 1978, repoussant le pacte commissoire tacite, repousse implicitement le pacte commissoire exprès. Il eût fallu une disposition formelle qui permît aux parties contractantes de faire expressément ce que la loi n'admet point en vertu de leur volonté tacite. C'est ce que Cambacérès proposa au conseil d'Etat ; la proposition fut renvoyée à la section de législation (1), mais celle-ci n'y donna pas suite. On en a conclu que la proposition de Cambacérès doit être considérée comme l'expression de la volonté du législateur. Etrange conclusion, alors qu'il ne s'agit que d'une simple proposition qui ne fut pas même discutée au sein du conseil! Les raisons que la jurisprudence invoque, et que les auteurs reproduisent, ne sont pas plus décisives. La clause résolutoire expresse, dit-on, n'est pas contraire aux bonnes mœurs ni à l'ordre public. Qui en a jamais douté? Cette clause, ajoute-t-on, n'est pas contraire à l'essence de la rente viagère. Nous pourrions le contester, en invoquant l'autorité des auteurs et des arrêts quand il s'agit de l'interprétation de l'article 1978, en tant qu'il déroge au principe de la condition résolutoire tacite de l'article 1184 ; on s'accorde à dire que si le législateur n'a pas admis la résolution, c'est que la nature aléatoire du contrat la rend impossible ; si la résolution est impossible quand il s'agit d'une condition tacite, comment deviendrait-elle possible en vertu d'une condition expresse? Enfin la cour de cassation dit que l'on doit admettre le pacte commissoire, parce qu'aucune loi ne le prohibe (2). Il est vrai qu'il n'y a pas de prohibition expresse ; mais n'y a-t-il pas des nullités virtuelles? Et, dans l'espèce, n'y a-t-il pas un texte qui implique la prohibition et la nullité, à savoir l'article 1978? C'est l'article 1978 qui est le siége du débat, et nous n'avons pas trouvé, dans la jurisprudence ni dans la doctrine, de raison qui explique la différence que, dans l'opinion générale, on fait entre le pacte commissoire tacite que la loi n'admet point, qu'elle prohibe, et le pacte commissoire exprès que la loi admettrait.

---

(1) Séance du 5 pluviôse an XII, n° 7 (Locré, t. VII, p. 335).
(2) Voyez les arrêts dans le *Répertoire* de Dalloz, au mot *Rente viagère*, n° 98. Comparez Aubry et Rau, t. IV, p. 592, note 22, § 391, et Pont, t. I, p. 388, n° 763.

326. Il s'est présenté devant la cour de cassation une espèce dans laquelle les parties contractantes semblent avoir eu pour but de tourner la difficulté. Deux époux cèdent une créance moyennant une rente annuelle et viagère de 2,600 francs, réductible à 2,000 francs au décès du premier mourant, avec garantie d'un cautionnement solidaire. Il était dit dans l'acte : « Comme condition expresse, et sans laquelle les présentes n'auraient pas eu lieu, il est formellement convenu que, dans le cas où le débirentier et les cautions resteraient sans payer deux termes consécutifs de la rente, les crédirentiers auraient le droit, quinze jours après un commandement resté sans effet, d'exiger une nouvelle et bonne caution, ou une garantie solvable. Pour le cas où cette nouvelle garantie ne serait pas fournie, les crédirentiers sont autorisés à exiger le payement immédiat de 26,000 francs, somme fixée à forfait comme clause pénale à l'inexécution du contrat. » La cour de Paris interpréta la convention en ce sens que les crédirentiers, en stipulant une clause pénale, avaient renoncé au droit de résolution que leur donnait l'article 1977. Il eût été plus vrai de dire que la clause pénale avait pour but d'échapper à l'article 1978, pour se placer sous l'empire de l'article 1977, qui donne le droit de résolution, tandis que l'article 1978 le refuse. L'arrêt a été cassé, et il devait l'être, parce qu'il attachait à la clause pénale un effet qu'elle n'avait point dans l'intention des parties contractantes. La stipulation d'une peine n'emporte pas, en droit, la renonciation à poursuivre l'exécution, non plus que la résolution d'une convention dans les cas où la loi l'autorise; et, en fait, la renonciation à un droit ne se présume point. Dans l'espèce, loin de renoncer au droit de résolution, l'intention des parties était de mettre ce droit à l'abri de toute contestation, en le plaçant sous l'empire de l'article 1977 (1).

327. Dans l'opinion générale, on admet la validité du pacte commissoire. Reste à déterminer le sens et la portée du pacte. Nous avons dit, au titre des *Obligations*, que tout, en cette matière, dépend de la volonté des parties contrac-

(1) Cassation, 2 décembre 1856 (Dalloz, 1856, 1, 443).

tantes, puisqu'il s'agit de l'interprétation d'un contrat. L'intention des parties peut être, ou de permettre au crédirentier d'agir en résolution, ou de déclarer elles-mêmes le contrat résolu, sans qu'il soit besoin d'une action en justice. Dans le premier cas, le pacte commissoire aura les effets que produit, d'après l'article 1184, la condition résolutoire tacite. Le crédirentier devra demander la résolution par action judiciaire et le juge pourra accorder un délai au débiteur. La jurisprudence est en ce sens (1); elle se montre très-favorable au débirentier, comme si elle n'était pas très-sûre du droit de résolution qu'elle accorde au créancier. C'est oublier que la résolution est un droit du créancier, droit qui, dans l'espèce, est conventionnel; et le juge a pour mission de prêter appui aux droits qui résultent des contrats, il ne lui appartient certes pas de les énerver et de les anéantir. C'est ce qu'a fait la cour de Besançon. Partant du principe que la condition résolutoire n'existe pas de plein droit dans le contrat de rente viagère, la cour en conclut que la clause résolutoire, quand elle est stipulée, doit être appréciée à la rigueur, c'est-à-dire qu'on doit la restreindre plutôt que l'étendre. Le principe est faux; on ne restreint pas les conventions et on ne les étend point, on les prend telles qu'elles sont; elles forment la loi des parties, et cette loi oblige aussi le juge. Dans l'espèce, le contrat portait que les vendeurs à rente viagère pourraient rentrer dans la propriété de l'héritage vendu un mois après un commandement resté infructueux; c'était manifester assez clairement la volonté que la résolution dépendrait des vendeurs, sans recours à la justice. La cour de Besançon, au contraire, dit que cette clause permettait au juge de rechercher l'intention des parties et d'examiner les circonstances qui pouvaient atténuer le retard du débiteur, et, trouvant les circonstances favorables, elle décida qu'il n'y avait pas lieu à résolution (2). Ce n'est pas là exécuter les conventions des parties, c'est les violer par des considérations d'équité, il est vrai, mais c'est cette équité qui faisait trembler les

---

(1) Toulouse, 29 janvier 1838 (Dalloz, au mot *Rente viagère*, n° 101).
(2) Besançon, 5 janvier 1870 (Dalloz, 1873, 2, 98).

justiciables dans l'ancien droit; veillons à ce que l'on ne puisse pas dire, comme on le faisait sous le régime d'équité des parlements; Dieu nous délivre de l'équité des tribunaux!

328. Les parties peuvent-elles stipuler que le contrat sera résolu de plein droit, c'est-à-dire sans intervention de la justice, si le débirentier ne paye pas les arrérages? Cela n'est pas douteux, une fois que l'on admet que le pacte commissoire peut être stipulé; la liberté des parties est le droit commun, sauf qu'elles ne peuvent déroger aux lois qui concernent l'ordre public et les bonnes mœurs; or, le pacte commissoire est purement d'intérêt privé. La doctrine (1) et la jurisprudence sont d'accord. Nous citerons comme exemple une espèce qui s'est présentée devant la cour de cassation. Deux dames, mère et fille, vendent, à rente viagère, un domaine à deux époux sous la clause suivante : « Comme lesdites dames se sont portées à vendre leur bien à rente viagère pour se procurer le repos, la tranquillité et l'aisance, il est convenu et réciproquement accepté que si les débiteurs laissent arrérager la rente de deux trimestres, la présente vente sera résolue de plein droit si lesdites dames venderesses le veulent ainsi (la condition n'étant qu'en leur faveur), sans avoir besoin de la faire prononcer en justice, ni de remplir d'autres formalités que de manifester leur volonté par un simple acte extrajudiciaire et d'assigner en vidange purement et simplement. » Voilà un pacte commissoire nettement formulé; il exprime bien l'intention des parties : elles veulent s'épargner les embarras d'un procès en résolution; elles stipulent, en conséquence, que la résolution aura lieu sans intervention de la justice. Mais comme c'est dans l'intérêt du crédirentier que la résolution a lieu de plein droit, il faut qu'il manifeste la volonté de profiter de la clause résolutoire : c'est ce qu'il se réserve de faire par un simple acte extrajudiciaire. Si la clause parle d'une assignation en vidange, c'est pour le cas où les débirentiers refuseraient de vider les lieux. Le cas prévu par la clause s'étant réalisé, les crédirentières firent

---

(1) Aubry et Rau, t. IV, p. 593, note 24, § 390; Pont, t. I, p. 389, n° 764, et les autorités qu'ils citent.

commandement aux débiteurs de payer les arrérages échus ; cette sommation étant restée sans suite, les crédirentières déclarèrent par acte qu'elles regardaient dès maintenant la vente comme résolue, et qu'elles allaient se pourvoir pour obtenir le délaissement du bien vendu et en faire constater les dégradations. Instance judiciaire sur les dégradations, puis demande en résolution ; cette dernière action était inutile, puisque, par l'effet de la clause et le commandement suivi de la déclaration des crédirentières, la vente était résolue. Le premier juge déclara la vente résolue ; en appel, les débirentiers firent des offres réelles des arrérages échus. La cour de Bordeaux maintint la résolution. Pourvoi en cassation. Les demandeurs soutenaient que l'article 1978 ne permet pas de stipuler la résolution du contrat de rente viagère ; la cour répond que la loi ne prohibe pas la clause résolutoire ; que, par conséquent, elle est valable, la clause n'ayant d'ailleurs rien de contraire aux bonnes mœurs ni à l'ordre public. Le pourvoi prétendait ensuite que le premier juge aurait dû accorder un délai aux débiteurs et accepter les offres réelles qu'ils avaient faites. C'était confondre la condition résolutoire tacite de l'article 1184, qui doit être demandée en justice, avec le pacte commissoire qui déclare le contrat résolu de plein droit. La cour de cassation répond d'une manière assez singulière : que ni l'article 1184 ni l'article 1656 n'imposaient aux juges saisis de l'action en résiliation du contrat l'obligation d'accorder aux débiteurs un délai pour le payement des arrérages échus, ni de s'arrêter aux offres par eux tardivement faites après une mise en demeure judiciaire et un jugement qui avait prononcé ladite résiliation. La cour aurait dû dire que la résolution existait, indépendamment de toute demande judiciaire, en vertu du contrat et de la manifestation de volonté des crédirentières ; d'où suivait que celles-ci n'avaient rien à demander au juge, et que, par conséquent, le juge n'avait pas le droit d'accorder un délai ni d'accepter des offres que les débiteurs n'avaient pas eu le droit de faire (1).

_____

(1) Rejet, section civile, 28 mars 1817 (Dalloz, au mot *Rente viagère*,

329. Quand le pacte commissoire porte que la résolution aura lieu de plein droit, à la volonté du crédirentier, la résolution ne doit pas être demandée en justice; il suffit, comme le disait très-bien l'acte que nous venons de rapporter (n° 328), que le crédirentier déclare sa volonté de profiter de la clause. Comment cette volonté doit-elle être manifestée? Faut-il une sommation ou un commandement? En principe, non ; car le crédirentier ne demande rien, il dit seulement que sa volonté est de profiter de la clause résolutoire. Nous renvoyons, sur ce point, à ce qui a été dit au titre des *Obligations*. D'ordinaire l'acte porte que le crédirentier fera une sommation ou un commandement au débiteur. Il va sans dire qu'il faut s'en tenir à la convention. Cette sommation doit-elle être accompagnée d'un certificat de vie ou de la preuve légale de l'existence du crédirentier? La question a été portée deux fois devant la cour de cassation, et il a été jugé chaque fois, en fait plutôt qu'en droit, que le certificat de vie n'était pas nécessaire (1). Si, en même temps qu'il agit en résolution, le crédirentier demande le payement des arrérages, on se trouve dans les termes de l'article 1983; il faudra que le demandeur justifie de son existence, soit par un certificat de vie, soit par toute autre preuve légale. Mais le créancier n'a pas besoin d'agir en justice, la résolution existe en vertu du contrat, dès qu'il est constant que le débiteur n'a pas payé les arrérages; il suffit d'une simple manifestation de volonté du créancier, et aucun texte n'exige que cette manifestation de volonté soit accompagnée de la preuve légale de l'existence du demandeur.

330. Autre est la question de savoir si la résolution, en cas de non-payement des arrérages, peut être demandée par les héritiers. Il faut distinguer. Si le pacte commissoire porte simplement que le contrat sera résolu, ou que la résolution pourra être demandée, et si le crédirentier vient à mourir avant d'avoir intenté son action, il ne peut être question pour les héritiers de provoquer la résolution d'un

---

n° 99, 3°). Comparez Rejet, 26 mai 1868 (Dalloz, 1868, 1, 492), et 9 juin 1869 (Dalloz, 1870, 1, 82).

(1) Voyez les arrêts de 1868 et de 1869 cités p. 369, note.

contrat qui n'existe plus; en effet, que déciderait le juge? qu'il prononce la résolution du contrat de rente? La rente est éteinte; il n'y a plus de contrat, plus de crédirentier, plus de débiteur(1). Il en est autrement quand le pacte commissoire porte que la résolution aura lieu de plein droit, par le seul fait que le débirentier ne payera pas les arrérages. Dans cette hypothèse, il y a encore une distinction à faire. D'ordinaire il est dit dans l'acte (n° 328) que la résolution n'aura lieu que si le créancier le veut; il faut donc qu'il exprime sa volonté dans la forme prévue par le contrat. S'il vient à mourir avant d'avoir manifesté cette volonté, ses héritiers pourront-ils déclarer qu'ils veulent résoudre le contrat? L'affirmative est enseignée (2), mais elle est douteuse; ne peut-on pas dire qu'un droit qui dépend d'une manifestation de volonté est un droit attaché à la personne du crédirentier? Il est certain, à notre avis, que les créanciers du crédirentier ne pourraient pas exercer le droit de résolution, car le crédirentier peut ne pas vouloir résoudre le contrat, et tout dépend de sa volonté. On dit que la situation des héritiers est plus favorable que celle des créanciers; ils représentent le défunt et exercent tous ses droits; ils peuvent donc aussi déclarer qu'ils entendent profiter de la clause résolutoire, car cette clause est stipulée pour eux, puisque le créancier stipule pour lui et pour ses héritiers. Cela serait vrai s'il s'agissait d'un droit transmissible aux héritiers, mais la rente s'éteint à la mort du crédirentier; et on ne peut pas dire que le contrat était résolu avant son décès. Il n'y aurait plus aucun doute si la clause portait que, sans manifestation aucune de volonté et par le fait seul du non-payement des arrérages, le contrat serait résolu. Dans ce cas, le contrat est résolu avant la mort du crédirentier, et les héritiers profitent de la résolution.

331. Quel est l'effet de la résolution? Le pacte commissoire est une condition résolutoire expresse; il faut donc appliquer le principe de l'article 1183 : le contrat est résolu

---

(1) Rejet, 20 juin 1831 (Dalloz, au mot *Rente viagère*, n° 106).
(2) Pont, t. 1, p. 389, n° 765.

comme s'il n'avait jamais existé; le débirentier doit restituer le capital ou le fonds qu'il a reçu, ainsi que les intérêts
ou les fruits, et le crédirentier doit restituer les arrérages.
Telle est la rigueur du droit. La cour de Bordeaux l'a jugé
ainsi dans l'affaire que nous avons rapportée (n° 328); elle
a déclaré la vente et le contrat de rente viagère résolus, et
ordonné, en conséquence, que les crédirentiers restitue-
raient les arrérages en tant qu'ils excéderaient les intérêts,
sauf à déduire la valeur des dégradations qui auraient pu
être faites aux bâtiments et aux fonds vendus. D'ordinaire
les parties prévoient ce que le crédirentier devra restituer
en cas de résolution, et la clause porte régulièrement que
le crédirentier a droit aux arrérages jusqu'au jour de la
résolution. Ce n'est pas là une véritable résolution, puisque
le crédirentier rentre dans son capital ou dans son fonds,
et garde néanmoins les arrérages, qui comprennent une
partie du capital ou du fonds aliéné. Toutefois la clause
doit recevoir son exécution, puisque la volonté des parties
tient lieu de loi (1).

Il en serait de même s'il était stipulé qu'à défaut de
payement d'un terme d'arrérages la rente serait éteinte
quinze jours après un commandement resté sans effet, et
que le débiteur serait tenu de verser au créancier un capital fixé à forfait. Dans une espèce jugée par la cour de
Rouen, le capital qui devait être restitué était de 20,000 fr.,
tandis que le débiteur n'en avait reçu que 10,000; le débirentier soutenait qu'il ne devait rendre que ce qu'il avait
reçu. C'était ne tenir aucun compte de la convention, très-
valable, puisqu'elle évaluait les dommages-intérêts ou la
peine que le crédirentier peut réclamer en cas d'inexécution
de la convention; et il n'appartient pas au juge de diminuer
le montant des dommages-intérêts conventionnels ou de la
peine (2).

(1) Rejet, 26 mai 1868 (Dalloz, 1868, 1, 492).
(2) Rouen, 6 février 1874 (Dalloz, 1875, 2, 199).

TITRE XIV.

DU MANDAT (1).

CHAPITRE Ier.

NOTIONS GÉNÉRALES.

---

§ Ier. *Définition et caractères.*

332. L'article 1984 définit le mandat en ces termes :
« Le *mandat* ou *procuration* est un acte par lequel une
personne donne à une autre le pouvoir de faire quelque
chose pour le mandant et en son nom. Le contrat ne se
forme que par l'acceptation du mandataire. » Cette définition est critiquée par tous les auteurs. Elle confond le mandat avec la procuration ; voilà pourquoi la loi dit que le
mandat est un *acte;* cela est vrai de la *procuration*, expression qui désigne l'écrit par lequel le mandant donne au
mandataire le pouvoir de le représenter dans l'affaire qui
fait l'objet du mandat. Cet écrit ne constate que la volonté
du mandant, et il ne suffit point de la volonté de l'une des
parties pour former un contrat ; aussi l'article 1984 ajoute-

---

(1) Sources : Pothier, *Du contrat de mandat.* Troplong, *Du mandat,*
Paris, 1846, 1 vol. in-8°. Domenget, *Du mandat, de la commission et de la
gestion d'affaires,* 2 vol. in-8° (Paris, 1862). Pont, *Des petits contrats,* t. I
(Paris, 1863).

t-il que le contrat ne se forme que par l'acceptation du mandataire(1). Les auteurs du code ont certes eu tort de confondre avec le contrat de mandat un écrit qui ne constate pas même ce contrat; et quand il le constaterait, ce serait encore une grave erreur que de confondre la preuve littérale avec le fait juridique qu'elle est destinée à établir. La confusion est malheureusement trop fréquente, comme nous l'avons dit en traitant de la preuve, au titre des *Obligations*, et la confusion entraîne d'inévitables erreurs.

On a fait un autre reproche à la définition de l'article 1984; elle suppose que celui à qui un mandat a été donné doit toujours agir au nom du mandant; tandis qu'il y a un mandat très-fréquent, le contrat de commission, dans lequel le mandataire agit en son propre nom (2). Cela est vrai, mais il ne faut pas critiquer les auteurs du code civil de n'avoir pas compris dans leur définition un contrat qui appartient au droit commercial.

333. Quelque défectueuse qu'elle soit, la définition de l'article 1984 fait connaître les caractères essentiels du mandat. Le mandataire se charge de faire quelque chose pour le mandant et en son nom. Nous reviendrons sur les choses qui peuvent être l'objet du mandat. Il ne suffit pas qu'une personne s'oblige de faire une chose pour une autre, ce caractère se trouve dans toute obligation qui a pour objet un fait; il faut, pour qu'il y ait mandat, que la personne qui agit le fasse *au nom du mandant*; tel est le caractère essentiel du mandat, caractère qui le distingue d'un contrat avec lequel il paraît avoir une grande analogie, le contrat de louage ou d'industrie. Il y a mandat quand le débiteur fait un acte juridique pour le créancier qu'il représente à l'égard des tiers avec lesquels il traite au nom de celui qui l'a chargé de le représenter. Je fais un achat comme mandataire de Paul : qui figure dans cet acte comme acheteur? Ce n'est pas moi, quoique je parle au contrat et que je signe l'acte; c'est Paul, car je n'achète pas en mon nom et pour moi, j'achète pour Paul et en son nom; en ce sens je le représente à l'égard du vendeur; Paul contracte

---

(1) Aubry et Rau, t. IV, p. 634, note 2, § 410.
(2) Troplong, *Du mandat*, nos 7 et 8.

par mon intermédiaire, il figure au contrat et il y parle par
moi, son représentant. Aussi Paul seul est tenu des obligations qui résultent de la vente; moi je n'en suis pas tenu,
car je n'ai pas parlé en mon nom.

Il n'en est pas de même dans le louage d'ouvrage ou
d'industrie. Le débiteur qui loue ses services ou qui s'oblige
à faire un ouvrage travaille, il est vrai, pour le maître,
mais il ne le représente pas, il n'agit pas en son nom. Con-
tracte-t-il une obligation à l'égard d'un tiers, pour remplir
son engagement, il s'oblige personnellement; le maître
n'est pas obligé, car il n'est pas représenté par le débiteur.
Cela est vrai, quelle que soit l'obligation de faire contractée par le débiteur, que le fait soit matériel ou intellectuel;
dès que le débiteur ne représente pas celui pour lequel il
agit, il n'y a pas de mandat. Dans le langage ordinaire,
on dit que le notaire est le mandataire des parties quand il
dresse acte de leurs conventions; cela n'est pas exact; car
le notaire ne représente pas les parties, les parties figurent
personnellement à l'acte, et le notaire n'a pas même le
droit de les y représenter; il intervient pour dresser acte
des conventions arrêtées par les parties, et pour leur donner le caractère d'authenticité. Dans le langage juridique,
il faut dire qu'il loue ses services, le contrat est un louage,
ce n'est pas un mandat. Il en serait autrement si le notaire gérait mes biens, ou négociait une affaire quelconque
pour moi et en mon nom; dans ce cas, il serait mon mandataire, il m'obligerait en traitant avec les tiers comme
mon représentant. Ce que nous disons du notaire s'applique à toutes les professions libérales. Le médecin qui me
traite n'est pas mon mandataire, car il ne me représente en
rien, il me loue ses services; l'avocat qui plaide pour moi
n'est pas mon mandataire, car il ne me représente pas en
justice; c'est l'avoué qui me représente et qui est mon mandataire; l'avocat, comme le médecin, loue ses services. Il
en est de même du précepteur qui dirige l'instruction et
l'éducation de mes enfants, il ne me représente pas, quoiqu'il fasse ce que moi je pourrais ou devrais faire; c'est lui
qui agit, et en son nom, ce n'est pas moi qui agis par son
ministère.

334. Cette conséquence que nous déduisons de la définition du mandat donnée par l'article 1984 est vivement controversée. On objecte qu'elle est contraire à la théorie romaine qui était aussi celle de notre ancien droit. Cela est vrai, mais reste à voir si le code n'a pas dérogé à la tradition, et s'il a eu raison d'y déroger. Les jurisconsultes romains, et Pothier à leur suite, enseignent que le mandat diffère du louage d'ouvrage, d'abord en ce qu'il est essentiellement gratuit : on peut, à la vérité, récompenser les services que rend un mandataire, mais cette récompense n'est pas un salaire, ce sont des honoraires, et les honoraires ne sont jamais l'équivalent du service rendu, et ils ne peuvent pas l'être. En effet, et ceci est un second caractère du mandat par lequel il se distingue essentiellement du louage d'ouvrage, la nature des faits à accomplir par le mandataire ne permet point de les rétribuer; car ce sont des œuvres de l'intelligence, on les récompense, on ne les paye pas, parce que le prix en est inestimable : qui donc aurait la prétention de rétribuer le labeur de l'avocat, le dévouement du médecin? Le salaire implique une œuvre matérielle qui a un prix vénal; ce sont ces faits qui forment l'objet du louage d'ouvrage ou d'industrie.

Des auteurs d'une grande autorité, Merlin, Championnière, Troplong, ont reproduit la doctrine traditionnelle (1). Nous avons dit bien des fois que la tradition doit être consultée pour interpréter le code lorsque le législateur l'a consacrée; mais il va de soi que la tradition est sans valeur aucune quand la loi nouvelle déroge à l'ancien droit. Or, il suffit d'ouvrir le code civil pour se convaincre que la théorie romaine n'est plus celle de notre droit moderne. Quel était le point de départ de la doctrine traditionnelle? C'est que le mandat est essentiellement gratuit; il ne comporte pas de salaire, on peut seulement reconnaître les services du mandataire en lui donnant des honoraires, on ne les paye jamais. Et que dit le code? « Le mandat est gratuit, s'il n'y a convention contraire » (art. 1986). Donc le

(1) Voyez les sources dans Aubry et Rau, t. IV, p. 512, note 1, § 371 *bis*.

mandat n'est plus essentiellement gratuit, il peut être salarié. Ce mot de *salaire* qui eût été incompatible avec le mandat romain, le code le prononce (art. 1992); en effet, tout mandat qui n'est pas gratuit ne peut être que salarié. Le code ignore le mot d'*honoraires*, il ne se trouve pas au titre du *Mandat*. Si les mots ont changé, les idées ont aussi éprouvé une modification profonde. Quand, en 1789, l'Assemblée constituante enleva au clergé le patrimoine dit des pauvres, les orgueilleux prélats, oubliant la pauvreté du Christ, protestèrent contre la loi qui les assimilait à des salariés. On sait la réponse foudroyante de Mirabeau : Il n'y a que deux manières de vivre, ou de travailler en gagnant son salaire, ou de mendier, à moins qu'on ne préfère voler. Tout travail, quel qu'il soit, mérite un salaire : donc ce n'est pas le salaire qui peut distinguer celui qui loue ses services pour un prix, et celui qui accepte un mandat salarié.

Quel est donc le caractère distinctif du mandat? Si, au lieu de consulter la tradition, les jurisconsultes imbus des idées du passé avaient pour le code civil le respect qu'ils conservent pour le droit romain, la question que nous discutons n'aurait jamais été soulevée; car elle est décidée par le premier article de notre titre : le mandat a pour objet de faire quelque chose pour le mandant et *en son nom*. Ainsi la représentation est écrite dans la définition même du mandat. Dira-t-on que nous attachons trop d'importance à une définition que tout le monde déclare mauvaise? Il y a d'autres articles plus explicites encore. L'article 1990 porte que des incapables, les femmes mariées et les mineurs émancipés peuvent être choisis pour mandataires. Voilà une anomalie inexplicable, si le mandataire n'est pas le représentant du mandant, car la loi dérogerait, sans raison aucune, à une règle fondamentale de notre droit, celle qui déclare les femmes et les mineurs incapables de contracter (art. 1124). La disposition s'explique au contraire parfaitement, dans le système de la représentation. Qu'importe l'incapacité du mandataire? Ce n'est pas lui qui agit, qui parle, qui contracte, c'est le mandant; c'est donc le mandant qui doit être capable, le mandataire n'est qu'un instrument, ou, comme le dit le rapporteur du Tribunat, c'est « un échafaudage qui devient inutile après la construction de l'édifice (1). » Il y a une autre disposition qui est décisive. Le mandataire contracte : est-ce lui qui est obligé? Non. Qui l'est? Le mandant. Pourquoi? Parce que, dit Tarrible, le mandataire ne fait que représenter le mandant (2); c'est donc le mandant qui contracte et qui s'oblige envers les tiers, ce n'est pas le mandataire. Nous disons que cela est décisif pour la théorie de la représentation; en effet, il n'en était pas de même en droit romain; c'est le mandataire qui s'obligeait envers les tiers, parce que lui seul parlait au contrat, et il ne représentait pas le mandant. Donc le code a dérogé à la tradition romaine; dès lors il faut la laisser de côté; ce n'est plus que de l'histoire (3).

335. On est si habitué à vénérer le droit romain comme raison écrite, qu'une doctrine paraît suspecte par cela seul qu'elle s'écarte de la tradition romaine. Il serait temps de s'affranchir de cette superstition, alors que l'on a secoué des préjugés bien plus puissants. L'humanité moderne ne reconnaît plus de raison écrite, en droit pas plus qu'en religion; la raison est progressive et tous les éléments de notre vie obéissent à la loi du progrès. Il nous sera bien facile de démontrer que, dans la question que nous traitons, le code civil est l'expression de la vérité, bien plus que le droit romain. On n'a qu'à lire Pothier pour se convaincre que la tradition romaine est une série de fictions, ou, comme Pothier le dit si souvent, de subtilités; seulement, dans la théorie du mandat, il n'est pas parvenu à s'affranchir des chaînes de la tradition, toujours si puissante sur l'esprit des jurisconsultes.

Il est de l'essence du mandat d'être gratuit, dit Pothier, d'après le jurisconsulte romain Paul; si celui qui se charge d'une affaire reçoit une somme d'argent comme prix de la gestion, le contrat ne sera pas un mandat, ce sera un contrat de louage d'ouvrage. Mais je puis très-bien pro-

---

(1) Tarrible, Rapport, n° 10 (Locré, t. VII, p. 380).
(2) Tarrible, Rapport, n° 17 (Locré, t. VII, p. 382).
(3) Pont, t. I, p. 417, n° 826, et p. 414, n° 825.

mettre des honoraires au mandataire, ce n'est pas là le prix du service, car le service n'est pas quelque chose d'appréciable. La chose se comprendra mieux par un exemple, dit Pothier. Je vais trouver un célèbre avocat pour le prier de se charger de la défense de ma cause ; il me dit qu'il veut bien s'en charger. Je l'en remercie, et je lui dis que pour lui donner une faible marque de ma reconnaissance, je lui donnerai le *Thesaurus* de Meerman, qui manque à sa bibliothèque. Il me répond qu'il accepte volontiers le présent que je lui offre de si bonne grâce. Le *Thesaurus* est un honoraire, ce n'est pas un prix, car la défense dont l'avocat se charge est quelque chose d'inestimable. Donc le contrat reste ce qu'il est de son essence, gratuit ; c'est un mandat, ce n'est pas un louage (1).

Nous ne savons si, du temps de Pothier, il était d'usage d'offrir aux avocats, en guise d'honoraires, le *Thesaurus* de Meerman ; il est certain que de nos jours on leur donne des billets de banque, et comme les plaideurs pourraient bien oublier leur tribut de reconnaissance, une fois la cause terminée, l'avocat exige, et il a raison d'exiger, que le client consigne une somme plus ou moins considérable, suivant l'importance de l'affaire. Si l'on remplace le *Thesaurus* de Meerman par quelques billets de mille francs, les choses changent subitement de face : l'honoraire ressemble à un salaire, à ce point qu'il est difficile de les distinguer. Que la défense soit chose inappréciable, en théorie comme toute œuvre de l'intelligence, soit. Toujours est-il qu'en fait on l'apprécie, et au besoin on la taxe. Où donc est la différence entre le salaire et l'honoraire ?

Ces distinctions sont dignes de la scolastique et Pothier aurait dû les laisser aux théologiens. Se flageller est une œuvre très-méritoire, mais on comprend qu'elle ne soit pas du goût de pécheurs délicats. Qu'à cela ne tienne, dit un confesseur jésuite : un tiers peut se flageller pour vous, et vous transporter le bénéfice de cette bonne œuvre, à condition que vous ne le payiez pas, mais rien ne vous

---

(1) Pothier, *Traité du contrat de mandat*, n° 23.

empêche de lui donner un petit cadeau (*munusculum*) (1).
Nous rions de ces tours de force dignes d'un charlatan de
foire. N'imitons pas les révérends pères et laissons-leur la
distinction entre le billet de 1,000 francs, qui est un cadeau, et le billet de 1,000 francs, qui est le prix d'une
vente. Dans l'un et l'autre cas, il y a trafic de choses dites
saintes, il y a exploitation de la bêtise humaine. L'avocat,
à la différence du théologien, rend un service réel, il y
emploie son temps et son intelligence; il a droit à une rémunération; qu'on l'appelle salaire ou honoraire, qu'importe? Et là où il y a un service promis et payé, il y a
louage. Ce n'est pas un mandat, parce que, dans notre
droit moderne, l'avocat ne représente pas son client.

336. Pothier fait une autre distinction tout aussi scolastique. Les mandataires à qui l'on promet des honoraires
ont une action pour en exiger le payement. Quelle est cette
action? Ce n'est pas l'action *ex locato*, répond Pothier,
d'après les lois romaines, c'est la *persecutio extraordina-
ria;* car la récompense qui leur est due n'est pas le prix
de leurs services, qui sont inestimables de leur nature;
elle se règle sur ce qu'il est d'usage le plus communément
de donner pour ces services (2). Comment Pothier a-t-il pu
prêter l'appui de son nom à de pareilles subtilités? Qu'importe, dans nos idées modernes, qui étaient aussi celles de
Pothier, le nom de l'action, et qu'importe encore la juridiction devant laquelle elle est intentée? Dès qu'il y a action,
il y a dette, et si la récompense pour un travail constitue
une dette, la créance est un salaire, qu'il s'agisse d'un médecin ou d'un ouvrier. Le contrat est donc identique, c'est
un contrat de louage (3).

337. Nous croyons inutile de continuer ce débat. Un
mot seulement sur l'argumentation de Troplong : il dit que
la distinction traditionnelle entre l'honoraire et le loyer,
entre le mandat et le louage d'ouvrage est le fait de la phi-
losophie spiritualiste à laquelle crurent les jurisconsultes

---

(1) Le trait est historique. Nous l'avons cité dans nos *Etudes sur l'histoire de l'humanité.*
(?) Pothier, *Du mandat*, n° 26.
(3) En ce sens, Duvergier, *Du louage*, t. I, p. 288, n°s 267-274.

romains et leurs successeurs dans le droit français. Il n'admet pas que l'on puisse s'en écarter sans blesser l'honneur des professions libérales, sans exciter en elles l'esprit de spéculation et de trafic qui doit en être banni pour le bien de la société, sans se jeter dans les dangereuses erreurs d'un matérialisme désolant (1). Nous n'osons pas dire que ce sont là des mots et des phrases, puisque l'auteur professe une doctrine qui nous est chère, et qu'il combat des erreurs que nous détestons comme lui. Mais croit-il que l'on empêchera le matérialisme d'envahir les esprits, en appelant *mandat* ce qui est un contrat de *louage*, et *honoraire* ce qui est un *salaire?* Le code serait donc matérialiste, et il favoriserait le matérialisme, car c'est lui qui prononce le mot de salaire (art. 1992). Si le matérialisme déborde, c'est que la foi manque, et l'on ne ranime pas la foi avec des mots ; on ne peut la ranimer qu'en prêchant une religion qui se confond en essence avec la morale, au lieu d'une religion qui consiste en dogmes inintelligibles et qui aboutit à courber la raison et la conscience devant l'autorité d'un prêtre. Et cette foi nouvelle doit être prêchée non-seulement à ceux qui exercent les professions libérales, mais à toutes les classes de la société ; toutes sont appelées à travailler, et quel que soit le travail, il est saint, et il sanctifie parce qu'il moralise. Rien n'est plus faux que la prétendue distinction spiritualiste entre le travail mécanique et le travail intellectuel ; il n'y a pas de travail purement mécanique, sauf celui des machines, et l'homme n'est pas une machine ; il est un être pensant, et il met son intelligence dans tout ce qu'il fait. Gardons-nous de dire ou de faire croire que l'immense majorité des hommes livrés à un travail corporel soient au-dessous de ceux qui vivent de leur intelligence : dire qu'assimiler le travail intellectuel au travail matériel, c'est matérialiser les professions libérales, c'est presque dire que les professions mécaniques sont vouées au matérialisme. Il n'en est rien. Ce n'est pas la nature du travail et de sa rémunération qui favorise le spiritualisme ou le matérialisme : on

---

(1) Troplong, *Louage*, nos 807 et 811. Comparez *Mandat*, nos 8, 58, 164 et suiv., 237, 519 et suiv.

n'a qu'à jeter les yeux autour de soi pour s'en convaincre.
Nous sommes tous destinés à vivre de la vie de l'âme, et
s'il y en a tant qui ne semblent vivre que de la vie du
corps, c'est que la vieille foi meurt et est déjà morte et que
la foi nouvelle n'a pas encore pris possession des âmes.

338. Il peut y avoir salaire dans le mandat, comme
il y a toujours salaire dans le louage d'industrie. Les deux
contrats se distinguent donc, non parce que le mandataire
reçoit des honoraires, tandis que l'ouvrier est salarié; ils
se distinguent par le caractère de représentation qui est
essentiel dans le mandat et qui est étranger au louage
d'ouvrage ou d'industrie. Le mandataire représente le
mandant; quand il contracte comme tel, c'est le mandant
qui s'oblige par son intermédiaire, les tiers ont une action
directe contre le mandant, tandis qu'ils n'ont aucune action
contre le mandataire; de son côté, le mandant a une action
directe contre les tiers, parce que les tiers ont traité avec
lui, se sont obligés envers lui. Celui qui loue son industrie
ne représente pas le maître pour lequel il travaille et qui
le paye, il ne peut ni stipuler ni promettre pour lui, ce serait une stipulation ou une promesse pour un tiers; or, il
est de principe que l'on ne peut s'engager et stipuler en
son propre nom, que pour soi-même (art. 1119).

Il y a d'autres différences entre le mandat salarié et le
louage d'industrie. Le mandat est un contrat unilatéral, le
mandataire seul contractant des obligations; le mandant
n'est obligé qu'accidentellement. Dans l'opinion générale,
on admet que ce caractère subsiste, alors même que le
mandat est salarié. La question est douteuse, à notre avis;
nous y reviendrons. Le louage d'ouvrage est toujours un
contrat bilatéral. Ce qui est certain, c'est que le mandant
peut révoquer le mandat, et, dans ce cas, il ne doit plus
de salaire; tandis que le maître ne peut résilier le contrat
que lorsqu'il est à forfait, et, dans ce cas, il doit dédom-
mager l'entrepreneur de tout ce que celui-ci aurait pu gagner dans l'entreprise (art. 1794).

Lorsque le mandataire a été constitué par plusieurs personnes pour une affaire commune, chacune d'elles est tenue
solidairement envers lui de tous les effets du mandat (arti-

cle 2002). S'il y a plusieurs colocateurs, la solidarité n'existe qu'au cas où elle est expressément stipulée (article 1202).

Le mandat finit par la révocation du mandataire et par la renonciation de celui-ci au mandat (art. 2003). L'ouvrier ne peut jamais, par sa seule volonté, mettre fin au contrat; le maître ne le peut que dans le marché à forfait et sous la condition d'indemniser complétement l'entrepreneur.

Le mandat finit encore par la mort du mandant et du mandataire (art. 2003). Le louage d'ouvrage est dissous par la mort de l'ouvrier, la mort du maître n'y met pas fin (art. 1795) (1).

§ II. *Gratuité du mandat.*

Nº 1. QUAND LE MANDAT EST-IL SALARIÉ ?

339. « Le mandat est gratuit, s'il n'y a convention contraire » (art. 1986). C'est une dérogation à l'ancien droit, et elle est fondamentale. A notre avis, on n'en a pas assez tenu compte. Pothier enseignait, conformément au droit romain, qu'il est de l'*essence* du mandat qu'il soit gratuit; le mandataire, dit-il, se charge par un pur office d'amitié de l'affaire qui fait l'objet du mandat. S'il arrive que le mandant donne ou promette quelque chose au mandataire en reconnaissance du service que celui-ci lui rend, cet honoraire n'est pas un salaire, ce n'est pas le prix de la gestion dont le mandataire se charge; malgré cet honoraire, le mandat reste gratuit. Pothier concluait de là que celui qui paye les honoraires convenus au mandataire n'est pas quitte envers lui de la reconnaissance qu'il lui doit; le service étant inestimable, la reconnaissance n'a point de limites (2). Cette conséquence est morale plutôt que juridique, et toute la théorie avait un caractère moral, faux, à notre avis (nº 337), mais qui n'en était pas moins essentiel.

(1) Mourlon, *Répétitions*, t. III, p. 439, nº 1092.
2) Pothier, *Du mandat*, nºˢ 22 et 27.

Les auteurs du code ont maintenu la théorie traditionnelle comme règle, mais ils y ont ajouté une exception ; et il se trouve que l'exception a absorbé la règle, car, en fait, les mandats les plus importants sont salariés. Nous en concluons que le salaire devient une condition essentielle du contrat de mandat quand les parties sont convenues qu'il serait salarié, de même que le salaire est une condition essentielle du louage d'ouvrage. Ce qui prouve que le salaire modifie la nature du contrat, c'est que la responsabilité du mandataire diffère selon que le mandat est gratuit ou salarié. Quand le mandataire reçoit un salaire, il est tenu de toute faute, c'est-à-dire qu'il doit exécuter le mandat avec les soins d'un bon père de famille ; tandis que si le mandat est gratuit, la responsabilité est appliquée moins rigoureusement ; ce qui signifie, comme nous l'avons dit au titre des *Obligations*, que le mandataire, de même que le dépositaire, doit seulement apporter à la gestion de l'affaire les soins qu'il met à gérer ses propres intérêts (art. 1992 et 1927).

340. Le mandat est un contrat unilatéral quand il est gratuit. Devient-il bilatéral lorsqu'il est salarié ? Nous avons enseigné, au titre des *Obligations* (t. XIX, n° 221), que le mandat salarié est un contrat synallagmatique, parce qu'on peut lui appliquer, à la lettre, la définition que l'article 1102 donne de ce contrat : les contractants s'obligent réciproquement les uns envers les autres, l'un à gérer l'affaire, l'autre à payer le salaire promis. Cependant l'opinion contraire est généralement enseignée. Il faut nous y arrêter un instant, parce que les principes sont en cause. On dit que l'obligation contractée par le mandant de payer le salaire est purement éventuelle ; c'est l'exécution du mandat qui seule lui donne naissance, en sorte qu'elle pourra ne pas naître si le mandat n'est pas exécuté. Sans doute ; mais n'en est-il pas de même dans tout contrat synallagmatique où un prix est stipulé ? Est-ce que le maître doit le prix de l'ouvrage si l'ouvrier ne l'exécute pas ? Est-ce que l'acheteur doit le prix quand le vendeur ne lui livre pas la chose vendue ? Il y a seulement un caractère spécial au mandat, c'est que le mandant peut le révoquer ; et il va de soi que le mandataire ne peut pas réclamer un salaire pour un mandat révoqué, c'est-à-dire pour une affaire qu'il ne fait point. Mais cela n'empêche pas que le mandat salarié soit un contrat bilatéral; pour déterminer la nature d'un contrat, il faut considérer les conventions des parties contractantes au moment où elles traitent; il faut donc supposer que le contrat reçoit son exécution; or, si le mandataire remplit ses obligations en faisant l'affaire dont il est chargé, le mandant devra aussi remplir la sienne en payant le salaire convenu. On ajoute que le mandataire seul est obligé directement et nécessairement par la convention; d'où l'on conclut que le contrat reste unilatéral, quoique salarié. Cela n'est pas exact; car, de même que le mandant peut révoquer le mandat, le mandataire y peut renoncer (art. 2002). Chacune des parties peut donc, par sa seule volonté, mettre fin au mandat. Mais qu'est-ce que cela a de commun avec la nature du contrat? On invoque l'article 1985, aux termes duquel le mandat peut se prouver par lettre; nous reviendrons sur cette disposition en traitant de la preuve du mandat (1).

341. D'après l'article 1986, il faut une convention pour que le mandat soit salarié. Cela veut-il dire qu'il faille une stipulation expresse? Non, car la loi n'exige pas cette condition, elle se contente d'une convention, c'est-à-dire d'un concours de consentement; or, il est de principe que le consentement peut être tacite; donc une convention tacite suffit pour qu'il soit dû un salaire au mandataire. Quand y aura-t-il convention tacite de salaire? C'est une question d'intention, puisqu'il faut le consentement des deux parties contractantes : le mandant doit avoir la volonté de payer le salaire et le mandataire doit avoir l'intention de ne se charger de la gestion que moyennant salaire. Quand cette double volonté existera-t-elle? C'est un point de fait, puisque c'est par des faits que le consentement se manifeste. La solution est donc abandonnée à l'appréciation des tribunaux; le juge doit considérer, non ce qui se passe lors du litige, mais ce qui se passe lors du contrat. Quand il y a

(1) Mourlon, t. III, p. 439, n° 1092. Pont, t. I, p. 451, n° 882.

litige, le mandant nie qu'il ait entendu promettre un salaire; mais de là on ne peut pas induire que réellement son
intention ait été de donner un mandat gratuit. C'est au
moment du contrat qu'il faut se reporter, parce que c'est
alors que la convention se forme. Il a été jugé que l'appréciation des juges du fait est souveraine. Un notaire avait
été chargé, de 1830 à 1838, de vendre divers objets mobiliers et immobiliers, d'en toucher le prix et de payer diverses sommes dues par le propriétaire. Après la mort de
celui-ci, le notaire rendit compte de sa gestion; il demanda
que ses frais et honoraires fussent taxés. Les héritiers soutinrent que le mandat était gratuit. Cette prétention fut
repoussée par la cour de Metz. La gestion d'affaires avait
nécessité de la part du notaire des soins considérables, des
démarches nombreuses et des frais de diverse nature; en
outre, dans plusieurs circonstances, le notaire avait pris
sur lui des responsabilités qui pouvaient engager sa fortune. Il est donc juste, dit la cour, de lui accorder une rémunération. Mais cette considération ne suffisait point pour
en induire que le mandat était salarié; la cour ajoute, et cela
est décisif, qu'il était certain que le mandant n'avait jamais
entendu que le mandat par lui conféré fût purement gratuit. Sur le pourvoi, il intervint un arrêt de rejet. La cour
de cassation dit que pour allouer au mandataire des honoraires à raison des soins par lui donnés aux affaires du
mandant, de ses avances de fonds et de la responsabilité
qui en avait été la suite, la cour d'appel s'était basée sur
la volonté du mandant lui-même, qui n'avait pas entendu
que le mandat par lui donné fût gratuit; l'arrêt ajoute que
cette appréciation de volonté ne saurait être soumise au
contrôle de la cour de cassation (1).

342. Il y a des cas dans lesquels l'intention des parties
n'est point douteuse, quoiqu'elles ne s'en soient pas expli-
quées. Je charge un avoué de me représenter dans un procès : est-il nécessaire de faire une convention concernant
les honoraires auxquels il a droit? Non, puisque ces honoraires sont fixés par la loi. Le mandat est intéressé de sa

---

(1) Rejet, 23 novembre 1858 (Dalloz, 1859, 1, 131).

nature, parce que la profession de celui qui s'en charge implique qu'un salaire doit lui être payé. Quand même la loi ne fixe point de salaire, il suffit que le mandataire se charge par profession des affaires qu'on lui confie pour qu'il ait droit à un salaire. Tels sont les agents d'affaires; la loi ne s'occupe pas d'eux, parce qu'ils ne sont pas des officiers ministériels et qu'ils ne remplissent pas un ministère public; mais la profession dont ils vivent implique que leur ministère est salarié. La doctrine et la jurisprudence sont d'accord sur ce point (1).

343. Ce que nous disons des agents d'affaires s'applique aux relations commerciales. Le mandat commercial reste gratuit de sa nature, puisque telle est la règle pour tout mandat; mais le plus souvent il sera salarié, parce que telle est l'intention des parties contractantes. On a été plus loin, et l'on a soutenu que le mandat commercial était salarié de sa nature (2), parce que le gain est le mobile du commerce. Cela est vrai et très-légitime; mais tout ce qu'il est permis d'en inférer, c'est que la règle de la gratuité du mandat souffre *ordinairement* exception lorsqu'il s'agit d'affaires de commerce; donc *presque toujours* on ne s'en charge qu'avec espoir de récompense ou bénéfice, à moins que l'on ne puisse induire des relations du mandataire avec le mandant, ou des circonstances de la cause, que le mandataire n'a pu prétendre à un salaire. Ce sont les termes d'un arrêt de Rennes; la cour juge en fait plutôt qu'en droit, et ce qu'elle dit est très-juste; seulement elle a tort d'ajouter qu'il faut une convention pour que le mandat soit gratuit (3); c'est renverser la règle de l'article 1986; or, le code civil reste applicable en matière de commerce, sauf dérogation. La cour de Nancy a très-bien jugé que le mandat est réputé gratuit, sauf convention contraire, même en matière de commerce, bien qu'il soit vrai de dire que le temps, les soins et les peines du négociant ont une valeur qui s'estime et se paye;

---

(1) Voyez les autorités dans Pont, t. 1, p. 452, n° 886.
(2) La cour de Bruxelles a jugé en termes trop absolus que le mandat, en matière commerciale, emporte *de droit* la promesse d'une rémunération (30 mai 1867, *Pasicrisie*, 1868, 2, 318).
(3) Rennes, 9 avril 1827 (Dalloz, au mot *Mandat*, n° 72).

ces considérations de fait et d'équité, dit la cour, ne sauraient l'emporter sur le principe de droit que le mandat est gratuit, le principe du code civil n'ayant pas été modifié par le code de commerce (1).

Il y a, du reste, en matière commerciale comme en matière civile, des professions et des fonctions qui, par leur nature, sont salariées, parce qu'elles servent de moyens d'existence à celui qui les exerce : tels sont les courtiers et les commissionnaires. De là suit que le mandat qui leur est donné est salarié par une convention tacite. La cour de Rennes a appliqué ce principe au subrécargue d'un navire nommé par les armateurs et ayant rempli ces fonctions. En fait, il était constant qu'il n'avait aucun intérêt dans l'armement, il était employé dans le seul intérêt des armateurs : peut-on admettre que celui qui donne tous ses soins et son temps à une fonction qui lui procure des moyens de vivre le fasse gratuitement? Il ne s'agit pas ici d'un de ces offices d'ami pour lesquels les jurisconsultes romains ont établi la règle de la gratuité; c'est une fonction salariée par sa nature (2).

344. Il faut aller plus loin. Le mandat a pour objet un fait juridique; il suppose donc une certaine connaissance du droit et la pratique des affaires. Voilà pourquoi les mandants choisissent comme mandataires des hommes qui, à raison de leurs fonctions ou de leur ministère, sont capables de gérer l'affaire qu'ils leur confient. Dans notre opinion, les notaires ne sont pas des mandataires quand ils reçoivent des actes (n° 333); mais les clients leur confient très-souvent un mandat qui touche à l'exercice de leurs fonctions, et que personne n'est plus capable de remplir qu'eux. Ce mandat est-il gratuit? Non, la supposition des jurisconsultes romains, reproduite par Pothier, fait défaut; le notaire ne remplit pas un office d'ami; et celui qui le charge d'une affaire ne songe pas à demander un service que l'on paye par la reconnaissance, il s'adresse à un homme d'affaires, et il entend rémunérer le mandataire à

----

(1) Nancy, 23 juin 1845 (Dalloz, au mot *Mandat*, n° 72).
(2) Pont, t. 1, p. 452, n° 885, et l'arrêt de Rennes précité.

qui il confie ses intérêts, comme il entend rémunérer le
fonctionnaire public qu'il charge de la rédaction d'un acte;
l'intention commune des parties est, dans l'un et l'autre
cas, que le contrat soit salarié, peu importe que ce soit un
mandat ou un louage. La jurisprudence est constante en ce
sens. Un noble, au moment d'émigrer en 1790, donna à
un notaire mandat de gérer ses biens. Quand il s'agit de
régler les comptes, le fils de l'émigré prétendit qu'il n'avait
pas été stipulé de salaire et que le mandat était gratuit de
sa nature. La cour de Toulouse condamna le mandant à
payer au mandataire une somme de 1,055 francs pour trois
années de gestion. C'était une leçon de droit et de reconnaissance; le jeune comte n'en profita pas et se pourvut en
cassation. La cour prononça un arrêt de rejet motivé sur
ce que l'arrêt attaqué avait pu décider, d'après les circonstances de la cause et d'après la profession du mandataire,
que le mandat à lui conféré n'avait pas été gratuit; ce que
l'administration, après la confiscation des biens des émi-
grés, avait déjà reconnu (1).

Par la même raison, les avoués peuvent réclamer une
rémunération pour les affaires qu'on leur confie comme
mandataires, en dehors des fonctions de leur ministère. Un
avoué est chargé par son client de prendre divers renseignements dans des affaires contentieuses étrangères à son
ministère. Il régla ses frais et honoraires, les fit taxer et
tira sur le mandataire une traite pour une valeur égale.
Cette traite revint au tireur avec protêt et compte de retour.
Action judiciaire. Le défendeur opposa que le mandat est
gratuit et qu'il n'avait pas entendu donner à l'avoué un
mandat salarié. Cette défense ne fut pas admise. La cour
de Bordeaux se contenta de dire que l'avoué n'était pas un
mandataire gratuit; qu'il avait droit à une indemnité pour
ses peines et soins, ainsi que pour ses frais de correspondance. Toutefois la cour retrancha du compte les frais oc-
casionnés par le protêt, parce que rien n'autorisait l'avoué
à tirer sur son client (2).

(1) Rejet, chambre civile, 14 juillet 1832 (Dalloz, au mot *Mandat*, n° 68, 2°).
(2) Bordeaux, 25 janvier 1842 (Dalloz, au mot *Mandat*, n° 133). Comparez Paris, 22 novembre 1833 (Dalloz, *ibid.*).

On a fait une singulière objection. Les avoués, dit-on, pas plus que les avocats, ne sont des agents d'affaires; ils ont leurs fonctions que la loi détermine, ils doivent se tenir dans ces limites; en sortir, c'est déroger à leur caractère, et, par suite, ils ne peuvent avoir d'action. La cour de Montpellier répond que l'officier ministériel qui accepte un mandat en dehors de ses fonctions, mais s'y rattachant par les connaissances spéciales que l'exécution du mandat exige, ne déroge pas à la dignité de son caractère. Dans l'espèce, il s'agissait du recouvrement de deux créances, et l'affaire présentait de grandes difficultés; la cour constate que c'est principalement par les soins, les peines, les démarches et par l'intelligence de l'avoué que le mandant est parvenu à être payé d'une créance de 25,549 francs; la cour lui alloua, de ce chef, une indemnité de 600 francs, non compris une somme de 105 francs qu'il avait déjà reçue (1).

345. Les agents d'affaires sont des mandataires salariés par la nature de leur ministère. Après la révolution de 1789, un homme qui avait perdu son état par suite de la réformation de l'ancienne législation fut obligé d'entreprendre une agence d'affaires pour se procurer des moyens de vivre. Il géra différentes affaires pour une dame depuis 1789 jusqu'en 1806. Après la mort de la mandante, il réclama une somme de 13,975 francs pour avances et honoraires. Les héritiers lui opposèrent que le mandat est gratuit. Cela est vrai, dit la cour, quand le mandat est confié à un parent, à un ami, à une personne qui veut nous obliger et qui, par son état et par son aisance, est dans le cas de le faire. Mais, dans la situation où se trouvait le mandataire, l'intention de celui-ci était certainement de se faire payer de ses soins, comme l'intention de la mandante était de les lui payer. Sur le pourvoi en cassation, la cour décida que l'arrêt attaqué n'avait violé aucune loi en jugeant, d'après les actes et les faits de la cause, que le défendeur avait fait fonctions, non d'un mandataire gratuit, mais d'un agent d'affaires; que, par conséquent, un salaire lui était dû (2).

(1) Montpellier, 27 juin 1855 (Dalloz, 1856, 1, 21).
(2) Rejet, section civile, 18 mars 1818 (Dalloz, au mot *Mandat*, n° 71, 1°).

346. Quand les mandataires n'exercent pas une profession intéressée, il faut qu'ils prouvent l'existence d'une convention expresse ou tacite, pour qu'ils aient droit à un salaire. C'est l'application pure et simple de l'article 1986; de droit commun, le mandat est gratuit, il ne cesse de l'être qu'en vertu d'une convention; celui qui réclame un salaire à titre de mandataire doit donc prouver qu'il existe une convention dérogeant au droit commun. Cette convention ne doit pas être expresse, comme semble le dire un arrêt de la cour de Rennes (1). La jurisprudence est unanime à décider que le juge peut admettre, d'après les circonstances de la cause, que le mandat est salarié. Il faut entendre cela en ce sens que le consentement tacite est établi par les faits de l'espèce. Les liens de parenté ou d'amitié qui existent entre le mandant et le mandataire impliquent le plus souvent la gratuité du mandat; pour mieux dire, c'est une circonstance qui milite contre la prétention du mandant à un salaire. Pour que l'on admette une convention de salaire dans ce cas, dit la cour de Bordeaux, il faut qu'on ne puisse supposer que le mandataire ait consenti à donner ses soins gratuitement, et que le mandant ait pu les réclamer sans avoir l'intention de les payer. Dans l'espèce, le proche parent d'un vieillard avait donné quelques soins aux affaires de celui-ci, sans qu'il eût jamais été question d'un salaire; après sa mort, le mandataire, se voyant frustré dans l'espérance qu'il nourrissait d'être appelé à la succession du défunt, réclama un salaire contre les héritiers institués. La cour rejeta la demande, les quelques soins du mandataire s'expliquant très-naturellement par la situation des parties, sans que l'on pût supposer un mandat salarié (2).

Il ne faudrait pas conclure de là que le mandat entre parents est nécessairement gratuit. Un négociant, chargé d'une entreprise considérable de fournitures, emploie son frère, de 1816 à 1820, dans les détails de cette affaire. Le mandataire reçut, à différentes époques, des récompenses

(1) Rennes, 18 avril 1815 (Dalloz, au mot *Mandat*, n° 67, 3°).
(2) Bordeaux, 29 juin 1852 (Dalloz, 1853, 2, 188).

pour les services par lui rendus. Les trouvant insuffisantes, il actionna son frère pour obtenir un supplément
de salaire. Il se fondait sur l'importance des affaires qu'il
avait gérées et sur des promesses qui lui auraient été faites.
La cour de Bruxelles l'admit à prouver ces services, ce qui
préjugeait la question en sa faveur (1).

Par contre, il faut se garder de croire que le mandat
soit nécessairement salarié, par cela seul que les parties ne
sont pas parentes, et quand même l'une et l'autre exerce-
raient des professions intéressées ; ce qui, en général, fait
admettre facilement une convention de salaire. Il n'y a rien
d'absolu en cette matière ; il faut toujours considérer les
circonstances de la cause. C'est ce que la cour de Gand a
jugé dans une espèce remarquable. Un négociant de Lou-
vain, entrepreneur général du service des subsistances mi-
litaires, sous-traita avec un commissionnaire de Bruges
pour la fourniture du pain de munition aux troupes en gar-
nison, et des vivres de campagne aux troupes cantonnées
dans les Flandres pendant l'année 1832 ; en même temps
il donna au sous-entrepreneur une procuration pour le représenter en tout ce qui concernait l'entreprise dans les
deux Flandres, notamment pour toucher les mandats et en
donner quittance. Le mandataire fournit tous les mois des
comptes détaillés de ses recettes et de ses déboursés, sans
faire mention d'aucune commission ou rétribution ; ce n'est
que dans le compte de la fin de l'année qu'il porta une commission de 1 pour 100 sur toutes les recettes par lui faites.
Les recettes s'élevaient à 720,263 florins ; sur cette somme
il revenait à l'entrepreneur 103,272 florins, différence entre
le prix de l'entreprise et celui des sous-marchés ; il restait
pour le sous-traitant la somme de 616,991 florins. La commission de 1 pour 100 était calculée sur le montant total
des recettes, c'est-à-dire même sur la plus forte somme qui
appartenait au sous-traitant. Cette circonstance aurait dû
éveiller l'attention du premier juge ; peut-il être dû un droit
de recette à celui qui reçoit pour son propre compte ? Le
tribunal de première instance ne considéra que le mandat,

_____

(1) Bruxelles, 31 juillet 1833 (*Pasicrisie*, 1833, 2, 213).

sans réfléchir que le mandataire était avant tout sous-entrepreneur, et que c'est en cette dernière qualité, par conséquent dans son intérêt, qu'il faisait la recette. Il est vrai
qu'une partie de la recette revenait à l'entrepreneur principal; mais il n'avait pas touché cette différence entre les
deux marchés séparément, il n'avait donc employé aucun
soin à l'affaire du mandant; il était, en réalité, mandataire
in rem suam, et il trouvait sa récompense ou sa rémunération dans son marché. Son bénéfice de sous-entrepreneur
lui tenait lieu de salaire; le mandat n'était que l'accessoire
du contrat d'entreprise, et il était absorbé par cette convention; par conséquent, le juge aurait dû décider la question du salaire d'après le contrat principal, en laissant de
côté le mandat, qui n'avait d'autre but que de faciliter l'exécution de l'entreprise et du sous-marché. C'est ce que fit la
cour d'appel en décidant que le sous-entrepreneur n'avait
droit à aucune commission (1).

Nº 2. LE SALAIRE CONVENU PEUT-IL ÊTRE RÉDUIT ?

347. Le mandataire n'a droit à un salaire qu'en vertu
d'une convention. Lorsque la convention est expresse, elle
détermine le montant du salaire, ou du moins les bases sur
lesquelles il doit être calculé. Le juge peut-il, dans ce cas,
diminuer le salaire en le réduisant pour cause d'excès ? La
négative nous paraît certaine, évidente même, puisqu'elle
repose sur un texte du code Napoléon. Aux termes de l'article 1134, les conventions légalement formées tiennent
lieu de loi à ceux qui les ont faites; elles ne peuvent être
révoquées que de leur consentement mutuel ou pour les
causes que la loi autorise. Si les conventions sont une loi
pour les parties, elles sont aussi une loi pour le juge; il
est appelé à exécuter les contrats, et non à les modifier.
Aucune considération d'équité ne l'y autorise. Quand il y
a des raisons pour permettre au juge de modifier les conventions, c'est au législateur, et à lui seul, de voir si l'équité
doit l'emporter sur le droit strict. C'est ainsi que l'article 1244 autorise le juge, en considération de la position du

(1) Gand, 23 février 1838 (*Pasicrisie,* 1838, 2, 52).

débiteur et en usant de ce pouvoir avec une grande réserve, d'accorder au débiteur des délais modérés pour le paye-ment. Ce sont de rares exceptions qui confirment la règle. Quelque inique que paraisse une convention, le juge doit l'exécuter. La convention porte que le débiteur, en cas d'inexécution, payera une somme de 10,000 francs à titre de dommages-intérêts ; le débiteur prouve que le dommage que le créancier souffre de l'inexécution ne s'élève qu'à 5,000 francs ; le juge doit néanmoins allouer la somme sti-pulée au créancier. Il en serait de même si la somme con-venue se trouvait inférieure au montant du dommage réel ; le créancier ne recevra que la somme stipulée, quand même le dommage serait deux fois plus considérable. Le législa-teur laisse aux parties le soin de veiller à leurs intérêts, et généralement elles le font avec plus d'exactitude et d'in-telligence que ne le ferait le juge. Que si les parties se trompent, elles doivent s'en prendre à leur négligence ; la loi ne vient pas au secours de ceux qui négligent leurs inté-rêts. Ces principes reçoivent leur application au salaire conventionnel : la convention fait la loi des parties, quelque excessif que paraisse le salaire, les parties l'ont voulu ainsi. Cela est décisif.

348. La règle reçoit exception lorsque le consentement des parties est vicié, c'est-à-dire quand le mandant a con-senti par erreur, ou quand son consentement a été extor-qué par violence ou surpris par dol. La lésion ne suffit pas pour vicier le contrat, puisque, dans notre droit moderne, la lésion ne vicie le consentement que dans la vente et le partage, dans les contrats faits par les mineurs (art. 1118). Si le consentement du mandant est vicié, le mandat est nul. Cela s'est présenté plus d'une fois ; il importe de noter ces applications, afin de distinguer les cas dans lesquels la convention de salaire peut être attaquée en vertu du droit commun, des cas dans lesquels la jurisprudence admet que le salaire peut être réduit. Le 7 avril 1833, trois dames donnent procuration à un agent d'affaires, secrétaire de la mairie, de faire valoir leurs droits dans une succession. Il est dit dans l'acte que, pour indemniser le mandataire de ses peines, soins et démarches, les constituantes lui font à forfait l'abandon de la moitié de toutes les sommes et valeurs qu'elles retireront de ladite succession, sous la condition que le mandataire fera l'avance des frais, sans recours contre les mandantes, dans le cas où leurs droits ne seraient point reconnus. La convention avait les apparences d'un contrat aléatoire; en réalité, il n'y avait aucune chance à courir, les droits des successibles étant certains. Sur la réclamation des héritiers contre l'énormité de l'émolument qu'elles avaient accordé, il intervint une nouvelle convention (le 16 avril 1833) par laquelle le premier mandat était confirmé, avec cette modification que le mandataire s'adjoindrait deux autres personnes, un notaire et un percepteur, et que le salaire serait réduit aux deux cinquièmes des valeurs héréditaires à recouvrer. Quand les droits des successibles furent assurés, quoique non encore liquidés, les mandataires présentèrent un acheteur; la vente eut lieu pour 130,000 francs le 9 mai 1833. Bientôt les venderesses s'aperçurent qu'elles avaient été trompées; elles demandèrent l'annulation des conventions qu'elles avaient souscrites, pour cause de dol et de fraude et, par suite, la restitution des 52,000 francs que les mandataires avaient touchés sur le prix de vente. La nullité fut prononcée par la cour de Limoges. L'arrêt constate que les mandantes étaient des gens simples, ignorants, peu fortunés et très-faciles à être induits en erreur; les preuves du dol et de la fraude abondaient. Sur le recours en cassation, la cour prononça un arrêt de rejet. Le pourvoi prétendait que les conventions avaient été violées ainsi que l'article 1986, qui permet de stipuler un salaire; que si le salaire paraissait excessif, il fallait le réduire, mais non annuler la convention. La cour répond que, les procurations étant annulées, la convention de salaire tombait avec les actes qui la renfermaient, et qu'il ne restait, à l'égard des prétendus mandataires, que le fait de s'être immiscés dans les affaires d'autrui, fait déclaré frauduleux et accompli, non dans l'intérêt des mandants, mais pour le profit personnel des demandeurs; ce qui exclut absolument toute idée de salaire et d'honoraire (1).

(1) Rejet, 7 août 1837 (Dalloz, au mot *Mandat*, n° 75, 1°).

Un homme, déjà condamné pour usure, ouvre un crédit de 250,000 francs à un comte, et lui fait ouvrir un crédit de pareille somme par un tiers. L'emprunteur souscrivit deux billets de 250,000 francs chacun, payables dans six mois; ils furent payés à l'échéance. Après le décès du comte, sa veuve, tant en son nom qu'au nom de ses enfants mineurs, demanda la restitution d'une somme de 90,000 fr. que le prêteur avait perçue à titre de rémunération. Le prêteur nia d'avoir reçu ladite somme et contesta l'admissibilité de la preuve testimoniale. La cour de Paris admit la preuve par témoins, en se fondant sur le dol et la fraude. Pourvoi en cassation, admis par la chambre des requêtes; la chambre civile ne le rejeta qu'après un délibéré en la chambre du conseil. Il se présentait des difficultés, en matière d'usure, dans lesquelles il est inutile d'entrer. La demande avait pour objet la restitution d'une prime ou d'une rémunération que le prêteur avait extorquée de l'emprunteur en abusant de la position de celui-ci. Le comte, ayant besoin immédiatement d'une forte somme, avait été forcé de passer par toutes les conditions que le prêteur lui imposait. C'était un consentement vicié par le dol et la fraude (1).

349. Jusqu'ici nous sommes sur le terrain du droit commun; il s'agit, non de réduire le salaire, mais d'annuler la convention qui le stipule. La jurisprudence va plus loin, elle permet de réduire le salaire quand le juge le trouve excessif; elle maintient donc la convention, mais elle la modifie. Que cette réduction soit une exception aux principes généraux de droit, cela n'est point douteux. Réduire le salaire stipulé par une convention, tout en maintenant la convention, c'est révoquer partiellement la convention; or, le juge n'a pas plus le droit de révoquer les contrats en partie que pour le tout. Nous ne connaissons qu'une seule disposition dans le code qui permette de réduire des engagements pour cause d'excès, ce sont ceux que les mineurs émancipés contractent (art. 484). Cette exception confirme la règle, la loi ne l'a consacrée qu'en faveur des incapables; quant aux personnes capables, leurs conventions

---

(1) Rejet, chambre civile, 9 mai 1867 (Dalloz, 1867, 1, 52).

peuvent être attaquées, annulées ; elles ne peuvent être réduites.

Toutefois la jurisprudence admet la réduction du salaire stipulé par les mandataires et, notamment, par les agents d'affaires. Cette doctrine passe presque pour un axiome (1). L'autorité de la jurisprudence est grande, mais ce n'est qu'une autorité de raison ; il nous faut donc voir quels sont les motifs sur lesquels se fondent les arrêts qui réduisent le salaire conventionnel.

Quand on lit les arrêts, on est très-étonné de voir que la plupart ne sont pas motivés. Un agent d'affaires reçoit un mandat pour la liquidation d'une succession ; l'acte stipule qu'il lui sera payé 5 pour 100 non-seulement du montant des créances à recouvrer, mais encore du montant des rapports à faire par les héritiers ; et qu'en cas de révocation et en considération des travaux déjà faits, il serait payé comme s'il avait déjà fait la recette. Le premier juge décida que le salaire était évidemment excessif ; que, pour les créances non recouvrées ni recouvrables et pour les rapports, les clauses étaient même illicites, puisque les héritiers devaient payer 5 pour 100 sans cause. Ce ne sont pas là des motifs. S'il y a cause illicite ou défaut de cause, la convention est nulle, plus que cela, inexistante ; par suite, il y a lieu, non de réduire le salaire, mais de déclarer le contrat inexistant. Que le salaire soit excessif, qu'importe ? Les mandants l'ont consenti ; peuvent-ils revenir sur leur consentement sans qu'il soit vicié ? Or, l'excès des engagements n'est pas un vice, c'est une lésion, et la lésion ne vicie pas les contrats. Sur l'appel, la cour de Paris se borna à confirmer le jugement, en disant que tout salaire d'agent d'affaires est sujet à évaluation et à règlement. C'est une affirmation, mais affirmer n'est pas prouver. Pourvoi en cassation. La cour rejette, attendu que l'arrêt attaqué n'a violé aucune loi en déclarant que tout salaire d'agent d'affaires est sujet à évaluation et à règlement par le juge (2). Et l'article 1134 ? Réduire le salaire, n'est-ce pas modifier

---

(1) Demolombe l'a combattue dans la *Revue de législation*, t. II, 1846, p. 447. Dans le même sens, Aubry et Rau, t. IV, p. 649. note 9, § 414.
(2) Rejet, 11 mars 1824 (Dalloz, au mot *Mandat*, n° 75).

et, par conséquent, révoquer une convention légalement faite? et toute convention ne tient-elle pas lieu de loi? Appartient-il aux tribunaux d'altérer la loi des contrats?

350. Dans une autre espèce, la cour de Paris pose en principe que le salaire du mandataire ayant pour fondement et pour cause les soins donnés aux affaires du mandant, il s'ensuit qu'il appartient aux juges de contrôler cet élément de la convention et de la ramener à de justes limites. Dans l'espèce, le mandataire avait stipulé une somme de 5,100 francs; la cour dit que ce salaire est hors de toute proportion avec les soins que l'affaire comportait, et qu'en se faisant remettre ladite somme, le mandataire a abusé de l'incurie de son mandant. Si les tribunaux étaient appelés à juger en équité, la décision serait excellente; mais les juges ne sont pas des ministres d'équité, ils sont les organes de la loi, et leur premier devoir est de la respecter et de respecter les conventions légalement formées. Si l'on admet l'argumentation de la cour de Paris pour le mandat, il faudra l'admettre pour toute convention, dès qu'il y aura excès ou lésion dans un contrat commutatif: c'est violer l'article 1134, c'est violer l'article 1118. Pourvoi en cassation; le demandeur invoque l'article 1134 et la loi du contrat, il dit que le mandant est libre de fixer le salaire comme il l'entend. Si les juges peuvent modifier les clauses d'une convention en se fondant sur l'*incurie* des contractants, que deviendra l'irrévocabilité des conventions? La cour de cassation rejeta le pourvoi. Que fait-elle de l'article 1134? Elle se borne à dire que l'arrêt attaqué n'a violé aucune loi, parce qu'il appartenait à la cour de réduire un salaire exagéré (1). *Il appartenait!* En vertu de quelle loi? en vertu de quel principe? C'est ce que la cour suprême ne dit point. C'est certainement par exception qu'il appartient au juge de réduire le salaire des mandataires. Toute exception demande une loi. Quelle est la loi qui donne au juge le pouvoir de modifier le mandat *pour cause d'incurie du mandant?*

351. Des agents d'affaires se chargent du recouvre-

_____

(1) Rejet, 1er juillet 1856 (Dalloz, 1856, 1, 464).

ment d'une créance sur un débiteur décédé en état de faillite, à condition que la moitié de la somme à recouvrer leur appartiendrait. Lorsqu'ils firent cette proposition au créancier, les agents d'affaires savaient qu'un fils du failli avait fait un testament par lequel il exprimait la volonté que sa succession servît à éteindre les dettes de son père. La convention, attaquée pour cause de dol, fut maintenue par la cour de Paris, mais elle réduisit le montant du salaire de la moitié à un tiers. C'est l'arbitraire absolu; pourquoi un tiers plutôt qu'un quart? Est-ce au juge de déterminer quel est l'intérêt des parties contractantes? Est-ce le juge qui contracte? Pourvoi en cassation. La cour prononça un arrêt de rejet. Elle pose en fait, d'après l'arrêt attaqué, que le contrat intervenu entre les parties était un mandat, et elle décide, en droit, que la cour d'appel avait le *droit* et le *devoir* de rechercher, comme elle l'avait fait, le rapport de l'importance des soins, démarches et peines des mandataires, avec l'importance de la rémunération convenue, et de la réduire dans le cas où elle lui paraîtrait excessive (1). Le *droit* et le *devoir!* Nous demandons des motifs à la jurisprudence, et voici le troisième arrêt de la cour de cassation qui répond par des affirmations, sans les appuyer ni sur un texte, ni sur un principe. Une pareille jurisprudence est pour nous sans autorité aucune.

352. Il en est de même de l'arrêt le plus récent que la cour de cassation a rendu en cette matière. Une personne ayant besoin d'une somme de 400,000 francs s'oblige, envers un mandataire qui lui procure ladite somme, à lui payer 2 pour cent sur le montant de l'emprunt et 1 pour cent sur la somme prêtée pendant toute la durée du prêt. La cour de Paris décida que le droit de 2 pour cent, s'élevant à 8,000 francs, était suffisant pour tenir lieu de toute rémunération, que le ministère du mandataire était inutile pendant la durée du prêt, que par conséquent le droit de 1 pour cent stipulé pour la durée du contrat n'avait aucun fondement. Pourvoi en cassation et, comme toujours, arrêt

---

(1) Rejet, 12 janvier 1863 (Dalloz, 1863, 1, 303). Comparez Paris, 9 juin 1869 (Dalloz, 1870, 2, 6).

de rejet : attendu qu'en réduisant, pour le proportionner à
l'étendue du service rendu, le salaire stipulé par le mandataire, la cour de Paris n'a fait qu'user du pouvoir qui lui
appartenait d'après les *règles de la matière* et que par
conséquent l'arrêt attaqué n'a violé aucune loi (1). Si l'on
demandait à la cour de cassation où se trouvent ces *règles
sur la matière!* Nous n'en connaissons d'autre que l'article 1986 qui permet de stipuler un salaire, et l'article 1134 qui déclare que les conventions tiennent lieu de
loi aux parties, et qu'elles ne peuvent les révoquer que
pour les causes que la loi autorise.

353. Nous aimons à constater que le tribunal de la
Seine, dans l'espèce, avait au moins motivé sa décision.
Il invoque l'article 1986 qui pose le principe de la gratuité du mandat; de là il conclut que le mandat est soumis à des règles spéciales, en ce sens que le prix stipulé
doit être la représentation d'une rémunération juste et convenable; d'où le tribunal tire la conséquence que les juges
ont le droit de le réduire lorsqu'il est hors de proportion
avec le service rendu (2). Le même argument se trouve
dans un arrêt de la cour de cassation de Belgique, le seul
arrêt, en cette matière, qui soit sérieusement motivé. De
sa nature, dit la cour, le mandat est un acte de bienfaisance; les jurisconsultes romains le définissaient un office
d'amitié, et le considéraient comme gratuit par son essence, de sorte que la stipulation d'un salaire le faisait dégénérer en contrat de louage. Si le code civil n'a pas consacré ces principes rigoureux, il a néanmoins maintenu au
mandat son caractère de désintéressement et de générosité,
en proclamant qu'il est gratuit. Il est vrai que l'article 1986
ajoute : *s'il n'y a convention contraire*; mais la loi, en permettant de stipuler un salaire, n'a pas entendu autoriser
les parties à fixer arbitrairement le prix du mandat et détruire ainsi le principe qu'elle venait de poser; le code les
a autorisées seulement à convenir d'une rémunération équi-

---

(1) Rejet, 8 avril 1872 (Dalloz, 1873, 1, 259).
(2) Jugement du 11 février 1870, confirmé par arrêt de la cour de Paris
du 21 juin 1871 (Dalloz, 1871, 2, 189). Comparez Paris, 3 avril 1873 (Dalloz,
1873, 2, 199).

table. C'est en ce sens que l'exposé des motifs dit que le
salaire doit être moins un lucre qu'une indemnité; le rapporteur et l'orateur du Tribunat s'expriment dans le même
sens (1).

L'argumentation de la cour transporte dans le mandat
salarié les principes qui régissent le mandat gratuit. En
réalité, ce sont deux contrats d'une nature différente; l'un
est un contrat de bienfaisance, l'autre est un contrat commutatif : on ne peut appliquer à un contrat à titre onéreux
des règles qui ne conviennent qu'à un contrat à titre gratuit. Qu'est-ce qui reste de l'office d'amitié, de désintéressement, de générosité, dans le mandat donné à un agent
d'affaires? Rien, que le nom de mandat. Il est donc peu
logique d'appliquer les idées romaines à une convention qui
n'a plus rien de commun avec le mandat romain. Le texte
même du code prouve que le mandat gratuit et le mandat
salarié sont régis par des principes différents; la responsabilité du mandataire salarié est plus rigoureuse que celle
du mandataire gratuit (art. 1992). Les soins diffèrent donc,
et les personnes qui se chargent d'une gestion salariée ne
sont pas les mêmes que celles qui remplissent un mandat
à titre d'amis. L'agent d'affaires vit de sa profession comme
l'ouvrier ou l'industriel. On n'a jamais songé à réduire le
salaire stipulé dans un contrat de louage; il n'y a pas de
raison non plus pour réduire le salaire d'un agent d'affaires;
sauf le caractère de représentation, qui est étranger au
louage d'ouvrage, l'analogie est complète entre celui qui
loue son industrie, et celui qui s'engage à gérer une affaire.
Quant à la nature du salaire, il n'y a aucune différence;
donc la convention qui le stipule doit avoir le même effet
dans l'un et l'autre contrat; il faut laisser de côté les idées
ou les sentiments d'amitié et de dévouement désintéressé
qui caractérisent le mandat gratuit; l'agent d'affaires n'est
pas un ami, et ne se donne pas pour tel; il loue ses soins,

---

(1) Rejet, 17 janvier 1851, au rapport de Paquet (*Pasicrisie*, 1851, 1,
314). La jurisprudence des cours d'appel de Belgique est dans le même
sens : Gand, 11 juin 1849 (*Pasicrisie*, 1849, 2, 333); Bruxelles, 20 juillet
1854, 23 février 1856 et 1er février 1875 (*Pasicrisie*, 1855, 2, 37; 1856, 2,
142, et 1875, 2, 201); Liége, 3 août 1866 (*Pasicrisie*, 1869, 2, 382).

comme un locateur; il stipule dans son intérêt, comme le mandant stipule dans le sien. La loi n'intervient point dans les stipulations intéressées des parties contractantes, et elle ne permet pas au juge d'y intervenir.

Restent les travaux préparatoires du code; ils n'ont pas l'importance ni l'autorité que la cour de cassation leur attribue. Nous transcrivons les paroles de Berlier, l'orateur du gouvernement: « De sa nature, le mandat est gratuit; c'est un *office d'amitié*; ainsi le définit le droit romain, et notre projet lui conserve ce noble caractère. Cependan tcette règle tournerait souvent au préjudice de la société, si elle était tellement absolue qu'on n'y pût déroger par une stipulation expresse. Cette stipulation sera donc permise, car elle n'a rien de contraire aux bonnes mœurs; et même elle sera d'une exacte justice, toutes les fois que le mandataire n'aura pas assez de fortune pour faire à *son ami* le sacrifice de son temps et de ses soins, circonstance qui peut arriver souvent, et dans laquelle la rétribution sera moins un lucre qu'une indemnité (1). » Ainsi Berlier raisonne toujours dans la supposition du mandat traditionnel, du mandat confié à un *ami*, et rempli dans une intention de bienfaisance. Est-ce là la réalité des choses, quand le mandat est donné à un agent d'affaires qui vit de sa profession?

La puissance de la tradition est grande, en droit; tout en innovant, tout en dérogeant au droit traditionnel, les auteurs du code supposent toujours que le mandat salarié est un office d'amitié. Le rapporteur du Tribunat appelle le salaire stipulé par le mandataire, une marque de gratitude que le mandant donne au mandataire par un sentiment de juste délicatesse; c'est une indemnité, ce n'est pas un bénéfice (2). Tarrible oublie que l'article 1992 qualifie de *salaire* cette prétendue marque de reconnaissance et de délicatesse, et que le code en induit que le mandat salarié change de nature. Nous répétons que l'agent d'affaires, le plus souvent inconnu du mandant, n'a pas la prétention d'être un ami; le contrat qui intervient entre lui et le mandant ne repose pas sur le dévouement de l'un et la gratitude de

(1) Berlier, Exposé des motifs, n° 3 (Locré, t. VII, p. 373).
(2) Tarrible, Rapport, n° 5 (Locré, t. VII, p. 378).

l'autre; le mandataire ne stipule pas une récompense, il stipule un prix. Le contrat est intéressé de part et d'autre, comme il l'est dans le louage et la vente.

Quant à l'orateur du Tribunat, il oublie complétement l'innovation que le code apporte à l'ancien droit. Pour lui, le mandat est toujours un échange de confiance et de bienfaisance; si la loi permet de stipuler quelques *témoignages de bienveillance*, cela n'empêche pas l'*affection* de rester la cause première et déterminante du contrat; le mandataire ne devient pas un salarié (1). Ici nous arrêtons le tribun; il dit le contraire de ce que dit le code civil, dont il expose les motifs; Bertrand de Greuille ne parle que du cœur, du dévouement, du zèle, de l'amitié, tandis que la loi parle de *salaire* (art. 1992) et met le mandataire salarié sur la même ligne que le locateur et le vendeur, quant à la responsabilité qu'elle lui impose. Et quand la loi parle de salaire, peut-il encore être question d'un service *inappréciable?* C'est le langage romain appliqué à un contrat intéressé que le droit romain ignorait.

Quand même tout ce que disent les orateurs du gouvernement et du Tribunat serait vrai, il n'en résulterait pas que le salaire du mandataire peut être réduit. Ils ne prévoient pas la difficulté, et à leur point de vue, ils ne pouvaient pas même la soupçonner. Est-ce qu'un ami, qui se charge d'une affaire par dévouement, stipule une commission de 200 pour cent? Le cas s'est présenté. Voilà la réalité. Il ne s'agit pas d'amitié, il s'agit de soins intéressés; le prix peut être excessif; il peut l'être dans tout contrat commutatif, et néanmoins la loi ne permet pas au juge de réduire les prix que les parties stipulent.

354. La jurisprudence n'est pas aussi unanime qu'on le dit. Nous citerons d'abord un arrêt de la cour de Paris qui consacre notre opinion. La cour, pour mieux dire, le tribunal de la Seine, dont la cour a confirmé la décision, commence par rappeler le principe de l'article 1134 : les conventions légalement formées tiennent lieu de loi à ceux qui les ont faites. Aucune loi n'excepte le mandat de la

(1) Bertrand de Greuille, Discours, n° 4 (Locré, t. VII, p. 385).

règle qui fait du contrat la règle des parties contractantes. Il suit de là que le mandant ne peut pas plus se délier de ses obligations envers le mandataire, que le mandataire n'aurait pu se délier de ses obligations envers le mandant.

Tels sont les vrais principes ; ils nous paraissent incontestables. Le tribunal admet une restriction dans deux cas. Lorsque le mandataire n'a pas fait tout ce qu'il devait faire, le juge peut intervenir pour réduire le salaire et le proportionner à l'exécution du mandat. Ce n'est pas là une exception à la règle, c'en est plutôt l'application ; le salaire est stipulé pour l'exécution complète du mandat ; si le mandataire ne le remplit que pour une partie, il va de soi qu'il ne peut réclamer tout le salaire. Dans ce cas, les tribunaux doivent arbitrer la partie du salaire à laquelle le mandataire a droit à raison de l'exécution partielle du mandat. C'est toujours exécuter la convention, puisque c'est en exécution de ses clauses que le juge diminue le salaire (1). Il en serait de même si le montant du salaire n'avait pas été fixé ; le juge pourra, en ce cas, l'arbitrer ; ce n'est pas là réduire un salaire conventionnel, c'est exécuter la convention en l'interprétant (2).

La cour de Paris ajoute, dans l'arrêt que nous venons de citer (note 1), que si le consentement du mandant n'a pas été libre, s'il a été obtenu par des manœuvres plus ou moins frauduleuses, les tribunaux peuvent *substituer* leur appréciation à celle qui n'a pas été valablement faite par les parties. Si cela veut dire que, dans ce cas, le juge peut réduire le salaire, il y a erreur à notre avis. Le juge ne peut jamais *substituer* son appréciation à celle des parties ; s'il y a dol ou fraude, le consentement est vicié, par suite la convention est nulle, il n'y a plus ni mandataire ni mandant, il ne peut donc pas y avoir d'action en vertu d'un mandat qui est censé n'avoir pas été donné ; partant, il ne saurait être question de réduire le salaire convenu. Tout ce que le prétendu mandataire peut demander, c'est d'être

---

(1) Paris, 27 juin 1863 (Dalloz, 1863, 2, 164).
(2) Rejet, cour de cassation de Belgique, 18 janvier 1851 (*Pasicrisie,* 1851, 1, 428).

indemnisé de ses déboursés s'ils ont profité au mandant, et dans la limite de ce profit (n° 348).

355. Dans l'espèce jugée par la cour de Paris, il s'agissait de la révélation d'une succession inconnue de ceux à qui elle était échue. L'agent d'affaires qui révéla aux héritiers les droits qu'ils avaient à la succession d'un parent dont ils ignoraient le décès, et dont ils avaient ignoré l'existence, stipula un tiers de la succession à son profit, en prenant à sa charge toutes les mauvaises chances qui pouvaient résulter de la poursuite des droits héréditaires. Ce n'est pas là un mandat proprement dit, c'est une convention aléatoire qui est très-licite, à moins que le consentement des héritiers ne soit surpris par des manœuvres frauduleuses. Les héritières, une fois en possession des biens, trouvèrent que la somme de 100,000 francs qu'elles avaient payée à l'agent d'affaires était excessive. Elles se pourvurent en cassation. Le pourvoi fut rejeté. La cour de cassation ne consacre pas la doctrine que l'arrêt attaqué s'était appropriée, mais elle ne la répudie pas non plus. Après avoir constaté que le consentement des successibles avait été tout à fait libre et qu'il n'y avait aucun dol à reprocher à l'agent d'affaires, la cour dit que la part qui lui était allouée n'était pas seulement un honoraire, mais qu'elle était aussi le prix de l'avantage considérable que le révélateur des droits héréditaires procurait aux successibles; que, de plus, il fallait faire entrer en compte les risques et périls qu'il courait si le procès avait été perdu. Dans de pareilles circonstances, conclut la cour, l'arrêt attaqué avait fait la plus saine application de l'article 1134 en décidant que le traité intervenu entre les parties ne pouvait être modifié par le juge dans aucune de ses dispositions (1). L'arrêt témoigne, à notre avis, contre la jurisprudence. En droit, la question est identique, pour le mandat salarié aussi bien que pour la convention mélangée de chances aléatoires, dont nous venons de parler. En fait, les considérations d'équité qui, d'ordinaire, sont défavorables aux agents d'affaires, étaient, au contraire, en

(1) Rejet, chambre civile, 7 mai 1866 (Dalloz, 1866, 1, 247).

faveur de celui qui avait enrichi les successibles, tandis que celles-ci avaient bien vite oublié leur devoir de reconnaissance. Mais le juge n'a pas le droit de décider d'après des motifs d'équité, et quand il le fait pour modifier des conventions, il viole la loi.

356. Les difficultés, en cette matière, sont grandes, surtout si l'on s'écarte de la loi comme le fait la jurisprudence. La plupart des arrêts rendus par la cour de cassation sont de la chambre civile, et après délibéré en chambre du conseil. Cela nous engage à rapporter encore une décision de la cour suprême, intervenue dans un cas spécial. Il s'agissait du recouvrement d'une créance d'un frère contre son frère. Le demandeur souscrivit, au profit de l'agent d'affaires chargé de poursuivre le payement, un billet de 5,000 francs pour le cas où il serait payé de ce qui lui était dû. Après un jugement qui reconnaissait les droits du créancier, il intervint entre les deux frères une transaction qui mit fin au procès. En conséquence, la cour de Toulouse réduisit la rémunération de 5,000 francs à 2,000 francs. Pourvoi en cassation admis par la chambre des requêtes. La chambre civile prononça un arrêt de rejet, sans s'approprier toutefois les motifs de l'arrêt attaqué, qui reproduisait la doctrine consacrée par la jurisprudence, c'est-à-dire le pouvoir discrétionnaire du juge. La cour de cassation constate, au contraire, le caractère tout spécial du mandat qui a pour objet la poursuite d'une instance judiciaire : les parties ne peuvent guère, au moment où elles contractent, se rendre un compte exact des phases de la procédure et des incidents qui peuvent surgir; cependant ces incidents imprévus apportent souvent de graves modifications dans la situation première du mandant et du mandataire. Dans l'espèce, le demandeur avait promis une somme de 5,000 francs, parce qu'il pensait qu'il arriverait plus facilement au recouvrement de sa créance par les bons offices d'un mandataire. Mais il arriva que les parties transigèrent après que le jugement de première instance avait été frappé d'appel, et cette transaction se fit à l'insu du mandataire. Il résultait des circonstances de la cause que le mandataire n'avait rempli son mandat qu'en partie, ce qui permettait au juge et lui faisait même un devoir de réduire la rémunération promise. Dans l'espèce, la cour ne modifia pas la convention, elle la valida, au contraire, mais elle réduisit le salaire, parce que le mandat n'avait pas été rempli pour le tout (1).

§ III. *Mandat et conseil.*

N° 1. PRINCIPE.

357. Quelle différence y a-t-il entre le mandat et le conseil ou la recommandation? En théorie, il est très-facile d'établir la différence; c'est à peine si l'on aperçoit une analogie. Le mandat est un contrat, il faut le concours de consentement des deux parties contractantes, l'une stipulant, l'autre promettant; il y a donc un créancier et un débiteur. Celui qui fait une recommandation n'entend pas s'obliger; il ne se forme pas de contrat, il n'y a ni débiteur ni créancier. Il en est de même du conseil : le conseil est un fait moral et non un fait juridique, alors même qu'à la suite du conseil il se forme un contrat; en effet, en donnant un avis à celui qui me demande conseil, je n'entends pas contracter une obligation et celui qui me demande conseil n'entend pas stipuler un droit contre moi; il n'y a donc pas de concours de consentement, pas de débiteur, pas de créancier. Quand nous disons qu'il n'y a pas concours de volontés dans la recommandation et dans le conseil, cela veut dire que les volontés ne concourent point dans le but de contracter; peu importe que la personne à laquelle j'adresse ma recommandation y fasse droit, nos volontés concourent, mais ce n'est pas avec l'intention de contracter une obligation ni d'acquérir un droit. Dans le conseil aussi, celui qui demande conseil peut avoir l'intention de le suivre; les volontés concourent donc, mais c'est un concours moral qui n'a rien de commun avec le mandat. Le mandat implique le pouvoir de faire une chose et l'obligation de la faire (art. 1984). Celui qui recommande

---

(1) Rejet, chambre civile, 9 mai 1866 (Dalloz, 1866, 1, 246).

ne donne aucun *pouvoir*, et celui qui accepte la recommandation n'entend pas s'obliger juridiquement à faire ce que le recommandant désire. De même, si je vous donne un conseil sachant que vous le suivrez, je ne vous donne aucun pouvoir, et je n'entends pas être responsable de ce que vous ferez. Enfin le caractère essentiel du mandat fait défaut dans le conseil : la représentation. Il se rencontre, dans un sens moral, lorsque la personne à laquelle j'adresse une recommandation fait pour le recommandé ce que je désire qu'elle fasse, car elle le fait pour moi, dans le but de m'être agréable ; mais ce n'est pas une représentation juridique ; si vous rendez un service sur ma recommandation, ce n'est pas en mon nom que vous le rendrez, et ce n'est pas moi qui agis par votre intermédiaire. Il va sans dire que si, pour faire droit à ma recommandation, vous contractiez une obligation envers un tiers, celui-ci n'aurait aucune action contre moi, car je ne vous ai pas donné pouvoir de le faire, et vous ne le faites pas en mon nom, vous seul êtes en cause et vous seul êtes obligé (1).

358. Cependant la recommandation peut devenir un mandat, ainsi que le conseil. Nous empruntons des exemples à Pothier. Je vous écris que mon fils doit passer à Lyon, et je vous le recommande pendant le séjour qu'il y fera : voilà la recommandation qui n'implique aucune obligation. Mais si ma lettre porte que je vous prie de fournir à mon fils l'argent dont il aura besoin pendant son séjour à Lyon, ma lettre renferme un mandat. Dans le second cas, je suis obligé de vous rendre vos avances, tandis que je ne suis pas obligé envers vous si, sur ma recommandation, vous avez fait des dépenses pour être agréable à mon fils et à moi.

Je vous écris que vous pouvez prêter sûrement à Pierre la somme qu'il vous demande à emprunter ; j'ajoute que c'est un honnête homme qui est très-solvable et qui mérite qu'on lui rende service. C'est un conseil, il n'en naît aucune obligation, parce que ni vous ni moi, nous n'avons entendu contracter. Mais si je vous écris : « Pierre, mon

---

(1) Comparez Domat, *Lois civiles*, livre I, tit. XV, sect. I, n° 13.

ami, a besoin d'une somme de mille écus ; je ne puis la lui
prêter, n'ayant pas d'argent pour le moment ; je vous prie
de la lui prêter à ma place » ; dans ce cas, il y a mandat. Peu importe que je me sois servi du mot *prier* au lieu
du mot *charger ;* c'est une formule de politesse assez naturelle, puisque le mandant demande un service au mandataire, mais la prière implique un pouvoir, et si ce pouvoir
est accepté, le mandat se forme (1).

359. Les exemples que Pothier donne ne laissent aucun doute ; aussi dit-il que la chose est évidente. Mais
dans la vie réelle, les faits n'ont pas cette évidence. Quand
ils se passent entre amis, il importe assez peu qu'il y ait
contrat ou non, l'ami ne plaide pas contre l'ami. Mais les
mandats intéressés ne se donnent pas entre amis ; c'est
d'ordinaire à un homme d'affaires qu'ils sont confiés. S'il
fait sa profession de ces affaires, on peut encore dire que
l'intention des parties de contracter est évidente ; on ne
fait pas des recommandations et on ne donne pas des conseils à un agent d'affaires avec lequel on n'a que des rapports d'intérêt pécuniaire. Mais il y a des fonctionnaires
auxquels on est obligé de s'adresser pour recevoir les actes
et leur donner la forme authentique ; les nombreuses relations qui en résultent créent des liens de confiance et presque d'amitié. On n'a pas seulement recours au notaire
pour les actes qu'il doit dresser, on lui donne des mandats
qui se rattachent à l'acte ; le plus souvent ces mandats ne
sont pas même exprès, ils s'induisent des circonstances.
De là des difficultés et des questions très-délicates. Le notaire est à chaque instant dans le cas de donner des conseils à ses clients : ces conseils impliquent-ils un mandat,
et par suite une responsabilité à charge de celui qui les
donne? Il n'y a pas de questions plus difficiles en fait, car
il y a mille nuances entre le conseil et le contrat. Avant
d'entrer dans le détail de ces difficultés, nous devons rappeler qu'il y a un fait juridique qui a la plus grande analogie avec le mandat, c'est la gestion d'affaires. La jurisprudence confond souvent ces deux faits ; il importe

(1) Pothier, *Du mandat,* nos 19 et 20.

cependant de les distinguer parce que, malgré la grande
analogie entre la gestion d'affaires et le mandat, il y a des
différences importantes ; nous les avons signalées en traitant des quasi-contrats. En théorie, la distinction est facile ;
le mandat est un contrat, ce qui suppose un concours de
consentement des parties intéressées, avant toute gestion
de la part du mandataire ; tandis que la gestion d'affaires
est un quasi-contrat, ce qui implique qu'au moment où elle
commence, il n'y a pas de concours de consentement, le
maître ne sachant pas, à cet instant, que quelqu'un gère
ses affaires. Si la distinction est facile en théorie, elle est
très-difficile en fait ; et des textes mal rédigés viennent
compliquer la difficulté.

360. Outre le mandat et la gestion d'affaires, il peut y
avoir un fait dommageable dans le conseil. On suppose
qu'il n'y a ni contrat ni quasi-contrat. Mais le conseil donné
avec imprudence et suivi par déférence à l'autorité et à
l'expérience de celui qui le donne, cause un préjudice : en
résulte-t-il une responsabilité à charge de celui qui a donné
le conseil ? Pothier répond que celui qui a donné le conseil n'est pas responsable, quand même il aurait agi in-
discrètement, pourvu qu'il n'ait pas été de mauvaise foi (1).
Que le dol engendre la responsabilité, cela n'est pas douteux. Mais Pothier ne va-t-il pas trop loin en déchargeant de toute responsabilité celui qui donne un conseil
indiscret ? Nous avons répondu à la question en traitant
des délits et des quasi-délits ; à notre avis, il faut appliquer
la règle générale de l'article 1382 : dès qu'il y a imprudence, il y a responsabilité (2). Ce principe aussi reçoit
une fréquente application aux notaires ; de sorte que ceux-ci
peuvent être responsables soit comme mandataires, en
vertu d'un contrat, soit comme gérants d'affaires, en vertu
d'un quasi-contrat, soit comme auteurs d'un délit ou d'un
quasi-délit. Les principes qui régissent la responsabilité
diffèrent, selon qu'il y a contrat, quasi-contrat ou fait dommageable ; il importe donc de les distinguer, ce que la

---

(1) Pothier, *Du mandat*, n° 21. C'est aussi la doctrine de Domat (voyez
p. 408, note). Comparez Aubry et Rau, t. IV, p. 635, note 9, § 410.
(2) Comparez le tome XX de mes *Principes*, n⁰ˢ 478-480.

jurisprudence ne fait pas toujours : de là une confusion qui devient une nouvelle source de difficultés. Nous allons essayer d'établir les principes et de séparer des faits juridiques qu'il est dangereux de confondre, puisque la confusion entraîne d'inévitables erreurs.

Nº 2. APPLICATION DU PRINCIPE AUX NOTAIRES.

361. On lit, dans un arrêt de la cour de Caen, que le notaire qui agit comme tel, pour donner l'authenticité aux conventions des parties, n'est ni leur mandataire, ni leur gérant d'affaires. Il n'est pas mandataire, car il ne représente pas les parties, celles-ci comparaissant elles-mêmes devant l'officier public pour lui faire leurs déclarations ; il n'est pas gérant d'affaires, car il intervient un contrat entre lui et les parties intéressées, ce qui exclut la gestion d'affaires, laquelle implique l'absence d'un concours de volontés. Mais, dit la cour, le notaire qui instrumente a le devoir, en cette qualité, d'éclairer les parties contractantes sur la portée de leurs engagements ; en ce sens, il est leur conseiller naturel. Reste à savoir quelle sera la conséquence de ces conseils? La cour répond que les conseils donnés de *bonne foi* par un officier public, dans l'exercice de ses fonctions ou de son ministère, ne sauraient engendrer aucune obligation, ni donner ouverture à aucune action contre lui (1).

Le principe, ainsi formulé, n'est-il pas trop absolu? Sans doute, le simple conseil n'est pas un mandat et n'engage pas la responsabilité de celui qui le donne. Or, quand le notaire se borne à éclairer les parties, il est simple conseiller, il n'est pas partie contractante. Mais la situation du notaire ne diffère-t-elle pas de celle d'un particulier? Je ne suis pas obligé de donner conseil à ceux qui me demandent avis, et quand je donne un conseil, ni celui qui le demande, ni moi qui le donne nous n'entendons contracter. Le notaire, au contraire, a le devoir, la cour le dit, d'éclairer les parties, et celui qui manque à un devoir,

(1) Caen, 2 février 1857 (Dalloz, 1857, 2, 151).

est responsable. Et n'est-ce pas manquer à son devoir de conseiller que d'induire les parties en erreur par des conseils indiscrets? Il n'y a pas de contrat, mais il peut y avoir imprudence et, par suite, un fait dommageable qui entraîne la responsabilité du notaire. Nous reviendrons sur le conseil qui constitue un fait dommageable.

Dans l'espèce jugée par la cour de Caen, il n'y avait, en réalité, ni mandat, ni gestion d'affaires, ni quasi-délit, donc aucune cause de responsabilité. Une femme achète un immeuble en remploi d'un bien par elle aliéné; l'héritage appartenait par indivis à des héritiers parmi lesquels se trouvaient des femmes mariées sous le régime dotal, et par suite incapables d'aliéner; de plus, l'immeuble acquis en remploi était grevé d'hypothèques au profit de femmes mariées, de sorte qu'il ne présentait pas les garanties nécessaires pour un remploi obligatoire, que le tiers acquéreur devait surveiller et dont il était responsable. Le notaire prit soin d'expliquer, dans l'acte même, qu'il y avait danger d'éviction pour la femme qui achetait un immeuble dotal, et par suite responsabilité pour l'acquéreur du bien vendu par la femme. Pour garantir les parties intéressées, il fut stipulé que tous les vendeurs s'obligeaient solidairement, ainsi que le tiers acquéreur. Cependant la femme venderesse demanda la nullité de la vente par elle consentie, pour insuffisance du remploi, et l'acquéreur, garant de cette insuffisance, mit en cause le notaire. La cour a jugé que le notaire n'était pas responsable. Il avait donné ses conseils dans le but de mettre les parties à l'abri du danger d'éviction et de responsabilité qui les menaçait; ces garanties ne leur paraissaient-elles pas suffisantes, elles ne devaient point traiter. Le notaire ne pouvait être responsable, car il n'y avait ni quasi-délit, ni gestion d'affaires, ni mandat.

362. Prêt de 7,000 francs à deux époux mariés sous le régime dotal, avec hypothèque sur un immeuble du mari et subrogation à l'hypothèque légale de la femme. Un ordre s'ouvre sur le prix de l'immeuble; le prêteur y produit pour les 7,000 francs qui lui restaient dus, mais il est primé par les enfants de la femme, colloqués pour les reprises dotales de leur mère. De là une action en garantie contre le notaire qui avait *conseillé* le prêt et qui n'avait pas fait connaître au prêteur que les emprunteurs étaient mariés sous le régime dotal. La cour de Paris rejeta cette demande par le motif qu'il n'était pas établi que le notaire eût agi comme mandataire du prêteur, ni qu'il eût reçu de lui aucun salaire comme tel. La cour ajoute que le notaire n'était pas responsable en qualité de fonctionnaire public ; s'il avait négligé de faire connaître au prêteur les clauses du contrat de mariage des emprunteurs et les conséquences dangereuses qui en résulteraient pour lui, cette négligence ne constituait pas une infraction aux obligations rigoureuses et spéciales expressément imposées aux notaires par la loi de ventôse sur le notariat, et ne serait pas assez grave pour entraîner sa responsabilité comme notaire (1). Au point de vue notarial, la cour a bien jugé ; mais restait à savoir si le notaire n'était pas responsable du *conseil* qu'il avait donné au prêteur. Quand un notaire conseille un prêt et qu'il néglige d'avertir le prêteur du danger qui le menace, il est coupable d'imprudence ; il commet donc un quasi-délit, et il est responsable en vertu du principe général des articles 1382 et 1383.

363. D'ordinaire le débat concerne la question de savoir si le conseil est un mandat. Pour que le conseil devienne un mandat, il faut qu'il y ait un concours de consentement, avec intention de s'obliger et de stipuler ; dans notre opinion, ce concours de volontés peut être exprès ou tacite. Le mandat exprès ne peut guère donner lieu à contestation. Une femme étrangère à la localité qu'elle habitait, voulant placer une somme de 20,000 francs sur bonne hypothèque, s'adressa à un notaire pour opérer ce placement ; le notaire accepta la mission : il se trouva que le placement était mauvais. De là une action en responsabilité : il s'agissait de savoir s'il y avait mandat. La cour de Toulouse jugea que des divers faits constatés dans la cause il résultait que la demoiselle avait donné et que le notaire avait accepté le mandat de placer la somme de 20,000 francs

---

(1) Paris, 16 août 1832 (Dalloz, au mot *Mandat*, nº 15, 2º).

sur bonne hypothèque ; le notaire était donc responsable comme mandataire (1).

364. Les notaires nient naturellement qu'ils soient mandataires ; ils soutiennent qu'ils sont simples rédacteurs de l'acte de prêt et que c'est au prêteur à veiller à la sûreté de son placement. Cela est très-vrai, dit la cour de Rennes, quand le notaire a eu la sagesse de se renfermer dans l'exercice de son ministère ; mais il ne saurait en être ainsi quand, au lieu de se borner à donner la forme authentique aux volontés des parties contractantes et à les aider de ses conseils, il se rend, pour préparer et conclure la convention elle-même, soit l'intermédiaire des deux parties, soit l'agent de l'une d'elles ; ce n'est plus là le rôle du notaire rédacteur de l'acte, c'est le rôle du mandataire ou du gérant d'affaires. Dans l'espèce, il était difficile de contester le mandat. Le prêteur, vieillard octogénaire, avait placé une somme de 8,000 francs, fruit de ses économies, sur bonne hypothèque ; le prêt était fait pour cinq ans, et il était stipulé qu'il ne pourrait être remboursé que du gré du prêteur. Pourquoi retira-t-il ses fonds, pour les verser chez le notaire chargé de les placer ? Pourquoi le notaire avait-il disposé de ces fonds en faveur du nouvel emprunteur avant que l'acte de prêt fût dressé ? Ces faits et d'autres circonstances prouvaient que le notaire avait pris l'initiative dans toute cette affaire, qu'il avait proposé un nouveau placement et que cette proposition avait été agréée ; donc il y avait mandat. Et ce mandat, le notaire l'avait rempli en commettant faute sur faute ; il en résultait, en définitive, que le prêteur avait retiré ses fonds, solidement placés, pour les remettre à un emprunteur insolvable, alors que le notaire lui avait indiqué le nouvel emprunteur comme présentant toutes garanties. La responsabilité du notaire, à titre de mandataire, était d'évidence (2).

365. On voit la différence entre le conseil et le mandat ; le notaire donne ses conseils à ceux qui les lui demandent, et leur laisse ensuite la liberté et la responsabilité de

(1) Toulouse, 30 mai 1829 (Dalloz, au mot *Mandat*, n° 13).
(2) Rennes, 9 juillet 1834 (Dalloz, au mot *Mandat*, n° 13, 2°).

la décision qu'ils prennent; il n'y a pas là l'apparence d'un contrat. Mais quand le notaire prend l'initiative, quand il propose à une personne qui a des fonds à placer de les prêter à une autre personne qui cherche à faire un emprunt, il fait plus que conseiller, il intervient entre les futures parties pour négocier l'affaire : c'est le rôle de l'agent d'affaires, c'est-à-dire du mandataire. Si de plus, comme cela arrive toujours, le notaire donne l'assurance au futur prêteur que l'emprunteur est solvable, il contracte comme mandataire l'obligation de s'assurer de cette solvabilité. Peu importe que cette négociation soit gratuite ou salariée, le notaire agit toujours comme partie intéressée. D'ailleurs le mandat gratuit assujettit à la responsabilité, aussi bien que le mandat salarié; il n'y a qu'une différence dans le degré de faute dont le notaire répond (1).

366. Les cours confondent parfois la responsabilité naissant d'un mandat avec celle qui résulte d'un quasi-délit. Dans une espèce jugée par la cour de Rennes, l'arrêt commence par rappeler le principe de l'article 1382, que tout fait quelconque de l'homme qui cause à autrui un dommage oblige celui par la faute duquel il est arrivé à le réparer. Puis il constate les faits qui prouvaient à l'évidence l'existence d'un mandat. Le notaire écrit à un de ses clients pour lui proposer un bon placement d'une somme de 2,800 fr.; le client accepte. Voilà le concours de volontés qui constitue le contrat. Dans l'exécution de ce mandat, le notaire mit plus que de la négligence, la cour lui reproche d'avoir commis une faute lourde équipollente à dol; elle l'accuse d'avoir inséré dans l'acte de prêt des déclarations fausses, sachant qu'elles étaient fausses. Il va sans dire que le notaire a été déclaré responsable, mais il ne l'était pas en vertu d'un quasi-délit ou d'un délit, il l'était en vertu d'un contrat (2).

367. Il est rare que le mandat donné au notaire soit exprès; le plus souvent il est tacite. Dans ce cas, les difficultés abondent. D'abord on conteste que le mandat tacite existe encore dans notre droit français. A notre avis, l'af-

---

(1) Douai, 22 décembre 1840 (Dalloz, au mot *Mandat*, n° 13, 2°).
(2) Rennes, 23 décembre 1840, et Rejet, 15 décembre 1841 (Dalloz, au mot *Responsabilité*, n° 363, 2°).

firmative n'est pas douteuse; nous l'avons déjà prouvé en traitant de la gestion d'affaires, et nous y reviendrons. Pour le moment, nous devons exposer la jurisprudence sur cette question, et la tâche n'est pas facile, car les arrêts confondent souvent les diverses causes de responsabilité; responsabilité du notaire, du mandataire, du gérant d'affaires et de l'auteur d'un délit ou quasi-délit.

Vente aux enchères devant notaire. Il est dit dans l'acte d'adjudication que le prix sera payé en l'étude du notaire, et que ce prix sera employé à rembourser les créanciers inscrits sur l'immeuble vendu. Le notaire reçoit le prix de vente. Y a-t-il mandat? La cour de Nancy a jugé que des *termes* de l'acte d'adjudication ne résultait pas preuve suffisante que le notaire eût reçu mandat de la part des acquéreurs de payer les créanciers inscrits avec les fonds qui devaient être versés entre ses mains. Cela est exact. Le contrat, très-mal rédigé, ne disait pas même d'une manière formelle que le notaire avait pouvoir de recevoir le prix de vente. Quel était donc le rapport juridique qui s'était formé entre le notaire, le vendeur et les acquéreurs? La cour répond que le notaire avait volontairement géré l'affaire des acquéreurs en distribuant les deniers destinés à éteindre les dettes hypothécaires dont les biens vendus se trouvaient grevés. N'y avait-il pas plus que gestion d'affaires? Il n'était pas contesté que le notaire eût qualité de recevoir le prix : voilà déjà un mandat. Ce prix devait être distribué aux créanciers inscrits. Par qui? L'acte ne le disait pas; mais il en résultait implicitement que le notaire, touchant le prix, devait aussi distribuer les deniers. Voilà encore un mandat que le notaire tient du vendeur et de l'acquéreur. Il était donc responsable comme mandataire, tandis que l'arrêt le déclare responsable comme gérant d'affaires; et il ajoute que par suite il devenait responsable, en vertu de l'article 1383, du dommage causé non-seulement par son fait, mais encore par sa négligence et son imprudence. C'était confondre le contrat de mandat, le quasi-contrat de gestion d'affaires et le quasi-délit. Pourvoi en cassation. La cour rejette. Son arrêt confond également les diverses causes de responsabilité, et fait même dire à la cour de

Nancy ce qu'elle n'avait pas dit. L'arrêt attaqué décidait qu'il n'y avait pas mandat, mais gestion d'affaires et quasi-délit; il citait les articles 1372, 1374 et 1383. Et que dit la cour de cassation? « Que l'arrêt attaqué déclarait que le notaire s'était rendu volontairement *mandataire* des acqué-reurs. » L'arrêt de Nancy disait, au contraire, qu'il n'y avait pas de mandat. Ce que la cour d'appel qualifie de gestion d'affaires, la cour de cassation l'appelle mandat volontaire; le langage au moins est inexact; il n'appartient pas au notaire de se constituer par sa volonté le manda-taire des parties, car le mandat est un contrat, et tout con-trat exige le concours de consentement des parties contrac-tantes; il aurait donc fallu le consentement des acquéreurs pour qu'il y eût mandat; or, la cour d'appel avait jugé en fait que les termes de l'acte n'emportaient pas mandat, et de ces faits elle avait induit la conséquence qu'il y avait ges-tion d'affaires. Ce qui explique l'inexactitude de langage, c'est que le notaire devait être déclaré responsable, soit qu'il y eût gestion d'affaires, soit qu'il y eût mandat; en effet, il avait distribué les deniers sans avoir égard au rang des inscriptions; ce qui constituait une faute grave, dont le mandataire répond ainsi que le gérant d'affaires (1).

368. Prêt de 84,000 francs. L'emprunteur donnait hypothèque sur deux maisons et s'obligeait à justifier, dans les vingt jours, par certificats en bonne forme, que lesdits biens n'étaient grevés d'inscriptions que jusqu'à concurrence d'une somme de 40,000 francs. Les 84,000 francs avaient été remis par le prêteur au notaire; celui-ci les donna à l'emprunteur au moment même de l'acte, et il négligea d'exiger la justification que l'emprunteur s'était obligé de faire. De là procès. Y avait-il mandat? La cour de Paris répond qu'il est évident, d'une part, que les 84,000 francs avaient pu être remis au notaire par le prêteur avec l'obli-gation de n'en faire la délivrance à l'emprunteur qu'après que ce dernier aurait obtenu le dégrèvement des immeubles hypothéqués pour ce qui excédait la somme de 40,000 fr.; c'est dans ce but que le contrat stipulait un bref délai pour

(1) Rejet, 22 juin 1836 (Dalloz, au mot *Mandat,* n° 13, 3°).

la justification à faire par l'emprunteur, et il n'est pas admissible que le prêteur s'en fût rapporté à la bonne foi d'un emprunteur qu'il ne connaissait point pour l'accomplissement d'une condition aussi essentielle. D'autre part, il était reconnu que le notaire avait été chargé d'opérer l'inscription de l'hypothèque afin de conserver au prêteur le rang qui lui assurait le remboursement de sa créance. Il y avait donc mandat de veiller aux intérêts du prêteur. Le mandat résultait implicitement des circonstances de la cause. Sur le pourvoi, la cour de cassation prononça un arrêt de rejet fondé sur ce que la cour de Paris n'avait violé aucune loi en induisant l'existence d'un mandat des faits de la cause (1).

369. On a prétendu, et la cour de Paris a jugé « que le devoir du notaire ne consiste pas seulement à remplir les formalités prescrites par la loi pour la régularité des actes qu'il reçoit; qu'il doit encore veiller à l'accomplissement des conditions nécessaires pour conserver les droits des parties, et que son obligation est d'autant plus étroite que l'ignorance des formes et l'inexpérience des affaires peuvent avoir pour les clients qui se confient à ses lumières de plus fâcheuses conséquences. » Cela n'est pas exact. Le conseiller rapporteur en fit la remarque sur le pourvoi qui fut dirigé contre l'arrêt de Paris. C'est un principe, dit Hardouin, consacré par la jurisprudence et placé désormais hors de toute controverse, que les notaires ne sont pas tenus, en vertu de leur institution, de remplir les formalités destinées à assurer l'efficacité ou l'exécution des actes qu'ils reçoivent, telles que la transcription de l'acte de vente ou l'inscription de l'hypothèque. Mais le notaire peut se charger, par un mandat exprès ou tacite, d'assurer l'efficacité ou l'exécution de l'acte qu'il a reçu. Or, telle était, dans l'espèce, la situation du notaire. Un immeuble indivis entre des héritiers avait été adjugé à l'un d'eux à la charge, par l'adjudicataire, de payer à ses cohéritiers une somme de 4,200 francs; cette somme était payable en l'étude du notaire. Celui-ci ne prit l'inscription nécessaire pour garantir

(1) Rejet, 3 décembre 1835 Dalloz. au mot *Responsabilité*, n° 308).

le privilége des copartageants que le 26 juillet 1852, plus
de deux ans après la licitation et alors que la valeur de
l'immeuble était plus qu'absorbée par les hypothèques dont
l'avait grevé l'adjudicataire. Action en responsabilité contre
le notaire. Sur quoi se fondaient les demandeurs? Ils n'in-
voquaient pas la loi de ventôse; ils ne prétendaient pas,
comme le jugea la cour de Paris, que le notaire, en cette
qualité, aurait dû prendre inscription de leur privilége. Ils
soutenaient que le notaire était leur mandataire, et qu'à ce
titre il était obligé de prendre inscription. Quel était donc
l'objet du débat? Une question d'intention; les héritiers
avaient-ils entendu donner mandat et le notaire avait-il
entendu se charger du mandat de veiller aux intérêts des
colicitants? C'est ce que la cour de Paris établit, en effet,
d'après les circonstances de la cause; le défendeur était le
notaire habituel de la famille, les héritiers avaient élu domicile dans son étude, il resta détenteur des pièces; après
la déclaration de faillite de l'adjudicataire, c'est lui qui fit
les productions exigées par la loi pour la vérification de la
créance des héritiers; il requit également, quoique trop
tard, l'inscription du privilége des copartageants, preuve
qu'il était mandataire et qu'il avait mal rempli son mandat.
La cour de cassation conclut que l'existence du mandat résultait de tous les faits mentionnés dans l'arrêt attaqué (1).
Voilà le mandat tacite.

369 *bis*. Il est souvent très-difficile d'établir le mandat
tacite. Il faut pour cela qu'il y ait concours de volontés, et
d'ordinaire la volonté du notaire seul se manifeste. De là
cette singulière expression, que l'on trouve dans beaucoup
d'arrêts, que le notaire s'est constitué *mandataire volontaire*
des parties. L'expression est inexacte, et l'idée l'est également. En effet, le notaire ne peut pas, par sa seule volonté, se constituer mandataire; le mandat est un contrat,
il faut donc le concours de volontés des deux parties pour
qu'il se forme; on ne conçoit pas de mandat sans le consentement du mandant. Mais il peut y avoir gestion d'affaires, car ce qui caractérise la gestion, comme tout quasi-

(1) Rejet, 14 février 1855 (Dalloz, 1855, 1, 170).

contrat, c'est qu'elle existe sans qu'il y ait concours de consentement. Il suffit donc que le notaire gère l'affaire d'un client pour être obligé, et il sera responsable comme s'il s'était chargé d'un mandat; sa responsabilité est même plus sévère que celle du mandataire, comme nous l'avons dit en exposant la théorie des fautes, au titre des *Quasi-contrats*.

Tels sont les principes; on ne saurait les contester, puisqu'ils sont écrits dans la loi. Mais l'application en est difficile, à en juger par la jurisprudence, qui est d'une confusion extrême en cette matière.

370. Dans une espèce qui s'est présentée devant la chambre civile de la cour de cassation, l'arrêt établit en fait, d'après l'arrêt attaqué, qu'un notaire, informé de ce qu'une personne avait des fonds disponibles, s'était spontanément interposé pour le placement de ces fonds; qu'il lui avait indiqué deux époux emprunteurs, en lui donnant l'assurance que ceux-ci étaient solvables, et que c'est par son intermédiaire que le prêt hypothécaire avait été réalisé. De ces faits la cour de Douai avait conclu que le notaire s'*était constitué lui-même le mandataire* du prêteur, ou, comme le dit la chambre civile, qu'il *avait volontairement géré son affaire*. La cour de cassation ajoute qu'en déclarant, par suite de cette appréciation des faits de la cause, le notaire responsable envers le prêteur de la faute grave qu'il avait commise dans sa gestion, pour ne s'être pas plus exactement assuré de la solvabilité des emprunteurs, l'arrêt attaqué avait fait une juste application des articles 1374 et 1382 (1). Ainsi cette expression *se constituer le mandataire du prêteur* signifie *gérer volontairement son affaire*; donc, d'après la cour, il y avait *quasi-contrat* de *gestion d'affaires*; néanmoins, outre l'article 1374, elle applique aussi l'article 1382, qui définit le quasi-délit. Un seul et même fait juridique peut-il être tout ensemble un quasi-délit et un quasi-contrat? La confusion nous paraît évidente. A notre avis, il n'y avait pas de gestion d'affaires; en effet, ce qui caractérise le quasi-contrat, c'est qu'il se forme sans

_____

(1) Rejet, chambre civile, 19 mars 1845 (Dalloz, 1845, 1, 186).

concours de consentement des parties contractantes (article 1370); c'est un fait, ce n'est pas un contrat. Or, dans l'espèce, il y avait concours de volontés; le notaire, prenant l'initiative, proposa un placement hypothécaire à un client qui avait des fonds disponibles, et celui-ci accepta cette proposition : voilà le concours de consentement qui constitue le contrat de mandat. L'arrêt attaqué avait donc raison de dire que le notaire s'était constitué le *mandataire* du prêteur, bien entendu avec le concours de celui-ci. Le notaire était responsable comme mandataire, il ne fallait invoquer ni l'article 1374 ni l'article 1382; c'est l'article 1992 qui règle la responsabilité du mandataire, en déterminant le degré de faute dont il est tenu.

371. Le juge ne saurait mettre trop de précision, en cette matière, d'abord à constater les faits, pour que l'on puisse apprécier s'il y a mandat, gestion d'affaires, simple conseil ou quasi-délit. Il y a telle espèce dans laquelle il est difficile de dire quel est le caractère du fait litigieux. Le prêt est fait par une demoiselle. Est-ce que cette circonstance a une influence sur le débat? La cour de Paris semble le dire : elle pose en principe que les notaires sont tout ensemble conseils des parties et rédacteurs de leurs volontés, qu'ils ont la mission de leur faire connaître toute l'étendue des obligations qu'elles contractent, alors surtout que la partie dont ils stipulent les intérêts est entièrement étrangère aux affaires. Le principe nous paraît trop absolu ; en tout cas, il est mal formulé : ce n'est pas le notaire qui stipule les intérêts des parties, ce sont les parties elles-mêmes qui stipulent, comme ce sont elles qui promettent. Tout au plus peut-on admettre que le notaire est le conseil obligé des parties; encore cette obligation n'est-elle pas légale, car aucune loi ne l'impose.

La cour ajoute qu'indépendamment de cette obligation générale inhérente à ses fonctions, le notaire, dans l'espèce, avait été chargé d'un mandat spécial, de placer un capital de 6,000 francs sur bonne hypothèque. L'arrêt ne cite aucun acte ni aucun fait d'où l'on doive induire l'existence d'un mandat. Vient ensuite une série de circonstances qui semblent indiquer une gestion d'affaires plutôt qu'un mandat.

C'est le notaire qui traita directement avec l'emprunteur, lequel était inconnu à la demoiselle; c'est à sa diligence que se firent les élections de domicile, les inscriptions hypothécaires; c'est lui qui reçut et paya les intérêts; la grosse resta entre ses mains jusqu'à l'expropriation, dont le notaire dirigea les poursuites. Du reste, peu importait qu'il y eût mandat ou gestion d'affaires, il est certain que le notaire était ou gérant ou mandataire, et responsable, comme tel, de ses fautes, et celles-ci abondaient; de sorte que le degré de faute même devenait indifférent. Toutefois les décisions judiciaires qui s'appuient sur des textes devraient par cela même préciser le fait juridique, car en principe, la responsabilité du gérant d'affaires (art. 1374) est plus sévère que celle du mandataire (art. 1992) (1).

372. La difficulté porte parfois sur la preuve. Il y a des faits ou des agissements du notaire, comme disent les arrêts. On demande à en administrer la preuve par témoins. Si les faits constituent une gestion d'affaires, il n'y a aucun doute, l'article 1348 déclare la preuve testimoniale admissible en matière de quasi-contrats; l'est-elle aussi pour établir le mandat tacite? Nous reviendrons sur la question. Voilà une raison de plus pour préciser la nature du fait juridique dont on veut induire la responsabilité du notaire. Dans une espèce jugée par la cour de Bordeaux, les prêteurs soutenaient que le notaire leur avait indiqué l'emprunteur qu'ils ne connaissaient même point, en leur disant que le placement était une bonne affaire. Le notaire prétendit qu'il n'était ni mandataire ni gérant; que les faits allégués par les demandeurs constitueraient un mandat, lequel, dépassant 250 francs, ne pouvait se prouver par témoins. La cour dit que les faits sont, au contraire, exclusifs d'un mandat; qu'ils n'ont trait qu'à des *démarches* personnelles du notaire, à des *agissements* spontanés, par lesquels sa responsabilité peut être engagée, et qui, par la nature des choses, peuvent se prouver par témoins (2). Cela est si vague qu'il est impossible de préciser la cause de responsabilité du notaire, et elle doit cependant être préci-

---

(1) Paris, 18 février 1842 (Dalloz, au mot *Responsabilité*, n° 376, 1°).
(2) Bordeaux, 20 juin 1853 (Dalloz, 1854, 2, 113).

sée pour qu'on puisse déterminer le degré de faute dont le notaire est tenu. Est-ce un mandat? est-ce une gestion d'affaires? est-ce un quasi-délit? est-ce un simple conseil? On ne le sait.

373. Le notaire peut n'étre ni gérant d'affaires, ni mandataire, et il se peut néanmoins qu'il soit responsable des conseils qu'il donne aux parties. Pothier et Domat exigent qu'il y ait dol pour que le conseil entraîne une responsabilité à charge de celui qui le donne (n° 359). Il faut aller plus loin; le conseil peut constituer un quasi-délit et entraîner la responsabilité du notaire, quoiqu'il soit de bonne foi, car l'imprudence suffit pour qu'il y ait quasi-délit (article 1383). La jurisprudence est en ce sens. Si le notaire n'est pas légalement tenu de donner ses conseils aux parties, c'est au moins une obligation morale, et cette obligation est plus forte quand les parties sont incapables de fait ou de droit. Dans une espèce jugée par la cour de Rouen, le légataire à charge de substitution devait enregistrer le testament dans les dix jours et acquitter le droit de transcription; il était faible d'esprit; le notaire lui dit ce qu'il avait à faire, et lui-même écrivit la déclaration de succession, que le légataire signa. Mais, par une négligence qui fut très-préjudiciable au déclarant, le notaire évaluait à 25,000 francs le revenu des biens grevés de substitution, tandis que le revenu n'était que de 20,000 francs; il en résulta que le légataire paya une somme de 5,000 francs au delà de ce qui était réellement dú. La cour condamna le notaire à des dommages-intérêts, et, sur le pourvoi, la cour de cassation prononça un arrêt de rejet. On ne reprochait aucun dol, dans l'espèce, au notaire; la cour d'appel rend, au contraire, hommage à l'honorabilité de son caractère, il y avait simple négligence; cela suffisait pour constituer le quasi-délit (1).

374. Un arrêt récent a déclaré un notaire responsable d'un prêt qu'il avait conseillé sans se rendre compte des garanties insuffisantes que présentait l'emprunteur. La cour de cassation prononça, comme d'habitude, un arrêt de rejet,

(1) Rejet, 10 juillet 1871 (Dalloz. 1871, 1, 215).

la question de responsabilité étant de fait plutôt que de droit. Il y a cependant une difficulté de droit. Le pourvoi, dans l'espèce, accumulait les articles du code qu'il prétendait violés; il citait les articles 1382, 1383 et 1992. C'est une contradiction dans les termes. Les articles 1382 et 1383 définissent le quasi-délit, c'est-à-dire les faits dommageables dont l'auteur du dommage répond, abstraction faite de toute convention; tandis que l'article 1992 détermine quelle est la responsabilité du mandataire en vertu du contrat de mandat. Or, la responsabilité qui résulte d'un quasi-délit diffère de celle qui résulte d'un contrat. Nous renvoyons, quant au principe, à ce qui a été dit, au titre des *Obligations*, sur la théorie des fautes, et, au titre des *Engagements non contractuels*, sur les délits et les quasi-délits. Il est donc peu rationnel de fonder la responsabilité du notaire tout ensemble sur un contrat et sur un quasi-délit, puisque ce sont deux causes de responsabilité différentes et régies par des principes différents. Il nous semble que le devoir de la cour de cassation serait de rétablir les vrais principes : Y a-t-il contrat de mandat, le notaire est responsable en vertu de l'article 1992. Y a-t-il conseil, et le conseil a-t-il les caractères d'un quasi-délit, la cour doit écarter l'article 1992 pour appliquer les articles 1382 et 1383. La cour de cassation se borna à dire que l'arrêt attaqué attribuait avec raison aux faits qu'il lui appartenait de constater souverainement le caractère de *fautes* engageant la responsabilité du notaire pour la réparation du préjudice qui en a été la conséquence (1). Ce motif manque de précision. La faute des articles 1382 et 1383 n'est pas la faute contractuelle, et la faute contractuelle elle-même varie d'après les divers contrats; notamment la faute du mandataire diffère selon qu'il est salarié ou non. Il ne suffit donc pas de dire qu'il y a faute et de citer pêle-mêle des articles qui prévoient des fautes d'une nature diverse; c'est favoriser et encourager la confusion d'idées, et la confusion conduit fatalement à l'erreur. Il faut préciser la cause qui engendre la responsabilité et les faits qui con-

---

(1) Rejet, 8 décembre 1874 (Dalloz, 1875, 1, 312).

stituent, soit le contrat de mandat, soit le quasi-contrat de
gestion d'affaire, soit le délit ou le quasi-délit.

375. La jurisprudence va plus loin, elle rend le notaire
responsable alors qu'il a donné des conseils, lorsque ces
conseils sont incomplets et que, par suite, ils ont induit la
partie en erreur. Un homme ignorant et complétement illettré (ce sont les termes de l'arrêt) achète deux immeubles
et paye le prix comptant; or, le notaire connaissait la situation obérée du vendeur, dont les biens étaient chargés
d'inscriptions; il savait qu'en payant comptant, l'acheteur
s'exposait à devoir payer une seconde fois sur la poursuite
des créanciers hypothécaires; s'il avait dit cela clairement
à l'acheteur, celui-ci n'aurait certes pas payé son prix, avec
la certitude de perdre le fruit de ses économies péniblement
amassées pendant de longues années de travail. Le notaire
donna, à la vérité, des explications à l'acquéreur sur la
position des vendeurs et les conséquences qui pouvaient
résulter d'un payement au comptant avant d'avoir rempli
les formalités de la purge; et il eut même soin de mentionner ces explications dans l'acte, pour se mettre à l'abri
d'une action en responsabilité. Mais l'arrêt constate que les
explications étaient ambiguës et insuffisantes; la cour condamna, en conséquence, le notaire à des dommages-intérêts par application de l'article 1382. Nous transcrivons
les motifs de droit que la cour d'Aix donne, ils sont d'une
sévérité extrême : « Les notaires n'ont pas seulement pour
mission de donner le caractère d'authenticité aux actes
qu'ils sont appelés à rédiger; la loi de ventôse, dans son
esprit et dans ses motifs, leur confère un rôle plus élevé :
ils sont les conseillers naturels des parties, ils doivent les
éclairer complétement sur les conséquences de leurs engagements; ils doivent être impartiaux et ne pas pencher vers
l'une plutôt que vers l'autre; ils ont le devoir rigoureux de
s'abstenir de clauses ambiguës qui deviendraient un piége
tendu à la bonne foi de l'une des parties, et ils doivent refuser même leur ministère à celle qui voudrait surprendre la
religion de l'autre (1). »

(1) Aix, 28 avril 1870 (Dalloz. 1872, 2, 79).

Il y eut recours en cassation; le pourvoi se fondait sur ce que le notaire n'avait été ni le mandataire ni le gérant d'affaires de l'acquéreur, et qu'il était resté dans la limite de ses attributions. La chambre des requêtes rejeta le pourvoi, en rappelant les faits qui étaient constatés par l'arrêt attaqué, à savoir que le notaire connaissait exactement la situation obérée du vendeur, et qu'au lieu de la révéler entièrement à l'acquéreur, il ne lui avait transmis que des informations équivoques, qui ne pouvaient éclairer suffisamment un campagnard ignorant et illettré; la cour ajoute que c'est pour cette *faute,* constatée souverainement par les juges du fond, qu'ils avaient condamné le notaire à réparer le préjudice qu'il avait causé. Cette décision, dit la cour, ne contient rien de contraire à l'article 1382, ni à la loi de ventôse. Ainsi la cour de cassation, sans reproduire les motifs de droit que nous avons transcrits, s'approprie l'application que le premier juge en avait faite. Elle admet donc le principe que le notaire répond des conseils incomplets qu'il donne aux parties, et quand même il constaterait dans l'acte qu'il a appelé leur attention sur les conséquences que pourrait avoir le fait devenu l'objet du litige. Sur ce dernier point, la décision de la chambre des requêtes est très-explicite. Les notaires, dit-elle, ne peuvent instrumenter pour les parties qui sont leurs parentes au degré prohibé par la loi; à plus forte raison ne peuvent-ils instrumenter pour eux-mêmes. De là la cour tire la conséquence que les tribunaux ne sont pas liés d'une manière absolue par les déclarations que fait à son profit, et dans son intérêt, le notaire rédacteur d'un acte de vente relativement à la responsabilité qui peut naître contre lui de la conduite qu'il a tenue et des conseils qu'il a donnés dans les circonstances qui ont précédé ou accompagné la passation de l'acte (1).

La doctrine consacrée par la cour de cassation est rigoureuse, mais elle ne dépasse pas la loi. Dès qu'il y a faute et dommage causé, l'article 1382 est applicable. La loi ne distingue pas entre la faute qui consiste dans un fait positif

(1) Rejet, 2 avril 1872 (Dalloz, 1872, 1, 362).

et celle qui consiste dans une omission, elle investit les juges d'un pouvoir discrétionnaire en ce qui concerne l'appréciation du fait qui constitue la faute (t. XX, n° 388).

376. Les arrêts de rejet semblent souvent consacrer les doctrines les plus contradictoires. Il faut tenir compte des faits qui varient d'une cause à l'autre. Un notaire reçoit une hypothèque générale des biens présents et à venir, sans aucune désignation des immeubles hypothéqués. L'hypothèque est nulle. Le notaire était-il responsable? Il ne l'est pas, dit la cour d'Orléans, comme notaire, parce qu'en cette qualité il répond seulement des vices de forme; il ne l'est pas comme conseil, car l'obligation d'avertir les parties des vices qui entachent leurs conventions est une obligation morale qui n'entraîne pas plus la responsabilité du notaire que de toute autre personne qui donne un conseil. Sur le pourvoi, la chambre des requêtes prononça un arrêt de rejet. La cour invoque une considération que nous ne pouvons admettre, c'est qu'il s'agissait d'une erreur de droit commune au notaire et aux parties contractantes, lesquelles avaient à s'imputer d'avoir ignoré une loi que chacun est censé connaître (1). C'est l'adage banal que chacun est censé connaître le droit. Il nous semble que l'adage pouvait être rétorqué, surtout dans l'espèce, contre le notaire. C'est une femme qui avait constitué une hypothèque générale sur ses biens. Est-ce qu'une femme aussi est censée connaître le droit? Et le notaire peut-il s'excuser en disant que la femme devait savoir le droit, alors que lui, fonctionnaire public, chargé de recevoir un acte d'hypothèque, ignorait les plus simples éléments du régime hypothécaire? C'était une ignorance crasse, et le notaire aurait dû être déclaré responsable pour cette ignorance, abstraction faite de tout conseil.

(1) Rejet, 22 décembre 1840 (Dalloz, au mot *Responsabilité*, n° 385, 2°).

CHAPITRE II.

DES CONDITIONS REQUISES POUR LA VALIDITÉ DU MANDAT.

§ Ier. *Le consentement.*

No 1. PRINCIPE. MANDAT TACITE.

377. L'article 1984, qui définit le mandat, suppose
d'abord qu'une personne donne à une autre le pouvoir de
faire quelque chose pour le mandant et en son nom, puis
que ce pouvoir est accepté par le mandataire ; et la loi
ajoute que le mandat ne se forme que par l'acceptation du
mandataire. C'est dire, en d'autres termes, comme le fait
l'Exposé des motifs, « que le contrat de mandat, comme
tous les autres contrats, repose essentiellement sur le consentement manifesté des parties qui le forment. » Ainsi le
seul pouvoir donné ne constitue point le contrat s'il n'a été
accepté ; et, réciproquement, sans ce pouvoir, la simple
gestion d'un tiers ne le constitue pas mandataire. Dans ce
dernier cas, il peut se former un quasi-contrat, la gestion
d'affaires ; ce quasi-contrat a de grandes analogies avec le
contrat de mandat, puisque, aux termes de l'article 1372,
le gérant se soumet à toutes les obligations qui résulteraient
d'un mandat exprès que lui aurait donné le propriétaire.
Toutefois il y a des différences importantes entre la gestion
d'affaires et le mandat ; nous les avons exposées ailleurs
(t. XX, nos 312-318). C'est peut-être pour marquer la différence essentielle qui existe entre ces deux faits juridiques
que le code définit si singulièrement le mandat, en com-
mençant par dire qu'il faut un pouvoir (1), lequel fait défaut
dans la gestion d'affaires. Le rapporteur du Tribunat semble donner une autre explication : quand les deux parties

---

(1) Berlier. Exposé des motifs, no 2 (Locré, t. VII, p. 373).

sont présentes, il faut naturellement, pour la formation du contrat, que l'une d'elles veuille donner un pouvoir à l'autre et que celle-ci consente à l'accepter ; le concours de volontés est de l'essence de tout contrat, et il ne valait vraiment pas la peine de le dire. Mais le contrat de mandat peut aussi se former, et cela arrive très-souvent, entre personnes qui ne sont pas présentes. Dans ce cas, les choses se passent comme le dit l'article 1984 : le mandant commence par envoyer sa procuration à la personne qu'il veut charger de faire quelque chose pour lui ; puis le mandataire accepte, ce qui, d'après l'article 1985, peut se faire soit expressément, soit tacitement ; l'acceptation est expresse quand le mandataire déclare qu'il consent à se charger de l'affaire que le mandant lui confie ; elle est tacite quand il exécute volontairement le mandat qu'on lui a donné (1).

378. L'article 1985 a donné lieu à une question très-controversée. Il admet le consentement tacite du mandataire. En faut-il conclure que la loi n'admet point le consentement tacite du mandant ? En d'autres termes, le mandat peut-il se former par le concours de volontés tacites des deux parties contractantes ? Nous avons déjà rencontré la difficulté en expliquant l'article 1372 ; l'article 1985 fait naître un nouveau doute ; il faut donc recommencer le débat en complétant ce que nous avons dit au titre des *Engagements non contractuels* (t. XX, n° 311).

Si l'on fait abstraction des textes, la solution de la question n'est point douteuse. Il est de principe que le consentement peut être exprès ou tacite, c'est-à-dire qu'il peut se manifester par des paroles ou par des faits posés par celui qui est appelé à consentir, faits qui impliquent nécessairement son intention de consentir au contrat. Il se forme par là des contrats tacites. Reste à savoir si le code consacre cette théorie. L'affirmative est certaine, puisqu'il y a des textes formels. En matière de louage, la loi admet la réconduction tacite, qui se forme par le concours du consentement tacite du preneur et du bailleur (art. 1738 et 1759). Le code dit encore que le dépôt volontaire ne peut régu-

---

(1) Tarrible, Rapport, n° 3 (Locré, t. VII, p. 378).

lièrement être fait que par le propriétaire de la chose déposée ou de son consentement, et ce consentement peut être exprès ou tacite (art. 1922). Quand donc l'article 1985 dit que l'acceptation du mandat peut n'être que tacite, il applique au mandat le principe général d'après lequel le consentement tacite équivaut au consentement exprès. Et si le consentement du mandataire peut être tacite, pourquoi n'en serait-il pas de même du consentement du mandant? Au point de vue des principes, il n'y a aucune raison de différence (1).

379. Telle est aussi la tradition. Pothier enseigne, sans exprimer le moindre doute, que le contrat de mandat peut se faire tacitement, sans qu'il intervienne aucune déclaration expresse de la volonté des parties. Toutes les fois que je fais, au vu et au su de quelqu'un, une de ses affaires, il est censé par cela seul intervenir entre nous un contrat de mandat par lequel il me charge de cette affaire. Pothier cite, à l'appui de cette décision, une *règle de droit* empruntée à une loi romaine, règle qui est devenue un adage : *Semper qui non prohibet aliquem pro se intervenire, mandare creditur* (2).

380. On prétend que l'article 1985 a dérogé à la tradition, et qu'il exclut le mandat tacite de la part du mandant. En effet, dans sa première partie, cet article parle du consentement donné par le mandant, et, dans la seconde, du consentement donné par le mandataire. Et que dit-il du consentement ou du pouvoir que donne le mandant? « Le mandat peut être donné ou par acte public ou par écrit sous seing privé, même par lettre; il peut aussi être donné verbalement. » Dans tous les cas prévus par la loi, le consentement du mandant est exprès. Vient ensuite le consentement du mandataire ou l'acceptation du mandat, et la loi déclare que cette acceptation peut être tacite. Il résulte de la combinaison de ces deux dispositions, dit l'arrêt, que la loi admet le consentement tacite du mandataire, et qu'elle n'admet point le consentement tacite du mandant; donc il ne peut pas y avoir de mandat tacite (3).

---

(1) Troplong, *Du mandat*, nᵒˢ 121 et suiv.
(2) Pothier, *Du mandat*, nᵒ 29.
(3) Proudhon, *De l'usufruit*, t. III. nᵒ 1347. Toullier, t. XI, nᵒˢ 25 et suiv. Duranton, t. XXIII, p. 218, nᵒ 218.

À notre avis, cette interprétation de l'article 1985 fait dire à la loi ce que le législateur n'a pas entendu décider. En disant que le mandat peut se donner par *acte public,* par *acte sous seing privé* et même par *lettre,* la loi ne décide qu'une question de preuve ; elle dit du mandat ce que l'article 1582 dit de la vente, laquelle peut aussi être faite par *acte authentique* ou *sous seing privé.* De même l'article 1714 dit que l'on peut louer *par écrit* ou *verbalement.* L'article 1834 contient encore une disposition relative à la preuve de la société. Dans tous ces contrats, la loi maintient et applique les principes généraux qui régissent la preuve, notamment la preuve testimoniale ; car, tous ces contrats étant des contrats non solennels, l'écrit authentique ou sous seing privé ne sert que de preuve ; reste à savoir si la preuve testimoniale est admise ; et la loi décide, conformément à la règle de l'article 1341, que les contrats ne peuvent se prouver par témoins que si l'objet ne dépasse point 150 francs. Au titre du *Dépôt,* la loi commence par dire que le dépôt volontaire se forme par le consentement réciproque du déposant et du dépositaire, et que le consentement du déposant peut être exprès ou tacite ; puis l'article 1923 ajoute que le dépôt volontaire doit être prouvé par écrit, que la preuve testimoniale n'en est pas reçue pour valeur excédant 150 francs. Dans toutes ces dispositions, la loi ne fait qu'appliquer la règle établie par l'article 1341. C'est absolument en ce sens que l'article 1984 dit que le mandat se forme par le concours de volontés du mandant et du mandataire ; puis l'article 1985 parle de la preuve du mandat, en distinguant, comme l'avait fait l'article précédent, entre le pouvoir donné par le mandant et l'acceptation de ce pouvoir. Quant au pouvoir ou mandat, il peut être donné dans n'importe quelle forme, par acte public, par acte sous seing privé ; la loi ajoute : même par lettre ; cela ne veut pas dire, comme on l'a supposé (n° 340), qu'une lettre suffise pour prouver le contrat de mandat, ce qui serait une dérogation à l'article 1325, dans le cas où le mandat est salarié ; le premier alinéa de l'article 1985 ne parle que du pouvoir donné par le mandant ; or, ce pouvoir, c'est-à-dire la proposition de mandat, se donne d'ordinaire par lettre ; le législateur consacre cet usage, puisqu'il ne s'agit que d'une manifestation de volonté purement unilatérale. Ce qui le prouve, ce sont les termes de la loi. « Le mandat peut être *donné*; » le mot *donné* ne s'entend que du pouvoir que *donne* le mandant; le mandataire ne *donne* pas le mandat, il l'*accepte*, et dans le premier alinéa la loi ne parle pas de l'*acceptation* du mandat.

Jusqu'ici il n'est question que de la preuve du pouvoir donné par le mandant, il ne s'agit pas du consentement du mandant, c'est-à-dire du point de savoir si ce consentement peut être exprès ou tacite. La loi ajoute que le mandat peut aussi être donné *verbalement*; dans ce cas, naît la question de savoir comment se prouvera le mandat; l'article 1985 répond que la preuve testimoniale n'en est reçue que conformément au titre des *Contrats* ou des *Obligations conventionnelles*, c'est-à-dire que la règle de l'article 1341 s'applique au mandat, comme à tous les contrats non solennels.

Reste l'acceptation du mandataire. Comment se prouvera-t-elle? La loi ne le dit pas; mais ce qu'elle vient de dire de la preuve du pouvoir s'applique naturellement à la preuve de l'acceptation, les principes qui régissent la preuve sont généraux de leur nature et reçoivent leur application à toute manifestation de consentement. Le deuxième alinéa de l'article 1985 se contente de dire que l'acceptation du mandant peut n'être que tacite. Cette disposition, que l'on a considérée comme une suite du premier alinéa, y est, en réalité, étrangère. Car le premier alinéa décide une question de preuve, et non une question de consentement; tandis que le second alinéa décide une question de consentement et garde le silence sur la preuve du consentement tacite; ce second alinéa est donc mal classé, il devrait se trouver dans l'article 1984. En tout cas, la conséquence que, dans l'opinion contraire, on déduit de la combinaison des deux alinéas de l'article 1985 doit être rejetée. Il s'agit de savoir si le consentement du mandant peut être tacite; le premier alinéa ne répond pas à cette question, puisqu'il ne traite que de la preuve du consentement donné par le mandant, et le second alinéa ne parle que du consentement du mandataire. Or, dire que le consentement du mandataire peut être tacite, ce n'est certes pas dire que le consentement du mandant ne peut pas être tacite. Ce serait là une argumentation *a contrario* de la pire espèce, car il en résulterait que la loi déroge aux principes généraux sur la manifestation du consentement, et qu'elle déroge à la tradition sans qu'il y eût un motif de cette dérogation. Il faut dire, au contraire, que le consentement du mandant reste sous l'empire des principes généraux, par cela seul que la loi n'y déroge point; la loi ne dit pas que le consentement du mandant doit être exprès, donc il peut être tacite.

381. Les travaux préparatoires confirment notre interprétation. D'après le projet de code civil, le mandat devait toujours être écrit. Cela ne décidait pas la question de savoir si le consentement du mandant peut être tacite ou s'il doit être exprès; la disposition ne concernait que la preuve du consentement; elle excluait la preuve testimoniale qui, de droit commun, est admise quand l'objet du contrat n'a pas une valeur supérieure à 150 francs. La section de législation du Tribunat en fit l'observation; elle ne voyait pas de motif suffisant pour déroger à l'article 1341, aux termes duquel la preuve testimoniale doit être admise pour prouver le mandat, aussi bien que pour établir toute autre convention. C'est pour maintenir le droit commun que le Tribunat proposa la rédaction qui, approuvée par le conseil d'Etat, est devenue l'article 1985. Il est donc certain, par le témoignage des auteurs mêmes de cette disposition, qu'elle ne concerne que la preuve du mandat; elle applique au mandat le droit commun qui régit la preuve testimoniale. Il n'y a pas un mot dans les *Observations* du Tribunat qui ait trait au consentement; tout ce qu'il a entendu décider, c'est que la preuve du mandat pût se faire par témoins quand l'objet du mandat ne dépasse pas 150 francs (1).

C'est dans ce sens que le rapporteur du Tribunat explique l'article 1985. Tarrible donne à cet article l'interprétation que nous venons d'exposer (n° 380). « Il est de la nature des contrats *consensuels,* dit-il, que le consentement puisse être donné dans toute *forme* propre à le manifester. » Par

---

(1) Observations du Tribunat, n° 1 (Locré, t. VII, p. 370).

contrats *consensuels,* le rapporteur entend des contrats qui
n'exigent rien que le consentement pour leur perfection,
c'est-à-dire les contrats *non solennels,* contrats dans lesquels
la forme ne sert que de preuve. « La conséquence est, continue Tarrible, que le mandat qui appartient à cette classe
de contrats puisse être donné par un acte public ou privé,
par une simple lettre et même verbalement, que *le mandataire puisse l'accepter de ces diverses manières,* qu'il
puisse même l'accepter tacitement par la simple exécution. »
Ces derniers mots sont la reproduction du texte; ils sont
mal placés dans une disposition qui ne parle pas du consentement, mais on peut les expliquer, comme Tarrible le fait,
en comparant le mandat, contrat non solennel, aux contrats
solennels, tels que la donation; dans ces derniers contrats,
l'exécution ne suffit point pour la validité de la convention, il faut remplir les formalités qui sont de l'essence du
contrat.

Tarrible explique ensuite et justifie la disposition que le
Tribunat proposa et que le conseil d'Etat adopta. Le projet
primitif rejetait la preuve testimoniale; la nouvelle rédaction l'admettait, mais avec la restriction qu'y apporte
l'article 1341. « De cette manière, dit le rapporteur, nul
abus n'est à craindre; la règle générale posée au titre des
Conventions (art. 1341), qui exige une preuve écrite pour
tout objet excédant la valeur de 150 francs, est rappelée
dans celui-ci; et elle veille à ce que des intérêts d'une trop
haute importance ne soient point livrés à la foi, souvent
suspecte et toujours bien légère, des preuves testimo-
niales (1). » On le voit, la règle que le rapporteur rappelle,
l'application qu'il en fait au mandat, la justification qu'il en
donne, tout a rapport à la preuve; il ne dit pas un mot du
consentement du mandant, s'il peut être tacite, s'il doit être
exprès. Cette question, en définitive, n'a pas été prévue.
Il ne faut donc pas chercher dans la loi ce qui ne peut pas
y être : c'est la pire des interprétations, et malheureusement la plus usuelle.

382. Nous avons dit (n° 380) que le deuxième alinéa de

(1) Tarrible, Rapport, n° 4 (Locré, t. VII, p. 378).

l'article 1985 est mal classé, qu'il se rattache à l'article 1984, qui parle du consentement, et qu'il est étranger à l'article 1985, qui traite de la preuve du consentement. L'orateur du Tribunat procède ainsi : il commence par établir le principe concernant le consentement, en remarquant que l'acceptation du mandataire peut être tacite; il ne dit rien, pas plus que la loi, du point de savoir si le consentement du mandant peut être tacite. La question n'a pas été prévue, de sorte qu'il est impossible de dire pourquoi les auteurs du code, prévoyant que le consentement du mandataire peut être tacite, n'ont pas décidé que le consentement du mandant peut aussi être tacite. C'est probablement parce que l'acceptation du mandat se fait très-souvent en exécutant le mandat; tandis que le pouvoir tacite est plus rare, sauf en ce qui concerne la femme mariée, mandataire tacite de son mari. Les auteurs du code, comme d'habitude, ont prévu ce qui se fait habituellement.

Après avoir établi les principes relatifs au consentement, l'orateur du Tribunat passe à la preuve. Il distingue nettement le mandat des contrats solennels en disant : « Ces premières règles conduisent à une conséquence toute naturelle, c'est que le mandat n'est assujetti à aucune forme particulière qui soit essentielle à sa validité. » La *forme* n'est donc qu'une question de preuve. « Le mandat peut être indifféremment donné, ou par acte authentique ou sous signature privée, par une simple missive, ou verbalement; mais, dans ce dernier cas, son existence ne sera *établie* que conformément à la loi sur les obligations conventionnelles en général. » *Établie,* dit Bertrand de Greuille, c'est-à-dire prouvée. L'article 1985, que l'orateur analyse et explique, ne concerne donc que la preuve (1).

383. La doctrine et la jurisprudence se sont prononcées en ce sens (2); elles admettent le mandat tacite. Nous en avons donné des exemples en parlant du conseil, qui a parfois les effets du mandat (n°s 367 et 368). Toutefois il reste bien des incertitudes. On lit, dans un arrêt de la cour de Metz, que notre législation ne reconnaît plus le mandat

(1) Bertrand de Greuille, Discours, n° 3 (Locré, t. VII, p. 385).
(2) Aubry et Rau, t. IV, p. 636, note 1, § 411. Pont. t. I, p. 429, n° 845.

tacite qui était admis en droit romain, et il donne comme
argument l'article 1988, aux termes duquel le mandat doit
être exprès s'il s'agit d'aliéner ou d'hypothéquer (1). C'est
confondre l'existence du mandat avec l'étendue du mandat;
l'article 1988, qui règle l'étendue du mandat, n'a rien de
commun avec la question de savoir si le consentement du
mandant peut être tacite.

384. La doctrine aussi laisse à désirer. Elle ne distingue
pas assez nettement le consentement et la preuve du consentement. Puis elle se divise sur un point capital, celui
de savoir quand il y a mandat tacite. Ici nous touchons à
la difficulté que l'article 1372 a fait naître. En droit romain, on admettait, et Pothier enseigne (n° 379) qu'il y a
mandat tacite quand une personne qui sait qu'un tiers a
l'intention de gérer ses affaires souffre cette immixtion;
ainsi je gère les affaires de Paul au vu et au su de Paul,
qui était prévenu de mon intention, par exemple par une
lettre. Paul ne répond pas, mais il me laisse faire. Il y a
dans le silence de Paul la preuve qu'il consent, car s'il avait
voulu s'y opposer, il l'aurait dit ou fait. Le silence du propriétaire, dans ces circonstances, équivaut à l'exécution du
mandat en ce qui concerne le mandataire. Celui qui, pouvant empêcher l'immixtion d'un tiers dans ses affaires, ne
le fait point, ne peut avoir qu'une seule intention, c'est de
la permettre; il autorise la gestion par son silence; il y a
donc concours de consentement de celui qui gère et de celui
qui laisse gérer. Voilà le mandat tacite dans sa plus simple
expression (2).

On prétend que l'article 1372 a abrogé le mandat tacite
en l'assimilant à la gestion d'affaires. Nous avons dit ailleurs que cette interprétation est inadmissible, au moins
dans ces termes absolus; elle fait dire au législateur une
absurdité, et même une impossibilité, car il est impossible
autant qu'absurde que le législateur déclare que là où il y
a concours de consentement, il se forme un quasi-contrat;
autant vaudrait décider qu'un cercle est un carré. Il est
inutile d'insister sur ce point, ce que nous avons dit en

---

(1) Metz, 10 janvier 1867 (Dalloz, 1867, 2, 14).
(2) Massé et Vergé, sur Zachariæ, t. VI, p. 37, note 2.

traitant des quasi-contrats suffit. D'autres interprètes, moins absolus, disent que le code, tout en maintenant le mandat tacite, abolit le mandat tacite qui, d'après Pothier, se formait par le seul silence d'une personne, laquelle, ayant connaissance de la gestion de ses affaires par un tiers, ne s'oppose point à cette gestion. On invoque, à l'appui de cette opinion, l'article 1372, qui est ainsi conçu : « Lorsque volontairement on gère l'affaire d'autrui, soit que le propriétaire connaisse la gestion, soit qu'il l'ignore, etc. » Dans l'une et l'autre hypothèse, il y a gestion d'affaires ; donc le silence, dans le système du code, n'emporte pas consentement. Y a-t-il un motif de cette dérogation aux principes de l'ancien droit? On n'en donne aucun. Il y aurait donc une dérogation à une doctrine traditionnelle, sans raison aucune. Pothier dit qu'il y a consentement, et tel est certainement le seul sens que l'on puisse donner du silence de celui qui, informé que l'on va gérer ses affaires, laisse faire le gérant. Nous disons que le propriétaire doit être informé qu'un tiers gérera. Ici est, à notre avis, le vrai nœud de la difficulté. L'article 1372 ne prévoit pas l'hypothèse telle que nous venons de la formuler ; il suppose que le maître connaît la *gestion*, ce qui implique que la gestion a commencé ; or, dès qu'elle a commencé sans que le propriétaire en fût informé, il y a quasi-contrat de gestion d'affaires. Cela est d'évidence ; reste à savoir si la connaissance que le maître acquiert de la gestion, après qu'elle a commencé, transformera le quasi-contrat en contrat de mandat. C'est cette question que l'article 1372 décide négativement, et avec raison ; en effet, pour déterminer la nature d'un fait juridique, il faut considérer le moment où il s'est accompli, et non les faits qui sont survenus postérieurement. On objecte que cette distinction entre la connaissance que le maître a acquise après la gestion et celle qu'il avait avant la gestion est contraire aux termes généraux de l'article 1372 ; la loi ne distinguant pas, l'interprète ne peut pas distinguer (1). Nous avons

_____

(1) Aubry et Rau, t. IV, p. 637, note 2, § 411. Pont, t. I, p. 431, nº 846, et les autorités qu'ils citent. Comparez Bruxelles, 16 mars 1858 (*Pasicrisie*, 1859, 2, 31).

d'avance répondu à l'objection. Le maître peut avoir connaissance de la future gestion avant tout acte posé par le gérant; c'est le cas du mandat tacite, qui n'est pas prévu par l'article 1372, puisque la loi suppose que le propriétaire connaissait la *gestion*; ce qui implique qu'il y avait gestion, c'est-à-dire que le quasi-contrat était formé. Donc le texte implique la distinction, loin de la proscrire. Il n'est pas exact de dire que les termes sont généraux; ils sont, au contraire, spéciaux, parce qu'ils ne se rapportent qu'à l'un des deux cas qui peuvent se présenter, ils ne se rapportent pas à l'autre.

N° 2. APPLICATIONS DU PRINCIPE.

385. Nous avons déjà rencontré des exemples de mandats tacites, en traitant du payement, au titre des *Obligations*. Pour le moment, il faut nous arrêter à des cas dans lesquels le mandat tacite existe à raison de certaines situations personnelles. Telle est d'abord la position des notaires. On a prétendu, et cela se lit dans les arrêts et dans les auteurs, que le notaire est le mandataire des parties qui le chargent de la rédaction d'un acte. Cela n'est pas exact, comme nous avons déjà eu l'occasion de le dire (n° 333). S'il est vrai que le caractère essentiel du mandat soit la représentation du mandant par le mandataire, il est impossible que le notaire soit le mandataire des parties dans un acte où les parties comparaissent elles-mêmes. Qu'est-ce d'ailleurs que l'acte notarié? Un écrit qui constate les déclarations des parties et auquel l'officier public attache le caractère d'authenticité (1). Il n'y a là aucun caractère de mandat; le notaire ne rédige pas l'acte au nom des parties, il le rédige en vertu de la loi qui l'investit de la mission d'imprimer l'authenticité aux actes qu'il reçoit, nonseulement dans l'intérêt des parties comparantes, mais aussi dans l'intérêt des tiers et de la société tout entière. Voilà pourquoi l'acte ne fait pas uniquement foi entre les parties, il fait foi à l'égard de tous (2). Mais si le notaire n'est pas

(1) Pont, t. I, p. 435, n° 853, et les autorités qu'il cite.
(2) Comparez Cassation, 18 mars 1850 (Dalloz, 1850, 1, 101).

mandataire légal, il peut être et il est très-souvent mandataire conventionnel, soit en vertu d'un mandat exprès, soit en vertu d'un mandat tacite (t. XIX, n° 413). Le mandat tacite existe par un concours de volontés tacites, quand les parties qui s'adressent à un notaire pour une affaire ont l'intention de le charger de toutes les suites de cette affaire, c'est-à-dire de l'exécution de leurs conventions et de ce qu'il y a à faire pour sauvegarder leurs intérêts, et que, de son côté, le notaire fait ce que les parties veulent tacitement qu'il fasse. Ce mandat résulte des fonctions que le notaire remplit, fonctions qui lui donnent la connaissance des affaires ; c'est cette circonstance qui engage les parties contractantes à le charger du soin de leurs intérêts, et le notaire est intéressé à accepter cette mission pour étendre sa clientèle. De là un consentement réciproque qui n'a pas besoin de se manifester par paroles ; les faits suffisent pour établir qu'il y a concours de volontés.

386. Au titre du *Contrat de mariage*, nous avons dit que la femme a un mandat tacite d'acheter ce qui est nécessaire pour les besoins du ménage et, par suite, de contracter les engagements qui ont cet objet. Ce mandat se forme par le fait du mariage, comme nous l'avons expliqué ailleurs. Il a une raison spéciale et, par suite, il a un but spécial qui en détermine les limites : le mandat est borné aux achats qu'il est d'usage que la femme fasse. Dès qu'il s'agit de conventions qui entrent plutôt dans les attributions de l'homme, la femme ne peut plus être considérée comme mandataire à titre de femme mariée et en vertu du fait seul du mariage. Tel serait un bail ; l'usage est que le mari le contracte, et rien de plus rationnel. Il a cependant été jugé que la femme pouvait, comme mandataire tacite du mari, louer un appartement pour elle et sa famille. Dans ces termes, nous n'oserions pas approuver la décision. Aussi l'arrêt de la cour de Bordeaux est-il moins absolu qu'il n'en a l'air ; la location s'était faite en l'absence du mari ; or, en s'absentant, le mari est censé investir sa femme des pouvoirs nécessaires pour qu'elle soit logée, elle et sa famille (1).

(1) Bordeaux, 29 mars 1838 (Sirey, 1838, 2, 389).

Le mandat tacite est, dans ce cas et dans tous les cas qui ne rentrent pas dans les achats nécessaires aux besoins de la vie, une question de fait, puisque le mandat s'induit des faits.

387. Tel est le mandat commercial, qui est très-fréquent. La jurisprudence l'admet, bien qu'avec des hésitations et des incertitudes. Une femme mariée souscrit des effets de commerce pour 20,000 francs; elle gérait depuis plus de vingt ans le commerce d'épicerie de son mari; celui-ci prétendit que les signatures et acceptations de sa femme ne pouvaient lui être opposées. Le tribunal de commerce repoussa cette défense. Il constate qu'il était de notoriété publique, et reconnu par le défendeur lui-même, que depuis son mariage sa femme s'occupait seule du commerce, sans le concours de son mari, qui savait à peine lire et écrire; elle était dans l'habitude d'aller chez les marchands et négociants acheter les marchandises, elle réglait les factures, elle souscrivait des billets à ordre et acceptait les lettres de change tirées sur son mari. Ces billets et lettres de change avaient toujours été payés indistinctement par le mari ou par la femme, ou par tous les deux simultanément. Le tribunal en conclut que le mari avait conféré à sa femme le pouvoir de faire tous les actes relatifs à son commerce. Voilà bien le mandat tacite. La femme gère le commerce au vu et au su de son mari; il y a concours de consentement établi par les faits, donc contrat tacitement formé. Pourvoi en cassation. La cour rappelle d'abord que la femme mariée peut être mandataire; puis elle constate en fait, d'après les jugements attaqués, que le demandeur avait donné à sa femme le mandat de gérer exclusivement et généralement toutes les affaires de son commerce, et qu'elle les gérait depuis plus de vingt ans; la cour en conclut que les jugements attaqués avaient fait une très-juste application des lois de la matière en décidant que le mari avait été, pour tout ce qui concernait son commerce, valablement obligé par sa femme, agissant comme sa mandataire. Il restait une difficulté. Le pourvoi soutenait que le mandat allégué ne pouvait être qu'un mandat tacite et que le code rejetait cette espèce de mandat. La cour de cassation élude la décision : « Loin de déclarer tacite le mandat dont il s'agit, le premier juge l'a déclaré exprès et formel, résultant des aveux et faits multipliés du demandeur lui-même, et notamment des *actes* par lesquels il avait toujours et indistinctement ratifié, en exécutant volontairement tous les engagements commerciaux contractés par sa femme (1). » Des *actes* et des *faits* ne constituent pas un mandat exprès ; quant aux *aveux* du mari, ils ne portaient que sur ces *faits* et actes, et ils ne pouvaient transformer un mandat tacite en un mandat exprès ; les ratifications consistaient également dans des *faits* d'exécution. La question soumise à la cour était donc celle de la validité d'un mandat tacite ; la cour aurait dû la trancher.

388. Il y a une difficulté de droit en cette matière. La femme mariée peut être commerçante, il lui faut pour cela *l'autorisation* de son mari ; comme marchande publique, elle s'oblige personnellement, et elle oblige son mari s'ils sont mariés sous le régime de la communauté. Il en est autrement quand la femme est mandataire ; elle peut l'être sans autorisation maritale, et elle oblige son mari sans s'obliger personnellement. Nous avons exposé ailleurs cette distinction, qui est élémentaire, entre l'autorisation et le mandat (2). Elle est parfois méconnue par les tribunaux ; il importe de rétablir les principes, car la confusion de l'autorisation et du mandat est une erreur et conduit nécessairement à des erreurs.

Le mari, à qui l'on demande le payement d'un billet de 1,000 francs souscrit par sa femme, objecte que celle-ci n'était pas marchande publique, qu'elle ne faisait que gérer l'auberge, dont lui seul était propriétaire ; qu'ainsi elle n'avait pu valablement s'obliger sans autorisation. Voilà la confusion des actes faits par la femme, en son nom, avec autorisation maritale, et des actes faits par la femme comme mandataire de son mari. Le premier juge se laissa tromper par cette défense, en ce sens qu'il admit que la femme avait agi comme marchande publique et que l'on pouvait,

---

(1) Rejet, 25 janvier 1821 (Dalloz, au mot *Commerçant,* n° 191).
(2) Voyez le t. III de mes *Principes,* n° 112, et le t. XXII, n°s 100-112.

par conséquent, appliquer au mari l'article 220, aux termes
duquel la femme marchande publique peut, sans l'autorisation de son mari, s'obliger pour ce qui concerne son commerce et, dans ce cas, obliger son mari s'il y a communauté entre eux. C'était mal appliquer l'article 220, car le
mari n'avait pas autorisé la femme à faire le commerce;
mais la femme était mandataire du mari. Pourvoi en cassation; la chambre des requêtes l'admit; la chambre civile,
après délibéré en chambre du conseil, le rejeta, parce qu'il
résultait des faits de la cause que la femme exerçait le
commerce de l'auberge du consentement de son mari; qu'en
conséquence elle avait pu l'engager par son fait. Comme
mandataire, oui, mais non comme marchande publique;
cependant la cour décida que la femme était personnellement obligée et qu'elle avait obligé son mari (1). C'était
consacrer la confusion qui avait trompé le premier juge.

389. Dans un arrêt postérieur, la cour de cassation
applique les vrais principes; mais si la décision est juste,
le langage est inexact. Il s'agissait, dans l'espèce, d'un
commerce de détail qui se faisait au domicile du mari. La
cour constate, en fait, que le mari, loin de réclamer contre
ce commerce et de l'empêcher, l'avait constamment toléré.
Voilà bien le caractère auquel l'ancien droit reconnaissait
le mandat tacite. Nous disons mandat. La cour dit, au
contraire, que la tolérance du mari équivalait à une *autorisation expresse*. Entend-elle par là que la femme était
autorisée à faire le commerce pour son compte? Non, car
la cour ajoute que la bonne foi qui doit régner dans le
commerce ne permet pas de supposer que le mari commerçant n'approuve pas et ne *fasse pas faire pour son compte
le commerce qui se fait, à ses vu et su, par des opérations
régulières et suivies, pendant deux ans, dans sa propre
maison commerciale*. C'est l'application des principes de
Pothier (n° 379), les faits établissaient l'existence d'un mandat tacite. Telle est aussi la décision de la cour : « Les
principes, comme l'équité, veulent que la femme soit consi-

_____

(1) Rejet, chambre civile, 2 avril 1822 (Dalloz, au mot *Commerçant*,
n° 192).

dérée comme le *mandataire* ou l'*institrix* du mari (1). » Si
la femme était mandataire du mari, et mandataire en vertu
d'un mandat tacite, la cour ne devait pas parler d'une *autorisation* expresse, car le mot *autorisation* implique que la
femme agit pour son propre compte, et non comme mandataire ; comme *mandataire,* elle n'a pas besoin d'autorisation.

390. Les domestiques sont-ils les mandataires de leur
maître pour l'achat des provisions du ménage? Il y a ici
une nécessité analogue à celle qui a fait considérer la femme
comme mandataire tacite de son mari. Lorsque la servante
fait le ménage d'un homme non marié ou veuf, la chose
est évidente, le maître ne peut pas aller au marché ni dans
les boutiques ; si la servante fait les achats, c'est au nom
du maître. Alors même qu'il y a une dame à la tête du ménage, l'usage n'est plus qu'elle fasse elle-même les achats
journaliers ; il faut donc encore recourir à un mandat pour
expliquer et justifier les engagements contractés par la
servante. Mais ce mandat n'a pas la même étendue que le
mandat que la femme tient des liens du mariage et de la
confiance de son mari. Les auteurs et la jurisprudence distinguent. On admet que les domestiques ont pouvoir de faire
les acquisitions au comptant ; il y a, dans ce cas, un contrôle de tous les jours ; cela diminue le danger du mandat
tacite confié à des domestiques qui ne méritent pas toujours
la confiance, à moitié forcée, que les maîtres leur accordent.
Il en est tout autrement des achats à crédit ; ils présentent
trop de dangers pour que l'on puisse admettre ce pouvoir.
Les marchands détaillants ne doivent vendre à crédit aux
domestiques que lorsque le maître les y autorise, ainsi en
vertu d'un mandat exprès. Toutefois il n'y a rien d'absolu
en cette matière, et l'on ne peut pas décider *a priori* ; le
mandat tacite est essentiellement une question de fait, et
les faits varient d'une cause à l'autre (2).

Voilà pourquoi la jurisprudence sur ces questions est

---

(1) Rejet, 1er mars 1826 (Dalloz, au mot *Commerçant*, n° 170). Comparez Paris, 4 juin 1869 (Dalloz, 1870, 2, 62). Aubry et Rau, t. IV, p. 636,
note 1, § 411. Pont. t. I, p. 433, n° 849.

(2) Duranton, t. XVIII, p. 219, n° 220. Pont. t. I, p. 434, n° 850.

toujours fondée sur des considérations de fait. On lit dans un arrêt de la cour de Paris : « Si les domestiques sont constitués mandataires tacites de leurs maîtres pour acheter les objets nécessaires à l'entretien de leur maison, ces acquisitions doivent être faites au comptant. Les fournisseurs qui accordent des crédits *considérables* aux domestiques sans en avoir prévenu les maîtres, sont non recevables à rien exiger de ces derniers, *lorsqu'ils ont remis à leurs domestiques la somme nécessaire auxdites dépenses* (1). » La décision contient des restrictions. Quand les maîtres achètent à crédit, le domestique a par cela même mandat de faire les achats sans payer. Il faut donc voir avant tout quelles sont les habitudes du maître. Puis, le domestique, quoique achetant habituellement au comptant, peut parfois être dans le cas de faire les acquisitions à crédit ; les fournisseurs ne peuvent pas se montrer trop exigeants, sinon ils perdraient leur clientèle ; il faut tenir compte de cette nécessité morale. Si le domestique détournait les sommes qui lui ont été remises, et achetait à crédit, le fournisseur n'aurait aucune action contre le maître (2).

Nº 3. DE LA PROCURATION ET DE L'ACCEPTATION.

391. Le mandat tacite est une exception assez rare, sauf celui que la femme mariée tient du mariage. La manière la plus ordinaire, dit Pothier, dont se font les contrats de mandat est par un acte que l'on appelle procuration. C'est un écrit, authentique ou sous seing privé, par lequel le mandant déclare qu'il donne pouvoir à un tel de faire pour lui et en son nom telle affaire. Voilà la procuration régulière et complète. Il arrive assez souvent que le nom du mandataire reste en blanc ; cela se fait habituellement ainsi pour les procurations données à ceux qui doivent représenter les actionnaires dans les assemblées de la société. Un blanc seing même suffirait, comme nous le di-

(1) Paris, 13 novembre 1828 (Dalloz, au mot *Mandat*, nº 170, 2º). Comparez Paris, 28 avril 1828 (*ibid.*, 3º).
(2) Cassation, chambre criminelle, 22 janvier 1813 (Dalloz, au mot *Vol*, nº 221). Comparez jugement du tribunal de Verviers, 3 février 1875 (*Pasicrisie*, 1875, 3, 322).

rons en traitant de la preuve; l'article 1326 n'est pas applicable au mandat (1).

392. La procuration, ajoute Pothier, ne renferme pas seule le contrat ou mandat; il faut qu'elle soit acceptée par celui qui est chargé de l'affaire. C'est ce que dit l'article 1984 : « Le contrat ne se forme que par l'acceptation du mandataire. » Comment se fait l'acceptation ? La loi répond à cette question dans le deuxième alinéa de l'article 1985 : « L'acceptation du mandat peut n'être que tacite, et résulter de l'exécution qui lui a été donnée par le mandataire. » Cela suppose un commencement d'exécution, comme le dit Pothier, que les auteurs du code ont suivi pas à pas en cette matière. Celui à qui le pouvoir est donné par la procuration est censé l'accepter tacitement, aussitôt qu'il commence à faire ce qui est porté à l'acte. Dès cet instant le contrat est formé; le mandataire est obligé de continuer et d'achever la gestion, comme s'il avait accepté d'une manière expresse (2).

393. On demande si l'exécution du mandat est le seul mode d'acceptation tacite que la loi admette. D'ordinaire, quand la loi définit le consentement tacite, elle est conçue dans un esprit restrictif (art. 217). Ce qui peut faire penser que tel est aussi le sens de l'article 1985, c'est que Pothier prévoit un autre mode d'acceptation tacite, que les auteurs du code n'ont pas reproduit. Le droit canonique admettait qu'il y avait acceptation tacite lorsque celui qui reçoit la procuration ne la renvoie pas, et ne dit pas qu'il ne veut pas s'en charger. Pothier dit que cela doit surtout se présumer lorsque l'affaire se passe entre présents : hypothèse d'école, car si je remets une procuration à un ami, il n'est guère probable qu'il gardera le silence. Entre absents, le silence pourrait être, non une marque d'acceptation, mais un oubli, une négligence. Pothier en conclut qu'il faut laisser la décision à l'arbitrage du juge. Et telle devrait encore, à notre avis, être la décision sous l'empire du code civil. Il n'y a aucune raison de restreindre l'acceptation tacite au cas prévu par l'article 1985, et il n'y a pas de restriction

(1) Pont, t. I, p. 439, n° 860, et les autorités qu'il cite.
(2) Pothier, *Du mandat*, n° 31.

dans les termes de la loi. L'acceptation tacite d'un mandat est une question de fait qui doit être abandonnée à l'appréciation du juge et que la loi aurait tort de définir, tout dépendant des circonstances de la cause (1).

§ II. *De la capacité.*

394. La première condition requise pour être mandataire, c'est de vivre. Cela est certes inutile à dire. Toutefois Troplong soulève la question; nous transcrivons ses paroles. « N'appelez pas mandat, dit-il, les faits et agissements qu'une congrégation religieuse impose à ses membres enchaînés par un vœu d'obéissance. La société de Jésus, par exemple, doit une entière obéissance à ses chefs. Le jésuite n'a pas de compte à leur demander; il est soldat et fait partie d'une milice où la première règle de discipline est de se soumettre. Il ne saurait avoir la position libre du mandataire qui, s'il a des obligations à remplir, a aussi des droits à exercer. Ainsi quand la société envoie le père Brisacier à Rome pour attaquer et faire condamner le beau livre d'Arnauld *De la Fréquente Communion*, Brisacier sera-t-il un mandataire? Non; le jésuite n'est qu'un instrument : *sicut baculus* ou *perinde ac cadaver* (2). »

Nous recommandons ces lignes, et chaque mot de ces lignes, à toute l'attention de nos lecteurs. Un *cadavre* ne peut être mandataire, pas plus qu'un *bâton*. Mais un *cadavre* peut-il figurer dans un contrat quelconque, comme acheteur, donataire? Un *cadavre* peut-il recevoir un legs, ou recueillir une succession? Question plus grave : Un *cadavre* peut-il voter, être électeur? Nous écrivons ces mots un jour d'élection; on y voit des *cadavres* exercer le droit de souveraineté. Troplong a raison de dire que cela est une impossibilité juridique. Ce n'est pas le jésuite, ce n'est pas le moine qui parle et qui agit, c'est son général. A l'époque où Troplong écrivait, le dogme de l'infaillibilité n'était

(1) Pothier. *Du mandat*, nᵒˢ 32 et 33. Pont, t. I, p. 444, nᵒ 870.
(2) Troplong, *Du mandat*, nᵒ 42.

pas encore proclamé. Aujourd'hui il faut dire de tout prêtre ce que Troplong disait des jésuites : tous les clercs, séculiers ou réguliers, doivent une obéissance aveugle au pape; tous sont devenus des machines, des bâtons ou des cadavres. Ils sont donc tous radicalement incapables de quelque acte juridique que ce soit. Nous connaissons la distinction qu'on opposera à la doctrine de Troplong; la loi civile ne reconnaît plus les vœux; à ses yeux, le jésuite n'est point un cadavre. Tristes accommodements avec la vérité, pour échapper aux conséquences d'un dogme absurde! Une seule et même personne peut-elle être tout ensemble un cadavre et un homme vivant? Il y a fiction, mensonge, d'un côté ou de l'autre. Toujours est-il qu'il y a là un grave danger pour les peuples : la direction spirituelle de milliers de fidèles, l'éducation intellectuelle des générations naissantes, sont confiées, en tout ou en grande partie, à des *cadavres!* C'est Rome qui règne, par l'organe de ceux qui ne sont plus que ses instruments. Est-ce là l'exercice de la souveraineté du peuple? La vie politique, comme la vie civile, n'est que fiction et mensonge.

395. Le code parle de la capacité requise pour être mandataire; il ne parle pas de la capacité requise pour être mandant. Tarrible, le rapporteur du Tribunat, dit qu'il était inutile de définir la capacité du mandant, puisqu'elle résulte de la nature même du mandat : « Ce contrat n'ayant d'autre objet que celui de confier au mandataire la gestion d'une affaire dont tout l'intérêt se rapporte au commettant, il est évident que celui-là seul qui a la capacité de traiter cette affaire peut en confier l'exécution à un autre, et qu'ainsi le pouvoir donné par le mandat est nécessairement circonscrit dans celui qu'aurait le commettant lui-même, s'il traitait ou agissait en personne (1) ». En réalité, c'est le mandant qui parle, qui contracte, qui agit; il doit donc être capable de faire ce qu'il fait par l'intermédiaire du mandataire.

Il suit de là que l'on ne peut pas exiger du mandant la pleine capacité de contracter que l'article 1108 semble exi-

(1) Tarrible, Rapport, n° 10 (Locré, t. VII, p. 379).

ger de tous ceux qui contractent. La femme mariée est placée parmi les incapables : est-ce à dire qu'elle ne puisse pas donner un mandat? Cela dépend des conventions matrimoniales qui peuvent donner à la femme une certaine capacité. Si elle est séparée de biens, soit par contrat, soit par jugement, elle a la libre administration de ses biens; elle est donc capable quant à cette administration; partant, elle peut donner un mandat concernant des actes d'administration qu'elle a capacité de faire. Il en est de même du mineur émancipé : quoiqu'il soit au rang des incapables, l'émancipation lui confère une certaine capacité, analogue à celle de la femme séparée de biens; pouvant faire par lui-même des actes d'administration, il a aussi le droit de donner à un mandataire pouvoir de les faire. Quant aux personnes placées sous conseil judiciaire, la règle est la capacité, l'incapacité est l'exception. Cela détermine aussi leur capacité de donner un mandat (1).

396. La cour d'Amiens a fait une application intéressante de ces principes. Une femme donne à son mari procuration générale et spéciale à l'effet d'emprunter, de telles personnes qu'il jugerait à propos, les sommes qu'il jugerait convenables et nécessaires à leurs affaires, fixer les intérêts, l'époque de leur service et celle du remboursement des capitaux, obliger solidairement la constituante avec le mandataire au payement des obligations en principal, intérêts et accessoires, céder et déléguer aux prêteurs les reprises et créances matrimoniales de la dame constituante, les subroger dans l'effet de l'hypothèque légale attachée aux reprises de créances, le tout antérieurement et de préférence à ladite dame. En vertu de cette procuration, le mari contracte divers emprunts, dans lesquels il agit tant en son nom personnel que comme mandataire de sa femme, solidairement obligée avec lui. Plus tard, la femme, séparée de biens par jugement, oppose à ces obligations contractées en son nom la nullité du mandat. La cour d'Amiens lui donna gain de cause. La femme est incapable, elle ne peut agir qu'avec l'autorisation de son mari ou de

(1) Pont, t. I, p. 485, n° 961.

justice, et cette autorisation doit être spéciale, l'autorisation générale n'est valable que pour l'administration de ses biens. Or, la femme ne peut donner un mandat que dans les limites de sa capacité; elle ne peut donc donner à son mari qu'un mandat spécial quand il s'agit d'emprunts. Il y avait une difficulté : le mandat, disait-on, est spécial, puisqu'il porte uniquement sur les emprunts. Cela est vrai d'après l'article 1988. Mais, dans l'espèce, il ne s'agissait pas de savoir si le mandat était général ou spécial d'après l'article 1988; il s'agissait de déterminer la capacité de la femme mariée, et celle-là est régie par l'article 223; incapable d'emprunter sans une autorisation pour chaque emprunt, elle était par cela même incapable de donner un mandat général d'emprunter. Cette interprétation de la loi est aussi fondée en raison. Si la femme est déclarée incapable, c'est pour que le mari veille à ses intérêts et à ceux de la famille, en examinant chaque acte que la femme est dans le cas de faire, avant de donner son autorisation. Il faut donc empêcher la femme de faire par voie de procuration ce qu'elle est incapable de faire personnellement. La procuration litigieuse violait ce principe, c'était un mandat qui donnait au mari le pouvoir de ruiner la femme (1).

397. Faut-il être capable pour accepter un mandat? Le code ne répond pas directement à la question; il se borne à dire que les femmes mariées et les mineurs émancipés peuvent être choisis pour mandataires; or, les mineurs émancipés et les femmes mariées sont incapables de contracter, donc il y a des incapables qui peuvent accepter un mandat; partant, la capacité de contracter n'est pas requise de la part des mandataires pour la validité du mandat. Il est vrai qu'il y a des incapables dont la loi ne parle pas, les mineurs non émancipés et les interdits; mais ce que l'article 1990 dit de deux catégories d'incapables doit être étendu à tous; parce qu'il n'y a aucune raison pour déclarer les uns capables d'être mandataires et pour déclarer les autres incapables. Les motifs que l'on a donnés pour justifier la disposition de l'article 1990 s'appliquent identi-

(1) Amiens, 1er mars 1839 (Dalloz, au mot *Mandat*, n° 57).

quement aux mineurs non émancipés et aux interdits ; et c'est le cas de dire que là où il y a des motifs identiques de décider, il doit y avoir même décision. Toutefois il y a une raison de douter : l'article 1990 ne déroge-t-il pas à la règle générale de l'incapacité de contracter, en déclarant que certains incapables sont capables de contracter un mandat ? Et toute exception n'est-elle pas de la plus stricte interprétation ? Nous répondons que le point de départ de cette argumentation n'est pas exact. Il n'est pas vrai de dire que l'article 1990 rende les incapables capables de contracter : cela est une impossibilité juridique. A vrai dire, cette disposition est une conséquence de la nature spéciale du mandat, en ce qui concerne le rôle que le mandataire y joue. C'est ce que va nous dire le rapporteur du Tribunat. S'il en est ainsi, on ne peut plus appliquer à l'article 1990 le principe d'interprétation qui régit les exceptions ; il faut dire, au contraire, avec le rapporteur du Tribunat, que la disposition est générale et comprend tous les incapables. La doctrine et la jurisprudence sont en ce sens (1).

On demande pourquoi la loi ne parle pas des mineurs émancipés et des femmes mariées, alors que l'article 1124 déclare tous les mineurs incapables de contracter ainsi que les interdits ? On a dit que le législateur a voulu seulement déterminer les effets de l'acceptation du mandat conféré à des incapables qui ont l'administration de leurs biens sans en avoir la disposition (2). C'est chercher trop loin, nous semble-t-il, et la remarque ne serait pas même juste en ce qui concerne les femmes mariées ; car il n'y a que les femmes séparées de biens qui aient la capacité d'administrer, tandis que l'article 1990 parle des femmes mariées en général qui sont incapables d'administrer aussi bien que de disposer. Il y a une explication beaucoup plus simple de l'article 1990, et l'explication la plus naturelle est toujours la meilleure. La loi n'a pas pu supposer que les mineurs non émancipés et les interdits acceptent un mandat,

---

(1) Duranton, t. XVII, p. 210, n° 212, et tous les auteurs. Voyez les autorités dans Aubry et Rau, t. IV, p. 639, note 10, § 411, et Pont, t. I, p. 486, n° 965.

(2) Aubry et Rau, suivi par Pont (voir ci-dessus, note 1).

c'est-à-dire agissent et contractent, parce que, d'après notre droit, les mineurs et les interdits ne figurent jamais dans les contrats, alors même qu'ils y sont personnellement intéressés : c'est le tuteur qui les représente dans tous les actes civils. Tandis que les mineurs émancipés et les femmes mariées n'ont point de représentant légal, ils agissent eux-mêmes, leur incapacité consiste en ce qu'ils doivent être assistés ou autorisés ; on conçoit donc légalement qu'on les choisisse pour mandataires.

398. Au premier abord, la disposition de l'article 1990 paraît étrange. C'est la loi qui déclare incapables de contracter les mineurs émancipés et les femmes mariées, et voilà la loi qui les déclare capables de contracter un mandat. La contradiction n'est qu'apparente. Le mandat a pour objet un fait juridique ; donc régulièrement le mandataire traite avec des tiers. Doit-il être capable de contracter, sous ce rapport ? Non, car ce n'est pas lui qui contracte, c'est le mandant ; les tiers n'ont pas action contre le mandataire, ils ont action contre le mandant, il suffit donc que le mandant soit capable, l'incapacité du mandataire est chose indifférente en ce qui concerne les tiers. « Que le mandat, dit Tarrible, ait été donné à un mineur ou à un majeur, à une femme mariée ou à un homme jouissant de la plénitude de ses droits civils, la personne du mandataire disparaît comme un échafaudage devenu inutile après la construction de l'édifice, et la transaction relative au commettant, seul intéressé, a toute la solidité dont il est susceptible. »

Le mandat a une autre face : le mandataire est tenu d'accomplir le mandat tant qu'il en demeure chargé, et répond des dommages-intérêts qui pourraient résulter de son inexécution (art. 1991) ; l'article 1992 ajoute qu'il répond, non-seulement du dol, mais encore des fautes qu'il commet dans sa gestion. De là naît la question de savoir si l'incapable chargé d'un mandat est tenu, à l'égard du mandant, des obligations qui naissent du mandat. L'article 1990 répond à la question en ces termes : « Le mandant n'a d'action contre le mandataire mineur que d'après les règles générales relatives aux obligations des mineurs. »

C'est dire que le mineur peut lui opposer sa minorité, par
suite son incapacité; or, son incapacité consiste à ne pas
être lésé; donc le mineur ne peut jamais éprouver un préjudice de l'acceptation du mandat. On dira que le mandant
sera lésé si, ayant souffert un dommage de l'inexécution
du mandat, il ne peut pas réclamer de dommages-intérêts
contre le mineur mandataire. La réponse à l'objection est
facile. Le mandant a choisi un mandataire incapable, et
sachant qu'il n'aurait pas d'action contre lui; il doit accepter les conséquences de son fait. Tout ce que la loi pouvait
faire, c'était de lui laisser une entière liberté dans son
choix; il peut confier le mandat à un incapable, mais s'il
le fait, il s'expose aux conséquences de son incapacité.

Il en est de même de la femme mariée. D'après l'article 1990, le mandant n'a d'action contre la femme mariée,
sans autorisation de son mari, que d'après les règles établies au titre du *Contrat de mariage et des droits respec-
tifs des époux* (1). La loi aurait dû ajouter le titre du
Mariage, car c'est dans ce titre que se trouve les règles
qui régissent l'incapacité de la femme mariée. Toujours
est-il que la femme mariée pourra opposer son incapacité
au mandant, de même que le mineur, et cette incapacité
est encore plus absolue, puisque le défaut d'autorisation
vicie et annule tout ce que la femme fait.

399. Reste une difficulté, particulière à la femme. Elle
accepte un mandat sans autorisation. Le mari peut-il s'opposer à ce que la femme reçoive ou exécute le mandat?
Berlier, l'orateur du gouvernement, répond que le mari a
incontestablement ce droit. Cela nous paraît très-douteux.
Le rapporteur du Tribunat est bien plus réservé, il se
borne à dire que les auteurs du code ont pensé que les
femmes, en général, respecteraient le précepte qui leur
commande l'obéissance à leur mari, et qu'elles n'accepte-
raient pas un mandat contre leur gré ou leur volonté (2).
Mais qu'arrivera-t-il si la femme ne le respecte pas? Le
mari pourra-t-il demander la nullité du mandat? La néga-

---

(1) Berlier, Exposé des motifs, n° 5 (Locré, t. VII, p. 374).
(2) Tarrible, Rapport, n° 10 (Locré, t. VII, p. 380).

tive nous parait certaine ; elle est écrite dans la loi. L'article 1990 permet aux femmes mariées d'accepter un mandat sans autorisation maritale ; la femme agit donc légalement en acceptant le mandat sans y être autorisée. Ceci n'est pas une violation de la puissance maritale, au moins en ce qui concerne l'incapacité de la femme mariée. Qu'est-ce que l'incapacité de la femme mariée ? Elle ne peut faire aucun acte juridique sans y être autorisée ; cette autorisation est requise pour sauvegarder les intérêts de la femme et ceux de toute la famille ; or, l'acceptation du mandat ne compromet aucunement ces intérêts, puisque la femme n'encourt aucune responsabilité. Le mari n'a donc ni droit ni intérêt à s'opposer à l'acceptation du mandat. Sans doute il peut ne pas lui convenir que sa femme remplisse l'office de mandataire ; en ce sens il peut lui défendre de l'accepter, mais cette défense n'a rien de commun avec l'incapacité de la femme, ni avec l'autorisation maritale. Si la femme désobéit, elle manque à son devoir, mais le mandat n'en restera pas moins valable.

400. L'application des principes qui régissent l'incapacité soulève une question très-délicate. Un incapable donne un mandat ; le mandataire et les tiers qui concourent à l'exécution du mandat sont de bonne foi : nul dans son principe, le mandat est-il validé par la bonne foi de ceux qui l'exécutent ? Voici l'espèce dans laquelle la difficulté s'est présentée. Un commerçant est déclaré en faillite le 3 juillet 1860 ; le 15 juin, il avait tiré sur un marchand une lettre de change formant le prix des marchandises qu'il venait de lui expédier, et le 7 juillet, ainsi quatre jours après la déclaration de sa faillite, il chargea une maison de banque de Jersey de faire opérer pour lui le recouvrement en France de cette lettre de change qu'il lui endossa, en causant son endossement en ces termes : *valeur à recouvrer*. La traite fut touchée par les correspondants du banquier, lequel versa entre les mains du failli, alors à Jersey, la somme ainsi recouvrée. Action des syndics de la faillite, en nullité du payement ainsi que du mandat donné par le failli pour le recevoir. Le tribunal de commerce déclara le mandat nul, et condamna en conséquence le mandataire et son correspondant à restituer la somme payée. Sur le pourvoi en cassation, cette décision a été confirmée par un arrêt de rejet. La cour rappelle qu'aux termes de l'article 443 du code de commerce, le jugement déclaratif de faillite emporte de plein droit, à partir de sa date, dessaisissement pour le failli de l'administration de tous ses biens. Il s'ensuit que le mandat donné par le failli postérieurement à ce jugement, et ayant pour objet la disposition d'une partie de son actif, n'est pas valable et ne peut conférer un droit qu'il n'était plus capable d'exercer lui-même. C'est l'application rigoureuse du principe qui régit la capacité du mandant (n° 395). Reste à savoir si la bonne foi du mandataire et des tiers valide le mandat. Le pourvoi invoquait les articles 2008 et 2009 : « Si le mandataire ignore la mort du mandant ou l'une des autres causes qui font cesser le mandat, ce qu'il a fait dans cette ignorance est valide; et, dans ce cas, les engagements du mandataire sont exécutés à l'égard des tiers qui sont de bonne foi. » N'en faut-il pas conclure par analogie que la bonne foi du mandataire et des tiers valide le mandat donné par un incapable? La cour de cassation répond que l'analogie n'existe point; les articles 2008 et 2009 supposent un mandat valable et qui a pris fin sans que le mandataire et les tiers en aient eu connaissance; tandis que, dans l'espèce, il n'y a jamais eu de mandat, puisqu'il était nul dans son principe. On conçoit que le mandataire régulièrement constitué soit fondé à exciper de sa bonne foi, quant aux causes d'extinction de ses pouvoirs, qu'il a pu ignorer, mais la bonne foi ne peut pas valider un contrat nul; ici il faut appliquer le principe que ceux qui contractent avec un incapable sont censés connaître son incapacité. La cour de cassation ajoute que cette décision rigoureuse est aussi fondée en équité : l'exception réclamée au nom de la bonne foi du mandataire et des tiers donnerait lieu à d'inévitables abus et à des fraudes au préjudice de la masse des créanciers, en laissant au failli la faculté de disposer indirectement de ses biens postérieurement à son dessaisissement (1).

(1) Rejet, 14 janvier 1862 (Dalloz, 1862, 1, 168).

§ III. *De l'objet.*

Nº 1. PRINCIPE.

401. Le mandat a pour objet de faire *quelque chose* pour le mandànt et en son nom. C'est l'expression, un peu vague, de l'article 1984. La *chose* doit être un acte juridique ; il ne s'agit pas d'un fait matériel à accomplir, il s'agit de représenter le mandant, ce qui est un fait juridique. En principe, tout acte juridique peut faire l'objet du mandat. Il y a cependant des exceptions, des actes qui doivent être accomplis par la personne même qui est dans le cas de les faire. En matière de mariage, il y a plusieurs de ces exceptions. Nous avons enseigné que le mariage ne peut pas être contracté par mandataire ; ce point est controversé. L'article 294 exige la comparution en personne devant l'officier de l'état civil des époux dont le divorce par consentement mutuel a été admis ; il faut la présence des époux pour prononcer la dissolution du mariage, comme il faut leur présence pour le former. D'après le code de procédure (art. 877), les époux, en cas de demande de séparation de corps, sont tenus de comparaître en personne devant le président du tribunal. Le code de procédure veut encore que le serment soit fait par les parties en personne et à l'audience (art. 121). La nature de ces divers actes explique le motif pour lequel la loi ne permet pas de les accomplir par mandataire (1).

402. Le fait doit être licite. C'est l'application d'un principe général qui a été exposé au titre des *Obligations.* Quand le fait est illicite, la loi ne reconnaît aucun effet à la convention, c'est une obligation sur cause illicite, puisque la cause se confond avec l'objet des contrats, et quand la cause est illicite, l'obligation est inexistante ; elle ne peut avoir aucun effet (art. 1131 et 1133). Il a été jugé que celui qui a accepté le mandat de faire la contrebande n'a aucune action contre le mandant s'il est condamné à

---

(1) Aubry et Rau, t. IV, p. 640, note 12, § 411. Pont, t. I, p. 407, nº 811.

l'amende, quand même il prétendrait que des circonstances qu'on lui aurait cachées ont aggravé la peine (1). Nous avons vu une application du même principe en traitant du jeu-pari : le mandat de jouer à la Bourse ne produit aucune action. La cour de cassation a même jugé que la cause illicite qui vicie le contrat lui enlève toute efficacité quant aux clauses accessoires qui par elles-mêmes seraient licites : la décision est juste quand la clause accessoire est une dépendance de la convention illicite. Mais, dans l'espèce jugée par la cour de cassation, l'achat de marchandises n'avait rien de commun avec la traite des noirs qui faisait l'objet principal du contrat; il y avait donc deux mandats, l'un illicite, l'autre licite; la cour dit qu'il ne peut résulter aucun effet légal de conventions que les lois interdisent (2); cela est très-vrai, mais la convention illicite ne vicie point la convention licite.

403. Troplong donne un autre exemple qu'il faut citer, parce qu'il devient malheureusement usuel. Le mandat a pour objet de transmettre une chose à une personne incapable de la recevoir. C'est, dit Troplong, une espèce de mandat trop fréquemment mis en œuvre pour enrichir, par des moyens détournés, les congrégations religieuses. « Le mandataire qui voudra véritablement mériter le nom de *pieux* s'abstiendra de la consommation de ce mandat illicite. Il rendra la chose au mandant; et si le mandant est décédé, et que le mandat soit par cela même révoqué, il la rendra à ses héritiers et ne trempera pas ses mains dans ces pratiques *frauduleuses,* dans ces *menées indignes d'hommes droits* (3). » C'est une leçon de morale qu'un légiste, qui n'est certes pas hostile au christianisme, donne aux gens d'église; malheureusement ceux-ci n'en profiteront guère, car leur conscience est viciée aussi bien que leur intelligence. Ce que nous appelons *menées indignes d'hommes droits,* eux l'appellent *fraudes pieuses ;* ce que la conscience laïque flétrit, la conscience catholique le sanctifie !

(1) Turin, 12 décembre 1807 (Dalloz, au mot *Mandat,* n° 33). Comparez Duranton, t. XVIII, p. 178, n° 192, et tous les auteurs.
(2) Rejet, 7 novembre 1832 (Dalloz, au mot *Mandat,* n° 33).
(3) Troplong, *Du mandat,* n° 427.

404. L'article 1984 dit que la chose que le mandataire s'engage à faire doit être faite pour le mandant. Est-ce à dire que le mandat ne puisse être donné dans l'intérêt du mandataire tout ensemble et du mandant? La validité d'un mandat pareil est incontestable; nous en avons vu un exemple en traitant de la cession de biens : les créanciers auxquels le débiteur fait abandon de ses biens sont les mandataires du débiteur; le mandat a pour objet de libérer le débiteur, il est donc fait dans l'intérêt du mandant; mais les créanciers aussi y sont intéressés : voilà donc un mandat qui a pour objet l'intérêt du mandant et du mandataire. Dans le langage de l'école, on appelle le mandataire intéressé *procurator in rem suam*. On a dit, et avec raison, que cette expression, empruntée au droit romain, n'a plus de sens dans notre droit français. Elle rappelle une fiction à laquelle on avait recours pour céder les créances; le cessionnaire était considéré comme mandataire. Le code a rejeté la fiction, dès lors il faut laisser là l'expression qui la rappelle (1).

405. Pothier enseigne que le mandat peut être donné exclusivement dans l'intérêt d'un tiers. Cette doctrine, admise par les uns, est rejetée par les autres. Nous croyons inutile de la discuter : c'est une hypothèse d'école. Troplong dit, à la vérité, que rien n'est plus avéré en jurisprudence, mais il ne cite aucune décision judiciaire, et il n'y en a pas. Il n'y a plus de mandat quand le mandant est sans intérêt aucun à l'exécution du mandat; ce serait la stipulation d'un fait inutile, et une stipulation pareille est viciée dans son essence (2).

Nº 2. DE L'ÉTENDUE DU MANDAT.

406. Aux termes de l'article 1987, « le mandat est ou spécial et pour une affaire ou certaines affaires seulement, ou général et pour toutes les affaires du mandant. » Les auteurs ne s'accordent pas sur le sens de cette division du

_____

(1) Pont, t 1, p. 410, nº 818.
(2) Voyez, en sens divers, Pont, t. I, p. 411, nº 819, et les auteurs qu'il cite.

mandat en général et spécial. Il ne peut pas y avoir de doute sur la signification du mandat général, puisqu'il doit comprendre toutes les affaires du mandant. Mais on demande si le mandat est spécial, dès qu'il ne comprend pas toutes les affaires de celui qui le donne? L'affirmative nous paraît certaine; tout mandat est ou général ou spécial; donc par cela seul qu'il n'est pas général, il est spécial (1).

Nous n'insistons pas sur cette controverse parce qu'elle est oiseuse. La vraie difficulté que présente l'article 1987 n'est pas de savoir si un mandat est général ou spécial; elle consiste à déterminer les effets du mandat général et du mandat spécial. L'article 1987 se borne à établir une classification : il ne dit pas quel en est l'objet et l'effet. N'est-ce qu'une division de théorie et d'école? C'est notre avis (2). Mais la question n'est point sans difficulté; elle se rattache à l'article 1988; nous l'examinerons plus loin.

407. L'article 1988 porte : « Le mandat conçu en termes généraux n'embrasse que les actes d'administration. S'il s'agit d'aliéner ou hypothéquer, ou de quelque autre acte de propriété, le mandat doit être exprès. » Il faut avant tout préciser le but de cette disposition; elle tranche une controverse qui existait dans l'ancien droit. Quelle était cette controverse et en quel sens les auteurs du code l'ont-ils décidée? Pothier nous dira quelle était la question controversée.

Il commence par définir le mandat que l'article 1987 appelle général; on appelait procureur *omnium bonorum* celui qui avait une procuration générale pour faire toutes les affaires du mandant : c'est le mandat général de l'article 1987. On distinguait deux espèces de mandats généraux : d'abord celui par lequel le mandant charge le mandataire de toutes ses affaires, *simpliciter*, disait-on, c'est-à-dire sans marquer quels actes le mandataire avait le pouvoir de faire. Le mandant pouvait aussi ajouter qu'il confiait au mandataire la *libre* administration de ses affaires en lui donnant une *entière liberté* de faire, par rapport à

---

(1) Aubry et Rau, t. IV, p. 640, § 412. Comparez Pont, t. I, p. 456, n° 894.

(2) Pont, t. I, p. 456, n° 895.

ses intérêts, tout ce qu'il jugerait à propos ; on appelait ces mandataires procureurs *omnium bonorum cum libera*. Les termes latins dont on se sert pour désigner les deux mandats généraux marquent déjà qu'il est question d'une controverse romaine. Il s'agissait de savoir quels actes le mandataire général pouvait faire. L'opinion commune était que le mandataire *cum libera* avait le pouvoir d'aliéner, tandis que le mandataire *simple* n'avait pas ce pouvoir ; on lui permettait seulement de vendre les fruits des récoltes et les choses périssables. Ces distinctions étaient fondées sur des textes, cela va sans dire ; et il va de soi aussi que l'interprétation de ces textes était controversée. Les meilleurs jurisconsultes, Duaren, Doneau, la rejetaient ; Vinnius écrivit une dissertation pour la combattre. D'après leur opinion, qui paraît la meilleure au point de vue des textes, il n'y avait pas à distinguer entre le mandat général *cum libera* et le mandat *simple ;* le mandataire chargé d'administrer n'a pas le pouvoir d'aliéner, il ne l'a que par exception si l'aliénation est nécessaire pour l'administration des biens qui lui est confiée. Quelle est la conclusion de Pothier ? Elle est assez singulière, il n'ose pas se prononcer, et il abandonne la décision au lecteur (1).

408. Le projet de code civil semblait reproduire la distinction que l'on admettait communément dans l'ancien droit ; il était ainsi conçu : « Si le mandat est conçu en termes généraux, on fait la distinction suivante : Ou le mandat *accorde simplement* au mandataire le pouvoir de faire tout ce qui lui semblera convenable aux intérêts du mandant, et alors le mandat n'embrasse que les actes de simple administration. Ou le mandat exprime que le mandataire pourra faire tout ce que le mandant lui-même serait habile à faire ; et, dans ce cas, le mandat embrasse les actes de propriété comme ceux d'administration. » C'était la définition légale du mandat *simple* et du mandat *cum libera*.

La section de législation du Tribunat proposa la rédaction suivante, qui est devenue l'article 1988 : « Le mandat

(1) Pothier, *Du mandat*, n°s 144 et 145.

n'embrasse que les actes d'administration lorsqu'il est conçu en *termes généraux*. S'il s'agit d'aliéner ou hypothéquer, ou de quelque autre acte de propriété, le mandat doit être *exprès*. » Le Tribunat motive ce changement sur l'inconvénient qu'il y avait de faire dépendre l'effet du mandat de certains mots sacramentels. Et si les mots n'étaient pas sacramentels, la rédaction des parties contractantes ou de l'officier public aurait donné lieu à des contestations sans cesse renaissantes. La rédaction proposée par le Tribunat est plus précise ; elle revient à dire que le mandataire n'a le pouvoir d'aliéner que si une clause expresse lui en donne le droit ; tout autre mandat n'est qu'un mandat d'administration (1).

409. On voit maintenant le lien qui rattache l'article 1988 à l'article 1987. Le rapporteur du Tribunat le dit nettement. Il commence par reproduire la division du mandat en général et en spécial. Le mandat spécial est fixé par l'affaire qui en est l'objet. Tarrible suppose, ce qui est en effet le cas ordinaire, qu'en spécialisant l'affaire, le mandat spécialise par cela même les actes que le mandataire a le pouvoir de faire. Ainsi, si je donne le pouvoir de vendre ma maison, ou le pouvoir de vendre tous mes biens, le mandat est spécial, et, en même temps, il indique les actes que le mandataire a le pouvoir de faire, c'est-à-dire des actes de propriété. « Il était plus difficile, continue Tarrible, de déterminer l'étendue dont le mandat général pourrait être susceptible, lorsque les pouvoirs n'avaient pas été nominativement exprimés ; et cette difficulté était le sujet de controverses interminables entre les jurisconsultes. Le projet de loi fait la division de mandats généraux et de mandats spéciaux, et il tarit la source des difficultés au sujet de *ceux-ci* en fixant la latitude du *mandat général et indéfini* (2). »

Il résulte de ces explications que l'article 1988 se rattache à l'article 1987, mais uniquement pour déterminer le sens du mandat général, c'est-à-dire pour décider dans quel cas le mandataire peut aliéner ; il ne le peut que si une clause

(1) Observations du Tribunat, n° 2 (Locré, t. VII, p. 370).
(2) Tarrible. Rapport, n° 6 (Locré, t. VII, p. 378).

expresse lui en donne le droit : tout mandat qui ne confère pas expressément le pouvoir d'aliéner est, dans le sens de l'article 1988, un mandat général ou d'administration.

Il résulte encore de ces explications que le mandat que l'article 1988 appelle *exprès* ne se confond pas avec le mandat que l'article 1987 appelle *spécial.* Le Tribunat suppose, il est vrai, que le mandat est exprès par cela seul qu'il est spécial ; mais la loi ne le dit pas, et il se peut très-bien qu'un mandat *spécial,* dans le sens de l'article 1987, ne soit pas un mandat *exprès* dans le sens de l'article 1988. Je donne mandat d'administrer les biens que je possède dans telle province : voilà un mandat *spécial,* d'après la définition de l'article 1987. Ce mandat est-il *exprès*, comme l'entend l'article 1988 ? Non, certes, car il ne donne pas au mandataire le pouvoir d'aliéner ; donc ce n'est qu'un mandat d'administration.

Il y a une différence entre la rédaction de l'article 1988, comparée à celle de l'article 1987, différence que le rapporteur du Tribunat néglige et qui a cependant une grande importance. D'après le rapport de Tarrible, on doit croire que l'article 1988 se rapporte au mandat *général* tel qu'il est défini par l'article 1987 ; cependant l'article 1988 ne se sert pas du terme de *mandat général,* il parle du mandat *conçu en termes généraux,* ce qui est tout différent. En effet, un mandat *spécial,* comme nous venons de le dire, peut être conçu en termes généraux ; dans ce cas, le mandat ne fait pas connaître les actes que le mandataire est autorisé à faire ; par cela même il n'est pas *exprès*, et, par suite, le mandataire ne peut pas aliéner (1).

410. En définitive, l'article 1988 ne reproduit point la classification de l'article 1987 ; cela est évident pour le mandat *exprès,* qui ne répond pas au mandat *spécial* de l'article 1987 ; cela est certain aussi du mandat *conçu en termes généraux ;* d'ordinaire ce mandat répond au mandat *général,* mais il peut aussi répondre au mandat *spécial.* Cette différence entre les deux dispositions s'explique très-facilement. La division du mandat en *général* et *spé-*

---

(1) Comparez Aubry et Rau, t. IV, p. 641, note 2, § 412. Pont, t. I, p. 460, nos 899-901.

cial ne porte que sur les *affaires* dont le mandataire est chargé; mais le nombre plus ou moins considérable d'affaires n'a rien de commun avec les actes que le mandataire peut faire, soit actes d'administration, soit actes de disposition; le mandataire *général* peut être chargé d'*administrer* seulement, il peut aussi être chargé de *disposer*; et il en est de même du mandataire *spécial*. Il fallait donc une autre disposition qui déterminât l'étendue des *pouvoirs* du mandataire, soit *général*, soit *spécial*; c'est là l'objet de l'article 1988. Ainsi l'article 1987 est relatif au nombre des affaires qui font l'objet du mandat; tandis que l'article 1988 décide la question de savoir si, dans la gestion de ces affaires, le mandataire doit se borner à administrer ou s'il peut aliéner.

Reste à savoir pourquoi le mandat conçu en termes généraux ne donne que le pouvoir d'administrer, c'est-à-dire pourquoi le mandataire n'a pas le droit d'aliéner, à moins que ce droit ne lui ait été accordé expressément. Le rapporteur du Tribunat répond que telle est l'intention probable du mandant. Dans quelles circonstances donne-t-on un mandat général? Cela suppose que le mandant ne veut ou ne peut gérer lui-même ses intérêts, ce qui n'arrive guère que lorsque l'absence ou quelque autre cause l'empêche de gouverner ses affaires; il charge alors un fondé de pouvoir de les gérer pour lui. Est-ce à dire qu'il entende lui conférer le plein exercice de ses droits de propriétaire? Non, car il le charge d'administrer et non de disposer; si, dans sa pensée, l'administration impliquait la disposition, il s'en serait expliqué, et il aurait dû s'en expliquer; car, ni dans le langage juridique, ni dans le langage vulgaire, le mot *administrer* ne signifie *disposer*, et on ne peut pas facilement admettre que le propriétaire veuille déléguer un droit dont l'exercice le dépouillerait; quand il veut abdiquer sa propriété, il a soin de le dire, et il doit le dire. L'interprétation que la loi a consacrée, dit Tarrible, résulte donc de l'intention des parties.

411. L'application de l'article 1988 donne lieu à de nombreuses contestations. Nous commençons par exposer la jurisprudence sur la question de savoir si le mandat donne ou non le pouvoir d'aliéner, c'est-à-dire s'il est *exprès* ou *conçu en termes généraux*.

Un mari donne procuration à sa femme, en l'autorisant, d'*emprunter* de telles personnes qu'elle jugera convenable, et d'hypothéquer, pour la garantie de ces emprunts, tout ou partie des biens immeubles à elle propres, ainsi que tous ceux qu'elle pourrait avoir acquis pendant le mariage, promettant de tout ratifier et approuver. Ce mandat est-il un mandat exprès dans le sens de l'article 1988? permet-il au mandataire de faire un emprunt, qui est un acte de disposition? Posée en termes généraux, la question n'est pas douteuse. D'abord ce mandat est spécial, d'après la définition de l'article 1987, car c'est le mandat de faire certaines affaires, c'est-à-dire des emprunts; peu importe que le nombre des emprunts ne soit pas limité, la loi n'exige pas cette condition. Ce mandat est aussi exprès dans le sens de l'article 1988; c'est un des cas dans lesquels, comme le supposait le rapporteur du Tribunat, le mandat spécial donne au mandataire le droit de faire des actes de disposition, puisque l'objet même du mandat était un emprunt, acte que le code civil met sur la même ligne que l'aliénation et l'hypothèque. On prétendait, dans l'espèce, que le mandat cessait d'être exprès parce que les noms des prêteurs, la forme et le chiffre des emprunts n'étaient pas spécifiés. La loi n'exige pas cette condition; il suffit, d'après l'article 1988, que le mandant donne en termes exprès le pouvoir de faire des actes de disposition en son nom. A la vérité, le mandat conçu dans des termes aussi larges peut donner lieu à des abus, le mandataire pouvant dépasser les intentions du mandant; la cour de cassation répond à l'objection que c'est au mandant à voir quelle étendue ou quelle limite la prudence lui commande d'apporter au pouvoir qu'il confère; il lui est toujours permis de révoquer le mandat s'il l'a donné en termes illimités; et s'il laisse faire le mandataire, l'abus et ses conséquences doivent retomber sur le mandant plutôt que sur les prêteurs de bonne foi, contre lesquels on demanderait la nullité de l'emprunt (1).

(1) Rejet, chambre civile, 6 décembre 1858 (Dalloz, 1859, 1, 75).

412. La procuration litigieuse dont les époux, mandant et mandataire, demandaient la nullité présentait encore une autre difficulté : le mari autorisait sa femme à hypothéquer, pour la garantir des emprunts qu'elle contracterait au nom du mari, les immeubles à elle propres. Cette clause était-elle valable? La question n'a pas été soumise à la cour; les prêteurs poursuivaient seulement la condamnation personnelle du mari comme mandant. Quant à l'autorisation donnée à la femme, ce n'était plus une question de mandat, le mari ne pouvant donner mandat d'hypothéquer les immeubles de la femme qu'il n'avait pas le droit d'hypothéquer; c'était une question d'incapacité et d'autorisation maritale. La femme est incapable; il lui faut l'autorisation du mari pour faire un acte juridique quelconque, et cette autorisation doit être spéciale; ce qui veut dire qu'elle doit être donnée pour chaque acte juridique que la femme veut passer. Il suit de là que l'autorisation, dans l'espèce, était nulle, car elle ne portait pas sur chaque emprunt que la femme était dans le cas de contracter; c'était donc une autorisation générale dans le sens de l'article 223, laquelle n'est valable que quant à l'administration des biens de la femme. L'article 1538 dit, dans le même sens, que toute autorisation générale donnée à la femme d'aliéner ses immeubles est nulle; et ce qui est vrai de l'autorisation d'aliéner s'applique à l'autorisation d'emprunter, l'emprunt étant mis par la loi sur la même ligne que l'aliénation (art. 457-484) (1).

Cette question s'est présentée, pour une procuration analogue, dans une autre espèce. La femme avait contracté divers emprunts en vertu d'une procuration de son mari. Celui-ci en demanda la nullité, par le motif que la prétendue *procuration* n'était qu'une *autorisation*; et cette autorisation était frappée de nullité, puisqu'elle était générale, contrairement aux dispositions des articles 223 et 1538. Il a été jugé par la cour de Rennes et par la cour de cassation que l'acte litigieux renfermait une procuration. Cela était assez clair, puisqu'à la fin de l'acte sous seing privé le mari

(1) Comparez Rejet, 18 mars 1840 et le Rapport du conseiller rapporteur Troplong (Dalloz, au mot *Mariage*, n° 853).

avait ajouté : *bon pour procuration*. L'intention de donner un mandat à la femme était donc certaine. Toutefois il y avait aussi une *autorisation* dans l'acte qualifié de procuration. Nous venons d'en faire la remarque : le mandat ne pouvait pas s'appliquer aux biens de la femme que, d'après ledit acte, elle était autorisée à hypothéquer. La femme pouvait donc agir en une double qualité, comme mandataire et comme débitrice personnelle. En quelle qualité avait-elle agi? Telle était la seule difficulté, difficulté de fait que les juges du fond décidèrent contre le mari (1).

413. La femme donne à son mari ou à un tiers, avec autorisation maritale, le mandat illimité de vendre les immeubles qui lui sont propres, de les hypothéquer et d'emprunter. Ce mandat est-il valable, comme mandat *exprès,* en vertu de l'article 1988? Nous avons déjà rencontré la question (n° 396), et nous l'avons décidée négativement en vertu des principes qui régissent la capacité de la femme mariée. La difficulté a été portée devant la cour de cassation, dans l'affaire décidée par la cour d'Amiens. Le pourvoi faisait une objection très-spécieuse. La femme peut aliéner, hypothéquer, emprunter, pourvu qu'elle soit autorisée de son mari; elle peut donc aussi donner mandat de faire ces actes, en se conformant aux règles du mandat. Or, l'article 1988 dispose que tout mandat exprès donne au mandataire le droit de faire les actes de disposition qui sont l'objet du mandat. Donc, dit-on, le mandat que la femme confie à son mari d'emprunter, quelque illimité qu'il soit, est valable. La cour de cassation répond que c'est mal poser la question; qu'il ne s'agit pas de savoir si le mandat d'emprunter sans limitation aucune est exprès; cela n'est pas douteux, mais il s'agit de savoir si la femme est capable de donner un pareil mandat. C'est donc une question de capacité. Or, la femme est incapable; et sous quelle condition devient-elle capable de faire un acte juridique? Elle doit être autorisée de son mari; et cette autorisation doit être spéciale, dans le sens des articles 223 et 1538. La femme doit donc être autorisée pour chaque vente, chaque emprunt,

(1) Rejet, 6 février 1861 (Dalloz, 1861, 1, 367).

chaque constitution d'hypothèque qu'elle est dans le cas de faire ; dès lors elle ne peut pas donner un mandat d'aliéner tous ses immeubles, ou de les hypothéquer, ni un mandat illimité d'emprunter ; l'autorisation que le mari lui donne de faire un mandat pareil est nulle, partant le mandat est nul. L'opinion contraire conduit à une conséquence absurde. La femme ne pourrait pas elle-même aliéner, hypothéquer, emprunter en vertu d'une autorisation générale ; mais il lui serait très-facile d'éluder son incapacité ; dans le système du pourvoi, elle n'aurait qu'à donner un mandat illimité de faire ces actes de disposition. L'erreur du pourvoi provenait de la confusion qu'il faisait entre le mandat *exprès* de l'article 1988 et le mandat *spécial* de l'article 1987 ; et de cette confusion naissait une confusion nouvelle, c'est que le mandat d'emprunter étant *spécial,* l'autorisation de le contracter était aussi spéciale. Nous avons d'avance répondu à cette mauvaise argumentation, en distinguant, d'une part, le mandat *exprès* et le mandat *spécial,* et en distinguant, d'autre part, le *mandat spécial* de l'article 1987 et l'*autorisation spéciale* de l'article 223.

Le pourvoi faisait encore une autre objection. Il disait que, le mari ayant figuré dans chaque acte d'emprunt qu'il avait fait en vertu du mandat de la femme, celle-ci était par cela même autorisée à le consentir. La cour de cassation répond que la femme n'ayant figuré dans les divers emprunts contractés par son mari que comme mandante, c'est comme mandante qu'elle était autorisée ; or, cette autorisation était nulle, et la nullité de l'autorisation entraînait la nullité du mandat et, par suite, la nullité de tous les actes que le mari avait faits en vertu du mandat (1).

414. Cependant des cours d'appel et la cour de cassation elle-même s'y sont trompées ; et il importe de redresser l'erreur, parce qu'elle peut devenir fatale à la femme qui, sous la pression du mari, lui donne un mandat illimité de l'obliger et, par suite, de la dépouiller. La question se présente assez souvent dans les termes suivants. Une femme donne à son mari procuration à l'effet de l'obliger à l'ac-

_____

(1) Rejet, 18 mars 1840 (Dalloz, au mot *Mariage,* n° 853). Comparez Cassation, 15 février 1853 (Dalloz, 1853, 1, 75).

quittement des dettes par lui antérieurement contractées, sans spécifier la nature ni surtout la quotité de ces dettes, et d'ordinaire avec subrogation à son hypothèque légale. Si l'on permet à la femme de signer une pareille procuration, on lui permet de signer sa ruine. Reste à savoir si la procuration est valable. Première question : le mandat est-il *exprès?* Seconde question : la femme est-elle capable de le contracter avec autorisation ? La cour de cassation a jugé que la procuration était *générale,* dans le sens de l'article 1988 ; il eût mieux valu dire qu'elle était *conçue en termes généraux,* car elle n'était certainement pas *générale,* dans le sens de l'article 1987. Il y a plus ; il est même douteux que ce mandat tombât sous l'application de l'article 1988, premier alinéa ; à la vérité, l'acte ne spécifiait pas les dettes que le mari avait contractées ; mais cela ne prouve pas que le mandat soit un mandat d'*administration;* le mandat est valable comme mandat *exprès,* d'après le deuxième alinéa, ou comme mandat de *disposition* dès qu'il permet au mandataire de disposer ; or, le mandat litigieux donnait ce pouvoir au mari ; donc il était *exprès,* et, par conséquent, valable en principe. La cour de cassation aurait donc dû le déclarer valable, elle ne compromettait pas par là les droits de la femme ; car si le mandat était valable, comme mandat *exprès,* en vertu de l'article 1988, il était nul, en vertu de l'article 223, comme ayant été donné en vertu d'une autorisation générale ; ici il est vrai de dire que les dettes doivent être spécifiées pour que l'autorisation soit valable. La cour de cassation ne cite pas même l'article 223, elle reste sur le terrain de l'article 1988 ; l'arrêt d'appel avait déclaré le mandat nul en vertu de cet article, et la question de l'incapacité de la femme n'ayant pas été soulevée, la cour de cassation ne pouvait pas décider la contestation en vertu d'une disposition que l'arrêt attaqué avait négligée ; le moyen eût été nouveau, donc la cour n'en pouvait tenir aucun compte. C'est sans doute pour cette raison que la chambre des requêtes a cherché à maintenir la décision de la cour d'appel, en considérant le mandat comme général (1).

(1) Rejet, 19 mai 1840 (Dalloz, au mot *Mandat,* n° 87, 4°).

445. Une femme donne à son mari une procuration à l'effet de l'obliger, avec subrogation à son hypothèque légale, au payement de toutes sommes déjà dues ou empruntées par lui, à telle personne et à tel titre que ce soit. Le mari, débiteur d'une somme de 40,000 francs, obligea sa femme solidairement au payement de cette dette, en vertu de la procuration, avec transport, au profit du créancier, du montant de ses reprises et conventions matrimoniales, et subrogation dans les effets de son hypothèque légale. Devenue veuve, la femme demanda la nullité de cette obligation, par le motif que la procuration était générale. La cour de Paris valida la procuration et, par suite, l'obligation, par le motif que le mandat était *spécial* en vertu de l'article 1987 et *exprès* en vertu de l'article 1988; que, par conséquent, la femme avait valablement donné le pouvoir de s'obliger. Il ne paraît pas que l'on ait soulevé devant la cour d'appel la question de l'incapacité de la femme et de la nécessité d'une *autorisation spéciale*. Pourvoi en cassation. La cour cite simultanément les articles 223, 1538 et les articles 1987 et 1988, et annule la procuration litigieuse en vertu de toutes ces dispositions (1). A notre avis, il y a confusion. L'arrêt de la chambre civile dit, comme l'avait fait la chambre des requêtes (nᵒ 414), que la procuration se rapportait, non au payement d'une ou de plusieurs dettes spécifiées, et dont l'importance fût connue à la femme, mais elle autorisait le mari à souscrire, au nom de sa femme, des engagements illimités, sans que le montant et la nature de ces dettes fussent indiqués; dès lors ladite procuration manquait du caractère de spécialité exigé par la loi. La cour cassa, en conséquence, pour violation des articles 223, 1538, 1987 et 1988. L'arrêt est très-mal rédigé; on peut dire qu'il est bien rendu, on peut dire qu'il est mal rendu. Il est bien rendu si l'on applique les articles 223 et 1538 relatifs à l'incapacité de la femme (nᵒ 414); il est mal rendu si l'on applique les articles 1987 et 1988 (nᵒ 414). En tout cas, la cour a tort de fonder sa décision sur tous ces articles simultanément, car les principes qu'ils établissent dif-

_____

(1) Cassation, 18 juin 1844 (Dalloz, au mot *Mandat*, nᵒ 88).

fèrent du tout au tout. Le mandat *spécial* de l'article 1987 n'est pas le mandat *exprès* de l'article 1988, pas plus que le mandat *général* de l'article 1987 n'est le mandat *conçu en termes généraux* de l'article suivant. De même le *mandat exprès* et le mandat *spécial* des articles 1987 et 1988 n'ont rien de commun avec l'*autorisation spéciale* des articles 223 et 1538. Il y a donc confusion à tous égards.

416. Un arrêt plus récent de la cour de cassation pose nettement les principes. Il a été rendu, il est vrai, dans une affaire régie par le code civil sarde, mais les principes que la chambre civile établit reçoivent leur application au code Napoléon. Le mandat, dit la cour, que la femme donne pour faire des actes de disposition participe de la nature de ces actes, et se trouve nécessairement soumis aux mêmes conditions de capacité. En effet, les obligations que le mandat impose au mandant, soit envers le mandataire, soit envers les tiers, prenant leur origine dans le consentement exprimé au mandat, et ce consentement ne pouvant être valablement donné par la femme qu'autant qu'elle est valablement autorisée, il s'ensuit que le mandat par elle donné sans une autorisation valable est nul (1). Voilà le vrai principe, et il suffit pour décider la question que nous discutons. Aux termes des articles 223 et 1538, l'autorisation doit être spéciale ; l'autorisation générale est nulle quand il s'agit d'un acte de disposition. Donc un mandat donné par la femme en vertu d'une autorisation générale de l'obliger est nul, par application des articles 223 et 1538. Un mandat pareil peut cependant être valable comme mandat exprès, conformément à l'article 1988, mais cet article suppose la pleine capacité du mandant ; il faut donc l'écarter quand il s'agit de la femme mariée : elle est incapable, et elle ne devient capable que lorsqu'elle est autorisée spécialement pour chaque acte qu'elle fait ; cette *autorisation* doit être *spéciale* dans le sens des articles 223 et 1538 ; il ne suffit pas qu'elle soit *spéciale* dans le sens du *mandat spécial* de l'article 1987 ; encore une fois, cet article suppose que le mandat est donné par une personne capable ; il

(1) Cassation, 1er février 1864 (Dalloz, 1864, 1, 423).

n'a rien de commun avec la spécialité de l'autorisation maritale.

417. Nous devons encore citer des arrêts qui, à notre avis, ont confondu toutes choses; ils pourraient égarer ou troubler nos jeunes lecteurs et tous ceux qui n'ont pas une connaissance exacte des principes. Une femme donne mandat à son mari d'emprunter solidairement avec lui telle somme qu'il jugera à propos et d'hypothéquer ses biens au remboursement de cette somme, le tout avec autorisation de son mari. Ce mandat soulève deux difficultés : d'abord l'autorisation est-elle générale ou spéciale? Puis le mandat donné en vertu de cette autorisation est-il valable? A la première question, la cour de Poitiers répond que l'autorisation est spéciale, puisqu'elle est restreinte à la seule faculté d'emprunter et d'hypothéquer les biens de la femme. Voilà une première erreur, qui est certaine si l'on s'en tient au texte de la loi et à la jurisprudence de la cour de cassation (n° 413); pour que l'autorisation soit spéciale, il faut qu'elle précise la dette et le montant de la dette, ainsi que les immeubles qui seront hypothéqués. L'autorisation était donc générale, partant nulle; ce qui entraînait la nullité du mandat (n° 416). La cour l'a validé néanmoins par la raison que ce mandat était exprès, comme le veut l'article 1987 (1). Oui, il est exprès d'après l'article 1988, mais la cour a tort de citer l'article 1987, qui est étranger à la question. Qu'importe, après tout, que le mandat soit spécial d'après l'article 1987 et exprès d'après l'article 1988? Il s'agit de savoir si la femme peut le consentir; et cette question n'est pas décidée par les articles 1987 et 1988, elle est décidée par les articles 223 et 1538.

418. La cour de Paris a fait la même confusion, et son arrêt révèle le danger que cette fausse interprétation de la loi présente pour la femme. Une femme donne à son mari mandat de l'obliger solidairement avec lui au payement de toutes sommes qu'il devait ou qu'il emprunterait de telles personnes et à tels titres que ce soit, et de consentir la subrogation dans son hypothèque légale. En vertu

(1) Poitiers, 25 février 1823 (Dalloz, au mot *Mandat*, n° 39, 2°).

de cette procuration, le mari, qui avait déjà fait souscrire à sa femme pour 300,000 francs d'obligations envers ses créanciers personnels, l'engagea encore pour une somme de 282,000 francs, avec subrogation à son hypothèque. Après la mort du mari, la veuve demanda la nullité de cette dernière obligation; sa prétention fut repoussée par jugement du tribunal de la Seine, confirmé en appel avec adoption des motifs. La cour établit d'abord en principe, ce qui est incontestable, que la femme peut valablement s'obliger avec autorisation, et qu'elle le peut aussi dans l'intérêt de son mari. Il est encore hors de doute que la femme, ayant capacité de s'obliger envers les tiers, peut valablement conférer à son mari le pouvoir de consentir des obligations qu'elle aurait régulièrement souscrites elle-même avec autorisation maritale. Jusqu'ici la cour est dans le vrai. Reste à savoir quelles obligations la femme mariée peut contracter valablement avec autorisation. Les articles 223 et 1538 répondent à la question : quand il s'agit d'actes de disposition, la femme doit être autorisée spécialement pour chaque acte; donc le mandat qu'elle donne à son mari doit aussi être spécial pour chaque obligation qu'il contracte en son nom. La cour de Paris, au lieu de chercher la solution de la difficulté dans l'article 223, cite l'article 1987, qui est absolument étranger à la question. D'après cet article, dit-elle, on ne doit considérer comme mandat général que celui qui est donné pour toutes les affaires du mandant; or, tel n'était certainement pas le mandat litigieux. La cour se trompe en citant l'article 1987 ; c'est l'article 1988 qui décide quel est le caractère essentiel du mandat de disposition, à la différence du mandat d'administration. Et là est le véritable nœud de la difficulté.

La femme objectait l'article 1538, qui lui était spécialement applicable, puisqu'elle était séparée de biens; et cette disposition n'est que l'application du principe général qui régit l'incapacité de la femme et l'autorisation maritale. Que répond la cour? Elle n'examine pas si le mandat donné par la femme était valable ou non; ce qui était cependant le point capital, car si le mandat était nul, la nullité des

pouvoirs qu'il conférait au mari entraînait la nullité de tout
ce que le mari avait fait en vertu dudit mandat. La cour se
borne à dire que l'on doit considérer comme équivalent à
un consentement spécial la présence du mari à chacun des
actes qu'il signait comme mandataire (1). Nous avons rapporté plus haut (n° 413) la réponse péremptoire que la cour
de cassation a faite à cette argumentation ; comment la cour
de Paris n'a-t-elle pas vu que, le mari signant comme mandataire, l'obligation était nulle par cela seul que le mari
n'était pas mandataire, car il ne l'était qu'en vertu d'une
procuration nulle? Il fallait donc examiner la question de
la validité du mandat.

N° 3. DU MANDAT D'ADMINISTRATION.

419. « Le mandat conçu en termes généraux n'embrasse que les actes d'administration » (art. 1988). Qu'entend-on par actes d'administration? Pour déterminer les
limites du pouvoir d'administration, il faut voir quels sont,
d'après la loi, les actes qui dépassent ces limites. Or, l'article 1989 ajoute que « s'il s'agit d'*aliéner* ou *hypothéquer,*
ou de *quelque autre acte de propriété,* le mandat doit être
exprès. » De là suit que le mandat d'administration ne
donne pas au mandataire le droit d'aliéner ni d'hypothéquer, ni, en général, de faire aucun acte de disposition.
C'est le principe que nous avons posé bien des fois pour
les mandataires légaux, ceux qui sont chargés par la loi
d'administrer les biens d'un incapable, tels que le père
administrateur, le tuteur, le mari, ainsi que les personnes
incapables auxquelles la loi reconnaît le pouvoir d'administrer, tels que les mineurs émancipés et les femmes séparées
de biens : le propriétaire seul peut disposer de la chose
qui lui appartient, l'administrateur ne peut faire aucun acte
de disposition. Il est vrai que le propriétaire peut donner
le pouvoir de disposer à un mandataire, mais comme il
s'agit d'un pouvoir qui n'appartient qu'au propriétaire, il
faut qu'il le délègue en termes exprès ; en l'absence d'une

(1) Paris, 16 janvier 1838 (Dalloz, au mot *Mandat,* n° 89, 1°).

clause expresse, le mandataire est sans droit de faire aucun acte de propriété.

Les auteurs et la jurisprudence ne posent pas le principe dans ces termes restrictifs; on donne généralement au mandataire le pouvoir de faire tout acte qui est nécessaire à la bonne administration des affaires du mandant. La question des limites du pouvoir d'administration devient par là une question de fait: l'acte est-il utile, est-ce un acte de bonne gestion, on le valide, quand même il impliquerait une disposition des biens du mandant. Telle est, comme nous allons le dire, l'opinion de Pothier; il ne l'établit pas en principe, mais il l'applique. Nous croyons que cette doctrine est en opposition avec les termes formels de l'article 1988. Le code distingue nettement les actes d'administration et les actes de disposition; il en résulte que tout acte de propriété n'est pas un acte d'administration; par conséquent, ceux qui n'ont qu'un pouvoir d'administration ne peuvent faire aucun acte de disposition. Dire qu'ils peuvent faire des actes de propriété, quand ce sont des actes de bonne gestion, c'est détruire la distinction consacrée par la loi, c'est renverser la limite qui sépare le mandat exprès, ou de disposition, et le mandat conçu en termes généraux, ou le mandat, d'administration. C'est au mandant de voir quel est son intérêt; s'il veut étendre le pouvoir d'administration en permettant au mandataire de faire des actes de disposition, il en a le droit, pourvu qu'il soit capable, mais il faut qu'il le dise, car la loi exige une déclaration *expresse* de volonté. Quand il ne donne pas un pouvoir exprès de disposer, le mandataire ne peut pas faire un acte de propriété sous prétexte que c'est un acte de bonne gestion; le mandant ne lui a pas donné le pouvoir de faire tout ce qui est de bonne gestion, il l'a chargé exclusivement et, partant restrictivement, des actes d'administration. Pothier invoque parfois des présomptions pour étendre les pouvoirs du mandataire; par exemple quand celui qui donne une procuration générale part pour un pays lointain où il n'est pas à portée de prendre connaissance des affaires qui peuvent survenir (1). Les anciens jurisconsultes aimaient à dé-

(1) Pothier, *Du mandat*, n° 147.

cider par voie de présomptions, et ils le pouvaient, n'étant pas liés par des lois, comme nous le sommes. L'article 1988 ne laisse aucune place aux présomptions, car les présomptions ne sont que des probabilités; or, la loi veut plus qu'une probabilité, elle exige la certitude; elle ne se contente pas même d'une volonté que l'on induit des faits et des circonstances de la cause, elle veut une déclaration *expresse*. Nous ne voyons pas de quel droit la doctrine et la jurisprudence se mettent au-dessus de la loi, en se contentant d'une volonté présumée.

420. Les actes conservatoires sont essentiellement des actes d'administration; la loi permet aux incapables de faire des actes qui ne peuvent que leur être utiles, et elle oppose les actes de conservation aux actes de disposition quand il s'agit du successible qui fait un acte d'où l'on prétend induire son intention d'accepter la succession. L'article 779 met les actes conservatoires sur la même ligne que les actes d'*administration provisoire*. Cela marque le caractère des actes de conservation, ce sont des actes de moindre importance que ceux d'administration proprement dite. On doit donc dire que si le mandataire peut faire des actes d'administration, il a, à plus forte raison, le droit de faire les actes conservatoires. Pothier dit que le mandataire général peut faire les marchés avec les ouvriers pour toutes les réparations qui sont à faire aux biens du mandant et acheter les matériaux nécessaires pour les faire[1]. Ainsi le mandataire oblige le mandant par suite des réparations qu'il fait, et, en l'obligeant, il engage ses biens. N'est-ce pas là une dérogation au principe, tel que nous l'avons formulé d'après l'article 1988? Non, car le pouvoir d'administrer implique le droit de s'obliger pour les besoins de l'administration, sinon toute administration deviendrait impossible. Ce que nous disons des réparations en est la preuve; il est certain que l'administrateur a le droit et le devoir de faire les réparations que la conservation des biens exige, et il ne peut les faire qu'en contractant des engagements. Si, par suite de ces engagements, les biens du man-

_____

(1) Pothier *Du mandat*, n° 149. Pont, t. I, p. 471, n° 921.

dant sont également engagés, il ne s'ensuit pas que le mandataire fait un acte de disposition; il n'aliène pas les biens du mandant, il donne aux créanciers un droit contre la personne du mandant, et tous ceux qui ont un droit sur la personne ont par cela même un droit sur les biens ; ils le tiennent de la loi, car c'est la loi qui attache cet effet aux obligations qu'une personne contracte. Cela est si vrai que l'incapable même, quand la loi lui permet de s'obliger dans de certaines limites, engage aussi ses biens : tels sont les mineurs émancipés et les femmes séparées de biens. Par identité de raison, le principe des articles 2092 et 2093 doit recevoir son application aux obligations que le mandataire contracte dans la limite de ses attributions.

421. Payer les dettes du mandant est un acte d'administration. On cite l'adage qui dit que qui paye ses dettes s'enrichit. C'est un motif d'intérêt, d'utilité, il faut un motif de droit; ce motif se trouve dans l'intention du mandant; le mandataire doit avoir le droit de faire ce qu'il peut être contraint de faire sur la poursuite des créanciers. Cependant il se peut que le payement entraîne une aliénation; il en est ainsi dans tous les cas où l'obligation a pour objet une chose indéterminée. On aboutit de nouveau à une conséquence qui paraît en opposition avec le principe : le mandataire ne peut aliéner, et on lui permet d'aliéner en payant. Nous répondons, comme nous venons de le faire (n° 420), que le mandant donne pouvoir au mandataire de payer; et comme on ne peut payer les dettes de choses indéterminées sans aliéner, il l'autorise par cela même à aliéner; il pourrait être contraint à le faire sur la poursuite du créancier; donc il doit avoir le droit de payer en aliénant, afin d'éviter ces poursuites. Faut-il conclure de là que le mandataire peut faire une dation en payement et une novation? On enseigne l'affirmative, sous la condition que la dation en payement et la novation soient avantageuses au mandant (1). C'est une application du principe que nous avons critiqué (n° 419); il ne s'agit pas de savoir si le mandataire fait un acte utile, il s'agit de savoir ce qu'il a le droit de faire; or,

(1) Pont, t. I, p. 470, n° 918.

il ne peut pas aliéner, et la dation en payement est une vente; quant à la novation, elle implique une nouvelle obligation; or, le mandataire ne peut obliger le mandant que lorsque les besoins de l'administration l'exigent. Cela décide la question, à notre avis.

422. Le recouvrement des créances du mandant est un acte d'administration; le mandataire, en recouvrant ce qui est dû au mandant, n'aliène pas, il acquiert. Dira-t-on qu'il aliène la créance qui se trouve éteinte par le payement? Non; recevoir le payement n'est pas aliéner, car la créance a pour but la prestation de ce que le créancier a stipulé; le mandataire, en recevant le payement, réalise l'obligation, il ne l'aliène pas.

Le droit de recouvrer la créance donne-t-il au mandataire le droit de faire tout ce qui est nécessaire pour ce recouvrement? Il faut distinguer. Le mandataire peut faire tout ce qui n'est point un acte de disposition. Il peut donc saisir les biens du débiteur, sans distinction entre les meubles et les immeubles. Pothier fait néanmoins cette distinction : les frais de la saisie immobilière, dit-il, sont si immenses, qu'il est souvent plus avantageux à un créancier de laisser perdre une créance que d'en venir à une expropriation! Pothier veut donc que le mandataire demande au mandant une procuration spéciale (1). C'est un conseil de prudence, plutôt qu'une décision juridique. En droit, il faut s'en tenir au principe de l'article 1988 : le mandataire qui pratique une saisie use d'une voie légale pour obtenir le payement de la créance qu'il est chargé de recouvrer; si la saisie occasionne des frais considérables, il faut s'en prendre, non au mandataire, mais à la loi.

423. Le mandataire peut-il poursuivre les débiteurs en justice? En théorie, il faudrait répondre négativement, car intenter une action, c'est disposer du droit; le mandataire peut perdre le procès; par conséquent, en plaidant il expose le droit du mandant à périr. Ce principe a toujours été suivi pour les actions immobilières; on ne permet pas au tuteur, au mari, ni à aucun administrateur de les intenter. Mais

(1) Pothier, *Du mandat*, n° 151.

le droit traditionnel déroge au principe pour les actions mobilières, et le code Napoléon, comme nous l'avons dit ailleurs, a consacré en ce point la tradition, bien que dans notre état social elle n'ait plus de raison d'être. Faut-il appliquer cette distinction au mandataire général? Tel serait bien notre avis, sauf au mandant à étendre les pouvoirs du mandataire, s'il le trouve nécessaire. Dans une espèce où le mandant, quittant la Belgique pour s'établir aux Etats-Unis, avait laissé à un mandataire « la direction et l'administration de toutes ses affaires, biens et intérêts », la cour de Bruxelles a jugé que le mandat comprenait, dans la généralité de ses expressions, aussi bien les affaires contentieuses et judiciaires que les affaires extrajudiciaires et administratives (1). C'est une décision de fait fondée sur l'interprétation des termes du contrat, ce n'est pas une décision de la question de droit. Pothier parle seulement des demandes contre les débiteurs, quand le créancier n'a point de titre exécutoire; ce qui suppose une dette mobilière. Encore fait-il des restrictions : il faut que les demandes soient bien fondées, ou que le mandataire ait un juste sujet de croire qu'elles le sont. Puis, quand ce ne sont pas des demandes ayant pour objet les affaires courantes du mandant, Pothier distingue : si le mandant est sur les lieux, le mandataire doit le consulter, il ne peut agir que si le mandant est dans un pays éloigné. Enfin, lorsque les procès peuvent donner lieu à de gros frais, le mandataire doit encore demander un pouvoir spécial au mandant, s'il est à portée de le consulter (2). On voit que, dans cette doctrine, les questions de droit deviennent des difficultés de fait; de sorte qu'il est inutile de les discuter, les circonstances variant d'une espèce à l'autre.

424. Le mandataire peut-il acquiescer à une demande formée contre le mandant, ou à un jugement qui a reconnu les droits du demandeur? Il a été jugé que le mandataire, n'ayant pas le pouvoir d'aliéner, n'avait point le droit d'acquiescer, puisque acquiescer c'est renoncer au droit du

---

(1) Bruxelles, 24 juillet 1816 (*Pasicrisie*, 1816, p. 175).
(2) Pothier, *Du mandat*, nᵒˢ 152 et 153.

mandant (1). Merlin a critiqué cette décision; il dit que, dans le système du code civil, le pouvoir d'acquiescer est la conséquence du pouvoir d'agir. Nous doutons que ce principe soit exact. Agir en justice, c'est soutenir son droit; tandis qu'acquiescer, c'est l'abdiquer. Il est vrai que le code, qui défend au tuteur d'aliéner les immeubles du mineur, lui permet d'acquiescer en vertu de l'autorisation du conseil de famille, et la même autorisation est requise pour introduire une action immobilière. Mais cette disposition témoigne aussi contre le principe de Merlin, car il en résulte qu'*acquiescer* n'est pas un acte d'administration. Merlin invoque encore l'autorité de Pothier, mais Pothier est très-vague en cette matière; d'abord il ne parle que des actions ordinaires contre un débiteur; puis il ne permet au mandataire d'acquiescer que s'il trouve les demandes bien justifiées et qu'il n'ait rien à y opposer; enfin s'il est à portée d'en donner avis au mandant, il ne doit acquiescer, sans en avoir référé au mandant, que lorsque la justice de la demande est évidente. Il est bien difficile de trouver un principe au milieu de toutes ces réserves (2). Celui que la cour de Bruxelles a suivi nous paraît encore le plus juridique.

425. L'article 1988 porte que le mandataire général ne peut pas *aliéner;* il est de principe que l'administrateur n'a pas le pouvoir de faire un acte de propriété, à moins que le propriétaire ne lui en donne le droit par un mandat exprès (n° 419). Toutefois l'on a toujours admis que le mandataire général peut vendre les produits des récoltes, les marchandises et toute autre chose sujette à dépérissement ou à dépréciation (3). Est-ce une exception au principe établi par l'article 1988? Si c'était une exception, il serait difficile de la justifier, au moins d'après le principe tel que nous l'avons formulé. A vrai dire, c'est plutôt une application du principe. Nous avons dit que le mandataire général peut faire des actes de conservation; or, vendre

(1) Bruxelles, 25 mars 1817 (*Pasicrisie,* 1817, p. 355).

(2) Pothier, *Du mandat,* n° 155. Merlin, *Questions de droit,* au mot *Acquiescement,* § XVIII, n° III (t. I, p. 60). Comparez Pont, t. I, p. 468, n° 916.

(3) Duranton, t. XVIII, p. 225, n° 229, et tous les auteurs.

des choses qui se déprécieraient ou périraient si elles n'étaient pas vendues, c'est les conserver. Tel est bien le caractère dominant de l'aliénation des choses dont nous parlons, et c'est d'après ce caractère qu'il faut juger l'acte et le droit du mandataire.

On demande si le mandataire peut vendre des meubles incorporels. La question ne devrait pas même être posée. Les droits ne sont pas sujets à dépérissement; il ne peut donc s'agir de les vendre à titre d'acte conservatoire. Par application de ce principe, la cour de Bruxelles a décidé que la femme ne peut, en vertu d'une procuration générale, transporter, par la voie de l'endossement, un billet à ordre appartenant au mari. La même cour a jugé que la femme, mandataire générale, pouvait valablement transporter la propriété des billets commerciaux appartenant à son mari, si ce transport avait lieu en l'acquit d'une dette du mandant (1). Ces deux décisions ne sont-elles pas contradictoires? Non, car le mandataire qui a le droit de payer les dettes du mandant a, par cela même, le pouvoir d'aliéner, puisque payer c'est aliéner. Si le mandataire peut aliéner les deniers du mandant, il doit avoir le droit d'aliéner les billets commerciaux, à défaut de deniers, ces billets tenant lieu d'argent dans le commerce.

426. L'article 1988 dit aussi que le mandataire général ne peut hypothéquer. Pothier enseignait qu'il pouvait hypothéquer si les besoins de son administration l'exigeaient. C'est une application du principe très-large, de fait plutôt que de droit, qu'il suivait (n° 419). Nous avons combattu ce principe; pour mieux dire, l'article 1988 le rejette; en ce qui concerne l'hypothèque, le texte est formel; et l'article 2124 (art. 73 de la loi hypothécaire) le confirme, en disant que les hypothèques conventionnelles ne peuvent être consenties que par ceux qui ont la capacité d'aliéner les immeubles qu'ils y soumettent. Or, le mandataire général ne peut jamais aliéner les immeubles; les auteurs mêmes qui donnent le plus d'extension au pouvoir de l'administra-

---

(1) Bruxelles, 13 février 1809 et 21 décembre 1809 (Dalloz, au mot *Mandat*, n° 87, 3°). Comparez Pont, t. I, p. 473, n° 928.

teur lui refusent ce droit; cela est décisif (1). Il va sans dire
que le mandant peut donner le pouvoir d'hypothéquer à
son mandataire général; l'étendue de ce pouvoir dépendra
des clauses de l'acte qui le confère (2). La cour de cassation
a jugé, et cela ne fait aucun doute, que la loi ne détermine
aucune formule sacramentelle pour conférer un mandat
qui autorise le mandataire à faire des actes de disposition;
les juges du fait peuvent donc décider que le mandat général emporte pouvoir d'hypothéquer; c'est une interprétation
du contrat (3).

427. L'article 1988 ajoute que le mandataire général
ne peut faire aucun autre acte de propriété. Il faut entendre par là une concession de droits réels. Le bail n'est pas
un démembrement de la propriété, on l'a toujours considéré comme un acte d'administration; telle est aussi la
théorie du code qui permet aux administrateurs légaux de
donner à bail les biens qu'ils administrent. Pothier ajoute
cependant une restriction : le mandataire, dit-il, ne peut
faire des baux à ferme ou à loyer que pour le temps pour
lequel il est d'usage de les faire; ce temps est tout au plus
de neuf ans; les baux faits pour un temps plus long tiennent de l'aliénation et excèdent, par conséquent, les bornes
de l'administration. Le code a consacré cette doctrine pour
les baux des biens administrés par le tuteur, le mari, l'usufruitier, le mineur émancipé (art. 1718, 481, 595, 1429 et
1430). On doit appliquer le même principe à l'administrateur conventionnel.

Pothier admet une exception en vertu du principe d'utilité qu'il suit en cette matière. S'il s'agissait du bail d'un
terrain inculte, dit-il, le mandataire pourrait faire un bail
de vingt-sept ans, parce qu'un bail de moindre durée ne
dédommagerait pas le preneur de ses avances et, par suite,
on ne trouverait pas à louer ces terrains (4). On enseigne
aussi, sous l'empire du code civil, que la durée du bail est

---

(1) Pothier, *Du mandat*, n° 160. Troplong, *Du mandat*, n° 286. Rejet,
2 juin 1836 (Dalloz, au mot *Société*, n° 1038).
(2) Turin, 10 novembre 1810 (Dalloz, au mot *Mandat*, n° 94).
(3) Rejet, 8 novembre 1869 (Dalloz, 1872, 1, 195).
(4) Pothier, *Du mandat*, n° 148.

une question de circonstances (1). Que devient alors le principe établi par la loi? Sans doute c'est un acte de bonne gestion que de louer à long terme des terrains incultes, mais ce serait aussi un acte utile de les donner à emphytéose : est-ce à dire que le mandataire puisse faire un bail emphytéotique? Non, certes, puisque l'emphytéose est un démembrement de la propriété; or, dans la théorie traditionnelle, reproduite par le code Napoléon, le bail de plus de neuf ans est aussi considéré comme une aliénation, en ce sens du moins que les administrateurs légaux n'ont pas le droit de les faire. Le mandant est libre de donner des pouvoirs plus étendus à l'administrateur conventionnel.

Il a été jugé que, sous la législation actuelle, les baux à long terme ne sont pas considérés comme des aliénations, mais comme des actes d'administration. La cour de Gand ne cite pas de loi ni d'article du code qui justifie cette proposition. Elle ajoute qu'il est cependant vrai de dire que ce ne sont pas des actes d'administration ordinaire. Or, les pouvoirs d'un mandataire administrateur se bornant aux actes d'administration qui sont d'*usage* et n'ont rien d'*excessif,* ce mandataire, en *thèse générale,* franchit les bornes de son pouvoir administratif en accordant des baux qui excèdent le terme de neuf années (2). Il y a bien des restrictions dans cette décision; elle aboutit à poser en principe que les tribunaux décideront d'après les circonstances. Ce n'est pas là un principe; il importe que les tiers sachent quel est le pouvoir du mandataire, sinon ils ne loueront pas : comment les fermiers s'engageront-ils dans un long bail quand ils ne peuvent pas compter sur la durée de leur contrat? La plus grande certitude est de rigueur en cette matière; voilà pourquoi le code a fixé la durée du bail fait par des administrateurs légaux,

La cour de Bruxelles a décidé que le mandataire général ne pouvait résilier un bail que le mandant avait contracté comme preneur; en effet, en résiliant, il renonce à un droit de jouissance appartenant au mandant; or, les

(1) Pont, t. I, p. 471, n° 923.
(2) Gand, 24 février 1843 (*Pasicrisie,* 1843, 2, 193). Comparez Rejet, 8 août 1821 (Dalloz, au mot *Mandat,* n° 78).

renonciations, dit la cour de Bruxelles, de même que les donations, excèdent le pouvoir d'un mandataire administrateur (1). Cette décision est fondée en droit et en raison, le mandataire ne peut faire aucun acte de propriété; or, la renonciation à un droit a toujours été considérée comme un acte de disposition. Le mandataire général n'a pas mission de perdre les droits du mandant, il est chargé, au contraire, de les conserver.

428. Le mandataire général peut-il faire un emprunt? Emprunter n'est pas aliéner directement, mais l'emprunt conduit à l'aliénation forcée des biens de l'emprunteur. C'est un acte très-dangereux; aussi la loi le met-elle sur la même ligne que l'aliénation quand il s'agit des mineurs (art. 457 et 483). Cependant, l'emprunt n'étant pas une aliénation directe, on ne peut pas poser comme principe absolu qu'il est interdit au mandataire d'emprunter. D'un autre côté, il faut tenir compte des dispositions du code civil qui assimilent l'emprunt à une aliénation quand il s'agit d'incapables. D'après cela, il faut établir comme règle que le mandataire ne peut emprunter que dans les cas où l'emprunt est une suite nécessaire d'un acte qu'il a le droit de faire. S'il est chargé d'une gestion qui l'oblige à faire des payements réguliers à des ouvriers, et s'il n'a pas les deniers suffisants pour payer, il faut bien lui permettre d'emprunter, sinon il sera dans l'impossibilité de gérer. Cette condition rentre dans celles que la loi exige pour que le tuteur puisse emprunter : il faut nécessité absolue ou avantage évident. Seulement le mandataire sera juge de la nécessité ou de l'avantage; ce qui est toujours un inconvénient, car le mandant peut contester la nécessité de l'emprunt; et le tribunal peut certainement déclarer le mandataire responsable pour mauvaise gestion. Pourra-t-il aussi annuler l'emprunt comme étant fait sans nécessité? La loi ne défendant pas formellement l'emprunt au mandataire, nous croyons que l'emprunt serait valable à l'égard des tiers(2).

(1) Bruxelles, 18 juillet 1814 (*Pasicrisie,* 1814, p. 148).
(2) Bordeaux, 9 février 1829 et 15 février 1830 (Dalloz, au mot *Mandat,* n° 130, 7°) Rejet, 12 novembre 1834 et 28 juin 1836 (Dalloz, au mot *Mandat,* n° 92). Comparez Pont, t. I, p. 472, n° 925).

429. Le mandataire peut-il transiger? Pothier répond qu'on ne doit pas facilement reconnaître au mandataire général le pouvoir de faire des transactions, parce que transiger c'est disposer des biens et des droits du mandant. Pour accorder ou refuser le pouvoir, dit-il, on doit avoir égard à plusieurs circonstances, telles que l'éloignement du mandant, l'importance de l'affaire, si elle est née depuis la procuration, etc. Le code civil ne permet plus de faire ces distinctions. Aux termes de l'article 2045, il faut avoir, pour transiger, la capacité de disposer des objets compris dans la transaction. Or, le mandataire n'a pas le droit de disposition; cela décide la question. C'est l'opinion générale (1).

430. Le mandataire peut-il déférer le serment décisoire? Ce que nous venons de dire de la transaction s'applique aussi au serment, puisque le serment implique une transaction. Celui qui défère le serment dispose réellement de la chose qui en fait l'objet, puisqu'il renonce irrévocablement à son droit si le serment est prêté. La jurisprudence est unanime en ce sens (2). Pothier, fidèle à son principe, ne décide pas la question d'une manière absolue. Il cite une loi romaine qui porte que lorsque le mandataire général n'a pas la preuve d'une créance du mandant, il a le pouvoir de déférer le serment au débiteur. Pothier ajoute que l'on doit restreindre cette décision au cas où les règles d'une bonne administration demandent que l'on ait recours à cette dernière ressource, c'est-à-dire lorsqu'il n'y a pas d'espérance d'avoir des preuves. On enseigne la même doctrine sous l'empire du code; à notre avis, l'article 1988 ne permet pas de la suivre : l'étendue des pouvoirs de l'administrateur n'est plus une question d'utilité, c'est une question de droit qui est tranchée par le code; le mandataire ne peut faire aucun acte de propriété, il ne peut donc disposer des biens du mandant par voie de transaction; ce qui est décisif quant au serment (3).

431. Pothier enseigne que le mandataire général ne

---

(1) Pothier, *Du mandat,* n° 157. Pont, t. I, p. 468, n° 916.
(2) Voyez les arrêts cités par Pont, t. I, p. 469, notes 1 et 2.
(3) Pothier, *Du mandat,* n° 156. Pont, t. I, p. 469, n° 916.

peut pas accepter une succession échue au mandant ; la raison en est, dit-il, que l'héritier est tenu des dettes du défunt *ultra vires* ; or, le mandant n'a certes pas donné au mandataire le droit de l'obliger indéfiniment. Ce motif ne s'applique qu'à l'acceptation pure et simple ; et l'on en pourrait induire que le mandataire a qualité pour accepter une succession sous bénéfice d'inventaire, ce qui nous paraît très-douteux. Le mandataire n'a le droit de contracter des obligations que pour les besoins de son administration ; or, accepter une succession, même bénéficiairement, n'est pas un acte d'administration ; la loi ne le permet pas au tuteur, quoiqu'il ait le pouvoir de faire tout ce qui concerne la gestion des biens.

Pothier permet au mandataire de renoncer à la succession lorsqu'il y a des créanciers qui poursuivent le mandant en sa qualité de successible, mais toujours avec des réserves et des distinctions dans lesquelles nous croyons inutile d'entrer. Renoncer à une succession n'est pas un acte d'administration, c'est abdiquer un droit qui est dans le domaine du mandant ; en ce sens, c'est disposer des droits du mandant, et le mandataire n'a pas ce pouvoir (1). Il a cependant été jugé que le mandataire général pouvait renoncer à la communauté (2) ; nous croyons que la décision est mauvaise, même au point de vue du principe d'utilité. Il est rare que la femme ait intérêt à renoncer ; car, en faisant inventaire, elle jouit du bénéfice d'émolument, ce qui la met à l'abri de tout préjudice. Mais, abstraction faite de tout préjudice, renoncer à la communauté, c'est abdiquer les droits que la femme a comme associée ; cela dépasse les bornes du pouvoir d'administration.

Nº 4. DE L'INTERPRÉTATION DU MANDAT.

I. *Le principe.*

432. « Le mandataire ne peut rien faire au delà de ce qui est porté dans son mandat » (art. 1989). Il n'a le droit

---

(1) Pothier, *Du mandat*, nᵒˢ 162 et 163. En sens contraire, Pont, t. I, p. 474, nº 933.
(2) Aix, 19 avril 1839 (Dalloz, au mot *Contrat de mariage*, nº 2157).

d'agir au nom du mandant qu'en vertu du pouvoir que celui-ci lui a donné; dès qu'il n'est plus dans les termes du mandat, il est sans pouvoir, il n'a pas plus de droit qu'un premier venu. Le rapporteur du Tribunat dit très-bien que si le mandataire dépassait la volonté de son commettant, il n'exécuterait plus le mandat, il le violerait(1). Il importe donc beaucoup de déterminer les limites du mandat, c'est-à-dire ce qui y est compris et ce qui n'y est pas compris.

Le principe posé par l'article 1989 est que l'on ne peut pas étendre le mandat; il est donc de stricte interprétation. C'est en ce sens que l'article 1989 dispose que le pouvoir de *transiger* ne renferme pas celui de *compromettre*. Cependant la transaction et le compromis ont le même but, c'est de terminer un procès; mais les deux actes diffèrent grandement. La partie qui transige reste maîtresse de ses droits, en ce sens qu'elle est libre de transiger à telles conditions qui lui conviennent, ou de ne pas transiger; tandis que celui qui fait un compromis soumet la décision du différend à des arbitres; ce n'est plus lui qui décide, ce sont les arbitres qui jugeront. On comprend donc que le mandataire chargé de transiger ne puisse pas compromettre; le mandant a confiance dans le jugement et les lumières du mandataire à qui il donne pouvoir de transiger, et il ne connaît pas les arbitres à qui le mandataire confierait la décision du litige. Ainsi on ne peut pas raisonner, en cette matière, par voie d'analogie; il faut s'en tenir à la volonté du mandant telle que lui-même l'a exprimée.

433. Le pouvoir de transiger lui-même est de stricte interprétation; il faut voir sur quoi porte le mandat et quelle a été l'intention du mandant. On doit se défier des formules banales qui semblent parfois donner au mandataire un pouvoir que le mandant n'a pas entendu lui confier. Il y a sur ce point un excellent arrêt de la cour de Bruxelles. Une procuration portait pouvoir « de lever et recevoir tous les revenus et créances quelconques de la constituante, agir contre tous les débiteurs défaillants, tant par-devant toutes justices de paix et de conciliation que devant tous tribunaux

(1) Tarrible, Rapport, n° 7 (Locré, t. VII, p. 379).

d'arrondissement et départements quelconques, *traiter,*
composer, transiger, citer, plaider, opposer, comparaître,
accorder terme et délai. » Nous nous arrêtons, car il faudrait une page pour transcrire cette interminable procuration. Une succession s'ouvre, à laquelle la mandante est
appelée avec d'autres successibles. Le tribunal ordonna de
tenter une conciliation, et renvoya à cet effet les parties
devant un juge-commissaire. Notre mandataire s'y présenta
au nom de sa constituante. Une transaction intervint. Quand
les parties en poursuivirent l'exécution, la mandante objecta qu'elle n'avait jamais entendu donner à son mandataire le pouvoir de faire une pareille transaction. On opposa
les termes de l'acte. La cour de Bruxelles établit d'abord en
principe que les procurations doivent être strictement interprétées. Or, la procuration litigieuse autorisait, à la vérité, le mandataire à transiger, mais il fallait limiter ce
pouvoir aux matières pour lesquelles la mandante le lui
avait accordé; le mandat avait pour objet le recouvrement
des créances de la constituante et la poursuite des débiteurs; c'est donc seulement dans les poursuites dirigées
contre les débiteurs que le mandataire avait le droit de
transiger. La cour ajoute une considération de fait qui a
son importance quand il s'agit d'interpréter les conventions. À l'époque où l'acte a été passé, dit l'arrêt, la clause
vague et indéterminée par laquelle le mandant autorisait
le mandataire à transiger se trouvait insérée comme clause
banale dans toutes les procurations de l'espèce, par le motif que celui qui était chargé d'exercer des poursuites contre
les débiteurs du mandant devait les faire citer au bureau
de conciliation, où les mandataires ne pouvaient être entendus qu'autant qu'ils faisaient conster que leur mandat les
autorisait à se concilier et à transiger (1).

434. Quel serait l'effet d'une transaction faite sans pouvoir suffisant? La question doit être généralisée, et l'on
doit se demander quel est l'effet de tout acte qu'un mandataire a fait en excédant ses pouvoirs. L'article 1998 dit que
le mandant n'est pas tenu de ce que le mandataire a fait au

---

(1) Bruxelles, 16 mai 1811 (Dalloz, au mot *Mandat,* n⁰ 114, 1⁰).

delà de son pouvoir, et l'article 1997 décide que le mandataire n'est tenu d'aucune garantie envers celui avec lequel il a traité, s'il lui a donné une connaissance suffisante de ses pouvoirs. Nous reviendrons sur ces dispositions ; pour le moment, nous examinons la question de principe : l'acte fait par le mandataire sans pouvoir est-il nul à l'égard de toutes les parties, ou le mandant seul peut-il se prévaloir de la nullité? A notre avis, il y a plus que nullité, l'acte est inexistant faute de consentement. En effet, le mandataire y a figuré au nom du mandant; or, il n'a aucune qualité pour le représenter en dehors des limites de son pouvoir ; donc, quand il dépasse ces limites, le mandant n'est plus représenté, il ne consent donc pas; par suite il y a absence de consentement, ce qui entraîne l'inexistence du contrat.

Il y a un arrêt en sens contraire de la cour de Paris ; elle a jugé que le mandant seul pouvait opposer l'incapacité du mandataire (1). C'est mal poser la question et mal la résoudre. Il ne s'agit pas d'une question de *capacité*, il s'agit d'une question de *pouvoir*, c'est-à-dire de consentement. L'incapacité entraîne la nullité de l'acte, et cette nullité est relative; tandis que le défaut de pouvoir fait qu'il n'y a pas de consentement, donc pas de contrat.

II. *Application du principe.*

435. La cour de Bruxelles a jugé qu'il est de principe que le mandataire chargé de vendre n'a pas le droit de recevoir le prix, à moins que ce pouvoir ne soit spécifiquement (ou expressément) compris dans le mandat (2). En effet, le prix doit être payé au vendeur; or, le vendeur, c'est le mandant; c'est donc lui seul qui a le droit de le toucher, ou celui à qui il a donné procuration à cet effet. Or, la procuration donnait seulement le pouvoir de vendre; du moment que la vente était faite, le pouvoir du mandataire cessait, il n'y avait plus de mandataire, il ne restait

(1) Paris, 28 juin 1851 (Dalloz, 1853, 2, 78).
(2) Bruxelles, 1er juin 1820 (*Pasicrisie*, 1820, p. 145).

en présence que le vendeur et l'acheteur. Il se présente bien des difficultés sur cette matière; nous les avons examinées au titre des *Obligations* (t. XVII, n°s 520-536).

436. Le mandat de toucher une créance est très-fréquent. Quel est le droit qu'il donne au mandataire? Il faut voir d'abord ce que le mandataire est autorisé à recevoir. S'il est chargé de toucher les intérêts ou les arrérages, il ne peut pas recevoir le capital, et bien moins encore consentir au rachat de la rente. Cela est d'évidence; il est inutile de citer des autorités. La seule difficulté qui se présente est celle de savoir ce que le mandataire peut faire en vertu de son mandat. Il peut toucher le montant de la créance et en donner décharge; ce dernier droit est plutôt une obligation, puisque le débiteur qui paye peut exiger une quittance; il est donc inutile que le mandat porte que le mandataire a pouvoir de donner décharge, c'est une suite nécessaire du payement. Il en est de même de la mainlevée de l'inscription hypothécaire; le créancier peut aussi être forcé à la consentir, et le mandataire peut faire tout ce que son mandant serait contraint de faire. Par contre, le mandataire n'a pas le droit de faire ce que le mandant ne pourrait être forcé de consentir. Ainsi il ne peut recevoir un payement partiel, ni une dation en payement (art. 1243 et 1244), à moins que la procuration ne soit conçue dans des termes tels que le mandataire puisse faire tout ce qui serait utile au mandant. Par application de ces principes, il a été jugé que le mandataire chargé de poursuivre le payement de certaines créances et de se faire délivrer des exécutoires, en procédant aux voies d'exécution, excède les bornes de son mandat lorsqu'il reçoit du débiteur des billets à terme en échange des titres primitifs : c'est, dit la cour de Bordeaux, dénaturer les titres primitifs dont il devait recouvrer le montant (1). En effet, le mandataire remplaçait une obligation exigible par une obligation à terme, et il n'avait aucun pouvoir de modifier en quoi que ce soit des obligations dont il devait poursuivre l'exécution forcée.

437. Le mandataire est chargé de recouvrer une créance,

---

(1) Bordeaux, 14 août 1826 (Dalloz, au mot *Mandat*, n° 110, 1°).

c'est-à-dire de recevoir le payement. Pourrait-il tirer sur le débiteur? Si celui-ci y consent, il n'y a plus de question; s'il n'y a pas consenti, le créancier et, par conséquent, son mandataire ne peuvent pas disposer sur lui; c'est un mode de régler le payement dont la loi ne parle pas, et nous supposons que la convention ne l'autorise point; ce qui est décisif. La cour de Gand a jugé en sens contraire, mais il s'agissait d'une affaire commerciale; et la cour dit que c'est un mode facile et usité dans le commerce que de se rembourser sur un débiteur qui n'habite pas le lieu où demeure le créancier, en disposant sur lui (1). Ainsi limitée, la décision de la cour de Gand se concilie avec les principes.

438. Le mandataire étant chargé de recevoir ce qui est dû au créancier, il en résulte qu'il ne peut éteindre la dette que par le payement que le débiteur fait de ce qu'il doit; il ne peut pas consentir à un autre mode d'extinction des obligations. Il a été jugé, et cela va sans dire, que le mandataire ne peut pas faire une remise partielle de la créance. Le mandataire avait été chargé de recevoir le remboursement de rentes perpétuelles s'élevant à 4,937 francs, remboursables au denier dix et hypothéquées sur des immeubles situés en Algérie. Il consentit à recevoir les dix-neuf vingtièmes du capital et donna quittance du total. Le créancier demanda la nullité du payement comme fait en dehors des termes du mandat. Il n'y avait aucun doute sur la nullité de la remise; mais le mandataire soutint que le payement partiel devait être validé, et cette prétention fut admise par la cour d'Alger. Pourvoi en cassation. La cour a décidé que le remboursement partiel entrait dans le droit du débirentier et dans le pouvoir du mandataire (2). Ce dernier point est très-douteux, à notre avis; nous renvoyons à ce qui a été dit plus haut.

Si le débiteur ne paye pas, le mandataire aura-t-il le droit de le poursuivre en justice? La cour de Bruxelles a jugé, et avec raison, que le pouvoir de recouvrer la créance ne donnait pas le droit d'agir en justice contre le débi-

---

(1) Gand, 31 mars 1856 (*Pasicrisie*, 1856, 2. 236).
(2) Rejet, 24 juin 1867 (Dalloz, 1868, 1. 29).

teur (1). C'est une application du principe de l'article 1989. Autre chose est de toucher ce qui est dû au créancier, autre chose est d'intenter un procès. C'est au créancier à voir s'il veut s'exposer aux frais et aux hasards d'une action judiciaire, où il risque de perdre alors même qu'il gagne.

439. Le mandataire qui a reçu pouvoir de plaider et d'interjeter appel peut-il se désister de l'appel interjeté? Il a été jugé que le mandataire n'avait pas ce droit (2). La décision ne nous paraît pas douteuse : le mandataire a été chargé de défendre, même en appel; or, se désister de l'appel, c'est renoncer à se défendre; en se désistant, le mandataire fait donc tout le contraire de ce qu'il avait charge de faire.

440. Le mandat de payer les dettes du mandant emporte-t-il le droit de faire des emprunts? Il faut appliquer au mandat spécial ce que nous avons dit du mandat général (n° 428). Le mandataire peut emprunter quand l'emprunt est une conséquence nécessaire de la charge que lui impose le mandat. Pour payer les dettes, le mandataire doit avoir des fonds à sa disposition; si ceux dont il dispose ne suffisent point, et que les dettes doivent nécessairement être payées, l'emprunt devient aussi une nécessité. La cour de Bordeaux l'a jugé ainsi dans l'espèce suivante. Un entrepreneur, qui avait des entreprises dans diverses parties d'un département, préposa un mandataire à l'un des chantiers; le mandataire conduisait tous les travaux, payait les ouvriers et faisait même des avances. Pendant une absence de l'entrepreneur, le mandataire, ayant des payements à faire, emprunta une somme de 1,045 francs, dont il fit deux billets au prêteur au nom du mandant. A leur échéance, l'entrepreneur refusa de payer. La cour constate, en fait, que le mandataire était chargé de payer les ouvriers, et que lors de l'emprunt il n'avait pas les fonds nécessaires, les recettes ne suffisant pas pour la dépense. Elle en conclut que le mandataire était autorisé à faire des emprunts dans l'intérêt de l'entreprise dont il était chargé. La bonne foi

---

(1) Bruxelles, 9 mars 1828 (*Pasicrisie*, 1828, p. 96).
(2) Rejet, 16 avril 1844 (Dalloz, au mot *Désistement*, n° 151).

était d'accord avec le droit; en effet, les tiers, qui voient le mandataire représenter en tout l'entrepreneur, doivent croire qu'il a les pouvoirs nécessaires pour emprunter les sommes nécessaires au payement des ouvriers (1).

441. Le mandat spécial de donner des biens à bail peut être plus étendu que le pouvoir du mandataire général. Celui-ci ne peut louer que pour le terme ordinaire de neuf ans. Il a été jugé que le mandataire spécial pouvait dépasser cette limite quand le mandat porte le pouvoir de faire *tous baux* à loyer à tels prix, clauses et conditions que le mandataire jugerait convenables. Le mandataire passa un bail de quinze années. On prétendit que le bail était un acte d'aliénation et que, partant, le mandataire dépassait son pouvoir en aliénant, alors qu'il avait seulement le droit de louer. La cour répond que louer pour quinze ans, ce n'est pas aliéner, que la durée du bail dépend de l'étendue du pouvoir; or, dans l'espèce, le mandataire avait procuration, non pas simplement de louer, mais de faire *tous baux* (2).

442. Un héritier donne mandat de procéder au partage des biens de la succession situés dans tel département. Il a été jugé que le mandataire n'avait pas le droit de procéder au partage des biens situés dans un autre département. Décision évidente, car le mandat était restrictif (3).

443. Il reste une difficulté générale. Tout mandat spécial est restrictif d'après l'article 1989, puisque le mandataire ne peut rien faire que ce qui est porté dans son mandat. Est-ce à dire que le pouvoir spécial ne comprenne jamais des actes qui n'y sont point spécifiés? On admet que le mandataire peut faire ce qui est une dépendance de l'affaire qui lui est confiée, ou, comme disent d'autres auteurs, que le mandataire peut faire les actes virtuellement compris dans son pouvoir, comme conséquents, antécédents et compléments (4). Les éditeurs de Zachariæ disent, au contraire, que le mandataire ne peut pas faire les actes qui, jusqu'à

(1) Bordeaux, 9 février 1829 (Dalloz, au mot *Mandat*, n° 130, 7°).
(2) Paris, 17 novembre 1813 (Dalloz, au mot *Mandat*, n° 78).
(3) Bordeaux, 7 février 1839 (Dalloz, au mot *Succession*, n° 131, 3°).
(4) Demante, *Programme*, n° 733. Troplong, *Du mandat*, n° 319.

un certain point, pourraient être considérés comme une suite *naturelle* de ceux que le mandataire a été chargé de faire (1). Nous croyons que cette dernière opinion se rapproche plus de la rédaction restrictive de l'article 1989. Toutefois le principe que le mandat doit être interprété restrictivement n'empêche pas le juge de l'interpréter; il a ce pouvoir pour tout contrat, il a donc aussi le droit de rechercher quelle a été l'intention du mandant; or, son intention probable est de comprendre dans le pouvoir qu'il confie au mandataire les actes sans lesquels le pouvoir ne pourrait être exercé. On n'a jamais contesté que le pouvoir de recouvrer une créance ne donne le droit de délivrer quittance et de consentir à la radiation des inscriptions hypothécaires (n° 436); cependant le mandat ne porte pas que le mandataire peut faire ces actes. Si l'on reconnaît au mandataire le pouvoir de les faire, c'est qu'ils sont une dépendance nécessaire du pouvoir qui lui est accordé. La cour de Paris a jugé que le pouvoir de vendre des immeubles contient celui de régler les honoraires du notaire chargé de la vente. Dans l'espèce, le mandant demandait la réduction des honoraires convenus. La cour de Paris a repoussé cette prétention, et avec raison, nous semble-t-il : le mandataire chargé de vendre ne peut pas vendre lui-même; il faut donc qu'il s'adresse à un notaire, ce qui implique la nécessité d'une convention réglant les honoraires de l'officier public (2).

La difficulté est donc de fait plutôt que de droit, car la solution dépend de l'interprétation du contrat, c'est-à-dire de l'intention du mandant. Mais, en interprétant la procuration, le juge ne doit pas perdre de vue que cette interprétation doit se faire dans un esprit restrictif. La cour de Nancy a jugé que le pouvoir de vendre, de toucher le prix et de donner des quittances *subrogatoires* donne virtuellement le droit de faire des *transports* et *cessions* (3). Si la cour l'a décidé ainsi, en se fondant sur l'intention du mandant, c'est une décision de fait qu'il serait difficile de criti-

---

(1) Aubry et Rau, t. IV, p. 642, § 412.
(2) Paris, 21 avril 1806 (Dalloz, au mot *Notaire*, n° 510, 1°).
(3) Nancy, 22 janvier 1842 (Dalloz, au mot *Mandat*, n° 129).

quer. Mais si la cour a entendu juger en droit, nous n'acceptons pas l'arrêt, il aboutit à dire que le pouvoir de *subroger* implique le pouvoir de *céder*; ce qui n'est pas exact; car *subroger* c'est recevoir un *payement*, tandis que *céder* c'est *vendre;* les deux actes sont essentiellement différents; on ne peut donc pas dire que l'un comprend l'autre.

§ IV. *De la forme.*

444. Le mandat n'est pas un contrat solennel; aucune forme n'est requise pour l'existence ni pour la validité de la procuration. Si les parties dressent un écrit, c'est pour se procurer une preuve littérale. L'article 1985 dit que le mandat peut être donné par acte public ou par écrit sous seing privé; c'est le droit commun, il était inutile de le dire. La loi maintient expressément les principes généraux en ce qui concerne la preuve testimoniale; il en est de même de la preuve littérale et de toute autre preuve (n° 380). Nous allons faire l'application de ce principe.

445. Le mandat par acte public dont parle l'article 1985 est celui qui est reçu par acte notarié, soit en minute, soit en brevet. Les procurations peuvent être reçues en brevet, c'est-à-dire que l'original même est délivré à la partie, le notaire en fait seulement mention au répertoire (loi du 25 ventôse an XI, art. 20). Y a-t-il des cas où le mandat doit être reçu en minute? La question est controversée; nous renvoyons à ce qui a été dit au titre des *Donations* (t. XII, n° 236).

Autre est la question de savoir si la procuration doit être donnée par acte authentique. Il faut distinguer les contrats solennels des contrats non solennels. Si une procuration est donnée pour faire un contrat non solennel, la solution n'est pas douteuse, l'écrit ne sert que de preuve; et la loi admet indifféremment comme preuve littérale les actes sous seing privé et les actes authentiques. Il n'en est pas de même dans les contrats solennels : la solennité étant requise pour l'existence même du contrat, il en résulte que le consentement, dans tous ses éléments, doit être constaté authentiquement, sinon il n'y a pas de consentement et, partant, pas de contrat (1). Telles sont les donations; nous renvoyons à ce qui a été dit au titre qui est le siége de la matière. Le code le dit de la procuration donnée pour accepter une donation (art. 933); il en faut dire autant de la procuration pour faire une donation. Notre loi hypothécaire a appliqué le même principe à l'hypothèque (art. 76).

Le code exige encore une procuration authentique dans les cas où une partie est obligée de comparaître en personne devant l'officier de l'état civil (art. 36). Il en est de même de la procuration donnée pour former opposition au mariage (art. 66).

Faut-il aussi une procuration authentique pour accepter une succession sous bénéfice d'inventaire? La question est controversée; nous l'avons examinée ailleurs (t. IX, n° 379).

Il y a un cas dans lequel la jurisprudence exige un acte authentique. La cour d'Orléans a jugé que le débiteur qui paye entre les mains d'un mandataire de son créancier est fondé à exiger que le mandataire justifie de sa qualité par une procuration authentique. Cette décision est fondée sur ce que tout débiteur qui paye sa dette a le droit d'exiger une preuve valable de sa libération; or, la condition essentielle de la validité du payement, c'est qu'il se fasse à celui qui a qualité pour recevoir, et une procuration sous seing privé n'offre point cette garantie; il suffirait que le mandant contestât l'écriture ou la signature pour que le débiteur fût engagé dans un procès qu'il pourrait perdre. L'authenticité de la procuration lui donne seule une garantie suffisante (2).

446. Le mandat est un contrat unilatéral, de sorte que l'article 1325 est inapplicable; l'écrit sous seing privé qui constate le mandat ne doit pas être rédigé en deux originaux. Les auteurs enseignent qu'il en est ainsi quoique le mandat soit salarié, parce qu'ils considèrent le contrat, même dans ce cas, comme un contrat unilatéral (3).

(1) Comparez Rejet, 29 mai 1854 (Dalloz, 1854, 1, 208). Pont. t. I, p. 441, n°s 865 et 866.

(2) Orléans, 19 novembre 1859 (Dalloz, 1861, 5, 301, n° 7).

(3) Duranton, t. XVIII, p. 215, n° 216 et p. 216, n° 217. Pont, t I, p. 440, n° 862.

Dans notre opinion, le contrat devient bilatéral lorsque le mandant s'oblige de payer un salaire (n° 350); et, par suite, il faut suivre, pour la rédaction de l'acte, les formes prescrites par l'article 1325 (t. XIX, n° 239). L'esprit de la loi ne laisse aucun doute. Elle veut que chaque partie qui est dans le cas d'agir contre l'autre ait une preuve littérale du mandat; or, le mandataire a action contre le mandant pour le payement de son salaire; donc il doit avoir un original de l'acte, sinon il sera à la merci du mandant, si celui-ci est en possession de l'acte comme unique créancier; le mandant pourra supprimer l'écrit qui prouve que le mandat est salarié, et, par suite, le mandataire ne pourra pas réclamer son salaire, à défaut de preuve.

447. Le mandat non salarié est un acte unilatéral : doit-il être rédigé dans les formes prescrites par l'article 1326? Il a été jugé que cette disposition est inapplicable, alors même qu'il s'agirait d'une procuration donnée pour emprunter (1). Cela n'est point douteux. L'article 1326 ne reçoit d'application qu'au cas où le débiteur s'oblige à payer une somme d'argent; or, le mandataire ne s'oblige jamais à payer au mandant une somme d'argent, il s'oblige à faire, à représenter le mandant dans un acte juridique. L'article 1326 n'étant pas applicable, on reste sous l'empire du droit commun, qui n'exige aucune formalité pour les écrits constatant des conventions unilatérales, sauf la signature. Il est cependant d'usage d'ajouter : *bon pour procuration* lorsque celle-ci est donnée en blanc; cela peut servir à éviter l'abus du blanc seing, mais cela est inutile pour la validité de l'écrit.

448. L'article 1985 dit que le mandat peut être donné *même* par lettre. Pourquoi la loi dit-elle : *même* par lettre? C'est que la lettre n'est pas un *acte*, c'est-à-dire un écrit ayant pour objet de constater un fait juridique; les lettres, en général, ne servent pas de preuve, sauf en matière de commerce. Nous renvoyons à ce qui a été dit au titre des *Obligations* (t. XIX, n° 224). L'article 1985 consacre donc une exception à la règle. Elle se justifie très-facilement. En

---

(1) Rejet, 6 février 1861 (Dalloz, 1861, 1, 366). Pont, t. I, p. 441, n° 863.

disant que le *mandat* peut être donné par lettre, la loi n'entend parler que de la *procuration,* c'est-à-dire du pouvoir que le mandant propose au mandataire; ce pouvoir n'est pas encore le mandat, le contrat ne se forme, d'après les articles 1984 et 1985, que par l'acceptation du mandataire. Or, la procuration séparée de l'acceptation suppose que le mandataire n'est pas sur les lieux; dès lors il fallait permettre de lui donner la procuration par lettre, sinon il eût fallu rédiger un acte authentique pour tout mandat donné entre absents.

Ainsi la lettre seule du mandant ne fait pas preuve du mandat, elle fait seulement preuve d'une proposition, d'une offre, le contrat ne se forme que par l'acceptation; cette acceptation doit aussi être prouvée; nous dirons plus loin comment se fait la preuve. Il n'est donc pas exact de dire, comme on l'a fait (nº 350), que la lettre qui contient la procuration forme preuve du mandat, et qu'il résulte de là que l'article 1325 est inapplicable, alors même que le mandat serait salarié. Le deuxième alinéa de l'article 1985 prouve que par *mandat* le premier alinéa entend la *procuration,* ou le *pouvoir* que le mandant offre au mandataire; c'est cette offre qui est établie par la lettre, mais la preuve de l'offre ne suffit certainement pas pour établir l'existence du contrat.

449. L'article 1985 ajoute : « Le mandat peut aussi être donné verbalement, mais la preuve testimoniale n'en est reçue que conformément au titre des *Contrats* ou des *Obligations conventionnelles.* » Il suit de là que le mandat ne peut pas se prouver par témoins, en matière civile, quand l'objet du mandat a une valeur de plus de 150 francs (art. 1341). Ce principe si élémentaire donne néanmoins lieu à de nombreuses contestations. Il arrive tous les jours que les parties contractantes soutiennent qu'elles ont donné mandat au notaire de faire tous les actes nécessaires pour l'efficacité de leurs conventions. Le notaire nie le mandat. C'est au demandeur à l'établir. Comment le fera-t-il? D'après le droit commun (1). Or, le mandat étant un contrat, celui

(1) Lyon, 18 juillet 1845 et Rejet, 2 juin 1847.

qui soutient qu'il a donné mandat doit prouver, non-seulement qu'il a voulu charger le notaire de faire les actes
nécessaires, il doit prouver aussi que le notaire a consenti
à se charger de ce mandat. Comment fera-t-il cette preuve?
Quand l'objet du litige dépasse 150 francs, la preuve testimoniale n'est plus admise. C'est l'application de l'article 1341.
Il faut ajouter : en matière civile. En effet, en matière de
commerce, la preuve testimoniale est admise indéfiniment,
sans limitation de valeur. La conséquence en est que le
mandat commercial peut toujours se prouver par témoins (1).

450. Le principe de l'article 1341 reçoit exception quand
il y a un commencement de preuve par écrit (art. 1347).
Cette exception reçoit une application fréquente au mandat.
Il n'y a aucun doute quant au principe, il a été consacré
par de nombreux arrêts (2). La seule difficulté qui se présente, et elle est grande, est de savoir dans quels cas il y a
un commencement de preuve par écrit. Nous renvoyons,
quant aux conditions requises, au titre des *Obligations*, où
cette matière se trouve longuement traitée. Il suffit, quant
au mandat, de donner quelques exemples empruntés à la
jurisprudence.

Un prêteur intente contre un notaire une action en responsabilité fondée sur la perte du capital par lui prêté sur
hypothèque. Le demandeur invoquait l'existence d'un mandat dénié par le notaire. Comme l'objet dépassait 150 francs,
il fallait un commencement de preuve par écrit. Le demandeur se prévalait d'abord de l'interrogatoire sur faits et
articles que le notaire avait subi. La cour de Poitiers répond que l'on n'y rencontrait pas un mot d'où l'on pût induire
le commencement de preuve que le premier juge y avait
trouvé. Toutes les réponses du notaire étaient concordantes;
il protestait formellement contre la qualité de mandataire
que lui prêtait le demandeur; il soutenait constamment,
sans se donner le moindre démenti, n'avoir pas été chargé

(1) Rejet, cour de cassation de Belgique, 10 février 1853 (*Pasicrisie*,
1853, 1, 215).
(2) Rejet, 22 mai 1827 (Dalloz, au mot *Communes*, n° 2374); 6 août 1855
(Dalloz, 1855, 1, 418); 4 mai 1874 (Dalloz, 1874, 1, 489).

du choix de l'emprunteur et y être resté complétemet étranger. Le demandeur invoquait encore un bordereau d'inscription que le notaire avait rédigé et un certificat des inscriptions existantes que le conservateur des hypothèques avait délivré au notaire sur sa demande. S'il s'était agi de prouver l'existence d'un mandat commercial, les actes à accomplir postérieurement au contrat, afin d'assurer les droits du prêteur, auraient été de quelque valeur, on aurait pu les invoquer à titre de présomptions; mais, dans l'espèce, il s'agissait d'un mandat civil; ce qui exclut, en principe, la preuve testimoniale et les présomptions. Le prétendu mandat était antérieur à l'acte de prêt; il fallait donc prouver que le notaire s'était chargé de procurer au mandant un bon et solide placement; dès lors des actes postérieurs au prêt ne pouvaient être considérés comme un commencement de preuve pour établir que le notaire avait eu mandat de chercher un emprunteur; or, le certificat des inscriptions et le bordereau n'avaient rien de commun avec ce qui s'était passé antérieurement au contrat et ne donnaient aucune probabilité à la prétention du demandeur (1).

451. Voici une autre espèce, dans laquelle figure également un notaire. Prêt hypothécaire de 3,000 francs avec intérêt à 5 pour cent, et remboursable, après trois années, dans l'étude du notaire rédacteur de l'acte; les intérêts devaient aussi se payer en ladite étude. Résultait-il de là un commencement de preuve par écrit du mandat que le prêteur prétendait avoir donné au notaire de recevoir et de donner quittance? La cour de Metz reconnaît que la clause seule que le payement se fera en l'étude du notaire ne prouve pas qu'il ait pouvoir et mandat de recevoir. Mais, dans l'espèce, la cour admet qu'il en résulte un commencement de preuve par écrit. Elle insiste sur la circonstance que les intérêts devaient se payer en l'étude du notaire. À qui? Quand il s'agit d'un capital, on conçoit que le notaire fixe un jour et une heure où le débiteur fera, en son étude, le payement au créancier. Mais, pour le payement des intérêts qui se répète chaque année, cette supposition

---

(1) Poitiers, 22 juillet 1851 (Dalloz, 1852, 2, 91).

est peu probable. On doit donc admettre que le notaire a qualité de toucher les intérêts et de délivrer une quittance au moins provisoire. Il peut même en résulter, d'après les circonstances de la cause, un commencement de preuve de l'existence d'un mandat donné au notaire par le créancier. La cour établit ensuite que, dans l'espèce, il y avait preuve d'un mandat résultant des clauses de l'acte et des faits (1).

452. Ce que les arrêts appellent faits et circonstances de la cause, sont des présomptions que la loi abandonne aux lumières et à la prudence du magistrat. Mais il ne peut les admettre que dans les cas où la loi autorise la preuve testimoniale. Donc le mandat, quand il dépasse la valeur de 150 francs, ne peut être établi par présomptions que dans le cas où il y a un commencement de preuve par écrit (2). Directement le mandat qui dépasse cette valeur ne peut être établi par présomptions, pas plus que par témoins. Ainsi il ne suffirait pas qu'un arrêt portât que l'existence d'un mandat résulte des circonstances de la cause; ce serait établir un mandat sur des présomptions, alors que la loi n'admet pas les présomptions; il faut que le juge constate qu'il y a un commencement de preuve par écrit qui rend les présomptions admissibles. Il y a un arrêt de la cour de cassation qui semble décider le contraire. La cour de Lyon avait commencé par dire « qu'il résultait de toutes les circonstances de la cause la preuve complète de l'existence du mandat litigieux. » C'était très-mal juger, car ces circonstances n'étaient que des présomptions; or, les présomptions n'étaient pas admissibles, dans l'espèce, sans un commencement de preuve par écrit. Mais la cour ajoute ensuite que, si quelque incertitude avait pu s'élever sur l'existence du mandat, elle serait levée par la *preuve* résultant de la *procédure correctionnelle* qui avait eu lieu au tribunal de la Seine. Pourvoi en cassation fondé sur ce que l'arrêt attaqué avait admis l'existence d'un mandat sur

---

(1) Metz, 23 février 1864 (Dalloz, 1864, 2, 220). Comparez Bruxelles, 16 mars 1858 (*Pasicrisie*, 1859, 2, 31).

(2) Rejet, cour de cassation de Belgique, 25 juillet 1850 (*Pasicrisie*, 1851, 1, 179).

de simples présomptions, sans qu'il y eût un commencement de preuve par écrit. La cour rejeta le pourvoi, par la raison que l'arrêt de Lyon déclarait que la preuve complète du mandat résultait de toutes les circonstances de la cause et, *notamment*, d'une procédure criminelle (1). Cela n'est pas tout à fait exact; la cour de Lyon n'invoque la procédure correctionnelle que comme un supplément de preuve, après avoir dit que la preuve *complète* résultait des circonstances de la cause, donc des présomptions. L'arrêt de rejet et l'arrêt de Lyon sont l'un et l'autre mal rédigés; ils auraient dû établir d'abord qu'il y avait un commencement de preuve par écrit qui autorisait le magistrat à recourir à des présomptions, puis énumérer les circonstances de la cause qui venaient à l'appui de la preuve écrite.

453. Les principes qui régissent la preuve du mandat par témoins s'appliquent-ils aux tiers? Il a été jugé que les tiers aussi bien que les parties ne peuvent prouver l'existence d'un mandat que par écrit, ou par témoins et présomptions lorsqu'il y a un commencement de preuve littérale; la cour de cassation l'a décidé ainsi implicitement, sans que la question eût été discutée (2). Nous n'y voyons aucun doute. Les règles sur les preuves sont générales et s'appliquent à toute partie en cause qui demande à établir un fait contesté. Il est vrai que la règle de l'article 1341 reçoit une exception dont les tiers peuvent d'ordinaire se prévaloir, plutôt que les parties; lorsqu'il n'a pas été possible au demandeur ou au défendeur de se procurer une preuve littérale, elle est admise à la preuve par témoins, quel que soit le montant du litige (art. 1348). Mais, dans l'espèce, les tiers ne peuvent pas se prévaloir de cette exception, puisqu'il dépend d'eux d'exiger que le mandataire leur fournisse la preuve littérale du mandat.

La question est cependant controversée. Il ne vaudrait pas la peine de s'arrêter à la controverse si un magistrat, qui jouit d'une grande réputation, n'avait enseigné l'opinion contraire. Nous citerons en substance les motifs que Tro-

---

(1) Rejet, 10 juin 1841 (Dalloz, au mot *Mandat*, n° 158, 2°).
(2) Cassation, 7 mars 1860 (Dalloz, 1860, 1, 114). Comparez Bordeaux, 10 juin 1872 (Dalloz, 1873, 5, 314).

plong fait valoir (1); ce sera une leçon pour nos jeunes lecteurs; ils verront de quelles raisons cet auteur se contente trop souvent. Le mandat peut être verbal, et les mandats oraux sont extrêmement fréquents. Ne serait-ce pas nuire au mouvement des affaires que de forcer les tiers d'exiger la représentation d'un mandat écrit? Nous répondrons par une autre question : Est-ce que les tribunaux ont pour mission de *favoriser le mouvement des affaires,* ou sont-ils chargés d'appliquer les lois, quelles qu'elles soient, favorables ou non aux transactions? Or, la loi a parlé; l'article 1985 admet, il est vrai, le mandat verbal, mais il ajoute immédiatement que ce mandat ne peut être prouvé par témoins que d'après les règles établies par la loi, au titre des *Obligations;* le juge est enchaîné par ces règles, il doit les appliquer, sans s'inquiéter des intérêts généraux; c'est au législateur de les régler, et non au magistrat.

Troplong insiste et dit que c'est une rigueur inutile que d'interdire aux tiers la preuve testimoniale, car ils peuvent toujours faire la preuve orale d'une simple gestion d'affaires; autant vaut leur permettre de prouver le mandat par témoins. Ne dirait-on pas qu'il dépend des parties de transformer en gestion d'affaires ce qui est un mandat, de sorte qu'il y aurait quasi-contrat ou contrat, à leur bon plaisir, selon qu'elles auraient intérêt à soutenir qu'il y a gestion d'affaires ou mandat? Il y a, malheureusement, bien des arrêts qui confondent ces deux faits juridiques; cela n'empêche pas qu'ils diffèrent essentiellement. Nous l'avons dit ailleurs, et nous allons revenir sur la question de preuve.

454. Comment se prouve le mandat tacite? On répond d'ordinaire que le mandat tacite étant un contrat aussi bien que le mandat exprès, est par cela même soumis au droit commun en ce qui concerne la preuve; et on en conclut que la preuve testimoniale du mandat tacite n'est pas admise lorsque le montant pécuniaire du mandat dépasse 150 francs (2). Cela nous paraît trop absolu. Le mandat tacite résulte d'un concours tacite de volontés; ce consen-

---

(1) Troplong, *Du mandat,* n° 145.
(2) Pont, t. I, p. 445, n° 873. Massé et Vergé sur Zachariæ, t. VI, p. 39, note 4. Cassation, 29 décembre 1875 (Dalloz, 1876, 1, 149).

tement tacite s'induit de certains faits, ce sont ces faits qui doivent être prouvés. Et comment les faits se prouvent-ils? Il faut distinguer; les faits juridiques ne se prouvent pas par témoins au delà de 150 francs; mais les faits purs et simples ou matériels se prouvent indéfiniment par témoins, car ils ne tombent pas sous l'application de l'article 1341. Si donc un mandat résultait de faits pareils, il faudrait dire que la preuve testimoniale est admissible.

C'est une réponse de théorie; en réalité, les faits que l'on invoque pour prouver l'existence d'un mandat tacite sont des faits juridiques; de sorte que l'on reste sous l'empire de la règle prohibitive de l'article 1341. La jurisprudence est très-confuse en cette matière, et la confusion s'explique par la difficulté qu'il y a de distinguer le mandat tacite de la gestion d'affaires. Nous empruntons à la cour de cassation l'exemple d'un mandat tacite confié à un notaire. Il s'agissait d'une constitution de dot par les père et mère à leur fille. Les constituants étaient complétement illettrés; peu de jours avant la rédaction des conventions matrimoniales, ils se rendirent chez le notaire et déclarèrent ne vouloir compter la dot de 5,000 francs entre les mains de leur futur gendre qu'à la condition qu'il leur serait fourni une garantie hypothécaire qui en assurerait le remboursement. Un débat ayant eu lieu sur ce point entre les deux familles, il fut convenu, après une insistance qui dura plusieurs jours, que la mère du futur s'engagerait solidairement avec son fils et qu'elle fournirait une hypothèque. Les constituants prétendaient que ce ne fut qu'après avoir obtenu ce cautionnement hypothécaire et s'être assurés auprès du notaire que la dot ne courait désormais aucun risque, et l'avoir chargé de faire le nécessaire que, sur sa réponse et son consentement, ils comptèrent les 5,000 francs à leur futur gendre. Tels étaient les faits. Il s'agissait de les prouver. Il est certain que tous ces faits avaient un caractère juridique; car, s'ils avaient été constants, il en serait résulté les éléments constitutifs d'un mandat au moins tacite donné par les constituants au notaire, à l'effet de prendre inscription de l'hypothèque pour en assurer l'efficacité. Le mandat était tacite plutôt qu'exprès, puisque les constituants ignoraient ce que c'est qu'une inscription hypothécaire, et le notaire niait qu'il eût été chargé de la prendre. Il est certain qu'il ne pouvait s'agir de prouver les faits directement, soit par témoins, soit par présomptions. L'inscription ne fut pas prise, et, par suite, la dot périt. De là une action en responsabilité contre le notaire. Les demandeurs le firent interroger sur faits et articles. Le notaire déclara ne pas se rappeler ce qui s'était passé, mais il affirma qu'il avait éclairé les parties, comme c'était son devoir, sur ce qu'il y avait à faire. La cour vit dans les déclarations du notaire un commencement de preuve par écrit, et décida que le mandat était prouvé par les circonstances de la cause. Le notaire se pourvut en cassation ; la cour prononça un arrêt de rejet, en se fondant sur les faits tels qu'ils étaient constatés par l'arrêt attaqué : il en résulte, dit-elle, que le notaire avait accepté le mandat. Ces termes impliquent un mandat exprès ; la question de la preuve d'un mandat tacite n'a pas été agitée dans les débats, ni devant les premiers juges, ni devant la cour de cassation(1).

Un arrêt récent de la cour de cassation a cassé un jugement du tribunal de Toul qui avait admis un mandat tacite, sans citer aucun fait d'où il résultât que le notaire se fût chargé de ce prétendu mandat ; le premier juge se fondait uniquement sur la notoriété publique. Or, il est d'évidence que la notoriété publique n'est pas une preuve, ni un commencement de preuve par écrit ; le jugement devait donc être cassé (2).

455. Au lieu d'un mandat tacite, il peut y avoir gestion d'affaires. Comment se prouve ce quasi-contrat ? Aux termes de l'article 1348, les obligations naissant des quasi-contrats se prouvent par témoins indéfiniment, c'est-à-dire quel que soit le montant du litige. La loi suppose que le maître n'a pu se procurer une preuve littérale des faits de gestion qui constituent le quasi-contrat. Nous avons établi le principe ailleurs ; il n'est point douteux, puisqu'il est écrit dans la loi. Mais l'application est très-délicate, à cause

---

(1) Rejet, 22 août 1864 (Dalloz, 1865. 1, 63).
(2) Cassation, 29 décembre 1875 (Dalloz, 1875, 1, 149).

de la grande difficulté qu'il y a de distinguer en fait s'il y a gestion d'affaires ou mandat tacite. Les cours confondent souvent le contrat et le quasi-contrat; il faut s'attacher au principe qui résulte de la nature même de ces deux faits juridiques. Pour qu'il y ait mandat tacite, il doit y avoir concours de volontés du mandant et du mandataire avant le commencement de la gestion; ce concours de consentement se prouve généralement, comme nous venons de le dire (n° 454), d'après les règles qui régissent la preuve des contrats. Le quasi-contrat de gestion d'affaires se forme par le seul fait de la gestion; au moment où elle commence, le maître ignore que l'on va gérer ses affaires; il se trouve, par conséquent, dans l'impossibilité de prouver la gestion par écrit; voilà pourquoi la loi l'autorise à prouver la gestion par témoins.

Le débat sur la preuve, en cette matière, s'élève d'ordinaire dans les actions en responsabilité intentées contre les notaires. Ils peuvent être responsables à divers titres : comme mandataires, comme gérants d'affaires, ou comme coupables d'un quasi-délit. C'est une première difficulté. Nous laissons de côté la responsabilité notariale. Les délits et quasi-délits sont mis par la loi sur la même ligne au point de vue de la preuve; ils se prouvent par témoins, quel que soit le montant du litige. Quant au mandat exprès ou tacite, il est régi par l'article 1341. Voilà les principes; nous allons voir comment la jurisprudence les applique.

Un arrêt de la cour de cassation formule nettement le principe en ce qui concerne la gestion d'affaires. En droit, la gestion des affaires d'autrui, telle qu'elle est définie par l'article 1372, repose uniquement sur des faits, c'est-à-dire qu'il n'y a point de concours de consentement comme dans les contrats; de là suit qu'elle ne peut être soumise, en ce qui concerne la preuve de son existence, à la prohibition de la preuve testimoniale prononcée par l'article 1341 et par l'article 1985; ces dispositions ne s'appliquent qu'aux contrats et, par suite, au mandat, donné par le mandant et accepté par le mandataire, de faire quelque chose pour lui et en son nom. En fait, l'arrêt attaqué constatait qu'il résultait des circonstances de la cause que le notaire, informé qu'un

de ses clients avait des fonds disponibles, s'était *spontanément interposé* pour le placement de ces fonds ; qu'il avait
indiqué audit client deux époux comme emprunteurs, *en lui
donnant l'assurance* qu'ils étaient solvables, et que c'est
par son intermédiaire que le prêt hypothécaire s'était réalisé. De là la cour conclut, avec l'arrêt attaqué, que le notaire s'était *constitué lui-même le mandataire* du prêteur ;
elle entend par là, comme le dit l'arrêt, que le notaire avait
volontairement géré l'affaire de celui-ci. La conséquence,
quant à la preuve, était évidente ; l'existence de la gestion
d'affaires pouvait être établie par témoins et par présomptions, sans qu'il fût besoin d'une preuve écrite (1). Il ne
saurait y avoir un doute sur la question de droit, mais
l'application que la chambre civile en fait nous paraît très-
douteuse ; et ce qui prouve qu'il y avait doute, c'est que la
chambre des requêtes avait admis le pourvoi. Pouvait-on
dire, dans l'espèce, qu'il y avait un quasi-contrat, c'est-à-
dire qu'il n'y avait pas de concours de volontés ? Le notaire
propose à son client un placement hypothécaire ; il consent
donc à se charger d'une affaire : la fait-il sans le concours
du prêteur ? Non, car c'est parce que le prêteur consent que
le prêt hypothécaire se réalise. Il y avait donc concours de
volontés entre le notaire et son client pour faire l'affaire ;
donc il y avait contrat de mandat, et, partant, la preuve
testimoniale et les présomptions n'étaient pas admissibles,
puisqu'il n'y avait point de commencement de preuve par
écrit. C'est peut-être pour échapper à cette conséquence, et
par des motifs d'équité, que la cour considère comme une
gestion d'affaires ce qui, en réalité, était un mandat (2).

Il y a un arrêt de la cour de Bordeaux dans le même
sens. Prêt hypothécaire de 10,000 francs. L'immeuble
hypothéqué est exproprié ; les prêteurs ne sont colloqués
que pour 7,035 francs ; ils assignent le notaire pour le faire
condamner à leur rembourser 4,500 francs restant impayés.
Le notaire répond qu'il n'était pas mandataire, ni gérant
d'affaires. Sa défense a été repoussée par la cour de Mont-

---

(1) Rejet, chambre civile, 19 mars 1845 (Dalloz, 1845, 1, 186).
(2) Comparez Pont (t. 1, p. 446, n° 376), qui approuve la décision de la
cour.

pellier. La cour dit que les faits constituaient une gestion
d'affaires. C'est le notaire qui avait procuré aux prêteurs
un emprunteur qu'ils ne connaissaient même pas ; le prêt
fut conclu sur l'assurance, que le notaire donna, que l'immeuble qui devait servir de garantie n'était grevé que d'une
seule inscription, qui laissait disponible un excédant de valeur plus que suffisant pour garantir le remboursement de
la somme de 10,000 francs. Ces faits, dit la cour, ne se
rapportent pas à un mandat ou procuration que les prêteurs
auraient donné au notaire, et dont il n'eût tenu qu'à eux de
se procurer une preuve par écrit ; ils sont, au contraire,
exclusifs d'un mandat. Cela est-il bien exact ? Régulièrement, sans doute, c'est le mandant qui prend l'initiative et
qui donne procuration, puis le mandataire accepte. Mais où
est-il dit que les choses doivent nécessairement se passer
ainsi, et que le mandataire ne puisse pas prendre l'initiative en offrant de se charger d'une affaire ? Si le maître
accepte cette offre, il y a concours de consentement, donc
contrat. Et qu'est-ce qui empêche les parties de dresser un
écrit de cette convention ? Ce que la cour ajoute, que les
faits allégués n'ont trait qu'à des *démarches personnelles*
du notaire, à des *agissements spontanés*, n'a aucune importance (1). Ces démarches, le notaire les a faites auprès
des prêteurs, il s'est entendu avec eux, puis il s'est mis en
rapport avec l'emprunteur ; voilà une affaire qui se fait du
consentement des parties intéressées, le notaire et les prêteurs ; donc il y a contrat.

456. Il ne faut pas confondre la gestion d'affaires et le
mandat tacite avec l'acceptation tacite du mandat. Aux termes de l'article 1985, l'acceptation du mandat peut n'être
que tacite et résulter de l'exécution qui lui a été donnée
par le mandataire. La loi suppose que le mandant donne
une procuration par laquelle il charge une personne de
faire quelque chose pour lui et en son nom ; ce n'est pas encore là un mandat ; le contrat, dit l'article 1984, ne se forme
que par l'acceptation du mandataire. Cette acceptation peut
être tacite, et elle est tacite quand le mandataire exécute le

_____

(1) Bordeaux, 20 juin 1853 (Dalloz, 1854, 2, 113).

mandat. Comment se prouve, dans ce cas, le mandat? Le contrat se forme par la procuration et par l'acceptation tacite. Quant à la procuration, le texte décide la question; elle se prouve d'après le droit commun qui régit les obligations conventionnelles. La loi ne dit pas comment se prouve l'acceptation tacite; il faut donc décider la difficulté d'après les principes généraux de droit. Il s'agit de savoir si l'acceptation tacite d'un mandat est un fait juridique, et l'affirmative n'est point douteuse; car accepter un mandat, c'est manifester la volonté d'être mandataire, c'est-à-dire de former un contrat; si le consentement du mandant est un fait juridique, il en doit être de même du consentement du mandataire; donc l'acceptation aussi bien que l'offre sont soumises à la règle de l'article 1341. Vainement dirait-on que l'acceptation tacite consiste dans des faits d'exécution et que les faits peuvent se prouver par témoins indéfiniment. Cela est vrai des faits purs et simples, cela n'est pas vrai des faits juridiques.

Telle n'est point l'opinion commune. On enseigne que la preuve de l'acceptation du mandat est soumise à des conditions moins rigoureuses que la preuve de la procuration, et on se fonde sur ce que l'acceptation peut être tacite (1). C'est confondre, nous semble-t-il, le consentement avec la preuve du consentement. La loi dit que l'acceptation peut être tacite, cela concerne le consentement; elle ne dit pas comment se prouve le consentement tacite, donc on ne peut pas dire que la preuve est moins rigoureuse. Ce qui prouve que cette interprétation n'est pas exacte, c'est que la *procuration*, c'est-à-dire le consentement du mandant, peut aussi être tacite; il l'est toujours dans le mandat tacite, et néanmoins on admet que le mandat tacite se prouve d'après le droit commun; donc l'acceptation tacite doit aussi se prouver d'après le droit commun.

(1) Pont. t. I, p. 447, n° 877. En sens contraire, Massé et Vergé sur Zachariæ, t. VI, p. 39, note 4.

CHAPITRE III.

DES OBLIGATIONS DU MANDATAIRE.

---

§ Iᵉʳ. *De l'exécution du mandat.*

Nº 1. PRINCIPE GÉNÉRAL.

457. L'article 1991 porte que le mandataire est tenu d'accomplir le mandat tant qu'il en demeure chargé. En principe, tout contrat oblige les parties contractantes à remplir les engagements qu'elles ont pris ; c'est la conséquence du lien que crée l'obligation. La loi applique ce principe au mandat, mais avec une restriction : *tant qu'il en demeure chargé,* dit l'article 1991, le mandataire doit accomplir le mandat ; or, il peut en être déchargé, par la volonté du mandant, qui a toujours le droit de révoquer le pouvoir qu'il a donné, et le mandataire aussi peut renoncer au mandat (art. 2003). Le mandataire n'est donc lié qu'aussi longtemps qu'il le veut. C'est une dérogation au droit commun sur laquelle nous reviendrons.

458. Le mandataire doit accomplir le mandat tel qu'il lui a été donné. Tant que le mandat subsiste, on applique les principes qui régissent tous les contrats : le mandataire est débiteur, il doit payer sa dette telle qu'il l'a contractée. De là suit qu'en général le mandataire ne peut pas se borner à exécuter le mandat partiellement, car l'exécution partielle n'est pas l'accomplissement du mandat, c'est plutôt une violation du mandat. Toutefois il faut tenir compte de l'intention et de l'intérêt du mandant. Si l'exécution partielle lui est profitable, on admettra facilement qu'il y a consenti. La cour de Montpellier l'a jugé ainsi, sans même discuter la question. Commission est donnée d'acheter cinquante pièces d'esprit trois-six. Le mandat entrait dans les détails d'exécution ; le commissionnaire était chargé d'acheter vingt-cinq pièces au marché du 3 août à Béziers, ou à celui du 4 août à Pézenas, et les autres vingt-cinq au marché du 1er septembre à Pézenas. Le commissionnaire dérogea à ces ordres, en comprenant dans la commission onze pièces qu'il avait déjà dans son magasin avant le mandat. La cour décida que ces onze pièces devaient rester pour son compte, parce qu'il n'avait pas le droit de comprendre dans la commission des esprits non achetés aux marchés désignés ; à l'égard des trente-neuf autres pièces, la cour jugea que le mandat avait été rempli conformément à la commission. Le mandant se pourvut en cassation, et soutint que le mandat n'était exécuté qu'en partie, puisque, sur cinquante pièces commandées, on ne lui en fournissait que trente-neuf ; or, exécuter partiellement le mandat, c'est ne pas l'accomplir. La chambre des requêtes rejeta le pourvoi en se fondant sur ce que l'arrêt attaqué avait jugé en fait, ce qui entrait dans les attributions exclusives de la cour d'appel (1). Il est à remarquer qu'il y avait eu une baisse considérable sur les trois-six ; ils étaient tombés de 27 francs à 22. Le mandant avait donc intérêt à rompre le marché ; et il l'aurait certainement maintenu, quoique exécuté en partie seulement, si le prix avait haussé ; ce n'est donc pas à cause de l'exécution partielle qu'il réclamait, cette exécution lui était profitable dans la mesure des pièces qui lui avaient été fournies. La cour d'appel avait donc bien jugé en validant l'exécution partielle du mandat.

459. Le mandat doit être accompli tel qu'il a été donné et accepté. Ici revient le principe qui détermine les limites du mandat : « le mandataire ne peut rien faire au delà de ce qui est porté dans son mandat » (art. 1989); et c'est aller au delà que de ne pas remplir le mandat tel qu'il est formulé et limité dans le contrat. La cour de cassation a appliqué ce principe dans l'espèce suivante. Un propriétaire donne mandat de vendre ses maisons et d'en employer aussitôt le prix en acquisition de tiers consolidés. Le man-

---

(1) Montpellier, 10 juillet 1829, et Rejet, 6 avril 1831 (Dalloz, au mot *Mandat*, n° 124).

dataire vend, mais il conserve le prix entre ses mains. Il
a été jugé que le mandataire devait fournir les inscriptions
des rentes au taux du jour de la vente (1). La décision est
très-juridique. En chargeant le mandataire d'acheter immédiatement des tiers consolidés, le mandant marquait
clairement qu'il ne vendait que pour acheter du tiers con-
solidé; c'était là l'objet essentiel de la vente et, par conséquent, du mandat. Donc le mandataire n'accomplissait pas
le mandat en gardant le prix; la vente n'était que le moyen,
l'emploi des deniers était le but.

460. Le mandat peut-il être accompli par équipollence?
En principe, non; cela résulte du texte et de l'esprit de
l'article 1989. Il est de principe que le mandataire doit
observer la *forme* du mandat; c'est une expression romaine
qui désigne l'ordre du mandant, avec les circonstances de
temps, de lieu et toutes les modalités comprises dans le
mandat. Le prix surtout joue un rôle essentiel dans la
forme, qui est la loi du mandataire. Nous emprunterons
quelques applications à la jurisprudence. Un entrepreneur
de transports se charge de faire transporter de France à
Alger les diverses pièces nécessaires à la construction d'un
moulin à blé. Les expéditeurs avaient écrit à leur mandataire d'envoyer les colis par le premier navire à voiles qui
partirait, en ajoutant expressément qu'ils ne voulaient
éprouver aucun retard, d'une part, mais aussi qu'ils n'entendaient pas se servir de la voie de la vapeur. Contrairement à ces instructions, l'expéditeur fit charger les colis
sur un bateau à vapeur, lequel se perdit sur les côtes d'Es-
pagne. Le mandant réclama la réparation du préjudice
qu'il éprouvait par la perte des colis et des dommages-
intérêts. Y avait-il inexécution du mandat? Le mandataire
prétendait que c'était dans l'intérêt du mandant et pour lui
épargner des retards qu'il avait chargé les colis sur un
vapeur. Cette défense n'a pas été admise. Le mandataire,
dit la cour de Rouen, ne peut rien faire au delà de ce qui est
porté dans son mandat; dans l'espèce, il devait se conformer aux instructions de son mandant, et ne pas substituer,

_____

(1) Rejet, 15 pluviôse an XIII (Dalloz, au mot *Mandat*, n° 190, 1°).

malgré la défense formelle de celui-ci, un navire à vapeur à un navire à voiles; en transgressant ses ordres, il avait manqué à l'obligation que l'article 1991 lui impose; partant il était responsable. Vainement le mandataire s'excusait-il en disant que la célérité du transport compensait l'augmentation du fret. Il est de principe que le mandataire qui va contre la forme de son mandat est en faute, alors même qu'il substitue à la chose demandée une chose meilleure. Les ordres du commettant étaient formels; il voulait, à la vérité, que l'expédition se fît sans retard, mais par un bâtiment à voiles. Toutefois la cour tint compte de la bonne foi du mandataire, en ne le condamnant qu'à la réparation du préjudice, sans prononcer des dommages et intérêts (1).

La cour de Bruxelles a rendu une décision analogue. Un commissionnaire fut chargé d'acheter des marchandises à un prix déterminé et de convenir des frais de transport également à un prix déterminé. Il dépassa le prix fixé pour le transport. Par suite le mandant demanda la nullité de tout ce que le mandataire avait fait; il refusa de recevoir les marchandises, le mandataire ayant dépassé les limites de son mandat. La cour de Bruxelles a jugé que, dans l'espèce, il y avait deux mandats distincts, l'achat des marchandises et le transport. Le premier avait été fidèlement exécuté; si le mandataire avait dépassé ses instructions quant au fret, il était tenu de répondre de cette inexécution; mais de ce que les marchandises avaient été expédiées à un prix trop élevé, d'après les instructions qu'il avait données, le mandant ne pouvait pas refuser les marchandises. Les marchandises avaient même été achetées en dessous du prix fixé; le mandataire s'en prévalait pour demander une compensation entre le profit qu'il avait procuré au mandant et la perte que celui-ci avait soufferte à raison du fret. Cette compensation n'a pas été admise; et, dans l'espèce, elle ne pouvait l'être, puisqu'il s'agissait de deux mandats différents, quoique donnés à une même personne (2).

(1) Rouen, 8 décembre 1856 (Dalloz, 1857, 2, 96). Comparez Grenoble, 23 décembre 1854 (Dalloz, 1855, 2, 203).
(2) Bruxelles, 20 juin 1819 (*Pasicrisie*, 1819, p. 405).

461. Il y a un arrêt de la cour de cassation qui paraît
contraire à cette jurisprudence. Un commissionnaire de
Caen écrit à une maison de Paris, dont il était le représentant, qu'un marchand de spiritueux offre de lui acheter des
pipes de trois-six au prix de 84 francs l'hectolitre. On lui
répond qu'il ne pouvait pas vendre au-dessous de 86 francs;
néanmoins le commissionnaire consentit la vente moyennant 85 francs. La maison de Paris ayant refusé d'exécuter
le marché, l'acheteur l'actionna en payement de 1,500 fr.
de dommages-intérêts. Cette demande fut accueillie par le
tribunal de commerce, sauf le recours du mandant contre
le mandataire, qui avait dépassé son mandat. On voit déjà
la différence entre cette espèce et celle que nous venons de
rapporter. Il ne s'agissait pas d'un débat entre mandant et
mandataire, il s'agissait de savoir si le marché conclu par
le mandataire était valable entre le mandant et le tiers
acheteur. Au premier abord, l'article 1998 semble décider
la question; il porte : « Le mandant est tenu d'exécuter les
engagements contractés par le mandataire conformément
au pouvoir qui lui a été donné. *Il n'est tenu de ce qui a pu
être fait au delà qu'autant qu'il l'a ratifié expressément ou
tacitement.* » Or, dans l'espèce, le mandataire avait con-
trevenu à la défense formelle du mandant de vendre au-
dessous de 86 francs, et le mandant n'avait pas ratifié la
vente. Pourquoi le tribunal de commerce maintint-il le
marché, sauf recours du mandant contre le mandataire?
Le jugement dit qu'une maison de commerce qui établit des
représentants dans différentes villes ne peut exiger que ses
clients se fassent produire, pour chaque affaire, le mandat
en vertu duquel ce représentant traite, mandat qui peut
varier d'un instant à l'autre, par suite de la rapidité de la
correspondance télégraphique; il en résulterait que les
mandants auraient le privilége de n'accepter que les bons
marchés et qu'ils pourraient refuser ceux qui leur paraî-
traient désavantageux. C'est aux négociants qui ont le choix
de leurs mandataires à répondre de leurs fautes; il n'est
pas admissible que le représentant d'une maison n'ait pas
le pouvoir de consentir un rabais aussi minime que celui
dont il s'agissait; s'il en était autrement, toutes affaires

par l'entremise de représentants deviendraient impossibles. Le tribunal de commerce ajoute une autre considération de fait ; le procès actuel, dit-il, ne serait jamais né si les cours étaient restés stationnaires ; c'est parce que le prix des trois-six s'est élevé dans une proportion considérable, que la maison de Paris a refusé d'exécuter le marché.

En fait et en équité, l'argumentation est excellente ; mais, en droit, elle nous paraît très-faible. Nous reviendrons sur les principes. La cour de cassation rejeta le pourvoi. L'arrêt porte que le tribunal a pu juger, en se fondant sur les règles et habitudes du commerce et sans violer les principes du mandat, que le représentant avait un pouvoir suffisant pour consentir le marché litigieux à l'égard des tiers avec lesquels il traitait, ceux-ci n'ayant pas eu connaissance du pouvoir limité que, dans l'espèce, le mandataire avait reçu (1). Nous faisons nos réserves quant au point de droit ; toujours est-il que la décision de la cour n'est pas en opposition avec la doctrine que nous venons d'enseigner, les questions étant toutes différentes ; pour le moment, nous ne parlons que des rapports que le mandat établit entre le mandant et le mandataire et des obligations de celui-ci.

462. Le mandataire n'accomplit pas le mandat, quelle en sera la conséquence ? L'article 1991 prévoit seulement le cas de l'inexécution, et décide que le mandataire répond des dommages et intérêts qui en résulteront. Si le mandat a été exécuté, mais contrairement à la forme du mandat, le mandant ne sera obligé, ni envers le mandataire, ni envers les tiers. Quant aux tiers, nous dirons plus loin dans quels cas et sous quelles conditions le mandant est tenu à leur égard. Entre le mandant et le mandataire, le mandat fait loi ; le mandataire ne peut donc pas avoir d'action contre le mandant, si, au lieu d'accomplir le mandat, il l'a violé (2). Il a été jugé que le mandant peut désavouer le mandataire qui a dépassé les termes de son mandat ; et que s'il s'agit d'une acquisition, il a le droit de la lui laisser

(1) Rejet. 16 août 1860 (Dalloz, 1860. 1, 493).
(2) Duranton t. XVIII, p. 228, n° 232).

pour compte (1). Cela suppose que l'inexécution est telle, que le mandant ne puisse pas profiter du marché. S'il ne s'agit que d'un préjudice qui puisse être réparé par des dommages-intérêts, on ne peut pas dire qu'il y ait inexécution absolue, il y a une exécution préjudiciable; il suffit, par conséquent, que le préjudice soit réparé. Nous venons d'en donner des exemples (n° 460).

463. Le droit aux dommages-intérêts que l'article 1991 reconnaît au mandant est l'application du droit commun. Il était libre au mandataire, dit Pothier, d'accepter le mandat ou de le refuser : l'acceptation d'un mandat est une grâce et un pur bienfait de sa part quand le mandat est gratuit, mais une fois qu'il l'a accepté, il contracte l'obligation de l'accomplir; il faut donc lui appliquer le principe qui régit les obligations; le mandataire, étant débiteur, répond des dommages-intérêts qui résultent de l'inexécution de ses obligations (2).

Cette obligation incombe à tout mandataire. Il arrive assez souvent que les clercs de notaire figurent comme mandataires de l'une des parties dans un acte reçu par leur patron; ils le font par complaisance et sans songer à contracter des obligations. Qu'ils se détrompent. Un mandat accepté par complaisance est un mandat gratuit, et la gratuité du mandat, comme nous allons le dire, n'empêche pas le mandataire d'être responsable. La jurisprudence est constante en ce sens, et la question n'est pas douteuse. Un clerc figure, dans un acte de vente, comme mandataire du vendeur, avec charge de recevoir le prix; il le reçoit et le remet à son patron; ce n'est pas au notaire qu'il devait remettre le prix, c'est au vendeur; le clerc mandataire était donc en faute, et il a été condamné à payer la somme qu'il avait reçue, le vendeur ne l'ayant pas touchée (3).

464. L'article 1991 porte que le mandataire répond des dommages-intérêts qui *pourraient résulter* de l'inexécution du mandat. Cela implique que le mandataire n'est pas tenu nécessairement des dommages-intérêts par cela seul qu'il

---

(1) Douai, 14 avril 1827 (Dalloz, au mot *Mandat*, n° 191).
(2) Pothier, *Du mandat*, n° 38.
(3) Metz, 15 janvier 1856 (Dalloz, 1856, 2, 137).

n'accomplit pas le mandat; il faut, pour qu'il soit responsable, que le mandant ait éprouvé un préjudice. C'est l'application du principe élémentaire d'après lequel il n'y a pas lieu à dommages-intérêts quand il n'y a pas de dommage causé. Nous renvoyons, quant au principe, à ce qui a été dit sur les dommages-intérêts, au titre des *Obligations*. C'est au mandant qui réclame des dommages-intérêts de prouver le préjudice qu'il souffre; il ne suffit pas qu'il soit constant que le mandat n'a pas été exécuté, car il arrive souvent que l'inexécution du mandat ne cause aucun dommage au mandant (1). Nous en avons donné des exemples ailleurs.

465. Le mandant peut-il réclamer des dommages-intérêts pour un préjudice éventuel que pourra lui causer l'inexécution du mandat? La négative est consacrée par la jurisprudence, et elle nous paraît certaine. Elle résulte de la définition des dommages-intérêts donnée par l'article 1149 : « Les dommages et intérêts dus au créancier sont, en général, de la *perte qu'il a faite* et du *gain dont il a été privé.* » Il faut donc qu'il ait *fait une perte* et qu'il *ait été privé d'un gain* pour qu'il puisse réclamer des dommages-intérêts. Cela est décisif. Nous avons dit ailleurs que notre législation n'admet pas d'action fondée sur un dommage futur.

Un mandataire général donna un bien à ferme en stipulant une hypothèque pour garantir le payement des fermages; il ne prit inscription qu'après la révocation de son mandat, alors que l'immeuble était grevé d'autres inscriptions qui en absorbaient la valeur. Le mandant réclama une indemnité. Cette demande fut rejetée comme prématurée. En effet, le mandant n'avait encore éprouvé aucune perte; il pouvait agir contre le fermier, exercer son privilége, rien ne faisait prévoir qu'il serait en perte. La cour de Paris dit très-bien qu'elle se trouvait dans l'impossibilité de statuer sur la demande, car elle aurait dû fixer le montant des dommages-intérêts en condamnant le fermier;

---

(1) Duranton donne des exemples empruntés aux lois romaines (t. XVIII, p. 239, n° 240).

or, elle ne pouvait pas apprécier la perte tant que le fermier n'était pas poursuivi et que la saisie de son mobilier ne constatait pas le montant des fermages irrecouvrables (1).

La cour de cassation s'est prononcée en ce sens; toutefois il y a des décisions qui paraissent contradictoires. Un avoué se porta adjudicataire de diverses rentes foncières en vertu d'un mandat; il négligea de renouveler les inscriptions hypothécaires, ce qui fit perdre au crédirentier le rang que lui assurait l'inscription. Le mandant révoqua le mandat et intenta contre le mandataire une action en dommages-intérêts. Cette demande fut rejetée par la cour de Rouen. « Si, dit-elle, le crédirentier peut être inquiété ou évincé un jour, faute de mesures conservatoires de son droit ou de ses rentes, c'est alors et seulement alors qu'il y aura ouverture à la garantie; jusque-là il n'a intérêt qu'à consigner des réserves. » Pourvoi en cassation, et arrêt de rejet, fondé sur ce que le dommage allégué était purement éventuel (2).

Un mandataire fut chargé de faire valoir, conserver et faire fructifier des titres de créance de son mandant. Il rendit ces titres inefficaces par sa négligence, en laissant périmer des inscriptions hypothécaires. Action en indemnité du mandant. La demande fut accueillie par le premier juge, et sa décision fut confirmée par un arrêt de rejet. Au premier abord, il paraît y avoir contradiction entre les deux décisions. Dans l'une et l'autre espèce, le mandataire avait négligé de renouveler l'inscription; et dans un cas la demande a été déclarée prématurée, dans l'autre, elle a été admise. C'est que, dans la seconde espèce, la cour d'appel avait constaté en fait que, par l'incurie du mandataire, le mandant *n'avait plus rien à espérer sur les biens de ses débiteurs*. Il y avait donc certitude de perte, quoiqu'il n'y eût aucune poursuite contre les débiteurs; toute poursuite était inutile, d'après l'arrêt, puisqu'il n'y avait rien à en espérer. La cour de cassation a décidé, et avec raison, que,

(1) Paris, 9 mars 1811 (Dalloz, au mot *Mandat*, n° 194, 1°).
(2) Rejet, 5 janvier 1852 (Dalloz, 1852, 1, 50).

dans ces circonstances, le mandant pouvait réclamer une indemnité actuelle (1).

Même décision dans une affaire plus récente, et où le dommage actuel paraissait plus douteux. Nous avons déjà rencontré l'espèce. Il s'agissait d'une constitution de dot avec garantie hypothécaire. Le notaire chargé de veiller aux intérêts des constituants laissa périr l'hypothèque en ne prenant pas inscription. L'action en dommages-intérêts intentée contre lui était-elle recevable? La cour de Montpellier se prononça pour l'affirmative. On objectait d'abord que les demandeurs étaient sans intérêt, puisque la dot n'était pas exigible; la cour répond qu'il importait à la famille qui avait stipulé l'hypothèque de prendre dès à présent, avec l'autorité de la justice, des mesures conservatoires, sous peine de voir s'évanouir les moyens de réaliser *plus tard* le droit à des dommages-intérêts dont elle demandait la consécration préalable. La réponse laisse à désirer. A vrai dire, l'*intérêt actuel* dépendait du point de savoir si le préjudice était *actuel*. Sur ce second point, la cour dit : que, par la négligence du notaire, une créance dotale avait perdu les garanties d'hypothèque et de cautionnement qui étaient stipulées par le contrat: en effet, le prix de l'immeuble hypothéqué avait été distribué aux créanciers inscrits, de sorte que, lors de la demande en dommages-intérêts, la garantie hypothécaire était perdue par la faute du notaire. Le pourvoi a été rejeté, par le motif que le préjudice était actuel et certain (2). Il nous reste un doute; il est certain que la garantie hypothécaire avait péri, mais la perte de la dot n'était pas certaine; le mari commerçant pouvait se trouver en état de restituer la dot, alors même que l'action hypothécaire ne pouvait plus être intentée. La cour de Montpellier a prévu l'objection; elle répond que la garantie hypothécaire constitue un droit spécial et distinct: c'est, dit-elle, une espèce de propriété, dont la perte est dommageable *ipso facto*. Il n'est pas exact de dire que le droit hypothécaire soit un droit distinct du droit princi-

---

(1) Rejet, 2 mars 1842 (Dalloz, au mot *Mandat*, n° 225, 7°).
(2) Rejet, 22 août 1864 (Dalloz, 1865, 1, 63).

pal en ce qui concerne notre question; le droit qui servait
de base à la demande, c'était la créance dotale; cette créance
n'avait point péri, quoique l'hypothèque fût devenue inefficace; donc, d'après la rigueur des principes, il n'y avait
pas de dommage actuel, et il n'était pas même sûr qu'il
y aurait un dommage plus tard.

466. Le mandant peut renoncer à l'action en dommages-
intérêts qu'il a contre le mandataire à raison de l'inexécution du mandat; et il y renonce quand il approuve ou ratifie
ce que le mandataire a fait. Il n'y a aucun doute quant au
principe. La cour de cassation en a fait une application
qui est aussi évidente que le principe lui-même. Un receveur général est chargé d'acheter des rentes sur l'Etat à
une date déterminée; il ne le fait pas. Le mandant, sans
protester contre cette inexécution, remplace sa première
commission par une seconde, et celle-ci par une troisième,
puis il approuve l'achat de rentes effectué par son négligent mandataire, et ratifie tout ce qu'il avait fait. Plus tard,
il réclama des dommages-intérêts. La cour de cassation
jugea qu'en droit le mandant qui a ratifié, même tacitement,
ce que le mandataire a fait en son nom, sans protestation
ni réserves, renonce à réclamer contre le mandataire une
indemnité à raison des retards ou des changements apportés à l'exécution du mandat(1).

La ratification du mandant donne lieu à une difficulté.
Il peut ratifier l'acte irrégulier à l'égard du tiers qui a
traité avec le mandataire. En résultera-t-il que le mandant
sera censé approuver ce que le mandataire a fait? Non,
certes; le mandant a deux droits, il peut refuser d'exécuter
le marché et il peut, tout en exécutant le marché, réclamer
des dommages-intérêts contre le mandataire; ce qu'il fait
dans l'intérêt du tiers ne peut pas être invoqué par le mandataire, la ratification ne profite qu'à celui dans l'intérêt
duquel elle est faite.

La cour de cassation l'a jugé ainsi dans l'espèce suivante.
Vente de trente tonneaux de vin de Médoc de la récolte de
1851. Les mandants refusent de livrer les vins comme

(1) Cassation, 9 mai 1853 (Dalloz, 1855, 1, 291).

ayant été vendus sans mandat. Il paraît que le vrai motif
du refus était la hausse des vins. Les acheteurs réclamèrent
des dommages-intérêts, et ils obtinrent gain de cause, par
le motif que le marché litigieux avait été tacitement ratifié.
De là un recours en garantie contre le mandataire. Le tribunal de commerce constata que la vente avait réellement
été faite sans ordre, il écarta la ratification; ce qui, dans
l'espèce, n'était pas douteux, puisque la ratification résultait d'un jugement dans lequel le mandataire n'était pas
partie. La cour confirma, et, sur le pourvoi, il intervint un
arrêt de rejet (1).

Nº 2. DE LA RESPONSABILITÉ QUAND IL Y A PLUSIEURS MANDATAIRES.

467. « Quand il y a plusieurs fondés de pouvoir ou mandataires établis par le même acte, il n'y a de solidarité
entre eux qu'autant qu'elle est exprimée » (art. 1995). Cette
disposition n'est que l'application du droit commun. Aux
termes de l'article 1202, la solidarité ne se présume point,
il faut qu'elle soit expressément stipulée. La loi ajoute que
cette règle ne reçoit exception que dans les cas où la solidarité a lieu de plein droit, en vertu de la loi. Il suffit donc
du silence de la loi pour qu'il n'y ait pas de solidarité. Partant il était inutile de dire qu'il n'y a de solidarité entre
les mandataires que lorsqu'elle est exprimée. Si les auteurs
du code ont répété, dans l'article 1995, ce qui était déjà dit
dans l'article 1202, c'est que, dans l'ancien droit, l'on admettait, conformément aux lois romaines, que lorsque plusieurs mandataires se chargeaient d'une affaire, ils étaient
obligés solidairement (2). Le rapporteur du Tribunat dit,
pour justifier cette dérogation, que les obligations des mandataires prenant leur source dans un service officieux, il
est juste de les resserrer dans leurs bornes naturelles (3).
Le motif ne reçoit d'application qu'au mandat gratuit. On
peut dire qu'il n'y avait aucune raison de déroger au droit

---

(1) Rejet, 28 mars 1855 (Dalloz, 1855, 1, 165).
(2) Pothier, *Du mandat*, nº 63, d'après Domat.
(3) Tarrible, Rapport, nº 13 (Locré, t. VII, p. 381).

commun en établissant la solidarité de plein droit; le mandant est libre de sauvegarder ses intérêts comme il l'entend; il est inutile que la loi intervienne en stipulant pour lui (1).

468. La règle générale est que la responsabilité se divise entre les mandataires. Cela suppose qu'ils sont débiteurs, et ils ne sont débiteurs que lorsque, chargés de faire une chose, ils ne l'ont pas faite, ou l'ont faite sans observer la forme du mandat (n° 460). Il faut donc voir, quand il y a plusieurs mandataires, ce que chacun est obligé de faire et lequel a manqué à l'obligation que le mandat lui impose. C'est une question de fait qui se décide d'après les termes du mandat et l'exécution qu'il a reçue (2).

Nous donnerons un exemple emprunté à la jurisprudence. Deux mandataires sont chargés de recouvrer une somme due au mandant; ils reçoivent la somme; l'un d'eux se charge d'encaisser les fonds et de les faire parvenir au mandant; il ne le fait point et devient insolvable. Action du mandant contre l'autre mandataire. Il a été jugé qu'il n'était point responsable, quoiqu'il eût signé la quittance. Ce n'est pas le fait de recevoir qui avait été la cause du dommage, c'est le fait de ne pas avoir remis les fonds au mandant; or, ce fait était étranger au défendeur; il était d'ailleurs constant que le mandataire ne s'était rendu coupable d'aucune faute (3).

469. L'article 1995 dit que la solidarité n'existe entre les mandataires qu'autant qu'elle est *exprimée*. On doit entendre cette disposition en ce sens que la solidarité doit être *expressément stipulée*; ce sont les termes de l'article 1202, dont l'article 1995 n'est que l'application. Il ne peut pas y avoir de solidarité tacite. Cependant il a été jugé qu'il y a solidarité entre deux mandataires, sans qu'il y ait stipulation, quand il a dû être dans la commune intention des parties de s'obliger solidairement; la cour rapporte ensuite

---

(1) Voyez des applications dans les arrêts rapportés par Dalloz, *Répertoire*, au mot *Mandat*, n° 294.

(2) Duranton, t. XVIII, p. 258, n°⁵ 254-256. Pont, t. I, p. 536, n° 1036. Bordeaux, 2 août 1833 (Dalloz, au mot *Mandat*, n° 299). Liège, 20 juin 1868 (*Pasicrisie*, 1869, 2, 110).

(3) Aix, 29 décembre 1843 (Dalloz, au mot *Mandat*, n° 294, 2°).

les faits d'où résulte cette commune intention (1). C'est, à notre avis, violer l'article 1202, dont les termes sont formels. Nous renvoyons, quant au principe, à ce qui a été dit au titre des *Obligations* (t. XVII, n°s 280, 281, 284).

470. D'après la doctrine consacrée par la jurisprudence et suivie par les auteurs, il y a solidarité lorsqu'un délit ou un quasi-délit est commis par deux ou plusieurs personnes. Nous avons exposé cette théorie, sans l'approuver, au titre des *Obligations* (t. XVII, n° 293). Si on l'admet, on doit l'appliquer aux mandataires. La jurisprudence l'a fait, en étendant même le principe aux fautes qui ne sont pas des délits proprement dits.

Un commerçant de l'île de la Réunion part pour la France en 1825, laissant une procuration à deux mandataires chargés d'administrer les biens qu'il possédait dans la colonie. Il avait fait un testament par lequel il léguait à ses mandataires tous ses biens meubles et immeubles. C'était un fidéicommis; les héritiers institués avaient mission, dans l'intention du testateur, de remettre les biens à son fils, enfant naturel, qui, lors du testament, ne pouvait succéder, parce qu'il était homme de couleur. Le mandant mourut à Marseille le 30 septembre 1826. L'enfant naturel, seul héritier de son père, recueillit les biens délaissés par le défunt qui se trouvaient sur le continent. Mais quand il réclama les biens que son père possédait à l'île de la Réunion, les mandataires, légataires nominaux, lui opposèrent qu'il était sans qualité et sans droit. Mandataires infidèles et fidéicommissaires infidèles, ils prétendaient conserver pour eux des biens qu'ils auraient dû remettre au fils de leur commettant.

Un arrêt de la cour de la Réunion décida que le testament n'était qu'un fidéicommis, et que l'enfant du testateur était capable de succéder à son père, d'après le dernier état de la législation. Il restait à régler les obligations des mandataires. L'héritier concluait à ce que les intérêts lui fussent alloués à partir du 21 mars 1827, jour où les défendeurs avaient produit le testament et avaient demandé

(1) Caen, 12 mars 1827 (Dalloz, au mot *Mandat*, n° 456, 1°).

l'envoi en possession à titre de légataires; il concluait, en outre, à ce que les mandataires fussent condamnés solidairement à la restitution du reliquat, qu'il fixait à la somme de 194,821 francs. La cour décida qu'il n'avait droit aux intérêts qu'à partir de la demande judiciaire, et que les mandataires n'étaient pas tenus solidairement. C'est sur ces points que le débat fut porté devant la cour de cassation; après délibéré en chambre du conseil, la cour cassa l'arrêt attaqué sur tous les points. La cour commence par constater les faits tels que nous les avons rapportés; puis elle en déduit, d'abord que le mandat des défendeurs avait cessé de plein droit à la mort de leur commettant. Il en résultait qu'à partir du jour où ils avaient eu connaissance du décès, ils étaient possesseurs sans titre des biens du mandant; la cour de la Réunion ayant jugé, par un arrêt passé en force de chose jugée, que le testament n'était qu'un fidéicommis, cette possession était tout ensemble illégale et de mauvaise foi. Restait à déduire les conséquences de ce fait. Etant possesseurs de mauvaise foi, ils devaient restituer les fruits et les intérêts.

Les défendeurs objectaient qu'en vertu de leur mandat ils avaient droit aux fruits et intérêts, à titre de récompense des soins qu'exigeait l'administration qui leur était confiée. C'est pour ce motif que l'arrêt attaqué n'avait alloué à l'héritier les intérêts qu'à partir de la demande en reddition de compte par lui formée contre les mandataires. La cour de cassation répond que c'était violer expressément l'article 2003, qui fait cesser le mandat de plein droit à la mort du mandant. A partir du jour où ils avaient demandé l'envoi en possession, ils n'étaient plus mandataires, ils étaient détenteurs illégaux et de mauvaise foi des biens qu'ils auraient dû restituer au fils du mandant.

Sur la question de solidarité, la cour rappela le principe tel qu'il est admis par la doctrine et la jurisprudence : « Les auteurs d'un fait dommageable sont tenus de réparer le préjudice qu'ils ont causé par leur faute; ils en sont tenus solidairement lorsque le fait est le résultat d'un concert entre eux et qu'ils y ont simultanément concouru; dans ce cas, chacun des auteurs du quasi-délit doit être considéré comme étant individuellement la cause du dommage qui peut-être n'aurait pas été causé sans sa participation. » Doctrine très-morale, mais, à notre avis, contraire au texte formel du code, qui ne connaît d'autre solidarité que celle qui est stipulée par les parties ou qui est établie par la loi. L'application du principe, si on l'admet, à la cause était sans difficulté. Il résultait, en effet, de l'arrêt attaqué que les défendeurs avaient commis un délit civil en retenant illégalement et de *mauvaise foi* des biens qui appartenaient à la succession du mandant; et tous les deux avaient simultanément concouru à tous les actes qui avaient pour objet de maintenir et de consacrer cette indue détention (1).

471. La solidarité extralégale, admise par la doctrine et la jurisprudence, suppose l'existence d'un délit ou d'un quasi-délit. Peut-on l'étendre aux fautes qu'un débiteur commet dans l'exécution d'un contrat? Ici il y a un nouveau doute. On conçoit que le législateur intervienne en faveur de celui qui est victime d'un fait dommageable et qui a été dans l'impossibilité absolue de veiller à ses intérêts en stipulant la solidarité; la jurisprudence n'a fait que ce que le législateur aurait dû faire, en comblant une lacune qui se trouve dans la loi. Mais on ne peut plus dire cela quand il s'agit de fautes qu'un débiteur commet en exécutant mal les obligations que le contrat lui impose. La loi elle-même indique au mandant ce qu'il a à faire, puisqu'elle admet la solidarité quand elle est *exprimée;* le mandant pouvant la stipuler, pourquoi le législateur la stipulerait-il pour lui? Toutefois la jurisprudence admet la solidarité pour les fautes conventionnelles des mandataires; et elle a dû l'admettre, parce que c'est une conséquence logique du principe qui lui sert de point de départ.

Un négociant confie à son frère la gestion de sa maison de commerce pendant un voyage qu'il allait faire à l'étranger. Le mandat dura depuis 1849 jusqu'au 31 juillet 1859. Quelques mois après qu'il eut repris la direction de la maison, le négociant s'aperçut d'un déficit considérable, qu'il

(1) Cassation, 29 décembre 1852 (Dalloz, 1853, 1, 49).

évaluait à plus de 350,000 francs; il actionna comme débiteurs solidaires son frère et le fils de celui-ci, son neveu ayant participé à la gestion de la maison depuis 1852. La cour de Paris fixa le déficit à 77,161 francs, et condamna les deux mandataires solidairement, avec intérêts à partir du 31 juillet 1859. Pourvoi en cassation. Les demandeurs soutiennent d'abord que l'arrêt attaqué avait prononcé contre les mandataires une solidarité qui ne repose sur aucune loi. La cour rejeta ce moyen; elle dit que la règle établie par l'article 1995 reçoit *exception* lorsque le dommage dont les comandataires doivent réparation est le résultat d'une *faute commune* et *concertée*. Ainsi la cour étend aux *fautes conventionnelles* le principe que la jurisprudence a consacré pour les *faits* dommageables. Cela est très-logique si l'on admet le principe, mais la conséquence témoigne contre le principe d'où elle découle. La faute n'est autre chose que l'exécution irrégulière ou l'inexécution de la convention; or, pour l'inexécution du mandat, la loi n'admet la solidarité que si elle est *exprimée*.

La cour de cassation admet une exception à la règle de l'article 1995. Peut-il y avoir une exception à une loi sans qu'il y ait un texte? et le juge qui consacre une exception sans texte ne fait-il pas la loi? L'arrêt attaqué constate que le déficit provenait de prélèvements opérés par les comandataires; ces prélèvements dataient surtout de l'entrée du neveu dans la maison de son oncle; le neveu en avait eu pleine connaissance et les avait même facilités; il devait donc en garantir la restitution par une condamnation solidaire (1). La solidarité suppose qu'il n'y a qu'une seule et même faute; dans l'espèce, la faute du neveu était-elle celle de l'oncle et réciproquement? Il résulte de l'arrêt même qu'il y avait déjà déficit lors de l'entrée du neveu dans la maison de son oncle; en le condamnant solidairement pour toutes les restitutions, on rendait donc le neveu responsable d'une gestion à laquelle il n'avait point participé. Puis, si le fils avait *favorisé* les détournements du père, il fallait voir qui était le vrai coupable, qui du moins était le plus

(1) Rejet, 3 mai 1865 (Dalloz, 1865, 1, 379).

coupable, le père ou le fils? Il y avait certes une nuance dans la faute ; et, la faute n'étant pas identique, la responsabilité n'aurait-elle pas dû être proportionnée au degré de faute de chacun des mandataires? Ces considérations de fait viennent à l'appui des doutes que nous avons exprimés ailleurs sur le point de droit. Là où la faute diffère, la responsabilité doit aussi différer. Cela est vrai surtout des obligations conventionnelles. La gestion se divise ; chacun des mandataires y a sa part, chacun d'eux doit donc être responsable à raison de sa participation ; ce qui conduit à une responsabilité divisée, sauf au mandant à stipuler une responsabilité plus sévère.

Le pourvoi soutenait encore que l'arrêt attaqué avait fait une fausse application de l'article 1996 ; nous reviendrons sur ce point.

472. La cour de cassation de Belgique a consacré le même principe. Dans l'espèce, la cour de Liége avait constaté que la faute grave dont elle déclarait les mandataires responsables était le résultat d'un ensemble d'opérations concertées entre les auteurs de cette faute ; c'est d'accord et conjointement qu'ils avaient posé les faits d'où résultait la responsabilité. « Cette faute commune et identique, dit l'arrêt, n'admet point l'idée d'une imputabilité partielle, et entraîne la responsabilité entière de chacun de ceux qui par leur concours en ont amené la perpétration (1). » La cour ne cite aucun texte pour motiver l'exception qu'elle apporte à la règle de l'article 1995. A vrai dire, l'exception menace de devenir la règle. Quand le mandant confie ses affaires à plusieurs mandataires, il veut s'assurer une gestion plus soignée ; il entend donc que les mandataires concourent à gérer ses intérêts ; s'il divise leurs fonctions, il n'y a plus de comandataires ; donc régulièrement les comandataires géreront de concert, et, par suite, ils seront solidairement responsables, d'après l'arrêt de la cour. C'est plus qu'une exception à l'article 1995, c'est l'abrogation de cet article : la loi dit que les comandataires ne sont pas solidairement responsables, et la jurisprudence dit qu'ils le sont.

(1) Rejet, 17 mars 1864 (*Pasicrisie*, 1864, 1, 217).

473. Quel est l'effet de la solidarité quand elle a été stipulée? La loi ne le dit pas; par cela seul elle maintient le droit commun, puisqu'elle n'y déroge point. Mais l'application des principes généraux fait naître une difficulté sur laquelle il y a controverse. L'un des comandataires commet une faute dans la gestion de l'affaire qui leur est confiée : ses comandataires en seront-ils responsables? Oui, disent les uns (1). Quand le mandat est confié à plusieurs mandataires solidaires, chacun d'eux est tenu, dès le principe, de l'exécution du mandat pour le total; donc chacun doit répondre de l'inexécution du mandat, quand même elle arriverait par une faute qui ne lui est pas imputable; il répond de cette faute, parce qu'il répond de l'inexécution du contrat. On doit donc appliquer par analogie l'article 1205, qui déclare les codébiteurs solidaires responsables de la perte de la chose arrivée par la faute de l'un d'eux, en ce sens que tous doivent la valeur de la chose. Non, dit-on (2), l'article 1205 lui-même prouve que les codébiteurs ne sont pas responsables de la faute de l'un d'eux, puisqu'ils ne doivent pas les dommages-intérêts résultant de cette faute. Dans l'opinion contraire, on répond, et nous croyons que la réponse est décisive, que la responsabilité des codébiteurs existe, dans le cas de faute de l'un des comandataires, en vertu du contrat ou de l'obligation qu'ils ont contractée, comme elle existe, dans le cas de l'article 1205, pour la perte de la chose, en vertu du contrat et de l'obligation contractée par les codébiteurs, c'est-à-dire de l'inexécution du mandat; quant aux dommages-intérêts dont les débiteurs ne sont pas tenus, d'après l'article 1205, ils résultent d'un fait postérieur au contrat; partant, les débiteurs étrangers à la faute n'en doivent pas être tenus. La distinction est subtile, mais elle est juridique.

474. L'un des codébiteurs solidaires dépasse les limites du mandat; les autres mandataires en seront-ils responsables? Sur ce point encore il y a controverse, du moins en

---

(1) Aubry et Rau, t. IV, p. 644, note 10, § 413.
(2) Pont. t. I, p. 536, n° 1038.

ce qui concerne les motifs de décider. On s'accorde à dire que les mandataires ne sont pas responsables. La raison en est, disent les éditeurs de Zachariæ, que les comandataires s'obligent pour l'exécution du mandat; ils ne s'obligent pas pour ce qu'un mandataire fait en dehors de son mandat; car dès que le mandataire dépasse les limites de son mandat, il cesse d'être mandataire, ce qui est décisif (1). M. Pont dit que les comandataires ne sont pas responsables, par application du principe d'après lequel les comandataires ne répondent pas de la faute de l'un d'eux; et il accuse de contradiction ceux qui enseignent que les comandataires répondent de la faute et qui admettent néanmoins qu'ils ne sont pas responsables de ce que l'un d'eux fait en dehors du mandat. A notre avis, il n'y a pas contradiction. On ne peut pas qualifier de faute le fait de dépasser les limites du mandat, en ce sens que le mandataire qui agit hors de ces limites n'est plus mandataire; or, les comandataires ne sont obligés solidairement que pour l'exécution du mandat.

La cour de cassation a appliqué le principe à l'espèce suivante. Deux mandataires solidaires sont constitués, à l'effet de vendre des immeubles, avec pouvoir de toucher seulement une partie du prix. L'un des comandataires se fait remettre l'intégralité du prix; l'autre comandataire n'est pas responsable de cette réception indue, en ce qui concerne la partie du prix que le mandataire n'avait point le droit de recevoir. Ce fait n'est pas l'exécution du mandat, le mandataire n'a pas agi comme tel, puisqu'il n'avait point qualité; or, les mandataires solidaires répondent seulement de l'exécution du mandat (2).

Nº 3. DE QUELLE FAUTE LE MANDATAIRE RÉPOND-IL?

475. L'article 1992 porte : « Le mandataire répond non-seulement du dol, mais encore des fautes qu'il commet dans sa gestion. Néanmoins la responsabilité relative aux

_____

(1) Aubry et Rau, t. IV, p. 644 et suiv., § 645. Pont, t. I, p. 537. nº 1038.
(2) Cassation, 6 avril 1841 (Dalloz, au mot *Mandat*, nº 300).

fautes est appliquée moins rigoureusement à celui dont le mandat est gratuit qu'à celui qui reçoit un salaire. » Quelle est, d'après cette disposition, la faute dont le mandataire répond? Nous avons déjà répondu à la question, en exposant la théorie de la faute, au titre des *Obligations* (t. XVI, n° 224). Le mandataire qui reçoit un salaire est tenu de la faute dont tout débiteur est tenu; c'est-à-dire de la faute légère *in abstracto*, d'après la terminologie traditionnelle : il doit apporter à l'exécution du mandat les soins d'un bon père de famille (art. 1137). On est étonné de lire dans un arrêt qu'en principe, le mandataire dont le pouvoir n'est pas limité est tenu de *toute la prudence* du père de famille le plus diligent (1) : ce serait la faute la plus légère, et le code ignore cette faute, il n'exige jamais les soins du père de famille le plus diligent. Il est plus difficile de préciser le degré de faute dont est tenu le mandataire non salarié. L'article 1992 se contente de dire qu'il est tenu d'une faute moindre que celle dont le mandataire salarié répond; nous l'avons qualifiée de faute légère *in concreto*, en comparant la faute du mandataire à celle du dépositaire (art. 1927). C'est du reste une question de fait plutôt que de droit. Les auteurs du code civil n'ont pas voulu tarifer les fautes comme on le faisait dans l'ancien droit, parce que ces distinctions n'avaient aucune utilité pratique. C'est au juge du fait d'apprécier la faute du mandataire, en se montrant moins sévère pour celui dont le mandat est gratuit que pour celui qui reçoit un salaire. La décision sur ce point est souveraine.

C'est ce que la cour de cassation a décidé, d'abord pour le mandat salarié. Il s'agissait d'un mandat donné au fils et neveu des mandants, à l'effet de suivre les intérêts qui étaient communs à ceux-ci. « L'appréciation du caractère de cette mission, des fautes que le mandataire avait pu commettre en la remplissant et des préjudices que ces fautes avaient pu causer, appartenait exclusivement à la conscience et aux lumières des juges. » Ce sont les termes de l'arrêt. Ils sont trop absolus. Si tout était abandonné

_____

(1) Dijon, 17 avril 1873 (Dalloz. 1875, 2, 167).

au pouvoir discrétionnaire des magistrats, les lois seraient inutiles : il faut dire que le principe est écrit dans la loi, mais que l'application soulève des difficultés de fait qui sont nécessairement du domaine des interprètes (1).

Quand le mandat est gratuit, il est vrai que le juge jouit d'un pouvoir discrétionnaire, en ce sens que le *plus ou moins de rigueur* avec laquelle, d'après l'article 1991, on doit appliquer la règle générale de la responsabilité, est une question de faits et circonstances de la cause, et il appartient naturellement au juge de les apprécier (2).

476. Pour qu'il y ait lieu à responsabilité du chef d'une faute, il faut que l'inexécution dont le mandant se plaint soit imputable au mandataire, car il n'y a point de faute sans imputabilité. S'il est jugé, en fait, que les circonstances dans lesquelles s'était trouvé le mandataire ne lui avaient pas permis d'exécuter le mandat, la conséquence en sera que le mandataire n'encourt aucune responsabilité. La cour de cassation l'a jugé ainsi dans une espèce qui devait être décidée d'après les lois romaines (3). La décision serait encore la même sous l'empire du code civil. La cour de Rennes l'a jugé ainsi dans un cas de force majeure, amené par la guerre civile. Le mandataire avait été incarcéré, il avait été volé plusieurs fois par des bandes armées, il avait été obligé de quitter son domicile pour chercher un refuge ailleurs; tous ces événements, dit la cour, ont le caractère de force majeure; or, d'après l'article 1148, il n'y a lieu à aucuns dommages-intérêts lorsque, par suite d'une force majeure ou d'un cas fortuit, le débiteur a été empêché de faire ce à quoi il était obligé (4).

477. Tels sont les principes qui gouvernent la faute; nous empruntons à la jurisprudence quelques applications, en choisissant celles qui se présentent le plus usuellement dans la vie réelle (5).

Un mandataire est chargé du recouvrement d'effets de

---

(1) Rejet, 29 avril 1819 (Dalloz, au mot *Mandat*, n° 224, 1°).
(2) Rejet, 16 juillet 1836 (Dalloz, au mot *Mandat*, n° 295).
(3) Rejet, 9 juillet 1807 (Dalloz, au mot *Mandat*, n° 483).
(4) Rennes, 31 mars 1815 (Dalloz. au mot *Mandat*, n° 196).
(5) Comparez Pont. t. 1, p. 503, n° 994, et les arrêts rapportés par Dalloz, au mot *Mandat*, n° 225.

commerce, avec mandat de poursuivre sans délai, en cas
de non-remboursement. Le correspondant, au lieu de se
faire payer, se contenta de recevoir en payement d'autres
effets ou valeurs. Action en responsabilité. Le tribunal de
commerce jugea que le mandataire était responsable pour
avoir dépassé les termes de son mandat; il n'avait pas le
pouvoir d'échanger des valeurs contre d'autres valeurs, il
était donc garant de celles qu'il lui avait plu de recevoir.
Le tribunal ajoute qu'il est d'usage dans le commerce que
celui qui exige une provision pour le recouvrement d'effets
appose sa signature sur ceux qu'il envoie en payement à
son mandant, et qu'il n'a pas pu dépendre du mandataire
de se soustraire à cette garantie en affectant de ne pas en-
dosser lui-même les effets qu'il avait reçus pour le mandant, alors qu'il avait perçu le maximum de la provision.
Sur l'appel, la cour de Grenoble confirma, avec adoption
des motifs du premier jugement (1).

Le propriétaire d'un billet à ordre de 2,000 francs,
payable à Orléans, le confie au représentant, à Calais, de
l'administration des messageries nationales, pour en opérer le remboursement, ou pour le lui renvoyer avec protêt,
à défaut de payement. Dans ce but, il passe ledit billet à
l'ordre du détenteur desdites messageries à Orléans, avec
cette double mention : *Valeur en recouvrement, simple
protêt*. Le billet, expédié le 7 avril, ne fut protesté que le
21 avril. De là une action en dommages-intérêts contre les
messageries. La faute était certaine; l'administration opposait que la femme de l'expéditeur avait reçu le billet et
le protêt, et payé les frais sans réclamation ni réserve, ce
qui mettait le voiturier à l'abri de tout recours, d'après le
code de commerce (art. 19). La cour de Douai répond que
l'administration ne peut pas invoquer cette disposition, car
elle n'était pas chargée d'une simple expédition de marchandises contre remboursement; elle avait reçu le mandat de recouvrer un effet de commerce, ou d'assurer, par
un protêt fait en temps utile, le recours du porteur du billet contre celui qui le lui avait transmis par voie d'endos-

---

(1) Grenoble, 29 mars 1832 (Dalloz, au mot *Mandat*, n° 225, 4°).

sement : en ne faisant protester le billet que dix jours après
l'échéance, elle avait commis une faute lourde dans l'exécution de son mandat. On ne pouvait pas considérer non
plus la réception du billet et du protêt par la femme, comme
une renonciation au droit d'en poursuivre l'annulation; les
renonciations, dit la cour, ne se présument point; si la
femme avait accepté, sans protestation ni réserve, le billet
et le protêt, elle n'avait certes pas l'intention d'approuver
ce que l'administration avait fait, et elle en aurait eu l'intention, qu'il faudrait dire qu'elle n'en avait pas le droit.
La cour condamna en conséquence l'administration au payement du billet (1).

478. L'encaissement de coupons d'actions industrielles,
confié à des banquiers ou agents de change, a donné lieu à
des actions en dommages-intérêts qui ont été déclarées, et
avec raison, non fondées. Nous choisissons une de ces espèces dans lesquelles il se trouvait deux mandataires, l'un
salarié, l'autre non salarié. La cour de Nancy pose en principe que l'un était tenu de la faute légère, et l'autre d'une
faute plus lourde; mais il se trouvait que les deux mandataires n'étaient coupables d'aucune faute, de sorte que la
distinction était oiseuse. Voici les faits.

Un banquier de Lunéville adresse à un agent de change
à Paris des coupons d'obligations du chemin de fer Séville-
Cadix, avec mandat de toucher, pour le compte des clients
qui les lui avaient remis, l'à-compte de trois francs par
coupon, distribué en vertu d'un ordre du gouvernement
espagnol. Le payement de cet à-compte ayant été suspendu, les propriétaires des coupons prétendirent rendre le
banquier et l'agent de change responsables du défaut d'encaissement. Leur demande admise en première instance,
fut rejetée en appel. Quant au banquier, il n'avait servi
que d'intermédiaire pour transmettre à son correspondant
la commission dont il se chargeait, la substitution du mandat étant, en pareil cas, commandée par la nature des
choses. Avait-il commis une faute en se substituant un
agent de change? Non; restait à savoir si l'agent de

(1) Douai, 17 janvier 1848 (Dalloz, 1849, 2, 101).

change avait commis une faute dont le substituant aurait
été déclaré responsable. La cour constate que l'agent de
change fit présenter les coupons à l'encaissement après le
temps rigoureusement nécessaire pour classer les coupons
et en dresser le bordereau. Les coupons furent remis le
27 décembre, contre un récépissé payable le 3 janvier.
Y avait-il une faute dans ce dépôt provisoire? Non, puisque l'usage de toutes les compagnies est de l'exiger, alors
du moins que l'on en présente plusieurs centaines, afin de
les vérifier. Se refuser à ce dépôt, c'eût été rendre l'encaissement impossible. L'encaissement paraissait, au contraire, assuré, par la délivrance d'un récépissé payable à
six jours. Mais quand l'agent de change présenta les récé-
pissés, le payement en fut refusé, par le motif que des sai-
sies-arrêts avaient été pratiquées sur les fonds que la com-
pagnie avait affectés au payement des coupons. Le jour
même, l'agent de change avisa le banquier de cette suspension ou cessation de payement; il continua à faire de nombreuses démarches pour obtenir le payement de l'à-compte
promis; tous ces faits furent portés à la connaissance des
mandants par les mandataires. En définitive, les coupons
furent rendus à l'agent de change. Les propriétaires des
coupons les refusèrent parce qu'on les avait frappés de
l'estampille : *payé trois francs*. Etait-ce là un cas de responsabilité? Si les employés avaient marqué de bonne foi
que les billets avaient été payés, c'est qu'ils s'attendaient
sans doute à ce que le payement se fît; mais qu'ils fussent
de bonne foi ou de mauvaise foi, peu importait. L'agent de
change n'était pas responsable du fait d'un tiers qui, à son
égard, était un cas fortuit. Les mandants lui reprochaient
de n'avoir pas intenté des poursuites qui, d'après eux,
auraient infailliblement amené le payement de l'à-compte
promis par le gouvernement espagnol. Ce reproche n'était
pas plus fondé que les autres; en effet, les mandataires
étaient chargés d'encaisser, ils n'avaient pas le pouvoir de
faire des poursuites (1).

(1) Nancy, 24 février 1869 (Dalloz, 1869, 2, 196). Comparez Nancy, 26 février 1870 (Dalloz, 1872, 2, 46).

479. L'expédition de valeurs que le mandataire fait par simples lettres confiées à la poste le rend-il responsable de la perte des valeurs quand les lettres n'arrivent pas à leur destination? Cela dépend du mandat qui a été donné. Quand le mandant a déterminé le mode d'expédition, le mandataire sera responsable s'il n'observe pas la forme du mandat. Cela est d'évidence. Trop souvent le mandant néglige d'imposer des mesures de prudence; et quand le mandataire n'est pas plus prudent que lui, il prétend le rendre responsable. Un banquier reçoit mandat d'envoyer des billets de banque *sous bon couvert* et de mettre lui-même la lettre à la poste. En résultait-il que le mandataire était tenu d'affranchir la lettre, ou de la charger en la recommandant? Non, car le mandant ne l'avait chargé ni d'affranchir ni de recommander. Il a été jugé que la preuve de l'envoi résultait suffisamment de la lettre d'avis adressée au mandant, alors qu'il était établi que les valeurs avaient été mises dans la lettre d'envoi qu'il avait fait porter à la poste par la personne fondée de pouvoir de la maison, chargée de son administration intérieure et de la correspondance (1). Ce dernier point rend la décision douteuse. Quand le mandat porte que le mandataire doit lui-même mettre la lettre à la poste, il n'est pas autorisé à la faire porter n'importe par qui. La *forme du mandat* n'était donc pas observée; ce qui est décisif.

Dans une autre espèce jugée par la cour de Paris, le mandant ne s'était pas expliqué sur le mode d'envoi des valeurs; il s'était borné, paraît-il (l'arrêt n'est pas très-clair), à demander le retour de la somme par lettre de change. Le dépositaire de la somme expédia une lettre contenant les valeurs sans recommandation; le mandant, dit la cour, n'ayant pas formellement engagé le dépositaire à se servir du moyen de recommandation, le mandataire avait le droit d'en faire le dépôt à la poste par la voie ordinaire; là se bornait l'accomplissement du mandat officieux dont s'était chargé le dépositaire; on ne pouvait donc le déclarer responsable du détournement de la lettre. Toutefois l'arrêt

(1) Paris, 11 août 1842 (Dalloz, au mot *Mandat*, n° 226, 2°).

ajoute : « Du moment qu'il était constant que l'administration de la poste avait été chargée de l'expédition. » Ceci est un point essentiel ; il ne suffit pas que le mandataire affirme qu'il a remis la lettre à la poste, il faut qu'il le prouve. Dans l'espèce, la déclaration du mandataire avait été vérifiée et trouvée exacte ; il était donc prouvé que la lettre avait été mise à la poste à telle date pour telle destination (1). A la rigueur, on aurait encore pu exiger la preuve que la lettre confiée à la poste contenait les valeurs, et cette preuve ne s'obtient que par l'affranchissement. C'est la mesure que la prudence commande au mandant ; mais il aurait mauvaise grâce d'imputer au mandataire de n'avoir pas été prudent, quand lui-même a donné l'exemple de l'imprudence. Nous ne connaissons aucun arrêt qui, dans le silence du mandat, ait imposé au mandataire la preuve que la lettre expédiée renfermait les valeurs qu'il était chargé d'envoyer par la poste.

Les circonstances du fait ont une grande influence dans ces débats (2). Un commissionnaire de Marseille, ayant vendu des soieries pour le compte de son commettant de Bâle, son client ordinaire, lui envoya, le 6 mars, un mandat de 9,000 francs, sur la Banque de France, venant à échéance le 8 mars. La lettre qui renfermait ce mandat, non chargée ni recommandée, ayant été déposée dans l'une des boîtes supplémentaires de Marseille, fut soustraite par un voleur qui força la boîte, laquelle ouvrait sur la rue. Le voleur ayant touché le mandat le 8 mars, le mandant actionna le commissionnaire. Celui-ci, déchargé par le premier juge, fut condamné en appel, non pas pour avoir envoyé le mandat dans une lettre non chargée ni recommandée, mais pour l'avoir déposée dans une boîte supplémentaire ouvrant sur la rue, au lieu de la jeter à la boîte centrale, et d'avoir omis d'aviser le commettant de l'envoi par une lettre séparée. Sur le pourvoi, la cour prononça un arrêt de rejet, motivé sur ce que la cour d'Aix avait déclaré le commis-

_____

(1) Paris, 18 mai 1850 (Dalloz, 1850, 2, 153).
(2) Dijon, 17 avril 1873 (Dalloz, 1875, 2, 167). La cour induit des circonstances de la cause que le mandataire avait agi avec le consentement tacite du mandant, de sorte que la responsabilité retombait sur celui-ci.

missionnaire coupable d'une double imprudence, appréciation qui rentrait dans le domaine exclusif des juges du fond (1).

Un notaire reçoit de l'acheteur d'un immeuble une somme de 9,500 francs, avec mandat exprès de l'employer à payer les créanciers inscrits d'après l'ordre hypothécaire. Au lieu d'attendre qu'il y eût un ordre amiable ou judiciaire, le mandataire se fit lui-même juge du mérite et du rang des inscriptions; il paya certains créanciers, sans obtenir mainlevée de la part des autres; de plus, il négligea, dit la cour de cassation, contrairement à la prudence la plus vulgaire, de se faire délivrer par les créanciers désintéressés des quittances subrogatives au profit du mandant. Il advint que des créanciers postérieurs furent colloqués dans un ordre judiciaire sans que l'acheteur pût, faute de subrogation, se prévaloir des payements faits aux créanciers antérieurs; par suite, il se trouva dans l'alternative ou de délaisser l'immeuble, ou de payer une seconde fois. La cour conclut que le notaire, s'étant mal acquitté de son mandat, devait réparer le préjudice qu'il avait commis par sa faute (2).

480. Il y a des imprudences plus impardonnables. Un notaire est chargé de recevoir le prix d'une vente. Il remet ce prix, sans en retirer quittance, à une servante du vendeur, qui le détourne à son profit. Il a été jugé que le notaire était responsable de ce détournement à l'égard de l'acheteur, forcé de payer une seconde fois. Il y avait cependant un motif de douter, dans les circonstances de la cause, c'est que le versement des fonds avait eu lieu en présence du mandataire de l'acheteur; c'était au mandataire, disait le notaire, à requérir quittance, puisqu'il était chargé de veiller aux intérêts du mandant. La cour d'Agen répond que le notaire devait retirer quittance en remettant les fonds; que sa négligence, en ne le faisant pas, était de titre notoire; ce sont les expressions du jugement dont la cour

---

(1) Rejet, 10 août 1870 (Dalloz, 1871, 1, 332).
(2) Rejet, 10 février 1875 (Dalloz, 1875, 1, 450). Comparez Dijon, 18 juillet 1873 (Dalloz, 1875, 2, 22).

s'appropria les motifs. Sur le pourvoi, il intervint un arrêt de rejet (1).

481. La loi dit que la responsabilité du mandataire non salarié est moins rigoureuse que celle du mandataire qui reçoit un salaire. On s'est parfois prévalu de cette disposition pour s'excuser des fautes les plus grossières. La jurisprudence n'a pas écouté ces mauvaises excuses qui aboutiraient à une violation de la loi. Un négociant se charge de faire accepter une traite, et, en cas de non-acceptation, de la faire protester. Il répond au mandant que les tirés ont promis d'accepter et qu'ils sont de toute solidité. Il devait exiger l'acceptation dans les vingt-quatre heures de la présentation (code de com., art. 125). Au lieu d'agir comme le mandat et la loi lui en faisaient un devoir, il reste dans l'inaction pendant quinze jours. La cour signale encore d'autres faits d'incurie et de négligence. Pour s'excuser, le mandataire alléguait l'oubli et se retranchait derrière la disposition de l'article 1992. La cour répond que le code suppose une gestion dans laquelle le mandataire n'a pas montré une extrême vigilance, et que, dans l'espèce, le mandataire avait commis une faute inexcusable de la part d'un négociant tant soit peu avisé (2).

N° 4. DE LA SUBSTITUTION D'UN MANDATAIRE.

I. Quand le mandataire peut-il se substituer quelqu'un dans sa gestion?

482. L'article 1994, qui parle de la substitution, ne répond pas à notre question ; il décide seulement dans quels cas le mandataire répond de celui qu'il s'est substitué dans sa gestion. Il faut distinguer divers cas. Le plus fréquent est celui où le mandat garde le silence; il n'autorise pas la substitution et il ne la défend pas. On demande si, dans ce cas, le mandataire peut se substituer un autre mandataire. Dans le silence de la convention, il faut appliquer les principes généraux de droit. Or, aux termes de l'article 1237,

---

(1) Rejet. 13 novembre 1848 (Dalloz, 1848, 1, 249).
(2) Aix, 23 avril 1813 (Dalloz, au mot *Effets de commerce*, n° 288).

« l'obligation de faire ne peut être acquittée par un tiers contre le gré du créancier, lorsque ce dernier a intérêt à ce qu'elle soit remplie par le débiteur lui-même. » Cette disposition reçoit son application au mandataire; il s'oblige à faire, puisque, d'après la définition de l'article 1984, le mandat consiste dans le pouvoir de *faire quelque chose* pour le mandant et en son nom. En donnant ce pouvoir, le mandant considère d'abord les relations d'amitié qui existent entre lui et le mandataire lorsque le mandat est gratuit, mais il a égard aussi à la capacité, au zèle de la personne qu'il charge d'une affaire; c'est cette considération qui est déterminante dans le mandat salarié. En général, on doit donc dire que le choix de la personne joue un rôle essentiel dans le mandat; partant, le mandant a intérêt à ce que le mandataire accomplisse lui-même le mandat : est-ce un mandat gratuit, un tiers n'y mettrait pas la sollicitude que l'ami du mandant y aurait mise : le mandat est-il salarié, le tiers n'aurait pas toujours la même aptitude que l'homme de confiance du mandant. Toutefois il n'y a rien d'absolu en cette matière. D'après l'article 1237, c'est une question de fait plutôt que de droit; tout dépend de l'intérêt du mandant, ce qui est un point de fait; si la substitution d'un mandataire sauvegarde les intérêts du mandant, celui-ci n'a pas le droit de se plaindre, puisque le but du mandat sera atteint, aussi bien que si le mandataire par lui choisi l'avait exécuté.

483. La question est très-controversée (1). Les auteurs ne sont d'accord sur rien. D'abord on se prévaut de la tradition, soit pour reconnaître au mandataire le droit de substitution, soit pour le lui contester. En cette matière, comme presque toujours, la tradition, c'est la doctrine de Pothier. Quelle est son opinion? Pothier est toujours d'une clarté admirable, il est donc facile de savoir ce qu'il pense. Il suppose que le mandataire a fait, non par lui-même, mais par une personne qu'il s'est substituée, l'affaire dont il était chargé, *quoiqu'il n'eût pas le pouvoir de substituer un*

_____

(1) Voyez, en sens divers, Troplong, nᵒˢ 446-448; Pont, t. I, p. 521, nᵒ 1015. Aubry et Rau, t. IV, p. 645, note 14, § 413.

autre pour la faire; dans ce cas, dit-il, il est évident qu'il a excédé les bornes du mandat et que ce qu'il a fait n'oblige pas le mandant, s'il ne juge pas à propos de le ratifier. En effet, sur ce point, il ne saurait y avoir de doute. La seule question, continue Pothier, qui peut faire difficulté est de savoir si, lorsque la procuration ne permet expressément, ni ne défend expressément au mandataire de se substituer une autre personne pour faire à sa place l'affaire dont il est chargé, ce pouvoir doit être présumé lui être accordé par la procuration. Voilà précisément notre question. Que répond Pothier? « La décision de la question me paraît dépendre de la nature de l'affaire qui fait l'objet du mandat. Si l'affaire est de nature que sa gestion demande une certaine prudence, une certaine habileté, on ne doit pas présumer que le mandant, qui en a confié la gestion au mandataire par la confiance qu'il avait en sa prudence et en son habileté, ait voulu lui permettre de substituer un autre pour la faire. Mais si l'affaire qui fait l'objet du mandat ne requiert aucune habileté pour la faire, et qu'il soit indifférent au mandant par qui elle soit faite, le mandant doit, en ce cas, être présumé avoir laissé à son mandataire le pouvoir de substituer un autre pour la faire (1). » C'est, à la lettre, la décision que nous venons de donner d'après l'article 1237 : question d'intérêt, donc question de fait.

484. Les auteurs du code ont-ils entendu déroger à l'opinion de Pothier? Il y a eu sur notre question un débat assez long au conseil d'Etat (2). On ne s'entend pas plus sur la signification des travaux préparatoires que sur la tradition : chacun les invoque comme d'habitude. Cambacérès demanda que l'on défendît formellement au mandataire de substituer lorsqu'il n'y était pas autorisé par le mandat. Constatons d'abord que ce système n'était pas celui de Pothier, c'était un principe absolu qui ne tenait aucun compte de la diversité des circonstances. Le consul invoquait l'intention du mandant : il est évident, dit-il, que le mandant qui n'autorise pas le mandataire à substituer

_____

(1) Pothier, *Du mandat*, n° 99.
(2) Séance du conseil d'Etat, du 5 pluviôse an XII, n° 7 (Locré, t. VII, p. 368).

n'accorde sa confiance qu'au mandataire, et non à celui par lequel il veut se faire remplacer. Décision trop absolue, comme Pothier l'avait prouvé. Là-dessus un débat s'engagea entre Treilhard et Cambacérès. Le premier fit une remarque très-juste : la prohibition de substituer, dit-il, aurait des inconvénients pour le mandant lui-même. En effet, le mandataire peut être malade, ou empéché de toute autre manière ; il faut cependant que l'affaire dont il s'est chargé ne souffre pas de cet obstacle, l'intérét des deux parties l'exige ; le mandant aura d'ailleurs une garantie dans la responsabilité du mandataire, car celui-ci répond du substitué. Tronchet abonda dans ces idées; pourquoi ne pas permettre au mandataire de se décharger du mandat lorsque les circonstances le réduisent à l'impossibilité d'agir par lui-méme? Il ne met pas en péril l'intérét de celui qui l'a constitué ; c'est assez de le soumettre à l'obligation rigoureuse de répondre de celui qu'il commet à sa place. Dans la pensée de Tronchet, le mandataire devait avoir le droit de substituer pour toute cause légitime. Berlier parla dans le méme sens. La proposition de Cambacérès, dit-il, serait très-rigoureuse pour le mandataire, sans étre utile au mandant. D'abord, le mandat étant gratuit de sa nature, il ne faut pas faire la loi trop dure à celui qui rend de bons offices. Puis, la loi ne doit pas prescrire des obligations telles que, dans certaines circonstances, il soit presque louable d'y déroger, comme cela arriverait si le mandataire devenait malade au moment méme où il devrait agir. Enfin, qu'y a-t-il de mieux que la responsabilité que la substitution impose au mandataire? Si le substitué fait bien, quelle action le mandant pourrait-il avoir? S'il fait mal, le mandataire en répondra. Il y avait une autre réponse à faire à la proposition de Cambacérès, et plus péremptoire, c'est que le mandataire a le droit de renoncer au mandat ; et si on lui défendait de substituer, il ne manquerait pas d'user, le cas échéant, du droit de renonciation. Le consul déclara qu'il se rendait à ces observations.

Que conclure de ce débat? Il ne portait que sur une seule question, la proposition de Cambacérès; dans la pensée du conseil d'Etat, il ne fallait pas défendre d'une manière

absolue la substitution. Autre est la question de savoir si
le mandataire a le droit absolu de substituer, ou si la substitution dépend de l'intérêt du mandant, comme l'enseignait Pothier. Si l'on veut rester fidèle à la pensée du conseil d'Etat, il faut décider que le code ne consacre aucun
système absolu, ni interdiction de substituer, ni droit de
substituer. La décision dépend des circonstances, c'est-à-
dire de l'intérêt du mandant : c'est le principe de l'article 1237.

485. Il y a encore un élément des travaux préparatoires, que les auteurs ont négligé, ce sont les discours
du rapporteur et de l'orateur du Tribunat. Le rapporteur
était Tarrible, esprit judicieux, qui fournit à Merlin un des
articles les plus importants de son Répertoire, celui qui
traite des hypothèques. Son rapport sur le titre du *Mandat*
est bien fait; il mérite donc que l'on tienne compte de ce
qu'il dit sur notre question. Le rapporteur du Tribunat
commence par établir que « la confiance du commettant
dans le zèle et l'intelligence du mandataire est le fondement
sur lequel le mandat repose tout entier. Si, *sans en avoir
reçu le pouvoir*, le mandataire prend sur lui de substituer
à sa place une autre personne, il paraît avoir trompé la
confiance de son commettant et excédé les bornes de son
mandat. » Voilà une opinion absolue : est-ce que le code
l'a consacrée? Non; Tarrible admet le droit de substitution.
« Comme dans presque toutes les affaires qui font l'objet
d'une procuration, le mandataire est obligé de substituer
d'autres personnes pour l'exécution de quelque partie du
mandat, il a paru convenable aux auteurs du projet de gé-
néraliser cette faculté et de *tolérer dans tous les cas* qu'un
mandataire se substitue une autre personne dans la gestion,
lors même qu'il n'en a pas reçu le pouvoir; mais alors le
mandant est autorisé à invoquer contre le mandataire la
responsabilité de la gestion (1). » La substitution n'est donc
pas un droit absolu, puisque le mandataire est responsable
de la gestion du substitué. C'est la formule pratique du système de Pothier : la gestion du substitué est-elle utile, il

(1) Tarrible, Rapport, n° 12 (Locré, t. VII, p. 381).

est certain que le mandant n'agira pas, car que demande-rait-il? Des dommages-intérêts? Il n'y en a pas. La nullité de ce que le substitué a fait? Ce serait encore une action en dommages-intérêts contre le mandataire, et celui-ci répondrait au mandant qu'il n'y a point d'action sans intérêt.

L'orateur du Tribunat s'exprime dans le même sens : « Non-seulement le mandataire répond de ce qu'il a fait personnellement pour la gestion de l'affaire qui lui était confiée, mais il est de plus garant de la personne qu'il s'est substituée dans l'administration lorsqu'il n'a pas reçu du mandant le droit de transmettre ses pouvoirs à un autre, car alors le mandataire a excédé les bornes de son mandat. C'était à lui seul que le maître de la chose en avait voulu confier le soin; et si, pour sa commodité personnelle, il a remis entre les mains d'un tiers ce qu'il s'était chargé de faire lui-même, il est de toute justice que le mandant ne soit pas victime de cette convention, qui non-seulement lui est étrangère, mais qui s'est même formée contre son vœu et qui ne peut raisonnablement lier que ceux qui l'ont consentie (1). » Bertrand de Greuille ne s'exprime pas avec clarté. Il semble nier que le mandataire ait le droit de substituer; il dit que cette convention n'oblige pas le mandant, et néanmoins il admet implicitement que le substitué a le droit d'agir, car il n'accorde au mandant qu'une action en dommages-intérêts contre le mandataire. Il nous semble que la vraie pensée du Tribunat est celle que Tarrible a développée. La loi ne prohibe pas la substitution, elle la tolère donc; mais ce n'est que pour autant qu'elle ait pour le mandant le même avantage qu'aurait eu l'exécution du mandat par le mandataire; si elle lui est préjudiciable, le mandant aura une action contre le mandataire. La théorie de Pothier conduit à la même conséquence: la substitution n'est valable que si elle équipolle à l'exécution du mandat par le mandataire.

486. Nous arrivons à la conclusion. La loi ne défend pas au mandataire de se substituer un tiers dans sa gestion; dans le silence de la loi, faut-il dire qu'il a le droit

---

(1) Bertrand de Greuille, Discours, n° 8 (Locré, t. VII, p. 386).

absolu de substitution? Non, la loi ne dit pas cela; ce droit
serait en opposition avec la tradition, avec les travaux préparatoires et avec les principes. La difficulté se résout en
une question de responsabilité. C'est ce que dit l'article 1994 :
« Le mandataire répond de celui qu'il s'est substitué dans
la gestion : 1° quand il n'a pas reçu le pouvoir de se substituer quelqu'un. » La substitution, quoique faite sans pouvoir, n'est donc pas nulle; mais elle n'est pas non plus
valable, en ce sens que le mandant aurait le droit de se
décharger du mandat en le confiant à un tiers; il peut
renoncer au mandat, voilà son droit; mais cette renonciation doit être pure et simple, il ne peut pas y renoncer par
voie de substitution; il reste mandataire malgré la substitution, et répond de la gestion du substitué, comme s'il
avait géré lui-même. C'est, en d'autres termes, la doctrine
de Pothier : la gestion du substitué est-elle utile au mandant, la substitution est valable, puisque le mandant n'a
aucune action contre le mandataire : la gestion du substitué
n'est-elle pas profitable au mandant, le mandataire sera
responsable; et, de plus, comme nous le dirons plus loin,
le mandant a une action directe contre le substitué. Ainsi,
quoique dommageable, la substitution n'est pas nulle en ce
sens que tout ce que le substitué fait serait frappé de nullité. Ici la loi déroge à la rigueur des principes; dans la
doctrine de Pothier, conforme à l'article 1237, il faudrait
dire que, le substitué étant sans droit, tout ce qu'il fait est
nul. La loi n'admet pas cette doctrine absolue, sans doute
dans l'intérêt des tiers qui traitent avec le substitué; elle
maintient les actes du substitué, en donnant une action au
mandant contre le substitué et contre le mandataire.

Nous ne connaissons qu'un arrêt qui ait consacré une
doctrine absolue; la cour de Gand dit qu'il est de principe
que le mandataire ne peut, sous sa responsabilité, se décharger sur un autre de devoirs qui n'étaient confiés qu'à
lui personnellement. L'arrêt cite l'article 1994, qui ne dit
pas ce que la cour lui fait dire (1). Nous doutons que la rédaction de l'arrêt réponde à la pensée de la cour; elle dit

(1) Gand, 26 mai 1851 (*Pasicrisie*, 1851, 2, 318).

que le mandataire ne peut pas se décharger de son mandat sur d'autres ; cela est exact, en ce sens que, malgré la substitution, le mandataire est responsable comme si lui-même avait géré.

487. L'article 1994 prévoit encore un second cas : le mandat donne au mandataire le droit de se substituer quelqu'un, mais sans désigner la personne. Quel est, en ce cas, le pouvoir du mandataire? La validité de la substitution ne peut plus être contestée, puisque le mandataire use d'un droit que lui donne le mandat. Mais on demande si le mandataire qui use de ce droit reste mandataire, en ce sens qu'il répond de la gestion comme si lui-même avait géré. L'article 1994 porte que le mandataire répond du substitué quand la personne qu'il a choisie était notoirement incapable on insolvable. La responsabilité est donc subordonnée à une faute, et à une faute grave : est-ce que dans un contrat de confiance qui implique la capacité et la solvabilité du débiteur, celui-ci peut se décharger de sa mission et de ses obligations sur un tiers qui est *notoirement* incapable et insolvable? Ce n'est pas user d'un droit, c'est en abuser, il y a faute lourde dans cet abus ; le mandataire a excédé les limites de son pouvoir, et, par suite, il est responsable. Par contre, il ne sera pas responsable s'il choisit un substitué capable et solvable. Et dire que le mandataire ne répond pas de celui qu'il s'est substitué dans la gestion, c'est dire qu'il n'est plus mandataire. Ainsi la substitution a pour effet de décharger le mandataire sous la condition qu'il n'y ait aucune faute à lui reprocher. Cela se comprend. Le mandant autorise le mandataire à substituer ; il l'autorise donc à se décharger de l'affaire qui lui a été confiée sur le tiers qu'il se substitue ; dès lors le mandataire cesse d'être tenu, car il n'était tenu qu'à raison d'une gestion qu'il n'a plus (1).

Il y a une grande différence entre cette seconde hypothèse et la première. Quand le mandat ne donne pas au mandataire le pouvoir de substituer, la substitution qu'il fait est un second mandat ou un sous-mandat qui intervient

(1) Comparez Pont, t. I, p. 526, n° 1021.

entre lui et le substitué; ce sous-mandat est étranger au
mandant, partant le mandat primitif subsiste; d'où la conséquence qu'il y a deux mandataires qui répondent l'un et
l'autre de l'exécution du mandat. Dans la seconde hypothèse, le mandant consent à ce que le mandataire se décharge sur un tiers de l'exécution du mandat, à la condition que ce tiers ne soit pas notoirement incapable et
insolvable. Quand le mandataire use de ce droit, le mandat
primitif cesse par le concours de volonté des deux parties;
le mandant consent à ce que le mandataire qu'il a nommé
soit remplacé par un tiers que le mandataire choisira; il
décharge le mandataire de l'obligation d'agir, et là où il
n'y a plus obligation d'agir, il n'y a plus de mandat.

488. Que faut-il décider si le mandat qui autorise le
mandataire à se substituer un tiers désigne la personne
que le mandataire devra choisir? Dans ce cas, le mandataire n'a plus le droit absolu de se substituer une tierce
personne; son pouvoir de substitution est limité à la personne désignée dans le contrat; de sorte que le choix de
toute autre personne serait nul. Nous supposons naturellement que la clause soit conçue dans des termes restrictifs,
car tout dépend de la volonté des parties contractantes.

Une chose est certaine, c'est qu'il faut dire, dans cette
hypothèse et à plus forte raison, ce que nous venons de
dire de la clause qui permet la substitution sans désignation de personne, c'est que si le mandataire use du droit
que lui donne le contrat, il cesse d'être mandataire; la
substitution est un remplacement qui se fait avec le concours du mandant. Dans le premier cas, le remplacement
n'est permis que sous la condition d'un choix qui n'implique
aucune faute; dans le second cas, cette condition tombe,
puisque le mandant lui-même a choisi. Il n'y a aucune faute
possible de la part du mandataire qui substitue, car il ne
fait qu'exécuter la volonté du mandant.

La conséquence de ce principe est que le mandataire
n'est pas responsable de l'exécution du mandat par le substitué. Il n'a plus aucune obligation à remplir, pas même
celle de surveiller la gestion du substitué; devenu étranger
à l'affaire dont il est déchargé, ce n'est pas à lui de sur-

veiller le substitué, c'est au mandant. On prétend que la jurisprudence s'est prononcée dans un sens contraire ; il importe de constater ces décisions, car il en résulterait des conséquences très-graves au préjudice du mandataire ; il se trouverait engagé par une gestion que, d'après la rigueur des principes, il n'a même plus le droit de surveiller. Cela serait exorbitant.

489. Un mandataire, chargé de transmettre à une société tontinière des pièces qui devaient être remises dans un délai fatal, confia ce soin à son correspondant de Paris ; la nature même du mandat lui permettait d'en remettre l'exécution à un agent, puisque la production des pièces devait se faire à Paris. Le sous-mandataire négligea la commission ; à l'époque où il la reçut, il était gravement malade et dans l'impossibilité de s'occuper de l'affaire ; plus tard, il la perdit de vue. Le premier juge condamna le mandataire principal avec un recours en garantie contre le substitué ; mais à raison des circonstances qui atténuaient la faute de celui-ci, le tribunal réduisit sa responsabilité à un tiers de la somme perdue par le mandant, et que le mandataire fut obligé de restituer pour le tout. Pourvoi en cassation. La cour prononça un arrêt de rejet. Elle commence par rappeler que le mandataire est tenu d'accomplir le mandat tant qu'il en demeure chargé ; puis l'arrêt constate, d'après le jugement attaqué, que le mandataire avait commis une faute lourde dans l'exécution du mandat ; la substitution, dit la cour, ne pouvait l'exonérer de cette responsabilité, parce qu'il y avait eu de sa part faute personnelle. Ici est le véritable nœud de la difficulté. Quelle était cette faute ? Ce n'est pas la négligence, après tout excusable, du substitué ; celui-ci n'avait pas même accusé réception de la lettre qui le chargeait de l'exécution du mandat, de sorte que le mandataire était resté dans une ignorance complète de ce qui se passait ; il ne savait si sa lettre était parvenue, il ne savait si son correspondant acceptait le mandat, il ne savait s'il était empêché de le remplir. Voilà la faute que le premier juge constate ; elle était telle que le mandataire principal devait rester mandataire, car, pour qu'il y eût un nouveau mandat, il fallait que la proposition par lui faite fût acceptée; il aurait donc dù écrire une lettre de rappel afin de constater si le correspondant de Paris acceptait la substitution; restant dans l'inaction, le sous-mandat ne pouvait se former. Voilà pourquoi il continuait à être mandataire et responsable (1). L'arrêt de la cour de cassation pourrait être rédigé plus clairement; mais il ne décide pas ce qu'on lui fait dire, à savoir que le mandataire est responsable pour n'avoir pas surveillé l'exécution du mandat; ces mots ne se trouvent pas dans l'arrêt, quoique l'auteur qui les cite les souligne, comme s'ils s'y trouvaient (2).

Un arrêt récent a statué sur une question analogue; mais, à notre avis, on l'a également mal interprété, en lui faisant dire (ce sont les termes de l'arrêtiste) que « le mandataire, autorisé à se substituer un tiers pour l'exécution du mandat qui lui a été confié, demeure responsable des fautes commises par le substitué quand il est déclaré personnellement en faute *pour n'avoir pas exercé une surveillance suffisante.* » L'arrêt ne s'exprime pas dans ces termes; la faute imputée au mandataire était, dans l'espèce, commune au mandant; elle ne concernait pas seulement le fait particulier, objet du procès, elle était relative aux agissements des parties dans toutes les affaires qui faisaient l'objet du mandat. Le trésorier général d'un département charge le receveur particulier d'un arrondissement de recevoir les sommes que les particuliers voudraient placer en compte courant à la recette générale. Ces dépôts se faisaient dans l'intérêt du trésorier; il aurait donc dù veiller à ce que tout se fît avec la plus grande régularité; or, l'inspecteur des finances lui reprochait de n'avoir pas organisé ce service avec la prudence que l'intérêt des déposants lui commandait, notamment de n'avoir pas établi à la recette particulière un registre à souche pour les recettes, et des mandats à la trésorerie pour le remboursement. Quant au receveur, il remplissait son mandat gratuitement; ce qui diminuait déjà l'étendue de sa responsabilité. Il chargea un employé de faire la recette des sommes que les particuliers

---

(1) Rejet, 26 novembre 1860 (Dalloz, 1861, 1, 496).
(2) Pont, t. I, p. 525, n° 1019.

versaient en compte courant; cet employé passait pour un homme fidèle et honnête; il était personnellement connu du trésorier, qui n'ignorait pas que le receveur particulier se déchargeait le plus souvent sur lui du soin de recevoir les dépôts et de les transmettre à la recette générale. Cependant il arriva que cet employé, substitué par le mandataire au vu et au su du mandant, détourna, en commettant un faux, une somme de 57,000 francs qu'il avait reçue en compte courant. La cour d'appel déclara responsables le mandataire et le mandant, comme également coupables d'imprudence et de négligence : le mandataire en vertu des principes du mandat : le mandant, en qualité de commettant, en vertu de l'article 1384. La cour de cassation confirma la décision par un arrêt de rejet. Elle ne pose aucun principe quant aux rapports du mandataire et du substitué; ce n'est donc pas un arrêt de principe. Pour l'apprécier, il faut consulter les faits tels qu'ils sont constatés dans l'arrêt attaqué. Or, il résultait de ces faits qu'il y avait imprudence et faute dans la constitution même du mandat et du sous-mandat; de sorte que le mandataire était responsable pour avoir, ainsi que le mandant, mal organisé le service de la recette; c'est à raison de cette imprudence que le mandant et le mandataire furent condamnés. La responsabilité concernait la constitution du mandat plutôt que le défaut de surveillance. Il faut encore remarquer que, dans l'espèce, il n'y avait pas de substitution proprement dite; le mandataire n'avait pas entendu se décharger de son mandat sur l'employé; il restait mandataire, donc responsable; il permettait seulement à son employé de recevoir les dépôts pour lui; cet employé était donc son agent plutôt que son substitué, et, par suite, le mandataire devait répondre des détournements (1).

II. *Effet de la substitution.*

490. L'article 1994 commence par déterminer les cas dans lesquels le mandataire répond de celui qu'il s'est sub-

(1) Rejet, 23 avril 1872 (Dalloz, 1872, 1, 411).

stitué dans sa gestion. Puis il ajoute : « *Dans tous les cas,* le mandant peut agir directement contre la personne que le mandataire s'est substituée. » La loi dit : *dans tous les cas ;* cela se rapporte aux deux hypothèses prévues par le premier alinéa, à savoir : 1° quand le mandataire s'est substitué quelqu'un sans que le mandat lui en donne le pouvoir ; 2° quand ce pouvoir lui a été conféré sans désignation d'une personne et qu'il a choisi un substitué notoirement incapable ou insolvable. Dans ces deux cas, le mandataire répond de la gestion du substitué. On peut encore en ajouter un troisième que les auteurs prévoient et qui ne se présente guère dans la pratique, c'est quand le mandat défend la substitution et que le mandataire a substitué au mépris de cette défense. Le mandataire étant responsable de la gestion du substitué, le mandant aura action contre lui si le substitué a encouru une responsabilité quelconque. Aura-t-il aussi une action, de ce chef, contre le substitué ? La loi répond qu'il a une action directe contre lui. On enseigne généralement que cette disposition déroge au droit commun ; d'après l'article 1166, le créancier peut exercer tous les droits de son débiteur. En vertu de ce principe, le mandant aurait l'action qui appartient au mandataire contre le substitué qu'il a chargé de l'exécution du mandat. Mais cette action est indirecte, et le mandant qui l'exercerait ne profiterait pas seul du bénéfice de la condamnation ; ce bénéfice appartient au patrimoine du mandataire au nom duquel il a agi, et, par conséquent, se distribue entre tous ses créanciers. L'action directe que l'article 1994 lui accorde est plus avantageuse, puisque le mandant l'intente en son nom personnel et profite, par conséquent, seul de la condamnation (1).

Est-il exact de dire que l'article 1994 déroge dans tous les cas au principe de l'article 1994 ? Cela est vrai dans les cas où la substitution se fait sans le concours de volonté du mandant. Ainsi quand le mandataire substitue malgré la défense portée à l'acte, ou quand il use du droit de substitution que le mandat lui donne, mais en choisissant une

(1) Duranton, t. XVIII, p. 255, n° 251, et tous les auteurs.

personne notoirement incapable ou insolvable; on ne peut pas dire que le mandant concoure dans un choix pareil, puisqu'il l'attaque comme abusif et, partant, comme ayant été fait sans sa volonté. Mais, dans le premier cas prévu par l'article 1994, le mandant concourt à la nomination, si l'on admet l'opinion d'après laquelle, dans le silence de l'acte, le mandataire peut substituer; il le fait donc avec le consentement tacite du mandant; partant celui-ci est censé concourir au choix fait par le mandataire, et, par conséquent, il a une action contre le substitué en vertu de la convention même qui le nomme. Toutefois cela pouvait paraître douteux, et la loi a prévenu tout doute en donnant dans *tous les cas* une action directe au mandant.

491. Dans *tous les cas*, dit l'article 1998. Cela veut-il dire que le mandant aura toujours une action directe contre le substitué? L'application de la loi a soulevé des difficultés. Il a été jugé que l'article 1998, en donnant une action directe au mandant contre le substitué, suppose que le mandataire a une action contre le tiers qu'il s'est substitué dans sa gestion; en effet, c'est cette action que le mandant exerce; seulement, au lieu de l'exercer indirectement, il l'exerce directement. De là suit, dit la cour de Bruxelles, que si le substitué a rempli le mandat dont le mandataire l'a chargé, le mandant n'a pas d'action contre lui, le mandataire n'en ayant pas. Le mandant ne pourra agir, dans ce cas, que contre le mandataire. La conséquence est très-grave pour le mandant, car s'il est dans le cas d'agir contre le substitué, c'est parce que le mandataire principal est insolvable; de sorte que, sans action contre le substitué, il n'aura qu'un recours inefficace contre le mandataire. Dans l'espèce, un agent de change de Bruxelles avait été chargé de négocier à Paris des titres appartenant au mandant. Au lieu d'agir comme mandataire, l'agent de change agit comme s'il était propriétaire des titres, il vendit les actions pour son compte. Le correspondant de Paris exécuta tous les ordres qu'il recevait du mandataire infidèle, croyant traiter avec le propriétaire des valeurs. Quand l'agent de change fit faillite, le substitué avait rempli, à son égard, tous ses engagements. Le mandant actionna le substitué en vertu de l'article 1994. Pour être actionné, répondit le défendeur, je dois être débiteur; je ne le suis pas de l'agent de change qui m'a transmis ses ordres, puisque j'ai rempli tous mes engagements à son égard; je ne le suis pas du mandant, car je n'ai jamais contracté avec lui, ni pour lui; le mandataire ne m'a pas donné d'ordres au nom de son mandant, ce n'est donc pas avec le mandant que j'ai traité; donc je ne puis être son débiteur. Il y avait un doute sur les faits que l'agent de change de Paris alléguait; dans le principe, il savait que les titres n'étaient pas la propriété de son correspondant de Bruxelles, il connaissait même le nom du véritable propriétaire; mais la cour décida que, dans la suite, l'agent de change de Bruxelles n'avait point agi comme mandataire, ni le mandataire de Paris comme substitué. La conséquence était incontestable; le mandant ne pouvait avoir d'action contre l'agent de change de Paris, parce que celui-ci n'avait pas agi comme substitué (1).

492. La décision de la cour de Bruxelles implique que le mandant n'a pas action directe contre le substitué, à raison de l'inexécution du mandat par le mandataire, lorsque le substitué n'a pas agi comme tel, c'est-à-dire quand le sous-mandataire ignorait l'existence du mandat principal en vertu duquel le mandataire lui avait donné des ordres. Cela est en harmonie avec le texte et l'esprit de l'article 1994. Le texte donne action directe au mandant contre la personne que le mandataire s'est substituée; il faut donc qu'il y ait un substitué; or, quand le prétendu substitué ignore l'existence du mandat en vertu duquel il a été chargé de l'affaire, il n'agit pas comme substitué, il agit comme mandataire principal; il ne peut donc pas être actionné comme substitué. Les principes conduisent à la même conséquence. Le créancier n'a d'action que contre son débiteur; or, qui est le débiteur du mandant? C'est le mandataire, et, en cas de substitution, le substitué; mais, pour qu'il ait action contre le substitué, il faut que celui-ci ait agi comme tel; quand il agit dans l'ignorance du man-

---

(1) Bruxelles, 5 novembre 1868 (*Pasicrisie*, 1869, 2, 233). Comparez Rennes, 24 août 1859 (Sirey, 1860, 2, 36).

dat principal, il devient débiteur de son mandant, il ne peut pas devenir débiteur du premier mandant, puisqu'il ignore l'existence de ce mandat.

493. La jurisprudence a fait une application remarquable de ce principe. Un agent de change de Saint-Etienne est chargé de vendre des actions à la Bourse de Lyon; il était donc autorisé à se substituer un agent près la Bourse de Lyon; le mandant, prévoyant la nécessité d'une substitution, laisse le nom du mandataire en blanc. Cette procuration est envoyée par l'agent de change de Saint-Etienne à son correspondant de Lyon. Celui-ci vend les actions, et porte le prix au compte courant de l'agent de change de Saint-Etienne. Cet agent ayant fait faillite, le mandant actionna le substitué en vertu de l'article 1994. Le défendeur répondit qu'il n'était pas débiteur, puisqu'il avait compensé le prix provenant de la vente des actions avec une créance qu'il avait à charge du mandataire. Cette défense fut rejetée par la cour de Lyon et, sur pourvoi, par la cour de cassation. L'agent de change de Lyon avait agi comme substitué en vertu de la procuration qui permettait au mandataire de se substituer un correspondant; il avait donc vendu au nom du mandant, et, par suite, il devenait son débiteur direct; dès lors, il ne pouvait pas compenser avec le mandataire, puisque la compensation ne peut avoir lieu qu'entre deux personnes qui sont réciproquement créanciers et débiteurs personnels l'une envers l'autre; or, l'agent de change de Lyon était, à la vérité, créancier de l'agent de change de Saint-Etienne; mais il n'était pas son débiteur, il était débiteur du prix envers le propriétaire des actions (1).

La cour de Lyon a eu à juger une affaire analogue dans laquelle elle a rendu une décision toute différente. Un agent de change de Saint-Etienne, chargé de vendre des actions à la Bourse de Lyon, et autorisé, par conséquent, à se substituer son correspondant de Lyon, transmit ses ordres à celui-ci en son nom personnel, sans faire mention du

---

(1) Lyon, 8 juillet 1858 et Rejet, 20 avril 1859 (Dalloz, 1859, 1, 263). Comparez Paris, 14 décembre 1866, et sur renvoi, Orléans, 9 juin 1870 (Dalloz, 1870, 1, 20, et 1870, 2, 225). Rejet, chambre civile, 22 mars 1875 (Dalloz, 1875, 1, 204).

mandat dont il avait été chargé; il n'y avait donc pas de substitution, il y avait deux mandats principaux, l'un entre le propriétaire des actions et l'agent de change de Saint-Etienne, l'autre entre celui-ci et son correspondant. De là deux actions principales de chacun des mandants contre son mandataire. L'agent de change de Lyon fit la vente et porta le prix dans le compte courant de son mandant, dont il était créancier. La dette du prix se trouvait ainsi éteinte par la compensation, car, créancier de son mandant, il était devenu son débiteur; l'article 1289 était donc applicable. L'agent de change de Saint-Etienne ayant fait faillite, le propriétaire des actions agit contre l'agent de change de Lyon, comme substitué en vertu de l'article 1994. Le défendeur répondit qu'il n'était pas substitué : l'article 1994 était donc inapplicable; le mandant n'aurait pu agir contre lui qu'en vertu de l'article 1166, mais cela supposait que l'agent de change de Lyon était encore débiteur; or, il ne l'était plus, puisqu'il s'était libéré par la voie de la compensation (1).

494. La loi ne parle pas des rapports entre le mandataire et le substitué; il était inutile d'en parler, puisqu'ils restent soumis au droit commun qui régit le mandat. En effet, le substitué est le mandataire de celui qui le charge de l'exécution du mandat principal; on applique, par conséquent, les règles du mandat. On applique également les principes du mandat aux rapports du mandataire avec les tiers. Le mandataire ne s'oblige pas envers les tiers, c'est le mandant qui contracte par son intermédiaire et qui devient, par suite, créancier ou débiteur. En cas de substitution, il y a deux mandants, le mandant principal et le mandataire qui devient sous-mandant par le mandat qu'il donne au substitué. Lequel de ces deux mandants est censé figurer dans les actes que le substitué fait avec les tiers? Cela dépend de la manière dont la substitution s'est faite. Si le mandataire, en se substituant un tiers, lui a donné connaissance du mandat principal qu'il le charge d'exécu-

---

(1) Lyon, 7 décembre 1859 (Dalloz, 1860, 2, 8). Comparez Pont, t. I, p. 528, nos 1025 et 1026.

ter, le substitué traitera avec les tiers au nom du mandant primitif; donc c'est ce mandant qui sera censé traiter avec les tiers et qui sera créancier ou débiteur. Il a été jugé, par application de ce principe, que si le mandataire chargé de vendre se substitue quelqu'un après avoir vendu, il n'a plus qualité pour recevoir le prix; de sorte que le payement que l'acheteur ferait entre ses mains ne le libérerait pas(1). Mais si le mandataire charge personnellement quelqu'un de faire ce dont il était chargé, c'est lui seul qui figurera comme mandant dans les conventions qui interviendront entre le sous-mandataire et les tiers; à vrai dire, dans ce cas, il n'y a pas de substitution (2).

§ II. *Du compte de gestion.*

N° 1. DE L'OBLIGATION DE RENDRE COMPTE.

495. Aux termes de l'article 1993, tout mandataire est tenu de rendre compte de sa gestion. C'est l'application du droit commun : tous ceux qui administrent les affaires d'autrui sont comptables de leur administration (3). Nous avons dit ailleurs que cette obligation incombe même au père, administrateur légal des biens de ses enfants. Quand la loi dit que le mandataire est tenu de rendre compte de sa gestion, elle entend un compte régulier, c'est-à-dire un état détaillé des recettes et des dépenses; il ne suffit pas que le mandataire déclare en bloc ce qu'il a reçu et ce qu'il a dépensé, ce serait là une affirmation, et non un compte; il faut qu'il donne le détail de ses recettes et de ses dépenses et qu'il justifie les unes et les autres. Nous dirons plus loin s'il y a des formes à observer et comment se fait la justification des divers éléments du compte.

496. On demande si le mandataire peut être dispensé de rendre compte. Posée dans ces termes, la question devrait être décidée négativement; le compte est de l'essence du mandat. Les parties sont sans doute libres de faire telles

(1) Rejet, 7 décembre 1857 (Dalloz, 1858, 1, 111).
(2) Pont, t. I, p. 531, n° 1029.
(3) Tarrible, Rapport, n° 11 (Locré, t. VII, p. 381).

conventions qu'elles jugent convenables, mais elles ne peuvent pas déroger à l'essence des conventions qu'elles contractent; de même qu'elles ne pourraient pas faire une vente sans objet ou sans prix, elles ne pourraient point faire un mandat sans obligations imposées au mandataire; or, il n'y a pas d'obligation de gérer quand il n'y a pas obligation de rendre compte de la gestion. Il y a encore un autre motif de le décider ainsi. Le compte est la base de l'action qui appartient au mandant contre le mandataire, pour inexécution du mandat ou pour fautes commises dans la gestion; dispenser le mandataire de rendre compte, c'est l'affranchir de toute responsabilité; c'est donc lui permettre de se rendre coupable impunément des fautes les plus graves, même de dol; une pareille convention serait nulle, comme contraire aux bonnes mœurs et à l'ordre public (1).

Toutefois la clause qui dispense le mandataire de rendre compte pourrait valoir si l'intention des parties était de faire, non un mandat, mais une libéralité sous forme de mandat. Un colon de Saint-Domingue, qui se trouvait momentanément en France, donna, au moment où il retournait à Saint-Domingue, un mandat à son père; l'acte portait que le mandataire aurait le droit de jouir de tous les bestiaux et meubles qui garnissaient un domaine appartenant au mandant, même de les vendre et de les aliéner, ainsi que les récoltes des immeubles, comme s'il était propriétaire desdits biens, sans être tenu de rendre aucun compte à qui que ce soit. Après la mort des parties contractantes, les héritiers du mandant demandèrent à l'héritière du mandataire un compte de la gestion de son auteur. Le premier juge ordonna la reddition du compte; en appel, la décision fut réformée. La cour de Bordeaux se fondait sur les termes précis de l'acte qui dispensait le mandataire de rendre compte de sa gestion. Pourvoi en cassation; il fut admis par la chambre des requêtes; et la décision aurait difficilement échappé à la cassation si la chambre civile n'avait trouvé dans les faits de la cause un autre moyen de

(1) Massé et Vergé sur Zachariæ, t. VI, p. 44, note 13. Bruxelles, 15 juillet 1817 (*Pasicrisie*, 1817, p. 458).

justifier l'arrêt attaqué. C'était un fils qui dispensait le père de rendre compte d'une gestion; or, le fils était riche et le père était pauvre; en le chargeant d'administrer ses biens sans devoir rendre des comptes, le fils voulait assurer à son père des moyens de subsistance, sans blesser sa délicatesse en lui payant une pension alimentaire. Le mandat était donc valide, non comme mandat, mais comme donation pour cause d'aliments; or, la jurisprudence admet les libéralités faites sous la forme d'un contrat à titre onéreux (1).

497. Il y a cependant des cas dans lesquels la jurisprudence a décidé que le mandataire n'était point tenu de rendre compte; mais les décisions sont fondées sur des motifs de fait qui les font rentrer dans le droit commun, sans qu'il y ait une dispense proprement dite de rendre compte. Un maître clerc est chargé par le notaire, son patron, de faire des recettes et des payements d'après les ordres et sous la surveillance de son patron. On a contesté que ce fût là un mandat. Il est certain qu'il intervient une convention entre le clerc et le notaire; en vertu de cette convention, le clerc fait les recettes pour son maître et en son nom : c'est bien là le mandat tel qu'il est défini par l'article 1984. On objecte que le clerc est un stagiaire qui s'initie à la pratique notariale sous la direction de son patron; tandis que le mandataire remplit librement un bon office (2). Cela est vrai pour les clercs stagiaires, mais cela n'est certes pas vrai pour les maîtres clercs qui dirigent l'étude et font les recettes et les payements au nom du patron. Aussi la cour de Douai, qui fait l'objection, ne sait-elle pas quel nom donner au clerc chargé des recettes; elle l'appelle l'*adjuvans*, l'*alter ego* du notaire; c'est se payer de mots, alors qu'il s'agit de qualifier la convention qui fait du premier clerc l'*alter ego* du notaire. La cour de Nancy a mieux jugé, à notre avis, que le premier clerc est le mandataire du notaire dans tous les actes où la présence

_____

(1) Rejet, 24 août 1831 (Dalloz, au mot *Compte*, n° 40). Troplong, n° 415. Pont, t. I, p. 511, n° 1003.
(2) Douai, 17 août 1871 (Dalloz, 1872, 2, 1874).

de l'officier public n'est pas une condition requise pour leur validité (1).

Si l'on admet que le maître-clerc qui fait des recettes n'est pas le mandataire de son patron, il va de soi qu'il n'est pas tenu de rendre compte. En faut-il conclure qu'il doit rendre compte si on le considère comme mandataire? La cour de Douai, tout en jugeant que le clerc n'est pas mandataire, dit qu'en supposant même qu'il le soit, le mandat serait d'une nature toute particulière. Le premier clerc, quoique dirigeant l'étude, reste stagiaire, en ce sens qu'il doit faire un stage pour pouvoir être nommé notaire; et, alors même que ce stage est achevé, il est obligé de rester dans l'étude, s'il veut avoir quelque chance d'être nommé. Il doit, en sa qualité de stagiaire, rendre au patron les services que celui-ci lui demande, services qui, d'ailleurs, sont rémunérés; mais quand il est chargé de faire des recettes, il est entendu qu'il en rend compte immédiatement à son patron, et que ce compte journalier le libère. Si l'on admettait que le clerc reste soumis à l'obligation de rendre compte pendant trente ans de toutes les recettes qu'il fait pendant un stage qui peut se prolonger pendant dix ans, quel serait le clerc qui oserait accepter une pareille position et une responsabilité aussi dangereuse? Il faut donc admettre que le clerc cesse d'être responsable dès qu'il a rendu le compte sommaire que, d'après les usages, il rend à son patron.

La question s'est présentée devant la cour de cassation, mais elle n'a pas reçu de solution en droit. La cour pose en principe, avec le texte du code, que tout mandataire est tenu de rendre compte de sa gestion; mais, pour que cette règle soit applicable, il faut, d'une part, qu'il y ait eu un mandat, et, d'une autre part, que le mandataire soit en possession des pièces relatives à l'exécution de son mandat et qui seraient nécessaires pour établir et justifier le compte. Or, en fait, l'arrêt attaqué reconnaissait que le clerc n'avait pas été mandataire de son patron, mais seulement clerc dans son étude; et qu'à ce titre il avait, par

(1) Nancy, 5 août 1871 (Dalloz, 1872, 2, 77).

les ordres et sous la surveillance du notaire, effectué des recettes et des payements qui ne pouvaient entraîner d'autre responsabilité que celle qui proviendrait d'erreurs ou de détournements prouvés. L'arrêt attaqué constatait, en outre, que le clerc était sorti depuis plus de neuf ans de l'étude où étaient demeurées toutes les pièces qui auraient pu expliquer les diverses opérations auxquelles il avait pris part; de sorte que le mandataire se trouvait, par le fait du mandant, dans l'impossibilité de rendre compte. *Dans ces circonstances*, dit la chambre des requêtes, la cour de Paris n'avait pas violé les principes relatifs au mandat (1). La cour ne décide pas la question de droit, mais elle reconnaît implicitement que les relations du clerc et de son patron ont un caractère spécial, à raison duquel l'obligation de rendre compte peut difficilement être remplie.

498. Dans une autre espèce, la cour de cassation a jugé qu'il fallait appliquer les règles du dépôt plutôt que celles du mandat. Le défendeur avait reçu de sa mère une quittance signée d'elle, en vertu de laquelle il avait touché ce qui revenait à celle-ci dans le remboursement de l'emprunt de 100 millions. Sur la demande en reddition de compte intentée par les héritiers, la cour d'appel décida que, la mère s'étant confiée à son fils en lui remettant la quittance, il était présumable que celui-ci avait répondu à la confiance que sa mère lui avait témoignée. C'était juger en équité plutôt qu'en droit. Pourvoi en cassation. Pour sauver la décision, la cour de cassation admit que le fils était dépositaire, et qu'il pouvait, par conséquent, invoquer l'article 1924, aux termes duquel le dépositaire en est cru sur sa déclaration pour le fait de la restitution du dépôt (2). Cela n'est guère admissible, le dépôt ne consiste pas à faire quelque chose pour le déposant; le fils, dans l'espèce, ne s'obligeait pas simplement à garder la quittance, il s'obligeait à toucher la somme qui y était portée et à la remettre à sa mère. C'est bien là un mandat.

499. On voit que la jurisprudence est très-embarrassée

(1) Rejet, 11 juin 1839 (Dalloz, au mot *Mandat*, n° 238, 2°).
(2) Rejet, 12 janvier 1830 (Dalloz, au mot *Mandat*, n° 248, 2°).

pour justifier la dispense tacite de rendre compte qui résulte de certains mandats, à raison des relations particulières qui existent entre le mandant et le mandataire. En réalité, ces décisions aboutissent à consacrer une exception à l'article 1993, exception fondée sur l'intention des parties contractantes; mais comme, en général, le mandant ne peut pas dispenser le mandataire de l'obligation de rendre compte, il est très-difficile de formuler l'exception; d'après la rigueur des principes, le législateur aurait dû le faire.

500. L'article 1993 dit : « *Tout* mandataire est tenu de rendre compte de sa gestion. » Cela est vrai quand il y a un véritable mandat. Nous venons de dire que la jurisprudence admet que, dans certains cas, le mandat, dans l'intention des parties, n'impose pas au mandataire l'obligation de rendre compte. S'il en est ainsi du clerc de notaire, il en doit être de même du commis à l'égard de son patron. Et si le fils n'est pas tenu de rendre compte à sa mère, ne faut-il pas dire qu'il y a même raison pour dispenser la femme d'un compte régulier quand elle est mandataire de son mari (1)? Cependant, sur ce dernier point, il y a un arrêt en sens contraire. Une femme touche une somme de 20,000 francs en vertu de la procuration de son mari. Après le décès du père, le fils demanda compte de cette somme à sa mère. Celle-ci prétendit l'avoir remise à l'homme d'affaires de son mari, sans en avoir retiré quittance; elle alléguait, en outre, que les 20,000 francs avaient servi à payer plusieurs dettes et à faire face aux dépenses d'embellissement d'un château. Le premier juge accueille la demande du fils contre sa mère, en reddition de compte; le fait du mandat et de son exécution était constant; la femme mandataire ne produisant pas quittance de la somme touchée par elle, il y avait *présomption légale* qu'elle l'avait retenue et utilisée à son profit; d'où l'obligation de la restituer, conséquence de ce *fait présumé*. L'arrêt est très-mal motivé. C'est une de ces nombreuses décisions qui admettent une présomption légale sans loi, ce qui est une

(1) Voyez, en ce sens, Orléans, 5 janvier 1859 (Dalloz, 1859, 2, 17), et Besançon, 18 novembre 1862 (Dalloz, 1862, 2, 212).

violation manifeste de l'article 1350 : où est la loi *spéciale* qui établit la *présomption légale* invoquée par la cour d'Agen? Pourquoi la cour ne s'est-elle pas bornée à dire que la femme, ayant reçu un mandat, était par cela même comptable de la somme qu'elle avait touchée en vertu de cette procuration? C'est peut-être parce qu'il répugne aux magistrats de déclarer la femme comptable de son mari, de même qu'il leur répugne de traiter comme mandataires le fils à l'égard de sa mère, le commis ou le clerc à l'égard de son patron. Mais le droit n'admet pas ces accommodements. La mère se pourvut en cassation. On soutint pour elle ce que l'on a soutenu pour les clercs de notaire, que la femme n'est pas un mandataire ordinaire. Quand elle s'ingère dans l'administration des biens de son mari, sur la demande de celui-ci, on doit lui appliquer la même présomption de libération que l'on applique au commis à l'égard de son maître; si la femme touche une somme pour son mari, celui-ci est censé en avoir profité, à moins de preuve contraire. Ainsi, à une *présomption légale* sans loi que l'arrêt attaqué avait imaginée contre la femme, le pourvoi opposait une *présomption légale,* également imaginaire, en faveur de la femme. Que fit la cour de cassation? Elle n'entra pas dans le débat, et se borna à rejeter le pourvoi en se fondant sur ce que la cour d'appel avait le droit d'apprécier souverainement les faits, les circonstances et les actes qui servaient de base à sa décision (1). Est-ce à dire que les tribunaux ont le pouvoir discrétionnaire de décider si le mandataire doit ou non rendre compte? Ce serait une violation de l'article 1993. Il y a donc une question de droit que la cour de cassation devrait résoudre, au lieu d'éluder la décision par des arrêts de rejet.

501. Si la femme, mandataire du mari, lui dòit compte de sa gestion, il en doit être de même du mari quand il est mandataire de la femme. La loi déroge cependant à ce principe quand la femme est mariée sous un régime qui lui donne la libre administration de ses biens en tout ou en partie. C'est elle qui, dans ce cas, devrait administrer. En

(1) Rejet, 18 décembre 1834 (Dalloz, au mot *Compte,* nº 25).

fait, il arrive d'ordinaire que le mari administre et perçoit les revenus. C'est un mandat tacite de faire pour la femme et en son nom ce qu'elle devrait faire. Le mari doit-il rendre compte de sa gestion? Les articles 1539 et 1578 décident que le mari n'est pas comptable des fruits consommés. Nous renvoyons à ce qui a été dit, sur ces dispositions, au titre du *Contrat de mariage*. Voilà l'exemple d'un mandat qui, en vertu de la loi, n'impose pas au mandataire l'obligation de rendre compte. Le législateur aurait dû résoudre de même les difficultés analogues qui se présentent en cette matière. S'il ne l'a pas fait, c'est que la loi ne décide que les difficultés usuelles; et la question ne se présente guère que dans les cas que la loi a prévus.

N° 2. QU'EST-CE QUE LE MANDATAIRE DOIT PORTER EN COMPTE?

502. L'article 1993 porte que « le mandataire doit faire raison au mandant de tout ce qu'il a reçu en vertu de sa procuration, quand même ce qu'il aurait reçu n'eût point été dû au mandant. » C'est l'application du principe de représentation qui domine dans le mandat (n° 333, 334). Ce que le mandataire reçoit, il le reçoit, non pour lui et en son nom, mais pour le mandant et au nom de celui-ci; il n'est que l'intermédiaire par les mains duquel les fonds passent pour être remis au mandant. Peu importe, par conséquent, que ce qu'il reçoit soit dû au mandant ou ne lui soit pas dû; la chose est payée au mandant, donc elle doit lui être remise; n'y a-t-il pas droit, celui qui a payé indûment aura une action en répétition, non contre le mandataire, mais contre le mandant. Il suit de là que le mandataire n'a pas à s'inquiéter du droit que le mandant a à la chose qu'il reçoit pour lui; le droit est réglé entre le mandant et le tiers; le mandataire n'a qu'une obligation, celle de recevoir et de transmettre ce qu'il a reçu.

Quand le mandataire ne remet pas au mandant ce qu'il a reçu pour lui et en son nom, il y a erreur ou mauvaise foi. En tout cas, le mandant a action contre lui. Le mandataire est chargé de vendre un collier de perles appartenant à la mandante; lui-même avait offert ses bons offices.

Un prix fut assigné pour la vente; ce qui ne voulait pas dire que l'obligation du mandataire se réduisait à tenir compte de la somme portée au contrat; le mandataire ne peut jamais rien retenir de ce qu'il reçoit comme tel, sauf à réclamer son salaire, s'il en a stipulé un. Dans l'espèce, la cour de Paris constata que la mauvaise foi du mandataire était évidente; elle résultait de ses déclarations et de ses aveux, elle était prouvée par ses propres registres. Au lieu de vendre le collier dans l'état où il lui avait été confié, il en disposa comme de sa propre chose; il le dénatura, il en vendit une portion à un tiers et s'appropria le surplus pour l'employer dans son commerce. Traduit en justice, il se refusa obstinément à éclairer le tribunal sur le bénéfice réel qu'il avait retiré du collier. Il ne resta aux juges qu'à arbitrer la valeur du collier; ils la fixèrent à 4,800 francs, et condamnèrent le mandataire infidèle à payer cette somme à la mandante, le juge étant expert de droit (1).

503. Pothier dit que le mandataire doit porter en recette non-seulement les sommes et les choses qui lui sont effectivement parvenues, mais aussi celles qui lui devaient parvenir et qui, par sa faute, ne lui sont pas parvenues (2). Ce principe est une conséquence du mandat. Le mandataire est chargé de recouvrer une somme ou une chose appartenant au mandant; il doit donc compte de ce qu'il a dû recevoir, non pas qu'il soit nécessairement obligé de payer ce qu'il était chargé de recevoir: il faut voir s'il n'a pas reçu par sa faute ou par une cause qui ne lui est pas imputable. Si c'est par sa faute, la somme ou la chose doit figurer dans le chapitre des recettes, quoique le mandataire n'ait rien reçu; mais, s'il n'y a aucune faute à lui reprocher, il fera, comme le dit le code de procédure (art. 533), un chapitre particulier des objets à recouvrer et dont il n'a pas pu faire le recouvrement.

504. Nous empruntons quelques applications à la jurisprudence. Un percepteur de contributions, autorisé par l'administration, à raison d'une blessure qu'il avait reçue

_____
(1) Paris, 25 septembre 1812 (Dalloz, au mot *Commissionnaire,* n° 236).
(2) Pothier, *Du mandat,* n° 51.

à la main, chargea un commis de gérer son emploi moyennant une somme annuelle de 900 francs. Le commis était donc mandataire et comptable de la totalité de ce qui devait être perçu des contribuables, conformément aux rôles. D'après le principe de Pothier, il était tenu de faire figurer dans son compte toutes les sommes à recouvrer, sauf à prouver qu'il n'avait pu recouvrer telles sommes portées au chapitre des sommes qui restaient à recouvrer. Le mandataire objecta que c'était au mandant à prouver que les sommes qu'il réclamait de son mandataire avaient été touchées par ce dernier. Cette prétention a été repoussée par le premier juge et, sur pourvoi, par la cour de cassation; elle est en opposition avec le principe que le mandataire doit compte non-seulement de ce qu'il a reçu, mais aussi de ce qu'il devait recevoir. C'est donc au mandataire à établir la réalité des non-valeurs (1).

Ce n'est pas à dire que le mandataire doive payer les non-valeurs; autre chose est l'obligation de les porter en compte, autre chose est l'obligation de les payer. Voilà pourquoi le code de procédure veut que le comptable fasse un chapitre particulier des sommes à recouvrer, sauf au mandant à prouver qu'elles n'ont pas été recouvrées par la faute du mandataire. Un frère prétend mettre à charge de son frère, son mandataire, une créance non recouvrée, et il se trouvait que ladite créance était éteinte par la prestation de serment que le mandant avait déférée à la débitrice. Il paraissait, il est vrai, que le serment n'était point l'expression de la vérité, mais cela n'empêche pas que le débiteur qui l'a prêté soit libéré définitivement (2).

Dans un procès, dont nous avons déjà fait mention, entre le marquis de Damas et le régisseur de la terre et des usines de Ciny, celui-ci prétendait que la cour de Dijon avait mis à sa charge diverses recettes qu'il n'avait point faites, et lui avait ainsi fait supporter l'insolvabilité des débiteurs. Il s'agissait notamment d'une somme de 24,154 fr., prix de diverses ventes de bois faites par le mandataire,

_____

(1) Rejet, chambre civile (Dalloz, 1854, 1, 113).
(2) Agen, 8 juillet 1811 (Dalloz, au mot *Mandat*, n° 255).

dont il n'avait fait aucune mention dans ses comptes, et d'une somme de 33,059 francs, montant d'autres ventes qu'il avait inscrites à leur date, mais qu'il prétendait n'avoir pas été soldées. La cour de cassation répond qu'il était constaté, en fait, par l'arrêt attaqué que lesdites ventes avaient réellement eu lieu et que le régisseur ne justifiait pas de n'en avoir pas touché le prix; qu'il n'établissait pas non plus avoir fait les diligences nécessaires pour en opérer le recouvrement; qu'il devait d'ailleurs répondre de la faute d'avoir vendu à des insolvables. La conséquence est que le mandataire devait payer lesdites sommes; sa négligence et sa faute ne devaient pas être prouvées par le mandant, elles résultaient de l'inexécution des obligations que le mandat impose au mandataire, en ce qui concerne le compte qu'il est tenu de rendre (1).

Nº 3. QUAND LE MANDATAIRE DOIT LES INTÉRÊTS.

505. L'article 1996 porte : « Le mandataire doit l'intérêt des sommes qu'il a employées à son usage, à dater de cet emploi; et de celles dont il est reliquataire, à compter du jour qu'il est mis en demeure. » Les deux cas dans lesquels le mandataire doit les intérêts des sommes dont il est débiteur en vertu de son compte sont régis par des principes différents. Nous allons les exposer séparément.

I. *Des sommes que le mandataire a employées à son usage.*

506. Le mandataire qui emploie à son usage les sommes qu'il reçoit pour le mandant manque au devoir de fidélité que le mandat lui impose; il ne peut retirer aucun profit du mandat, sauf le salaire si le mandat est salarié. Les sommes qu'il touche doivent être remises au mandant ou employées, s'il y a lieu, dans les affaires dont le mandataire est chargé. S'il les emploie à son usage, il s'enrichit, non-seulement sans cause, mais en violant ses devoirs, aux dépens du mandant. Voilà pourquoi la loi l'oblige à

(1) Cassation, 25 novembre 1873 (Dalloz, 1874, 1, 66).

payer les intérêts de plein droit, sans demande judiciaire et sans sommation aucune. Ce ne sont pas des intérêts moratoires, ce sont des intérêts compensatoires; on peut dire que c'est une peine civile dont la loi frappe le mandataire infidèle. Il peut de plus y avoir lieu à une peine criminelle pour abus de confiance. Il a été jugé, sous l'empire du code pénal de 1810 (art. 408), que le mandataire qui, après avoir touché des sommes et valeurs au nom de ses mandants, oppose à la demande en reddition de compte des obstacles supposés et des prétextes mensongers, commet un véritable abus de confiance (1).

507. L'article 1996 est applicable à tout mandataire; c'est une conséquence du principe sur lequel repose le mandat, la confiance du mandant et la fidélité du mandataire. La jurisprudence a appliqué la loi aux notaires et aux syndics d'une faillite (2). Nous citerons une application plus récente. Après le décès d'un abbé, premier vicaire de Saint-Thomas d'Aquin, on trouva, dans une armoire de la sacristie affectée à son usage, un écrit portant que le signataire se reconnaissait débiteur envers ledit vicaire d'une somme de 24,000 francs, productive d'intérêts à 5 pour 100 par an. Au bas de cette reconnaissance, l'abbé déclarait que ladite somme ne lui appartenait pas, qu'elle lui avait été confiée pour être employée à l'acquisition d'un presbytère, ou à l'agrandissement de l'église. C'était donc une offrande faite à l'église de Saint-Thomas d'Aquin, et qui, par conséquent, appartenait à la fabrique, seule capable de la recevoir. La fabrique réclama la somme et les intérêts, qui lui furent adjugés par la cour de Paris. L'offrande faite pour l'église à un vicaire aurait dû être remise au trésorier de la fabrique par celui qui l'avait reçue; il n'était pas autorisé à en faire le placement en son nom, quand même son intention eût été de faire profiter la fabrique de ce placement, il n'était qu'un intermédiaire entre le donateur et la fabrique; en ce sens il était un mandataire, et, par consé-

---

(1) Rejet, chambre criminelle, 3 juin 1841 (Dalloz, au mot *Abus de confiance*, n° 76).

(2) Voyez les arrêts cités par Pont, t. I, p. 540, n° 1041. Il faut ajouter Liége, 6 janvier 1853 (*Pasicrisie*, 1853, 2, 171).

quent, on devait lui appliquer l'article 1996. On ne voit pas par l'arrêt ce que le vicaire avait fait des intérêts ; les eût-il employés à des œuvres de charité, toujours est-il qu'il avait perçu des intérêts auxquels il n'avait aucun droit ; légalement parlant, il avait employé à son profit une somme dont la fabrique pouvait seule disposer. Les héritiers de l'abbé opposèrent diverses fins de non-recevoir ; nous ne dirons un mot que de celle qui touche à la question du mandat. On prétendait que, la somme ayant été remise au vicaire, celui-ci avait le droit d'en surveiller l'emploi ; la cour répond que le vicaire n'avait d'autre qualité pour recevoir un don fait à l'Eglise que celle d'un préposé naturel, et en quelque sorte forcé pour la réception des offrandes ; or, un préposé, ou mandataire, n'a aucun droit sur la chose, il n'a que des obligations ; il doit la remettre à l'autorité chargée par la loi de gérer les intérêts de l'Eglise, et s'il ne le fait pas, il est soumis aux prescriptions de la loi civile (1).

508. L'article 1996 porte que le mandataire doit l'intérêt des sommes qu'il a *employées* à son usage à dater de cet *emploi*. Il ne suffit donc pas que le mandataire ait reçu des sommes dont il n'a fait aucun emploi. Ce n'est pas le fait de *recevoir* des deniers qui le constitue débiteur des intérêts, c'est le fait de les *employer* à son usage (2). S'il recevait des sommes qu'en bon administrateur il aurait dû placer, et qu'il les laisse inactives, il pourra être tenu des dommages-intérêts pour mauvaise gestion ; ce cas est tout différent de celui que l'article 1996 prévoit. Le mandataire qui emploie des deniers à son usage doit les intérêts de plein droit comme mandataire infidèle. Celui qui laisse dormir des capitaux, au lieu de les employer, est un mandataire négligent ; il pourra être condamné, de ce chef, à des dommages-intérêts, mais il faudra une demande judiciaire. Dans le premier cas, le mandataire doit les intérêts à partir de l'emploi ; dans le second, à partir de la sentence du juge. Les preuves aussi diffèrent. Le mandant qui réclame

---

(1) Paris, 16 décembre 1864 (Dalloz, 1865, 2, 191).
(2) Bruxelles, 16 avril 1874 (*Pasicrisie*, 1875, 2, 206).

les intérêts en vertu de l'article 1996 doit prouver que le mandataire a employé les capitaux à son usage, tandis qu'il doit prouver une faute s'il réclame des dommages-intérêts.

509. La preuve soulève quelques difficultés. C'est au mandant à la faire; mais que doit-il prouver? D'après le texte de la loi, il faut répondre qu'il doit prouver l'emploi. Cela ne veut pas dire que le mandant soit tenu de prouver que le mandataire a fait tel emploi déterminé de la somme, il suffit qu'il soit prouvé que les deniers ont tourné à son profit (1). Une dame, habitant Paris, possédait une plantation de cannes à sucre à la Martinique. Les gérants envoyaient chaque année les produits à des négociants français, chargés de les vendre et d'en verser le prix entre les mains du propriétaire. En 1827, trente-sept barriques de sucre furent adressées à une maison de Nantes; la maison omit, par oubli, paraît-il, de rendre compte de la vente; ce fut seulement en 1840 que le liquidateur de la maison, après la mort du chef, offrit à la dame le remboursement du capital. La dame exigea de plus les intérêts à partir du jour où son mandataire avait touché le prix des sucres, par le motif qu'il devait être présumé l'avoir employé à son profit personnel à partir de la réception, puisqu'il n'en avait pas rendu compte. Cette demande, accueillie par le tribunal de commerce, fut rejetée en partie par la cour de Rennes, qui n'alloua à la demanderesse que cinq années d'intérêts par application de l'article 2277, qui soumet les intérêts à une prescription spéciale de cinq ans. Nous laissons de côté cette difficulté, sauf à y revenir au titre qui est le siége de la matière. La cour constate, du reste, l'obligation du mandataire; il avait reçu ordre de faire passer à la dame propriétaire le montant de ses sucres, en bon papier sur Paris, dès que la vente aurait été effectuée; il n'accomplit pas cette partie de son mandat, il n'avertit pas même la dame de la vente; c'était oubli, dit la cour; mais, par cela même que c'était oubli, il était prouvé que le mandataire avait disposé des fonds comme des siens propres,

---

(1) Gand, 29 juillet 1875 (*Pasicrisie*, 1875, 2, 368).

et les avaient employés dans les affaires de son commerce. Cela suffisait pour qu'il fût tenu des intérêts, aux termes de l'article 1996. Restait à fixer la date de l'emploi; elle devait être, dit l'arrêt, plus ou moins rapprochée de celle du payement des sucres. Pour mieux dire, c'était là l'époque de l'emploi, puisque, au lieu d'envoyer le prix de vente au propriétaire, le mandataire l'avait confondu avec ses deniers; ce qui signifie les employer, et même, dans l'espèce, se les approprier, quoique de bonne foi. Pourvoi en cassation de la dame propriétaire. L'obligation de payer les intérêts n'était plus contestée, il s'agissait de savoir si l'intérêt était de 5 ou de 6 pour 100 et si la prescription de cinq ans était applicable à l'espèce. C'est sur ces deux points que l'arrêt a été cassé (1).

Ainsi, en principe, il est incontestable que le mandant doit prouver que le mandataire a employé les deniers à son profit, et il doit prouver l'époque de cet emploi. Mais c'est aller trop loin que de dire, comme le fait la cour de Douai, que le demandeur doit prouver catégoriquement le moment précis où le mandataire a fait l'emploi (2). La preuve précise est le plus souvent impossible, quoique l'emploi soit constant; le juge doit donc, quant à l'époque de l'emploi, se contenter de présomptions. Les présomptions sont admissibles en cette matière, puisque le mandant, étranger à l'emploi, n'a pas pu s'en procurer une preuve littérale (3). La difficulté s'est présentée dans une affaire que nous avons déjà rencontrée. Un frère confie à son frère la gestion de sa maison de commerce pendant une longue absence. Le mandataire infidèle, de complicité avec son fils, associé à la gestion, fait des détournements qui s'élèvent à une somme de plus de 77,000 francs. L'*emploi* était prouvé par cela seul que le détournement était établi. Mais comment prouver le moment précis où les détournements avaient eu lieu, alors que la gestion avait duré dix ans? La cour de Paris prit pour point de départ le jour où les mandataires avaient cessé leur gestion. C'était un moment fictif; le mandant ne

(1) Cassation, 7 mai 1845 (Dalloz, 1845, 1, 305).
(2) Douai, 6 janvier 1849 (Dalloz, 1849, 2, 96).
(3) Bruxelles, 26 avril 1847 (*Pasicrisie*, 1850, 2, 82).

s'en plaignit pas, mais les mandataires infidèles s'en pré-
valurent pour obtenir la cassation de l'arrêt. La chambre
des requêtes rejeta le pourvoi, en faisant la remarque très-
juste qu'en prenant pour point de départ le jour où la gestion avait cessé, l'arrêt attaqué avait fait grief, non aux
mandataires, mais au mandant (1). Dans l'espèce, il eût
fallu constater, année par année, à quelle somme s'élevait
le déficit et, par suite, le détournement. Il faut croire que
cette preuve n'était pas possible, puisque la cour s'est arrêtée
à une date fictive qui profitait à des mandataires coupables.

510. Le mandant peut-il réclamer, outre les intérêts,
des dommages-intérêts pour le préjudice qu'il éprouve par
l'emploi illégitime que le mandataire a fait des sommes par
lui reçues? Il y a un léger doute. D'après l'article 1153,
les dommages-intérêts résultant du retard dans l'exécution
d'une obligation qui se borne au payement d'une certaine
somme ne consistent jamais que dans la condamnation aux
intérêts fixés par la-loi. Or, dit-on, dans l'espèce, il s'agit
d'une somme d'argent que le mandataire a employée à son
profit, au lieu de la remettre au mandant. L'argumentation
n'est pas sérieuse. Il s'agit de l'inexécution d'une obligation
contractée par le mandataire; or, l'obligation du mandataire consiste essentiellement à faire, elle ne se borne pas
au payement d'une somme d'argent; et alors même qu'il
reçoit des deniers, et qu'il les emploie à son profit, on ne
lui reproche pas d'être en retard, on lui impute de violer
son devoir de mandataire; il ne s'agit donc pas d'intérêts
moratoires, il s'agit d'intérêts compensatoires; pour mieux
dire, d'intérêts que le législateur met à charge du mandataire pour lui faire restituer le profit illicite qu'il a perçu,
sans prendre en considération le dommage que le mandant
peut avoir éprouvé. Ce dommage et le droit qui en résulte
pour le mandant sont régis par le droit commun, et donnent, par conséquent, au mandant une action en dommages-
intérêts. La cour de cassation l'a jugé ainsi (2), et la doctrine est d'accord (3).

---

(1) Rejet, 3 mai 1865 (Dalloz. 1865, 1, 379).
(2) Rejet, chambre criminelle, 18 septembre 1862 (Dalloz, 1863, 5, 124).
(3) Pont, t. I, p. 541, n° 1045, et les auteurs qu'il cite.

II. *Intérêts du reliquat.*

511. Quand le compte est rendu et que le mandataire est constitué reliquataire, son obligation se résume en une dette d'argent : il y aurait donc lieu d'appliquer l'article 1153, aux termes duquel les intérêts ne sont dus que du jour de la demande judiciaire, excepté dans les cas où la loi les fait courir de plein droit. D'après cela, le mandant aurait dû demander le reliquat en justice pour obtenir les intérêts. L'article 1996 déroge à cette règle en disposant que le mandataire doit les intérêts du reliquat à partir du jour qu'il est *mis en demeure.* Or, le débiteur est mis en demeure par un acte extrajudiciaire, une sommation ou autre acte équivalent, dit l'article 1139. Quel est le motif de cette dérogation? Les auteurs du code ne l'ont pas dit. C'est le retour au droit commun; les dommages-intérêts sont dus en vertu de la demeure, c'est-à-dire d'un simple acte extrajudiciaire; or, les intérêts tiennent lieu de dommages-intérêts, ils devraient donc courir en vertu d'une sommation; l'article 1153 déroge à la règle de l'article 1139, et l'article 1996 y revient; nous avons dit, au titre des *Obligations,* qu'il n'y avait pas de bonne raison pour s'écarter du droit commun, en ce qui concerne les intérêts; et, une fois la dérogation admise comme règle pour les intérêts, il n'y avait pas de bonne raison pour revenir au droit commun, dans le cas de l'article 1996, pas plus dans les autres cas où la loi fait courir les intérêts en vertu d'une sommation. Ce sont des anomalies.

512. Comment le mandataire est-il constitué en demeure? L'article 1139 répond : par une sommation ou par autre acte équivalent. On entend par là un acte extrajudiciaire, même sous seing privé, qui constate la demeure du débiteur. Tel serait un écrit par lequel le mandataire reconnaîtrait qu'il est en demeure de payer le reliquat. Sur ce point, il n'y a aucun doute, puisque c'est le droit commun. Il a été jugé qu'en matière commerciale la reconnaissance de la dette et de la demeure par voie de correspondance suffisait pour constituer le débiteur en de-

meure (1). La décision est conforme aux principes; il est
vrai que les lettres ne sont pas des actes, et l'article 1139
exige un *acte*, équivalent à une sommation; mais en
matière de commerce, la correspondance est une preuve
légale, donc un acte, partant, l'article 1996 est applicable.

Le débiteur est encore mis en demeure par une convention, sous les conditions déterminées par l'article 1139.
Cela arrive rarement en matière de mandat, toutefois rien
n'empêche les parties de stipuler que le mandataire devra
les intérêts, sans qu'il soit besoin d'acte, par la seule
échéance du terme convenu pour le payement d'un reliquat. C'est le droit commun, et il est applicable, par cela
seul que la loi n'y déroge point.

513. L'article 1996 suppose que le compte est rendu
et que le mandataire est constitué reliquataire. Tant que
le reliquat n'est pas fixé, la mise en demeure par voie de
sommation, de reconnaissance ou de convention est impossible, car il faut que l'on sache ce que le mandataire
doit pour qu'on puisse le sommer de payer sa dette, et il
ne peut pas y avoir de reconnaissance d'une dette tant que
le chiffre de la dette n'est pas arrêté. Faut-il conclure de
là que le mandant doit nécessairement attendre que le
compte soit rendu et que le reliquat soit déterminé, pour
avoir droit aux intérêts? Le mandant ne peut-il pas recourir à la voie ordinaire que le code indique pour obtenir les
intérêts, c'est-à-dire à une demande judiciaire? En principe, l'affirmative ne nous paraît pas douteuse. L'article 1996 déroge au droit commun, en ce sens qu'il donne
au mandant un moyen facile d'obtenir les intérêts, sans
recourir à une demande judiciaire; c'est une sommation
ou une simple reconnaissance du débiteur; mais si le mandataire ne rend pas son compte, et s'il est cependant certain que le mandataire devra un reliquat, pourquoi le mandant ne pourrait-il pas agir en justice et demander les
intérêts du reliquat que le mandataire sera condamné à

_____

(1) Rejet, 15 mars 1821 (Dalloz, au mot *Mandat*, n° 330). Comparez
Bruxelles, 16 avril 1874 (*Pasicrisie*, 1875, 2, 206).

payer? Le texte ni l'esprit de la loi n'y font obstacle. L'article 1996 déroge au droit commun, en ce sens que le mandant n'a pas besoin de recourir aux tribunaux pour obtenir les intérêts, qu'une simple sommation suffit; mais il ne déroge pas au droit commun en ce sens que le mandant ne puisse réclamer les intérêts en justice. Il ne prévoit pas le cas d'une action judiciaire, donc il n'entend pas interdire cette voie. La loi ne dit pas que le mandataire ne doit les intérêts qu'en vertu d'une sommation, il dit qu'une sommation suffit. L'esprit de la loi ne laisse aucun doute, nous semble-t-il. En permettant au mandant d'obtenir les intérêts par une simple mise en demeure, la loi veut lui accorder une faveur, par dérogation au droit commun, mais elle n'entend certes pas que cette faveur empêche le mandataire d'user du droit commun; il y aurait contradiction à favoriser le mandataire en établissant une exception à son profit, et à lui interdire l'exercice d'un droit qui appartient à tout créancier. Le principe nous paraît certain, mais l'application n'est pas sans difficulté.

514. Un arrêt récent de la cour de cassation a appliqué ces principes dans l'affaire du marquis de Damas. Le demandeur réclamait le payement d'une somme totale de 1,624,319 francs pour restitution et dommages-intérêts, à raison des erreurs ou omissions relevées dans les comptes du mandataire. D'après le droit commun, tel qu'il est consacré par la jurisprudence, il faut demander les intérêts pour que le tribunal les alloue; dans notre opinion, la demande judiciaire suffit. Nous renvoyons, sur ce point, à ce qui a été dit au titre des *Obligations* (t. XVI, n° 320). Cette difficulté n'a pas été soulevée dans l'espèce; le pourvoi soutenait que l'arrêt attaqué, en accordant les intérêts à partir du jour de l'exploit, avait violé l'article 1996, puisqu'il n'y avait pas de mise en demeure, comme le veut cette disposition. Il s'agissait donc uniquement de savoir si la demande telle qu'elle était formulée constituait une mise en demeure. L'affirmative n'était guère douteuse : en effet, la demande avait pour objet la somme à laquelle le mandant évaluait le reliquat, en se fondant sur les erreurs ou omissions du compte présenté par le régisseur; l'action impliquait donc une demande judiciaire du reliquat; or, une demande judiciaire équivaut certes à une sommation. Il est vrai qu'à la suite des contestations du mandataire, il fut procédé à un compte en justice, et les débats aboutirent à une réduction notable des prétentions du demandeur, mais, dit la cour de cassation, le reliquat n'en est pas moins l'apurement de la demande originaire avec laquelle il se confond. Cela est très-juste; car réduire le chiffre d'une demande, ce n'est pas en altérer la nature ni le caractère; la demande restait donc une réclamation du reliquat; or, la demande judiciaire du reliquat est une mise en demeure du mandataire; partant, l'article 1996 était applicable (1). En s'en tenant à la lettre de l'article 1996, on aurait pu objecter que le texte suppose que le reliquat est arrêté et qu'il s'agit seulement d'en demander le payement. L'objection n'a pas été faite par le pourvoi, nous y avons répondu d'avance; elle serait décisive si le mandant avait procédé par acte extrajudiciaire, il n'aurait pu sommer le mandataire de payer le reliquat d'un compte que lui seul avait arrêté et que le mandataire contestait. Mais ce qu'on ne peut faire par sommation, rien n'empêche de le faire par action judiciaire, car dans ce cas le mandant demande que le juge reconnaisse l'exactitude de sa réclamation et y fasse droit; le juge peut donc, tout en faisant droit à la demande, la réduire; il n'en sera pas moins constant que le mandataire était reliquataire de la somme que le juge détermine, et comme tout jugement rétroagit, il est juste que le mandataire paye les intérêts à partir de la demande.

515. Une simple demande en reddition de compte suffit-elle pour faire courir les intérêts? La cour de cassation a jugé que les intérêts ne couraient pas en vertu de l'article 1996, comme le pourvoi le soutenait, ce qui est évident, puisque cet article suppose que le compte est rendu, le reliquat apuré et qu'il s'agit uniquement d'en réclamer le payement par acte extrajudiciaire; la cour aurait donc pu se borner à dire que l'on ne peut pas appliquer une dispo-

_____

(1) Cassation, 25 novembre 1873 (Dalloz, 1874, 1, 66).

sition, qui suppose que le compte est rendu, à une espèce où il s'agit d'une demande en reddition de compte. La cour dit que l'on ne peut considérer comme une mise en demeure une simple demande de reddition de compte, que, par suite, le reliquat ne pouvait porter intérêt que du jour où il aurait été arrêté définitivement par le jugement qui statue sur les débats du compte. Ces termes ne doivent pas être pris dans le sens absolu qu'ils paraissent présenter, car, ainsi entendus, ils seraient en opposition avec l'arrêt de la cour de cassation que nous venons de rapporter (n° 514), et avec les principes (n° 513); aussi la cour a-t-elle soin d'ajouter que, *dans ces circonstances*, l'arrêt attaqué a fait une juste application de la loi (1).

Mais on peut demander si l'action judiciaire en reddition de compte suffit d'après le droit commun, et abstraction faite de l'article 1996, pour faire courir les intérêts. La négative nous paraît certaine. Qu'est-ce que le mandant demande? Que le mandataire rende compte de sa gestion. A quoi le juge condamne-t-il le mandataire? A rendre compte. Le tribunal ne peut pas condamner le défendeur à payer les intérêts du reliquat, puisque le demandeur n'a pas conclu au payement d'une somme ni aux intérêts de cette somme. Donc il faut d'abord que le mandataire rende compte, comme le mandant l'a demandé; puis, quand le compte sera rendu et le reliquat fixé, le mandant pourra faire courir les intérêts par une mise en demeure (2).

516. Une dernière difficulté s'est présentée et a été décidée par la cour de cassation dans le sens des principes que nous avons établis (n° 513). Le mandant fait une saisie-arrêt entre les mains d'un débiteur du mandataire pour la somme à laquelle il évalue le montant du reliquat; puis il assigne le mandataire en payement de cette somme et des intérêts. Le premier juge lui alloua les intérêts à partir de la demande. Pourvoi en cassation du mandataire pour violation de l'article 1996. Le demandeur prétend que cet article exige deux conditions pour soumettre le

---

(1) Rejet, 20 avril 1863 (Dalloz, 1864, 1, 40). Comparez Aubry et Rau, t. IV, p. 644, note 8, § 413.
(2) Comparez Douai, 6 janvier 1849 (Dalloz, 1849, 2, 96).

mandataire au payement des intérêts d'un reliquat : d'abord
la constatation préalable d'un reliquat, et en second lieu le
retard de le payer constaté par une mise en demeure.
Tant que le compte n'est pas arrêté, disait le pourvoi, une
demande judiciaire ne suffit pas pour faire courir les intérêts, quand même le demandeur fixerait un reliquat présumé. Cette interprétation s'attachait à la lettre de l'article 1996; il en résulterait que le mandataire doit toujours
commencer par faire régler le compte et fixer le reliquat,
et que c'est seulement après ce règlement qu'il peut faire
courir les intérêts par une mise en demeure. C'est l'interprétation que nous avons combattue (n° 513); la cour de
cassation l'a rejetée, en décidant que les parties ne se trouvaient pas dans les termes de l'article 1996, puisque cette
disposition suppose que les parties procèdent par voie de
reddition de compte, conformément au code de procédure;
il serait plus exact de dire que l'article 1996 suppose qu'un
compte a été rendu, peu importe que ce soit en justice ou
non, et que ce compte a constitué le mandataire débiteur
d'un reliquat. C'est en ce sens que le rapporteur du Tribunat explique l'article 1996, et c'est certainement l'explication la plus simple (1). La cour de cassation, après avoir
écarté l'article 1996, ajoute que les parties se trouvent
dans le cas de l'article 1153, qui établit la règle générale
sur le point de départ des intérêts. D'après cet article, les
intérêts courent à partir de la demande en justice; le mandant peut se prévaloir de la règle comme tout créancier;
or, dans l'espèce, le mandant avait agi en justice contre le
mandataire à fin de payement et de validité de saisie; donc
les intérêts devaient courir en sa faveur. L'arrêt attaqué
avait admis un autre point de départ, celui de la saisie-
arrêt; c'était violer l'article 1153 et faire une fausse application de l'article 1996. De ce chef l'arrêt a été cassé (2).

N° 4. DE L'ACTION EN REDDITION DE COMPTE.

517. Le mandataire doit rendre compte au mandant,
c'est-à-dire à celui de qui il tient son mandat, et à ses hé-

---

(1) Tarrible, Rapport, n° 15 (Locré, t. VII, p. 342).
(2) Cassation, 21 août 1872 (Dalloz, 1873, 1, 113).

ritiers ou représentants. Il se peut que celui qui a donné le mandat n'ait aucune qualité pour recevoir le compte. Si le représentant légal d'un incapable a donné un mandat, et que lors de la reddition du compte l'incapable soit devenu capable, il va de soi que le compte doit être rendu à celui au nom duquel le mandat avait été donné. Que faut-il décider si le mandat a été donné par l'héritier apparent, et si, lors de la reddition de compte, le mandant a été évincé par une action en pétition d'hérédité? Il est certain que le compte ne peut pas être rendu à l'héritier apparent qui a cessé de l'être : c'est le véritable héritier dont les affaires ont été gérées par le mandataire, c'est donc à lui que le compte doit être rendu. D'après la rigueur des principes, le mandat est nul, comme tous les actes juridiques faits par l'héritier apparent; mais si le mandat se borne à administrer l'hérédité, c'est-à-dire à recevoir ce qui est dû à la succession, le mandat est valable; en effet, l'héritier apparent a qualité pour recevoir le payement des créances, il peut par conséquent investir un mandataire du même droit (art. 1240). Nous renvoyons, quant aux principes, à ce qui a été dit, sur la pétition d'hérédité, au titre des *Successions* (t. IX, n°s 557 et 558). Une femme, instituée héritière par son mari, donna mandat de gérer les biens qu'elle avait recueillis en France, avant son départ pour la Russie, où son mari était mort. Son mariage fut attaqué et annulé. Elle demanda compte à son mandataire. Il fut jugé que le compte devait être rendu au véritable héritier. Puis tous les arrêts furent cassés et il fut décidé, en définitive, que le compte devait être rendu au véritable propriétaire, et que celui-ci devait, de son côté, exécuter le mandat et respecter tous les actes faits par le mandataire (1).

518. Dans quelles formes le compte doit-il être rendu? Nous avons dit que le compte du mandataire est un véritable compte, et que le mandant peut exiger que le mandataire renseigne le détail des recettes et des dépenses (n° 495);

---

(1) Cassation, 14 octobre 1812 (Dalloz, au mot *Cassation*, n° 2059), et sur renvoi, Rouen, 27 avril 1814 (Dalloz, au mot *Mandat*, n° 240).

mais la loi ne prescrit aucune forme que le mandataire soit tenu d'observer; c'est seulement quand les parties sont en désaccord qu'un compte judiciaire est ordonné et qu'il faut suivre les formalités prescrites par le code de procédure. Il suit de là que la reddition de compte reste sous l'empire du droit commun. Le mandant donne au mandataire une quittance par laquelle il reconnaît avoir reçu jusqu'à ce jour le montant d'un compte d'administration qui précède, et le tient quitte de *toutes les sommes qu'il a reçues pour son compte.* Il a été jugé que le compte, quoiqu'il ne comprît que deux années de gestion, était libératoire pour les années précédentes. Pourvoi en cassation. Le demandeur prétendit que l'arrêt attaqué décidait que le mandataire n'était point tenu de rendre compte, puisque de fait il n'y avait pas de compte des années précédentes. Mais il existait une quittance générale qui impliquait que le mandant avait reçu tout ce qu'il devait recevoir; la cour de Grenoble avait jugé en fait que le compte avait été rendu; et la reddition de compte est une question de fait, puisque la loi ne prescrit aucune forme (1).

La cour de cassation a porté la même décision dans une espèce où un notaire avait reçu un mandat en dehors de ses fonctions notariales. On avait soutenu, à tort, que le notaire n'était pas tenu de rendre compte, car on ne lui demandait pas compte en sa qualité de notaire; on invoquait un mandat, et il va sans dire que le notaire mandataire est tenu de rendre compte, aussi bien que tout mandataire. Aussi l'arrêt attaqué ne décidait-il pas que le notaire n'était point comptable, il jugeait que le compte avait été rendu; et il le jugeait ainsi en appliquant les règles générales sur les preuves. Il y avait un commencement de preuve par écrit, ce qui rendait les présomptions admissibles; la cour de Besançon, s'appuyant sur l'écrit et sur des présomptions graves, précises et concordantes, avait décidé que ces preuves établissaient la parfaite libération du notaire (2). Tels sont les vrais principes.

(1) Rejet, 27 décembre 1808 (Dalloz, au mot *Mandat*, n° 249, 1°). Comparez Paris, 3 mai 1845 (Dalloz. 1845. 4. 489).
(2) Rejet, 19 novembre 1844 (Dalloz, au mot *Mandat*, n° 249, 4°).

519. Il n'y a pas de compte sans pièces justificatives établissant les recettes et les dépenses. Ici encore il n'y a pas de texte qui oblige le mandataire à prouver, par pièces probantes, ce qu'il a reçu et dépensé. Les tribunaux se sont prévalus du silence de la loi pour s'attribuer un pouvoir discrétionnaire qui, en réalité, déroge à la loi. Nous constatons la jurisprudence, sans l'approuver. Les tribunaux prennent en considération les rapports de parenté ou d'affection qui existent entre le mandant et le mandataire pour dispenser celui-ci d'un compte rigoureux. Nous admettons que, à raison des liens intimes que la nature crée entre la mère et le fils, on décide qu'il n'y a pas de véritable mandat, mais des services journaliers rendus par un fils à sa mère, sous les yeux de celle-ci, avec son approbation; si l'on veut donner un nom juridique à ces relations, on peut dire que c'est une suite de mandats tacites et gratuits, qui s'accomplissent et se terminent par le service rendu et accepté; de sorte qu'il n'y a jamais de compte à rendre, la mère approuvant immédiatement ce que son fils fait pour elle; la cour de Gand l'a jugé ainsi, en s'appuyant sur une loi romaine (1). Mais, une fois qu'il y a mandat, il y a obligation de rendre compte; et il n'y a pas deux manières de rendre compte, l'une rigoureuse, l'autre non rigoureuse; ce sont des distinctions que la loi ignore et qui aboutissent à remplacer une obligation légale par une obligation morale, c'est-à-dire que l'on substitue l'arbitraire à la loi.

520. La cour de Besançon a essayé de donner à cette jurisprudence une couleur juridique; mais il suffit de lire son arrêt pour se convaincre que la tentative a complètement échoué. Dans l'espèce, le mari avait donné, par acte notarié, procuration à sa femme de gérer les affaires de la communauté. On ne pouvait pas nier l'existence du mandat; le mari étant tombé en faillite, les syndics demandèrent à la femme un compte de sa gestion. La cour pose en principe que la femme mandataire ne saurait être soumise à toutes les exigences des articles 1991 et suivants,

---

(1) Gand, 24 avril 1855 (*Pasicrisie*, 1855, 2, 211). Comparez Gand, 10 janvier 1842 (*Pasicrisie*, 1843. 2, 160).

notamment à l'obligation de rendre un compte en règle. En effet, dit-elle, le mari, tout en chargeant sa femme d'administrer la communauté, conserve sur elle l'autorité maritale ainsi que le pouvoir souverain d'administration que la loi lui donne sur la communauté. La femme reste donc sous sa dépendance et soumise à sa volonté ; elle n'agit que sous son contrôle et sous sa direction ; elle n'est, en réalité, que sa *préposée,* et, à raison de cette subordination, les actes de la femme gérant la communauté doivent être réputés ceux du mari. Cela aboutit à annuler le mandat. En fait, il n'est pas exact de dire que le mari mandant continue à gérer ; c'est bien la femme qui gère. En droit, cette gestion étant l'accomplissement d'un mandat, la femme est mandataire, donc comptable. Sans doute les actes de la femme sont réputés ceux du mari, il en est ainsi dans tout mandat, mais cela n'empêche pas le mandataire d'être comptable et responsable. La cour admet que la femme est mandataire, mais elle prétend que la responsabilité de la femme pour gestion des biens communs ne saurait être celle d'un mandataire ordinaire. Ici l'arbitraire commence : de quoi la femme mandataire est-elle responsable et de quoi ne l'est-elle point ? La cour répond que la femme répond de son dol et qu'elle ne peut s'enrichir aux dépens de la communauté, mais qu'en dehors de ces *exceptions* la femme n'est pas responsable. Ainsi la femme est mandataire, et elle n'est ni comptable ni responsable ; par exception, elle répond de son dol, et elle ne peut s'enrichir aux dépens de la communauté (1). La cour renverse tous les principes ; c'est elle qui fait exception à l'article 1993, en dispensant la femme de rendre compte ; elle fait encore exception à l'article 1992, qui déclare formellement que la mandataire répond non-seulement du dol, mais encore des fautes qu'il commet dans sa gestion. Quant aux prétendues exceptions que la cour admet, ce ne sont pas des cas de responsabilité exceptionnelle, c'est, au contraire, le droit commun ; car tout débiteur est tenu de son dol, et aucun des deux époux

(1) Besançon, 18 novembre 1862 (Dalloz, 1862, 2, 212). Comparez Aix, 15 janvier 1838 (Dalloz, au mot *Contrat de mariage,* n° 1606).

ne peut s'enrichir aux dépens de la communauté. Que reste-t-il donc du mandat confié à la femme ? Rien. Nous croyons inutile de continuer cette critique déjà trop longue.

521. La question s'est présentée devant la cour de cassation, et grand a été son embarras. Il s'agissait d'un mandat confié à un conseil et ami, comme le disait l'arrêt attaqué. Toujours est-il qu'il y avait un mandat donné par acte authentique; il était donc inexact de dire, comme le fait la cour d'Angers, que le procureur fondé avait agi comme conseil et ami plutôt que comme mandataire. La cour constate, en fait, que le mandataire remettait immédiatement à la mandante les sommes qu'il recevait pour elle. Si cela avait été prouvé, la cour aurait eu raison de décharger le mandataire de l'obligation de rendre compte aux héritiers, puisque le mandant rendait son compte après chaque acte de gestion. L'arrêt attaqué dit que cela était prouvé par tous les *documents du procès*. Quels étaient ces *documents?* La cour répond que cela est prouvé par l'importance des valeurs trouvées dans la succession; c'est une présomption; mais, précisément à raison des grandes valeurs, les présomptions étaient inadmissibles, puisque la preuve testimoniale n'était pas admise. Cela est prouvé encore, dit la cour, par les relations confiantes et affectueuses qui existaient entre la mandante et le mandataire. Ceci est une preuve morale, qui ne serait pas même admise à titre de présomption. La cour conclut qu'il résulte de cet ensemble de *faits* que le mandataire n'a jamais rien gardé des valeurs dont les héritiers de la mandante lui demandaient compte. S'il n'y avait eu d'autres preuves, l'arrêt aurait difficilement échappé à la cassation. La cour cite, en dernier lieu, les constatations portées par le mandataire sur les registres de la mandante, sous les yeux de cette dame; donc tout ce qui y était mentionné devait faire foi contre elle et contre ses héritiers. La cour de cassation rejeta le pourvoi après délibéré en chambre du conseil. Elle reproduit l'argumentation de l'arrêt attaqué, à tort, selon nous, au moins en ce qui concerne les présomptions; par elles seules, ces présomptions ne prouvaient rien, puisqu'elles n'étaient pas admissibles. Restaient les registres domestiques : les mentions qui y étaient inscrites par le débiteur, au vu et au su du créancier, faisaient-elles foi contre celui-ci? Telle était la véritable difficulté (1). Nous l'avons examinée au titre des *Obligations*. A notre avis, la preuve écrite était complète; il était donc inutile de recourir à des présomptions; et si l'on y avait recours, il fallait au moins dire que les registres fournissaient un commencement de preuve par écrit, qui permettait au juge d'invoquer des présomptions, ou qu'on ne les invoquait que pour appuyer la preuve résultant des registres domestiques. Les arrêts rendus en matière de preuve ne sauraient être trop précis, à cause de la grande difficulté que présentent les principes qui régissent la preuve.

522. Il s'est présenté à deux reprises, devant la cour de Liége, une difficulté singulière. Le mandataire, un notaire, reconnaissait avoir reçu des sommes d'argent pour le mandant; mais elles lui avaient été enlevées dans les pillages qui suivirent et souillèrent notre révolution de 1830. C'était, d'après le défendeur, un cas de force majeure qui l'affranchissait de toute responsabilité en ce qui concernait les sommes pillées par les prétendus patriotes. La cour de Liége n'a pas accueilli cette défense; elle dit très-bien qu'un mandataire chargé d'encaisser les effets de change du demandeur n'est pas débiteur d'un corps certain et déterminé, il est débiteur des sommes qu'il encaisse; ce ne sont pas les deniers mêmes qu'il reçoit qu'il paye à son mandant, le payement se fait par des remises d'espèces ou par des traites tirées sur le mandataire. Dès lors le mandataire ne pouvait pas dire que la chose du mandant avait été pillée; et partant rien ne le dispensait de remplir son obligation, sauf à lui à intenter une action en responsabilité contre la commune, qui, à Verviers comme ailleurs, laissa faire les pillards. Dans la seconde espèce, le notaire invoquait l'article 2000, aux termes duquel le mandant doit indemniser le mandataire des pertes que celui-ci a éprouvées à l'occasion de sa gestion; la cour répond que le mandant ne justifiait pas que les espèces par lui reçues eussent été enle-

(1) Rejet, 9 janvier 1865 (Dalloz, 1865, 1. 160).

vées par les pillards; il y avait une réponse plus péremptoire à faire, c'est que les pillages n'avaient rien de commun avec la gestion du notaire, pas même un rapport d'occasion; donc l'article 2000 était inapplicable à l'espèce (1).

523. Si le mandataire, débiteur du mandant, est aussi son créancier, il peut invoquer la compensation, en supposant que les conditions requises pour la compensation existent; la loi n'étend pas au mandat la prohibition de compenser qu'elle établit contre le dépositaire et l'emprunteur (art. 1293). Jouit-il aussi du droit de rétention? Nous reviendrons sur cette question, au titre du *Nantissement*.

524. L'action en reddition de compte se prescrit, comme toute action personnelle, par le délai ordinaire de trente ans (art. 2262). Cela n'est pas douteux en principe; toutefois, dans l'application, il s'est présenté des difficultés. Un héritier charge son cohéritier de recouvrer les créances de la succession. Plus de trente ans se passent. Les héritiers du mandant viennent demander compte de sa gestion au mandataire, en invoquant le principe que celui-ci, étant possesseur précaire, n'avait pu prescrire des objets appartenant à l'hérédité. On leur répondit qu'il ne s'agissait pas d'acquérir par la prescription la propriété d'objets appartenant à la succession; l'action en reddition de compte est personnelle, et, à ce titre, soumise à la prescription de trente ans (2).

On applique aussi le droit commun quant au point de départ de la prescription. Le compte ne doit être rendu que lorsque le mandat est accompli; si donc il a pour objet plusieurs affaires, la prescription ne commence pas à courir après que chaque affaire a pris fin, elle courra seulement à partir de l'exécution complète du mandat (3). Il n'en serait autrement que si, à raison de l'étendue de la gestion et de sa longue durée, le mandat portait que le mandataire ren-

(1) Liége, 25 avril 1833 (*Pasicrisie*, 1833, 2, 131), et 24 juillet 1834 (*Pasicrisie*, 1834, 2, 194).
(2) Rejet, 29 juillet 1828 (Dalloz, au mot *Mandat*, n° 263), et 14 mai 1829 (Dalloz, *ibid.*, n° 432).
(3) Bruxelles, 28 juillet 1817 (*Pasicrisie*, 1817, p. 487). Comparez Paris, 5 novembre 1859 (*Journal du Palais*, 1859, p. 1087). La décision est douteuse.

drait compte chaque année; l'action du mandant s'ouvrirait, dans ce cas, chaque année, et chaque action se prescrirait à part.

Nous rappelons ces principes élémentaires parce qu'ils sont d'une grande importance pour une catégorie de fonctionnaires qui sont journellement chargés de mandats, parfois sans se douter qu'ils sont mandataires. Un notaire procéda, en vertu d'une procuration, à une vente de meubles; la procuration était mentionnée au procès-verbal de vente; celle-ci se fit au comptant, le 23 fructidor an XIII. En 1833, un des fils du vendeur décédé assigna les héritiers du notaire en payement du montant de la vente ainsi que des intérêts. Le premier juge décida qu'il résultait de la procuration et de la vente, ainsi que des faits de la cause, une présomption légale irrésistible que le notaire chargé de la vente avait fait ou dû faire la recette du produit de la vente; que, par suite, il était tenu d'en rendre compte. Cette décision a été confirmée en appel (1). Elle est incontestable en droit. Nous la citons comme un avertissement et comme conseil de prudence.

525. Nous passons aux difficultés que l'application de ces principes a soulevées. Il y en a une que nous avons déjà renvoyée au titre de la *Prescription*. Si le mandataire détient des corps certains et déterminés appartenant au mandant, celui-ci a, de ce chef, une action en revendication : cette action est-elle prescriptible? par quel délai se prescrit-elle? La même question se présente pour le dépositaire et pour l'emprunteur; nous l'examinerons, au titre qui est le siége de la matière.

526. Une action correctionnelle, pour abus de confiance, est intentée contre le mandataire; elle est suivie d'une ordonnance de non-lieu. Le mandant forme ensuite une demande en reddition de compte contre le mandataire; celui-ci lui oppose la prescription de trois ans que la loi pénale établit pour l'action publique naissant d'un délit et par suite, pour l'action civile qui en dépend. Il a été jugé que l'action dérivait du mandat, et non du délit; que, par

(1) Douai, 19 décembre 1835 (Dalloz, au mot *Mandat*, nᵒ 263, 2ᵒ).

conséquent, elle ne se prescrivait que par trente ans (1). Il reste un doute : l'action civile résultant d'un délit est-elle soumise à la même prescription que l'action publique? Nous renvoyons la question au droit criminel; notre tâche est si étendue, que nous sommes forcé de la limiter, sinon elle n'aurait pas de fin.

(1) Rejet, 16 avril 1845 (Dalloz, 1845, 1, 266).

FIN DU TOME VINGT-SEPTIÈME.

TABLE DES MATIÈRES.

TITRE XIV (titre XIII du code civil). — Du MANDAT.
CHAPITRE Ier. — NOTIONS GÉNÉRALES.
§ Ier. *Définition et caractères.*

§ II. *Gratuité du mandat.*
No 1. Quand le mandat est-il salarié?

No 2. Le salaire convenu peut-il être réduit?

§ III. *Mandat et conseil.*
No 1. Principe.

No 2. Application du principe aux notaires.

www.ingramcontent.com/pod-product-compliance
Lightning Source LLC
Chambersburg PA
CBHW031718210326
41599CB00018B/2433